Harald Trabold

**Kapital
Macht
Politik**

Harald Trabold

Kapital Macht Politik

Die Zerstörung der Demokratie

Tectum Verlag

Harald Trabold
Kapital Macht Politik. Die Zerstörung der Demokratie
© Tectum Verlag Marburg, 2014
ISBN: 978-3-8288-3330-2

Umschlagabbildung: © Torbz | fotolia.com
Umschlaggestaltung: vogelsangdesign.de
Lektorat: Norman Rinkenberger | Tectum Verlag
Satz und Layout: Heike Amthor | Tectum Verlag
Druck und Bindung: CPI – Ebner & Spiegel, Ulm
Gedruckt in der Bundesrepublik Deutschland
Alle Rechte vorbehalten

Besuchen Sie uns im Internet
www.tectum-verlag.de

Bibliografische Informationen der Deutschen Nationalbibliothek
Die Deutsche Nationalbibliothek verzeichnet diese Publikation
in der Deutschen Nationalbibliografie; detaillierte bibliografische
Angaben sind im Internet über http://dnb.ddb.de abrufbar.

Ebenso ist es bei Staatsangelegenheiten, denn wenn die Übel, die entstehen, vorausgesehen werden [...], dann sind sie rasch zu beheben; sind sie jedoch, weil nicht vorausgesehen, erst einmal so sehr gewachsen, dass ein jeder sie sieht, dann gibt es keine Heilung mehr.

Niccolò Machiavelli (Florentinischer Philosoph und Politiker, 1513)

INHALTSÜBERSICHT

Worum es geht — 15
Das uneingelöste Versprechen — 17
Teil I: Grundlegendes — 23
1 — Demokratie — 25
2 — Kapitalismus — 46
3 — Aufstieg, Fall und Wiederkehr des Kapitalismus — 69
4 — Das Verhältnis zwischen Kapitalismus und Demokratie — 84
5 — Macht — 107
Teil II: Strategien der Machtübernahme — 121
6 — Indikatoren ökonomischer Macht — 123
7 — Instrumente zum Aufbau ökonomischer Macht — 145
8 — Lobbying — 213
9 — Propaganda — 238
10 — Konditionierung — 282
11 — Verhinderung von Bildung — 305
12 — Die Zähmung der vierten Gewalt — 340
13 — Flankierende Maßnahmen — 361
Teil III: Vollendung der Entmachtung? — 387
14 — Auf dem Weg in die Plutokratie? — 389
15 — Wiederaufleben der Demokratie? — 410
Ausblick — 443

Danksagung — 447
Quellenverzeichnis – 449
Endnoten — 499

INHALTSVERZEICHNIS

Worum es geht — 15
Das uneingelöste Versprechen — 17

Teil I: Grundlegendes — 23
1 – Demokratie — 25
  Die Grundidee jeder Demokratie — 25
  Beschneidung der Rechte des Volkes — 26
   Einschränkung des Wahlrechts — 26
   Indirekte Machtausübung — 31
   Beschränkung der Reichweite demokratischer
   Entscheidungen — 34
  Geführte Demokratie — 35
  Postdemokratie — 38
  Kritik real existierender Demokratien — 40
  Fazit — 44
2 – Kapitalismus — 46
  Der Kern des Kapitalismus — 46
  Wer ist Kapitalist? — 48
  Die Marktwirtschaft – das Wirtschaftssystem des Kapitalismus — 51
  Eigentumsrechte, Vertragsfreiheit und Lohnarbeit — 54
  Unternehmen als Keimzelle des Kapitalismus — 55

Banken als Wachstumsbeschleuniger des Kapitalismus — 58
Wettbewerb — 60
Sinngebung — 63
Kapitalismus als Religion — 66
Fazit — 68
3 – Aufstieg, Fall und Wiederkehr des Kapitalismus — 69
Schicksalsmacht Kapitalismus — 70
Freiwillige Selbstbeschränkung — 75
Das Ende der Bescheidenheit — 77
Fazit — 83
4 – Das Verhältnis zwischen Kapitalismus und Demokratie — 84
Kapitalismus und Demokratie: Der ideale Doppelpack? — 84
Diktaturen als Partner des Kapitalismus — 85
Kapitalismus als Voraussetzung für Demokratie? — 88
Wer soll herrschen: das Volk, das Kapital oder beide zusammen? — 90
Die Plutokratie als Idealpartner des Kapitalismus — 93
Leistungsgesellschaft – die getarnte Plutokratie — 96
Demokratisch legitimierte Plutokratien — 99
Fazit — 106
5 – Macht — 107
Macht in der Ökonomik — 107
Was ist Macht? — 112
Wie Macht ausgeübt wird — 115
Quellen der Macht — 118
Fazit — 120
Teil II: Strategien der Machtübernahme — 121
6 – Indikatoren ökonomischer Macht — 123
Die Gewinnquote — 124
Implizite Steuerquoten von Arbeit und Kapital — 129
Beitrag zum Steueraufkommen — 130
Einkommensverteilung — 131
Vermögenskonzentration — 138
Fazit — 144

7 — Instrumente zum Aufbau ökonomischer Macht — 145
  Konsum, Konsum! — 145
  Produktdifferenzierung und Produktinnovation — 152
  Inwertsetzung der Natur — 154
  Kommerzialisierung der Familienarbeit — 157
  Privatisierung — 159
  Public Private Partnerships — 162
  Private Altersvorsorge — 165
  Fonds — 171
  Lohnsenkungen — 173
  Schwächung der Gewerkschaften — 176
  Orientierung am Shareholder Value — 178
  Steuervermeidung — 180
  Steuerhinterziehung — 183
  Korruption und Gesetzesverstöße — 189
  Kartellbildung — 192
  Gezielte Fehlinformationen — 194
  Überwälzung von Kosten auf die Gesellschaft — 197
  Kapitalistischer Teufelskreis — 201
  Der Staat als Reparaturbetrieb des Kapitalismus — 203
  Fazit — 211
8 — Lobbying — 213
  Merkmale des klassischen Lobbyings — 215
  Lobbyismus 2.0 — 217
  Ausmaß der Lobbyarbeit — 221
  Ursachen des Lobbyings — 222
  Braucht eine Demokratie Lobbying? — 226
  Wie Lobbying die Demokratie schwächt und den Bürgern
  schadet — 228
  Lobbying – das Kapital ist klar im Vorteil — 234
  Fazit — 237
9 — Propaganda — 238
  Herausforderungen für die moderne Propaganda — 239
  Standardtechniken der Propaganda — 242
  Umdeutung von Begriffen durch die Propaganda — 244

Der Kapitalismus und die neoliberale Ideologie — 248
Der Streit um die Deutungshoheit im neoliberalen Lager — 250
Die Propagandastrategie der Neoliberalen — 254
Die Organisation der neoliberalen Propaganda — 256
Die Botschaften der kapitalistischen Propaganda — 264
  Freie Märkte sind gerecht — 265
  Freie Märkte sind effizient — 267
  Menschen streben vor allem nach hohem Wohlstand — 272
  Was gut ist für Unternehmen, ist auch gut für unser Land — 274
Totalitarismus des Marktes und Machtblindheit als Auswirkungen der Propaganda — 278
Fazit — 280

10 – Konditionierung — 282
Warum auch der Kapitalismus konditioniert — 282
Grundlagen der Konditionierung — 285
Inhalte der Konditionierung — 288
  Sparen, konsumieren und investieren — 288
  Gewinnen und verlieren — 289
  Konkurrenz und Kooperation — 290
  Autoritäten akzeptieren — 294
Wirtschaftslehre im Schulunterricht — 297
Sicherung der Gefolgschaft — 301
Fazit — 304

11 – Verhinderung von Bildung — 305
Bildung und Wissen — 305
Unterschiede zwischen Wissen und Bildung — 308
Warum der Kapitalismus Bildung verhindert und Wissen fördert — 311
Schule und Kindergarten als Vorstufe des Arbeitsmarktes — 314
Umstellung auf Bachelor- und Masterstudiengänge — 318
Steigende Bedeutung von Praktika für den Arbeitsmarkt — 323
Neue Formen der Promotion und der Habilitation — 324
Akademischer Kapitalismus — 326
Evaluationen — 331
Rankings — 335
Fazit — 338

12 – Die Zähmung der vierten Gewalt — 340
  Die Herstellung von Konsens — 341
  Gestiegene Renditeerwartungen gegenüber Qualitätsmedien — 346
  Der Einfluss der Anzeigenkunden — 347
  Die Public-Relations-Abteilungen der Konzerne — 352
  Das Kapital als Eigentümer von Medien — 353
  Rechtspersönlichkeit von Unternehmen — 357
  Medien als Wächter der Plutokratie — 358
  Fazit — 359
13 – Flankierende Maßnahmen — 361
  Zeitdiebstahl — 361
  Unterhaltung — 367
  Angst verbreiten — 371
  Maßstäbe setzen — 375
  Zweifel zerstreuen — 380
  Fremde Federn — 381
  Fazit — 385

Teil III: Vollendung der Entmachtung? — 387
14 – Auf dem Weg in die Plutokratie? — 389
  Privatisierung von Politikfeldern
  als Vollendung der Plutokratie — 389
  Ratingagenturen — 390
  Regulatory capture — 395
  Politik durch operative Stiftungen — 399
  Private internationale Schiedsgerichte — 403
  Soziale Verantwortung von Unternehmen — 406
  Fazit — 408
15 – Wiederaufleben der Demokratie? — 410
  Änderungen am politischen System — 413
    Direkte Demokratie stärken — 413
    Lobbyismus eindämmen — 416
    *Nebentätigkeiten von Abgeordneten verbieten, Diäten
    erhöhen* — 417
    Parteienfinanzierung neu ordnen — 418
    Privatisierung der Politik stoppen — 419

Begrenzung der ökonomischen Macht des Kapitals — 420
  Kapital machtreduzierend besteuern — 420
  Wettbewerbspolitik ordoliberal ausrichten — 422
  *Privatisierung stoppen, Inwertsetzung staatlich
  kontrollieren* — 424
  Gesetzesverstöße härter ahnden — 425
  Der Meinungsmache widerstehen — 426
  Maßnahmen international koordinieren — 427
Stärkung der ökonomischen Macht der Mittelschicht und der
Marginalisierten — 428
  Mindestlohn bezahlen — 428
  Grundeinkommen gewähren — 429
  *Spitzeneinkommen höher besteuern, Mittelschicht
  entlasten* — 431
Aufklärung und Bildung — 431
  Kritische Berichterstattung stärken — 432
  Freiräume für Bildung schaffen — 434
Besser leben und wirtschaften — 436
  Sinngebung jenseits des Materiellen — 436
  Werbung einschränken — 437
  Verkürzung der Arbeitszeit — 438
  Wohlstand anders messen — 440

Ausblick — 443
Danksagung — 447
Quellenverzeichnis — 449
Endnoten — 499

WORUM ES GEHT

Wer das Erstarken des Kapitalismus und speziell der Finanzbranche
verstehen will, wer wissen möchte, warum die westlichen Demokratien eine systemrelevante Großbank nach der anderen mit bislang
unvorstellbaren Summen gerettet haben, der muss die Machtfrage
stellen. Denn was wir seit Anfang der 1980er Jahre erleben, ist nichts
anderes als ein Kampf zwischen Kapitalismus und Demokratie um die
Vorherrschaft in Staat und Gesellschaft, der mit Ausbruch der Finanzkrise 2008 und der darauf folgenden Staatsschuldenkrise erheblich an
Schärfe gewonnen hat.

Der Ausgang dieses Ringens ist entscheidend für uns Bürger. Siegt
der Kapitalismus, dann wird es vorbei sein mit Recht und Freiheit.
Wenn wir Glück haben, werden wir in einer Gesellschaft leben ähnlich
der, die Aldous Huxley in seinem Roman »Schöne neue Welt« schon
in den 1930er Jahren beschrieben hat: Glück deshalb, weil wir als
konditionierte Mitläufer keine materiellen Sorgen mehr kennen, mit
unserem Platz in der Gesellschaft zufrieden sind und gar nicht auf den
Gedanken kommen, dass es außer Konsum, Sex und Glücksdrogen
noch etwas anderes geben könnte. Haben wir Pech, dann landen wir
entweder in George Orwells »1984« – mit dem Kapital als großem
Bruder – oder wir werden Arbeitssklaven sein, die von einer reichen
Oberschicht ausgebeutet am Rande des Existenzminimums so da-
hinvegetieren wie die Bewohner der 13 unterdrückten Distrikte in
»Die Tribute von Panem« von Suzanne Collins. Mehr als 200 Jahre

Aufklärung, die uns große individuelle Freiheiten, Menschenrechte und Demokratie gebracht haben, wären nur noch eine abgeschlossene Episode der Menschheit auf dem dann vergeblichen Weg, ein selbstbestimmtes Leben zu führen.

Aber wollen wir es wirklich so weit kommen lassen, dass der Kapitalismus die Macht übernimmt? Wollen wir es von unserem Glück oder Pech abhängig machen, ob wir in einer schönen, neuen Welt oder unter der Schreckensherrschaft einer reichen Oberschicht leben werden? Wenn nicht, müssen wir uns zunächst einmal klar darüber werden, warum und mit welchen Mitteln dieser Machtkampf geführt wird. Erst dann können wir uns überlegen, was wir gegen einen immer weiter erstarkenden Kapitalismus tun wollen.

DAS UNEINGELÖSTE VERSPRECHEN

Am 2. Januar 2009 veröffentlichte die *Berliner Zeitung* die Ergebnisse einer repräsentativen Umfrage des Meinungsforschungsinstituts *Forsa* zur Demokratie. Danach waren 95 % der Befragten mit der *Idee* der Demokratie zufrieden, aber nur 40 % mit der konkreten Umsetzung.[1] Einer Umfrage des Magazins *Stern* vom Juli 2012 zufolge meinten zwei Drittel der Befragten, die Abgeordneten des Deutschen Bundestages würden ihre Arbeit weder engagiert noch sachgerecht verrichten.[2]

Woher stammt dieser große Unterschied zwischen Ideal und Wirklichkeit? Woran liegt es, dass in fast allen westlichen Demokratien die Stimmungslage der Bevölkerung ähnlich zu der in Deutschland ist, und das schon seit Jahrzehnten?

Ursächlich verantwortlich sind vor allem drei Faktoren. Zum einen sind es die nicht gewürdigten Errungenschaften der Demokratie.[3] Den meisten Bürgern in den westlichen Demokratien ist zu wenig bewusst, dass sie in einem bislang nie dagewesenen Rechtsstaat leben. Dieser garantiert jedem ganz elementar das Recht auf freie Entfaltung der Persönlichkeit und körperliche Unversehrtheit. Hinzu kommen Meinungsfreiheit, Schutz vor willkürlichen Übergriffen seitens der Obrigkeit, freie Wohnort- und Berufswahl, Religionsfreiheit, Freiheit der Wissenschaft und Kunst sowie das Wahlrecht. Diese Rechte und Freiheiten genießen die Menschen in Westdeutschland seit 1949, in Ostdeutschland seit 1990.

Der zweite Grund sind Missverständnisse in Bezug auf die Möglichkeiten und Aufgaben einer Demokratie.[4] Ein demokratischer Prozess dient nicht notwendigerweise der Entdeckung von Wahrheiten oder der Durchsetzung von Vernunft, sondern ist ein Verfahren um herauszufinden, was die Mehrheit für wahr oder vernünftig *hält*. Eine Demokratie verspricht weder Glück noch Wohlstand, sondern nur, dass jeder auf seine Art glücklich und durch Talent und Anstrengung wohlhabend werden *kann*. Eine Demokratie löst Probleme nicht besser als Diktaturen oder Monarchien – sie garantiert aber, dass jeder seine Meinung kundtun und prinzipiell an der Lösung der Probleme mitarbeiten kann. Dabei kann nicht jeder seinen Willen bekommen, was vermutlich eines der größten Akzeptanzprobleme von realen Demokratien ist. Der kleine Diktator in uns glaubt, dass seine Ansichten und Problemlösungen die besten sind. Aber in modernen Demokratien zählen alle Stimmen gleich viel und häufig setzen sich die eigenen Vorstellungen nicht mehrheitlich durch. Viele Bürger fühlen sich und ihre Meinung abgelehnt, was sie verdrossen macht gegenüber der Demokratie. Nur haben diese Menschen deren Sinn nicht richtig verstanden. Schließlich ist die Demokratie idealerweise nicht Mittel zur Durchsetzung der eigenen Interessen, sondern zur Erkundung und Realisierung des Willens der Mehrheit, wobei die unterlegenen Minderheiten durch ihre verfassungsmäßigen Rechte gegen willkürliche Benachteiligungen durch die Mehrheit geschützt werden.

Der dritte Grund für die Diskrepanz zwischen Ideal und Wirklichkeit ist das bislang uneingelöste Versprechen der Demokratie, die »unsichtbare Macht« abzuschaffen.[5] Denn in den westlichen Demokratien gibt es starke Interessengruppen, die ihren Willen durchsetzen. Dazu zählen die Bürokratie, die Religionen und in den letzten Jahrzehnten vermehrt Großkonzerne und Banken. Deren Wirken führt zu einer Missachtung der Wünsche und Anliegen von Bürgern durch die Politik. Das Volk ist unzufrieden mit Regierungen und Parlamenten, weil diese zu sehr auf die Bedürfnisse von einigen wenigen, gut organisierten Interessengruppen eingehen.[6] In den USA glauben seit Mitte der 1970er Jahre im Durchschnitt rund 65 % der Bevölkerung, dass die Regierung sich hauptsächlich um deren Anliegen kümmert und nicht um die Mehrheit der Menschen.[7] In Deutschland sind 75 % der Wähler der Meinung, die Lobbyisten hätten zu viel Einfluss.[8]

Die ersten beiden Ursachen der Unzufriedenheit mit der Demokratie – ihre nicht gewürdigten Errungenschaften und Missverständnisse hinsichtlich ihrer Möglichkeiten und Aufgaben – sind eigentlich unproblematisch, denn sie ließen sich relativ leicht durch mehr politische Bildung und Aufklärung beseitigen. Die »unsichtbaren Mächte« sind nicht so leicht zu bändigen, insbesondere nicht die Großkonzerne und Banken. Wie ich nachfolgend noch zeigen werde, ist deren Gewinnstreben direkt verantwortlich für die schleichende Aushöhlung der Demokratie, die zu der erwähnten Unzufriedenheit der Bürger und zu Politikverdrossenheit geführt hat.

»*Der Kapitalismus entmachtet die Demokratie*«, lautet folglich die Kernthese dieses Buches, die es im Folgenden zu belegen gilt. Um Missverständnissen vorzubeugen und klar darzulegen, wie ich bei der Untermauerung meiner These vorgehe, skizziere ich im Folgenden die wichtigsten Prämissen und Eckpfeiler meiner Argumentation:

> ➤ Die Machtübernahme des Kapitalismus darf man sich nicht als Putsch oder Revolution vorstellen, in deren Verlauf die demokratischen Institutionen abgeschafft und durch eine Diktatur des Kapitals ersetzt werden. Vielmehr wird die Macht der Demokratie in vielen, kleinen Schritten beschnitten. Dabei legt der Kapitalismus bei Auswahl und Einsatz seiner Mittel ein erstaunliches Geschick an den Tag, das eigentlich bewundernswert wäre, diente es nicht einem so fragwürdigen Zweck. Auch ist die Entmachtung der Demokratie nicht das offizielle Ziel des Kapitalismus, wenn auch vereinzelt Stimmen zu vernehmen sind, die für eine Beschränkung der Volksmacht plädieren. Die Entmachtung der Demokratie ergibt sich als Nebenziel der Gewinnorientierung. Sie erfolgt weitgehend indirekt, langsam und beinahe geräuschlos. Sie wurde daher bis zum Ausbruch der Finanzkrise 2008 in der breiten Öffentlichkeit kaum wahrgenommen.

> ➤ Ziel des Kapitalismus und treibende Kraft der Entmachtung ist das Geldverdienen um des Geldverdienens willen. Die Unterordnung unter dieses Leitmotiv führt zu einem gleichgerichteten Verhalten aller vom Geist des Kapitalismus beseelten Institutionen. Um möglichst schnell möglichst viel Geld verdienen zu können, versuchen die Kapitalbesitzer, die dafür besten Rahmenbedingungen zu schaffen. Dazu bedarf es keiner zentralen Steuerung oder gar einer Verschwörung.[9] Der diskrete Charme dieses Prozesses der

Entmachtung liegt gerade darin, dass er sich *nicht* auf dunklen Wegen durch geheim operierende Mächte vollzieht. Die Vertreter des Kapitalismus erklären ganz offen, dass es ihnen ums Geldverdienen geht. Sie verheimlichen nur die logische Konsequenz ihres Gewinnstrebens – die Entmachtung der Demokratie. Alles andere wird öffentlich diskutiert und kommuniziert, sowohl das Gewinnmotiv als auch Strategie und Taktik zur Erzielung von Profiten. Gegen eine Verschwörung spricht auch, dass die Gruppe der Eingeweihten viel zu groß wäre, als dass die Pläne auf längere Frist geheim gehalten werden könnten.

➢ Der Kapitalismus ist nicht die einzige Kraft, die auf die Entmachtung des Volkes hinwirkt. Da ist zum einen die Bürokratie, die dazu neigt, ohne ausreichende Rücksprache mit dem Souverän mehr und mehr Bereiche des öffentlichen Lebens zu regeln. Zum anderen sind es die Politiker, die sich vom Volk nur bedingt in die Ausübung ihrer Ämter hineinreden lassen wollen. Da beide ihre Macht ausdehnen wollen, versuchen sie, den Einflussbereich des Kapitalismus zurückzudrängen. Erfolgreich sind sie damit hauptsächlich in Zeiten wirtschaftlicher Krisen, vor allem, wenn diese ihren Ausgangspunkt im kapitalistischen System zu haben scheinen. In solchen Phasen wird der Kapitalismus schwächer, manchmal sogar im Verhältnis zur Demokratie. Solche Phasen sind aber historisch gesehen bislang zumeist relativ kurz gewesen und dem Kapitalismus gelingt es in den ruhigeren Zeiten immer wieder, seinen Einflussbereich auszuweiten.

➢ Aber nicht nur in Krisenzeiten erleidet der Kapitalismus vereinzelt Rückschläge auf dem Weg zur Macht. Eine kleine Gruppe unbeugsamer Demokraten hört nicht auf, ihm Widerstand zu leisten. Denn Teile der Öffentlichkeit nehmen aus ökologischen, sozialen, kulturellen, religiösen oder politischen Gründen zuweilen eine extrem kritische Position gegenüber dem Kapitalismus ein. Hin und wieder gelingt es dieser Gruppe, das Volk zu überzeugen, Regierungen zu wählen, die den Kapitalismus wenigstens zeitweise in seine Schranken weisen und die den Primat der Politik vor der Wirtschaft durchzusetzen versuchen. Auch verzeichnen die unbeugsamen Demokraten so manchen Erfolg bei der Einführung von Elementen der direkten Demokratie, z. B. Volksentscheiden. Diese stärken die Demokratie deshalb, weil das Votum des Souveräns im Nachhinein nicht mehr so einfach verwässert werden kann. Der Kapitalismus hat jedoch ein ausgefeiltes Arsenal an Mitteln entwickelt, um den Volkswillen zu beeinflussen. Durch die Globalisierung und die damit verbundene Kapitalmobilität hält er zusätzlich noch ein äußerst wirkungsvolles Instrument zur Durchsetzung seiner Interessen und zur Zähmung widerspenstiger Regierungen in der Hand. Insofern waren die Anstrengungen der unbeugsamen Demokraten in den letzten Jahrzehnten kaum von Erfolgen gekrönt.

➤ Der Kapitalismus profitiert von den technologischen und kulturellen Entwicklungen in modernen Gesellschaften. Um nur zwei Beispiele zu nennen: Zum einen erhöht die steigende Komplexität technischer und sozialer Systeme den Aufwand, sich sachkundig zu machen. Ein fundiertes Urteil können sich die meisten Bürger, auch aus zeitlichen Gründen, nur über wenige Sachthemen bilden. Als Folge erscheinen viele dieser komplexen Themen nur unzureichend in der öffentlichen Diskussion, der Grundlage jeder demokratischen Entscheidung. Schlimmer noch: Finanzkräftige Interessengruppen, die unter dem Deckmantel neutraler Stiftungen oder gemeinnütziger Vereine agieren, können die öffentliche Meinung bei komplexen Themen relativ leicht in ihrem Sinne beeinflussen. Zweitens erleichtert die abnehmende Bindung an die christlichen Religionen es dem Kapitalismus, seine eher egoistischen, auf das Diesseits bezogenen und materialistischen Werte gegen die eher altruistischen, auf das Jenseits bezogenen und spirituellen Werte der christlichen Religionen durchzusetzen. Damit stärkt der Kapitalismus seine Machtposition, weil eine starke gesellschaftliche Gegenkraft geschwächt wird.

Diese einleitenden Aussagen deuten darauf hin, dass die Entmachtung der Demokratie durch den Kapitalismus ein äußerst komplexer und nicht unmittelbar einsichtiger Prozess ist. Er vollzieht sich weder direkt noch automatisch noch ohne Gegenkräfte. Die Entmachtung erfolgt relativ langsam, gleichsam evolutionär, und mit Hilfe einer Vielzahl von Faktoren, die für sich allein genommen der Demokratie nicht bedrohlich werden könnten. Erst im Verbund miteinander entfalten sie die Schlagkraft, die es dem Kapitalismus ermöglicht, die Demokratie für seine Zwecke mehr und mehr zu instrumentalisieren.

Die vorliegende Analyse liefert aber auch die Ansatzpunkte für Gegenmaßnahmen, falls wir sie denn ergreifen wollen. Denn aus der

Tatsache, dass der Kapitalismus zur dominierenden Kraft wird, folgt noch lange nicht, dass die Gesellschaft etwas dagegen unternehmen sollte. Vielleicht führt er uns ja in Huxleys »Schöne neue Welt«, in der die Menschen losgelöst von Sorgen um ihre materielle Existenz und befreit von der demokratischen Pflicht, sich eine eigene Meinung bilden zu müssen, ungestört ihren hedonistischen Neigungen nachgehen können. Der letzte Teil dieses Buches beschäftigt sich daher auch mit der Frage, wie es weitergehen könnte. Zerstört sich der Kapitalismus selbst, wie viele seiner Kritiker hoffen, oder wird er immer stärker und vollendet die Entmachtung? Sollte man den Kapitalismus abschaffen, was angesichts des enormen materiellen Wohlstandes, zu dessen Anhäufung er beigetragen hat, nicht ganz logisch erscheint? Falls man jedoch die unbestreitbaren Vorteile des Kapitalismus erhalten, aber seine unübersehbaren Nachteile vermeiden will, muss der Kapitalismus »zivilisiert« werden, wie Marion Gräfin Dönhoff, die langjährige Herausgeberin der Wochenzeitung *Die Zeit,* es wiederholt gefordert hat.[10] Was dazu notwendig wäre, wird im letzten Kapitel des Buches thematisiert.

Teil I: Grundlegendes

Ziel dieses Buches ist es zu zeigen, *warum* der Kapitalismus zu seiner vollen Entfaltung die Demokratie zu entmachten versucht und *wie* er dabei vorgeht. Um die These der Entmachtung solide untermauern zu können, ist es zunächst notwendig, genau zu spezifizieren, was das Wesen einer Demokratie ist. Denn wenn man eine Gesellschaft bereits dann als demokratisch bezeichnet, wenn in ihr in regelmäßigen Abständen halbwegs freie Wahlen stattfinden, dann wäre eine Entmachtung gleichbedeutend mit der Abschaffung von Wahlen, was derzeit aber nicht zur Debatte steht. Eine Demokratie ist aber durch wesentlich mehr gekennzeichnet als nur durch den Gang zur Wahlurne alle vier oder fünf Jahre. Dies herauszuarbeiten, ist Aufgabe von Kapitel 1.

Da meine These den Kapitalismus als treibende Kraft der Entmachtung postuliert, ist es ebenfalls unumgänglich, sich ausführlicher mit ihm zu beschäftigen. Dies gilt sowohl aus analytischer als auch aus historischer Sichtweise. Die analytische Perspektive (Kapitel 2) liefert die notwendige begriffliche Klarheit, denn vieles, was in der öffentlichen Diskussion als kapitalistisch bezeichnet wird, ist in Wirklichkeit etwas anderes. Dies gilt vor allem für den Begriff »Marktwirtschaft«, der oftmals als Synonym für »Kapitalismus« benutzt wird. Anschließend zeichnet die historische Perspektive (Kapitel 3) den kometenhaften Aufstieg des Kapitalismus nach und belegt, dass er sich trotz heftiger Rückschläge bislang immer weiter ausbreiten konnte.

Kapitel 4 befasst sich mit dem Verhältnis von Demokratie und Kapitalismus und zeigt, dass der Wunschpartner des Kapitalismus im politischen Bereich keineswegs die Demokratie, sondern eine Plutokratie (Herrschaft der Reichen) ist, die vom Volk durch Wahlen formal legitimiert wird. Anschließend erörtere ich in Kapitel 5, welche Machtmittel der Kapitalismus einsetzt und wie der Prozess der Entmachtung prinzipiell verläuft.

1 – DEMOKRATIE

*Die Demokratie kann nur dann gedeihen, wenn die Masse
der normalen Bürger wirklich die Gelegenheit hat, sich durch
Diskussionen und im Rahmen unabhängiger Organisationen aktiv an
der Gestaltung des öffentlichen Lebens zu beteiligen – und wenn sie
diese Gelegenheit auch aktiv nutzt.*

Colin Crouch (Britischer Politikwissenschaftler, 2008)

Der Begriff »Demokratie« wird aus den griechischen Wörtern »demos«
für Volk und »kratein« für herrschen bzw. »kratia« für Herrschaft
gebildet. Er bezeichnet eine Herrschaftsform, in der die Macht beim
Volk liegt. Damit unterscheidet sich die Demokratie an einer ganz
zentralen Stelle von anderen Herrschaftsformen, bei denen nicht das
Volk, sondern andere Gruppen oder Personen das Sagen haben. In einer Aristokratie herrscht die Schicht der Adeligen, in einer Plutokratie
herrschen die Reichen und in einer Monarchie eine einzelne Person,
der Monarch.

DIE GRUNDIDEE JEDER DEMOKRATIE

Die *Grundidee* jeder Demokratie lässt sich einfach beschreiben. In den
Worten Abraham Lincolns ist sie »die Regierung des Volkes, durch das
Volk und für das Volk«.[11] Dass 95 % der Deutschen nach der eingangs
zitierten *Forsa*-Umfrage mit der Idee der Demokratie zufrieden sind,
ist daher leicht nachvollziehbar. Denn welcher Bürger könnte etwas
dagegen haben, selbst über sein eigenes Wohl und Weh mitzuentschei-
den? Bei der *Umsetzung* der Idee in der Realität wird es komplizierter,
was schon daran zu erkennen ist, dass die Politikwissenschaft Dutzende von Demokratieformen unterscheidet.[12] Allen gemeinsam ist
jedoch, dass sie die Definition von Abraham Lincoln als Kern jeder
Demokratie anerkennen.[13]

Doch eine Regierung durch das Volk und für das Volk war in den
Anfängen der modernen Demokratien der Machtposition des Adels,
des Klerus und der Landbesitzer gefährlich. Diese verteidigten ihre
Stellung in der Machthierarchie aufs Schärfste, indem sie die Rechte
des Volkes beschnitten. Zugute kam ihnen dabei die alte Debatte, wie
man Leib, Leben und Eigentum von Menschen vor Übergriffen ihrer
Mitbürger oder des Staates schützt. Freiheitliche Demokratien waren

daher immer bestrebt, ihren Bürgern unveräußerliche Rechte zu geben. Denn keinesfalls sollte es zu einer Tyrannei der Mehrheit kommen können. Um dies zu verhindern, haben moderne Demokratien Verfassungen etabliert, die ihren Bürgern elementare Menschen- und Bürgerrechte garantieren.

Welche Rechte die Verfassung eines Staates dessen Bürgern gewähren soll, ist bis heute umstritten, insbesondere was das Recht auf Eigentum anbelangt. Seit den Anfängen der modernen Demokratien zieht sich dieser Streit durch die Debatten um die Verfassung. Groß war zu aller Zeit die Angst der Besitzenden, die Mehrheit der Habenichtse könnte sie enteignen, entweder vollständig oder teilweise durch Besteuerung ihres Vermögens. Bis heute versuchen die Reichen, Demokratien so zu steuern, dass dieses Risiko für sie vermieden wird.[14] Dabei waren sie ausgesprochen erfolgreich, denn in der Regel garantiert ihnen die Verfassung (und deren Auslegung) Schutz vor Enteignung und übermäßiger Besteuerung.

Beschneidung der Rechte des Volkes

Da es mit entsprechend großen Mehrheiten in den meisten Ländern möglich ist, die Verfassung zu ändern, gestalteten die Wohlhabenden und Mächtigen von Anfang an die Spielregeln so, dass von der Demokratie möglichst keine Gefahr für sie ausging. Dazu bauten sie in den Anfängen der Demokratiebewegung im Wesentlichen auf drei Schutzmechanismen, auf die im Folgenden noch näher eingegangen wird:

➤ Einschränkung des Wahlrechts
➤ Indirekte Machtausübung
➤ Beschränkung der Reichweite demokratischer Entscheidungen.

Einschränkung des Wahlrechts

Als die ersten modernen Demokratien entstanden, setzten die Reichen und Mächtigen zur Absicherung ihrer Position auf Beschränkungen des Wahlrechts. In den USA waren nach der Unabhängigkeit von 1776 nur erwachsenen Männer wahlberechtigt, die frei (also keine Sklaven) waren, das Land mit Waffen verteidigen konnten, Grund und Boden besaßen und einen Mindestbetrag an Steuern zahlten. Damit war in der ersten Demokratie der Neuzeit nur eine kleine Minderheit der Einwohner wahlberechtigt. Ähnliche Einschränkungen beim Wahlrecht gab es auch in Frankreich nach der Revolution von 1789.[15]

Zwar variierten je nach Land und Zeitabschnitt die Kriterien leicht, nach denen das Wahlrecht vergeben wurde. Tatsache aber bleibt, dass die überwiegende Mehrheit des Volkes nicht abstimmen durfte. So waren 1870 in Italien, Belgien und den Niederlanden weniger als 3% der Bevölkerung wahlberechtigt, in Schweden, Österreich, Norwegen, Großbritannien und Portugal zwischen 5 und 9%. Bis 1910 stieg der Anteil der Wahlberechtigten an der Gesamtbevölkerung zwar leicht an, er lag jedoch in den meisten Ländern Europas nur zwischen 12 und 23%.[16]

Die Beschränkung der Mitsprache auf die Wohlhabenden war beabsichtigt und wurde unter anderem damit begründet, dass diese nur so vor einer Enteignung oder hohen Besteuerung durch die große Mehrheit der Besitzlosen bewahrt werden können. Dieses Argument lässt sich bis in die Antike verfolgen. Bereits Aristoteles meinte vor über 2000 Jahren, dass die Reichen in einer Volksherrschaft gegen unnötige Verluste ihres Vermögens geschützt werden müssten.[17] James Madison, der in den USA auch als »Vater der Verfassung« bezeichnet wird, bezog Ende des 18. Jahrhunderts eine ähnliche Position.[18] Ein Stimmrecht für alle Männer würde die privilegierte Position der Grundbesitzer gefährden und sei daher abzulehnen. Aufgabe der Regierung sei es, »die Minderheit der Wohlhabenden gegen die Mehrheit zu schützen.«[19] Seine Mitstreiter John Jay, von 1789 bis 1795 der erste oberste Richter der USA, und Alexander Hamilton, unter Präsident Washington der erste Finanzminister der USA, plädierten ebenfalls für den Schutz des Eigentums und eine Einschränkung des Wahlrechts.

Dem Dreiklassenwahlrecht, das u. a. von 1849 bis 1918 in Preußen zur Anwendung kam, lag eine ähnliche Logik zugrunde. Die Männer wurden entsprechend ihrer Steuerzahlungen so in drei Klassen eingeteilt, dass auf jede Klasse in etwa ein Drittel des Steueraufkommens entfiel. Da diejenigen, die viel Steuern zahlten, zusammen der ersten Klasse zugeordnet wurden, umfasste die erste Klasse relativ wenige Wähler. Sie bestimmte aber genauso wie die zahlenmäßig größeren Klassen II und III ein Drittel der Wahlmänner, die ihrerseits wiederum die Volksvertreter wählten. 1908 gehörten in Preußen 3,8% der Wahlberechtigten der ersten Klasse, 13,8% der zweiten Klasse, aber rund

82% der dritten Klasse an.[20] Damit hatten die Stimmen der reichen Bürger ein viel höheres Gewicht als die der übrigen. Zu einer geradezu grotesken Situation führte dieses Dreiklassenwahlrecht 1908 in Essen. Dort bestand die erste Klasse nur aus einer Person, dem Industrieführer Krupp, der damit ein Drittel aller Wahlmänner bestimmen durfte, die in offener Wahl und damit für jedermann nachprüfbar die Stadtverordneten wählten.[21]

Von einer gleichen Wahl im heutigen Sinne, bei der jede Bürgerin und jeder Bürger eines Landes gleichen Einfluss auf das Ergebnis der Abstimmung hat, konnte daher in kaum einem Land bis Anfang des 20. Jahrhunderts gesprochen werden. Diese Ungleichbehandlung ließ sich aber immer weniger rechtfertigen. Wenn alle Menschen gleich sind vor Gott, so wie es die christlichen Religionen verkünden, und wenn »alle Menschen gleich geschaffen sind«, wie es im zweiten Satz der amerikanischen Unabhängigkeitserklärung von 1776 heißt, dann sollten sie auch vor dem Gesetz gleich sein. Jeder sollte das gleiche Stimmrecht haben.[22] In harten Auseinandersetzungen mit der Obrigkeit erstritten sich die Menschen in der westlichen Welt das Wahlrecht,[23] das auch die Frauen mit einbezog, die aber noch bis weit ins 20. Jahrhundert nicht an die Wahlurnen durften. In Deutschland und Österreich erhielten sie das Stimmrecht nach Kriegsende im November 1918, in den USA 1920, in Frankreich 1944 und in Belgien und Italien 1946. Die Schweizerinnen mussten bis zum Jahr 1971 warten, bis sie auf Bundesebene wählen durften. Heutzutage haben bei Wahlen zu den nationalen Parlamenten im Westen in der Regel alle Bürger ein aktives Wahlrecht, die mindestens 18 Jahre alt sind und die die Staatsangehörigkeit des Inlands besitzen. Damit darf zu Beginn des 21. Jahrhunderts der überwiegende Teil der erwachsenen Bevölkerung an die Wahlurnen.

Neben der Beschränkung des Stimmrechts auf die kleine Gruppe der Wohlhabenden wurde durch die öffentliche Stimmabgabe ein zweiter Schutzwall gegen unliebsame Wahlergebnisse errichtet. Die wenigen Wahlberechtigten mussten sich für jedermann sichtbar entscheiden. Damit war nicht nur eine soziale Kontrolle der Wähler gewährleistet, die öffentliche Wahl öffnete auch dem Stimmenkauf, der zumeist nicht verboten war, Tür und Tor. Bis Ende des 19. Jahrhunderts war die öffentliche Stimmabgabe durchaus üblich und in der Debatte um ihre Abschaffung hatte sie prominente Befürworter. Letztendlich gingen die meisten Demokratien aber zur geheimen Wahl über, so

z. B. Großbritannien 1872, die Niederlande 1887, Österreich 1907 und Frankreich 1913.[24]

Die Entwicklung hin zu einer geheimen und allgemeinen Wahl stellt wohl den größten Rückschlag für die Reichen bei der Zähmung der Demokratie dar. Denn zum einen ist der Stimmenkauf verboten, der bei geheimen Abstimmungen darüber hinaus auch gar nicht sinnvoll ist, weil niemand kontrollieren kann, ob der gekaufte Wähler auch so abstimmt wie gewünscht. Zum anderen sind die Reichen klar in der Minderheit und können bei Wahlen überstimmt werden. Und so ist es nicht verwunderlich, dass vereinzelt die Wiedereinführung von Wahlrechtsbeschränkungen gefordert wird. Dem heutigen Leistungsgedanken entsprechend wird die Sorge geäußert, eine Mehrheit von Unproduktiven könne die Minderheit von Leistungserbringern um die Früchte ihres Erfolges bringen. In seinem Buch »Die Verfassung der Freiheit« schreibt Friedrich August von Hayek, Gallionsfigur des neoliberalen Denkens: »Man kann kaum sagen, daß es die Gleichheit vor dem Gesetz fordert, daß alle Erwachsenen wahlberechtigt sind; [...] Es kann auch vernünftigerweise argumentiert werden, daß den Idealen der Demokratie besser gedient wäre, wenn etwa alle Staatsangestellten oder alle Empfänger von öffentlichen Unterstützungen vom Wahlrecht ausgeschlossen wären.«[25] In dieselbe Kerbe schlägt auch Roland Vaubel, ein neoliberaler Ökonom, der durch Einschränkungen des passiven Wahlrechts die Leistungseliten schützen möchte.[26]

Einer breiteren Öffentlichkeit bekannt wurden die Ansichten Hayeks 2006 durch einen Beitrag in der Tageszeitung *Die Welt*. Dieser ist zwar formal als eine »Polemik« deklariert, aber sowohl der Titel »Entzieht den Nettostaatsprofiteuren das Wahlrecht!« als auch die Aussagen lassen keinen Zweifel, dass es der Autor – André F. Lichtschlag – ernst meint mit seiner Forderung. Der libertäre Publizist möchte in Zukunft nur noch »die Nettosteuerzahler, also Arbeitgeber und Arbeitnehmer in der privaten Wirtschaft« wählen lassen.[27] Alle übrigen, unter anderem Rentner, Beamte, Angestellte des öffentlichen Dienstes, Arbeitslose und Sozialhilfeempfänger sollten nicht mehr wählen dürfen. Ob dem Autor der ökonomische Widerspruch einer Gleichsetzung von Nettosteuerzahlern mit Arbeitgebern und Arbeitnehmern in der privaten Wirtschaft bewusst war, sei einmal dahingestellt, aber dennoch kurz problematisiert: Heutzutage gibt es gerade in der Privatwirtschaft Millionen von Selbständigen und

Arbeitnehmern mit einem so niedrigen Einkommen, dass sie keine Einkommensteuern zahlen, aber staatliche Transfers wie Kinder- oder Wohngeld erhalten. Damit sind sie keine Nettosteuerzahler, aber dennoch in der privaten Wirtschaft. Sollen diese nun wählen dürfen oder nicht? Und was ist mit den privaten Arbeitgebern, die so viel an staatlichen Subventionen erhalten und so stark von großzügigen steuerlichen Abschreibungsmöglichkeiten profitieren, dass sie zu Nettoempfängern staatlicher Zahlungen werden? Wahlrecht ja oder nein? Der Vorschlag »Wahlrecht für Nettosteuerzahler« ist aber auch deshalb unausgegoren, weil die Finanzwissenschaft gezeigt hat, dass derjenige, der eine Steuer bezahlt, diese in der Regel nicht in voller Höhe trägt. Er überwälzt nämlich einen Teil der Steuerlast zum Beispiel in Form höherer Preise für Endprodukte auf die Konsumenten oder in Form niedriger Löhne auf die Arbeitnehmer.[28] An den rein technischen Vorgang der Zahlung anzuknüpfen, ist also keineswegs zielführend, wenn man die tatsächlichen Träger der Steuerlast mit dem Wahlrecht belohnen möchte. Auch übersieht Lichtschlag die einfache Tatsache, dass die staatliche Altersrente eine Versicherungsleistung ist, auf die Rentner einen Rechtsanspruch haben, weil sie während ihres Erwerbslebens regelmäßig Versicherungsbeiträge bezahlt haben. Ähnliches gilt für die Arbeitslosenversicherung. Aber solche Feinheiten werden geflissentlich ignoriert, weil radikale Liberale wie Lichtschlag dem Recht auf uneingeschränkten Genuss eigenen Vermögens und der ungehinderten Verfügung darüber höchste Priorität einräumen.[29] Und diese Forderungen lassen sich einfacher durchsetzen, wenn die weniger wohlhabenden Schichten von den demokratischen Prozessen ausgeschlossen werden.

Die meisten Protagonisten des Kapitalismus sind momentan allerdings nicht gewillt, den Weg der Entmachtung über Einschränkungen des Wahlrechts zu beschreiten. Sie wissen genau, dass ein solches Ansinnen auf absehbare Zeit in den meisten Ländern noch auf den heftigsten Widerstand der Bürger treffen würde. Und sie haben es im Moment gar nicht nötig, auf dieses Mittel zu setzen. Denn die übrigen Schutzschranken gegen Enteignung und Machtverlust sind nach wie vor höchst wirksam.

INDIREKTE MACHTAUSÜBUNG

Prinzipiell kann das Volk auf zwei Arten herrschen, direkt oder indirekt. In einer *direkten* Demokratie trifft das Volk alle Entscheidungen ohne Umweg über Mittelsmänner oder Beauftragte. Hier ist das Volk Regierung und Parlament zugleich. Es lässt sich nicht durch Politiker vertreten, weshalb es auch keine Parlamentswahlen, sondern nur Abstimmungen über Sachfragen gibt.[30] In einer *indirekten* Demokratie bestimmt das Volk Repräsentanten, die dann in einem zweiten Schritt die Entscheidungen für das Volk treffen. Daher wird diese Herrschaftsform auch als repräsentative Demokratie bezeichnet. Mischformen sind möglich, wenngleich die westlichen Demokratien überwiegend durch repräsentative Elemente gekennzeichnet sind. Typische Instrumente direkter Demokratien wie Volksabstimmungen kommen auf nationaler Ebene regelmäßig vor allem in der Schweiz zum Einsatz sowie in einigen Gliedstaaten der USA oder in vielen Bundesländern.[31]

In einer repräsentativen Demokratie überträgt das Volk – zumindest zeitweise – seine Macht an Volksvertreter. Wie stark das Volk diese bis zur nächsten Wahl noch direkt beeinflussen kann, hängt im Wesentlichen davon ab, ob die Repräsentanten bei ihren Entscheidungen frei oder an Weisungen des Volkes gebunden sind. Ein *imperatives Mandat*, bei dem die Volksvertreter weisungsgebunden nur den Willen des Volkes vollziehen dürften, würde zwar eine enge Kopplung an den Volkswillen bewirken, aber damit hätte man im Prinzip wieder eine direkte Demokratie, nur dass der formale Akt der Abstimmung von den Volksvertretern vollzogen würde.

Dass sich fast überall die repräsentative Demokratie (ohne imperatives Mandat) durchsetzte, hat zum einen pragmatische Gründe. So waren die Transport- und Kommunikationsmittel zur Entstehungszeit vieler heutiger Demokratien noch nicht so weit entwickelt, als dass das Volk in großen Flächenstaaten über eine Vielzahl möglicher Optionen hätte diskutieren und über sie direkt abstimmen können. Selbst Jean-Jacques Rousseau, der Mitte des 18. Jahrhunderts seine einflussreiche Lehre der Volkssouveränität aufstellte, hielt es für unvorstellbar, »dass das Volk unaufhörlich versammelt bleibt, um öffentliche Angelegenheiten zu besorgen…«.[32] Aber auch die Sorge vor dem Wankelmut, der Irrationalität und der kurzfristigen Beeinflussbarkeit des Volkes durch Populisten war ein wichtiges Argument für eine repräsentative Demokratie. Und schließlich hielten die intellektuellen Anführer der

Demokratiebewegung die Masse des Volkes, die Ende des 18. Jahrhunderts in der Mehrzahl kaum lesen und schreiben konnte, einfach für zu wenig gebildet, um über sich selbst und andere mitbestimmen zu können. John Stuart Mill plädierte Mitte des 19. Jahrhunderts nicht zuletzt deswegen für eine repräsentative Demokratie, in der die wenigen Gebildeten über die Masse der in Staatsdingen Unerfahrenen regieren sollten.[33] Aber auch das Eigeninteresse des aufstrebenden Bürgertums spielt eine zentrale Rolle. Schließlich ging es ihm auch darum, die Aristokraten und Monarchen von der Macht zu vertreiben und selbst die Zügel in die Hand zu nehmen. Diesem Ziel kam man dann am nächsten, wenn man einerseits das Wahlrecht auf die Gebildeten oder Wohlhabenden beschränkte und andererseits die Repräsentanten aus der eigenen Schicht rekrutieren ließ.

Die Entscheidung für eine repräsentative Demokratie hat erhebliche Auswirkungen auf das Machtgefüge in einer Gesellschaft. Da in einer direkten Demokratie alle wichtigen Entscheidungen unmittelbar vom Volk getroffen würden, wäre der Spielraum derer, die die Entscheidungen ausführen, eng begrenzt. Die Regierung würde eng an der Leine des Souveräns geführt.

Dies ist in einer repräsentativen Demokratie anders. Bertolt Brechts Frage »Alle Macht geht vom Volke aus – nur wo geht sie hin?« stellt sich nur in einer repräsentativen Demokratie. In dieser entsteht neben der Machtebene des Volkes eine zweite Machtebene, die häufig etwas unscharf als »die Politik« bezeichnet wird. Damit sind in erster Linie die Volksvertreter, die Regierung und die von ihnen beauftragten Beratungsgremien und Kommissionen gemeint. Tatsächlich ist die Politik für den Zeitraum zwischen den Wahlen das eigentliche Machtzentrum in einer repräsentativen Demokratie und das Volk während dieser Zeit weitgehend entmachtet. Sie entscheidet auch in weitreichenden und für das Volk wichtigen Weichenstellungen, ohne es um seine Meinung zu fragen. So weigerte sich zum Beispiel die 1987 gewählte christlich-liberale Bundesregierung im Jahre 1990, die Bevölkerung in den westdeutschen Bundesländern über die Frage des Beitritts der DDR zur BRD (Wiedervereinigung) in irgendeiner Form mitbestimmen zu lassen.

Dennoch kann es sich eine Regierung nur schwer leisten, langfristig gegen den Volkswillen zu agieren. Denn zum einen kann eine als schlecht empfundene Regierung beim nächsten Urnengang abgewählt werden. Zum anderen riskiert sie Demonstrationen oder gar einen Aufruhr und so manche Regierung ist schon „von der Straße" zum Rücktritt gezwungen worden. Aber weder Abwahl noch Rücktritt ändern etwas an der Tatsache, dass getroffene Entscheidungen sich häufig nur unter sehr hohen Kosten oder gar nicht mehr rückgängig machen lassen. Insofern kommt es für die Politik zwischen den Wahlterminen vor allem darauf an, die öffentliche Meinung auf ihre Seite zu bringen, wenn sie unbequeme Maßnahmen durchsetzen will.

Die Rolle des Volkes ist in einer indirekten Demokratie im Wesentlichen darauf reduziert, alle paar Jahre neue Repräsentanten zu wählen. Schon Jean-Jacques Rousseau hatte die Nachteile dieses Verfahrens klar benannt und sich gegen eine Übertragung von Souveränitätsrechten auf Volksvertreter ausgesprochen. »Wie dem auch sein, von dem Augenblick an, wo ein Volk sich Vertreter gibt, ist es nicht mehr frei«.[34] Eine repräsentative Demokratie würde seiner Ansicht nach nur die ungerechte Welt des Feudalsystems wieder einsetzen.[35] Ob man unter solchen Bedingungen noch von einer gestaltenden Teilhabe der Bürger an den Belangen eines Gemeinwesens sprechen kann, ist mehr als fraglich. Für den Politologen Benjamin Barber wird in einer repräsentativen Demokratie die aktive Teilnahme und Teilhabe der Bürger ausgehebelt.[36]

Die Diskussion um die Vor- und Nachteile der repräsentativen Demokratie ließe sich noch lange fortsetzen, schließlich zerbrechen sich nicht nur die Gelehrten seit mehr als 2000 Jahren die Köpfe darüber. Für die Reichen hat die Einführung der repräsentativen Demokratie entscheidende Vorteile. Um ihre Ziele zu verwirklichen, brauchen sie nur noch die Mehrheit der Volksvertreter von ihren Plänen zu überzeugen, nicht mehr die Mehrheit des Volkes. Lobbyarbeit in den Parlamenten tritt an die Stelle von Diskussion und Willensbildung im Volk. Je besser eine bestimmte Lobby arbeitet, desto weiter können sich die Entscheidungen im politischen Bereich vom Willen der Mehrheit des Volkes entfernen. Weil gute Lobbyarbeit viel Geld kostet, können die Reichen ihre Interessen viel stärker durchsetzen als die Vertreter aus anderen gesellschaftlichen Gruppen. So regierte Ende des 19. Jahrhunderts die Eisenbahngesellschaft *Southern Pacific Railroad* den US-Bundesstaat Kalifornien de facto, weil sie Parlamentarier und Parteien finanzierte und dafür alle wichtigen Staatsämter mit ihr gewogenen Politikern besetzen konnte.[37] Es ist wohl nicht übertrieben zu behaupten, dass den Reichen und Mächtigen mit der Einführung der repräsentativen Demokratie eine wichtige Weichenstellung für die Erhaltung ihres Einflusses gelang.

BESCHRÄNKUNG DER REICHWEITE DEMOKRATISCHER ENTSCHEIDUNGEN

Selbst wenn man als Leitprinzip anerkennt, dass alle Macht beim Volke liegt, heißt das noch lange nicht, dass es machen kann, was es will. Jede Herrschaft muss wegen der Gefahr des Machtmissbrauchs wirkungsvoll begrenzt sein, auch die des Volkes. So darf es in einer aufgeklärten, zivilisierten Gesellschaft beispielsweise nicht zu einer Schreckensherrschaft mit Mord und Verfolgung kommen, selbst wenn große Teile des Volks dies so möchten. Die Befolgung des gerade erwähnten Leitprinzips legt auch nahe, dass weder das Volk noch seine Vertreter die Demokratie abschaffen oder außer Kraft setzen dürfen.

Die Problematik der Tyrannei der Mehrheit und der Schutz des Volkes vor sich selbst hat Praktiker wie Theoretiker der Demokratie gleichermaßen beschäftigt. Sie dreht sich im Kern um die Frage, wie weit die Entscheidungsbefugnis der Demokratie reichen soll. Die Lösung des Problems besteht prinzipiell in einer zweistufigen Absicherung gegen Machtmissbrauch. Auf der ersten Stufe werden unveräußerliche Rechte eines jeden Menschen und die grundlegenden Normen des Zusammenlebens einer Gesellschaft definiert.[38] Diese können zum einen auf normalem Weg von niemandem außer Kraft gesetzt werden. Außerdem werden sie von der öffentlichen Gewalt besonders geschützt. Der herausragende Status dieser Rechte zeigt sich darin, dass diese zumeist in einer Verfassung festgeschrieben sind. Diese ohne eine Revolution substantiell zu ändern, ist so gut wie unmöglich. Die zweite Stufe der Absicherung gegen die Tyrannei der Mehrheit ist ein ausgefeiltes System der Machtverteilung und gegenseitigen Machtkontrolle.[39] So ist in allen modernen Demokratien die Macht im öffentlichen Bereich auf drei Gewalten aufgeteilt. Die Macht, Gesetze zu erlassen, liegt bei der Legislative. Bei der Regierung (Exekutive) liegt das Recht der Ausführung der Gesetze. Eine unabhängige Rechtsprechung (Judikative) sorgt für die Durchsetzung der Gesetze. Die Zuständigkeiten sind so festgelegt, dass keiner Gewalt zu viel an öffentlicher Macht zukommt. Gleichzeitig kontrollieren sich die Gewalten und halten sich gegenseitig in Schach. Eine Vielzahl kleinerer Mechanismen sorgt für weitere Kontrolle. So müssen zum Beispiel die Gesetze in vielen Ländern vom Staatsoberhaupt formal in Kraft gesetzt werden. Dieses zweistufige System bestehend aus unveräußerlichen Rechten und Gewaltenteilung verhindert im Sinne eines aufgeklärten, demokratischen Geistes wirkungsvoll die Tyrannei der Mehrheit.

Dieses System kann aber zum Bumerang für eine Demokratie werden und mit zu ihrer Entmachtung beitragen. Dazu müssen die Rechte der Demokratie gar nicht *direkt* eingeschränkt werden. Es reicht schon, wenn bestimmte Regeln im Rechtssystem verankert werden, die den Kapitalismus schützen oder es ihm ermöglichen, sich auszudehnen. Dazu zählt insbesondere der Schutz vor Enteignung. Bis heute ist es dem Kapitalismus in der westlichen Welt gelungen, diese Rechte zu verteidigen und – durch Hinzufügen neuer – seine Macht weiter auszubauen. Ein besonders wirkungsvolles Mittel ist der Beitritt zu Internationalen Organisationen wie der Welthandelsorganisation (WTO). Durch seine Mitgliedschaft in der WTO wird ein Staat dazu verpflichtet, seine Gesetze mit den Regelungen der WTO vereinbar zu machen. Da diese die Ausdehnung des weltweiten Handels mit Gütern und Dienstleistungen zum Ziel haben, sind diese Regelungen ausgesprochen wirtschaftsfreundlich und erzwingen in vielen Fällen eine Änderung von Gesetzen, die z. B. zum Schutz der Umwelt oder von Arbeitnehmern erlassen worden waren.[40]

GEFÜHRTE DEMOKRATIE

Den bisherigen Ausführungen liegt ein Konzept von Demokratie zugrunde, das im Sinne Abraham Lincolns durch eine aktive Teilhabe des Volkes an der Herrschaft gekennzeichnet ist. Im Mittelpunkt steht dabei die Idee, dass der *Wille des Volkes* und nicht der Wille des Monarchen, der Aristokraten oder irgendeiner anderen Gruppe die Geschicke eines Landes bestimmen sollte. Die Meinungsbildung durch eine freie Diskussion, die aktive Teilhabe an demokratischen Prozessen, die Orientierung am Gemeinwohl und die Umsetzung des Volkswillens in die alltägliche Politik sind zentrale Elemente dieser Vorstellung von Demokratie, die im Folgenden als »partizipativ« bezeichnet wird. Sie ist eng angelehnt an die Gedanken von Jean-Jacques Rousseau, Hannah Arendt oder Benjamin Barber, um nur einige zu nennen.[41] In diesen Ansätzen sind der frei gebildete Volkswille und dessen Umsetzung innerhalb vernünftiger Grenzen die Grundvoraussetzung der Demokratie. Diese Theorien unterstellen, dass die Macht vom Volke ausgeht und auch bei ihm bleibt, selbst wenn rein technisch gesehen die endgültigen Entscheidungen von Repräsentanten getroffen werden.

Wie bereits in den Ausführungen zur historischen Entwicklung des Wahlrechts angeklungen, kann man Demokratie aber auch ganz anders auffassen, nämlich als Herrschaft einer vom Volk gekürten Elite, die nach der Wahl nicht mehr an den Volkswillen gebunden ist. Sie muss lediglich alle paar Jahre vom Volk bestätigt oder bei Nichtgefallen durch eine andere Elitegruppe ersetzt werden. Nicht mehr das Volk regiert das Volk, sondern eine Elite führt es, die, weil sie sowieso alles besser weiß und kann, sich vom Volke nichts mehr sagen zu lassen braucht. Dies ist zwar stark verkürzt und vielleicht auch etwas polemisch formuliert, trifft aber den Kern des Demokratieverständnisses dieser auch als »elitistisch« bezeichneten Demokratietheorien. Das Volk spielt in dieser Konzeption von Demokratie nur eine Rolle bei der Auswahl der Führer.

Am deutlichsten kommt der Grundgedanke der elitären Lenkung in der von Max Weber entwickelten Theorie der »plebiszitären Führerdemokratie« zum Ausdruck.[42] Von der Unterdrückung des Volkes im Kaiserreich und den teilweise chaotischen Zuständen gegen Ende des Ersten Weltkriegs geprägt, plädiert er zwar für ein allgemeines Wahlrecht und starke Parteien nach amerikanischem Vorbild, Ziel des demokratischen Prozesses ist aber die Wahl eines starken Regierungschefs. Dieser muss wohl die von der politischen Elite parlamentarisch erlassenen Gesetze befolgen – ist also kein unbeschränkter Herrscher – , ansonsten soll er aber als der starke Mann auftreten, die Interessengruppen bändigen und den autoritären Kapitalismus in Deutschland durch einen liberalen ersetzen.[43] Max Weber, der 1920 starb, verwendet den Begriff »Führer« wie andere Autoren der damaligen Zeit übrigens noch unbefangen. Einer Führerherrschaft, wie sie 13 Jahre nach seinem Tod etabliert wurde, hat er mit seiner Theorie der Führerdemokratie wohl kaum das Wort geredet.

Auch die Theorie der Konkurrenz um die Führerschaft des österreichischen Ökonomen Joseph Schumpeter gehört zu den Demokratieansätzen, in denen sich die Eliten als Leiter von Volk und Staat verstehen.[44] Im Unterschied zu Weber betont Schumpeter jedoch den Aspekt der Konkurrenz um die Führerschaft. Für ihn ist Demokratie auch kein Ziel, wie es in vielen partizipativen Demokratietheorien der Fall ist, sondern eine Methode, um »die Entscheidungsbefugnis vermittels eines Konkurrenzkampfs um die Stimmen des Volkes«[45] zu erwerben. Er identifiziert nicht mehr Bildung und Umsetzung des Volkswillens als ein zentrales Element der Demokratie. Die Hauptaufgabe der Wählerschaft besteht in einer Demokratie vor allem darin, eine Regierung hervorzubringen und gegebenenfalls abzuwählen.[46] Schumpeter misstraut der Urteilsfähigkeit der Menschen zutiefst, wenn sie über Dinge entscheiden müssen, die nicht in ihren persönlichen Lebensbereich fallen. Dies gilt selbst dann, wenn sie nicht von außen beeinflusst werden. »So fällt der typische Bürger auf eine tiefere Stufe der gedanklichen Leistung, sobald er das politische Gebiet betritt. […] Er wird wieder zum Primitiven.«[47] Wenn noch die Einflüsse von Werbung und Propaganda hinzukommen, ist eine freie Meinungsbildung beinahe unmöglich: »Wir sehen uns bei der Analyse politischer Prozesse weithin nicht einem ursprünglichen, sondern einem fabrizierten Willen gegenüber.«[48]

Wäre Schumpeter konsequent, müsste er die Abschaffung von Wahlen fordern. Denn warum sollten Primitive, deren Meinung geformt wird, in der Lage sein, eine intelligente Entscheidung bei der Auswahl ihrer Führer zu treffen? Diesen theoretischen Widerspruch löst er nicht auf, sondern er erklärt ihn damit, dass diese Form der Demokratie »ein Produkt des kapitalistischen Prozesses [ist].«[49] Sie war am besten geeignet dafür, die Bourgeoisie dabei zu unterstützen, die damals vorhandenen gesellschaftlichen Strukturen zur Etablierung ihrer eigenen Herrschaft und des Kapitalismus zu nutzen.

Zusammenfassend lässt sich sagen, dass die meisten Politikwissenschaftler in den westlichen Ländern heutzutage geführte Demokratien am Werk sehen, die sich weit von den Idealen einer Volksherrschaft entfernt haben. Ist bereits in repräsentativen Demokratien eine Schwächung bei der Umsetzung des Volkswillens zu beobachten, so sind die Wünsche und Anliegen der Menschen in geführten Demokratien nur noch vor den Wahlen ein Thema. Und selbst die prinzipiell schärfste Waffe der Wähler – die Abwahl der Regierung – ist stumpf, weil diese in den meisten Ländern nur durch das Parlament, aber nicht durch die Wähler geschehen kann.[50] Die Rolle des Bürgers beschränkt sich

in geführten Demokratien auf eine Bewertung der Handlungen des
Führungspersonals und die meisten Politikwissenschaftler und profes-
sionellen Beobachter erwarten eine »fortschreitende Entmachtung der
Bürger auf der Input-Seite des politischen Prozesses«.[51]

POSTDEMOKRATIE

Vorläufiger Höhepunkt dieser Kritik ist das Konzept der Postdemokratie. Der Begriff beinhaltet, dass auf die Demokratie eine nachdemo-
kratische Phase folgt, ähnlich wie auf die Moderne eine Postmoderne
gefolgt ist. Kennzeichen solcher Postphasen ist das Nebeneinander
alter und neuer Einflüsse. Das Alte ist noch erkennbar, die neue Phase
hat sich aber noch nicht so weit durchgesetzt, als dass schon klar wäre,
wie das Neue aussehen würde. In dieser Zeit des Umbruchs hat das
Neue noch keinen Namen, daher wird der bisherigen Bezeichnung die
Vorsilbe »post« vorangestellt.[52]

   In diesem Sinne verwendet der Politikwissenschaftler Colin Crouch
den Begriff Postdemokratie, um seine These zu belegen, dass sich die
westlichen Gesellschaften immer weiter von den Ideen und der gelebten
Praxis der Demokratie entfernen.[53] Für ihn sind freie Willensbildung,
Wahlmöglichkeiten sowie die Teilhabe der Bürger an gesellschaftlichen
Prozessen Kernelemente jeder Demokratie, so wie es das Zitat am An-
fang dieses Kapitels zum Ausdruck bringt. Crouch sieht alle drei in der
Realität immer weiter zurück gedrängt, wodurch postdemokratische
Verhältnisse entstehen. Diese sind dadurch gekennzeichnet, dass die
Herausbildung des Volkswillens und Wahlen der Bürger *formal* zwar
noch vorhanden, *inhaltlich* aber ausgehöhlt sind.[54]

   Wahlen werden in der Postdemokratie zwar noch abgehalten, aber
alles andere, was eine Demokratie auszeichnet, fehlt. Öffentliche Debatten dienen nicht mehr der Information und Willensbildung, sie
sind zu Schaukämpfen verkommen, in denen Politiker und PR-Berater
immer wieder ihre Botschaften wiederholen. Und selbst in den Wahlkämpfen werben die Parteien beim Wähler vor allem mit charisma-
tischen oder zumindest sympathischen Personen, die sich inhaltlich
nur wenig festlegen. Der Wähler soll in einer Postdemokratie alle paar
Jahre seine Stimmen verteilen und die Gewählten dann machen lassen,
was sie für richtig halten.

Crouch identifiziert das globale Unternehmen als Schlüsselinstitution der postdemokratischen Welt und bringt dieses in Zusammenhang mit Entwicklungen, die der Demokratie schaden. Dazu zählen insbesondere der Einfluss von Interessengruppen und ökonomischen Eliten sowie die nachlassende Wächterfunktion der Medien.[55] Darüber hinaus sind für ihn die Auflösung der traditionellen Klassen der Industriegesellschaft sowie die veränderte Rolle der Parteien zentral für den Weg in die Postdemokratie. Symptome postdemokratischer Zustände sind eine niedrige Wahlbeteiligung, Langeweile und Unzufriedenheit mit dem politischen System.[56]

Während sowohl in partizipativ als auch elitistisch geprägten Demokratien das Volk eine mehr oder weniger wichtige Rolle spielt, ist es in der Postdemokratie praktisch ohne Einfluss. Selbst bei Wahlen haben nur Parteien eine Chance, die sich kaum voneinander unterscheiden. Die Wähler haben zwar die *Wahl*, aber keine *Wahlmöglichkeit* mehr. Für Ritzi und Schaal ist die Postdemokratie in der Quintessenz »eine Scheindemokratie im institutionellen Gehäuse einer vollwertigen Demokratie.«[57]

Wie aber hat man sich eine Postdemokratie in der Realität vorzustellen? Da noch kein Land vollständig in einen postdemokratischen Zustand übergegangen ist, lässt sich kein real existierendes Beispiel anführen. Vereinfacht sieht eine Postdemokratie in etwa so aus: Ihre oberste Maxime ist die Unterordnung der Politik unter die Interessen der globalen Unternehmen. Eine freie Willensbildung findet aufgrund der von Wirtschaftsinteressen dominierten Presse nicht mehr statt. Es gibt zwar formal noch Wahlen und politische Parteien, aber im Kern vertreten alle politisch aussichtsreichen Gruppierungen ähnliche Inhalte. Selbst Volksabstimmungen können wegen des fabrizierten Volkswillens kein Korrektiv mehr sein. Die politische Führung braucht deshalb auch keinen engen Kontakt zum Volk mehr. Die Parlamente setzen das in Gesetze um, was den globalen Unternehmen nutzt. Crouch sieht Italien unter Silvio Berlusconi als relativ weit fortgeschritten auf dem Weg in eine Postdemokratie, aber auch die USA dürften spätestens seit Bill Clinton ein gutes Stück in diese Richtung vorangekommen sein.

Crouchs These, dass viele westliche Gesellschaften schon fast Postdemokratien seien, ist umstritten. Kritiker bemängeln, dass es sich »um eine scharf zugespitzte Zentralthese [...] ohne empirische Basis [handelt]«[58] – ein Vorwurf, der angesichts der Vielzahl von Belegen, die Crouch anführt, etwas übertrieben scheint. Hinzu kommt, dass Crouch Unterstützung von einer Vielzahl von Wissenschaftlern, Beobachtern und selbst Politikern erhält, die wie er die westlichen Demokratien ausgehöhlt und das Volk weitgehend entmachtet sehen, ohne dass sie sich notwendigerweise den Begriff der Postdemokratie zu eigen machen.

KRITIK REAL EXISTIERENDER DEMOKRATIEN

Der Rechtsphilosoph Danilo Zolo lieferte bereits 1992 eine Zustands-beschreibung moderner westlicher Demokratien, die sich in etwa mit der von Colin Crouch deckt, allerdings verwendet Zolo noch nicht den Begriff Postdemokratie. Fünfzehn Jahre vor Crouch macht er in seinem Buch mit dem englischen Originaltitel »Democracy and Complexity« hauptsächlich die zunehmende Komplexität der Welt für den Nieder-gang der Demokratie verantwortlich. Laut Zolo wird die Welt für die Bürger objektiv immer weniger durchschaubar, was diese verunsichert. Die Mehrheit sehnt sich nach Sicherheit und klaren Verhältnissen; sie bevorzugt daher charismatische Führer, die den Wählern das Gefühl geben, alles souverän im Griff zu haben. Unterstützt von den Medien, die für Zolo eine zentrale Rolle spielen, entsteht »Die demokratische Fürstenherrschaft«, so der deutsche Titel des Buches. Das Volk hat zwar formal noch die Macht, wird aber an deren Ausübung faktisch gehindert. Regelmäßige Wahlen gaukeln ihm vor, doch noch etwas entscheiden zu können. »Individuen, die [...] über keinerlei politi-sche Macht verfügen, werden mit der Möglichkeit belohnt, an einem öffentlichen Ritus teilzunehmen, bei dem man kollektiv über ein gemeinsames Schicksal entscheidet bzw. vorgibt zu entscheiden.«[59]

Völlig überraschend hieb 2007 mit Al Gore ein ehemaliger Spit-zenpolitiker in dieselbe Kerbe. In seinem Buch »Angriff auf die Ver-nunft« setzt er sich eingehend und schonungslos mit den Mängeln der Demokratie in den USA auseinander, also dem Land, in dem er unter Präsident Bill Clinton von 1993 bis 2001 Vizepräsident war: Die demokratischen Ideale der Gründerväter seien kaum noch zu erken-nen. Deren demokratisches Glaubensbekenntnis, dass sich auf dem Marktplatz der Ideen die beste durchsetzt und das vernunftbegabte Volk sich im Konsens auf das einigt, was für die Gesellschaft und nicht für Einzelne am besten ist, sei bis zur Unkenntlichkeit entstellt. Nicht mehr die Vernunft regiere, es dominierten die Interessen der Wirtschaft, die ihre ökonomische Macht gezielt in politische Macht ummünze. Diese »Verbindung von Wohlstand und Macht [stellt] die tödlichste Gefahr für die Demokratie dar.«[60] Die Bedrohung »entsteht […] aus dem dramatischen Wandel der Kommunikation zwischen unseren Bürgern.«[61] Durch Radio und Fernsehen sei an die Stelle des demokratischen Dialogs der indoktrinierende Monolog getreten. Von diesem Ausgangspunkt aus, der an das Konzept der »Refeudalisierung der Öffentlichkeit« von Jürgen Habermas angelehnt ist, legt Al Gore dar, wie stark die Wirtschaft mit Hilfe der Medien die Demokratie und Politik unter ihre Kontrolle gebracht hat. Während bis Ende der 1970er Jahre das Pendel der Macht mal stärker zur Demokratie, mal stärker zur Wirtschaft ausschlug, änderte die Deregulierung der Wirtschaft während der Präsidentschaft Ronald Reagans (1981–1989) dieses langfristig ausgewogene Verhältnis. Unter Präsident George W. Bush (2001–2009) erreichten die Verfilzung von Wirtschaft und Politik sowie die Aushöhlung des demokratischen Meinungsaustausches ihren vorläufigen Höhepunkt. Die Kritik Al Gores an den US-amerikanischen Verhältnissen ist an Klarheit kaum zu überbieten: »Das Ganze läuft gewissermaßen auf einen Staatsstreich gegen das Vernunftprinzip hinaus. Gier und Geld entscheiden in unserer heutigen Gesellschaft über die Macht im Staat, und wer sie gewinnt, missbraucht sie, um Wohlstand und Einfluss auf einen immer enger werdenden Kreis zu beschränken.«[62] Obwohl Al Gore, der Ende 2007 den Friedensnobelpreis für sein Engagement im Umweltschutz erhielt, den Begriff Postdemokratie meidet, liegt er mit seiner Diagnose der amerikanischen Situation dicht an dem Zustand, den Colin Crouch damit bezeichnet. Daran hat sich auch unter Präsident Obama nichts geändert, obwohl er im Wahlkampf 2008 mehr Demokratie und Transparenz versprochen hatte.

Aber nicht nur Politikwissenschaftler und Spitzenpolitiker sorgen sich um die westliche Demokratie. Auch Ökonomen zeigen sich zunehmend besorgt. Einer von ihnen, Robert Reich, der unter Präsident Bill Clinton Arbeitsminister war, veröffentlichte ebenfalls 2007 ein Buch mit dem Titel »Supercapitalism – The Transformation of Business, Democracy, and Everyday Life«. Reichs zentrales Argument lautet, dass der in den 1970er Jahren aufgekommene Superkapitalismus den Investoren und Konsumenten immer mehr Macht in die Hände gegeben hat. Intermediäre wie die großen Kaufhausketten oder Investmentfonds bündeln die Nachfrage der einzelnen Nachfrager und Investoren. Damit erhalten sie Nachfragemacht. Sie üben gegenüber produzierenden Unternehmen großen Druck aus. Die Handelsketten drücken die Löhne ihrer Angestellten und Preise ihrer Zulieferer. Die Investmentfonds üben ähnlichen Druck durch die Forderung hoher Renditen aus.[63]

Hart geht er auch mit uns Bürgern ins Gericht, denn an niedrigen Löhnen und geringerer Arbeitsplatzsicherheit seien wir mit schuld. Wer als Anleger zum Beispiel Spitzenrenditen fordere, setze die Banken und Investmentfonds unter Druck, der an die Unternehmen weitergegeben wird, worauf diese mit Kosten- und Lohnsenkung reagieren würden. Wer am Bankschalter eine hohe Verzinsung für sein Erspartes fordere, brauche sich nicht zu wundern, wenn er später von seinem Unternehmen, das eine höhere Rendite erwirtschaften muss, den Lohn gekürzt bekommt. Ähnliches gilt für den Konsumenten, der vorwiegend bei den großen Discountern einkauft.[64] Ebenfalls stark kritisiert Reich die Lobbygruppen, die seiner Ansicht nach vor allem deshalb entstehen, weil die Unternehmen durch die weltweite Konkurrenz gezwungen sind, die Politik zur Erhaltung ihrer Wettbewerbsfähigkeit einzusetzen.[65]

Reichs Argumentation bezieht sich im Wesentlichen auf die wirtschaftliche Seite. Bei ihm klingt der Absturz der Demokratie auch etwas weniger dramatisch als bei Crouch, Zolo oder Al Gore, was aber daran liegt, dass er sich nur am Rande mit den grundlegenden Fragen der Demokratie beschäftigt und kaum auf die Auswirkungen des Superkapitalismus auf die Demokratie eingeht. Er sieht die Demokratie vor allem deshalb geschwächt, weil sich am Ende die finanzkräftigsten Lobbygruppen durchsetzen.

Friedhelm Hengsbach, Jesuit und emeritierter Professor für christliche Gesellschaftsethik, beginnt seinen Aufsatz »Demokratischer Kapitalismus?« mit dem Verweis auf die gesellschaftliche Übermacht der Ökonomie. Seiner Auffassung nach liegt der Kapitalismus vor allem mit einer Vielzahl von Menschenrechten, die Grundlage jeder demokratischen Betätigung sind, im Widerstreit. Dazu zählen z.B. das Recht auf Freiheit und soziale Sicherheit, das Recht auf Nahrung, das Verbot von Sklaverei und Leibeigenschaft und das Recht auf bezahlte,

den Lebensunterhalt sichernde Arbeit. Trotz ihrer prinzipiellen Un-
vereinbarkeit sind Kapitalismus und Demokratie nach Hengsbach eine
geschichtlich bedingte Zweckgemeinschaft eingegangen.[66] Solange sich
aber weltweit die Menschenrechte nicht dauerhaft gegen den Kapitalismus durchsetzen lassen, ist die Demokratie durch die Aushöhlung
ihrer Grundlagen bedroht. Denn nur wenn die elementaren Grundbedürfnisse der Menschen hinreichend gesichert sind, können sich diese
an demokratischen Verfahren überhaupt erst beteiligen.[67]

Der Essay »Enjoy Capitalism« von René Buchholz beschreibt mit
dem Untertitel »Zur Erosion der Demokratie im totalen Markt« bereits
seine These: Die ökonomische Logik hat sich verselbständigt, wird
totalitär und drängt alle anderen Bereiche der Gesellschaft an den
Rand.[68] Die Demokratie wird beständig geschwächt, bis sie nur noch
ein Anhängsel der Wirtschaft ist. Als Fundamentaltheologe wählt
Buchholz einen anderen Zugang zum Thema als die bislang erwähnten
Kritiker: Er kontrastiert den realen Totalitarismus der Ökonomie mit
philosophischen und theologischen Normen und kommt zu dem Ergebnis, dass die anonymen Regeln und Mechanismen des Marktes das
Individuum in das Korsett des kapitalistischen Systems zwängen und
es seiner Freiheit berauben. Diese »reduziert sich auf die phantasievol-
le und intelligente Anpassung an die Forderungen des Marktes.«[69] Für
Buchholz ist die Selbstentmachtung des Individuums durch Technik
und Wissenschaft, aber vor allem durch die Regeln des totalen Marktes
der Hauptgrund für die Erosion der Demokratie.

Der Sprachwissenschaftler Noam Chomsky vom Massachusetts
Institute of Technology, der als einer der führenden Intellektuellen der
USA gilt, macht in seinem Buch »Profit over People« die Ideologie des
Neoliberalismus und die Manipulation der Öffentlichkeit für den Niedergang der Demokratie verantwortlich. Allerdings, so merkt er beinahe sarkastisch an, könne man auch von einem Sieg der Demokratie
sprechen, wenn man berücksichtigt, was die Chefideologen der freien
Märkte darunter verstehen, nämlich »gesellschaftliche Kontrollmecha-
nismen zum Schutz der reichen Minderheit.«[70] Auf die Unterschiede
zwischen Demokraten und Republikanern angesprochen, antwortete
er in einem Interview kurz vor den amerikanischen Präsidentschaftswahlen 2008: »Niemand sollte sich Illusionen machen. Die USA sind
im Kern ein Einparteiensystem, und diese eine regierende Partei ist die
Business-Partei.«[71] Jeffrey Sachs, einer der bekanntesten Ökonomen

der USA, kommt vier Jahre später zu einem ganz ähnlichen Urteil, obwohl Demokraten und Republikaner angesichts von Untersuchungsausschüssen und Gerichtsverfahren gegen die Wall Street im Zuge der Finanzkrise angekündigt hatten, die Macht der Konzerne beschneiden zu wollen: »Beide Parteien sind in gleichem Maße abhängig von großen Unternehmen und mächtigen Wahlkampfspendern. [...] Sowohl Republikaner als auch Demokraten sind eng verstrickt in das Machtgefüge aus Geld und Politik. Die Wahrheit ist, dass keine der politischen Parteien ernsthaft die breiten Interessen der Öffentlichkeit repräsentiert.«[72] Das hört sich schon sehr nach Postdemokratie an!

Der Schweizer Soziologe Jean Ziegler, emeritierter Professor der Universitäten Genf und Paris-Sorbonne, bis 1999 Nationalrat im Schweizer Parlament, geht sogar noch einen Schritt über den Begriff der Postdemokratie hinaus. Er spricht von einer »Refeudalisierung der Welt«, deren treibende Kraft die großen Konzerne seien.[73] Den neuen Feudalherren ginge es um nichts anderes als »die Anhäufung größtmöglicher Profite in möglichst kurzer Zeit, die kontinuierliche Ausdehnung ihrer Macht und Beseitigung jedes sozialen Hindernisses, das sich ihren Dekreten widersetzt.«[74]

FAZIT

Die Liste von Autoren, die die westlichen Gesellschaften durch den von Viviane Forrester 1997 beschriebenen »Terror der Ökonomie« auf dem Weg in postdemokratische Zustände sehen, lässt sich noch um einige verlängern. Dies gilt insbesondere, wenn man Autoren mit einbezieht, die man politisch gewöhnlich als Kommunisten oder Sozialisten einstufen würde.[75] Wie groß muss aber die Unzufriedenheit über die Umsetzung der demokratischen Ideale sein, wenn Politiker und Wissenschaftler aus der Mitte der Gesellschaft die Vorherrschaft der Wirtschaft kritisieren, wenn das Volk immer weniger zu den Wahlurnen schreitet und immer unzufriedener mit dem westlichen Gesellschaftssystem wird? Definiert man Demokratie nach Abraham Lincoln als »die Regierung des Volkes, durch das Volk und für das Volk«, dann muss man wohl zu Recht enttäuscht sein über das Ausmaß der Mitwirkung durch das Volk in der Gesellschaft.[76]

Ich habe in diesem Kapitel Wissenschaftler aus den unterschiedlichsten Bereichen und ehemalige Spitzenpolitiker stellvertretend für viele andere genannt, die den Zustand der westlichen Demokratien zumindest als kritisch betrachten. Jeder dieser Autoren steuert wichtige Punkte zur Diagnose der gegenwärtigen Krise der Demokratie bei. Doch bei allen Unterschieden in der Herangehensweise und Analyse kristallisieren sich die Veränderungen in der Wirtschaft als eine der Hauptursachen heraus. Ähnlich sieht dies im Übrigen eine Vielzahl kritischer Journalisten und Blogger. Aber auch der ganz normale Bürger spürt, dass ökonomische Aspekte und Kriterien bei vielen Entscheidungen im privaten und öffentlichen Bereich einen immer größeren Raum einnehmen.

In dieser Diskussion kommen bislang meines Erachtens aber zwei Punkte zu kurz: Zum einen fehlt eine zusammenfassende Darstellung, die die vielen kleinen Mechanismen und Mittel der Entmachtung sowie deren Zusammenspiel beschreibt. Wo der Kapitalismus ansetzt, um die Demokratie zu entmachten, habe ich in diesem Kapitel bereits angedeutet. *Wie* er dabei in real existierenden Demokratien genau vorgeht, analysiere ich ausführlich in Teil II.

Zum anderen wird das massive Eigeninteresse des Kapitalismus an der Entmachtung der Demokratie zu wenig thematisiert. Um sich voll entfalten zu können und immer weiter Kapital anhäufen zu können, braucht der Kapitalismus aber die Macht, die wirtschaftlichen Rahmenbedingungen zu seinen Gunsten zu ändern. Kapitel 4 dieses Buches ist daher dem Verhältnis von Kapitalismus und Demokratie gewidmet. Darin begründe ich, *warum* der Kapitalismus danach strebt, die Demokratie de facto zu entmachten, de jure jedoch intakt zu lassen. Zunächst ist es jedoch notwendig, genau darzulegen, was Kapitalismus ist und wie er zu der Macht gelangen konnte, die er heute bereits innehat. Diesen Themen sind die nächsten beiden Kapitel gewidmet.

2 – KAPITALISMUS

Die kapitalistische Wirtschaftsordnung braucht diese Hingabe an den Beruf des Geldverdienens.

Max Weber (Deutscher Soziologe, 1905)

Wörter, die mit der Nachsilbe -ismus enden, haben es in sich. Denn diese Wörter bezeichnen z. B. Lehren, Systeme, dominierende Eigenschaften oder Ideologien. Einige von ihnen sind relativ klar definiert und werden neutral gebraucht, wie z. B. das Wort Mechanismus. Andere haben eine abwertende Bedeutung, wie Aktionismus. Der Begriff Kapitalismus scheint beinahe alles in einem zu sein. Er wird einmal verstanden als die Lehre vom Kapital und seiner gesellschaftlichen Auswirkungen, deren Grundlagen Karl Marx in »Das Kapital« gelegt hat.[77] Zum anderen bezeichnet der Begriff ein ökonomisches System, das auf Privateigentum, Wettbewerb und Marktkoordination beruht. In dieser Bedeutung wird er in der modernen Volkswirtschaftslehre gebraucht. Zum Dritten ist er eine Ideologie – oder zumindest ein Teil – davon, die die Segnungen der freien Märkte und des freien Unternehmertums betont. Als Ideologie wird der Kapitalismus von seinen Anhängern verehrt, von seinen Gegnern verdammt. Durch seine ideologische Deutung wurde er im Laufe der Zeit immer mehr zu einem immer unschärfer werdenden Kampfbegriff, zumindest in der öffentlichen Diskussion.

Der französische Historiker Fernand Braudel datiert die Entstehung des Begriffs Kapitalismus auf das 18. Jahrhundert, der Begriff wird aber bis Mitte des 19. Jahrhunderts nur wenig verwendet. Im »Kapital« von Karl Marx kommt er gerade einmal vor.[78] Obwohl Marx und andere Autoren des 19. Jahrhunderts über den Kapitalismus schrieben, benutzten sie vorwiegend Termini wie das kapitalistische System, das Kapital oder der Kapitalist. In die wissenschaftliche Debatte eingeführt wurde der Begriff Anfang des 20. Jahrhunderts von Werner Sombart durch sein Werk »Der moderne Kapitalismus«.[79]

DER KERN DES KAPITALISMUS

Nachdem sich die Welt nun schon mehr als 200 Jahre mit dem Kapital und seinen gesellschaftlichen Auswirkungen beschäftigt, liegt ein breites Spektrum an Analysen, Erkenntnissen und Definitionen des kapitalistischen Systems vor, die sich zum Teil allerdings widersprechen. Trotzdem hat sich herauskristallisiert, was das Wesen des Kapitalismus ist: Der Einsatz von Kapital durch private Unternehmen im Wirtschaftsprozess zur Erzielung einer Rendite und die Reinvestition der Gewinne, um den Kapitalstock zu vergrößern. Dieser Prozess wird auch als Akkumulation bezeichnet. Er führt letztendlich zur Anhäufung von Kapitalvermögen in privater Hand. Der *Kern* des Kapitalismus lässt sich somit ganz allgemein als »*Kapitalakkumulation durch den Einsatz formell friedlicher Mittel*« definieren.[80]

Primär ist der Kapitalismus also ein legales System zur Anhäufung von Sach- und Finanzkapital, als Nebeneffekt stattet er seine Protagonisten mit Prestige, Macht und Wohlstand aus. Daneben gibt es Ausformungen des Kapitalismus, die entweder illegal sind (z. B. die Mafia) oder aus ethischer Sicht höchst problematisch (z. B. die Ausbeutung anderer Völker im Zuge des Imperialismus). Diese von Max Weber als »Raubkapitalismus« bezeichnete Spielart ist »so uralt wie die uns bekannte Geschichte…«, aber er warnt davor, ihr zu viel Aufmerksamkeit zu schenken, weil der auf einer rationalen Betriebsführung aufgebaute legale Teil des Kapitalismus für die Gesellschaft weitaus prägender ist.[81] Zwar ist es ethisch verwerflich, wenn Vertreter des kapitalistischen Systems kriegerische oder räuberische Mittel einsetzen, um ihre Geschäfte zu tätigen. Aber mit dem Kapitalismus in Reinform, der im Zentrum dieses Buches steht, hat die Anwendung von Gewalt zur Erreichung von Vorteilen wenig zu tun. Da hier aufgezeigt werden soll, wie stark bereits der legalisierte Kapitalismus die Macht des Volkes beschneidet, stehen vorwiegend die formal friedlichen und legalen Methoden im Mittelpunkt der Analyse. Dass eine Demokratie durch Korruption, Vetternwirtschaft oder organisierte Kriminalität geschwächt wird, steht außer Frage.

Die Akkumulation von Kapital mit friedlichen Mitteln als Kerndefinition ist allen ernsthaften Analysen des Kapitalismus gemeinsam. Was den Kapitalismus nach der einen oder anderen Lesart sonst noch auszeichnet, ist entweder abhängig vom historischen Kontext oder einer besonderen Eigenschaft, die ein Betrachter gerade herausstellen möchte. Im Kapitalismus des 16. und 17. Jahrhunderts konnte akkumuliert werden, weil die Könige den Kaufleute weitreichende Privilegien einräumten. Die Handelsfirmen hatten damals Monopolstellungen inne, die ihnen Schutz vor Konkurrenz und eine erhebliche Reduktion des wirtschaftlichen Risikos brachten.[82] Die Kaufleute von Amsterdam wurden im 17. Jahrhundert reich, weil nur sie mit einer Vielzahl von Gütern handeln durften.[83] So wird diese Phase als Handelskapitalismus bezeichnet, weil Akkumulation vor allem durch Kaufleute stattfand.

Wenn man den Kapitalismus über die Akkumulation hinaus noch über besondere Gegebenheiten oder historische Kontexte definiert, dann führt dies analytisch zu einer Vielzahl von Kapitalismen.[84] So finden sich in der Literatur der Handels-, Industrie- und Finanzkapitalismus, ebenso wie der Früh-, Hoch- und Spätkapitalismus, der angelsächsische und der rheinische Kapitalismus oder der Kasino- und der Raubtierkapitalismus.[85] Nützlich sind solche Kategorisierungen, wenn es um Vergleiche oder Analysen von Zeiträumen oder Regionen geht, in denen der Kapitalismus vorherrscht. Da ich einerseits beabsichtige, ganz allgemein zu zeigen, dass der Kapitalismus zur vollen Entfaltung seines Wesens – nämlich der Akkumulation – die Demokratie beinahe gezwungenermaßen entmachten muss, werde ich weiterhin nur vom »Kapitalismus« sprechen.

WER IST KAPITALIST?

Nach der soeben vorgenommenen Kerndefinition von Kapitalismus könnte man jeden als Kapitalisten bezeichnen, der sich direkt oder indirekt am Prozess der Akkumulation beteiligt. Damit wäre jeder, der etwas Geld hat und es verzinst auf ein Sparbuch legt, Kapitalist. Denn er muss ja wissen, dass seine Bank oder Sparkasse dieses Geld weiter an Unternehmen verleiht, die zum Zwecke der Akkumulation investieren. Die meisten Menschen in den entwickelten Ländern wären dann Kapitalisten; was immer der Kapitalismus in einer Gesellschaft anrichtet – ob zum Guten oder Bösen – , wäre der Verdienst oder die Schuld aller.

Diese Position machen sich vor allem Verteidiger des Kapitalismus zu eigen. Sie ist bequem, weil sich die Vorwürfe gegen den Kapitalismus dann automatisch gegen alle richten. Wenn etwas schiefläuft, wie in der Finanzkrise von 2008, sind es die gierigen Anleger, die die Bankmanager dazu bringen, hohe Risiken einzugehen. Wenn die Löhne der Arbeiter überall auf der Welt gedrückt werden, dann ist es die »Geiz-ist-geil-Mentalität« der Konsumenten, die immer alles zum niedrigsten Preis kaufen wollen. Die bedauernswerten Banken oder

Discounter hätten gar keine andere Wahl als den Willen der Mehrheit umzusetzen.[86]

Diese Argumentation ist aber aus mindestens zwei Gründen problematisch. Zum einen verwechselt sie Ursache und Wirkung. *Aldi, Ikea* oder *Wal-Mart* wurden nicht gegründet, weil die Konsumenten bei den Herren Albrecht, Kamprad oder Walton[87] an die Tür klopften und sie bedrängten, Nahrungsmittel, Möbel oder ein ganzes Supermarktsortiment zu Niedrigstpreisen bereitzustellen. Diese Männer begaben sich auf Neuland und wussten nicht, ob sich ihre Investitionen und ihr Einsatz auszahlen würden. Sie haben klein angefangen, ihr Imperium Schritt für Schritt aufgebaut und sich gegen die am Markt bereits etablierte Konkurrenz durchgesetzt. Dieser Leistung gebührt die entsprechende Anerkennung, aber es ist in erster Linie eine unternehmerische Leistung, darauf ausgerichtet, einen möglichst hohen Gewinn für sich selbst zu erzielen. Wenn es vorrangiges Ziel dieser Unternehmensgründer gewesen wäre, die Menschen zu möglichst niedrigen Preisen mit Waren zu versorgen, hätten sie ihre Gewinne nicht zu einem zweistelligen Milliardenvermögen anzuhäufen brauchen. Dann wäre es besser gewesen, die Preise zu senken und die Waren auf Kosten des Gewinns noch günstiger an die Konsumenten abzugeben. Ähnliches gilt für Kleinsparer, die auch den Banken nicht die Türen eingerannt haben, um möglichst hohe Zinsen zu bekommen – im Gegenteil. Bis die *Berater* in den Banken zu provisionsgeleiteten *Verkäufern* mutierten, die ihren Kunden höhere Renditen versprachen, wenn sie die von der eigenen Bank herausgegebenen Produkte erwerben, platzierten die meisten Anleger ihre Ersparnisse im wahrsten Sinne des Wortes konservativ, d. h. Wert erhaltend.[88] Sie legten ihr Geld in niedrig verzinsten Sparkonten an, mit denen sie eine kleine, aber sichere Rendite erzielen konnten. Wer so anlegt, verlangt keinen Ertrag von 25 % auf sein eingebrachtes Kapital und er veranlasst damit keine Bank, hohe Risiken einzugehen. Ihm reicht es, wenn die Bank sein Geld mit einem Aufschlag von ein paar wenigen Prozentpunkten an solide Kreditnehmer weiterreicht und daraus seine Zinsen erwirtschaftet, also die klassische Funktion einer Bank wahrnimmt. Der Kleinanleger ist also weder Ursache noch Auslöser für riskante Bankgeschäfte.

Das Argument »Wir sind doch alle Kapitalisten« ist aber noch aus einem zweiten Grund problematisch. Es erinnert fatal an die Kollektivschuldthese, die nach dem Zweiten Weltkrieg in Deutschland heftig diskutiert wurde und nach der *alle* Deutschen mitschuldig an den Verbrechen der Nazis gewesen sein sollten. Die Philosophin Hannah Arendt hat dieser These mit bemerkenswerter Klarheit eine Absage erteilt, weil Menschen einen freien Willen hätten und Schuld somit immer etwas Individuelles sei. Außerdem führt die Kollektivschuld zur Entschuldung Einzelner, denn wenn alle irgendwie als kleines Rädchen am System beteiligt sind, dann ist am Ende niemand schuldig, sondern das System.

Diese Haltung nehmen vor allem Topmanager und Mitarbeiter der Finanzbranche im Hinblick auf die Krise von 2008 ein. Wie die Soziologen Honegger, Neckel und Magnin in ihrem Buch »Strukturierte Verantwortungslosigkeit« dokumentieren, ist jeder – vom Top-Manager bis hin zum Kundenberater – von zwei Dingen überzeugt: »Zum einen sind im Prinzip *alle* schuld an der Krise gewesen« und zum Zweiten »waren es immer die anderen, die uns die Finanzkrise eingebrockt haben.«[89] Aber auch Politiker denken in dieser Kategorie. So vertrat Horst Köhler als Bundespräsident im März 2009 in seiner Berliner Rede die Position, dass die »tiefere Lehre aus der Krise« gebündelt werden könne in dem Satz: »Wir haben *alle* über unsere Verhältnisse gelebt.«[90] Ganz ähnlich äußerte sich Bundeskanzlerin Angela Merkel 2010 auf dem ökumenischen Kirchentag in München und im Juni 2012 auf einer Tagung der Stiftung Familienunternehmen. Beide weisen damit den Menschen in Deutschland, darunter auch den Empfängern von Sozialhilfe und den Geringverdienern, eine Mitschuld an der Finanzkrise zu. Diese Einschätzung dürfte wohl kaum den Tatsachen entsprechen, denn Frührentner, Arbeitslose, Sozialhilfeempfänger und Geringverdiener konnten gar nicht mehrere Jahre lang über ihre Verhältnisse leben und sie haben auch die Finanzkrise weder verursacht noch ausgelöst.[91] Aber diese Art der Argumentation spielt genau denjenigen in die Hände, die von ihrer individuellen Verantwortung ablenken wollen.

Dass sich die Verteidiger des Kapitalismus gerne auf die Position zurückziehen, alle seien verantwortlich für die negativen Auswüchse, ist verständlich, verschleiert aber die Realität. Denn jedes gesellschaftliche System hat seine treibenden Kräfte, seine Eliten, die ihre Agenda voranbringen und die stärker als die übrigen von der Durchsetzung ihrer Ideen profitieren. Diese Agenda ist aber nicht nur für Glanz und Gloria verantwortlich, den die Wirtschaftseliten gerne für sich reklamieren, wenn es gut läuft, sondern auch für die dadurch verursachten Krisen. Weil es keine *kollektive* Verantwortung für die Etablierung und Aufrechterhaltung des Kapitalismus gibt, werden in diesem Buch nur diejenigen als »Kapitalisten« bezeichnet, die den Prozess der Akkumulation aktiv vorantreiben.[92] Sie sind es, die als Manager oder Eigentümer *unmittelbaren* Druck auf ihr Unternehmen ausüben oder als Analyst und Fondsverwalter *indirekt* Unternehmen dazu bringen, eine möglichst hohe Rendite zu erzielen. Nicht jeder, der als Handwerker, kleiner Selbständiger oder mittelständischer Unternehmer Kapital in seinem Betrieb einsetzt, ist somit ein Kapitalist.[93] Auch der normale Sparer zählt nicht dazu.[94] Wie hoch der Anteil der Kapitalisten an der Bevölkerung ist, lässt sich nur schwer beziffern. Die Occupy-Bewegung, die für sich beansprucht, die 99 % der Normalbürger zu vertreten, liegt vermutlich ziemlich gut, wenn sie 1 % der Bevölkerung als Kapitalisten einstuft.

DIE MARKTWIRTSCHAFT – DAS WIRTSCHAFTSSYSTEM DES KAPITALISMUS

Der Kapitalismus – verstanden als System zur Akkumulation von Kapital – braucht als Grundlage ein Wirtschaftssystem, das er für seine Zwecke benutzen kann. Die elementare Aufgabe eines Wirtschaftssystems besteht in jeder Gesellschaft in der Befriedigung der Bedürfnisse der Menschen. Um diesen Zweck erfüllen zu können, müssen Güter und Dienstleistungen produziert und den Menschen zugeteilt werden.

Idealtypisch lassen sich zwei Wirtschaftssysteme unterscheiden, die Marktwirtschaft und die Planwirtschaft, auch Zentralverwaltungswirtschaft genannt. Real existierende Ökonomien bedienen sich beider Systeme, wenn auch in den kapitalistischen Ökonomien die marktwirtschaftliche und in den sozialistischen die planwirtschaftliche Komponente deutlich stärker ausgeprägt ist.[95]

In einer Planwirtschaft wird vom Staat zentral vorgegeben, was ein Betrieb in welcher Qualität in einem bestimmten Zeitraum zu produzieren hat.[96] Da ein Betrieb diese Pläne nur erfüllen kann, wenn er die zur Produktion benötigten Arbeitskräfte und Materialien zur Verfügung hat, muss der Staat auch die Versorgung der Betriebe mit den zur Produktion notwendigen Ressourcen gewährleisten. Er muss also auch für die Zulieferer planen und für deren Zulieferer und so weiter. Im Ergebnis bedeutet Planwirtschaft eine zentral von A bis Z durch den Staat gesteuerte Wirtschaft. Die Produktionseinheiten sind keine Unternehmen im marktwirtschaftlichen Sinn, weil sie kein Risiko auf sich nehmen und keine unternehmerischen Entscheidungen zu treffen haben, daher auch die Bezeichnung Betriebe. Es wäre deswegen auch ökonomisch sinnlos, die Betriebe im Eigentum von Privatleuten zu lassen. Denn ein Eigentümer könnte nicht mehr oder weniger tun als ein Betriebsleiter. Da in einer Planwirtschaft auch die Verwendung eines etwaigen Gewinns bereits durch den Staat vorgegeben ist, kann es nicht zu einer privaten Akkumulation kommen, selbst wenn die Unternehmen in Privatbesitz wären. Nur der Staat kann Kapital einsetzen, um eine Rendite zu erzielen. Diesen Weg sind die sozialistischen Staaten gegangen. Legt man die Minimaldefinition der Akkumulation als Kern des Kapitalismus zugrunde, dann ist Planwirtschaft nichts anderes als Staatskapitalismus, sofern die Unternehmen Gewinne machen.

Eine Marktwirtschaft hingegen ist dadurch gekennzeichnet, dass die Entscheidung über die Produktion den Unternehmen überlassen wird.[97] Damit ein Unternehmer produzieren kann, was er für richtig hält, muss er seine Vorprodukte und Maschinen frei einkaufen sowie Arbeitskräfte anstellen können. Dies kann er nur, wenn Märkte dafür existieren, nicht jedoch, wenn er wie in der Planwirtschaft auf Zuteilungen des Staates angewiesen ist. Die Entscheidung, die Produktion den Unternehmen zu überlassen, bedeutet also zwangsläufig eine Festlegung auf eine Marktwirtschaft.

In einer Marktwirtschaft können Unternehmen sowohl in privater als auch in staatlicher Hand sein. Wenn die Manager staatlicher Unternehmen genauso handeln wie die Manager privater Unternehmen, dann ist die Frage der Eigentumsverhältnisse beinahe irrelevant, abgesehen von zwei „Kleinigkeiten". Der Eigentümer trägt das Verlustrisiko und ihm fallen die Gewinne zu. Akkumulation in privater Hand kann allerdings nur stattfinden, wenn die Unternehmen nicht dem Staat gehören. Der *Kapitalismus* setzt somit zwangsläufig private Unternehmen voraus, weil nur diese die Anhäufung von Vermögen in privater Hand ermöglichen. Eine *Marktwirtschaft* hingegen funktioniert prinzipiell auch, wenn die Unternehmen in öffentlicher Hand sind.

Zusammenfassend lässt sich also festhalten, dass eine Akkumulation von Kapital sowohl in Planwirtschaften als auch Marktwirtschaften stattfinden kann, allerdings mit einem nicht zu vernachlässigenden Unterschied. Da in einer Planwirtschaft auch die Verwendung eines etwaigen Gewinns bereits durch den Staat vorgegeben ist, kann es nicht zu einer *privaten* Akkumulation kommen, selbst wenn die Unternehmen in Privatbesitz wären. Der Staat würde die Gewinne ebenfalls verplanen, und das nicht notwendigerweise in dem Betrieb, in dem sie anfallen. Insofern wäre es auch wenig sinnvoll, die Unternehmen in privater Hand zu belassen, was die sozialistischen Staaten ja auch bekanntlich nicht getan haben. In einer Marktwirtschaft können die Unternehmen frei über die Verwendung ihrer Gewinne entscheiden. Insofern kann es im Gegensatz zur Planwirtschaft in einer Marktwirtschaft zu einer privaten Akkumulation kommen. Aus diesem Grund ist die Marktwirtschaft auch das bevorzugte Wirtschaftssystem des Kapitalismus, denn nur mit ihr lassen sich privat Gewinne erwirtschaften.

Aber es gilt noch eine Tatsache festzuhalten, die sich aus den vier oben abgehandelten Punkten ergibt. *Marktwirtschaft und Kapitalismus sind zwei Paar Schuhe!* Die Marktwirtschaft ist ein System zur Koordinierung wirtschaftlicher Aktivitäten, der Kapitalismus ist ein System zur Akkumulation von Kapital. Ziel einer Marktwirtschaft ist es, die Nachfrage der Konsumenten durch eine effiziente Produktion zu befriedigen. Ziel des Kapitalismus ist es, möglichst viel Kapital anzuhäufen. Es gehört zu den herausragenden propagandistischen Leistungen des Kapitalismus, diesen Unterschied zwischen ihm und der Marktwirtschaft in der Öffentlichkeit fast bis zur Unkenntlichkeit verwischt zu haben.[98] Erleichtert wurde diese propagandistische Gleichsetzung von Kapitalismus und Marktwirtschaft durch die Tatsache, dass die Marktwirtschaft in den meisten Volkswirtschaften als Koordinationsinstrument des Kapitalismus integriert wurde und es dadurch viele Funktionselemente gibt, die beiden gemeinsam sind, z. B. privates Eigentum an Produktionsmitteln, Vertragsfreiheit, Lohnarbeit oder Wettbewerb. Nur den wenigsten wird daher bewusst, dass es einen gravierenden Unterschied zwischen Kapitalismus und Marktwirtschaft gibt.

EIGENTUMSRECHTE, VERTRAGSFREIHEIT
UND LOHNARBEIT

Marktwirtschaft und Kapitalismus setzen private Eigentumsrechte voraus sowie die Freiheit, Verträge auf freiwilliger Basis unter Einhaltung der Gesetze zu schließen. Denn nur so ist es möglich, die zur Produktion benötigten Ressourcen an sich zu binden, um Arbeitsverträge zu schließen oder Grundstücke und Maschinen zu kaufen. Private Unternehmen zu gründen und zu führen ist nur mit einer Rechtsordnung möglich, die den Eigentümern die dazu nötigen Rechte gibt. Dazu zählt einmal der Schutz vor willkürlicher Enteignung durch die Obrigkeit, aber auch der Schutz vor einer teilweisen „Enteignung" durch hohe Gewinn- und Vermögenssteuern. All diese Rechte hat sich der Kapitalismus hart erkämpfen müssen. Historisch betrachtet erstarkte der Kapitalismus im Kielwasser der Aufklärung und des Liberalismus, weil Adam Smith und seine Mitstreiter auf Arbeitsteilung, Marktkoordination und Gewerbefreiheit pochten. Ihnen ging es primär darum, der Marktwirtschaft den Weg zu ebnen. Dazu musste das Recht der Könige und Aristokraten beschnitten werden, nach Lust und Laune darüber zu bestimmen, wer was produzieren und an wen liefern durfte. Denn diese Praxis führte zu Monopolen und zur Konzentration der wirtschaftlichen Aktivitäten und der Gewinne daraus in der Hand von Günstlingen der Herrscher.[99]

Aber es bedurfte noch eines weiteren Kraftaktes, um der Marktwirtschaft und dem Kapitalismus zum Durchbruch zu verhelfen, nämlich der Einführung der Lohnarbeit. Denn die beginnende Industrialisierung in Europa benötigte Menschen, die ihre Arbeitskraft an Manufakturen und später an Fabriken verkaufen konnten. Aber zu Beginn des 19. Jahrhunderts arbeiten nur die wenigsten für einen Lohn. In Deutschland waren es höchstens ein Prozent der Beschäftigten.[100] Die überwiegende Mehrheit war entweder selbständig oder in einem Dienstverhältnis. Um der Lohnarbeit zum Durchbruch zu verhelfen, musste das Feudalsystem abgeschafft werden, in dem die meisten Menschen Leibeigene ihres Grundherren waren. Sie durften dessen Gebiet nicht verlassen, sie mussten auf dessen Feldern arbeiten, die sie nur zur Bewirtschaftung überlassen bekommen haben, und sie mussten einen Teil der Erträge an ihn abliefern. Sie waren unfrei und konnten nicht über sich selbst bestimmen, weshalb die Abschaffung des Feudalsystems nicht nur den Idealen der Aufklärung, sondern auch den Notwendigkeiten der Marktwirtschaft und des Kapitalismus folgte.[101]

Die gesetzlich garantierte Vertragsfreiheit, das Recht auf Eigentum und die Einführung der Lohnarbeit waren wichtige Meilensteine auf dem Weg zur Marktwirtschaft und zum Kapitalismus, für den es zu Beginn des 19. Jahrhunderts so gut wie keine gesetzlichen Einschränkungen gab. Dennoch wuchsen die Bäume für den Kapitalismus nicht in den Himmel. Die Gesellschaft weiß und wusste seinen Spielraum zu beschneiden. Genauso wie sich eine Demokratie vor der Tyrannei der Mehrheit zu schützen versucht, vereitelt die Gesellschaft unerwünschte Transaktionen des Kapitalismus, indem sie formell oder informell festlegt, über wen oder was Verträge geschlossen werden dürfen. So ist es in den entwickelten kapitalistischen Ökonomien nicht mehr gestattet, Eigentum an Menschen zu erwerben, obwohl Sklavenhandel über Jahrhunderte ein einträgliches Geschäft war. Auch menschliche Organe dürfen in den meisten Ländern nicht verkauft werden. Produktion und Handel von Drogen sind entweder untersagt oder streng reguliert. Auch hat der Kapitalismus das Gewaltmonopol des Staates akzeptiert. Die Polizei beschützt jeden Bürger gleichermaßen, genauso wie sie Rechtsbrüche gleichermaßen verfolgt, zumindest theoretisch. Das Recht wird nicht auf Märkten gehandelt, weder in der Rechtsetzung noch in der Rechtsprechung. Wäre dies der Fall, würden nur die Reichen ihr Recht bekommen, nicht jedoch die Armen.

Nicht jeder mögliche Vertrag kann somit geschlossen werden, nicht jede denkbare Gewinnmöglichkeit darf ausgeschöpft werden. Der überwiegende Teil des kapitalistischen Systems in den entwickelten Ländern hat die Beschränkung seiner Reichweite akzeptiert, er hat sich zumindest in dieser Hinsicht zivilisieren lassen.

UNTERNEHMEN ALS KEIMZELLE DES KAPITALISMUS

Eigentumsrechte und Vertragsfreiheit bilden die Grundlage für das Entstehen moderner, kapitalistischer Unternehmen. In ihnen wird Gewinn erwirtschaftet, die Basis der Akkumulation gelegt. Große Produktionseinheiten, die Waren und Dienstleistungen herstellten, gab es schon lange bevor der Kapitalismus zur Blüte gelangte.[102] So wurden die Rüstungen und Waffen der zeitweise über 100 000 Mann starken römischen Legionen in großen Manufakturen hergestellt.

Da der römische Staat jeden Legionär gleich und in hoher Qualität ausstatten wollte, musste auch die Produktion der Ausrüstung standardisiert und kontrolliert werden. Auch Haushaltsgegenstände, Schuhe, Bekleidung und viele andere Waren wurden vor 2000 Jahren schon in Manufakturen hergestellt, in denen die Produktion ähnlich organisiert war wie in den heutigen Fabriken, nur mit weniger Kapitaleinsatz. Dennoch waren größere, arbeitsteilig organisierte Unternehmen bis Anfang des 19. Jahrhunderts eher die Ausnahme.[103] Darüber hinaus wurde nicht zum Zwecke der Akkumulation produziert, sondern um die Bedürfnisse der Menschen zu befriedigen. Wie Karl Polanyi in »Die große Transformation« belegt, war die Wirtschaft bis zu Beginn der Industriellen Revolution in die Gesellschaft eingebettet.[104]

Zur Keimzelle des Kapitalismus wurden die Unternehmen erst, als zwei durchschlagende Neuerungen eingeführt wurden: Die Begrenzung des Risikos durch Kapitalgesellschaften und Änderungen in der internen Organisation. Die Gründung von Kapitalgesellschaften ist aus zwei Gründen bedeutsam für den Aufstieg des Kapitalismus. Zum einen ermöglichen sie es, das unternehmerische Risiko auf den Kapitaleinsatz zu beschränken. Der Unternehmer, Teilhaber oder Aktionär haftet bei Kapitalgesellschaften im Normalfall nicht mehr mit seinem Privatvermögen, sondern nur noch in Höhe des Kapitals, das er in eine Firma investiert hat. Damit blieb dem Investor die im Mittelalter übliche Schuldknechtschaft oder der zu Beginn der Neuzeit folgende Schuldturm im Falle eines Fehlschlags erspart, was die Neigung förderte, Risiken einzugehen. Zum anderen ermöglicht die Kapitalgesellschaftsform eine Beteiligung an Unternehmen mit nur geringen Beträgen. Investoren können damit Geld für riskante Großprojekte sammeln, indem sie von vielen Anlegern kleinere Summen erbitten, anstatt nach wenigen Großanlegern zu suchen, die wegen des hohen Risikos eine Investition scheuen.

Erste bedeutende Ansätze zur Haftungsbegrenzung reichen weit über 1000 Jahre zurück. Auch der wirtschaftliche Aufstieg der Handelsmetropole Venedig im 12. Jahrhundert zur damals reichsten Stadt ist eng verknüpft mit der Streuung des Risikos und der Begrenzung der Haftung, da sich mehrere Partner das Risiko teilten und die Haftung auf eine Handelsreise beschränkt werden konnte. Im Jahre 1600 wurde in England die *Ostindien-Kompanie* und 1602 in den Niederlanden die *Vereinigte Ostindische Gesellschaft* gegründet, die als erste Aktiengesellschaften der Welt gelten.[105] Nach und nach setzte sich das Prinzip der Haftungsbegrenzung auf das eingezahlte Kapital in der gesamten westlichen Welt durch.

Der rasante Aufstieg des Kapitalismus ab Beginn des 19. Jahrhunderts wäre ohne Kapitalgesellschaften sicherlich weitaus langsamer verlaufen. Viele Ökonomen sehen in der Haftungsbegrenzung sogar die entscheidende Voraussetzung für den Erfolgszug des Kapitalismus, so zum Beispiel Karl Marx, der die Aktiengesellschaften als »Resultat der höchsten Entwicklung der kapitalistischen Produktion« bezeichnete.[106] Nicholas Murray, Präsident der Columbia University, formulierte es 1911 so: «Ich wäge meine Worte, wenn ich sage, dass nach meinem Urteil die Kapitalgesellschaft mit beschränkter Haftung die größte einzelne Entdeckung der Neuzeit ist.«[107] Hans-Werner Sinn, Präsident des *ifo Instituts für Wirtschaftsforschung*, sieht in der Kapitalgesellschaft »das zentrale Erfolgsmodell des Kapitalismus. Erst sie hat die gewaltige Akkumulation von Kapitalien ermöglicht, die Voraussetzung der Industrialisierung [...] war und weiterhin ist.«[108] Und wenn sich schon Karl Marx und Hans-Werner Sinn einig sind, dann kann die Einschätzung, dass die Haftungsbegrenzung den Kapitalismus entscheidend befördert hat, so falsch nicht sein.

Neben der Beschränkung des Risikos durch Kapitalgesellschaften hatte vor allem eine Veränderung der internen Organisation der Unternehmen durchschlagenden Erfolg. Der Produktionsprozess wurde wie beim Militär organisiert. Da war zum einen die Hierarchie mit ihrer strengen, von oben nach unten verlaufenden Befehlskette. Jeder Arbeiter wusste zu jedem Zeitpunkt genau, was er zu tun hatte. Die Vorarbeiter und Vorgesetzten waren immer in der Nähe, überwachten die Tätigkeit und konnten bei Bedarf sofort Anweisungen geben. Der Handlungsspielraum der Arbeiter in den Fabriken war gering.[109] Zum anderen hatte jeder Arbeiter eine bestimmte Funktion während des Produktionsprozesses inne, ähnlich wie jeder Soldat eine ganz spezielle Aufgabe hat. Fällt jemand aus, ist er leicht durch einen anderen zu ersetzen, der mit dieser Funktion oder Aufgabe vertraut ist. Erst dadurch konnte sich die Massenproduktion hochwertiger und qualitativ relativ einheitlicher Güter etablieren.[110] Wie Adam Smith schon 1776 betont hat, sind Arbeitsteilung und Spezialisierung der einfachste Weg, die Produktivität zu steigern. In Verbindung mit dem technischen Fortschritt, der eine stärkere Mechanisierung der Produktion erlaubte, entstanden so im 19. Jahrhundert Fabriken von bis dahin ungeahnter Größe. Hinzu kam eine strikt rationale, an den kaufmännischen Kriterien von Gewinn und Verlust orientierte Betriebsführung, die letztendlich für die zur Akkumulation benötigten Gewinne sorgte. Das moderne, kapitalistische Unternehmen war geboren.

BANKEN ALS WACHSTUMSBESCHLEUNIGER DES KAPITALISMUS

Ähnlich wie es bereits seit über zwei Jahrtausenden vereinzelt arbeitsteilig organisierte Manufakturen gab, bildeten sich vereinzelt Vorläufer der heutigen Banken. Sie waren zum einen auf den Handel von Münzen unterschiedlicher Herkunft spezialisiert. Zum anderen vergaben sie bereits Kredite und nahmen Geld für Kunden in Verwahrung. Im 19. Jahrhundert ermöglichten Banken die Finanzierung des Eisenbahnbaus und großer Industrieanlagen.[111] Damals wie heute war eine der wichtigsten Funktionen einer Bank aus volkswirtschaftlicher Sicht ihre Rolle als Vermittler (oder Intermediär) zwischen Sparern und Investoren. In dieser Eigenschaft akzeptiert die Bank eine Vielzahl relativ kleiner Summen von Kunden, bündelt diese und vergibt das eingezahlte Geld in relativ großen Krediten an Unternehmen (sogenannte Losgrößentransformation). Weil die Sparer zumindest auf einen Teil ihres Geldes schnell zugreifen wollen, legen sie es mit relativ kurzen Kündigungsfristen an. Die Unternehmen benötigen aber langfristige Planungssicherheit, weshalb sie für ihre Kredite tendenziell eher lange Laufzeiten fordern. Ohne die Bank wären die Wünsche der Sparer und Investoren nicht miteinander kompatibel. Als Intermediär führt sie daher zusätzlich noch eine sogenannte Fristentransformation durch, indem sie Einlegern kurze und Kreditnehmern lange Vertragslaufzeiten ermöglicht.[112] Die Banken sorgen in dieser Funktion also dafür, dass die Unternehmen – Bonität und Sicherheiten vorausgesetzt – zumindest prinzipiell die Menge an Kapital einsammeln können, die sie für ihre Investitionen benötigen. Wenn Unternehmen die Keimzelle des Kapitalismus sind, dann sind die Banken sein Wachstumsbeschleuniger, denn zum Geldverdienen braucht man Geld.[113]

Im Laufe der Zeit wurde das Einlagen- und Kreditgeschäft ergänzt durch eine ganze Palette an Finanzdienstleistungen, die Banken für ihre Kunden anboten. In Deutschland entwickelten sich so Ende des 19. Jahrhunderts große Universalbanken, z. B. die *Deutsche Bank* und die *Dresdner Bank*, die fast alle möglichen Bankgeschäfte unter einem Dach vereinten. Ein weiterer Grund für die Expansion des Bankensektors im 19. Jahrhundert war – neben der Losgrößen- und Fristentransformation – seine Innovationskraft. Seit Anbeginn des Bankgeschäfts ersannen Spezialisten ein Produkt nach dem anderen für beinahe jeden Kundenwunsch. Banken wickelten den Zahlungsverkehr ab, lösten Schecks ein, handelten mit Aktien und Wertpapieren, verwalteten Vermögen, führten Kurssicherungsgeschäfte durch, vergaben Hypothekendarlehen und vieles andere mehr. Bis zu Beginn des 20. Jahrhunderts hatten aber nur die allerwenigsten Menschen Zugang zu Bankdienstleistungen, sodass sowohl die Zahl der Kunden als auch die der Finanzprodukte sich bis dahin in engen Grenzen hielt. Heute hat beinahe jedes Kind ein Sparbuch und erhält als Jugendlicher sein eigenes Girokonto, ohne das man als Erwachsener gar nicht mehr am Wirtschaftsleben teilnehmen könnte. Das Angebot der Banken ist mittlerweile so weit ausdifferenziert, dass kaum jemand mehr einen Überblick darüber hat. So schätzt die Bundesanstalt für Finanzdienstleistungen, dass im Jahr 2010 in Deutschland rund 800 000 verschiedene Finanzprodukte im Umlauf waren.[114]

Gegenwärtig ist der Finanzsektor in den meisten Volkswirtschaften die profitabelste und größte Branche. Der Hauptgrund dafür ist ein besonderes Privileg für die Geschäftsbanken. Diese können durch Hereinnahme von Einlagen und das Vergeben von Krediten sogenanntes *Buchgeld* schaffen, das aber nur in den Geschäftsbüchern der Banken, Gläubiger und Schuldner existiert und das nur so lange Bestand hat wie die Gläubiger den Schuldnern und dem Finanzsystem vertrauen. Durch diese sogenannte *Geldschöpfung* können aus einem von der Zentralbank tatsächlich herausgegebenen Euro leicht 50 Euro Buchgeld werden.[115] Nicht zuletzt deswegen fielen um die Jahrtausendwende in den USA mehr als die Hälfte aller Unternehmensgewinne im Finanzsektor an.[116] Dieser Aufstieg hat den Banken eine so große Dominanz über die restliche Wirtschaft verliehen, dass viele Beobachter die jetzige Phase vermutlich zu Recht als Finanzkapitalismus bezeichnen. Überraschend kommt diese Entwicklung freilich nicht. Bereits 1910 hatte der deutsch-österreichische Ökonom und Politiker Rudolf Hilferding in seinem Werk »Das Finanzkapital« dargelegt, warum die

Banken im Kapitalismus immer mächtiger werden und langfristig alle übrigen Wirtschaftsbereiche dominieren würden.[117]

WETTBEWERB

Händler wissen seit mehr als 2000 Jahren, dass Monopole oder Preisabsprachen die Gewinne sprudeln lassen wie kaum etwas anderes. Und so ist es nicht verwunderlich, dass Unternehmer zur Akkumulation von Kapital seit jeher versuchen, Monopole zu errichten oder ein Kartell zu bilden, um sich untereinander über Preise oder die Aufteilung von Märkten zu verständigen. In einer seiner meistzitierten Passagen schreibt Adam Smith 1776 in seinem berühmten Buch über den »Wohlstand der Nationen«: »Geschäftsleute des gleichen Gewerbes kommen selten, selbst zu Belustigungen und Zerstreuungen, zusammen, ohne dass das Gespräch in einer Verschwörung gegen die Öffentlichkeit oder in einer Verabredung zur Erhöhung der Preise endet.[118] [...] Den Wettbewerb einzuschränken, ist immer im Interesse der Händler.«[119]

Weil sie für den einzelnen Kapitalisten so lukrativ sind, zieht sich die Bildung von Monopolen und Kartellen bis zum heutigen Tag wie ein roter Faden durch die Wirtschaftsgeschichte. Ihre Nutznießer wurden oftmals sehr reich, und zumeist nicht, weil sie eine besonders gute Geschäftsidee gehabt hätten, sondern weil sie sich – wie Adam Smith ausführt – gegen die Öffentlichkeit verschworen haben. Bereits Jakob Fugger (1459–1525) hat seinen unermesslichen Reichtum nicht nur durch geschickte Organisation und den Aufbau eines einzigartigen Nachrichtensystems erzielt. Er hat auch ganz erheblich von seinen Monopolen profitiert.[120] Bis heute berühmt oder berüchtigt sind auch die sogenannten »Räuberbarone«, die in den USA im 19. und frühen 20. Jahrhundert ganze Industrien dominierten. Auch in Deutschland und anderen Ländern gab es Großindustrielle, die einzelne Märkte monopolartig beherrschten.

Während Preisabsprachen und die Aufteilung der Märkte den Unternehmen hohe Profite eintragen, zahlen die Nachfrager die Zeche in Form hoher Preise, geringerer Produktqualität, mangelnden Services und letztlich eines niedrigen Realeinkommens. Dass Wohlstand für alle so nicht zu erzielen ist, wusste auch Ludwig Erhard. Er wies wiederholt darauf hin, dass Wettbewerb die Gewinne der Unternehmen begrenzt, sie zu effizienter Produktion zwingt und die Preise niedrig hält. »Das erfolgversprechendste Mittel zur Erreichung und Sicherung jeden Wohlstands ist der Wettbewerb«, schrieb er in seinem Buch »Wohlstand für alle«.[121] Ludwig Erhard wusste, wovon er sprach. Als Wegbereiter der sozialen Marktwirtschaft im Nachkriegsdeutschland setzte er seine Vorstellungen bei der Ordnung der Wirtschaft durch, zunächst gegen die Widerstände der drei Westalliierten und dann gegen die Widersacher im eigenen Lager. Die im Kern auf einen Ausgleich zwischen den Interessen des Kapitals und denen der Arbeitnehmer angelegte Soziale Marktwirtschaft sollte seiner Idee nach allen zugutekommen. »›Wohlstand für alle‹ und ›Wohlstand durch Wettbewerb‹ gehören untrennbar zusammen; das erste Postulat kennzeichnet das Ziel, das zweite den Weg, der zu diesem Ziel führt.«[122]

Aber Erhard wusste auch, dass der Wettbewerb nur funktioniert, wenn sich die Unternehmen an bestimmte Regeln halten. Insofern ähnelt eine Marktwirtschaft einem Sportwettbewerb, bei dem versucht wird, den Besten unter Einhaltung bestimmter Regel zu ermitteln. Fußball wäre nicht mehr Fußball, wenn die Spieler sich gegeneinander mit Baseballschlägern verprügeln könnten. Die Marktwirtschaft wäre keine Marktwirtschaft mehr, wenn Unternehmer die Produktionsstätten ihrer Konkurrenten mit Gewalt lahmlegen oder von ihnen Schutzgeldzahlung erpressen könnten. Aber eine Marktwirtschaft braucht über den Schutz vor Gesetzesverstößen hinaus noch einige zusätzliche Regeln. Wenn der Wettbewerb seine Funktion erfüllen soll, die Unternehmen zur Effizienz zu zwingen, so muss es zum Beispiel für neue Wettbewerber prinzipiell möglich sein, in einen Markt einzutreten. Dies bedeutet aber auch, dass bereits im Markt operierende Firmen die Neulinge nicht mit unfairen Mitteln vom Markt vertreiben dürfen. Auch behindert es den Wettbewerb, wenn die Unternehmen Preise und Lieferbedingungen absprechen oder Märkte untereinander aufteilen.

Was wettbewerbswidrige Maßnahmen sind, muss vom Gesetzgeber festgelegt werden. In allen modernen Marktwirtschaften gibt es daher ein Wettbewerbsrecht. Die Einhaltung dieser Regeln muss von einer Wettbewerbsbehörde kontrolliert und bei Verstößen entsprechend geahndet werden. Die Wahl der Mittel, mit denen Unternehmen versuchen dürfen, sich im Wettbewerb Vorteile und damit Gewinne zu verschaffen, ist also eingeschränkt. Das ist ähnlich wie im Fußball, bei dem Feldspieler den Ball auch nicht absichtlich mit der Hand spielen dürfen (es sei denn, sie heißen Diego Armando Maradona und leihen sich die »Hand Gottes«). Für Unternehmen besteht jedoch ein großer Anreiz, sich wettbewerbswidrig zu verhalten, weil sich dadurch relativ einfach ihre Gewinne erhöhen lassen. Die hohe Anzahl von Verstößen, die von den Kartellbehörden aufgedeckt wird, zeigt, dass manche Firmen dieser Versuchung nur schwer widerstehen können.[123] Soll der Wettbewerb der Gesellschaft nützen, dann müssen sich die Maßnahmen, mit denen die Unternehmen Wettbewerbsvorteile erzielen dürfen, auf drei Bereiche beschränken: Unternehmen dürfen ihre Wettbewerber übertrumpfen, indem sie neue Produkte herstellen, alte qualitativ verbessern oder diese kostengünstiger produzieren. Mehr nicht!

Aber selbst wenn sich Unternehmen an diese Regeln halten, können sich erfolgreiche Unternehmen eine so starke Stellung im Markt erarbeiten, dass sie entweder als Einzelne oder als Gruppe den Wettbewerb faktisch einschränken, ohne dass es zu Absprachen kommt. So haben in den letzten Jahrzehnten entweder einzelne Unternehmen wie *Microsoft* bei Betriebssystemen für Computer oder eine Gruppe von Unternehmen wie die Ölmultis eine solche Marktmacht erreicht, dass sie höhere Preise durchsetzen konnten als dies bei starker Konkurrenz möglich gewesen wäre. Die dadurch entstandenen hohen Gewinne haben zwar die Firmeninhaber oder Aktionäre reich gemacht, aber dies ging zulasten der Konsumenten. Wenn Unternehmen – egal ob einzeln oder als Gruppe – mehr Marktmacht bekommen, dann wird es schwieriger, Wohlstand für alle zu schaffen, aber leichter, einige wenige reich werden zu lassen.

Hier zeigt sich also noch ein kleiner, aber feiner Unterschied zwischen Marktwirtschaft und Kapitalismus. In einer Marktwirtschaft soll der Wettbewerb unter Einhaltung der Spielregeln möglichst intensiv sein, damit Unternehmer, Konsumenten und Arbeitnehmer *gleichermaßen* von ihm profitieren. Für den Kapitalismus ist es günstiger, wenn der Wettbewerb beschränkt wird und die Gewinne der Unternehmen zum Zwecke der Akkumulation auf Kosten der Konsumenten erhöht werden. Die Akzeptanz des Wettbewerbs als Teil der Marktwirtschaft kann somit auch als Selbstbeschränkung durch den Kapitalismus aufgefasst werden – oder, wenn man es aus Sicht der Gesellschaft sieht, als Zähmung des Kapitalismus.

SINNGEBUNG

Die meisten Menschen wollen einen Sinn in ihrem Leben erkennen können. Und auch der Kapitalismus hätte sich vermutlich nicht so schnell durchsetzen können, wenn die Menschen nicht begonnen hätten, einen Sinn darin zu sehen, hohe Gewinne zu erzielen und kräftig zu konsumieren. Denn über Jahrhunderte hinweg hatte in Europa das Christentum die Deutungshoheit darüber, was ein sinnvolles Leben ist, und reich zu werden, gehörte nicht dazu. Wie in allen Religionen liegt auch im Christentum der Sinn des Lebens darin, auf Erden ein gottgefälliges Leben zu führen. Wer dies tut, wird von Gott belohnt, wer dies nicht tut, wird bestraft. Was genau Gott gefällt und was nicht, ist von Religion zu Religion unterschiedlich geregelt und soll hier nicht weiter vertieft werden. Aber die Fähigkeit festzulegen, was ein gottgefälliges Leben ist und was man deshalb tun und lassen soll, verleiht Religionsführern nicht nur eine außerordentliche Macht über ihre Anhänger, sie prägt auch das weltliche Leben und Wirtschaften.[124]

Bis zur Reformation waren die von den Christen zu befolgenden Gebote tendenziell nicht dazu geeignet, die Anhäufung von Reichtum zu fördern. Im Markusevangelium warnt Jesus seine Anhänger explizit vor einer Überbetonung des Materiellen: »Eher geht ein Kamel durch ein Nadelöhr, als dass ein Reicher in das Reich Gottes kommt.«[125] In ähnlicher Weise ermahnt er sie, sich für den Dienst an Gott zu entscheiden und irdisches Streben nach Reichtum zu unterlassen: »Ihr könnt nicht beiden dienen, Gott und dem Mammon.«[126] Aus diesem Grund war es für die Christen lange Zeit schwierig, gottgefällig zu leben und gleichzeitig wirtschaftlichen Erfolg zu haben. Natürlich sollten die Menschen ihre Talente dazu einsetzen, sich auf der Erde auszubreiten und sich durch ihrer Hände Arbeit zu ernähren. Aber wie Thomas von Aquin (1225–1275), einer der bedeutendsten Gelehrten des Mittelalters, betonte, war Wirtschaften nur ein Mittel, um sich ausreichend zu ernähren, bescheiden zu kleiden und gesund zu bleiben.[127] Materieller Wohlstand, der über die Existenzsicherung und ein Polster für die Not hinaus ging, galt zumindest nach dem Wortlaut und Geist der Bibel nicht als erstrebenswert, auch wenn nicht wenige Päpste und Bischöfe in Saus und Braus lebten. Der Sinn des Lebens lag für die Christen darin, die Gebote Gottes in deren Auslegung durch die Kirche zu befolgen, damit man nach dem Tod in das »Reich Gottes« auffahren konnte. Dass sich unter solchen Bedingungen ein auf Akkumulation hin ausgerichteter kapitalistischer Geist hätte entwickeln können, der weite Kreise der Bevölkerung ergriffen hätte, ist so gut wie ausgeschlossen, denn fast alle Europäer in dieser Zeit waren tief gläubig und befolgten die Gebote der Kirche.

Dennoch akkumulierte schon im Mittelalter eine kleine Minderheit Kapital. Die Kaufleute, die Venedig im 12. Jahrhundert zum Handelszentrum der Welt machten, oder Geschäftsleute wie der Augsburger Kaufmann Jakob Fugger (1459–1525) waren weit über die Vorstellungen des Christentums hinaus zu Vermögen gekommen. Ihr Reichtum stürzte sie in erhebliche Gewissenskonflikte. Denn die Zeit, die sie in ihre Geschäfte steckten, fehlte ihnen, um etwas für ihr Seelenheil zu tun. Gingen sie andererseits wegen Vernachlässigung ihrer Geschäfte in Konkurs, drohte ihnen und ihrer Familie die Inhaftierung im Schuldturm. Wer damals reich wurde, musst seine Zeit im Zweifel den Geschäften und nicht dem Beten widmen. Zur Beruhigung ihres Gewissens gaben die Reichen mit dem Segen des Klerus einen Teil ihres Vermögens an die Armen und die Kirche weiter. So stiftete Jakob Fugger zum Beispiel 1521 in Augsburg die Fuggerei, eine Sozialsiedlung für Arme, die heute noch besteht.

Radikale Protestanten, allen voran der Genfer Reformator Johannes Calvin (1509–1564), waren es, die im 16. und 17. Jahrhundert eine Ideenwelt entwickelten, die Reichtum und Frömmigkeit miteinander vereinbar machte und die als Geburtshelfer des Kapitalismus gilt. Einer dieser Gedanken war die Prädestinationslehre. Diese besagt im Kern, dass wirtschaftlicher Erfolg ein Zeichen Gottes für die Erlösung von der Erbsünde ist. Wer auf Erden rechtschaffen zu Geld kam, konnte sicher sein, auch in den Himmel aufzufahren. Mit anderen Worten: Je reicher jemand durch seine Geschäftstüchtigkeit wurde, desto wahrscheinlicher war es, erlöst zu werden.[128]

Da war er, der geniale Gedanke, mit dem sich Reichtum und Gottesfurcht ohne schlechtes Gewissen verbinden ließen. In den Augen der Calvinisten konnte man also Gott dienen *und* dem Mammon. Der Sinn des Lebens lag zwar nach wie vor darin, sich Gott gefällig zu verhalten, d. h. fromm, ehrlich, sparsam und fleißig zu sein. Aber da Wohlstand als ein Zeichen Gottes für die Auserwählung galt, war dieser Teil der Christenheit bestrebt, auf Erden zu Wohlstand zu kommen. Der Protestantismus als Wegbereiter des Kapitalismus! Diesem Gedankengang verhalf der deutsche Soziologe Max Weber mit seinen beiden 1904 und

1905 erschienenen Aufsätzen zum Thema »Die protestantische Ethik und der Geist des Kapitalismus« zum Durchbruch als viel diskutierte wissenschaftliche These.

Wie fast alle sozialwissenschaftlichen Thesen war und ist auch diese sogenannte »Protestantismus-Kapitalismus«-These Max Webers umstritten. Der französische Historiker Fernand Braudel hält sie für »ganz offensichtlich falsch«.[129] Der britische Ökonom Richard Henry Tawney, der den Beitrag der Religionen zum Aufstieg des Kapitalismus untersucht hat, steht Max Webers These skeptisch gegenüber.[130] Hingegen sieht der US-amerikanische Historiker David Landes im Calvinismus aus empirischen und theoretischen Gründen einen wichtigen Geburtshelfer des Kapitalismus.[131] Doch auch in anderen Religionsgemeinschaften ist Akkumulation möglich. So spürte Werner Sombart als Reaktion auf Max Webers These bereits 1911 dem Einfluss der Juden auf die wirtschaftliche Entwicklung nach und kam zu dem Ergebnis, dass »in der Tat die Juden es waren, die an entscheidenden Punkten den wirtschaftlichen Aufschwung dort förderten, wo sie erschienen.«[132] Der US-amerikanische Religionsphilosoph Michael Novak verweist auf den Handelskapitalismus in katholischen Städten vor der Reformation und bescheinigt auch der katholischen Ethik, der Akkumulation dienlich zu sein.[133]

Der genaue Beitrag der einzelnen Religionen und insbesondere des Calvinismus zum Aufstieg des Kapitalismus in den USA und Westeuropa wird sich nie genau feststellen lassen.[134] Aber es besteht kein Zweifel daran, dass die Prädestinationslehre dazu beigetragen hat, die akkumulationsfeindliche Haltung der bis dahin dominierenden Auslegung der Bibel zu schwächen, und damit ein wichtiger Wegbereiter des Kapitalismus war.

Die Befolgung und Ausbreitung der Ideen Calvins waren ein Meilenstein auf dem Weg, dem Leben auf Erden einen anderen Sinn zu geben als nur für die bloße Existenzerhaltung zu arbeiten und ansonsten zu beten. Denn mit den protestantischen Tugenden wie Fleiß, Genügsamkeit, Aufrichtigkeit und Entsagungen gegenüber weltlichen Lastern ließen sich zwar gut Unternehmen gründen und Gewinne erzielen. Ein Problem bestand aber nach wie vor: Wer sollte all die schönen Dinge kaufen, den Reichtum wenigstens teilweise verprassen und den Wohlstand genießen, wenn jeder den protestantischen Tugenden nacheiferte? Mit anderen Worten, es fehlte dem aufkommenden

Kapitalismus eine Begründung, warum die Menschen konsumieren sollten, und zwar weit über das Maß hinaus, das mit der Formel »Existenzerhaltung plus kleine Annehmlichkeiten« beschrieben ist. Während der Angebotserstellung durch die protestantische Ethik vortrefflich geholfen war, litt die Nachfrageseite der Wirtschaft vor allem unter der Tugend der Sparsamkeit.

Der Durchbruch hin zu mehr Konsum kam, als ein heute immer noch aktuelles Argument populär wurde. Dieses besagt, dass Konsum gut für die Wirtschaft ist, weil durch die Nachfrage Arbeitsplätze geschaffen und Investitionen gefördert werden. Letztendlich käme das Wachstum der Wirtschaft allen Bevölkerungsschichten zugute und sogar die Armen könnten aus ihrem materiellen Elend befreit werden. Durch den niederländischen Arzt, Philosoph und Ökonom Bernard Mandeville (1670–1733) und seine Bienenfabel wurde diese Argumentation ab 1705 einer breiteren Öffentlichkeit bekannt.[135] Sein zentrales Argument lautet: »Der Geiz fördert die Akkumulation von Kapital, während die Verschwendungssucht den Zirkulationsprozeß beschleunigt und somit die Verwertung des Kapitals erleichtert.«[136] Der Untertitel seines Buches »Private Laster, öffentliche Vorteile« ist Programm. Sogar Luxuskonsum und Laster lassen sich rechtfertigen, weil sie die Wirtschaft ankurbeln. Mandeville betrachtete sein Werk zwar als Satire, er analysiert den entstehenden Kapitalismus und die bürgerliche Gesellschaft jedoch messerscharf.[137] Sein grundlegendes Argument wurde Mitte des 18. Jahrhunderts von Richard Cantillon und Francois Quesnay wissenschaftlich unterstützt, indem sie anhand von Modellen des Wirtschaftskreislaufs einer Volkswirtschaft zeigen konnten, dass für Konsum ausgegebenes Geld die Wirtschaft stimuliert.[138]

KAPITALISMUS ALS RELIGION

Der Philosoph Walter Benjamin (1892–1940) bescheinigt dem Calvinismus aber weit mehr, als dem Kapitalismus nur einen Sinn gegeben zu haben: »Das Christentum zur Reformationszeit hat nicht das Aufkommen des Kapitalismus begünstigt, sondern es hat sich in den Kapitalismus umgewandelt.«[139] Seiner Ansicht nach ist im Kapitalismus »eine Religion zu erblicken, d. h. der Kapitalismus dient essentiell der Befriedigung derselben Sorgen, Qualen, Unruhen, auf die ehemals die so genannten Religionen Antwort gaben.«[140]

Nach Benjamin unterscheidet sich diese neue Religion aber zumindest in drei Punkten vom Christentum. Zum einen ist »der Kapitalismus eine reine Kultreligion«,[141] mit einer Zeremonie, aber ohne zugrunde liegende Welt- und Gotteslehre. Er beantwortet nicht die Frage nach dem Anfang und dem Ende. Die neue Religion ist wie heidnische Urformen rein praktisch orientiert.[142] Investieren, konsumieren und Gewinne machen ist das ausgeübte Zeremoniell.[143] Zum Zweiten wird der Kult permanent zelebriert. Es gibt »keinen Tag, der nicht Festtag in dem fürchterlichen Sinne der Entfaltung allen sakralen Pompes […] wäre.«[144] Drittens ist der Kapitalismus vermutlich die erste Religion, die verschuldend ist statt erlösend. Im Unterschied zum Christentum ist es aber keine moralische Schuld, sondern eine materielle, weil die Kapitalakkumulation durch die Aufnahme von Schulden finanziert wird.[145]

Walter Benjamins 1921 auf knapp fünf Buchseiten skizzierte Thesen sind bis heute Gegenstand von Diskussionen. Auch wenn man seine Ansicht nicht unbedingt teilen muss, die Parallelen zwischen Kapitalismus und Religion sind bei näherer Betrachtung nicht zu übersehen.[146] Lässt man sich aber auf Walter Benjamins Sichtweise ein, erkennt man, dass dem Kapitalismus kaum etwas Besseres widerfahren konnte als zur Religion erhoben zu werden. Statt einfach nur Sinn *innerhalb* der christlichen Religionen zu stiften, wird der Kapitalismus selbst zum Sinnstifter, wenigstens für seine Anhänger. Er steigt damit zur dominierenden Weltanschauung im westlichen Kulturkreis auf, weil sich gläubige Christen und sogar Atheisten und Agnostiker mit ihm arrangieren können. Als Religion nimmt der Kapitalismus auch für sich in Anspruch, in gewisser Weise unberechenbar und undurchschaubar zu sein, ebenfalls ein nicht zu unterschätzender Vorteil.[147] Er muss sich daher nicht für den Schaden rechtfertigen, den er verursacht. Ähnlich wie der Ratschluss Gottes für die Christen undurchschaubar ist, wenn Unglück und Leid über sie hereinbrechen, so sind die immer wiederkehrenden Krisen nicht zu hinterfragende Bestandteile des Kapitalismus.

Betrachtet man den Kapitalismus als Religion in dem von Walter Benjamin beschriebenen Sinn, versteht man vermutlich etwas besser, warum Großbanken und Ratingagenturen nach der schweren Finanzkrise 2008 ab Mitte 2010 sehenden Auges in die Staatsschuldenkrise marschiert sind. Wenn das tägliche Geschäft Teil der Religionsausübung ist und immer wieder Krisen damit einhergehen, ohne dass sie vorhersehbar wären, dann muss auch das Finanzsystem als Ganzes nicht mehr hinterfragt werden. Die Banken verrichten dann nur »Gottes Werk«, wie es Lloyd Blankfein, Chef der Investmentbank *Goldman Sachs* im November 2009 formulierte.[148] Kapitalismus als Religion – so weit hergeholt ist Walter Benjamins These dann offensichtlich doch nicht. Zumindest nicht nach Ansicht von Spitzenbankern.

FAZIT

Ende des 18. Jahrhunderts war der Boden für den Aufstieg des Kapitalismus in Europa und in den USA bereitet. Zum einen waren die wichtigsten Funktionselemente – Privateigentum, Vertragsfreiheit, Lohnarbeit, Unternehmen, Banken und freie Märkte – vorhanden, auf denen der Kapitalismus sich entfalten konnte. Zum anderen waren die nötigen ideologischen Grundlagen gelegt. Die damals noch überwiegend tief religiösen Menschen konnten die Bedenken der Bibel gegen Reichtum guten Gewissens beiseiteschieben. Akkumulation und Konsum waren nicht länger verpönt. Die Teilentmachtung der christlichen Religion, zumindest in Europa, und der damit verbundene Verlust der Deutungshoheit über den Sinn des Lebens waren zweifelsohne eine wichtige Voraussetzung für den rasanten Aufstieg des Kapitalismus.

3 – Aufstieg, Fall und Wiederkehr des Kapitalismus

Der Kapitalismus ist die schicksalsvollste Macht unseres modernen Lebens.

Max Weber (Deutscher Soziologe, 1905)

In der wissenschaftlichen Literatur gibt es unterschiedliche Auffassungen darüber, wann der Aufstieg des Kapitalismus in Europa und in Amerika begonnen hat. Ökonomen neigen oftmals zu der Auffassung, dass dies in etwa zeitgleich mit der Industriellen Revolution in Großbritannien geschah und sich der Kapitalismus von dort ausbreitete. Einige Historiker verlegen seinen Beginn ans Ende des 15. Jahrhunderts, als mit der Entdeckung Amerikas durch die Europäer und der nachfolgenden Kolonialisierung die Weltgeschichte in eine neue Phase trat, andere betrachten schon die schrittweise Aufweichung und Umgehung des Zinsverbots der Kirche im 12. und 13. Jahrhundert durch Geldhäuser in Genua oder Florenz als Startpunkt.[149]

Diese Diskussion soll hier nicht weiter vertieft werden. Denn wann er begann, hängt zum einen stark davon ab, wie man Kapitalismus genau definiert, und zum anderen, welchen Grad an gesellschaftlicher Durchdringung man fordert, damit man von Kapitalismus sprechen kann. Unstrittig ist, dass es Akkumulation *in beschränktem Ausmaß* schon mindestens seit der Antike gibt.[150] Insbesondere einige Händler und Kaufleute wirtschafteten nach Marktprinzipien und verhielten sich im heutigen Sinne kapitalistisch. Doch die Prinzipien, nach denen der Großteil der Gesellschaft arbeitete, waren andere. Karl Polanyi weist darauf hin, dass es zwar schon seit Jahrtausenden Märkte gibt, dass aber die Ökonomien nicht nach marktwirtschaftlichen Prinzipien organisiert waren.[151] Bis zum Ende des Mittelalters haben alle Wirtschaftssysteme in Westeuropa auf einem der drei Prinzipien Reziprozität, Umverteilung oder Haushaltung (bzw. einer Mischform aus diesen drei Elementen) gefußt. Dies gilt für die Feudalzeit ebenso wie das Zeitalter des Merkantilismus. Auch fehlte – von wenigen Ausnahmen abgesehen – der Wunsch, Gewinn um des Gewinns willen aus Handel oder Produktion zu erzielen. Das verhinderte die oben angeführte Deutungshoheit der christlichen Religion über den Sinn des Lebens. Auch der Gedanke eines sich selbst regulierenden Marktes war noch nicht geboren. Dieser wurde erst durch Adam Smith (1776) verbreitet. Die meisten Märkte waren bis Ende des 18. Jahrhunderts streng reglementiert, von wirtschaftlicher Freiheit konnte nicht die Rede sein.[152]

SCHICKSALSMACHT KAPITALISMUS

Unstrittig ist aber auch, dass sich das kapitalistische System mit dem Aufkommen des Calvinismus im 16. Jahrhundert langsam, aber sicher immer weiter in die Gesellschaft hinein ausbreitete. Der erste große Schub für den Kapitalismus kam mit den neuen wirtschaftlichen Freiheiten, in den USA und Frankreich im Zuge der Revolution, in den Vorläuferstaaten des heutigen Deutschlands durch die sogenannte Bauernbefreiung. Nachdem die Leibeigenschaft in Baden und Bayern bereits 1783 aufgehoben war, folgte 1807 Preußen. Im Oktoberedikt des Königs von Preußen hieß es in Paragraph 12: »Nach dem Martinstage 1810 gibt es nur freie Leute.«[153] Damit war das Feudalsystem abgeschafft, auch wenn es noch rund 50 Jahre dauerte, bis Grund und Boden neu verteilt und die ehemaligen Feudalherren entsprechend entschädigt waren. In Großbritannien setzten sich unter massiver Unterstützung der Fabrikbesitzer nach und nach die wirtschaftsliberalen Ideen Adam Smiths und David Ricardos durch. Parallel zur Industriellen Revolution kam es zu einer Ablösung der an die Günstlinge der Herrschenden vergebenen Handels- und Gewerbeprivilegien.

In Europa nutzten Unternehmer die neuen Freiheiten, bauten Fabriken und beschäftigten die nun freien, vom Land in die Stadt drängenden Bauern als Lohnarbeiter. Sie erzielten Gewinne, akkumulierten Kapital und wurden für die aufkommenden Nationalstaaten immer wichtiger. Innerhalb eines Jahrhunderts vollzog sich ein massiver gesellschaftlicher Wandel. Nicht mehr die Adeligen und Großgrundbesitzer saßen nach König oder Kaiser an den Schalthebeln der Macht; es waren die Industrieführer, auf die sich die Herrscher vermehrt stützten.

Für das einfache Volk brachten die wirtschaftlichen Freiheiten zunächst wenig. Der Schutz, den das Feudalsystem den Bauern gewährt hatte, fiel schlagartig weg. Die landwirtschaftliche Produktivität hingegen stieg nur langsam an, weil die bis dato leibeigenen Bauern erst lernen mussten, mit den neuen Freiheiten umzugehen. Ein übles Schicksal ereilte die in die Fabriken abwandernden Arbeiter. Zwar herrschte für alle Seiten Vertragsfreiheit, aber nutzen konnten diese nur die Fabrikbesitzer. Sie hatten die Arbeitsplätze zu vergeben und diktierten die Bedingungen, zu denen dies geschah. Die Arbeiter waren den Unternehmern auf Gedeih und Verderb ausgeliefert, weil sie, um nicht zu verhungern, jede Arbeit annehmen mussten. Ihre Familien konnten sie mit dem Lohn selbst bei einer 70-Stunden-Woche nicht ernähren, so dass Frauen und Kinder ebenfalls arbeiten mussten. Die Lebens- und Arbeitsbedingungen glichen »Mühlen des Teufels«[154], in denen die Masse der Menschen mürbe gemacht und zu einem Brei gemahlen wurde, der das kapitalistische System speiste. Der überwiegende Teil der Bevölkerung blieb zunächst bettelarm, sowohl auf dem Land als auch in der Stadt. Der Kampf ums tägliche Brot bestimmte das Leben.[155]

Ab Mitte des 19. Jahrhunderts besserte sich die Lage der Arbeiter und Bauern etwas. Die Regierenden hatten begriffen, dass ein ungezügelter Kapitalismus mit seinen wirtschaftlichen Freiheiten nur den Kapitaleignern, nicht jedoch den Arbeitern nützt. Die ersten Gesetze zur Regulierung der Arbeit in Fabriken und Bergwerken wurden erlassen, die insbesondere Kinder und Frauen vor den schlimmsten Formen der Ausbeutung schützten. Die Bauern nahmen am Produktivitätsfortschritt in der Landwirtschaft teil. Auswanderung reduzierte das Arbeitsangebot und verhinderte ein Abrutschen des Lohnniveaus unter das Existenzminimum. Rund 50 Millionen Menschen verließen zwischen 1820 und 1914 Europa.[156] In Großbritannien, der industriell führenden Nation, verbesserte sich die Lage der Arbeiter ab Mitte des 19. Jahrhunderts leicht, in Deutschland dauerte es rund 50 Jahre länger, bis sich dieser Effekt einstellte.[157]

Das folgende Beispiel, dem man noch Hunderte hinzufügen könnte, belegt anschaulich die unmenschliche Lage, in der sich weite Teile der Bevölkerung Kontinentaleuropas zu Beginn des 20. Jahrhunderts befanden: Eine typische Arbeiterfamilie in Wien lebte zu dieser Zeit am Rande des Existenzminimums. Sie hauste mit sechs bis zehn Kindern in einem Raum, in dem gekocht und geschlafen wurde. Gearbeitet wurde zwischen 10 und 14 Stunden, an mindestens sechs Tagen der Woche. Der Lohn reichte nicht aus, um sich wenigstens ein Mal pro Woche etwas Fleisch zu kaufen. Um den Lebensunterhalt aufzubessern, wurden die Schlafstätten tagsüber an Menschen vermietet, die sich nicht einmal ein Bett in einer der vielen preiswerten Sammelunterkünfte leisten konnten. Diese sogenannten Bettgänger, von denen es 1910 in Wien mehr als 80 000 gab, durften sich gegen ein kleines Entgelt acht bis zehn Stunden in einem der Betten aufhalten und mussten die Wohnung dann wieder verlassen. Aber es war nicht nur der niedrige Lohn, der den Arbeitern zu schaffen machte, auch das Steuersystem benachteiligte sie massiv. Zur Finanzierung der Staatsausgaben wurden vor allem hohe Verbrauchssteuern und Zölle auf Güter des täglichen Bedarfs erhoben, die besonders die Einkommensschwachen belasteten. Die Bezieher mittlerer und hoher Einkommen zahlten diese Verbrauchssteuern zwar ebenfalls, wurden darüber hinaus aber weitgehend verschont: Der Steuersatz auf Einkommen oberhalb des Existenzminimums lag bei gerade mal 1 Prozent, selbst beim Gehalt eines Ministerpräsidenten waren nur knapp 3 Prozent Einkommensteuer fällig.[158]

Da halfen auch die ersten Sozialgesetze nur wenig, die zwar bei Krankheit oder im Alter gewisse Erleichterungen brachten; das Problem der Armut trotz Arbeit lösten sie aber nicht. Und aus dieser Lage gab es auch kein Entrinnen – Schicksal eben. Nur zur Erinnerung: Das Wahlrecht war zu dieser Zeit in den meisten Ländern auf den kleinen, wohlhabenden Teil der männlichen Bevölkerung über 21 Jahre beschränkt. Die Parlamente hatten viel weniger Macht als heute, auf die Gesetzgebung einzuwirken. Die in Armut lebenden Menschen konnten am System auf demokratischem Wege nichts ändern. Sie wurden durch ein paar Sozialgesetze, freiwillige Spenden wohlhabender Menschen und die Hilfe karitativer Stiftungen gerade so weit ruhig gestellt, dass sie nicht auf die Barrikaden gingen. Und wenn es doch einmal so weit kam, wie im Herbst 1911 in Wien, dann wurden die Proteste von der Polizei (oder dem Militär) mit Gewalt im Keim erstickt.[159] Die Regierungen machten die Gesetze so, dass Großgrundbesitzer, Adel und die immer stärker werdenden Kapitalbesitzer maximal profitierten. Die zähmende Kraft des Wettbewerbs wurde deswegen auch kaum genutzt, im Gegenteil. Monopole und Kartelle waren an der Tagesordnung, nahmen den Arbeitern durch überhöhte Preise einen Teil ihres Lohns wieder weg und machten die Kapitalbesitzer immer reicher.

Zu Beginn des 20. Jahrhunderts war der Kapitalismus nach der sozialen Katastrophe im 19. Jahrhundert zwar ein klein wenig menschlicher geworden, aber seine großen Nutznießer waren nichtsdestotrotz die Industriellen sowie das erstarkende Bürgertum, während sich die

Lage der Arbeiter nur wenig verbessert hatte. In seiner 1919 verfassten Abhandlung über »Die wirtschaftlichen Folgen des Friedensvertrages« schreibt John Maynard Keynes über die Zeit vor Ausbruch des Ersten Weltkriegs: »Europa war wirtschaftlich und sozial so organisiert, dass ein Maximum an Kapitalakkumulation erreicht werden konnte.«[160] Zwar hatten sich einige Verbesserungen für die Massen ergeben, aber der größte Teil des Wachstums fiel an die Kapitalbesitzer.

Spätestens mit Ausbruch des Ersten Weltkrieges 1914 trat die soziale Frage in den Hintergrund. Die Masse des Volkes in den europäischen Ländern wurde mit nationalistischen Parolen im Heimatland auf den Feind im Ausland gehetzt. Jetzt hieß es über Klassengrenzen hinweg im Inland zusammenzustehen, auf dem Schlachtfeld gegen die ausländischen Mächte zu kämpfen und gemeinsam die Rüstungsproduktion hochzuschrauben. Denn erstmals in der Geschichte kamen in einem Krieg in großer Zahl Panzer, Kanonen, Flugzeuge, Giftgas und Maschinengewehre zum Einsatz. Deren effiziente Massenproduktion erforderte eine engere Kooperation zwischen Staat, Arbeit und Kapital als je zuvor. »Im imperialen Zeitalter waren Politik und Wirtschaft miteinander verschmolzen«, wie der britische Historiker Eric Hobsbawm schrieb, und der Nationalismus fungierte als einigendes Element.[161]

Das Kriegsende und der Vertrag von Versailles hinterließen zwar formal Frieden, aber auch Sieger und Besiegte. Die Millionen von Toten und Versehrten auf allen Seiten ließen in einigen Teilen der Bevölkerung Nachdenklichkeit, in anderen Teilen aber Rachegelüste entstehen. Die 20 Jahre vom Ende des Ersten Weltkriegs bis zum Ausbruch des Zweiten waren durch große Umbrüche gekennzeichnet. In Russland festigten die Bolschewisten die durch die Oktoberrevolution von 1917 und den nachfolgenden Bürgerkrieg errungene Macht und gingen dabei keineswegs zimperlich mit ihren Gegnern um. In anderen europäischen Ländern, insbesondere Deutschland und Italien, tobte der Kampf um die politische Vorherrschaft zwischen dem bürgerlichen Lager, den Faschisten und den Kommunisten. Der im Oktober 1929 durch Spekulanten in den USA ausgelöste Sturz der Aktienkurse verschlechterte die wirtschaftliche Lage in Amerika schlagartig und übertrug sich auch auf andere Länder. Durch die anfänglich rigide Haushalts- und Geldpolitik der Regierungen und Zentralbanken wuchs sich der Zusammenbruch der Börsen zur großen Depression aus.[162] Über Jahre anhaltende Massenarbeitslosigkeit und Verarmung waren die Folge. »Eine derartige Wirtschaftskatastrophe hatte niemand aus der arbeitenden Bevölkerung je zuvor erlebt.«[163]

In Kontinentaleuropa strömte die ratlose Bevölkerung in Scharen zu den rechtsradikalen Parteien.[164] In diesem Klima der Angst und Verunsicherung wurden die Nationalsozialisten bei den Reichstagswahlen im November 1932 die stärkste Partei und stellten ab Januar 1933 mit Adolf Hitler den Reichskanzler. Noch im selben Jahr übernahmen sie per Ermächtigungsgesetz die Macht im Staat. Sie brachten Arbeit und Kapital vollständig unter ihre Kontrolle und forcierten unter tatkräftiger Mitarbeit der deutschen Unternehmer die Rüstungsproduktion.[165] Nach knapp sechs Jahren Vorbereitung begannen sie am 1. September 1939 den Zweiten Weltkrieg und stürzten Millionen von Menschen in Tod, Not und Elend.

Um einer Enteignung durch ein kommunistisches Regime wie in der Sowjetunion zu entgehen, unterstützten die Unternehmer größtenteils die Kräfte in der Mitte oder auf der rechten Seite des politischen Spektrums. Sie arrangierten sich mit jedem politischen System, das ihnen ihre Fabriken nicht wegnahm: Dem deutschen Kaiserreich waren sie ebenso dienstbar wie den ausbeuterischen Praktiken der großen Kolonialmächte Großbritannien und Frankreich, oder später den italienischen Faschisten und dem Verbrechertum der Nationalsozialisten. Sie lieferten jedem, was man zur Kriegführung brauchte, angefangen vom Feldbesteck bis hin zum U-Boot. Dabei waren sie in der Regel weder wählerisch noch von moralischen Skrupeln geplagt. Selbst an den Gaskammern von Auschwitz verdiente der Kapitalismus mit. Ja, es ging sogar so weit, dass *General Motors* und *Ford* im 2. Weltkrieg über ihre deutschen Tochterunternehmen Militärfahrzeuge produzierten, mit deren Hilfe auch US-amerikanische Soldaten getötet wurden.[166] Leider konnten sie die Gewinne aus der Kriegsproduktion wegen der Devisenbewirtschaftung nicht in die USA transferieren, was *General Motors* aber nicht hinderte, 1951 die eingefrorenen Gewinne in Höhe von 22 Millionen Reichsmark einzufordern.[167]

Die Diskussion, inwieweit das kapitalistische System die beiden Weltkriege mit verursacht, nur davon profitiert oder durch sie gar Schaden genommen hat, kann und soll hier nicht aufgerollt werden. Ob zu Recht oder zu Unrecht, nach der von Spekulanten ausgelösten Weltwirtschaftskrise von 1929 und zwei Weltkriegen hatte der Kapitalismus 1945 in Europa jeglichen Kredit verspielt. Selbst in den USA stand er schwer unter Druck. Die Öffentlichkeit fragte sich, weshalb er zwischen den Kriegen so versagt hatte,[168] und gab ihm zumindest eine Mitschuld, die linken Kräfte sogar die Hauptschuld, an den beiden Weltkriegen.

Dass die Linke den Kapitalismus verdammte, versteht sich von selbst. Wie ernst es aber selbst konservativen, bürgerlichen Parteien mit der Abschaffung des Kapitalismus damals war, zeigt das Beispiel der neu gegründeten Christlich Demokratischen Union (CDU) in Deutschland. Im Dezember 1945 verabschiedete sie in Bad Godesberg eine Resolution, in der sie sich für einen christlichen Sozialismus als Wirtschaftsordnung aussprach und in der sie erklärte, dass »die Zeiten des wirtschaftlichen Liberalismus […] für immer vorbei seien«[169]. Das Ahlener Programm der CDU von 1947 verurteilte den Kapitalismus scharf und forderte die Vergesellschaftung der Schwerindustrie. Es beginnt mit folgenden Worten: »Das kapitalistische Wirtschaftssystem ist den staatlichen und sozialen Lebensinteressen des deutschen Volkes nicht gerecht geworden. Nach dem furchtbaren politischen, wirtschaftlichen und sozialen Zusammenbruch als Folge einer verbrecherischen Machtpolitik kann nur eine Neuordnung von Grund aus erfolgen. Inhalt und Ziel dieser sozialen und wirtschaftlichen Neuordnung kann nicht mehr das kapitalistische Gewinn- und Machtstreben, sondern nur das Wohlergehen unseres Volkes sein.«[170] Erst mit den Düsseldorfer Leitsätzen vom Juli 1949 schwenkte die CDU unter dem Eindruck des beginnenden Kalten Krieges auf die Linie Ludwig Erhards um, der einen moderaten Liberalismus mit gezähmtem Kapitalismus in Form der Sozialen Marktwirtschaft verwirklichen wollte.

Ähnlich wie in Deutschland wurde der Kapitalismus in allen westlichen Ländern bewusst und geplant reformiert, allen voran in den USA und Großbritannien. Die führenden Politiker, Beamten und Ökonomen waren zu dem Schluss gekommen, dass ein Wiederaufleben des *ungezügelten* Kapitalismus verhindert werden müsse.[171]

Schicksalsmacht – dies sollte der Kapitalismus nie wieder sein.

Freiwillige Selbstbeschränkung

Spätestens mit Beginn der Berlin-Blockade und des Kalten Krieges war der Mehrheit im Westen klar, dass Sozialismus keine erstrebenswerte Option für sie war. Die Einbußen an politischer und wirtschaftlicher

Freiheit im Tausch für mehr materielle Gleichheit und weniger Armut schien nur einer Minderheit verlockend. Der Kampf der Systeme war im Gange. Vor dem Hintergrund des Kalten Krieges entschied sich das Volk in den meisten westlichen Ländern für einen Weg, der in Deutschland als Soziale Marktwirtschaft bekannt wurde und eine bislang nicht gekannte Periode der Prosperität in Teilen Europas einleitete. Denn es gab nicht nur das deutsche Wirtschaftswunder, sondern auch »ein italienisches, ein österreichisches, ein französisches und ein niederländisches.«[172] Die Rolle des Staates lag darin, mit Hilfe der Ordnungspolitik einen Rahmen zu setzen, der den Unternehmen genügend Freiraum zu einem gewinnbringenden Wirtschaften ließ. Die Wettbewerbspolitik verhinderte, dass die Bildung von Kartellen und Monopolen zu einfach wurde. Auch hielt sie die Preise niedrig. Die Sozialversicherungen boten bei Arbeitslosigkeit, Krankheit, Invalidität oder im Alter einen ausreichenden Schutz, der zwar nicht für ein opulentes Leben reichte, jedoch die größten materiellen Existenzsorgen linderte. Starke Gewerkschaften handelten mit den Unternehmen Löhne und Arbeitsbedingungen aus, die den Beschäftigten Sicherheit und ein angemessenes Einkommen bescherten. Die Löhne waren hoch genug, um eine stabile Binnennachfrage zu generieren, sie ließen den Unternehmen aber immer noch genug Gewinn für Investitionen. Diese steigerten die Arbeitsproduktivität und den Spielraum für Lohnerhöhungen in der nächsten Runde.[173] Zusätzlich sorgte der Staat durch die Wirtschaftspolitik für ein Wachstum, das allen Menschen zugutekam, nicht nur den Kapitalbesitzern. Das »Goldene Zeitalter des Kapitalismus«, wie die Jahre von 1950 bis 1973 oft genannt werden, »wäre ohne den Konsens, dass [...] das freie Unternehmertum [...] vor sich selbst gerettet werden musste, nicht möglich gewesen.«[174]

Ein wichtiger Bestandteil dieses Rettungspakets für die Unternehmer vor sich selbst war das Steuersystem. Der Höchststeuersatz auf Einkommen lag in den westlichen Ländern zumeist bei weit über 60 Prozent, in den USA erreichte er von 1946 bis 1963 einen für Friedenszeiten rekordverdächtigen Wert von 91 Prozent.[175] Ähnliches gilt für die Höchststeuersätze auf Unternehmensgewinne, die nach dem Zweiten Weltkrieg ihr historisches Allzeithoch in Friedenszeiten erreichten. Von 1952 bis 1963 behielt der Staat in den USA ab einem Gewinn von 25 000 US-Dollar 52 Prozent für sich.[176] Die Reichen blieben zwar nach wie vor reich, sie mussten jedoch einen relativ hohen Teil ihres Einkommens abgeben.

Bis Ende der 1970er Jahre übte sich der Kapitalismus in der westlichen Welt also in vornehmer Zurückhaltung und schraubte seine Gewinnansprüche zurück. Er ließ sich zähmen und die Gesellschaft als Ganzes an den Früchten des Erfolges teilhaben.[177] Natürlich waren die Reichen in dieser Zeit keine barmherzigen Samariter, die freiwillig Wohltaten verteilten. Und auch die Unternehmen mussten Gewinne erzielen und dazu die Kosten im Auge behalten. Aber sie hatten zum einen keine besonders starke Machtposition, weder im Markt gegenüber Konsumenten und Zulieferern noch gegenüber der Politik. Zum Zweiten waren die großen Gruppen der Gesellschaft wegen der militärischen Bedrohung durch den Warschauer Pakt stärker als bislang in Friedenszeiten üblich auf einander zugegangen – Druck von außen schweißt bekanntlich zusammen. Zum Dritten war nach der großen Depression die bis dato vorherrschende liberale Wirtschaftslehre in Misskredit geraten. Somit fehlte eine allgemein akzeptable Ideologie, die theoretisch begründet hätte, warum freie Märkte, hohe Gewinne, eine ungleiche Einkommensverteilung und minimale Sozialleistungen langfristig gut für alle sein sollten.[178] Und da John Maynard Keynes mit seiner neuen Wirtschaftstheorie den Staat als Garant für die Vollbeschäftigung erklärt hatte, störte sich die Öffentlichkeit nicht an hohen Staatsausgaben und Eingriffen in die Wirtschaft.[179] So kam es von 1950 bis Ende der 1970er Jahre zu einem historisch einmaligen Schulterschluss zwischen dem Kapitalismus und der Gesellschaft.

DAS ENDE DER BESCHEIDENHEIT

Anfang der 1980er Jahre begann der Kapitalismus mit dem Rückzug aus der Selbstbeschränkung. Drei tiefgreifende, gesellschaftliche Veränderungen, die miteinander verbunden sind, die sich teilweise gegenseitig bedingen und verstärken, sind im Wesentlichen dafür verantwortlich, dass der Kapitalismus erstarkte.[180] Zum einen kam es zur neoliberalen Kehrtwende in der Gesellschafts- und Wirtschaftspolitik. Im Vereinigten Königreich wurde 1979 die Konservative Margaret Thatcher zur Premierministerin gewählt, in den USA trat 1981 der Republikaner Ronald Reagan sein Amt als Präsident der Vereinigten Staaten an. In beiden Ländern begann eine Welle der Liberalisierung,

Privatisierung und Steuersenkung. In der Bundesrepublik Deutschland wurde im Herbst 1982 der CDU-Vorsitzende Helmut Kohl
Bundeskanzler, der zwar etwas langsamer und behutsamer als seine
angelsächsischen Kollegen bei der Entfesselung des Kapitalismus vor-
ging. Dennoch wurde in Deutschland eine ähnliche Politik verfolgt
wie in den USA und im Vereinigten Königreich. Der Keynesianische
Ansatz einer Steuerung der Wirtschaft über die Nachfrageseite wurde
aufgegeben. An seine Stelle trat die sogenannte angebotsorientierte
Wirtschaftspolitik,[181] gepaart mit dem von Milton Friedman verfoch-
tenen Monetarismus.[182] Die Grundidee der beiden Ansätze ist ähnlich
wie die des ungezügelten Liberalismus im 19. Jahrhundert, ergänzt
um ein paar Konzepte zur Vermeidung von Armut.[183] Der englische
Ausdruck »supply side economics« macht besser deutlich, um was es
geht: Die Produktionsseite der Wirtschaft, auf der das Kapital vertreten
ist, wird durch Steuersenkungen, Abbau von Gewerkschaftsrechten,
Lockerungen bei Arbeits- und Umweltstandards und den Abbau von
Regulierungen, insbesondere im Finanzsektor, gestärkt. Gleichzeitig
müssen die Bürger wieder mehr Eigenverantwortung übernehmen
und erhalten weniger Hilfe vom Staat. Die neoliberale Ideologie der
Stärkung der Eigenverantwortung und der Unternehmen wurde zur
Leitlinie der Gesellschafts- und Wirtschaftspolitik.

Der zweite Grund für den Rückzug des Kapitalismus aus der Selbstbeschränkung war der Zusammenbruch der sozialistischen Planwirtschaft und des Warschauer Pakts. Dadurch wurde dem Westen der
politische und militärische Druck von außen entzogen, der für den
Schulterschluss zwischen Kapitalismus und Gesellschaft so wichtig war.
Weite Teile Osteuropas wurden transformiert und über die Aufnahme
in die Europäische Union ins demokratisch-kapitalistische System
eingegliedert.[184] Hinzu kam, dass sich mit China ab Ende der 1980er
Jahre langsam, aber stetig ein Akteur in die Weltwirtschaft integrierte,
der zwar politisch als kommunistischer Ein-Parteien-Staat auftrat,
aber wirtschaftlich nach und nach den Kapitalismus einführte.[185] Auch
Indien verabschiedete sich ab 1991 schrittweise von seinem nach der
Unabhängigkeit entwickelten Wirtschaftssystem, das aus einer eigen-
tümlichen Mischung aus Planwirtschaft und Marktelementen bestand
und so gut wie nie die gewünschten Ergebnisse erzielte. Anfang der
1990er Jahre hatte der Kapitalismus somit den Kampf der Systeme gewonnen. So war es nur logisch, dass sowohl der Demokrat Bill Clinton

als auch der Republikaner George W. Bush als Präsidenten der USA die Wirtschaftspolitik von Ronald Reagan und George Bush sen. im Wesentlichen fortsetzten. Dabei wurden sie von Alan Greenspan, der von 1987 bis 2006 Chef der US-Notenbank war, nach besten Kräften unterstützt.[186] Aufgrund seiner ausgesprochen wachstumsfreundlichen Geldpolitik wurde er am Ende seiner Amtszeit mit Lobeshymnen geradezu überschüttet.[187] Westeuropa folgte im Großen und Ganzen der angebotsorientierten Linie, nur legten hier die Deutsche Bundesbank und später die Europäische Zentralbank der Geldpolitik etwas engere Zügel an. Die Wirtschaft florierte und das Damoklesschwert des Kalten Krieges schwebte nicht mehr über dem Westen. Der nach innen einende Druck von außen war verschwunden.

Zum Dritten erfasste die Globalisierung nach und nach immer weitere Teile der Wirtschaft und Gesellschaft. Im Kern ist Globalisierung ein Prozess, in dessen Verlauf die Bedeutung der Entfernung und der Ländergrenzen weltweit als Hemmnis für Handels- und Kapitalströme abnimmt.[188] So definiert begann die Globalisierung vor über zwei Jahrtausenden. Denn Fernhandel, Migration und Wissenstransfers gab es schon vor der Antike und selbst Investitionen in Übersee seit Jahrhunderten. Betrachtet man nur die Zeit nach Ende des Zweiten Weltkriegs, so kam es in den 1990er Jahren mit der Eingliederung der vormals abgeschotteten Märkte Osteuropas und der Öffnung Chinas zu einem ersten Globalisierungsschub. Entscheidend war jedoch die Gründung der WTO im Jahre 1995. Während die in Bretton Woods 1944 erdachte Weltwirtschaftsordnung zum Ziel hatte, »das Maximum des internationalen Handels [zu] erreichen, der noch mit den Eigeninteressen der unterschiedlichsten Nationalstaaten verträglich war«,[189] sind die WTO-Regeln darauf ausgerichtet, ein Maximum an Handelsfreiheit für die Wirtschaft zu etablieren, ohne Rücksicht auf die Notwendigkeiten nationalstaatlichen Regierens.[190] Parallel zum Handel mit Waren und Dienstleistungen wurde der Kapitalverkehr liberalisiert. Obwohl die empirischen Befunde zu den Vorteilen freier Kapitalmärkte ausgesprochen dünn waren, setzten Politiker und Ökonomen ab Mitte der 1990er Jahre vermehrt auf die Einsichten eleganter theoretischer Modelle und erleichterten den internationalen Kapitalverkehr Schritt für Schritt. Hatten die Staaten noch in der Nachkriegszeit eine Vielzahl von Regelungen und Gesetzen erlassen, die die internationale Kapitalmobilität einschränkte, begannen sie

nun, ihren Bürgern und Unternehmen freie Hand zu lassen. Diese
konnten nun entscheiden, in welchem Land sie ihr Geld anlegen oder
ihr Kapital investieren wollten.[191]

Mit der Globalisierung eröffnete sich dem Kapitalismus eine bislang nicht vorhandene Option, um die Nationalstaaten unter Druck
zu setzen. Denn die angebotsorientierte Wirtschaftspolitik stärkte
ihn zwar im Inneren. Sie gab ihm aber keine Ausweichmöglichkeit.
Das Kapital hätte ohne die Globalisierung weitgehend im Inland
festgesessen. Es hätte sich mit der Gesellschaft arrangieren müssen,
so wie dies vom Ende des Zweiten Weltkrieges bis Anfang der 1980er
Jahre der Fall war. Erst die Globalisierung gab dem Kapital das entscheidende Druckmittel gegenüber der Gesellschaft an die Hand,
nämlich die Drohung, Arbeitsplätze ins Ausland zu verlagern, wenn
im Inland nicht bessere Bedingungen für die Erzielung von Gewinnen
geschaffen werden. »Die Arbeiter haben kein Vaterland«, schrieben
Karl Marx und Friedrich Engels im Kommunistischen Manifest.[192]
Heute hat das Kapital kein Vaterland, es geht dorthin, wo die nied-
rigsten Kosten und Steuern sowie die höchsten Gewinne winken. Die
Arbeitnehmer hingegen sitzen weitgehend in ihrer Heimat fest. Denn
zu den wenigen Dingen, bei denen die Fesseln der Landesgrenzen im
Zuge der Globalisierung erhalten geblieben sind, zählt das außerhalb
der Europäischen Union nach wie vor nicht vorhandene Recht der
Arbeitnehmer, sich weltweit ähnlich frei bewegen zu dürfen wie das
Kapital.[193] Betrachtet man diese Drohmöglichkeit im internationalen
Zusammenhang, so erkennt man die Macht, die die Globalisierung
dem Kapitalismus verleiht. Es reicht schon aus, dass ein Land anfängt,
dem Kapital bessere Produktionsbedingungen oder geringere Steuern
auf Geldanlagen zu geben, und schon werden andere Nationen unter
Druck gesetzt, ähnliche Zugeständnisse zu machen. Der wirtschaftspolitische Handlungsspielraum der Nationalstaaten (oder der EU) hat
sich durch diese Fluchtoption des Kapitals erheblich verringert. Auch
wenn aus einer Vielzahl von Gründen nur ein Teil der Produktion ins
Ausland verlagerbar ist[194] und Konzerne eine gewisse Vorliebe für ihr
Heimatland haben, hat in der politischen Realität die Androhung von
Arbeitsplatzverlagerung erheblichen Einfluss auf die Entscheidungs-
prozesse in der Demokratie.[195]

Die Kombination von neoliberaler Wirtschafts- und Gesellschafts-
politik, Zusammenbruch des Sozialismus und Globalisierung führte

zu einer grundlegenden Umwälzung der Machtverhältnisse in der Gesellschaft. Die Kapitalseite erstarkte gegenüber der Arbeitnehmerseite und gegenüber dem Staat. Die Gewinne und vor allem der Wert der Unternehmen stiegen in bislang unbekanntem Ausmaß. Selbst der Einbruch der Börsenkurse und zum Teil auch der Unternehmensgewinne in den Jahren 1987, 1999, 2001 und 2008 waren nur von relativ kurzer Dauer. Die Deregulierung des Bank- und Versicherungswesens ließ die Finanzbranche in allen Ländern erheblich anwachsen. Parallel dazu stieg die Macht der Investment- und Pensionsfonds, die u. a. die Ersparnisse ihrer Kunden möglichst gewinnbringend für die Altersvorsorge anlegten. Die Fondsmanager forderten immer höhere Renditen von den Managern derjenigen Firmen, deren Anteile sie in ihren Portfolios hielten. Und sie bekamen diese auch. Der auf die Unternehmen ausgeübte Druck, Umsätze zu steigern und Kosten zu senken, wurde an die Arbeitnehmer und die kleinen Lieferanten weitergegeben. Das kapitalistische Prinzip der Akkumulation, d. h. Kapital zu investieren, um Gewinne zu machen, erblühte nicht nur an der Wall Street zum Leitmotiv wirtschaftlichen Handelns. Die Investmentbanker hielten sich für die »Herren des Universums«, wie Tom Wolfe sie bereits 1987 in seinem Roman »Fegefeuer der Eitelkeiten«[196] treffend charakterisierte. Der wachsende wirtschaftliche Erfolg machte den Kapitalismus selbstbewusster. Er glaubte, nicht mehr im selben Maße wie früher mit den übrigen Teilen der Gesellschaft in den westlichen Ländern kooperieren zu müssen. Er legte die vornehme Zurückhaltung der 1950er bis 1970er Jahre ab und baute seine wirtschaftliche Macht ab Anfang der 1980er Jahre immer stärker aus.

Selbst die Finanz- und Wirtschaftskrise der Jahre 2008 und 2009 versetzte dem Kapitalismus nur kurzfristig einen Schock. Nach einer kurzen Phase des Nachdenkens, Innehaltens, angedeuteter Kooperationsbereitschaft und sogar des Schuldeingeständnisses, das Rad doch etwas zu schnell gedreht zu haben, kehrte der Kapitalismus spätestens ab 2010 zu seinen alten Gewohnheiten zurück. Inwieweit die Demokratien des Westens dieses bekannte Spiel erneut mitmachen werden, bleibt abzuwarten. Bereits 2010 zeichnete sich ab, dass die Finanzmärkte weitaus weniger reguliert werden als es die ersten Ankündigungen der Staatsführer auf dem Höhepunkt der Finanzkrise nach dem Zusammenbruch der *Lehman*-Bank im September 2008 vermuten ließen. Zwar haben die Staaten der G20 auf ihrem Gipfeltreffen 2009 in Pittsburgh beschlossen, die Banken stärker zu kontrollieren und zu beaufsichtigen, um zu vermeiden, dass diese zu hohe Risiken eingehen können. Aber dagegen regte sich bereits im Vorfeld der Entscheidung großer Widerstand an den Finanzplätzen, vor allem in London und New York. Und die Bankenlobby lässt nichts unversucht, die nationalen Gesetzgebungsverfahren in ihrem Sinne zu beeinflussen. So musste auch der US-amerikanische Ökonom Jeffrey Sachs Anfang 2012 feststellen, dass sich »bis auf kleinere Gesetzesänderungen tatsächlich wenig getan hat. Die Finanzreform ist nicht wirklich zum Kern des Problems vorgedrungen. Die Art und Weise, wie die Unternehmen geführt werden, die ausbleibende Strafverfolgung, die Deregulierung und völlige Unregulierung des Derivatemarkts – all das sind Fragen, die offen geblieben sind.«[197] Knapp zwei Jahre später hatten die Regierungen und Aufsichtsbehörden zwar einige kleinere Verbesserungen durchgesetzt, die Grundprobleme waren aber nach wie vor ungelöst. So konstatiert der US-amerikanische Ökonom Joseph Stiglitz für die USA im Oktober 2013: »Die Konzentration im Finanzsystem hat sich sogar noch verstärkt, was das Problem verschärft, dass die Banken nicht nur zu groß, vernetzt und korreliert sind, um sie scheitern zu lassen, sondern auch zu groß, um sie zu kontrollieren und für Fehlverhalten zur Verantwortung zu ziehen.«[198] Auch die sogenannte Volcker-Regel, die einige besonders risikoreiche Finanzgeschäfte untersagen sollte, hat nicht wie erhofft zur Zähmung der Investmentbanken beigetragen. Deren Lobbyisten haben ein halbes Dutzend Ausnahmeregeln durchgesetzt, wodurch die Volcker-Regel so gut wie wirkungslos sein dürfte. »Sogar der dümmste Banker kann die Volcker-Regeln umgehen«, schrieb das US-Wirtschaftsmagazin Forbes im Januar 2014.[199]

Vermutlich wird sich erst in ein paar Jahren sagen lassen, ob die Demokratien das Finanzsystem enger an die Leine gelegt haben oder nicht. Denn die Finanzbranche hat sich bisher ausgesprochen erfinderisch im Aufweichen oder sogar Umgehen von Regulierungen gezeigt, z. B. durch die Errichtung von Schattenbanken.

Aber selbst wenn neue Regeln für den Finanzsektor eingeführt werden und auch greifen, ist damit nur erreicht, dass der Finanzsektor die Weltwirtschaft nicht nochmals an den Rand des Zusammenbruchs bringen kann. Das grundlegende Problem des Machtzuwachses des Kapitalismus bleibt ungelöst. Die Banken, Versicherungen und Hedgefonds werden vielleicht etwas weniger Gewinn durch riskante

Geschäfte machen, ihre wirtschaftliche Macht wird dadurch aber nur wenig untergraben. Und die vielen multinationalen Konzerne aus der Realwirtschaft sind von den neuen Regeln auf den Finanzmärkten kaum betroffen. Der Kapitalismus wurde durch die Krise und die darauffolgenden Reaktionen der Politik jedenfalls nur unwesentlich geschwächt.

FAZIT

Festzuhalten bleibt am Ende dieses Kapitels, dass der Kapitalismus nach seinem kometenhaften Aufstieg im 19. Jahrhundert aufgrund seiner Verwicklung in die beiden Weltkriege einen tiefen Fall zu überstehen hatte. Die Phase von 1950 bis Anfang der 1980er Jahre ist daher gekennzeichnet durch Selbstbeschränkung seitens des Kapitals. Die Wahl der Konservativen Margret Thatcher zur Premierministerin des Vereinigten Königreichs und die Amtsübernahme durch den Republikaner Ronald Reagan (1981) in den USA läuteten den Wechsel auf politischer Ebene ein, den der Kapitalismus auf wirtschaftlicher Ebene nachvollzog. Er setzte den Zuwachs an wirtschaftlicher Macht geschickt in einen Zuwachs an politischer Macht um und begann, die Demokratie auszuhöhlen. Das wirft natürlich einerseits die Frage auf, in welchem Verhältnis Demokratie und Kapitalismus zueinander stehen sollten, zum Zweiten ist es von elementarem Interesse zu analysieren, welches Verhältnis sie tatsächlich zueinander pflegen. Diesen beiden Aspekten ist das nächste Kapitel gewidmet.

4 – DAS VERHÄLTNIS ZWISCHEN KAPITALISMUS UND DEMOKRATIE

Seinem Wesen nach ist der Kapitalismus ein System der gesellschaftlichen Herrschaft.

Robert Heilbroner (US-amerikanischer Ökonom, 1987)

Aus historischer Perspektive sind der Kapitalismus und die moderne Demokratie Kinder der Aufklärung, auch wenn sich die moderne Demokratie in vielen Ländern erst im 20. Jahrhundert durchsetzte. Insbesondere die ersten drei Jahrzehnte nach dem Zweiten Weltkrieg sind durch eine enge Kooperation zwischen Kapitalismus und Demokratie gekennzeichnet. In dieser Zeit einigten sie sich in den westlichen Demokratien auf eine friedliche Koexistenz, nicht zuletzt, um im Kampf der Systeme gegenüber der autoritären sozialistischen Planwirtschaft ihre Überlegenheit zu beweisen. Selbst wenn dem Namen nach sozialistische oder kommunistische Parteien die Regierung oder den Präsidenten in westlichen Demokratien stellten, wie beispielsweise in Frankreich unter Präsident François Mitterrand von 1981 bis 1995, tasteten sie den Kapitalismus kaum an, von der Verstaatlichung einiger Großunternehmen abgesehen.

KAPITALISMUS UND DEMOKRATIE: DER IDEALE DOPPELPACK?

In der öffentlichen Diskussion wurde der Schulterschluss von Kapitalismus und Demokratie als einzig sinnvolle Möglichkeit dargestellt. Der US-amerikanische Soziologe Seymour Martin Lipset wurde Anfang der 1960er Jahre zum herausragenden Vertreter dieser Denkschule, als er die These aufstellte, wirtschaftliche Entwicklung würde durch die Demokratie stärker vorangebracht als durch andere Herrschaftsformen.[200] Neoliberale Ökonomen unterstützten diese Position und der US-amerikanische Wirtschafts- und Sozialwissenschaftler Mancur Olson versuchte noch knapp 40 Jahre später zu zeigen, dass die langfristigen Wachstumsraten in stabilen Demokratien höher sind als in autokratischen Systemen.[201]

Der Zusammenhang zwischen Herrschaftsform und Wachstum war und ist allerdings weitaus komplexer als es von konservativer und neoliberaler Seite immer behauptet wurde. So stieg das Brutto-inlandsprodukt in einigen autoritär regierten Ländern wie Singapur, Südkorea oder China viel schneller als in demokratischen Staaten wie Indien oder Costa Rica.[202] Einer empirischen Studie für 113 Staaten in dem Zeitraum von 1950 bis 1982 zufolge wuchsen autoritäre und demokratische Staaten im Durchschnitt gleich schnell.[203]

Dennoch pflegten Politikwissenschaftler, Ökonomen und die Massenmedien das Bild vom Doppelpack aus Kapitalismus und Demokratie als einziger Möglichkeit zur *gleichzeitigen* Erzielung wirtschaftlichen Wohlstands und politischer Teilhabe. In der breiten Öffentlichkeit wurde aus dieser Darstellung der Schluss gezogen, dass Kapitalismus und Demokratie sich gegenseitig bedingen, in anderen Worten: Ohne Kapitalismus keine Demokratie und ohne Demokratie kein Kapitalismus.[204] Der konservative amerikanische Politologe Francis Fukuyama rief 1992 nach dem Zusammenbruch des Ostblocks sogar »Das Ende der Geschichte« aus, weil die Symbiose aus Kapitalismus und Demokratie sich allen anderen Formen der Organisation von Wirtschaft und Gesellschaft als überlegen gezeigt hätte. Da wir jetzt in der besten aller möglichen Welten lebten, brauche nicht weiter nach neuen Formen der Organisation von Wirtschaft und Gesellschaft gesucht werden, womit die Menschheit in dieser Hinsicht am Ende der Geschichte angelangt wäre.[205]

Diktaturen als Partner des Kapitalismus

Aber das Bild von Kapitalismus und Demokratie als Doppelpack hat einen Makel, denn der Kapitalismus braucht zu seiner Entfaltung keine Demokratie. Er gedeiht prächtig in autoritären Monarchien, z. B. Saudi-Arabien, oder in Willkürherrschaften wie China, das politisch gesehen eine Diktatur, wirtschaftlich aber bereits überwiegend kapitalistisch organisiert ist. Die Kommunistische Partei hält den politischen Bereich mit ihrer Ein-Parteien-Herrschaft vollständig in Schach.[206] Menschenrechte werden in großem Stil missachtet und Regimekritiker inhaftiert. Wenn die Opposition zu mächtig zu werden droht, schreiten die Sicherheitskräfte mit brutaler Gewalt ein. Das nach dem »Platz des himmlischen Friedens« benannte Massaker an protestierenden Studenten Anfang Juni 1989, bei dem bis heute unklar ist, wie viele Menschen tatsächlich umkamen, ist nur ein Beispiel dafür. Das Recht auf freie Meinungsäußerung, so wie es in westlichen Demokratien verstanden wird, ist ebenso beschnitten wie das Recht auf freie Entfaltung der Persönlichkeit. So erlaubt z. B. die Ein-Kind-Politik es Ehepaaren nur in Ausnahmefällen, mehr als einen Nachkommen zu haben. Die Zensur von Presse und Internet verhindert, dass sich die Menschen frei informieren können.[207] China ist nach allen wesentlichen Kriterien als eine Diktatur zu betrachten, doch der Kapitalismus blüht wie in kaum einem anderen Land. Findige Unternehmer, inländische wie ausländische, streichen satte Gewinne ein und akkumulieren Kapital.

Ein weiteres Beispiel für eine Kooperation zwischen einem Diktator und dem Kapitalismus ist Chile während der von 1973 bis 1990 dauernden Präsidentschaft Augusto Pinochets. Dieser vertrieb zunächst seinen demokratisch gewählten Vorgänger Salvador Allende mit einem Putsch aus dem Amt und errichtete danach im Inneren ein Terrorregime, unter dem Zehntausende von Menschen gefoltert wurden und umkamen.[208] Die Bürgerrechte wurden ebenso eingeschränkt wie die Rechte der Gewerkschaften. Gleichzeitig ebnete Pinochet mit Hilfe seines Beraters Milton Friedman dem Kapitalismus den Weg und machte Chile zu einem kapitalistischen Vorzeigestaat, zumindest für die damaligen Verhältnisse in Südamerika.[209] Ein anderes Beispiel für eine gute Zusammenarbeit ist das Deutsche Reich, sowohl unter Kaiser Wilhelm II. als auch unter den Nationalsozialisten.

Dass der Kapitalismus im Prinzip gut mit Diktaturen zusammenarbeiten kann, ist an sich nicht verwunderlich.[210] Denn um sein Wesen zu entfalten, d. h. zu akkumulieren, braucht er zum einen in wirtschaftlicher Hinsicht möglichst freie Hand. Zum anderen benötigt er Schutz vor Enteignung. Beides kann in einer nicht-kleptokratischen Diktatur schneller und einfacher bereitgestellt werden als in einer Demokratie. Der Kapitalismus muss sich mit dem Diktator nur über die Aufteilung des Gewinns einigen, wie mit jedem anderen politischen Herrschaftssystem auch.

Obwohl der Kapitalismus gut mit einer Diktatur zusammen arbeiten *kann,* ist diese Form der politischen Herrschaft für ihn keineswegs optimal. Denn rechte wie linke Diktaturen benötigen zur Aufrechterhaltung ihrer Herrschaft und zu ihrer Verteidigung gegen Widersacher von außen und innen Ressourcen in erheblichem Umfang.[211] Zur Einschüchterung und Bespitzelung des eigenen Volkes unterhalten Diktatoren in der Regel große Polizeiapparate und Geheimdienste. Um sich gegen eventuelle Feinde von außen abzusichern und notfalls im Inneren einschreiten zu können, stellen sie überdimensionierte Armeen auf. Die dafür benötigten Waffen, Geräte und Gebäude müssen von der Wirtschaft produziert werden, gleichzeitig fehlen die Mitarbeiter der Sicherheitskräfte in der Produktion. Zwar gibt es auch in Demokratien Polizei und Militär, die für innere und äußere Sicherheit sorgen, sowie teure Geheimdienste, die die Kommunikation ihrer Bürger überwachen. Aber da Diktaturen in der Regel einen höheren Anteil an Ressourcen für Sicherheit aufwenden, führt dies einmal dazu, dass der Bevölkerung in einer Diktatur unter sonst gleichen Bedingungen ein geringeres Niveau an Konsumgütern zur Verfügung steht als in einer Demokratie, was in der Regel eine Quelle der Unzufriedenheit ist. Zum anderen fehlen die Ressourcen dem kapitalistischen System zur Erzeugung von Gewinnen.

Eine Diktatur als Partner hat für den Kapitalismus aber noch weitere Nachteile. In einer Diktatur sind mit Ausnahme der Günstlinge der Regierung die meisten Menschen nicht nur wegen der unterdurchschnittlichen Güterversorgung, sondern auch wegen fehlender Wahlmöglichkeiten und eingeschränkter Freiheitsrechte tendenziell unzufrieden. Um das Volk, vor allem die ärmeren Schichten, ruhigzustellen, verbilligen Diktaturen häufig die Güter des täglichen Bedarfs. Da es aber auch in einer Diktatur kein kostenloses Mittagessen gibt, gehen die niedrigen Preise entweder zulasten der Gewinne der Unternehmen, wenn diese gezwungen werden, zu niedrigen, staatlich verordneten Höchstpreisen zu verkaufen, oder die Unternehmen erhalten Subventionen, um gleichzeitig die Preise niedrig und die Gewinne auf hohem Niveau halten zu können. Aber auch die Ressourcen für die Subventionen müssen von der Volkswirtschaft aufgebracht werden. Und wenn man diese den Menschen nicht an anderer Stelle wieder wegnehmen will, z. B. durch Lohnkürzungen oder höhere Preise für andere Güter als die des täglichen Bedarfs, dann bleibt nur, die Gewinne der Unternehmen in Anspruch zu nehmen.

Die Alternative, das Volk immer unzufriedener werden zu lassen, ist für den Diktator auch keine Lösung. Denn wegen der dadurch größer werdenden Gefahr für ihn, bei erster Gelegenheit gestürzt zu werden, muss er seinen Sicherheitsapparat verstärken, was der Wirtschaft weitere Ressourcen zur zivilen Güterproduktion entzieht und den Unmut im Volk noch größer werden lässt. Auch der Einsatz von propagandistischen Mitteln hilft nur bedingt, weil dafür ebenfalls Ressourcen aufgewendet werden müssen, die an anderer Stelle fehlen. Außerdem kann auch die beste Propaganda einem Volk die Mangelwirtschaft nicht auf Dauer schönreden. Wie man es auch dreht und wendet: Die überdimensionierten Sicherheitsapparate in Diktaturen gehen zulasten der Einkommen der zivilen Arbeitnehmer und Unternehmer. Hinzu kommt, dass es in Diktaturen auch für die Kapitalisten keine Sicherheit gegen Übergriffe des Diktators gibt. Wenn es ihm nützt, bricht er die Gesetze oder lässt sie so ändern, dass er die Kapitalisten enteignen kann. Alles in allem ist eine Diktatur nicht der Wunschpartner des Kapitalismus.

KAPITALISMUS ALS VORAUSSETZUNG FÜR DEMOKRATIE?

Kapitalismus ohne Demokratie ist also möglich, was uns zu der Frage bringt, ob es eine Demokratie ohne Kapitalismus geben kann? Glaubt man den Neoliberalen, dann ist das nicht der Fall. Milton Friedman hielt den Kapitalismus für eine unabdingbare Voraussetzung für die Demokratie.[212] Josef Joffe, konservativer Politikwissenschaftler und Mitherausgeber der Wochenzeitschrift *Die Zeit,* sieht es fast 50 Jahre später ähnlich und erklärt, dass es keine Demokratie ohne Kapitalismus gibt.[213]

Beide Aussagen sind richtig und falsch zugleich, weil sowohl Friedman als auch Joffe, die hier nur stellvertretend für viele andere Neoliberale oder Konservative genannt sind, nicht zwischen Marktwirtschaft und Kapitalismus unterscheiden. So beginnt Josef Joffe seinen Artikel mit den Worten: «Wer hat den Kapitalismus – sagen wir besser: Marktwirtschaft plus Privateigentum – erfunden?»[214] Wer den Kapitalismus mit Marktwirtschaft plus Privateigentum gleichsetzt, immunisiert ihn gegen die Kritik an seinem Wesen, nämlich Kapital zu investieren, um noch mehr Geld zu machen, weil er einen entscheidenden Unterschied zwischen beiden verwischt. Erinnern wir uns an eine der wesentlichen Aussagen über den Kapitalismus: Sein Ziel ist es, möglichst viel Kapital anzuhäufen. Die Marktwirtschaft ist für ihn lediglich ein Mittel, das umso schlechter für die Erreichung seiner Ziele geeignet ist, je höher der Wettbewerb auf den Märkten ist. Es ist also angebracht zu unterscheiden zwischen einerseits dem Kapitalismus als System, um aus Geld noch mehr Geld zu machen, und andererseits der wettbewerblich organisierten Marktwirtschaft als Wirtschaftssystem zur effizienten Befriedigung der menschlichen Bedürfnisse.

Folgende Formulierung ist daher zutreffend: Ohne wettbewerbliche Marktwirtschaft kann es keine Demokratie geben. Genauso sehen es im Übrigen viele der klassisch liberalen Ökonomen. Carl Christian von Weizsäcker formuliert es seinem Buch »Logik der Globalisierung« so: »Die entpolitisierte Wirtschaft, also Marktwirtschaft, ist die Voraussetzung von Demokratie. […] Ein Staat mit demokratischer Verfassung ist nicht mehr frei […] zu entscheiden, welches Wirtschaftssystem er sich gibt. Würde er sich gegen die wettbewerbliche Marktwirtschaft entscheiden, dann sägte er am eigenen Ast.«[215] Der Hauptgrund liegt darin, dass es nicht möglich ist, den demokratischen Kernprozess der Meinungsbildung fair zu organisieren, wenn die Menschen wie in der Planwirtschaft darauf angewiesen sind, dass ihnen die Regierung die Ressourcen dafür zuteilt. Dann würden öffentlich nämlich nur systemkonforme Meinungen geäußert werden können, denn es ist unwahrscheinlich, dass eine Regierung ihre Gegner durch Zuteilung von Ressourcen stärken würde.

Unzutreffend ist hingegen die Aussage, dass die Demokratie des Kapitalismus bedarf, um zu überleben und zu gedeihen, so wie es uns einige Wortführer der Theorie des Kapitalismus glauben machen wollen. Es gibt keinen einzigen stichhaltigen Beleg für die Behauptung, dass die Anhäufung von Vermögen in den Händen weniger Menschen Voraussetzung für die Demokratie wäre. Wie der kanadische Ökonom John Kenneth Galbraith betont, dient die von neoliberaler Seite seit Jahrzehnten vorgenommene Substitution des negativ besetzten Begriffes »Kapitalismus« durch den positiv besetzten Begriff »Marktwirtschaft« genau dem Zweck, die Unterschiede zwischen beiden zu verwischen.[216]

Das Motiv dahinter ist auch klar. Eine Marktwirtschaft mit einem hohen Grad an Wettbewerb und Mindeststandards zum Schutz von Menschen und Umwelt ist die bislang beste erfundene Methode zur effizienten Befriedigung der menschlichen Bedürfnisse. Dem Kapitalismus dient eine Marktwirtschaft aber nur als Mittel zum Zweck – nämlich möglichst viel Kapital zu akkumulieren. Somit liegt es in seinem Interesse, der Welt vorzugaukeln, dass Marktwirtschaft und Kapitalismus das Gleiche seien. Die Tatsache, dass selbst im Qualitätsjournalismus und populären Wirtschaftsbüchern der Unterschied zwischen Kapitalismus und Marktwirtschaft kaum gemacht wird, beweist die Durchschlagskraft der neoliberalen Propaganda an dieser Stelle. Aufgrund dieser Gleichsetzung kann man dann auch leicht behaupten, der Kapitalismus sei die Voraussetzung für Demokratie, obwohl es doch die wettbewerbliche Marktwirtschaft ist.

Bislang wurden zwei wichtige Punkte im Verhältnis zwischen Demokratie und Kapitalismus geklärt. Zum einen ist eine wettbewerbliche Marktwirtschaft und nicht der Kapitalismus Voraussetzung für die Demokratie. Zum anderen muss es Demokratie und Kapitalismus nicht notwendigerweise im Doppelpack geben, denn der Kapitalismus kann auch mit anderen Formen politischer Herrschaft zusammen arbeiten. Wenn sich Kapitalismus und Demokratie aber schon beide auf ein Nebeneinander einigen, sollte es sich dabei um eine gleichberechtigte Partnerschaft handeln oder sollte sich einer dem anderen unterordnen und, wenn ja, wer wem?

WER SOLL HERRSCHEN: DAS VOLK, DAS KAPITAL ODER BEIDE ZUSAMMEN?

Zumindest formal lässt sich diese Frage klar beantworten. Die westlichen Länder haben sich auf Grundlage der Idee von der Selbstbestimmung des Volkes für die Demokratie als Herrschaftsform entschieden. Folglich soll das Volk als Ganzes herrschen und nicht Teile davon, seien es nun religiöse Fundamentalisten, Adelige oder Wirtschaftsbosse. Prinzipiell kann das Volk unter Einhaltung universell gültiger Normen wie z. B. der Menschenrechte oder des Völkerrechts entscheiden, wie es leben will.[217] Das schließt auch das Recht ein, sich für eine wettbewerbliche, soziale und ökologische Marktwirtschaft zu entscheiden und das Recht des Kapitalismus auf Akkumulation zu beschränken. Zumindest formal herrscht in einer Demokratie das Volk über den Kapitalismus. Das Prinzip der Selbstbestimmung des Volkes hat in einer Demokratie ein höheres Gewicht als das Recht des Kapitals auf Gewinn, wenngleich Letzteres durch Gesetze gegen willkürliche und übermäßige Inanspruchnahme geschützt ist. Aussagen wie die vom »Primat der Politik« oder der »Wirtschaft im Dienste der Gesellschaft« charakterisieren die Rolle des Kapitalismus als Mittel zur Erreichung gemeinschaftlicher Ziele.

Man kann die Sache zweifellos aber auch anders sehen. So argumentiert z. B. Friedrich August von Hayek in »Die Verfassung der Freiheit«, dass individuelle Freiheiten Vorrang haben vor kollektiven Entscheidungen und eine Demokratie das Recht auf individuelle Selbstverwirklichung, welches die Ansammlung von Kapital umfasst, nicht oder nur minimal einschränken darf.[218] Nach dieser neoliberalen Auffassung hat sich die Demokratie zwar nicht *direkt* dem Kapitalismus unterzuordnen, denn das würde die Freiheit des Einzelnen untergraben, seine Freiheit (teilweise) aufzugeben, um gemeinsam mit anderen gesellschaftliche Ziele zu erreichen, die er allein nicht erreichen kann. Die Unterordnung ist vielmehr das *indirekte* Ergebnis des Vorrangs der individuellen Freiheit vor kollektiven Entscheidungen. Der Ausspruch von Margaret Thatcher: »Es gibt keine Gesellschaft. Nur einzelne Männer, Frauen und ihre Familien« ist eine konsequente und prägnante Zuspitzung dieser neoliberalen Geisteshaltung. Für das Verhältnis von Kapitalismus zu Demokratie bedeutet dies konkret, dass die individuelle Freiheit zur Akkumulation Vorrang hat vor dem Recht der Demokratie auf Beschränkung dieser Freiheit. Damit ordnet sich die Demokratie im Ergebnis dem Kapitalismus unter. In den meisten westlichen Demokratien konnte diese neoliberale Auslegung des Verhältnisses von Freiheit, Demokratie und Kapitalismus in den letzten 30 Jahren erheblich an Boden gewinnen, wenn sie sich auch bislang noch nicht vollständig durchsetzen konnte. Falls sich diese Ansicht aber durchsetzte, würde sich die Demokratie dem Kapitalismus unterordnen.

Ein Mittelweg zwischen den eben dargestellten Sichtweisen ist die Theorie der gleichberechtigten Zusammenarbeit, derzufolge Kapitalismus und Demokratie zwei partnerschaftlich verbundene, aber getrennte Bereiche in der Gesellschaft sein sollen. Die Demokratie ist dafür zuständig, ein möglichst hohes Maß an individuellen Freiheiten zu garantieren sowie Recht und Ordnung aufrechtzuerhalten. Der Kapitalismus soll möglichst viele Waren und Dienstleistungen möglichst effizient produzieren.[219] Die gegenseitige Abhängigkeit von Kapitalismus und Demokratie wird von den Liberalen in erster Linie mit dem Argument begründet, dass es politische Selbstbestimmung nicht ohne wirtschaftliche Freiheit geben kann und umgekehrt. Denn würde der Staat wie in einer Planwirtschaft den Bürgern die Ressourcen zuteilen, dann könnte die Möglichkeit der Bürger, ihre politischen

Überzeugungen in die Öffentlichkeit zu bringen, vom Staat beschränkt werden, indem er ihnen einfach keine Ressourcen zuteilt. Das war und ist gängige Praxis in sozialistischen Planwirtschaften. Die Möglichkeit, Räume für Versammlungen anzumieten oder in den Medien Anzeigen zu schalten, kann nur in einer Marktwirtschaft mit Vertragsfreiheit garantiert werden.[220] Ließe man umgekehrt den Bürgern in wirtschaftlicher Hinsicht alle Freiheiten, dann würden sie über kurz oder lang ihre ökonomische Macht dazu einsetzen, auch politische Macht zu erringen, weil sie vom Wunsch nach Selbstbestimmung beseelt und von der Frustration, im politischen Bereich keine Wahl zu haben, dazu angetrieben werden. Die wirtschaftliche Freiheit würde den politisch unfreien Bürgern die dazu nötigen Ressourcen geben.

Großen Spielraum in Bezug auf die Ausgestaltung der Wirtschaftsordnung hat die Demokratie aber nicht. Gemäß den liberalen Grundsätzen muss sie der Wirtschaft eine freiheitliche Ordnung geben, damit Unternehmer, Arbeitnehmer und Konsumenten auf Basis freiwillig abgeschlossener Verträge weitgehend losgelöst von staatlicher Einmischung ein möglichst hohes Niveau an wirtschaftlichem Wohlstand erarbeiten können. Die Demokratie darf dann in gewissem Umfang über eine Umverteilung entscheiden, z. B. zugunsten derjenigen, die aus verschiedenen Gründen ihren Lebensunterhalt nicht durch eigenes Einkommen bestreiten können, was nichts anderes heißt als dass die wettbewerbliche Marktwirtschaft explizit um eine soziale Komponente erweitert wird.[221] Außerdem darf die Demokratie über die Verwendung eines Teils der Produktion für gemeinschaftliche Zwecke entscheiden, z. B. Umwelt- und Klimaschutz, und dabei weit über die Aufgaben hinausgehen, die ihr der Neoliberalismus zugesteht. Sie muss dabei aber aufpassen, den Bogen nicht zu überspannen, denn ein Zuviel an Umverteilung mindert die Anreize zu produzieren. Das ist kurz und knapp die normative Vorstellung vieler Ökonomen und Politikwissenschaftler von einer gleichberechtigten Partnerschaft von Kapitalismus und Demokratie. Keiner soll Macht über den anderen haben! Die Demokratie lässt Akkumulation im Prinzip zu, reguliert deren Höhe aber über den Wettbewerb, Standards und Steuern auf Kapital. Der Kapitalismus akzeptiert diese Maßnahmen als Begrenzung seiner Macht.

Aber dieser eben skizzierte Mittelweg setzt ein erhebliches Maß an Zurückhaltung und Zugeständnissen seitens des Kapitalismus voraus.

Denn er hat im Gegensatz zur Demokratie Alternativen, was die Wahl des Partners anbelangt. Die Demokratie *muss* sich für eine wettbewerbliche Marktwirtschaft als Wirtschaftssystem entscheiden und steht dann vor der schwierigen Aufgabe, den historisch gleichzeitig mit ihr entstandenen Kapitalismus innerhalb dieses Systems zu zügeln und gleichzeitig Mensch und Umwelt vor den negativen Auswirkungen sowohl des Wettbewerbs als auch des Kapitalismus zu schützen. Der Kapitalismus hingegen ist *nicht* auf die Demokratie angewiesen, er kann sich einen anderen Partner suchen. Und das Kapital hat noch einen weiteren Trumpf in der Hand. Es entscheidet direkt darüber, ob Arbeitsplätze geschaffen werden oder nicht. Die Drohung, das Land zu verlassen und woanders zu produzieren, wenn die Demokratie nicht bestimmte Zugeständnisse macht, ist allgegenwärtig. Letztendlich ist die Demokratie wegen der nicht vorhandenen Wahlmöglichkeit gegenüber dem Kapitalismus immer in einer schlechteren Verhandlungsposition.

DIE PLUTOKRATIE ALS IDEALPARTNER DES KAPITALISMUS

Hätte der Kapitalismus die Wahl, würde er sich vermutlich weder die Demokratie noch die Diktatur als Partner im politischen Bereich wählen. Beide sind keineswegs seine Wunschpartner, obwohl er mit ihnen kooperieren kann. Welches Herrschaftssystem wäre also aus seiner Sicht ideal? Wie würde er das politische System gestalten, wenn er könnte, wie er wollte? Aus den bisherigen Erörterungen kann man folgende These ableiten: Die idealen Partner für den Kapitalismus sind die Reichen, die Großkonzerne und Teile der hochgebildeten Funktionselite, die entweder machtvolle politische Ämter bekleiden oder in der Vermögensverteidigungsindustrie[222] den Wohlstand der Reichen und Konzerne mehren und vor dem Zugriff des Volkes schützen. Eine solche Form der Machtausübung wäre terminologisch eine Mischung aus Plutokratie (Herrschaft der Reichen), Korporatokratie (Herrschaft der Konzerne) und Oligarchie (Herrschaft der Wenigen, die Geld in Macht verwandeln können).[223]

Für diese Mischform gibt es allerdings noch kein Wort. Zumeist werden die von griechischen Philosophen vor über 2000 Jahren eingeführten Begriffe »Plutokratie« und »Oligarchie« verwendet, wobei inhaltlich nicht deren ursprüngliche Definition, sondern die oben genannte Mischform gemeint ist. Beiden Termini haftet(e) allerdings ein negativer Beigeschmack an. Die Nationalsozialisten benutzten den Begriff »Plutokratie« als Propagandabegriff gegen die Kapitalisten und das Judentum, weshalb er im Deutschen jahrzehntelang gemieden wurde. Die russischen Oligarchen gelten als selbstsüchtige Geschäftsleute, die maßlos vom Zerfall der Sowjetunion profitiert und sich auf Kosten des Landes bereichert haben. In der wissenschaftlichen Literatur werden die beiden Begriffe allerdings seit geraumer Zeit neutral verwendet.[224] Im Folgenden wird für die oben beschriebene Mischform der Einfachheit halber das Wort Plutokratie benutzt, was auch inhaltlich gerechtfertigt ist, weil die Reichen die treibende Kraft sowohl hinter den Konzernen als auch den Funktionseliten sind.[225] Darüber hinaus wird der Begriff mittlerweile auch in den Medien benutzt und im Englischen werden die herrschenden Reichen als »plutocrats« bezeichnet.[226]

Die Kernthese dieses Kapitels lässt sich demnach wie folgt formulieren: Der ideale Partner des Kapitalismus ist eine Plutokratie, die derzeit noch durch formal demokratische Verfahren gebildet wird. Gestützt wird die These vor allem durch fünf Gründe, die zum Teil schon in den bisherigen Ausführungen angeklungen sind:

1. Die Plutokratie ist für den Kapitalismus die *kostengünstigste* Form der politischen Herrschaft. Da das Hauptziel des Kapitalismus und der Plutokraten – die Akkumulation – das gleiche ist, muss der Kapitalismus keine Ressourcen aufwenden, um die Politik von seinen Wohltaten zu überzeugen und sie in seinem Sinne zu beeinflussen.

2. Die Plutokratie ist für den Kapitalismus gleichzeitig die *ertragreichste* Form der politischen Herrschaft. Denn die politischen Führer in einer Plutokratie sind entweder selbst Kapitalisten oder deren gut bezahlte Stellvertreter und machen aus reinem Eigeninteresse automatisch die für sie und damit den Kapitalismus beste Politik. Eine moderne Plutokratie ist nämlich nicht nur eine Herrschaft *durch* die Reichen, sondern vor allem eine Herrschaft *für* die Reichen.[227]

3. Umgekehrt gilt, dass jede andere Form der Herrschaft – sei es die Demokratie, Aristokratie oder Diktatur – auch andere Ziele als die Akkumulation verfolgen würde. Damit kämen Forderungen auf den Kapitalismus zu, Ressourcen zur Verfolgung dieser Ziele bereitzustellen. Außerdem müsste er einen Teil seiner Gewinne dafür verwenden, die Politik in seinem Sinne zu beeinflussen.

4. Die Errichtung der Plutokratie durch formal demokratische Verfahren legitimiert diese Herrschaft gegenüber dem Volk. Die Machtübernahme verläuft damit friedlich, ohne Anwendung von revolutionärer Gewalt und unter Einhaltung des Rechts. Neben dem Vorteil, dass diese Form der Machtübernahme in weitaus geringerem Ausmaß menschliches Leid und weniger materielle Schäden zulasten des Kapitals verursacht als ein gewaltsamer Umsturz, erhebt die formal demokratische Legitimation die Plutokratie in den Stand des rechtmäßigen Siegers. Auch kann sie zu ihrer Verteidigung gegen Kritiker immer anführen, dass das Volk sie ja abwählen könne, wenn es mit ihr nicht zufrieden sei. Gerade dieses Argument ist von entscheidender Bedeutung für die Plutokraten, weil sie dadurch den Eindruck erwecken können, sie repräsentieren die vom Volk gewünschte Form der politischen Herrschaft.

5. Plutokratien als Partner des Kapitalismus wurden vor Jahrhunderten in Handelszentren wie Amsterdam, Brüssel oder Venedig bereits erprobt und haben für die Reichen bestens funktioniert. Die Interessen des Kapitals und des Staates waren beinahe identisch, weil Kaufleute beide Seiten vertraten. Die großen Rivalen um die Macht – die Kirche und die Land besitzenden Aristokraten – hatten in den vom wohlhabenden Bürgertum dominierten Handelszentren kaum noch politischen Einfluss. Das einfache Volk profitierte allerdings nur wenig vom Wohlstand des Bürgertums. Für die meisten Bewohner reichte es gerade zum Überleben. Die Kaufleute hingegen wurden immer reicher und die Städte erlebten einen ungeahnten Aufschwung.[228]

Ironischerweise ist eine ungleiche Verteilung des Kapitals die elementare Voraussetzung für die Entstehung einer Plutokratie, wozu die westlichen Demokratien seit Jahrzehnten Hilfestellung leisten. Denn in der heutigen Zeit ist oder wird man nur durch Kapitalbesitz reich. Wenn erst einmal relativ wenige Personen relativ viel Kapital besitzen, dann steigt der Anreiz für diese Gruppe, die Gesetze so zu gestalten, dass sie wirtschaftlich davon profitieren. Man kann den Sachverhalt auch anders formulieren: Wenn das Kapitalvermögen gleich auf alle Bürger verteilt wäre, würde der Kapitalismus weiterhin funktionieren, denn Kapital könnte nach wie vor akkumuliert werden. Es könnte sich aber mangels Reicher keine Plutokratie etablieren.

Man könnte einwenden, dass die These von der Plutokratie als Idealpartner des Kapitalismus schon deswegen nicht stimmen könne, weil es nur wenige Reiche gibt, die sich zum Präsidenten, in die Regierung oder ins Parlament wählen lassen.[229] Aber dieser Einwand übersieht, dass die Reichen in einer Plutokratie keineswegs persönlich herrschen müssen. Sie können das Tagesgeschäft der Machtausübung auch Stellvertretern überlassen, die in ihrem Sinne regieren. In aller Regel ist es für sie sogar vernünftig, sich vertreten zu lassen. Denn dann können die Reichen sich um die Erhaltung und Mehrung ihres Wohlstands zu kümmern. Hinzu kommt, dass die Politik ein Handwerk ist, das wie jedes andere auch gelernt werden muss, wozu nur ganz wenige Unternehmer und Topmanager nebenbei Zeit finden. Denn für eine Karriere in der Politik braucht man andere Fähigkeiten als für eine Karriere in der Wirtschaft. In der Politik geht es letztendlich darum, Mehrheiten für bestimmte Entscheidungen zu organisieren, die idealerweise dem Willen der Mehrheit des Volkes oder zumindest dem der Mehrheit der Betroffenen entsprechen sollten. Dies ist ein langwieriger und zeitaufwändiger Prozess, der viel Geduld, Verhandlungsgeschick, Machtinstinkt und Einfühlungsvermögen erfordert. Unternehmer und Manager hingegen sind es gewohnt, auf Grundlage ihres Wissens und ihrer Erfahrung schnell und autoritär zu handeln. Sie haben Durchgriffsrechte und müssen keine breiten Mehrheiten für ihre Entscheidungen organisieren. In einer Plutokratie ist es folglich weder notwendig noch sinnvoll, dass die Reichen alle wichtigen Ämter im Staat besetzen und die Mehrheit im Parlament haben. Es reicht völlig, wenn ihre Stellvertreter für sie politisch in ihrem Sinne handeln. Insofern lässt sich aus einer weitgehenden Abwesenheit von Reichen in der Politik noch lange nicht schlussfolgern, dass eine Plutokratie nicht der Idealpartner des Kapitalismus ist.

LEISTUNGSGESELLSCHAFT – DIE GETARNTE PLUTOKRATIE

Da der Kapitalismus bei der Entmachtung der Demokratie äußerst geschickt vorgeht, geben seine Vertreter öffentlich nur selten zu, dass sie eine Plutokratie als politische Herrschaftsform anstreben.[230] Denn das wäre derzeit noch ein zu großer Bruch mit der weit verbreiteten Illusion, das Volk hätte letztlich die Macht.

Die Reichen haben einen anderen Weg gewählt. Da ist zum einen die bereits erwähnte repräsentative Demokratie, die sie in Verbindung mit einer Verfassung weitgehend vor einer Enteignung schützt. Und da ist die enge Verflechtung zwischen Politik und Wirtschaft. Durch großzügige Spenden an wirtschaftsfreundliche Parteien, die Vergabe von Posten in Aufsichtsräten an Politiker und vieles andere mehr ist eine enge Verflechtung zwischen den Spitzen der Wirtschaft und denen der Politik entstanden. Über die Hintertür der repräsentativen Demokratie übernehmen die Reichen und deren Stellvertreter und Handlanger mehr und mehr die Macht im Staate. Sie gehen eine Symbiose mit den politisch Mächtigen ein und liefern diesen im Gegenzug für ihr Wohlwollen die finanziellen Mittel, die sie benötigen, um die Wähler von ihren politischen Ansichten zu überzeugen.[231] Weil die Herrschaftsform im Westen aber offiziell eine Demokratie ist, wird die Symbiose getarnt. Den Bürgern wird das Ganze als Herrschaft der Verdienstvollen (Meritokratie) verkauft. Wer sich Meriten um Volk, Vaterland und Wirtschaft erworben hat, darf Mitglied dieses polit-ökonomischen Führungskreises werden.[232]

Im täglichen Sprachgebrauch wird aber auch das Wort Meritokratie weitgehend vermieden, denn auch das könnte beim Volk, dem man ja den Glauben an seine Herrschaft nicht nehmen möchte, Abwehrreaktionen hervorrufen. Viel lieber spricht man von der Leistungsgesellschaft, in der wir uns alle befinden. Die der Öffentlichkeit verkaufte Grundidee ist einfach: Wer etwas leistet, soll zu Wohlstand kommen und ihn auch weitgehend behalten dürfen. Die meisten Menschen empfinden dieses Prinzip als attraktiv und fair, weil damit jeder seines Glückes Schmied ist. Der soziale Aufstieg vom Tellerwäscher zum Millionär oder vom Arbeiterkind zum Topmanager winkt jedem, der Leistung bringt.

Was die Reichen dem Volk allerdings verschweigen, ist zweierlei. Zum einen sind die Chancen ausgesprochen gering, es im wirklichen Leben tatsächlich durch eigene Leistung vom Tellerwäscher zum Millionär oder vom Arbeiterkind zum Topmanager zu bringen.[233] Das kapitalistische System muss diese Illusion aber zu seiner eigenen Legitimierung und Motivation der breiten Massen aufrechterhalten, denn nur dann sind diese bereit, sich willig in das System zu integrieren.[234] Wenn die Wirtschaftsredaktionen in den Qualitätsmedien ganze Serien über die Wenigen drucken, die es nach oben schaffen, und die bunten Blätter unternehmerische Erfolgsgeschichten bildreich in Szene setzen, erfüllen sie genau diesen Zweck.

Zum Zweiten wird dem Volk verschwiegen, dass mit der Idee des selbst bewirkten Aufstiegs das Vermögen der Reichen geschützt wird – und zwar unabhängig davon, ob es durch eigene Leistung, Heirat oder Erbschaft erworben wurde. Das ist deshalb besonders wichtig, weil viele Reiche heutzutage ihr Vermögen geerbt und nicht selbst erwirtschaftet haben.[235] Denn in der öffentlichen Diskussion, insbesondere wenn es um die Besteuerung geht, wird das Pferd vom Schwanze her aufgezäumt. Als Indikator für die Leistung werden nämlich das Einkommen und Vermögen eines Menschen verwendet und nicht eine nach objektiven Maßstäben gemessene Leistung. Wer reich ist, muss etwas geleistet haben und darf in einer Leistungsgesellschaft nicht so stark besteuert werden.

Der Ehepartner eines Reichen oder der Millionenerbe zählen daher zur Leistungsgesellschaft, obwohl deren Lebensleistung in keinem Verhältnis zu ihrem Reichtum steht. Die Millionen von Arbeitnehmern hingegen, die z. B. als Krankenschwestern, Polizisten oder Busfahrer im Schichtdienst dafür sorgen, dass unsere Gemeinschaft rund um die Uhr mit dem Wichtigsten versorgt wird, leisten zwar viel, kommen aber nur in den seltensten Fällen in den Kreis der gesellschaftlich Mächtigen. Sie sind nicht Teil der über das Kriterium Einkommen oder Reichtum definierten Leistungsgesellschaft, weil sie nicht genug Geld haben oder verdienen.[236] Damit dient die Idee von der Leistungsgesellschaft auch dem Zweck, die wirtschaftliche Macht der Reichen zu erhalten.

David Rothkopf hat die »Welt der internationalen Machtelite« als Mitglied der Regierung Präsident Clintons kennengelernt. In seinem Buch »Die Super-Klasse« hat er sie auf über 500 Seiten unter Heranziehung hunderter von Quellen kenntnisreich dokumentiert. Er schätzt, dass rund 6 000 Menschen auf der Welt der Leistungselite angehören, also auf eine Million Menschen ein »Supermächtiger« kommt.[237] Er analysiert präzise, wie sich diese Eliten formieren, aus welchen Kreisen sie ihre Mitglieder rekrutieren und wie weit ihre Entscheidungsmacht reicht. Dabei rückt er die handelnden Personen in den Vordergrund, untersucht deren Verhalten und Motive. Seine Untersuchung bestätigt mit anderen Worten und von einem anderen Ausgangspunkt startend, dass in den westlichen Demokratien eine als Leistungsgesellschaft getarnte Plutokratie entstanden ist. »Im Laufe der letzten Jahrzehnte hat sich eine globale Elite herausgebildet, die unverhältnismäßig mehr Macht hat als jede andere Gruppe auf der Welt. Diese Super-Klasse ist in der Lage, das Leben von Millionen von Menschen in zahlreichen Ländern der Erde zu beeinflussen. Die Mitglieder der Super-Klasse machen von dieser Macht regelmäßig Gebrauch und vergrößern sie«.[238]

DEMOKRATISCH LEGITIMIERTE PLUTOKRATIEN

Das Konzept der Postdemokratie beinhaltet zum einen die Vorstellung des Endes der Demokratie im Sinne einer partizipativen Volksherrschaft. Zum anderen impliziert es einen Übergang zu etwas Neuem, von dem allerdings noch nicht ganz klar ist, wie es aussieht. Für viele Beobachter ist das Neue aber schon zu erkennen, und zwar in Form von *demokratisch legitimierten Plutokratien*. Ähnlich wie der real existierende Sozialismus vom Ideal des wahren Sozialismus in den Propagandafibeln abwich, so unterscheiden sich westliche Demokratien noch zum Teil erheblich vom Idealtyp einer Plutokratie. Sie sind erst »Unterwegs zur Plutokratie«, wie *Die Zeit* im September 2011 titelte.[239] Anhand von drei Beispielen soll verdeutlicht werden, wie man sich den Weg hin zu demokratisch legitimierten Plutokratien vorzustellen hat, in denen wohlhabende Eliten oder deren Stellvertreter unter dem Schutz formal demokratischer Verfahren regieren.

Das beste Beispiel für eine demokratisch legitimierte Plutokratie sind nach Meinung vieler Beobachter die USA. Zwar finden regelmäßig Wahlen statt, aber die Interessen der meisten Bürger werden nicht angemessen berücksichtigt. Das belegen sowohl die in der Einführung zitierten Meinungsumfragen aus den USA, nach denen die überwiegende Mehrheit des Volkes glaubt, Politik werde hauptsächlich für das Wohl einiger großer Unternehmen gemacht. Auch die in Kapitel 1 angeführten Analysen von Al Gore, Colin Crouch, Robert Reich und Danilo Zolo oder das zweifach preisgekrönte Buch von Chrystia Freeland mit dem Titel »Plutocrats« verdeutlichen, dass die USA auf dem Weg in eine Plutokratie mit formaler demokratischer Legitimation sind.[240]

Konservative würden nun einwenden, dass es sich dabei um die Meinung von Linken handelt und deren Urteil daher gefärbt ist. Aber die Entmachtung des Volkes ist bereits so weit fortgeschritten, dass es in Bezug auf die Diagnose kaum noch einen Unterschied zwischen rechts und links gibt. »Schon sagen selbst konservative Beobachter, dass sich in Amerika unter dem Mäntelchen der Marktrhetorik in Wahrheit ein Umbau des Landes zugunsten einer Plutokratie vollzieht.«[241] Kevin Phillips, Chefstratege von Richard Nixon bei dessen Sieg in den Präsidentschaftswahlen 1968, früher ein strammer Konservativer, später aber einer ihrer streitbarsten Kritiker, beschreibt die USA in seinem 2002 veröffentlichten Buch im Wesentlichen als eine Plutokratie.[242] In einem Interview zwei Jahre später gab er zu Protokoll: »Plutokratie – und ich denke wir haben jetzt eine – ist, wenn Geld […] die Politik übernimmt«.[243] Dass sowohl normale Bürger wie gestandene Politprofis zu dieser Auffassung gelangen, ist angesichts der mit ehemaligen Spitzenmanagern gespickten Ministerriege kein Wunder, egal ob es sich um das Kabinett von Ronald Reagan, Bill Clinton oder George W. Bush handelte. »Mit ganz wenigen Ausnahmen entstammen die Repräsentanten des Volkes nicht aus den arbeitenden Schichten, sondern kommen aus Anwaltsbüros, die die Interessen der Geschäftswelt vertreten, aus Vorstandsetagen oder anderen privilegierten Bereichen.«[244]

Den Weg in die Plutokratie endgültig besiegeln dürfte ein Urteil des Obersten Gerichtshofs der USA (Supreme Court) vom Januar 2010. Die Richter kippten mit fünf gegen vier Stimmen eine Regelung, die eine direkte Finanzierung von Wahlkämpfen durch Unternehmen verboten und die indirekte durch sogenannte »Politische Aktionskomitees« stark beschränkt hatte. Seit diesem Urteil dürfen Unternehmen in unbegrenzter Höhe Wahlkampfwerbung für Politiker machen, die sich um das Amt des Präsidenten oder einen Sitz im Kongress bewerben.[245] Auf den ersten Blick sieht es so aus, als würde dies den Republikanern einen Vorteil verschaffen, denn sie werden traditionell stärker von den Konzernen unterstützt. Aber da auch die Demokraten wissen, wie man Geld von den Reichen einsammelt, dürfte am Ende der Kapitalismus der Gewinner sein.

Die vollen Auswirkungen des Urteils werden die Bürger in den USA zwar erst nach und nach zu spüren bekommen, aber Präsident Barack Obama wies in einer ersten Stellungnahme bereits wütend auf die negativen Folgen für die Demokratie hin: »Der Supreme Court hat heute grünes Licht gegeben für einen neuen Ansturm von Lobby-Geld auf unsere Politik. Das ist ein großer Sieg für die großen Ölkonzerne, die Wall Street, die Versicherungskonzerne und andere mächtige Interessengruppen, die jeden Tag in Washington ihre Macht spielen lassen, um die Stimmen der normalen Amerikaner zu übertönen.«[246] Obwohl Obamas Stellungnahme deutlich ist, dürfte sie die katastrophalen Auswirkungen des Urteils für den letzten Rest an Demokratie, der dem amerikanischen Volk noch geblieben ist, erheblich unterschätzen. Wer in Zukunft als Kandidat ein dem Kapitalismus auch nur in Ansätzen unfreundlich gesinntes Wahlkampfprogramm verfolgt, dürfte so gut wie keine Chance mehr auf ein Mandat haben. Denn ihm wird zum einen viel weniger Geld aus der Wirtschaft zufließen als den Kandidaten der Großkonzerne. Zum anderen muss er damit rechnen, dass seine Gegenkandidaten mit großzügiger finanzieller Unterstützung des Kapitals aktiv Werbekampagnen gegen ihn initiieren werden mit der Kernbotschaft, dass seine Politik Arbeitsplätze und Wohlstand gefährde.

Deutlich wurde das bereits im Präsidentschaftswahlkampf 2012 zwischen Barack Obama und Mitt Romney. Beide Kandidaten erhielten großzügige Spenden aus der Wirtschaft, der Amtsinhaber vor allem aus der Software-, Versicherungs- und Filmbranche, der Herausforderer von den Banken sowie der Öl- und Baubranche.[247] Dabei galt der für die Republikaner kandidierende Unternehmer Mitt Romney, dessen Vermögen Ende 2011 auf 200 bis 250 Millionen US-Dollar geschätzt wurde[248], als der wirtschaftsfreundlichere Kandidat. Deshalb erhielt er auch rund eine halbe Milliarde US-Dollar mehr Spendengelder als Barack Obama, vor allem von reichen Amerikanern. Weil sich beide Kandidaten auch in diesem Wahlkampf eine harte Auseinandersetzung lieferten, in der kleine Unterschiede aufgebauscht und die Präsidentenwahl wie immer zur Schicksalsfrage erklärt wurde, fiel den meisten Wählern und Journalisten gar nicht mehr auf, dass sie sich in Wirklichkeit nur noch zwischen dem linken und rechten Flügel der »Kapitalistischen Partei« entscheiden konnten. Und wer es doch bemerkte, dem verblieb angesichts der zementierten Machtstrukturen nur Resignation oder Sarkasmus. »So wie wir uns heutzutage die Demokratie zurechtlegen, senken wir die Toleranzgrenze hinsichtlich der Resultate, welche durch die Logik plutokratischer kollektiver Aktionen produziert werden. […] Zugleich, geblendet vom Zirkus der Berühmtheiten, machen es die Amerikaner den Plutokraten leichter als jemals zuvor, unterhalb des Radars zu fliegen«, kommentierte Bill Moyers, von 1965 bis 1967 Pressesprecher von Präsident Lyndon B. Johnson, den Wahlkampf 2012 in den USA.[249]

Anfang April 2014 fällte der von Konservativen dominierte Oberste Gerichtshof ein weiteres Urteil in Sachen Wahlkampffinanzierung (wieder mit fünf gegen vier Stimmen), das es den Reichen erlaubt, noch mehr Geld als bisher an ihre bevorzugten Kandidaten und Parteien zu spenden. US-amerikanische Politikexperten erwarten daher nochmals eine massive Zunahme von Wahlkampfspenden.[250]

Wenn es nicht zu einer Kehrtwende kommt, für die es aber keinerlei Anzeichen gibt, dann wird sich das politische System der USA durch die unbegrenzten Finanzierungsmöglichkeiten der Großkonzerne de facto noch weiter in die von Noam Chomsky beschriebene Richtung des Einparteiensystems unter der Führung der Wirtschaft entwickeln, auch wenn es formal weiterhin verschiedene politische Parteien geben wird. Und selbst den naivsten Verfechtern der demokratischen Ideale dürfte in ein paar Jahren auffallen, dass die Demokratie in den USA durch eine Plutokratie ersetzt worden ist.

Das zweite Beispiel ist Italien, das bis Ende 2011 ebenfalls auf dem Weg in die Plutokratie war. Silvio Berlusconi, zwischen 1994 und 2011 insgesamt über zehn Jahre Ministerpräsident, ist einer der wohlhabendsten Männer im Lande, also das Paradebeispiel für einen Reichen, der tatsächlich regiert. Er ist Eigentümer mehrerer Fernsehsender und Zeitungen und kontrolliert damit einen großen Teil der öffentlichen Meinung. Seinen ersten Wahlsieg errang er 1994 mit einer neu gegründeten Partei, der Forza Italia, die damals so gut wie keine Mitglieder und keine Parteibasis hatte. Damit der Wahlkampf überhaupt geführt werden konnte, übernahmen Mitarbeiter aus Berlusconis Firmen die Arbeiten, die sonst freiwillig von Parteimitgliedern ausgeführt werden.[251] Forza Italia gilt damit als erste postdemokratische Partei: Sie entstand, weil ein reicher Unternehmer sie zum Zweck der Machtgewinnung gründete und mit Geld, Mitarbeitern und Medienmacht ausstattete. Die ins Parlament gewählten Abgeordneten der Partei waren von Berlusconi abhängig und stimmten so ab, wie es ihr Boss vorgab. Für Berlusconi kam es bei der Kandidatenkür darauf an, »jemanden zu haben, der für ein Gesetz stimmt, ohne das Geringste darüber zu wissen.«[252]

Seine gewonnene Macht setzte Silvio Berlusconi dafür ein, sich durch Änderung von Gesetzen und den Umbau der Justiz weitgehend vor juristischen Nachstellungen zu schützen. Er tat, was er konnte, um den Kapitalismus – und vor allem sein Medienimperium – zu stärken.[253] Der Dank der Wirtschaftsbosse war ihm sicher. Diese schalteten verstärkt Anzeigen und Werbespots in den Berlusconi-Medien zulasten des öffentlich-rechtlichen Rundfunks.[254] Die Gewinne seiner Unternehmen sprudelten munter, eine Hand wäscht eben die andere. Aber Italien ging es vor allem nach der Finanzkrise 2008 immer schlechter. Im Herbst 2011 musste Silvio Berlusconi zurücktreten, als sogar enge Freunde und Verbündete von ihm abrückten, weil sie seiner Skandale überdrüssig wurden und er durch seine Politik Italien immer weiter in die Bredouille brachte. Die Nachfolgeregierung unter Mario Monti operierte ab Mitte November 2011 im Krisenmodus. Um einen Staatsbankrott abzuwenden, wurden die Budgets gekürzt und Strukturreformen durchgeführt. Der weitere Ausbau der Plutokratie war zwar vorerst gestoppt, aber auch die Regierung Monti konnte oder wollte das Rad nicht zurückdrehen. Die Zeche der Krise zahlen in Italien vor allem die kleinen Leute, die Rentner und die Jungen, während die Reichen fast unbehelligt davonkommen.

Ob das Modell Berlusconi eine Blaupause für andere Demokratien ist oder nur ein italienischer Sonderweg war, wird sich vermutlich erst in ein paar Jahren zeigen.[255] Fest steht jedoch, dass unter seiner Regentschaft das Parlament zu einer leeren Hülse umgestaltet wurde[256] und er als Reicher vor allem Politik für die Reichen gemacht hat.

Als drittes Beispiel gilt nach Auffassung einiger Beobachter Deutschland, was für den einen oder anderen Leser überraschend sein dürfte. Zwar wird Deutschland attestiert, noch lange nicht so weit fortgeschritten zu sein wie die USA, denn dort regiert de facto ein »spezifisch US-amerikanisches Einparteiensystem, bei dem zwei Fraktionen von wechselnden Segmenten der Geschäftswelt kontrolliert werden«, während es in Deutschland noch Parteien gibt, »die in einem gewissen Ausmaß die Interessen der arbeitenden und armen Bevölkerung vertreten.«[257] Dennoch steht für viele politische Beobachter außer Frage, dass die sogenannte Leistungselite in Deutschland bereits weit gekommen ist auf dem Weg der Entmachtung des Volkes.

Der Staatsrechtler Hans Herbert von Arnim hat in seinem 2008 erschienenen Buch »Die Deutschlandakte« detailliert analysiert, »Was Politiker und Wirtschaftsbosse unserem Lande antun«, so der Untertitel des Werkes.[258] Er liefert eine Zustandsbeschreibung Deutschlands, die mehr an eine Bananenrepublik erinnert als an ein geordnetes Gemeinwesen. Er prangert unter anderem die Selbstversorgungsmentalität von Politikern, die Gier der Manager, Korruption, Lobbyismus, das Versagen von Medien und Justiz sowie die Willfährigkeit des Parlaments an. Die Macht liegt seiner Auffassung nach bei wenigen Personen im Staat, in Parteien, Verbänden und Unternehmen, die einen großen Handlungsspielraum haben, aber kaum vom Volk kontrolliert werden und nicht persönlich für Fehler haften. Dagegen hätten »die Bürger und die einfachen Mitglieder der Parteien und Verbände – trotz aller Beschwörung von Demokratie – in der Praxis wenig zu sagen.«[259] Seine Bilanz fällt niederschmetternd für alle aus, die Demokratie im Sinne von Abraham Lincoln meinen: »Summa summarum: Wir haben nur in sehr eingeschränktem Maße eine Regierung *durch* das Volk und eine Regierung *für* das Volk.«[260] Gustav Horn, Leiter des gewerkschaftsnahen *Instituts für Makroökonomie und Konjunkturforschung*, wird noch deutlicher: »Das Grundübel lässt sich auf einen Satz reduzieren: Deutschland hat sich auf den Weg zu einem plutokratischen System begeben, einem System also, das der Herrschaft des Reichtums unterliegt.«[261] Dass unter solchen Bedingungen die Beteiligung des Volkes an Bundestagswahlen seit Jahrzehnten zurückgeht und 2009 und 2013 nur noch bei gut 70% lag, braucht niemanden zu verwundern. Die Regierungen versuchen immer weniger, das Versprechen der Demokratie einzulösen, die unsichtbaren Mächte abzuschaffen. Max Otte, einer der wenigen Ökonomen, die den Ausbruch der Finanzkrise 2008 vorhergesagt hatten, enthielt sich bei der Bundestagswahl 2013 der Stimme, weil er »den Staat in Richtung Plutokratie driften« sieht.[262]

Nun könnte man auch hier wieder einwenden, dass die Einschätzung, Deutschland bewege sich auf eine Plutokratie zu, linke Propaganda oder gar Panikmache sei. Aber auch für Deutschland gilt: Mehr und mehr Menschen gelangen zu der Einschätzung, das Kapital mache Politik. So konstatierte zum Beispiel Johannes Masing, Richter am Bundesverfassungsgericht, im Januar 2014 auf einer Konferenz der Kulturstiftung des Bundes: »Die demokratische Kraft der Bändigung wirtschaftlicher und politischer Macht nimmt ab. [...] Nicht die politischen Vertretungen der Bürger definieren die Spielregeln, sondern die Macht der Konzerne.«[263] Obwohl Johannes Masing das Wort »Plutokratie« nicht verwendet, liegt inhaltlich kein großer Unterschied zwischen seinen und den zuvor zitierten Äußerungen in Bezug auf den Einfluss der Konzerne und Reichen auf die Demokratie.

Auch wenn Deutschland noch nicht so weit in die Plutokratie fortgeschritten erscheint wie Italien unter Berlusconi oder die USA, ist der Einfluss des großen Geldes überall mit Händen zu greifen. Nur zwei Beispiele: Die FDP zeigte sich nach der Bundestagswahl 2009 für Wahlkampfspenden aus der Hotelbranche erkenntlich und sorgte im Bundestag zusammen mit der CDU/CSU für eine Senkung des Mehrwertsteuersatzes für Übernachtungen von 19% auf 7%.[264] Josef Ackermann, bis Mai 2012 Vorstandsvorsitzender der *Deutschen Bank*, war einer der wichtigsten Berater von Bundeskanzlerin Angela Merkel. Er war maßgeblich dafür verantwortlich, dass es im Juli 2011 nach einem Sondergipfel zur Rettung Griechenlands, bei dem die Finanzbranche geschont wurde, aus Bankkreisen hieß: »Wir können mit der Lösung nicht unzufrieden sein, schließlich sitzt Josef Ackermann am Tisch.«[265] Und wenn Angela Merkel wie im September 2011 sagt »wir werden Wege finden, die parlamentarische Mitbestimmung so zu gestalten, dass sie trotzdem auch marktkonform ist«, dann gesteht sie damit ein, dass nicht mehr die Bundeskanzlerin die Richtlinien der Politik bestimmt und verantwortet, so wie es in Artikel 65 des Grundgesetzes heißt, sondern die der kapitalistischen Logik gehorchenden Märkte dies tun.

Aber nicht nur in den westlichen Demokratien wird der Machtzuwachs der Reichen registriert. Die indische Schriftstellerin Arundhati Roy ist überzeugt davon, dass Kapitalismus und Demokratie zu einem Raubtier verschmolzen sind, »dessen Fantasie ausschließlich um sein Futter, die Profitsteigerung, kreist. […] In Europa, in Amerika, in China, in Indien gibt es eine Elite, die nur noch nach unten kämpft. Ihr geht es um Herrschaft.«[266] Nach dieser Interpretation, die der klassisch liberalen Lehre von Markt und Politik als getrennten Sphären widerspricht, lassen sich Wirtschaft und Herrschaft eben nicht mehr voneinander trennen. So konstatieren auch die Politologen Jonathan Nitzan und Shimshon Bichler, dass der Kapitalismus zu einer Form der politischen Machtausübung geworden ist, weswegen es sinnlos sei, zwischen beiden zu unterscheiden. Denn Macht wird in den westlichen Gesellschaften von heute gleichzeitig mit Kapital akkumuliert. Jede Untersuchung über den Kapitalismus ist somit immer auch eine Untersuchung des Aufbaus und der Erhaltung von politischer Macht.[267]

Fazit

Was wir in Italien, den USA, Deutschland und vielen anderen westlichen Demokratien seit Anfang der 1980er Jahre erleben, ist ein verdeckter Machtkampf zwischen Demokratie und Kapitalismus, bei dem die Demokratie bereits erheblich an Boden verloren hat. Dabei versucht der Kapitalismus, die Herrschaft des Volkes auf friedlichem Wege und im Rahmen formal demokratischer Verfahren durch eine als Leistungsgesellschaft getarnte Plutokratie zu ersetzen. »Der Kapitalismus profitiert davon, ein formal demokratisches System zu haben, aber der Kapitalismus funktioniert am besten, wenn Eliten die fundamentalsten Entscheidungen treffen und die Masse des Volkes entpolitisiert ist.«[268]

Von entscheidender Bedeutung für das Verständnis des Prozesses der Entmachtung ist es, sich mit den Eigenschaften von Macht zu befassen. Außerdem gilt es, die Mechanismen zu analysieren, mit deren Hilfe Macht gewonnen und erhalten wird. Denn nur mit Hilfe eines solchen analytischen Rahmens ist es möglich zu verstehen, wie der Kapitalismus bei der Entmachtung der Demokratie vorgeht. Das nächste Kapitel ist daher den grundlegenden Fragen der Macht gewidmet.

5 – Macht

Macht hat Legitimität nur im Dienst der Vernunft. Allein von hier bezieht sie ihren Sinn, an sich ist sie böse.

Karl Jaspers (Deutscher Philosoph, 1966)

Das Streben nach Macht ist so alt wie die Menschheit. Unzählige Gelehrte haben dies seit Beginn der Verschriftung unseres Wissens dokumentiert.[269] Egal ob es sich um die Beziehung zwischen Mann und Frau, Priester und Gläubigen oder zwischen verschiedenen Nationen handelt: Der Wille, über den anderen Part bestimmen zu können, zieht sich wie ein roter Faden durch die Menschheitsgeschichte.

Für Friedrich Nietzsche ist der Wille zur Macht das stärkste Motiv menschlichen Handelns, stärker noch als der Wille zu leben. In »Also sprach Zarathustra« schreibt er: »Nur, wo Leben ist, da ist auch Wille: aber nicht Wille zum Leben, sondern – so lehre ich's dich – Wille zur Macht!« Seiner Auffassung nach ist das menschliche Verhalten letztendlich bestimmt durch den Willen zur Macht.[270]

Der britische Philosoph Bertrand Russell hält das Streben nach Macht (und Ruhm) unter den unzähligen Wünschen der Menschen für den stärksten. Für ihn ist Macht die wichtigste analytische Kategorie in den Sozialwissenschaften.[271] Die Gesetzmäßigkeiten des sozialen Wandels lassen sich seiner Meinung nach nur unter Berücksichtigung des Faktors Macht erklären.[272]

Norbert Elias, Michel Foucault, Max Weber und viele andere Philosophen und Sozialwissenschaftler gehen nicht ganz so weit wie Nietzsche oder Russell, aber auch sie verweisen auf die Macht als einen bedeutenden Faktor in der gesellschaftswissenschaftlichen Analyse.[273]

Macht in der Ökonomik

Wenn Philosophen, Politologen, Psychologen und Soziologen Recht haben und das Streben nach Macht tatsächlich ein so wichtiger Faktor zur Erklärung menschlichen Verhaltens ist, sollte man vermuten, dass Ökonomen sich ebenfalls mit dieser Frage beschäftigen. Und in der Tat haben die klassischen Vertreter der politischen Ökonomie, wie die Volkswirtschaftslehre im 19. Jahrhundert hieß, sich eingehend mit dieser Thematik auseinandergesetzt, weil nach ihrer Auffassung die Verteilung der gesellschaftlichen Macht darüber bestimmte, wie das Volkseinkommen in einem Land auf die Produktionsfaktoren Arbeit, Boden und Kapital verteilt würde. Zu Zeiten von Adam Smith (1723–1790) war den Ökonomen völlig klar, dass die Kapitalbesitzer mehr Marktmacht hatten als die Arbeiter. Letztere lebten am Ende des 18. Jahrhunderts in Großbritannien selbst mit 60 Arbeitsstunden je Woche am Rande des Existenzminimum, hatten keine Ersparnisse und im Falle von Krankheit oder Arbeitslosigkeit auch keine soziale Absicherung, es sei denn, man rechnet die Arbeits- und Armenhäuser dazu. Für Adam Smith saßen die Arbeiter eindeutig am kürzeren Hebel, weil sie gezwungen waren, Arbeit anzunehmen, wenn sie nicht verhungern wollten. Zwar waren die Kapitaleigner auch am Zustandekommen eines Arbeitsvertrages interessiert, weil sie Arbeiter brauchten, die mit ihrem Kapital zusammen Güter produzierten. Sie saßen aber am längeren Hebel, weil sie es sich aufgrund ihres Vermögens leisten konnten, mit dem Abschluss eines Arbeitsvertrages zu warten, ohne gleich am Hungertuch zu nagen. Für Adam Smith war es auch selbstverständlich, dass sich die Unternehmer absprachen, um die Nominallöhne zu drücken und die Preise zu erhöhen. Und er war sich bewusst, dass die Kapitalbesitzer ihre ökonomischen Machtquellen nutzten und die Regierungen zu einem Verbot von Arbeiterorganisationen brachten, die ein Gegengewicht zu ihrer Marktmacht hätten darstellen können.[274]

Gut 100 Jahre später war die Macht allerdings weitgehend aus der ökonomischen Analyse verschwunden. Die Neoklassiker hatten bis Ende des 19. Jahrhunderts eine Wirtschaftslehre entwickelt, in der weder Arbeiter noch Kapitaleigner Macht besitzen.[275] Paul Samuelson, einer der einflussreichsten Ökonomen des 20. Jahrhunderts, hat dazu 1957 angemerkt, dass es im Fall der vollständigen Konkurrenz, den die Neoklassik zu ihrem zentralen Erklärungsmodell erhoben hat, »wirklich unerheblich ist, wer wen anstellt«.[276] Wer die neoklassische Theorie kennt, weiß, warum: Sie klammert das Problem der ungleichen Machtverteilung zwischen Arbeit und Kapital aus. Beide begegnen sich auf gleicher Ebene und handeln einen Lohn aus, der in etwa dem entspricht, was der einzelne Arbeiter zum Produktionsergebnis im Unternehmen beiträgt.[277]

Angesichts der jeden Tag offensichtlich praktizierten Ausübung von Macht hat Bertrand Russell der Ökonomik vorgeworfen, ein unrealistisches und sogar irreführendes Bild der tatsächlichen Machtverhältnisse und der Determinanten der Einkommensverteilung zu zeichnen.[278] Zwar ist die Kritik an der Neoklassik in Bezug auf die Bedeutung von Macht berechtigt, sie übersieht jedoch eine wichtige Funktion eines Modells, wie das der vollständigen Konkurrenz. Es dient als Referenzzustand für den Fall der Machtlosigkeit. Bei vollständiger Konkurrenz verschafft Eigentum an Kapital keine Macht für deren Besitzer, weil es eine sehr große Zahl von Kapitalisten gibt, von denen jeder nur einen sehr kleinen Anteil am Kapitalstock einer Volkswirtschaft hält. Arbeiter haben in dieser Gedankenwelt Alternativen, sie finden jederzeit einen Arbeitgeber, der bereit ist, sie entsprechend ihrer Produktivität zu entlohnen. Umgekehrt gilt die gleiche Logik. Fordert ein Arbeiter einen Lohn über seiner Produktivität, dann findet der Kapitalbesitzer genügend andere, die bereit sind, eine ihrer Produktivität adäquate Belohnung zu akzeptieren. Der Zustand der Machtlosigkeit entsteht im Modell, weil jeder Marktteilnehmer jederzeit auf andere Vertragspartner ausweichen kann.[279] Hinzu kommt, dass andere Faktoren, die Macht verschaffen könnten, per Annahme ausgeschaltet werden. Wissen und Informationen sind allen gleichermaßen zugänglich. Arbeiter und Kapitalbesitzer schließen sich nicht zu Verbänden zusammen, um Marktmacht zu erhalten. Sie treffen auch keine geheimen Lohn- oder Preisabsprachen.[280] Niemand versucht, durch Lobbyarbeit die Gesetzgebung in seinem Sinne zu beeinflussen. Der Mensch wird als *Homo oeconomicus* modelliert, der auf Basis seiner Präferenzen, die frei gebildet werden, seine materielle Wohlfahrt maximiert.[281] Niemand strebt nach Macht. Geld und Vermögen dienen nur zur Befriedigung von materiellen Bedürfnissen.

Macht tritt in der vorherrschenden ökonomischen Standardtheorie – dem Mainstream – also nur in der Form von Preissetzungsmacht aufgrund mangelnder Alternativen auf. Ein Monopolist kann den Preis für seine Güter weit über dem normalen Marktpreis festlegen, weil die Nachfrager nicht auf andere Anbieter ausweichen können. Damit steigert er seine Gewinne auf Kosten der Konsumenten, womit er sich Verfügungsmacht über Ressourcen verschafft. Die könnte er zwar zur Machtausübung nutzen. Aber das will er gar nicht – er will ja nur investieren, zumindest in der Theorie des ökonomischen Mainstreams.

Im Umkehrschluss bedeutet dies aber, dass Marktmacht entsteht, wenn einige Annahmen der Standardmodelle nicht erfüllt sind, was der Ökonom Norbert Häring anhand einer Auswertung von weit über

100 empirischen Studien dokumentiert hat. Diese belegen, dass Macht überall im Spiel ist und dass sich die Finanzbranche an die »Spitze der Machthierarchie« gesetzt hat, weil »Betrug und Desinformation in der Branche endemisch sind und [...] die Idee von den effizienten Märkten mit rationalen, wohl informierten Kunden völlig verfehlt ist.«[282] Anders als die Mainstream-Theorien postulieren, haben Manager Macht in ihren Unternehmen, sowohl gegenüber den Eigentümern als auch gegenüber den Angestellten. Sie setzen Geld ein, um durch Lobbyarbeit günstige Gesetze zu erwirken und um durch Werbung die Präferenzen der Konsumenten zu beeinflussen. Welche Auswirkungen Betrug oder Lobbyismus haben, wird vom ökonomischen Mainstream nicht untersucht, weil diese Einflüsse per Annahme ausgeschlossen sind. Darüber hinaus hat die Verhaltensökonomik – ein relativ junger Zweig der Wirtschaftswissenschaften, der das tatsächliche Verhalten von Menschen zur Grundlage der Analysen macht – heftige Zweifel an der Gültigkeit der Annahmen des ökonomischen Mainstreams gesät. In unzähligen »Feldstudien und Laborexperimenten haben Ökonomen die Annahme vom *Homo oeconomicus* getestet und fast ausnahmslos für falsch befunden,« fasst Norbert Häring diese Erkenntnisse zusammen.[283] Die Verhaltensökonomen Samuel Bowles und Herbert Gintis fällen demzufolge auch ein vernichtendes Urteil: »Der ökonomische Mainstream vertritt die Ökonomie primitiver Völker mit minimaler Marktintegration und minimaler ökonomischer Kooperation. Er taugt daher nicht für die Analyse moderner kapitalistischer Gesellschaften.«[284]

Hinzu kommt die weitgehende Ausblendung des Phänomens der Macht aus dem ökonomischen Mainstream, wodurch das *Machtparadoxon der Ökonomik* entsteht: Einerseits gibt es gute Gründe für die Nichtbeachtung von Macht, andererseits ist ein hoher Preis für die Machtblindheit zu zahlen.[285] Der Preis für die Vernachlässigung der Macht als analytische Kategorie liegt in der Unfähigkeit des ökonomischen Mainstreams begründet, eine Vielzahl von gesellschaftlich relevanten Problemen in der realen Welt adäquat analysieren und erklären zu können, und zwar genau, weil Macht allgegenwärtig ist, wie Historiker, Philosophen, Politologen, Psychologen und Soziologen überzeugend nachgewiesen haben.[286] Macht ist für Wissenschaftler außerhalb des ökonomischen Mainstreams mehr als nur ein Mangel an Alternativen. Das Streben nach Wohlstand und Macht als Motiv menschlichen Handelns unterscheidet die Mainstream-Ökonomen ganz erheblich von anderen Geistes- und Sozialwissenschaften. Letztere halten Wohlstand zwar auch für wichtig, viele von ihnen sind im Unterschied zu den Mainstream-Ökonomen aber davon überzeugt, dass der Wille zur Macht ein wichtiges Motiv menschlichen Handelns ist, wichtiger noch als das Streben nach Wohlstand. Bertrand Russell fasst diese Einsicht so zusammen: »Nachdem ein angemessenes Maß an Annehmlichkeiten erreicht ist, streben sowohl Individuen als auch Gemeinschaften nach Macht und nicht nach Wohlstand. Sie mögen Wohlstand als Mittel zur Macht anstreben, [...] aber ihr grundlegender Beweggrund ist kein wirtschaftlicher.«[287]

Die Mainstream-Ökonomen rechtfertigen die Vernachlässigung von Macht damit, dass sie das Verhalten großer Gruppen unter Rückgriff auf das Modell des *Homo oeconomicus* erklären wollen und es genügend Belege dafür gäbe, dass sich der überwiegende Teil der Menschen bei wichtigen Entscheidungen so verhält wie es das Modell vorhersagt.[288] Ob diese Eigeneinschätzung nun richtig oder nur die letzte Verteidigungslinie einer Denkschule ist, die angesichts neuerer Erkenntnisse in der Verhaltensökonomik ein erbittertes Rückzugsgefecht kämpft, soll hier nicht weiter untersucht werden. Aber selbst wenn die Behauptung richtig wäre, dass die *überwiegende Mehrheit* der Menschen vor allem nach Wohlstand strebte, wäre der Wille zur Macht dann bedeutungslos als Erklärungsansatz für menschliches Verhalten? Mit Sicherheit nicht. Denn um eine Gesellschaft zu dominieren, reicht es aus, wenn *einige Wenige* den Willen zur Macht zeigen und diesen ausüben. Haben sie Erfolg, dann zwingt eine kleine Minderheit von Machtmenschen der nach Wohlstand strebenden Mehrheit ihren Willen auf. Es liegt nun mal im Wesen der Macht begründet, dass es keine Rolle spielt, wie hoch der Anteil derer ist, die sie ausüben.

Doch was genau verstehen andere Fachdisziplinen unter dem Begriff Macht? Wie wird sie ausgeübt und aus welchen Quellen speist sie sich? Welchen konzeptionellen Rahmen kann man verwenden, um zu analysieren, wie der Kapitalismus die Demokratie entmachtet? Um diese Fragen geht es im Rest des Kapitels.

WAS IST MACHT?

Die meisten Menschen entwickeln schon sehr früh ein Gespür für das, was Macht ist, denn schließlich erleben sie die ersten Jahre ihres Lebens im Wesentlichen als Beherrschte. Eltern, Erzieher und Lehrer bringen Kindern die Spielregeln der Gesellschaft bei. Sie nutzen dazu Instrumente wie Ge- und Verbote, psychischen Druck, Freiheitsentzug (in Form von Hausarrest), Belohnungen oder Lob. Aber Kinder sind nicht nur Beherrschte, sie lernen schnell, wie man selbst Macht ausübt, sowohl gegenüber Gleichaltrigen als auch gegenüber Erwachsenen. Macht ist allgegenwärtig und die meisten Menschen haben eine gute Vorstellung davon, was unter dem Begriff »Macht« zu verstehen ist. Allerdings meint nicht jeder dasselbe, denn der Begriff wird im täglichen Sprachgebrauch in vielen Bedeutungen verwendet, z. B. im Sinne von Einfluss, Kontrolle, Autorität, Können oder Vermögen, um nur einige Beispiele zu nennen.[289]

Eine ähnliche Vielfalt für den Begriff »Macht« findet man in der wissenschaftlichen Literatur, was nicht verwunderlich ist, schließlich haben sich die Gelehrten schon seit über 2000 Jahren mit dem Phänomen beschäftigt. Dies hat den Politikwissenschaftler Robert Dahl schon 1957 zu der Feststellung veranlasst, dass das »ganze Studium der »Macht« ein bodenloser Sumpf ist.« Denn ein Begriff, der in so vielen Bedeutungen verwendet wird, ist vermutlich nicht ein Ding, sondern viele.[290] Da der Begriff »Macht« aber eine zentrale Rolle in dieser Arbeit spielt, ist es angebracht, ihn zumindest so weit aus dem bodenlosen Sumpf herauszuziehen, dass er dazu genutzt werden kann, um die Veränderung des Kräfteverhältnisses zwischen Kapitalismus und Demokratie zu erfassen.

Ausgangspunkt der meisten sozialwissenschaftlichen Eingrenzungen ist die berühmte Definition von Max Weber, für den Macht jede Chance bedeutet, »innerhalb einer sozialen Beziehung den eigenen Willen auch gegen Widerstreben durchzusetzen, gleichviel worauf diese Chance beruht«.[291] Nach dieser grundlegenden Definition hat eine Person oder Organisation Macht, wenn sie andere dazu veranlassen *kann*, in ihrem Sinne zu handeln, auch wenn die Anderen das ursprünglich nicht gewollt haben. Max Weber verzichtet bei seiner Festlegung des Machtbegriffes auf die Einbindung von Machtquellen oder die Arten der Machtausübung, was seiner Definition zwar einerseits etwas Universelles gibt, andererseits verschleiert sie dadurch aber genau das, was die Sozialwissenschaften interessiert, nämlich *wie* Macht ausgeübt wird und *was* ihre Grundlagen sind. Darüber hinaus wird Webers Festlegung noch aus anderen Gründen kritisiert. Zum einen beinhaltet die Definition nur, dass es eine Chance auf die Ausübung der Macht gibt, ob sie tatsächlich ausgeübt wird, ist unerheblich. Zum anderen ist die Beziehung zwischen Machthaber und Gefolgsmann asymmetrisch, weil Letzterer keinerlei Macht auf den Machthaber ausüben kann, was zumeist als unrealistisch angesehen wird.[292] Dennoch ist Max Webers Machtbegriff Ausgangspunkt fast aller sozialwissenschaftlichen Studien zu diesem Themenkomplex.

In Webers analytischem Rahmen können sich die Machthaber bei Entscheidungen oder Handlungen auch gegen den Willen der Beherrschten *direkt* durchsetzen. Peter Bachrach und Morton Baratz hoben 1962 hervor, dass damit aber nur die erste Dimension der Macht beschrieben ist und es einer Ergänzung um das »zweite Gesicht der Macht« bedarf, das darin besteht, die Rahmenbedingungen von Entscheidungen so zu strukturieren, dass bestimmte Optionen erst gar nicht zur Abstimmung auf die Tagesordnung kommen.[293] Macht besteht demnach auch darin, die Agenda politischer Prozesse festzulegen. Die sogenannten »gefährlichen Vorschläge« werden entweder schon im Vorfeld der Abstimmung entschärft oder nicht auf die Tagesordnung gesetzt.[294] Dieses Argument ist nicht unbedingt neu. Es spielte bereits bei der Durchsetzung der repräsentativen Demokratie eine große Rolle. Denn durch die Übertragung der Macht des Volkes an seine Vertreter wird in den Parlamenten vorwiegend über »ungefährliche Vorschläge« abgestimmt.

Eine dritte Machtdimension thematisiert Steven Lukes.[295] In ihr wird Macht als die Veränderung von Normen, Werten und Präferenzen definiert, die das Bewusstsein der Beherrschten verändert. Sie akzeptieren ihre Rolle in der existierenden Ordnung der Dinge, ohne zu klagen, weil sie entsprechend konditioniert werden. Somit können die Beherrschten ihre tatsächliche Lage gar nicht wahrnehmen, weil ihre Präferenzen durch die ihnen vermittelten Ideologien so gestaltet wurden, dass sie mögliche Handlungsalternativen gar nicht erst in Betracht ziehen. Macht wird bei Lukes also bereits im Prozess der Willensbildung ausgeübt.[296] Dadurch muss Macht keine Widerstände mehr überwinden wie im Konzept von Weber, da diese bereits im Vorfeld ausgeschaltet wurden.

Eine weitere Form der Macht wird vor allem von Michel Foucault betont. Im Unterschied zu den ersten drei Dimensionen der Macht wirkt sie nicht direkt auf das Individuum ein, sondern auf dessen Umgebung. Diese Form von Macht, die Foucault als »Gouvernementalität« bezeichnet, versteht er als die »Gesamtheit, gebildet aus den Institutionen, den Verfahren, Analysen und Reflexionen, den Berechnungen und den Taktiken, die es gestatten, diese recht spezifische und doch komplexe Form [...] der Macht auszuüben, und die als Hauptzielscheibe die Bevölkerung [...] hat.«[297] Diese Form der Steuerung lenkt Menschen dadurch, dass sie erwünschte Verhaltensweisen wahrscheinlicher und unerwünschte Handlungen unwahrscheinlicher macht.[298] Machtausübung »bietet Anreize, verleitet, verführt, erleichtert oder erschwert, sie erweitert Handlungsmöglichkeiten oder schränkt sie ein, sie erhöht oder senkt die Wahrscheinlichkeit von Handlungen, und im Grenzfall erzwingt oder verhindert sie Handlungen.«[299] Das vierte Gesicht der Macht, wie es Peter Digeser genannt hat,[300] strukturiert Lebenszusammenhang und Arbeitsumfeld des Einzelnen. Macht wird »zu einem Rahmen für unser Denken, das die Kategorie des »Normalen« mit Inhalt füllt. Die Machtausübung durch »Gouvernementalität« durchzieht dann alle Bereiche der menschlichen Interaktion und verändert die als richtig betrachtete Art und Weise von Rationalität und Vernünftigkeit.«[301] Bei Foucault ist Macht Teil der gesellschaftlichen Realität, der das Individuum nicht entkommen kann, im Unterschied zu den ersten drei Arten der Machtausübung.[302] Auf diese Weise übt Macht beständig eine disziplinierende Wirkung aus.

Es stellt sich allerdings die Frage, ob das zweite, dritte und vierte Gesicht der Macht tatsächlich die Sichtweise von Weber ergänzen. Es lässt sich genauso argumentieren, dass es sich dabei um *Arten* der Ausübung von Macht im Sinne Webers handelt, egal ob es sich um das Setzen der Agenda (Bachrach und Baratz), die Veränderung von Werten und Normen (Lukes) oder die Disziplinierung durch Gouvernementalität (Foucault) handelt. Denn jedes Mal wird dabei der eigene Wille durchgesetzt und der Widerstand der anderen durch Ausübung einer bestimmten Form von Macht gebrochen.

WIE MACHT AUSGEÜBT WIRD

Max Webers Definition weist auf einen wichtigen Aspekt der Macht hin. Sie ist eine Beziehung zwischen Menschen oder Gruppen, in der eine Seite Macht ausübt und die andere sie erduldet. Häufig ist dies unproblematisch, ja sogar gewünscht, wie die Vertreter des Konzepts der »geführten Demokratie« behaupten. Viele Menschen wären froh, wenn sie sich selbst keine Gedanken machen müssten und als Untertanen gut regiert würden. »Die Menschen unterwerfen sich aus Gewohnheit allem, was Macht haben will«, meinte auch Friedrich Nietzsche.[303] Da aber nicht alle Menschen geborene Untertanen sind, müssen Herrscher oder Anführer über Machtmittel verfügen, die ihre Untergebenen oder Gefolgsleute dazu bringen, ihrem Willen zu folgen.[304]

Möchte man Machtbeziehungen analysieren, muss man sich mit den Quellen der Macht beschäftigen und mit der Art und Weise, wie sie ausgeübt wird. Dies tun alle Autoren, die sich ernsthaft mit Fragen der Macht beschäftigen, wie Norbert Elias, Michel Foucault, Steven Lukes, Niccolò Machiavelli, Bertrand Russell oder Max Weber, um nur einige zu nennen. Aber angesichts der Vielzahl von Versuchen, die Arten der Machtausübung zu kategorisieren, landet man beim Studium der einschlägigen Literatur wieder in dem schon zitierten »bodenlosen Sumpf«. Glücklicherweise kann man für die Analyse des Prozesses der Entmachtung zumindest teilweise auf eine Systematik von John Kenneth Galbraith zurückgreifen, die er in »Anatomie der Macht« entwickelt hat, um damit zu erklären, wie der Frühkapitalismus den Feudalherren und dem Klerus den Rang ablief und wie später der Hochkapitalismus des 19. Jahrhunderts die damalige Gesellschaft dominieren konnte.[305] Mit ihr lässt sich die Frage der Machtverschiebung zwischen Kapitalismus und Demokratie relativ gut analysieren, weil sie auf große gesellschaftliche Gruppen zugeschnitten ist und weil sie insbesondere auf die Machtmittel abstellt, die im Ringen um die Vorherrschaft zwischen Kapitalismus und Demokratie intensiv eingesetzt werden.[306] Galbraith unterscheidet drei Arten von Machtausübung:[307]

1. Macht durch Belohnung oder *kompensatorische Macht*: Hierunter versteht er die Anwendung von Macht durch die Vergabe materieller oder immaterieller Belohnungen an Personen oder Gruppen, damit diese sich dem Willen des Belohnenden unterwerfen. Dabei kann es sich um Geld, knappe Güter, aber auch prestigeträchtige Statussymbole handeln, wie z. B. einen Titel.

2. Macht durch Zwangsausübung oder *repressive Macht*: Hierbei wird der eigene Wille mit Hilfe von Zwang durchgesetzt. Dieser kann körperlicher Art sein, wie Folter oder die Prügelstrafe, oder die Bewegungsfreiheit einschränken, wie die klassische Freiheitsstrafe oder der Entzug eines Reisepasses. Der Zwang kann auch psychisch ausgeübt werden, z. B. durch die Verbreitung von Angst und Schrecken oder durch die Erzeugung von Stresssituationen.
3. Macht durch Umerziehung oder *konditionierte Macht*: Hierbei wird die Einstellung der beherrschten Person oder Gruppe durch eine Änderung von Normen, Werten, Überzeugungen oder des Glaubens verändert, so dass die Beherrschten sich freiwillig dem Willen der Machthaber fügen.[308]

Ergänzt werden kann die Systematik Galbraiths um die von Michel Foucault betonte vierte Art der Machtausübung. Im Unterschied zu den ersten drei Arten der Machtausübung zielt sie nicht direkt auf das Individuum ab, sondern auf dessen Umgebung. Diese Form der Machtausübung steuert die Menschen dadurch, dass sie erwünschte Verhaltensweisen wahrscheinlicher und unerwünschte Handlungen unwahrscheinlicher macht.[309] Da diese den Lebenszusammenhang und das Arbeitsumfeld des Einzelnen strukturiert, wird sie manchmal auch als *strukturelle Macht* bezeichnet.[310]

Der Kapitalismus des 21. Jahrhunderts bedient sich zur Entmachtung der Demokratie aller vier oben erwähnten Arten der Machtausübung, allerdings in unterschiedlicher Intensität. Die Anwendung körperlichen Zwangs ist in den westlichen Gesellschaften dem Staat vorbehalten und beschränkt sich zumeist auf Freiheitsstrafen. Zum Rückgang körperlichen Zwangs hat auch der Kapitalismus beigetragen, und er darf für sich zu Recht in Anspruch nehmen, im 19. Jahrhundert der wesentlich zivilisierteren Methode der kompensatorischen Machtausübung zum Durchbruch verholfen zu haben.[311] Der legale Teil des Kapitalismus hält sich – im Unterschied zur Mafia – an diese Vorgaben und wendet körperlichen Zwang zumindest in den entwickelten westlichen Gesellschaften nicht mehr an. Er hat sich vielmehr darauf spezialisiert, psychischen Druck auszuüben, z. B. durch die Verbreitung des Gefühls von Unsicherheit durch befristete Arbeitsverträge oder durch das Schüren von Angst vor Arbeitslosigkeit.

Der Einsatz kompensatorischer Macht ist die Kernkompetenz des Kapitalismus. Denn der Prozess der Akkumulation von Kapital generiert genau die Ressourcen, die nötig sind, um Belohnungsmacht auszuüben. Damit entscheidet der Kapitalismus direkt, wie stark er diejenigen belohnt, die innerhalb seines Systems für ihn arbeiten, also den Prozess der Akkumulation vorantreiben. Aber er nutzt seine Ressourcen auch, um einen Machtapparat aufzubauen, und denjenigen Gutes zu tun, die sich außerhalb des Wirtschaftsprozesses als Lobbyisten, Propagandisten oder Politiker für ihn einsetzen.

Während die Menschen repressive oder kompensatorische Machtausübung durchaus als solche wahrnehmen, ist dies bei der Anwendung konditionierter Macht seltener der Fall. Das Individuum ordnet sich freiwillig in ein System ein, weil es so erzogen wurde, und weil es glaubt, das Richtige zu tun. Die Unterwerfung wird somit nicht als erzwungen, sondern als selbstbestimmter Wahlakt empfunden.[312] Dies macht konditionierte Machtausübung so wertvoll für den Kapitalismus, weshalb er sie gerne einsetzt. Besonders deutlich wird dies durch die von ihm betriebene Propaganda, die durch Verbreitung von ihm gewogenen Ideen, Ansichten und Ideologien den Boden bereitet für die Konditionierung, die man als einen Prozess verstehen kann, der die Menschen im täglichen Leben an die Inhalte der Propaganda gewöhnt.

Strukturelle Macht kommt u. a. dort relativ stark zum Einsatz, wo die anderen Formen der Machtausübung weniger wirksam sind, z. B. in staatlichen Bürokratien. Dort gibt es relativ sichere Arbeitsplätze, kaum Boni für gute Leistungen und befördert wird im Wesentlichen nach Seniorität. Jahrzehntelang waren die Managementexperten ratlos, wie man unter diesen Bedingungen, die aufgrund des Widerstands der Beschäftigten und der Gewerkschaften nur schwer zu ändern waren, das Verhalten der Mitarbeiter in die gewünschte Richtung steuern könnte. Die Lösung des Problems brachten Evaluationen.[313] Da nur wenige in einer Evaluation schlecht abschneiden möchten, richten die zu Bewertenden ihr Verhalten an den ihnen bekannten Evaluationskriterien aus. Dadurch wird es wahrscheinlicher, dass sie sich so verhalten wie von den Leitenden gewünscht.

Im Bereich der gesellschaftlichen Machtbeziehungen entspricht die konditionierte und strukturelle Machtausübung dem, was Adam Smith im Marktzusammenhang als »unsichtbare Hand« bezeichnet hat: ein Mechanismus, der das Verhalten der Menschen steuert, ohne dass diese ihn als solchen gleich erkennen könnten. Das verleiht diesen beiden Formen ihren hohen Wert für die Machthaber, weil die Beherrschten oftmals gar nicht merken, wie sie gesteuert werden. Repressive Machtausübung ist spür- und sichtbar und ruft viel leichter den Widerstand der Beherrschten hervor.

QUELLEN DER MACHT

Von der Art der Machtausübung zumindest gedanklich zu unterscheiden sind die Quellen der Macht, also die Faktoren, die Menschen oder Organisationen Mittel zur Ausübung von Macht in die Hand geben. Auch in Bezug auf die Machtquellen gibt es in der wissenschaftlichen Literatur eine Vielzahl von Kategorisierungen. Max Weber betrachtet den Zugang zu Gewaltmitteln, das Eigentum an Ressourcen, die Verfügungsgewalt über Organisationen und eine willige Anhängerschaft als Hauptquellen von Macht.[314] Bertrand Russell nennt traditionelle Autorität (z. B. von Priestern und Königen), Waffen (z. B. von Polizei und Militär), Ressourcen, Überzeugungen sowie die Kontrolle der öffentlichen Meinung als die wichtigsten Machtquellen.[315] Für Galbraith sind Persönlichkeit, Eigentum und Organisationen die wichtigsten Quellen der Macht. Er verzichtet bewusst auf Gewalt als Hauptquelle der Macht, weil der Kapitalismus, dessen Erstarken er erklären will, sich im Laufe der Zeit immer weniger auf die Anwendung von Gewalt, z. B. durch die Niederschlagung von Arbeiteraufständen durch Polizei oder Militär, verlassen hat.[316] Die Sozialpsychologen French und Raven identifizieren fünf Machtbasen, wobei zu den schon genannten Formen wie Eigentum und Zwang auch noch Legitimation, Wissen und Informationen hinzukommen.[317]

Machtquellen und Formen der Machtausübung sind eng miteinander verbunden. Die Anwendung repressiver Macht baut auf den Einsatz von Gewalt oder Druckmitteln. Zur Ausübung kompensatorischer Macht benötigt man Ressourcen. Konditionierte Macht setzt langfristig wirkende Organisationen zur Beeinflussung des Denkens der Menschen voraus. Strukturierte Macht erfordert ebenfalls Organisationen, die gesetzliche oder informelle Regeln aufstellen, um die Lebensumstände der Menschen zu strukturieren. Im gesellschaftlichen Ringen um die Vorherrschaft werden alle Formen der Machtausübung angewandt und es ist im Wesentlichen die Stärke der Machtquellen, die bestimmt, welche Form der Machtausübung zum Einsatz kommt.

Historisch betrachtet haben sich Eigentum und Vermögen im Verlauf der letzten 500 Jahre zu einer immer stärkeren Quelle der Macht entwickelt.[318] Obwohl es erhebliche Probleme bereitet, die Stärke von Machtmitteln oder das Ausmaß der Machtausübung empirisch zu messen,[319] scheint keine andere Machtquelle seit Beginn der Industriellen Revolution *aus sich selbst heraus* so stark gewachsen zu sein wie die kompensatorische Macht des Kapitalismus. Die Akkumulation als Kernprozess des Kapitalismus führte zu einer Verfügungsgewalt über Ressourcen, die ökonomische Macht verlieh. Darauf hatte auch schon John Maynard Keynes verwiesen, als er 1919 feststellte, dass in Europa zu Beginn des 20. Jahrhunderts eine kleine Gruppe von Menschen aus diesem Grund nicht konsumierte, sondern akkumulierte. Diese neue Klasse von Reichen wählte »die *Macht*, die ihnen die Investitionen gaben, anstelle des Genusses aus dem unmittelbaren Konsum.«[320]

Einige Beobachter verweisen darauf, dass die Machtquelle Wissen die anderen Machtquellen an Stärke übertroffen habe.[321] Aber selbst wenn dem so wäre, was sich nicht nachweisen lässt, würde dies noch lange nicht auf einen Bedeutungsverlust der Ressourcen als Machtquelle hindeuten. Letztendlich verleihen in einem bürgerlichen Rechtsstaat, der das Eigentum in hohem Maße schützt, die Ressourcen direkt kompensatorische Macht und indirekt die Möglichkeit, Organisationen zum Zwecke der Machtausübung aufzubauen und zu unterhalten. Verfügungsgewalt über Ressourcen ist langfristig die wichtigste Quelle der Macht.

Auf die Persönlichkeit als Machtquelle werde ich im Folgenden kaum noch eingehen, obwohl sie wichtig ist, um das Phänomen Macht *an sich* zu erklären.[322] Fast alle bedeutenden Machthaber waren starke Persönlichkeiten und mit Charisma oder Autorität ausgestattet, mit denen es ihnen gelang, eine willige Anhängerschaft zu gewinnen und mit Hilfe von Ressourcen und Organisationen einen beachtlichen Machtapparat aufzubauen. Dies gilt für den militärischen, religiösen, politischen und ökonomischen Bereich gleichermaßen. Es gibt allerdings keine belastbaren Hinweise darauf, dass der Kapitalismus *systematisch* stärkere oder schwächere Persönlichkeiten anzieht als andere Gruppen der Gesellschaft. Umgekehrt deuten viele Studien zum Thema Eliten darauf hin, dass sich Führungspersönlichkeiten über das gesamte Spektrum der Gesellschaft verteilen.[323] Sie sind als Bischöfe in den christlichen Religionsgemeinschaften genauso zu finden wie als

Generäle im Militär, als Spitzenpolitiker in Parteien oder als Unternehmer und Topmanager in der Wirtschaft. Daher verschiebt die Machtquelle Persönlichkeit die Machtverteilung in einer Gesellschaft nicht
dauerhaft in eine bestimmte Richtung, weil in allen großen Gruppen
genügend Menschen mit Autorität und Machtwillen anzutreffen sind.
Auch John Kenneth Galbraith hält die Bedeutung der Persönlichkeit
als Machtquelle in der Öffentlichkeit für überschätzt, weil historische
Führerpersönlichkeiten wie Hitler, Stalin, Churchill oder Roosevelt
die Geschichte des 20. Jahrhunderts besonders prägten.[324] Es gibt
allerdings starke Indizien dafür, dass der Kapitalismus in den letzten
Jahrzehnten die Machtquellen Ressourcen und Organisation besser
zum Sprudeln gebracht hat als alle anderen gesellschaftlichen Gruppen.

FAZIT

Wer entmachtet wird, muss zunächst einmal Macht besitzen. In Demokratien liegt die Macht formal beim Volk, sie ist jedoch durch ihre
Übertragung an Repräsentanten sowie durch eine Vielzahl von Gesetzen eingeschränkt. Hinzu kommt, dass verschiedene gesellschaftliche
Gruppen versuchen, Macht auszuüben – die Politik, die Religionen,
die Bürokratie, die Gewerkschaften, vor allem aber die seit Jahrzehnten immer stärker werdenden Kapitalbesitzer.

   Im weiteren Verlauf dieser Arbeit wird gezeigt, wie die Demokratie
seit Anfang der 1980er Jahre vor allem vom Kapitalismus immer weiter
geschwächt wurde. Ausgangspunkt ist die Definition von Macht im
Sinne von Max Weber, d. h. die Möglichkeit, jemand anderem den
eigenen Willen auch gegen dessen Widerstreben aufzuzwingen. In
Analogie dazu wird der Begriff »Entmachtung« als ein Prozess definiert,
in dessen Verlauf einer Person oder Organisation die Fähigkeit entzogen wird, anderen den eigenen Willen auch gegen deren Widerstand
aufzuzwingen. Im Kontext dieses Buches bedeutet Entmachtung den
fortschreitenden Verlust der Fähigkeit der Demokratie, den Kapitalismus zu kontrollieren.

   Der zweite Teil dieses Buches untersucht, wie der Kapitalismus
kompensatorische, repressive, konditionierte und strukturelle Macht
einsetzt, um die Demokratie zu kontrollieren, ja in einigen Ländern
sogar in eine demokratisch legitimierte Plutokratie zu verwandeln.

Teil II: Strategien der Machtübernahme

Unabdingbare Voraussetzung für eine friedliche Herrschaft des Kapitals ist die Verfügungsgewalt über Ressourcen. Denn ohne sie ist es langfristig nicht möglich zu herrschen. Kapitel 6 verdeutlicht daher anhand einer Vielzahl von Indikatoren, in welchem Ausmaß es dem Kapital gelungen ist, die Ressourcen immer besser zu erschließen und damit ökonomische Macht aufzubauen. Kapitel 7 analysiert die Instrumente, die der Kapitalismus eingesetzt hat, um einen immer größeren Anteil der Machtquelle Ressourcen an sich zu ziehen, also ökonomische Macht in Relation zu anderen gesellschaftlichen Gruppen aufzubauen.

Die daran anschließenden Kapitel beschäftigen sich im Wesentlichen mit der Frage, wie es dem Kapitalismus gelingt, ökonomische Macht in politische Macht umzumünzen, um damit die Demokratie auszuhöhlen. Eine bewährte Technik dazu ist in einem parlamentarischen System der Lobbyismus, der in Kapitel 8 behandelt wird. Da aber das Volk der Souverän ist und alle paar Jahre die Volksvertreter erneut bestimmt, muss der Kapitalismus die Mehrheit auf seine Seite bringen, auf dass eine Regierung an die Macht kommt, die in seinem Sinn herrscht. Kapitel 9 zeigt, wie der Kapitalismus den Lobbyismus durch Propaganda unterstützt und die öffentliche Meinung in seinem Sinn beeinflusst. Da Propaganda, zumindest teilweise, durchaus als gewollte Beeinflussung wahrgenommen wird, ergänzt sie der Kapitalismus um die in Kapitel 10 behandelte Konditionierung. Diese zielt darauf ab, Menschen zur unhinterfragten, automatischen Anwendung von erwünschten Verhaltensweisen zu bringen. Damit ist die Analyse des offensiven Teils der Strategien zur Entmachtung der Demokratie abgeschlossen.

Der defensive Teil der Entmachtungsstrategie besteht darin, mögliche Gegenmächte im Zaum zu halten. Demokratische Widerstandsnester sind allen voran das Bildungssystem und die vierte Gewalt, insbesondere die Qualitätsmedien. Beide könnten die Machenschaften des Kapitals aufdecken und die Aushöhlung der Demokratie offenlegen. Wie der Kapitalismus Bildung verhindert, indem er die Menschen vor allem mit Wissen vollstopft, wird in Kapitel 11 behandelt. Und wie er die vierte Gewalt zähmt, ist Inhalt des zwölften Kapitels.

Am Schluss von Teil II (Kapitel 13) werden noch die flankierenden Maßnahmen beschrieben, mit denen der Kapitalismus seine offensive und defensive Strategie abschirmt, um gegen alle Eventualitäten gewappnet zu sein.

6 – INDIKATOREN ÖKONOMISCHER MACHT

Geld ist nichts: Charakter, Benehmen und Leistung sind alles.
Aus diesem Grund befürworten Idioten immer die Ungleichheit
von Einkommen (ihre einzige Chance auf Ansehen),
während die wahrhaft Großen Gleichheit bevorzugen.

George Bernhard Shaw (Irischer Dramatiker, 1928)

Ressourcen sind die wichtigste Quelle der Macht, denn ohne sie ist es unmöglich zu herrschen. Bei kompensatorischer und repressiver Machtausübung ist dies offensichtlich, denn Belohnungen und bewaffnete Einheiten müssen irgendwie finanziert werden. Aber auch konditionierte oder strukturelle Macht kann sich langfristig nur entfalten, wenn eine entsprechende materielle Unterstützung hinzukommt. Dies ist den Mächtigen schon seit Jahrtausenden bekannt und der griechische Philosoph Platon forderte bereits über 300 Jahre vor Christi Geburt die Umverteilung großer Vermögen, um dem Streben nach Macht die ökonomische Grundlage zu entziehen.[325] Aber anstatt die Konzentration von Ressourcen in Händen der Kapitalbesitzer zu verringern, ist seit dem Ende der Bescheidenheit Anfang der 1980er Jahre das Gegenteil passiert. Dem Kapital ist es seitdem gelungen, seinen Anteil an den Ressourcen der Welt auf Kosten der Arbeitnehmer und der Gesellschaft immer weiter zu steigern. Da es bislang keine Methode gibt, das absolute Ausmaß oder die absolute Stärke von gesellschaftlicher Macht zuverlässig zu messen, müssen sich Analysen der Machtverschiebung damit begnügen zu ergründen, welche Gruppen im Vergleich zu anderen stärker oder schwächer wurden.[326] Dieses Kapitel analysiert im Folgenden mit Hilfe von Indikatoren, in welchem *Ausmaß* das Kapital im Vergleich zu den Bürgern einen Zuwachs an Ressourcen zu verzeichnen hatte.

Indikatoren sollen angeben, wie stark eine nicht direkt messbare Größe ausgeprägt ist. Wie weit ein Land globalisiert oder wie hoch die internationale Wettbewerbsfähigkeit einer Volkswirtschaft ist, lässt sich nicht direkt feststellen. Mit Hilfe einer Vielzahl von Indikatoren wird deshalb versucht, das Ausmaß der Globalisierung oder der Wettbewerbsfähigkeit ersatzweise zu ermitteln. Die Indikatoren sind hingegen in der Regel präzise definiert und ihre Ausprägung lässt sich zumindest prinzipiell genau messen, so z. B. der Exportüberschuss oder die ausländischen Direktinvestitionen, beides beliebte Indikatoren zur

Einschätzung des Globalisierungsgrads oder der Wettbewerbsfähigkeit einer Volkswirtschaft.[327]

Obwohl es sich aus analytischen Gründen anbietet, zuerst den Aufbau ökonomischer Macht und dann die Umsetzung in politische Macht zu analysieren, muss beachtet werden, dass der Aufbau von ökonomischer Macht in der Realität immer durch Einsatz aller Machtquellen und Formen der Machtausübung stattfindet. Ressourcen werden einerseits dazu benutzt, um sich noch weitere Ressourcen anzueignen, und andererseits, um konditionierte und strukturierte Macht zu entfalten. Die beiden letztgenannten Formen der Machtausübung werden wiederum dazu eingesetzt, die Machtquelle Ressourcen zu stärken. Der Aufbau von Macht folgt also dem von Gunnar Myrdal beschriebenen Prinzip der zirkulär kumulativen Verursachung.[328] Ein Beispiel dafür sind die Ölkonzerne, die ihre Gewinne auch dafür verwenden, um durch Anzeigenkampagnen die Menschen von ihrem wohltätigen Wirken für die Allgemeinheit zu überzeugen, und die dadurch erreichte Zustimmung einsetzen, um die Gesetzgebungsverfahren so zu beeinflussen, dass sie die Öllagerstätten zur Mehrung ihres Gewinnes auch in Naturschutzgebieten oder in der Tiefsee erschließen dürfen. Falls die Propaganda der PR-Abteilungen nicht ausreicht, die öffentliche Meinung für das Vorhaben der Ölfirmen zu gewinnen, dann werden mit den Ressourcen Lobbyisten bezahlt, um die demokratischen Entscheidungsträger umzustimmen. Diesen Aspekten sind spätere Kapitel gewidmet, zunächst geht es einmal darum festzustellen, in welchem Umfang das Kapital ökonomische Macht aufgebaut hat.

DIE GEWINNQUOTE

Der erste Indikator zur Abschätzung der Veränderung ökonomischer Macht ist die Entwicklung der Gewinnquote. Diese gibt den Anteil am Volkseinkommen an, der auf den Produktionsfaktor Kapital entfällt und der aus Gewinnen und Vermögenseinkommen besteht. Das Gegenstück dazu ist die Lohnquote, die den Anteil der abhängig Beschäftigten am Volkseinkommen widerspiegelt. Berechnet werden beide Quoten mit Hilfe der Volkswirtschaftlichen Gesamtrechnung, aus der sich das Volkseinkommen nicht nur von der Entstehungs- und Verwendungsseite ablesen lässt, sondern auch unter dem Aspekt seiner funktionalen Verteilung auf die Produktionsfaktoren Arbeit und

Kapital.[329] Da das gesamte Volkseinkommen nur auf die Produktionsfaktoren Arbeit und Kapital (inklusive Boden) verteilt wird, addieren
sich Lohnquote und Gewinnquote zu 1 (bzw. 100 Prozent). Wenn die
Gewinnquote steigt, dann fällt automatisch die Lohnquote um den
gleichen Betrag.

Ein Anstieg der Gewinnquote bedeutet, dass den Kapitalbesitzern mehr aus dem Volkseinkommen zufließt als in der Vorperiode,
gleichzeitig schrumpft der Anteil der abhängig Beschäftigten an der
Wertschöpfung einer Volkswirtschaft. Die Quoten spielen seit langem
eine umstrittene Rolle als Indikator in der Verteilungsdiskussion, weil
ein Anstieg der Gewinnquote oftmals gleichgesetzt wird mit einem
Rückgang an sozialer Gerechtigkeit.[330] Aber darum geht es hier nicht,
denn im Kontext dieser Abhandlung wird die Veränderung der Lohn-
und Gewinnquoten als Indikator für die Veränderung ökonomischer
Macht in der Gesellschaft benutzt. Die dahinter stehende Logik ist
folgende: Je höher der Anteil ist, den ein Produktionsfaktor am
Volkseinkommen erzielt, desto stärker sprudelt auch die Machtquelle
Ressourcen. Daher sind die Einwände, die gegen die Lohnquote als
Indikator für soziale Gerechtigkeit angeführt werden, für diese Arbeit
nicht von Bedeutung.

Entwicklung der Gewinnquote in % (Trend)

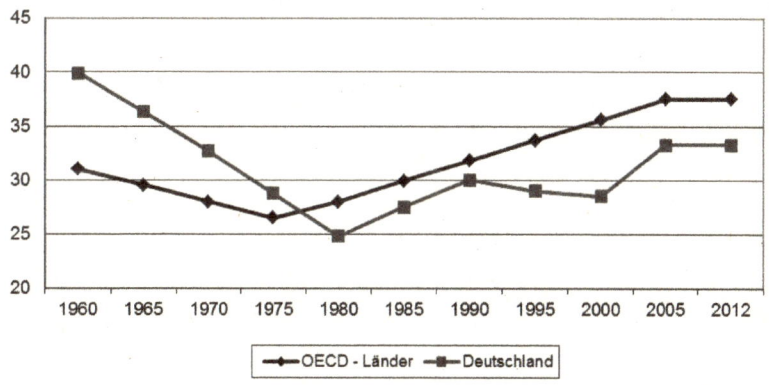

Quellen: OECD (o.J.), Schäfer (2011), Ungerer (2013), eigene Berechnungen.

Abstrahiert man von konjunkturellen Schwankungen,[331] dann folgt die längerfristige Entwicklung der Gewinnquoten in fast allen OECD-Ländern einem ähnlichen Muster, das in der Abbildung als Trendlinie dargestellt ist. Danach sank die Gewinnquote in den OECD-Ländern von 1960 bis 1975 im Durchschnitt von rund 31 % auf 26,5 %.[332] Von da ab stieg sie um rund zehn Prozentpunkte an und erreichte 2005 mit gut 37 % einen neuen Höchststand. Für Deutschland ergibt sich prinzipiell ein ähnliches Bild. Hier fiel die Gewinnquote von etwas über 40 % im Jahre 1960 auf rund 25 % in den frühen 1980er Jahren. Bis 2005 stieg sie dann auf 33 %.[333]

Seit 2008 verläuft die Entwicklung der Gewinnquote uneinheitlich, was vor allem an der Finanz- und Staatsschuldenkrise liegt. Bis 2012 ist die Gewinnquote in den USA, Griechenland und Spanien weiter gestiegen, während sie in Deutschland, Frankreich, Italien und Österreich 2012 gesunken ist. Im Durchschnitt der OECD-Länder hat sie sich zwischen 2005 und 2012 kaum verändert.[334]

Ein Unterschied im Verlauf der Gewinnquote der OECD-Länder und von Deutschland liegt im Zeitpunkt der Trendumkehr. Diese setzt in Deutschland 1983 ein, im OECD-Durchschnitt schon 1977. Außerdem sank die Gewinnquote im Zuge der Wiedervereinigung bis 2000 im Trend leicht, stieg aber nach 2002 rasant an und erreicht 2008 rund 35 %. Für die USA gibt es eine besonders lange Zeitreihe. Danach lässt sich zwischen 1930 und 1980 ein Rückgang der Gewinnquote um 10 Prozentpunkte konstatieren.[335] Und auch hier erhöhte sich ab Anfang der 1980er Jahre die Gewinnquote beinahe kontinuierlich.

Für fast alle OECD-Länder gilt, dass irgendwann zwischen 1973 und 1983 die Gewinnquote zu steigen begann, wobei sich Ausmaß und Ausgangsniveau des Anstiegs von Land zu Land erheblich unterscheiden. In Österreich stieg die Gewinnquote ab 1978 und erhöhte sich bis 2008 von 8 auf 31 %. In Italien und Frankreich stieg sie erst ab Anfang der 1980er Jahre, von rund 20 auf 33 % im Jahr 2008. In Kanada erhöhte sich die Gewinnquote bereits seit 1972, in Australien seit 1974.[336]

Eine Vielzahl von Studien, in denen die Lohn- und Gewinnquote unterschiedlich berechnet werden, bestätigt für die meisten OECD-Länder den V-ähnlichen Verlauf der Gewinnquote.[337] Auch über die Ursachen für den Rückgang der Lohnquote ab Mitte der 1970er Jahre herrscht Einigkeit. Aus theoretischer Sicht gelten vier

Entwicklungen als Hauptverursacher: Globalisierung, technischer Fortschritt, das Anwachsen des Finanzsektors und die Schwächung der Gewerkschaften.[338] Empirische Studien scheinen die theoretischen Überlegungen zu bestätigen, auch wenn es angesichts verschiedener Datensätze und Analysemethoden im Detail doch Unterschiede gibt. So ist insbesondere nicht ganz klar, welche der vier Entwicklungen wie stark für das Sinken der Lohnquote verantwortlich ist.

Leider tragen viele empirische Untersuchungen nicht zur Aufklärung des Phänomens Trendumkehr bei. Sie decken den Zeitraum vor 1975 mangels geeigneter Daten gar nicht oder nur sehr eingeschränkt ab, womit sie rein logisch nicht in der Lage sind, die V-förmige Entwicklung der Gewinnquote zu identifizieren, geschweige denn zu erklären. Insofern findet sich den meisten empirischen Studien keine überzeugende Erklärung für die Trendumkehr bei der Gewinnquote. In den Berichten des Internationalen Währungsfonds und der Internationalen Arbeitsorganisation wird der V-förmige Verlauf der Gewinnquote gar nicht thematisiert.[339] Die Europäische Kommission beschreibt zwar die Entwicklung der Lohnquote seit 1960 und damit auch die Trendumkehr. Warum es aber dazu kam, lässt auch sie offen.[340]

Wenn es aber tatsächlich richtig ist, dass fortschreitende Globalisierung, arbeitssparender technischer Fortschritt, der Bedeutungsgewinn des Finanzsektors und die Schwächung der Gewerkschaften den Anstieg der Gewinnquote verursachen, dann muss zumindest eine dieser vier Größen eine Trendumkehr Mitte der 1970er Jahre erfahren haben. Der technische Fortschritt kommt als Erklärung kaum in Frage, denn er ist seit der Industriellen Revolution durchgängig arbeitssparend. Er hätte von 1950 bis Mitte der 1970er Jahre aber kapitalsparend sein müssen, um die Trendumkehr der Gewinnquote zu erklären.

Schon eher kommt die Globalisierung, insbesondere die Liberalisierung des Kapitalverkehrs, als Erklärung in Betracht. Diese ermöglicht den Unternehmen Produktionsverlagerungen in Niedriglohnländer, wenn die Löhne im Inland zu stark steigen. Empirische Untersuchungen bestätigen, dass die Gewinnquote steigt, wenn der Kapitalverkehr mit dem Ausland dereguliert wird.[341] Da die Liberalisierung der internationalen Kapitalströme Mitte der 1970er Jahre begann, dürfte die Globalisierung zumindest mitverantwortlich für den Anstieg der Gewinnquote ab dieser Zeit sein. Gleiches gilt für das Wachstum des Finanzsektors, der ab Anfang der 1980er Jahre im Vergleich zur Industrie immer bedeutender geworden ist. Dadurch haben die Investoren mehr Anlagemöglichkeiten erhalten, vor allem im Finanzsektor, was wiederum die Unternehmen im realen Sektor zwang, höhere Renditen zu erwirtschaften. Dazu wurden unter anderem die Löhne gesenkt, wenn auch nicht notwendigerweise absolut, so aber doch zumindest relativ zu den Kapitalerträgen.[342]

Die Schwächung der Gewerkschaften hat offensichtlich ebenfalls eine Rolle gespielt. Diese Erklärung basiert auf der Erkenntnis, dass ein Großteil der volkswirtschaftlichen Wertschöpfung auf Märkten stattfindet, auf denen der Wettbewerb nicht allzu intensiv ist. Dadurch entstehen hohe Gewinne, die bei Lohnverhandlungen zwischen Arbeitnehmern und Arbeitgebern aufgeteilt werden. Je stärker die Verhandlungsmacht der Gewerkschaften ist, desto höher ist der Anteil an diesen Gewinnen, der an die abhängig Beschäftigten in Form von höheren Löhnen fließt.[343] Ab Mitte der 1970er Jahre ging die Macht der Gewerkschaften in Lohnverhandlungen aufgrund der Globalisierung zurück. Weil die Arbeitgeber mit Produktionsverlagerungen ins Ausland drohten, konnten die Gewerkschaften in Lohnverhandlungen einen immer kleiner werdenden Anteil der Gewinne für die Arbeitnehmer in Lohnsteigerungen ummünzen. Empirische Studien belegen diesen Sachverhalt und zeigen, dass die Schwächung der Gewerkschaften ebenfalls zum Anstieg der Gewinnquote beigetragen hat.[344]

Im Grunde gehen Globalisierung, Stärkung des Finanzsektors und die Schwächung der Gewerkschaften auf einen gemeinsamen Faktor zurück, dem bislang von Ökonomen kaum Beachtung geschenkt wird. Zum einen, weil er ein eher politischer oder soziologischer ist, zum anderen, weil es mangels einer mathematisch formulierten Theorie unmöglich ist, die Mainstream-Ökonomen von ihm zu überzeugen. Hinzu kommt, dass es schwierig ist, geeignete Messgrößen zu konstruieren oder Indikatoren zu finden, die den Einfluss dieser Erklärung wenigsten empirisch nachvollziehen könnten. Dieser gemeinsame Faktor ist das, was Boltanski und Chiapello den »neuen Geist« des Kapitalismus nennen.[345] Im Kern handelt es sich dabei um das in Kapitel 3 beschriebene Wiedererstarken des Kapitalismus, der in den 1970er Jahren seinen Machtwillen neu entdeckte und begann, das harmonische Miteinander von Arbeitnehmern, Unternehmern und Konsumenten zu stören. Der Kapitalismus wollte nicht mehr der Gesellschaft als Instrument zur Befriedigung ihrer Bedürfnisse dienen, sondern die Gesellschaft sollte sich umgekehrt in den Dienst der Akkumulation stellen.

Was auch immer die genauen Gründe für den V-förmigen Verlauf der Gewinnquote sein mögen, Tatsache ist, dass dem Kapital seit Mitte der 1970er Jahre ein immer größerer Anteil an der Wertschöpfung der westlichen Industrieländer zufloss. Und dies geschah nur bedingt aufgrund des technischen Fortschritts. Der Kapitalismus trieb die Globalisierung voran, stärkte den Finanzsektor, beteiligte sich aktiv an der Schwächung der Gewerkschaften und setzte seinen Machtwillen ein, um seine ökonomische Macht immer weiter auszubauen.

IMPLIZITE STEUERQUOTEN VON ARBEIT UND KAPITAL

Mitentscheidend für die Stärke der Machtquelle Ressourcen ist aber nicht nur, was den Produktionsfaktoren unmittelbar vom Volkseinkommen zufließt, sondern auch, was nach Abzug der zu entrichtenden Steuern noch netto von den Bruttolöhnen und -gewinnen übrig bleibt. Um die Steuerbelastung von Produktionsfaktoren zu ermitteln, lassen sich implizite Steuerquoten berechnen. Diese geben an, wie hoch der Anteil an Steuern ist, der von den Produktionsfaktoren Arbeit und Kapital im Verhältnis zu ihrem jeweiligen tatsächlichen Einkommen effektiv entrichtet wird.[346] Je höher die impliziten Steuerquoten sind, desto weniger verbleibt einem Produktionsfaktor netto von seinem Anteil am Volkseinkommen.

Auch dieser Indikator zeigt, wie sehr die Kapitalbesitzer in den letzten Jahrzehnten durch eine Veränderung der Steuergesetze begünstigt worden sind. Für den Durchschnitt der 15 EU-Mitgliedsstaaten von 1995 lässt sich von 1970 bis 1996 ein kontinuierlicher Anstieg der impliziten Steuerquote des Faktors Arbeit um 15 Prozentpunkte von 28 auf 43 % feststellen; die Belastung des Faktors Kapital ist im gleichen Zeitraum nur um 10 Prozentpunkte von 27 auf 37 % gestiegen.[347] Während die implizite Steuerquote für Kapital und Arbeit 1970 also noch fast gleich war, lag die Belastung des Faktors Arbeit Mitte der 1990er Jahre in der Europäischen Union schon sechs Prozentpunkte höher.

Gut zehn Jahre später war der Abstand in der Besteuerung zwischen Kapital und Arbeit bereits auf zehn Prozentpunkte gewachsen. In der Eurozone lag im Durchschnitt der Jahre 2000 bis 2008 die implizite Steuerquote von Arbeit bei rund 39 % und die von Kapital bei rund

29%.[348] Während die steuerliche Belastung von Arbeit und Kapital 1970 für die 15 EU-Mitglieder des Jahres 1995 in etwa noch gleich hoch war, wurden die Steuern auf Arbeit in den folgenden 40 Jahren wesentlich stärker erhöht als die Steuern auf Kapital.

Wie sehr auch deutsche Unternehmen von Steuern entlastet wurden, zeigen die Berechnungen des *Deutschen Instituts für Wirtschaftsforschung* (DIW). Der implizite Steuersatz sank von 1992 bis 2008 um 10 Prozentpunkte, sowohl nach Berechnungsmethode der Europäischen Kommission als auch nach der des *DIW* (Tabelle 1). Die nach Steuertarif geltenden Sätze sanken gar um gut 17 Prozentpunkte.

Tabelle 1:   **Implizite und tarifliche Steuersätze für Unternehmen in Deutschland (in %)**

	1992	1995	1998	2001	2004	2007	2008
Implizite Steuersätze (EU-Methode)	27,2	22,7	24,4	17,7	17,8	18,5	17,2
Implizite Steuersätze (DIW-Methode)	30,4	25,3	27,2	21,3	20,1	21,3	20,3
Tarifliche Unternehmenssteuersätze*	47,1	43,1	42,8	38,3	38,3	38,3	29,8

*Für Kapitalgesellschaften (Körperschaftsteuer, Solidaritätszuschlag, Gewerbesteuer)

Quelle: Bach (2013, S. 8).

BEITRAG ZUM STEUERAUFKOMMEN

Der dritte Indikator, der die beiden vorangegangenen um einen wichtigen Aspekt ergänzt, ist der Beitrag der Gewinn- und Lohnsteuer zum gesamten Steueraufkommen, mit dem die Aufgaben des Staates finanziert werden. Wie stark Gewinn- und Lohnsteuer zum gesamten Steueraufkommen beitragen, lässt sich an der Steuerlastverteilung erkennen (Tabelle 2). Die Entwicklung macht deutlich, dass sich das Kapital trotz steigender Gewinnquoten seit 1980 aus der Finanzierung gemeinschaftlicher Aufgaben zurückgezogen hat. So sank in Deutschland der Anteil der Gewinnsteuern am gesamten Steueraufkommen von rund 25 Prozent im Jahre 1980 auf 19,6 Prozent im Jahre 2010. Im Gegenzug stieg die Belastung mit Steuern, die vorwiegend von Arbeitnehmern und Konsumenten getragen werden, von 62 auf über 71 Prozent. Selbst wenn man berücksichtigt, dass es in solchen Zahlen immer kleinere Unschärfen bei der Zurechnung von Steuerarten auf die Produktionsfaktoren gibt, zeichnet sich ein eindeutiger Trend ab. Arbeitnehmer und Konsumenten wurden von 1980 bis 2010 immer stärker mit Steuern belastet, das Kapital beteiligte sich immer weniger an der Finanzierung von Staatsaufgaben.

Auch das häufig gehörte Argument, die vom Kapital gezahlten Gewinnsteuern kämen in Form von Sozialleistungen oder Bildungsausgaben vor allem den Arbeitnehmern zugute, lässt sich so nicht halten. Denn ein Teil der gezahlten Steuern erhalten die Unternehmen in Form von Staatsbeihilfen wieder zurück. Wie die Subventionsberichte des *Kieler Instituts für Weltwirtschaft* belegen, erhielten die Unternehmen in Deutschland in den Jahren 2000 bis 2009 jährlich im Durchschnitt Subventionen in Höhe von rund 110 Mrd. Euro.[349]

Tabelle 2:   Steuerlastverteilung in Deutschland (in % des Steueraufkommens)

	1980	2000	2005	2010
Gewinnsteuern	24,9	18,3	17,2	19,6
Lohn-, Umsatz- und Verbrauchssteuern	62,0	74,1	73,1	71,4
Sonstige Steuern	13,0	7,6	9,7	9,0

Quelle: Schäfer (2011).

Ähnlich wie in Deutschland sieht die Situation in den meisten OECD-Ländern aus. So fiel in den USA der Anteil der Unternehmenssteuern am Steueraufkommen von über 25 % in den 1950er Jahren auf unter 10 % im Jahre 2010.[350]

An dieser Stelle sei ein kleines Zwischenfazit erlaubt: In den letzten 30 bis 40 Jahren sind die Gewinnquote gestiegen, die implizite Besteuerung von Kapital gefallen und der Anteil der Gewinnsteuern zurückgegangen. All dies belegt einen massiven Zuwachs an ökonomischer Macht für das Kapital, und zwar auf Kosten der überwiegenden Mehrheit der Bürger, wie in den folgenden Abschnitten noch genauer gezeigt wird.

EINKOMMENSVERTEILUNG

Als Einkommen lässt sich der Geldbetrag definieren, der einer Person oder einem Haushalt innerhalb eines bestimmten Zeitraums zufließt. Im Wesentlichen stammt Einkommen aus dem Einsatz von Arbeitskraft (Lohn oder Gehalt), Vermögen (Zinsen), Unternehmenstätigkeit (Gewinn) und Transferleistungen des Staates. Die Entwicklung der personellen Einkommensverteilung ergänzt die bislang diskutierten makroökonomischen Indikatoren um die Sicht auf einzelne Personen oder Haushalte. Dieser Perspektivenwechsel ist deshalb so wichtig, weil uns die Gewinnquote keine Auskünfte darüber gibt, wem die Kapitalerträge zufließen. Denn es könnten auch Arbeitnehmer von den gestiegenen Nettogewinnen profitieren, wenn sie Aktien, Unternehmensanteile oder entsprechende Fonds besäßen. Dem ist allerdings nicht so, wenigstens nicht in großem Umfang. »Die wirtschaftliche Leistung unseres Landes wird zunehmend eine Beute des Reichtums«, wie Gustav Horn, Leiter des gewerkschaftsnahen *Instituts für Makroökonomie und Konjunkturforschung*, feststellt.[351] Wer heutzutage ein Spitzeneinkommen erzielt, bezieht neben seinem Gehalt in aller Regel auch noch Einkünfte als Unternehmer oder Kapitalbesitzer. Spitzenverdiener verdanken ihr hohes Einkommen überwiegend dem kapitalistischen System und seiner Fähigkeit zur Akkumulation. Sie sind daher dem Kapitalismus i. d. R. weitaus mehr zugewandt als die meisten anderen Menschen und auch bereit, einen Teil ihres Einkommens an Parteien oder Organisationen zu spenden, die dem Kapitalismus gewogen sind. Für den Kapitalismus wäre es folglich ein Zuwachs an ökonomischer Macht, wenn den Beziehern hoher Einkommen noch mehr Geld zufließen würde als den übrigen Einkommensbeziehern.

Die verfügbaren Daten deuten darauf hin, dass sich die Kluft zwischen den Beziehern hoher Einkommen und denen mit niedrigem Einkommen in den meisten westlichen Demokratien erweitert hat.[352] Nach Angaben der Internationalen Arbeitsorganisation (International Labour Organization, ILO) hat sich die Ungleichheit bei der Verteilung der Einkommen in 14 von 17 Staaten der EU bzw. OECD, für die entsprechende Daten vorhanden sind, zwischen 1990 und 2005 vergrößert.[353] Ähnliches gilt für die Löhne, die für die meisten Arbeitnehmer Hauptquelle ihres Einkommens sind. In 13 von 17 OECD-Ländern hat sich der Abstand zwischen den Beziehern hoher und niedriger Löhne zwischen 1990 und 2005 vergrößert.[354] In Finnland, Japan und der Schweiz blieb der Abstand im gleichen Zeitraum konstant, nur in Frankreich ging er zurück.

Zu ähnlichen Ergebnissen kommt die OECD in einer Untersuchung der Ungleichheit im verfügbaren Einkommen von Haushalten.

Zwischen Mitte der 1980er Jahre und Mitte der 2000er Jahre stieg die Ungleichheit im Durchschnitt von 24 OECD-Ländern um 7%. 19 Länder verzeichneten einen Anstieg, fünf eine Verringerung der Ungleichheit.[355]

Deutschland gehört auch zu den Ländern mit zunehmender Ungleichheit, allerdings erst seit der Jahrtausendwende. Bis 1990 zeichnete sich Deutschland (West) hingegen entweder durch eine leicht sinkende Ungleichheit (1950er bis Ende der 1970er Jahre) oder eine relativ stabile Einkommensverteilung aus (1980er Jahre). Für die 1990er Jahre kommt es darauf an, welche Datenquelle man benutzt. Auf Basis der Einkommens- und Verbrauchsstichprobe ergibt sich bereits für die 1990er Jahre in Deutschland ein leichter Anstieg der Ungleichheit, während die Daten aus der Luxemburg Income Study noch auf eine Konstanz hindeuten.[356] Bach, Corneo und Steiner konstatieren unter Verwendung von Steuerdaten einen Anstieg der Ungleichheit zwischen 1992 und 2003 bei den Bruttoeinkommen, während die Verteilung der Nettoeinkommen konstant blieb.[357] Von 1999 bis 2007 hat die Ungleichheit bei der Verteilung der Einkommen dann aber sehr stark zugenommen,[358] stärker als in jedem anderen Land der OECD.[359]

Einen Eindruck davon, was hinter der Verteilung der realen Markteinkommen in Deutschland steht, vermittelt Tabelle 3. Auf das oberste 1% der Einkommensbezieher entfiel zwischen 1992 und 2003 im Durchschnitt 11,3% des realen Markteinkommens in Deutschland, auf die übrigen 19% des obersten Fünftels genau 50%. Die unteren 80% der Deutschen mussten sich mit einem durchschnittlichen Anteil von 38,7% zufrieden geben. Teilt man die Deutschen entsprechend ihrem Einkommen in eine obere und eine untere Hälfte, dann bezog die untere Hälfte im Durchschnitt der Jahre 1992 bis 2003 gerade einmal 4% des Markteinkommens, die obere Hälfte bezog 96%.[360] Bemerkenswert ist aber nicht nur das Ausmaß der Ungleichverteilung, sondern auch deren Entwicklung. Die unteren 80% büßten zwischen 1992 und 2003 knapp 10% ihres Anteils ein, während die oberen 20% kräftig zulegen konnten. Der Anteil der unteren 50% sank von knapp 5% auf knapp 3%.[361]

Tabelle 3:   Verteilung des realen Markteinkommens (vor Steuern)
in Deutschland nach Einkommensklassen (in %)

	1992	1995	1998	2001	2003	Veränderung 1992/2003 in %
Oberste 1%	11,2	10,7	11,5	12,1	11,2	0,0
Übriges oberstes Fünftel	48,0	48,9	50,0	51,0	52,0	8,3
Untere 80%	40,8	40,4	38,5	36,9	36,8	-9,8

Quelle: Bach, Corneo und Steiner (2009, S. 313), eigene Berechnungen.

Die Untersuchung von Bach, Corneo und Steiner gibt – erstmals für
Deutschland – auch Auskunft über das reale Markteinkommen der
wirtschaftlichen Eliten.[362] Nach diesen Zahlen haben die 65 Menschen
mit dem jeweils höchsten Einkommen eines Jahres (die Top 0,0001%)
ihr reales Markteinkommen im Durchschnitt um 132% gesteigert, von
31,4 Millionen Euro in 1992 auf 72,8 Millionen Euro in 2003 (Tabelle 4).
Selbst der »Ärmste« dieser 65 Personen bezog noch 18,4 (1992) bzw.
25,4 Millionen Euro (2003).[363] Die Top 0,001% der Einkommensbezieher (rund 650 Personen) waren nicht ganz so erfolgreich, steigerten ihr
durchschnittliches Markteinkommen im gleichen Zeitraum dennoch
um 46,6%. Während das durchschnittliche reale Markteinkommen in
Deutschland bei rund 20 000 Euro stagnierte (in Preisen des Jahres
2000) und die unteren 80% sogar reale Einbußen hinnehmen mussten,
schnitten sich vor allem die Topverdiener ein immer größer werdendes
Stück aus dem Kuchen heraus.

Tabelle 4:   Reales durchschnittliches Markteinkommen der wirtschaftlichen
Eliten in Deutschland nach Einkommensklassen (in Mio. Euro zu
Preisen des Jahres 2000)

	1992	1995	1998	2001	2003	Veränderung 1992/2003 in%
Oberste 0,0001% (65 Personen)	31,4	39,1	47,2	48,7	72,8	131,6
Oberste 0,001% (ca. 650 Personen)	11,1	11,7	14,3	15,2	16,2	46,6
Oberste 0,01% (ca. 6500 Personen)	3,3	3,1	3,6	3,8	3,6	9,9

Quelle: Bach, Corneo und Steiner (2009, S. 317).

Noch ungleicher als in Deutschland ist die Verteilung der Einkommen in den USA, die nach Angaben der Internationalen Arbeitsorganisation im internationalen Vergleich sogar das höchste Maß an Ungleichheit aufweisen.[364] Besonders interessant ist aber nicht nur die US-amerikanische Spitzenposition in der Höhe der Ungleichheit, sondern auch die zeitliche Entwicklung der Einkommensunterschiede. Während das oberste Fünftel der Einkommensbezieher sein Realeinkommen nach Steuern zwischen 1979 und 2007 im Durchschnitt um 95 % steigern konnte, betrug der Anstieg für das unterste Fünftel der Einkommensverteilung gerade einmal 16 % (siehe Tabelle 5). Noch ausgeprägter ist der Zuwachs für das eine Prozent der Spitzenverdiener, die ihr Realeinkommen nach Steuern zwischen 1979 und 2007 um 281 % steigern konnten.

Tabelle 5: Durchschnittliches Realeinkommen nach Steuern in den USA nach Einkommensklassen (in US-Dollar von 2007)

Einkommensklasse	1979	2007	Veränderung 1979/2007 in %
Oberste 1%	346 600	1 319.700	281
Oberstes Fünftel	101 700	198 300	95
Zweites Fünftel	57 700	77 700	35
Drittes Fünftel	44 100	55 300	25
Viertes Fünftel	31 000	38 000	23
Unterstes Fünftel	15 300	17 700	16

Quelle: Sherman und Stone (2010, S. 4).

Welches Ausmaß an Verfügungsgewalt über Ressourcen sich hinter diesen Einkommenszahlen verbirgt, wird deutlich, wenn man sich den Anteil am Volkseinkommen (nach Steuern) betrachtet, der auf die einzelnen Gruppen entfällt. Den obersten 1% der Einkommensbezieher flossen 2007 rund 17% des Volkseinkommens nach Steuern zu (siehe Tabelle 6), die übrigen 19% des obersten Fünftel erhielt immerhin noch rund 35%. Für die unteren 80% der Einkommensbezieher verblieben rund 48% des Volkseinkommens. Im Vergleich zu 1979 hat sich der Anteil der obersten 1% am Volkseinkommen mehr als verdoppelt, der Anteil der unteren 80% ist um rund 16% gefallen. Die Top-Verdiener haben also genau 10 Prozentpunkte am Volkseinkommen hinzugewonnen, die unteren 80% haben 10 Prozentpunkte verloren. Das ist nichts anderes als Umverteilung von Ressourcen und damit ökonomischer Macht von unten nach oben in Reinkultur.

Tabelle 6: Anteile am Realeinkommen nach Steuern in den USA
nach Einkommensklassen (in %)

Einkommensklasse	1979	2007
Oberste 1%	7	17
Übriges oberstes Fünftel	35	35
Untere 80%	58	48

Quelle: Sherman und Stone (2010, S. 5).

Zwei Hauptursachen sind für diesen immensen Realeinkommenszuwachs (nach Steuern) der Topverdiener in den USA verantwortlich. Zum einen haben die Steuersenkungen, die der amerikanische Präsident George W. Bush ab 2001 einführte, die Reichen ganz besonders entlastet.[365] Mehr als die Hälfte des zuvor erwähnten 281%-Anstiegs der Realeinkommen nach Steuern ab 1979 erfolgte innerhalb von nur fünf Jahren zwischen 2003 und 2007.[366] Zum anderen hat sich das Realeinkommen (vor Steuern) der Topverdiener von 1979 bis 2007 um 141% erhöht.[367] Verantwortlich für diesen Zuwachs ist vor allem der Anstieg der Gehälter von Vorständen und Topmanagern, die besonders stark in der Klasse der obersten 1% der Einkommensbezieher vertreten sind. So stieg das durchschnittliche Realeinkommen von Vorstandsvorsitzenden und Geschäftsführern (CEOs) in amerikanischen Unternehmen zwischen 1989 und 2007 um 168%. Damit vergrößerte sich die Kluft bei den Bezügen zwischen Arbeiternehmern und CEOs erheblich. Bezog ein CEO 1989 im Durchschnitt noch ein Einkommen, das 71-mal so hoch war wie das durchschnittliche Einkommen der Arbeitnehmer, war es 2007 schon 275-mal so hoch. 1965, als der Kapitalismus und seine Manager noch bescheiden waren, verdiente ein CEO im Durchschnitt nur 24-mal so viel wie ein Arbeitnehmer.[368]

Aber nicht nur in den USA haben die Topverdiener seit den 1980er Jahren immer mehr Verfügungsgewalt über Ressourcen erlangt. Dies dokumentieren verschiedene Untersuchungen, deren Daten in Bezug auf die obersten 1% der Einkommensbezieher in Tabelle 7 aufgelistet sind.[369] Danach haben die Topverdiener in allen Ländern zwischen 1980 und 2007 ihren Anteil am Nationaleinkommen steigern können, zum Teil in erheblichem Ausmaß. In den USA, im Vereinigten Königreich und Australien stieg der Anteil sogar um mehr als das Doppelte. In Deutschland konnten die obersten 1 % der Einkommensbezieher ihren Anteil am Nationaleinkommen nur in relativ bescheidenem Umfang ausdehnen. Allerdings lagen sie hier 1980 mit weitem Abstand an der Spitze unter den 13 größten OECD-Ländern.

Tabelle 7: **Anteil der obersten 1% der Einkommensbezieher am Nationaleinkommen vor Steuern (in %)**

	2007	2000	1990	1980	Veränderung 1980/2007 in %
USA	18,3	16,5	13,0	8,2	+123
Großbritannien	15,4	12,7	9,8	6,7	+130
Kanada	13,7	12,8	9,3	8,0	+71
Irland	11,6	10,3	6,6	6,6	+76
Schweiz	10,9	10,4	8,6	8,4	+30
Italien	9,9	9,1	7,8	6,9	+43
Australien	9,8	9,0	6,3	4,8	+104
Japan	9,6	8,2	8,1	7,2	+33
Frankreich	9,2	8,3	8,2	7,6	+21
Spanien	8,9	8,7	8,4	7,5	+19
Schweden	6,9	6,0	4,4	4,5	+53
Niederlande	7,6	5,6	5,6	5,9	+29
Deutschland*	-	10,9	10,5	10,4	-
(Deutschland)**	12,7	11,1	11,4	10,7	+19

*Zahlenreihe endet 1998. Der Anteil in der Spalte des Jahres 2000 entspricht dem Wert von 1998. Bis einschließlich 1990: BRD.

**einschließlich Kapitalgewinne, daher nicht mit den anderen Ländern vergleichbar. Bis einschließlich 1990: BRD.

Quellen: World Top Incomes Database (o. J.), eigene Berechnungen.

Die Finanz- und Staatsschuldenkrise hat in den meisten OECD-Ländern in den Jahren 2008 bis 2010 zu einem Rückgang des Anteils der obersten 1% geführt, in etwa auf das Niveau des Jahres 2000. In den USA erholten sich deren Einkommen aber relativ schnell wieder und übertrafen 2012 mit einem Anteil von 19,3 % den Wert des Jahres 2007 um einen Prozentpunkt.[370]

VERMÖGENSKONZENTRATION

Während das Einkommen eine Stromgröße ist, die angibt, wie viel Geld einer Person in einem bestimmten Zeitraum zufließt, handelt es sich beim Vermögen um eine Bestandsgröße, die angibt, wie reich ein Mensch oder Haushalt ist. Um ein Vermögen aufzubauen, kann man zum einen über einen längeren Zeitraum ein hohes Einkommen erzielen. Die Alternative dazu ist, beim Glücksspiel zu gewinnen, einen reichen Partner zu heiraten oder viel Geld zu erben. Da die Vermögens- und Erbschaftssteuern in den meisten Ländern moderat sind, bleibt das Vermögen einer Familie oft über viele Jahrzehnte hinweg erhalten.

Wer reich ist, bezieht nicht nur ein höheres Gehalt oder Einkommen aus Unternehmertätigkeit als die meisten anderen Menschen. Zusätzlich wirft sein Vermögen auch noch Erträge in Form von Kapitaleinkommen ab. So stammten die durchschnittlich 3,6 Millionen Euro, die die obersten 0,01 % der Einkommensbezieher (ca. 6 500 Personen) in Deutschland 2003 an zu versteuerndem Einkommen deklarierten, im Durchschnitt zu 10 % aus Gehaltszahlungen, zu 21 % aus Kapitalerträgen und zu 69 % aus Unternehmertätigkeit.[371] Da die unteren 40 bis 60 % der Einkommensbezieher in den westlichen Industrieländern zumeist nur ein relativ niedriges Arbeitseinkommen haben und kaum über eigenes Vermögen verfügen, ist die Verteilung des Wohlstands in einem Land noch ungleicher als die der Einkommen.[372] Nimmt man das Vermögen als Indikator zur Beurteilung des Grads an ökonomischer Macht, dann stellt man fest, dass diese noch ungleicher verteilt ist als es die Verteilung der Einkommen nahelegt.

Generell ist das Datenmaterial in den meisten Ländern in Bezug auf die Vermögensverteilung dürftig, insbesondere was die langfristige Entwicklung anbelangt.[373] Dies beginnt bereits damit, dass unklar ist, was alles zum Vermögen eines Haushalts oder einer Person gerechnet und wie es bewertet werden soll.[374] Zum Zweiten fehlt in vielen Ländern der politische Wille, staatlicherseits umfassende und aussagekräftige Daten in Bezug auf das Vermögen von Haushalten oder Personen zu erheben. Befragungen auf freiwilliger Basis wie die vom Statistischen Bundesamt veröffentlichte Einkommens- und Verbrauchsstichprobe oder das Sozio-oekonomische Panel des *Deutschen Instituts für Wirtschaftsforschung* füllen diese Lücke zwar weitgehend, weisen in Deutschland jedoch aufgrund von Erhebungs- und Bewertungsproblemen auf Haushaltsebene nur rund 80 % des in der Volkswirtschaftlichen Gesamtrechnung berechneten Vermögens nach.[375] Drittens sind vor allem Reiche nicht besonders erpicht darauf, in Befragungen die wahre Höhe ihres Vermögens zu offenbaren, weshalb sie entweder die Auskunft verweigern oder teilweise viel weniger zu Protokoll geben als sie tatsächlich haben. Dies gilt insbesondere für Finanzaktiva, die zur Hinterziehung von Einkommens- oder Vermögenssteuern in Steueroasen angelegt sind. Viertens werden die Bezieher hoher Einkommen entweder ganz aus der Stichprobe herausgenommen[376] oder die Vermögen der Superreichen werden in den Datensätzen bei einer festgelegten Obergrenze gekappt.[377] Statt des statistisch erhobenen Vermögenswertes wird dann eine niedrigere Zahl eingetragen.[378] Aus diesen Gründen ist die tatsächliche Ungleichheit der Vermögensverteilung größer als die statistisch erfasste. Mit anderen Worten: Die Reichen sind noch reicher als es in den einschlägigen Statistiken zum Ausdruck kommt und der tatsächliche Abstand zu den Armen ist noch größer.

Die Zahlen in Tabelle 8 vermitteln einen Eindruck vom Ausmaß der Vermögenskonzentration um die Jahrtausendwende für die 11 westlichen Industrieländer, für die entsprechende Daten zur Verfügung stehen.[379] In jedem dieser Länder besaßen die reichsten 10 % mehr als 40 % des gesamten Nettoprivatvermögens. Spitzenreiter waren die Schweiz und die USA mit einem Anteil von rund 70 %. Bemerkenswert ist auch, dass die reichsten 1 % in diesen beiden Ländern rund ein Drittel des Vermögens hielten. Die ärmere Hälfte des Volkes besaß in den USA, Deutschland und Großbritannien hingegen mit 3, 4 bzw. 5 % des Vermögens nur einen sehr kleinen Anteil. Wie ungleich diese Verteilung ist, macht eine andere Relation noch deutlicher. Die reichsten 1 % hatten in den USA zusammen in etwa elf Mal so viel Vermögen wie die ärmere Hälfte des Volkes, obwohl diese Gruppe 50 Mal so groß ist. Nach diesem Kriterium ist die Vermögensverteilung in den USA noch ungleicher als die in Indien oder Indonesien.

Tabelle 8:   Verteilung des privaten Haushaltsnettovermögens
in ausgewählten Ländern (in %)

	Oberste 10%	Oberste 1%	Untere 50%	Jahr
Schweiz	71	35	-	1997
USA	70	33	3	2001
Schweden	59	-	-	2002
UK	56	23	5	2000
Norwegen	51	-	10	2000
Italien	49	17	-	2000
Australien	45	-	9	2002
Deutschland	44	-	4	1998
Finnland	42	-	7	1998
Spanien	42	-	13	2002
Japan	40	-	14	1999
Zum Vergleich:				
Indonesien	65	29	5	1997
Indien	53	16	8	2002

Quelle: Davies et al. (2009, S. 43).

Für die USA liegen auch Daten vor, die Aussagen über die Veränderung des realen Nettovermögens der Haushalte von 1962 bis 2009 erlauben. Wie sehr insbesondere die reichsten 5% von den Entwicklungen seit 1962 profitiert haben, ist aus Tabelle 9 abzulesen. Die vermögendsten 1% der Haushalte erhöhten ihren Anteil am Nettovermögen um 2,3 Prozentpunkte, die nächsten 4% sogar um 6,7 Prozentpunkte. Damit vereinigten die oberen 5% der amerikanischen Haushalte im Jahr 2009 63,5% des Nettovermögens auf sich, ein Anstieg um 8,9 Prozentpunkte gegenüber 1962 (von 54,6%). Die übrigen 95% der amerikanischen Haushalte haben im Vergleich dazu relativ verloren. Ihr Anteil am privaten Reichtum der USA ist zurückgegangen. Es passt auch durchaus ins bisherige Bild, dass sich die Vermögensverteilung von 1962 bis 1983 kaum veränderte und die Zugewinne der Reichen unter Ronald Reagan begannen. Den größten Sprung nach vorne machten die oberen 5% aber unter George W. Bush, vor allem dank der großzügigen Steuergeschenke während seiner Amtszeit, von denen diejenigen ganz besonders profitieren, die ihr Einkommen aus Kapitalerträgen beziehen.[380] Der überwiegende Teil der Zinseinkünfte oder Gewinne aus dem Handel mit bestimmten Finanzaktiva wird nämlich mit einem Steuersatz von nur 15% belegt. Wie der Großinvestor Warren Buffett im August 2011 in der *New York Times* darlegte, wurde sein gesamtes Einkommen des Jahres 2010 mit einem durchschnittlichen Steuersatz von 17,4% besteuert. Die Belastung seiner 20 Angestellten, die wesentlich weniger verdienen als er, lag im Durchschnitt bei 36%.[381]

Tabelle 9: Verteilung des realen Haushaltsnettovermögens US-amerikanischer Haushalte nach Vermögensklassen (in %)

	1962	1983	1989	1998	2001	2007	2009	1962/ 2009*
Obere 20%	**81,0**	**81,3**	**83,5**	**83,4**	**84,4**	**85,0**	**87,2**	*+6,2*
- Die obersten 1%	33,4	33,8	37,4	38,1	33,4	34,6	35,6	*+2,3*
- Die nächsten 4%	21,2	22,3	21,6	21,3	25,8	27,3	27,9	*+6,7*
- Die nächsten 5%	12,4	12,1	11,6	11,5	12,3	11,2	11,6	*-0,8*
- Die nächsten 10%	14,0	13,1	13,0	12,5	12,9	12,0	12,2	*-1,8*
Untere 80%	**19,0**	**18,7**	**16,5**	**16,6**	**15,6**	**15,0**	**12,8**	*-6,2*
- Obere Mitte (60–80%)	13,3	12,6	12,3	11,9	11,3	10,9	10,6	*-2,7*
- Mitte (40–60%)	5,4	5,2	4,8	4,5	3,9	4	3,3	*-2,1*
- Untere Mitte (20–40%)	1,0	1,2	0,8	0,8	0,7	0,7	0,3	*-0,7*
- Untere 0–20%	-0,7	-0,3	-1,5	-0,6	-0,4	-0,5	-1,4	*-0,7*
Veränderung von 1962 bis 2009 in Prozentpunkten								

Quelle: Allegretto (2011, S. 6).

Die Wachstumsraten und Veränderung der Vermögensanteile sagen zwar schon einiges aus, noch plastischer wird die Ungleichheit, wenn man sich die konkreten Dollarbeträge ansieht, die hinter den Anteilswerten stehen. Im Jahr 2007 war das durchschnittliche Vermögen der reichsten 1% der US-amerikanischen Haushalte mit rund 19,2 Millionen US-Dollar etwa 175 Mal so hoch wie das der Mittelschicht mit 109 600 US-Dollar. Das Fünftel der unteren Mitte der Haushalte kam gerade mal auf 18 400 US-Dollar, während die unteren 20% der Haushalte ein negatives Vermögen, also Schulden, in Höhe von 13 800 US-Dollar hatten.[382]

Diese Zahlen verdeutlichen, dass die Machtquelle finanzielle Ressourcen in den USA äußerst ungleich verteilt ist. Jeder Haushalt aus den reichsten 1%, der 2007 aus seinem Vermögen von 19,2 Millionen US-Dollar bei einer angenommenen Verzinsung von 5% auch noch knapp 1 Million US-Dollar an Einkommen bezogen hätte, kann bei

Bedarf ohne weiteres Hunderttausende von US-Dollar zur Unterstützung von ihm wohlgesonnenen Politikern, Parteien oder für die Beeinflussung der öffentlichen Meinung durch Kampagnen ausgeben.

Für die überwiegende Mehrheit des amerikanischen Volkes scheidet diese Option aus. Nur wenn sie sich mit vielen Gleichgesinnten zusammenschließen, können sie ähnlich viel Geld aufbringen wie ein einzelner Reicher.[383] Das stellt aber nicht notwendigerweise eine Machtbalance her, denn auch die Reichen können sich organisieren und ihre finanziellen Mittel zusammenlegen.

Für Deutschland gibt es im Unterschied zu den USA keine Daten, die die Entwicklung der Vermögensverteilung konsistent abbilden. Allerdings ist aufgrund verschiedener Quellen zu vermuten, dass die Vermögenskonzentration in Westdeutschland schon in den 1950er Jahren zunahm. 1970 besaßen die obersten 10 % der Haushalte in der Bundesrepublik Deutschland rund 44 % des Nettovermögens. Die ärmere Hälfte kam gerade noch auf 8,5 %, die untersten 10 % hatten so gut wie kein Vermögen.[384] Für die 1970er und 1980er Jahre gibt es zwar Angaben zur Vermögensverteilung, die auf der Einkommens- und Verbrauchsstichprobe beruhen, doch sind diese aufgrund von Unterschieden bei der Datenerhebung und Auswertung nicht als zuverlässiges Maß für die Veränderung im Zeitablauf zu betrachten.[385] Als relativ gut gelten hingegen die Daten für die Veränderung der Vermögensverteilung in Westdeutschland zwischen 1993 und 2003. Wie aus Tabelle 10 hervorgeht, stieg das Nettovermögen der obersten 10 % der Haushalte um 4 Prozentpunkte, während der Anteil der ärmeren Hälfte der Deutschen von 5,6 % um 1,6 Prozentpunkte auf 4 % zurückging. Die Vermögensverteilung ist also in Westdeutschland erheblich ungleicher geworden. Das Gleiche gilt im Übrigen für die Verteilung des Haushaltsvermögens im vereinigten Deutschland zwischen 1998 und 2007.[386]

Tabelle 10: Anteile am Haushaltsnettovermögen der reichsten und ärmsten Haushalte in Westdeutschland nach Vermögensklassen (in % des Gesamtvermögens)

	1993	1998	2003	1993/2003*
Oberste 10%	40,8	41,9	44,8	+4,0
Unterste 50%	5,6	4,6	4,0	-1,6
*Veränderung von 1993 bis 2003 in Prozentpunkten				

Quelle: Frick, Grabka und Hauser (2010, S. 30).

Wesentlich ungleicher ist die Vermögensverteilung, wenn man sie nicht wie bisher auf Ebene der Haushalte, sondern auf der Ebene von einzelnen Personen analysiert. Wie Tabelle 11 zeigt, verfügte die ärmere Hälfte der Bevölkerung im Durchschnitt über so gut wie kein individuelles Nettovermögen, die reichsten zehn Prozent hielten 2007 hingegen einen Anteil von 61,1 % am Vermögen.[387] Wie in den USA wurden auch in Deutschland die Reichen reicher. Während 90 % der Deutschen geringere Anteile am Vermögen hielten als 2002, konnten das oberste Zehntel der Individuen innerhalb von fünf Jahren um 4,2 Prozentpunkte zulegen.

Tabelle 11: Verteilung des individuellen Nettovermögens in Deutschland nach Vermögensklassen (in % des Gesamtvermögens)

	2002	2007	2002/2007*
Oberstes Zehntel	57,9	61,1	4,2
Zweites Zehntel	19,9	19,0	-0,9
Drittes Zehntel	11,8	11,1	-0,7
Viertes Zehntel	7,0	6,0	-1,0
Fünftes Zehntel	2,8	2,8	0,0
Untere Hälfte	0,5	0,0	-0,5
*Veränderung von 2002 bis 2007 in Prozentpunkten			

Quelle: Frick und Grabka (2009, S. 59).

Auch hier macht ein Blick auf die absoluten Zahlen die Unterschiede zwischen Arm und Reich deutlich. Die reichsten 1 % hatten 2007 ein durchschnittliches individuelles Nettovermögen von rund 820 000 Euro. Der Median der Vermögensverteilung, also das Vermögen der »reichsten« Person der unteren Hälfte der Bevölkerung lag 2007 bei

15 288 Euro. Er (oder sie) verfügte damit über weniger als 1,9% des durchschnittlichen Vermögens des reichsten 1% in Deutschland.[388]

FAZIT

Die oben genannten Fakten und Zahlen zeigen, dass die Kapitaleigner seit Anfang der 1980er Jahre einen massiven Zuwachs an ökonomischer Macht erzielt haben. Sie sicherten sich einen höheren Anteil am Volkseinkommen, wie der Anstieg der Gewinnquote belegt. Die Steuerlast wurde immer stärker von Arbeiternehmern getragen, was sowohl die impliziten Steuerquoten als auch die Steuerlastverteilung belegt. Die reichsten 1% haben nicht nur in allen westlichen Demokratien *absolut* einen erheblichen Vermögenszuwachs realisiert, sie haben auch *relativ* zur überwiegenden Mehrheit der Bürger an Einkommen und Vermögen zugelegt. Alles in allem haben sich die ökonomischen Machtverhältnisse zugunsten der Reichen verschoben.

Auch absolut kann sich die Verfügungsmacht über ökonomische Ressourcen durchaus sehen lassen, wie ein Blick auf die absoluten Gewinne von Großkonzernen zeigt. Viele von ihnen erzielen zweistellige Milliardengewinne pro Jahr und haben damit mehr als genug Geld in den Kassen, um durch Lobbyarbeit Parlamentarier zu beeinflussen oder durch Öffentlichkeitsarbeit die Meinung des Volkes.

Bevor ich jedoch auf die Umsetzung von ökonomischer Macht in politische eingehe, werden die Instrumente analysiert, mit denen der Kapitalismus seine Machtbasis stärkt. Denn dadurch wird zum einen deutlich, wie es zu diesem enormen Machtzuwachs für den Kapitalismus gekommen ist, zum anderen ergeben sich daraus Ansatzpunkte zur Eindämmung ökonomischer Macht.

7 – INSTRUMENTE ZUM AUFBAU ÖKONOMISCHER MACHT

So viel Geld läßt sich, weiß Gott, nicht mit etwas Gutem verdienen.
Friedrich Schiller (Deutscher Dichter, 1784)

Eine der Hauptursachen für das Erstarken des Kapitalismus gegenüber der Demokratie ist der konsequente Einsatz von Mitteln, die seine ökonomische Macht stärken. Der Einsatz dieser Instrumente vollzieht sich vor dem Hintergrund der in Kapitel 3 beschriebenen tiefgreifenden Veränderungen, die den Wiederaufstieg des Kapitalismus seit Anfang der 1980er Jahre ermöglichten: eine neoliberale Wirtschaftspolitik auf mikro- und makroökonomischer Ebene, der Zusammenbruch des Sozialismus auf geopolitischer Ebene und die Verstärkung der Globalisierung auf weltwirtschaftlicher Ebene.

Die meisten Instrumente zum Aufbau ökonomischer Macht sind unser ständiger Begleiter und wir sind uns oftmals gar nicht darüber im Klaren, dass sie auch ein Machtinstrument sind. Die Nutzung von Bodenschätzen ist ein Beispiel dafür, ebenso wie Privatisierungen. Zunächst behandle ich jedoch ein Instrument, das langfristig wohl zu den wichtigsten Triebfedern des Kapitalismus zählt und ohne das er vermutlich schon erheblich geschwächt worden wäre – die Aufrechterhaltung eines hohen Konsumniveaus.

KONSUM, KONSUM!

Wie bereits in Kapitel 2 gezeigt, wäre der von asketischen Calvinisten maßgeblich geprägte Investitionskapitalismus nie so erfolgreich geworden, hätte nicht Bernard Mandeville Anfang des 18. Jahrhunderts den Konsum zur Tugend erhoben. Für lange Zeit war dies eine ideale Kombination. Unternehmer produzierten für die tatsächlichen Bedürfnisse von Menschen, die durch Arbeit in Fabriken zu Geld kamen und kaufen konnten, was die Fabriken herstellten. Der Wirtschaftskreislauf kam in Schwung. Langsam, aber sicher gelang es, nicht nur die Grundbedürfnisse zu befriedigen, sondern der überwiegenden Mehrheit auch kleine Annehmlichkeiten zu bescheren, wozu auch die Verkürzung der Arbeitszeit zählte. Damit war allerdings ein Problem geboren. Was würde aus dem Kapitalismus, wenn die Menschen ihre

Freizeit damit verbringen würden, zu Gott zu beten, Bücher zu lesen oder mit Freunden zu plaudern, wenn sie also genügsam lebten und Aktivitäten nachgingen, bei denen sie kaum Geld ausgeben?

Aus Sicht des Kapitalismus durfte dies nicht geschehen. Daher wurde schon früh damit begonnen, die Freizeit in den Wirtschaftskreislauf einzugliedern. Britische Eisenbahngesellschaften boten den Arbeitern im 19. Jahrhundert preiswerte Tickets an, damit diese einen Tag an der Küste verbringen konnten.[389] Der Baptist und Alkoholgegner Thomas Cook erfand 1841 die heute so beliebte Pauschalreise. Seine erste hatte sogar zum Ziel, etwas für die Gesundheit zu tun, denn sie beförderte knapp 600 Arbeiter mit der Eisenbahn zu einer Versammlung von Abstinenzlern. Organisierte Tagestouren brachten Arbeiter zu Fußballspielen, Pferderennen und Boxkämpfen, wo sie ihren Lohn für Eintrittsgelder und Wetten ausgaben. Die Freizeitindustrie war geboren, die heute Teil des kapitalistischen Systems ist. Der britische Soziologe James Fulcher weist zu Recht darauf hin, dass man deren Bedeutung kaum überschätzen könne, »denn ganz neue Industrien zur Ausbeutung und Erschließung des Freizeitmarktes entstanden, und dieser wurde zu einer gewaltigen Quelle von Konsumentennachfrage, Beschäftigung und Profit.«[390]

Der Kapitalismus musste aber auch verhindern, dass sich die Menschen mit ihrem einmal erreichten Konsumniveau zufrieden gaben. Nur wenn sie beständig den größten Teil ihres Einkommens wieder ausgeben würden, konnte die kapitalistische Maschine am Laufen gehalten werden. Zu diesem Zweck mussten ständig neue Bedürfnisse geschaffen werden. Denn ab einem gewissen Zeitpunkt, der von Land zu Land unterschiedlich war, lag das Problem aus Sicht der Unternehmer nicht mehr im Einsammeln von Kapital für Investitionen, sondern in der mangelnden Absetzbarkeit ihrer Produkte. Bereits Ende der 1950er Jahre stellte John Kenneth Galbraith die These auf, dass der Kapitalismus in den USA eine »Gesellschaft im Überfluss« herbeigeführt hat, die ohne weiteres die echten Bedürfnisse erfüllen könne, aber ständig neue Pseudobedürfnisse schaffe, um weiter wachsen zu können.[391] Der Philosoph und Politologe Herbert Marcuse argumentiert ähnlich wie Galbraith und unterscheidet zwischen wahren und falschen Bedürfnissen. Letztere werden »dem Individuum durch partikuläre gesellschaftliche Mächte, die an seiner Unterdrückung interessiert sind, auferlegt.«[392] Die falschen Bedürfnisse wären nach

Marcuse dann sogar ein Mittel der strukturellen Machtausübung im Sinne Foucaults.

In der Konsumsoziologie ist allerdings umstritten, ob man dem wahren Charakter menschlicher Bedürfnisse angemessen auf den Grund geht, wenn man sie wie Galbraith in echte und Pseudobedürfnisse oder wie Marcuse in wahre und falsche Bedürfnisse unterteilt. Der Psychologe Abraham Maslow sieht eher eine Hierarchie von zahlreichen Bedürfnissen, die der Mensch mit unterschiedlicher Dringlichkeit zu verwirklichen sucht.[393] Auch der Kulturtheoretiker Wolfgang Ullrich hält nichts von einer Unterscheidung in wahre und falsche Bedürfnisse. Alle Käufe sind letztlich nur Signale, die Konsumenten an ihre Umgebung aussenden, um etwas über sich selbst auszusagen. Was früher der Bildungsbürger war, ist laut Ullrich heute der Konsumbürger.[394]

Im Unterschied zur Konsumsoziologie nehmen neoklassische Ökonomen die Bedürfnisse als gegeben hin und analysieren deren Umsetzung in die am Markt wirksam werdende Nachfrage nach Gütern und Dienstleistungen. Sie analysieren, wie sich Präferenzen, die sie als gegeben und nicht veränderbar ansehen, in den Kaufentscheidungen der Konsumenten widerspiegeln. Da Konsumenten nach dieser Auffassung rational und souverän handeln, lehnen neoklassisch geprägte Ökonomen eine Aufteilung in tatsächliche und geschaffene Bedürfnisse ab. Sie glauben daher auch nicht an die Beeinflussbarkeit der Nachfrager durch die Hersteller von Konsumgütern. Nach der neoklassischen Theorie bestimmen die Verbraucher über ihr Nachfrageverhalten, was produziert wird. Für neoklassische Ökonomen sind sowohl Höhe als auch Struktur der Konsumausgaben eine Folge der freien Entscheidung von Konsumenten.[395] Damit üben sie sogar Macht im Sinne Max Webers aus, weil sie die Hersteller auch gegen deren Willen zwingen können, Güter zu produzieren, die ihren Präferenzen entsprechen. In den letzten Jahrzehnten sind allerdings erhebliche Zweifel an der neoklassischen Sichtweise auf die Präferenzen aufgekommen, denn neben theoretischen Ungereimtheiten spricht auch eine Vielzahl von empirischen Befunden zum Konsumentenverhalten dagegen.[396] Vor allem aber kann die neoklassische Konsumtheorie nicht erklären, warum rationale und profitmaximierende Unternehmen täglich Milliarden von Dollar für die Beeinflussung der Präferenzen durch Werbung ausgeben, wo diese doch angeblich unveränderbar sind.

Wie auch immer man den Charakter der Bedürfnisse oder Präferenzen im Detail einschätzen mag, eines ist offensichtlich: Die meisten Menschen kaufen eine Vielzahl von Gütern, die sie nicht brauchen. Um ihre Grundbedürfnisse zu befriedigen und sich das Leben durch kleine Annehmlichkeiten zu versüßen, würde weniger reichen.[397] Doch durch das künstliche Anfachen des Konsums ist es dem Kapitalismus bislang vorzüglich gelungen, Produktion und Verbrauch auf sehr hohem Niveau aufrecht- und den Prozess der Akkumulation am Laufen zu halten. Erreicht hat er dies vor allem durch den Einsatz von Werbung, die sich als wahres Wundermittel zur Beeinflussung der Konsumentenpräferenzen erwiesen hat. In ihrer frühen Phase versuchte die Werbung einfach nur zu informieren, die Eigenschaften eines Produkts zu preisen und die Konsumenten dazu zu bringen, es dem Konkurrenzprodukt vorzuziehen. Später erreichten »Die geheimen Verführer«, die Vance Packard in seinem vielbeachteten Buch 1957 beschrieb, mit psychologischen Mitteln das Unterbewusstsein und verleiteten Menschen dazu, mehr zu konsumieren als sie eigentlich wollen. Die Werbung weckte jetzt Wünsche und schuf Pseudobedürfnisse.[398] Seitdem haben sich die Methoden ständig verfeinert. Werden Konsumenten bei Packard noch verführt, sollen sie später ihre Phantasie aktiv ins Geschehen einbringen. Bei dieser Variante liefert Werbung nur noch einen Ausgangspunkt und Bezugsrahmen, der Phantasie des Konsumenten bleibt es überlassen, diesen Rahmen zu füllen. Werbung wird zu einer Projektionsfläche für unsere geheimsten Wünsche.[399]

Um den Konsum noch weiter zu steigern, nutzt die Werbung seit ein paar Jahrzehnten gezielt den sogenannten Darstellungseffekt (Framing). Wie die Psychologen Daniel Kahneman und Amos Tversky Ende der 1970er Jahre nachgewiesen haben, hat die Art der Darstellung von Wahlmöglichkeiten erheblichen Einfluss auf die Entscheidung von Individuen.[400] So wird der aktuelle Preis eines Produkts in der Werbung oft neben einem höheren, durchgestrichenen Preis angegeben. Die Verbraucher bekommen suggeriert, hier gäbe es etwas günstiger als sonst. Daher sind sie eher geneigt, das Produkt zu kaufen, als wenn es ohne den höheren, durchgestrichenen Preis präsentiert würde. Zwar mutieren nicht alle Verbraucher durch den Darstellungseffekt zu Schnäppchenjägern, aber die Technik ist bewährt und findet sich nicht ohne Grund in vielen Werbeprospekten. Dies ist allerdings nur die Einstiegsstufe. Marketingspezialisten nutzen das Framing, um z. B.

ein Markenimage aufzubauen. Damit wird der Referenzrahmen für die Konsumenten neu definiert. Aufgrund der neuartigen Darstellung sind sie bereit, wesentlich höhere Preise für ein Markenprodukt zu zahlen, obwohl es qualitativ vergleichbare No-name-Produkte oder Eigenmarken von Handelsketten gibt.[401]

Bei der Förderung des Konsums zeigt der Kapitalismus einmal mehr, zu welchen Leistungen er auf dem Gebiet seiner Kernkompetenzen fähig ist. Die Unternehmen schaffen nicht nur Pseudobedürfnisse, sie gehen auch mit höchster Präzision auf die unterschiedlichsten Wünsche der Konsumenten ein. Für die Reichen vermarkten sie Luxus, also Güter und Dienstleistungen, die weit über das Notwendige hinausgehen.[402] Durch diesen »demonstrativen Konsum« stellen sie ihren Wohlstand zur Schau, vor allem gegenüber anderen Reichen aus der »Klasse der Müßiggänger« wie der Ökonom Thorstein Veblen es treffend formuliert hat.[403] Die breite Mittelschicht wird zufriedengestellt, indem es der Kapitalismus jedem Einzelnen ermöglicht, aus der »einsamen Masse« hervorzutreten. Jeder wählt aus der extremen Vielfalt von Produkten und Modetrends das für ihn passende Bündel an Markenprodukten und definiert sich als Individuum. Ermöglicht hat dies der Übergang vom »innen-geleiteten« Menschen, der sich an verinnerlichten Werten orientiert, zum »außen-geleiteten« Menschen, der nach dem Urteil seiner Mitmenschen handelt.[404] Die ärmeren Schichten, die sich weder Luxusgüter noch prestigeträchtige Marken leisten können, decken sich bei den Discountern ein. Diese verkaufen Güter des täglichen Bedarfs in hoher, teilweise sogar bestechender Qualität als Eigenmarken, sodass auch die Ärmeren das Gefühl haben, gute Markenprodukte zu erwerben.

Damit die Konsumenten ihre Bedürfnisse nicht aufschieben müssen, bis sie das Geld für die Befriedigung ihrer Wünsche gespart haben, stellt das kapitalistische System Konsumentenkredite zur Verfügung, in den USA seit den 1920er Jahren, in Europa seit dem Ende des Zweiten Weltkriegs.[405] Diese dienen vordergründig auch der Steigerung des Konsums, haben jedoch noch eine dem Kapitalismus willkommene Nebenwirkung: Sie binden die Käufer noch stärker in den Kreislauf aus Konsum und Arbeit ein, weil zusätzlich zum Kaufpreis des Gutes auch noch die im Vergleich zu anderen Darlehen relativ hohen Zinsen für die Bedienung des Konsumentenkredits erarbeitet werden müssen.

Um die kapitalistische Maschine aus Produktion und Konsum noch schneller laufen zu lassen, begrenzen einige Unternehmen die Lebensdauer ihrer Produkte, damit diese sich früher als eigentlich notwendig abnutzen.[406] Denn ein »Artikel, der nicht verschleißt, ist eine Tragödie fürs Geschäft« schrieb eine US-amerikanische Fachzeitschrift für Marketing schon 1928.[407] Besonders gut funktioniert diese Technik der geplanten Veralterung oder Obsoleszenz, wenn die Hersteller einer Branche ein Kartell bilden, so wie die führenden Hersteller von Glühlampen, die 1924 in Genf das sogenannte Phoebus-Kartell gründeten. Sie teilten nicht nur die Absatzmärkte untereinander auf, sondern begrenzten auch die Brenndauer für Glühbirnen auf 1 000 Stunden, obwohl damals bereits über 2 000 Stunden Standard waren.[408] Aber auch Unternehmen, die im Wettbewerb mit anderen stehen, setzen auf das vorzeitige Aus ihrer Produkte.[409] Viele Billigdrucker enthalten in ihrem Chipsatz einen Zähler, der das Gerät stoppt, wenn eine voreingestellte Zahl von Seiten gedruckt ist.[410] Stefan Schridde und Christian Kreiß identifizieren in ihrer Untersuchung zur geplanten Veralterung mehr als hundert Produkte oder Komponenten, die so gebaut sind, dass sie vorzeitig verschleißen.[411]

Firmen, die im Wettbewerb mit anderen stehen, müssen im Unterschied zum Kartell allerdings die Ausweichreaktionen ihrer Kunden berücksichtigen und daher Produkte, die schnell verschleißen, zu einem günstigeren Preis anbieten als ihre auf Qualität und Langlebigkeit setzenden Konkurrenten.[412] Deshalb finden sich Produkte mit begrenzter Lebensdauer wesentlich häufiger im unteren Qualitätssegment als bei hochpreisigen Markenprodukten, deren Hersteller oftmals sogar mit der langen Haltbarkeit ihre Produkte werben, so wie *Miele* bei Haushaltsgeräten und *Patek Philippe* im Segment der Luxusuhren.[413]

Ständig wechselnde Moden sind eine besonders häufig vorkommende Form der geplanten Veralterung, die insbesondere bei Schuhen und Bekleidung für einen schnellen und regelmäßigen Austausch der Produkte sorgt, selbst wenn sie noch nicht verschlissen sind.[414] Gleiches gilt, wenn auch nicht ganz so ausgeprägt, für Haushaltsgeräte oder die Inneneinrichtung von Wohnungen. Damit Mode als Konsummotor funktioniert, müssen die Menschen Lust auf Neues haben und gleichzeitig die Freude am Alten verlieren. Beides scheint bis zu einem gewissen Grade eine zutiefst menschliche Eigenschaft zu sein, die allerdings durch die Botschaften der Werbung massiv verstärkt wird.[415] Ständig bekommen wir strahlende Menschen gezeigt, die sich nach dem letzten Schrei kleiden, ihre Wohnung neu möblieren oder die neuesten Errungenschaften der Unterhaltungselektronik genießen. Altes gilt überwiegend als unmodern, hinterwäldlerisch oder spießig, sofern es sich nicht um wertvolle Antiquitäten, Klassiker wie Bauhaus-Möbel oder antike Kulturen handelt, mit denen für Urlaubsreisen geworben wird. Nur wenige wagen es, sich dem durch Werbung und Marketingmaßnahmen erzeugten Gruppendruck zu entziehen, weil sie sonst Gefahr laufen, zum geächteten Außenseiter zu werden.

Eine besondere Qualität erhält der geplante Verschleiß überall dort, wo Software die Hardware steuert, z. B. in Computern und Mobiltelefonen. Die Betriebssysteme werden innerhalb kürzester Zeit so mit zusätzlichen Funktionen aufgebläht, dass sie oftmals auf nur drei oder vier Jahre alten Geräten nicht mehr aktualisiert werden können. Auch die Nachfolgeversion von Software ist oftmals nicht mehr mit der eigentlich noch funktionsfähigen Hardware kompatibel, sodass die Nutzer gezwungen werden, sich neue Geräte zu kaufen, wenn sie nicht Opfer von Sicherheitslücken in ihrer alten Software werden wollen.[416] Aber softwaregesteuerte Hardware ist nur die jüngste Generation in der langen Ahnenreihe der Wegwerfgesellschaft. Windeln, Servietten oder Taschentücher aus Stoff werden seit Jahrzehnten nur noch von einer Minderheit benutzt. Die Mehrheit bevorzugt Einwegprodukte, sodass Einmal-Artikel (inklusive Einwegverpackungen und Tragetaschen aus Kunststoff) weltweit auf dem Vormarsch sind.

Die Vereinnahmung der Freizeit durch Konsumaktivitäten, die Schaffung ständig neuer Pseudobedürfnisse, Konsumentenkredite, geplanter Verschleiß, ständig wechselnde Moden und die konsequente Erfüllung menschlicher Konsumwünsche verwandelten den calvinistisch geprägten Investitionskapitalismus in den modernen Konsumkapitalismus. Für Benjamin Barber ist der jederzeit und überall vorherrschende Markt, der »in die entlegensten und verborgensten Winkel unserer Seele« vordringt, die »notwendige Bedingung für den Erfolg des Kapitalismus: lauter konsumierende Menschen, die ständig shoppen oder ans Shoppen denken, die sich permanent Konsumwünsche ausdenken oder diese Wünsche verwirklichen.«[417]

Ohne Zweifel ist die Aufrechterhaltung eines hohen Konsumniveaus einer der entscheidenden Faktoren zur Stärkung des Kapitalismus in den letzten Jahrzehnten gewesen. Hätten sich die Bürger dem Konsum

entzogen, wären sie mit dem Erreichten zufrieden gewesen, dann hätte
der Nachfragerückgang bei annähernd gleich bleibender Arbeitszeit
Massenarbeitslosigkeit verursacht. Mit Keynesianischen Rezepten
wie einer Erhöhung der Staatsausgaben oder Steuersenkungen hätte
sich das Problem nicht lösen lassen, weil die Konsumzurückhaltung
seitens der Verbraucher ja beabsichtigt ist. Keynesianische Wirtschaftspolitik kann die Pferde nur zur Tränke führen, aber nicht zum
Saufen zwingen, wie der frühere deutsche Wirtschaftsminister Karl
Schiller zu sagen pflegte. Auch angebotsseitige Maßnahmen wären
unwirksam geblieben, weil diese höchstens die Rahmenbedingungen
für Investitionen verbessern, aber nicht den Konsum steigern können.
Radikale Lösungen, wie eine massive Verkürzung der Arbeitszeit, wären unausweichlich gewesen. Dem kapitalistischen System wäre die
Kontrolle über die Gesellschaft teilweise entglitten, weil die Menschen
dem Hamsterrad entstiegen wären und die Zeit zumindest teilweise für
soziales oder politisches Engagement genutzt hätten. Weil der Konsumismus aber keine Feinde kennt, wie der Soziologe Harald Welzer
konstatiert,[418] und wir Konsumenten den Sinn des Lebens mehrheitlich im Konsum sehen, trifft uns eine erhebliche Mitschuld, sowohl
am massiven Verbrauch von Ressourcen für die Befriedigung von
Pseudobedürfnissen als auch am Aufbau ökonomischer Macht durch
das Kapital. Wir entscheiden uns in der Frage »Haben oder Sein«[419] zu
oft für Materielles, womit die Strategie der Konsumförderung durch
den Kapitalismus aufgeht.

PRODUKTDIFFERENZIERUNG UND PRODUKTINNOVATION

Ein wichtiges Mittel zur Förderung des Konsums ist die Produktdifferenzierung. Darunter versteht man die Anpassung eines Produkts an
die Bedürfnisse unterschiedlicher Zielgruppen. Sie ermöglicht es den
Herstellern, ein Gut möglichst genau an den Bedarf einer bestimmten
Gruppe von Nachfragern anzupassen, sodass Konsumenten beim
Kauf weniger Kompromisse eingehen müssen als wenn es nur ein
Standardprodukt gäbe. Personenwagen für den Privatgebrauch gibt es
zum Beispiel mit einer Vielzahl von Motoren, Karosserien, Sitzplätzen
und Antriebsarten. Vom Kleinwagen bis zum Kleinbus, vom Sportwa-
gen bis zum Geländefahrzeug – für jeden Wunsch hält die Industrie
ein passendes Produkt bereit. Auch bislang noch nicht dagewesene

Güter, sogenannte Produktinnovationen, lieben die Verbraucher. Die Einführung neuer Haushaltsgeräte wird von ihnen ebenso willkommen geheißen wie seinerzeit der Rundfunk, das Fernsehen oder das Internet.

Zweifelsohne werden innovative oder differenzierte Produkte von der Gesellschaft hoch geschätzt. Dem Verbraucher werden beide in der Werbung als segensreiche Erweiterung seiner Wahlmöglichkeiten verkauft. Das ist zwar nicht falsch, aber nur die halbe Wahrheit. Denn Produktinnovation schafft ein zeitlich begrenztes Monopol, das einen relativ hohen Gewinn abwirft, wie Joseph Schumpeter in seinem 1911 erschienenen Buch »Theorie der wirtschaftlichen Entwicklung« herausgearbeitet hat.[420] Selbst im Falle der Produktdifferenzierung, bei der es einige konkurrierende Anbieter gibt, die ein ähnliches Produkt herstellen, bleibt immer noch genug an Alleinstellungsmerkmalen, um in dem betreffenden Marktsegment so etwas wie ein kleiner Monopolist zu sein.[421] Faktisch zahlen die Konsumenten im wahrsten Sinne des Wortes einen hohen Preis für die Produktvielfalt, weil sie es den Unternehmen erlaubt, im Vergleich zu einem Standardprodukt relativ hohe Gewinne zu realisieren. Zwar müssen Unternehmen in Forschung und Entwicklung investieren, um neue oder differenzierte Produkte auf den Markt zu bringen, und oft genug erleiden sie Verluste, weil einige dieser Neuerungen am Markt nicht erfolgreich sind. Im langfristigen Durchschnitt rechnen sich Produktdifferenzierung und Produktinnovation jedoch, vor allem, wenn die Neuerungen durch Patente auf Jahre hinaus vor Konkurrenz geschützt sind.

Ein schönes Beispiel für ein kleines, zeitlich begrenztes, aber sehr lukratives Monopol durch Produktdifferenzierung sind die Kaffeekapseln von *Nespresso*, die vom schweizerischen Nahrungsmittelkonzern *Nestlé* entwickelt wurden. Das System war ursprünglich schon 1976 marktreif, dümpelte aber mehr schlecht als recht vor sich hin. Erst ein ausgeklügeltes Marketing verhalf *Nespresso* ab 1990 zu einem rasanten Wachstum.[422] Im Jahre 2011 erzielte das Unternehmen weltweit mit allen *Nespresso*-Produkten zusammen rund drei Milliarden Euro Umsatz. Experten schätzen, dass pro Kaffeekapsel, die 2011 zwischen 35 und 39 Cent kostete, mindestens die Hälfte des Verkaufspreises als Gewinn verbleibt.[423] Neben dem exzellenten Marketing verdankt *Nespresso* diesen hohen Profit auch dem Schutz vor Nachahmern. Da *Nespresso* sich seine Kapseln patentieren ließ, durfte jahrzehntelang kein anderes Unternehmen Ersatzprodukte verkaufen, die in die ebenfalls unter dem Namen *Nespresso* vertriebenen Kaffeemaschinen passten. Nach Ablauf des Patents begannen im Jahre 2010 mehrere Konkurrenten, Nachahmerprodukte anzubieten. Diese bedrohen langfristig Umsatz und Gewinn aus dem Verkauf von Kaffeekapseln. Und so verwundert es kaum, dass *Nestlé* versucht, sich die Konkurrenten auf dem Gerichtsweg vom Leibe zu halten, obwohl deren Marktanteil 2010 und 2011 noch verschwindend gering war. Für Deutschland hat das Landgericht Düsseldorf allerdings entschieden, dass die Kapseln der Wettbewerber uneingeschränkt verkauft werden dürfen.[424]

Dass es sich bei Produktdifferenzierung und Produktinnovation auch um legale Instrumente zur Beschränkung des Wettbewerbs und damit zum Aufbau ökonomischer Macht handelt, mag den einen oder anderen Leser überraschen. Denn die Werbung preist die Produktvielfalt als Verwirklichung grenzenloser Konsumfreiheit und während einer kaufmännischen Lehre oder eines Wirtschaftsstudiums werden diese beiden Instrumente meist nur als ein Mittel zur Erzielung von Wettbewerbsvorteilen und Eingehen auf die Wünsche der Kunden behandelt.

Produktdifferenzierung und Produktinnovation sind – ähnlich wie die weiter unten behandelte Kommerzialisierung der Familienarbeit – ein Beispiel dafür, wie der Kapitalismus geschickt Strömungen in der Gesellschaft für seine Zwecke nutzt. Er verwirklicht den Wunsch der Menschen, sich von anderen abzuheben, möglichst individuell zu sein. Gleichzeitig verstärkt er diesen Wunsch durch Werbung und Marketing. Letztendlich gelingt es ihm dadurch, seine wirtschaftliche Macht zu stärken, weil ihm selbst die Schaffung kleiner Monopole einen beachtlichen Gewinn durch die Reduktion des Wettbewerbs einbringt.

INWERTSETZUNG DER NATUR

Unter Inwertsetzung versteht man die Einbeziehung bislang nicht genutzter Teile der Natur in den Prozess einer ökonomischen Verwertung.[425] Dadurch werfen die in Wert gesetzten Teile der Natur für den Eigentümer eine Rendite ab und erhalten einen in Geldeinheiten ausdrückbaren Wert. Selbstverständlich hat auch die nicht zu Geld gemachte Natur einen Wert, z. B. der Regenwald als grüne Lunge der Erde und Lebensraum für Ureinwohner sowie Millionen von Pflanzen-

und Tierarten. Wirtschaftlich ungenutzte Teile der Natur haben aber noch keinen monetären Wert und sind nicht für die Akkumulation verwendbar. Die Nutzung der Natur durch den Menschen als Lebensraum und Nahrungsquelle ist somit von der Inwertsetzung zu unterscheiden, durch die die Natur zu einem Produktionsfaktor wird, der wie jeder andere auch im Prozess der Akkumulation eine möglichst hohe Rendite abwerfen soll.

Zweifellos hat der Kapitalismus durch Inwertsetzung seit Jahrhunderten einen immer größeren Teil der Natur ökonomisch verwertet.[426] Das gilt für die Nutzung von Wiesen und Wäldern ebenso wie für die Ausbeutung von Bodenschätzen oder die Nutzung frei lebender Fischbestände. In den letzten Jahrzehnten hat das kapitalistische System sich auch noch die letzten verbliebenen Reserven erfolgreich einverleibt oder steht kurz davor, dies zu tun. Dazu zählen z. B. der erdnahe Weltraum, die Tiefsee, die tropischen Regenwälder oder die Arktis.[427] Angesichts des Rohstoffhungers vieler Schwellen- und Entwicklungsländer sowie des ungebrochen hohen Konsumniveaus in den westlichen Ländern hat der Kapitalismus immer noch leichtes Spiel. So hat die Regierung von Papua-Neuguinea im Jahre 2012 weltweit erstmalig eine Lizenz zum Bau und Betrieb einer Mine auf dem Meeresgrund vergeben. Eine kanadische Aktiengesellschaft darf auf einer Fläche, die knapp halb so groß ist wie Deutschland, 20 Jahre lang Rohstoffe fördern.[428] Die Regierung der kanadischen Provinz Québec will einen großen Teil der borealen Urwälder zur wirtschaftlichen Nutzung freigeben. In einem Gebiet, das größer ist als Deutschland, sollen multinationale Rohstoffkonzerne in den nächsten Jahren Bodenschätze abbauen.[429]

Der Prozess der Inwertsetzung läuft fast überall nach dem gleichen Schema ab. Private Unternehmen drängen ihre Regierungen, ihnen die Ausbeutung der Natur zu überlassen. Wenn es sich um internationale Gemeinschaftsgüter wie die Tiefsee oder die Arktis handelt, dann sind vor einer Nutzung zumeist erst völkerrechtliche Vereinbarungen zu treffen. Für die beteiligten Länder steht viel Prestige auf dem Spiel und vordergründig auch Hoffnung auf mehr wirtschaftlichen Wohlstand. Aus nationaler Sicht ist es daher nicht unwichtig, wie die Nutzungsrechte international aufgeteilt werden. Für den globalen Kapitalismus hingegen ist es völlig nebensächlich, von welchem Land er die Nutzungsrechte zugeteilt bekommt – Hauptsache, er bekommt sie. Denn letztendlich erwirbt irgendein multinationaler Konzern die Rechte zur Ausbeutung der Natur.

Jedoch gibt es außer marktradikalen Dogmen kein Gesetz, das die Inwertsetzung der Natur durch das Kapital vorschreibt. Norwegen hat vorgemacht, dass es auch anders geht. Dort wird die Nutzung der Erdölvorkommen staatlich kontrolliert. Ein nicht unerheblicher Teil der Erträge fließt über den Staatskonzern *Statoil* der Öffentlichkeit zu und nicht den multinationalen Ölkonzernen und ihren Aktionären. Das norwegische Volk profitiert ganz erheblich von seinem Öl. Das Pro-Kopf-Einkommen ist mit das höchste in der westlichen Welt, vor allem aber gibt es kaum Armut. Ein Teil des Geldes fließt in einen Staatsfonds, der als der größte der Welt gilt und die norwegische Altersversorgung sicher und ergiebig macht. Anfang 2014 betrug sein Wert rund 600 Milliarden Euro. Würde man die Summe gleichmäßig unter den gut fünf Millionen Norwegern aufteilen, stünden jedem rund 120 000 Euro zu. Da der Fonds aber als Rücklage für die Zeit nach dem Ende des Ölbooms und die nächsten Generationen gedacht ist, darf die Regierung jedes Jahr maximal 4% des Fondsvermögens verwenden.[430] Dennoch reicht dies aus, um zusammen mit den übrigen Steuereinnahmen den Staatshaushalt großzügig zum Wohle der Norweger einzusetzen. Die öffentliche Infrastruktur befindet sich quantitativ und qualitativ zumeist in einem Zustand, von dem die USA oder die meisten anderen europäischen Länder nur träumen können.[431] In Norwegen ist der Albtraum des Kapitalismus Wirklichkeit geworden. Nicht er, sondern die Gesellschaft kommt größtenteils in den Genuss der Erträge aus der Inwertsetzung der Natur.

Aber ein paar dieser Niederlagen bei der Inwertsetzung kann der Kapitalismus verkraften. Denn seinen vermutlich bislang wichtigsten Sieg, dessen Ausmaß noch nicht ganz abzusehen ist, hat er nämlich durch die Patentierung von Genen erzielt.[432] Ökonomisch betrachtet stellt ein Patent auf Gene eine zeitliche begrenzte Übertragung von ausschließlichen Nutzungsrechten eines Gens dar. Jede Pflanze, jedes Tier, das ein patentiertes Gen trägt, wird in seiner wirtschaftlichen Verwertung vom Patentinhaber kontrolliert.[433] Die Gene sind damit in Wert gesetzt und werden zur Akkumulation benutzt. Die Möglichkeit privater Unternehmen, sich pflanzliche, tierische und vielleicht auch menschliche Gene patentieren zu lassen, öffnet die Tür für eine wirtschaftliche Verwertung von Pflanzen und Tieren, die weit über

den bisher üblichen Einsatz von lebenden Organismen in der land-
wirtschaftlichen oder industriellen Produktion hinausgeht.[434] Leider
haben sich die meisten Regierungen der Welt dem Druck des Kapitals
gebeugt und international bindende Vereinbarungen zur Patentier-
barkeit unterzeichnet, die eine weitgehende Inwertsetzung von Genen
durch private Investoren erlaubt. Ob durch das Nagoya-Protokoll
über den *Zugang zu genetischen Ressourcen und die ausgewogene und
gerechte Aufteilung der sich aus ihrer Nutzung ergebenden Vorteile* die
Erträge aus der Inwertsetzung der Natur auch der Gesellschaft zugute
kommen werden, bleibt abzuwarten. Denn dies hängt von den nationalen Parlamenten ab, die entsprechende Gesetze erlassen müssen. Es
ist zu befürchten, dass die Lobbyisten – wie fast immer in solchen
Fällen – eine für die Wirtschaft ausgesprochen günstige Regelung
bewirken werden.

Inwertsetzung der Natur bedeutet immer auch eine Umwandlung
von bislang allgemein zugänglichen Gütern, die vom Kapitalismus
nicht zur Akkumulation benutzt werden können, in privat genutzte
Güter, die der Erzielung von Renditen dienen. Dadurch steigt die
Verfügungsgewalt des Kapitals über Ressourcen, die gleichzeitig der
Allgemeinheit entzogen werden. Inwertsetzung durch private Unter-
nehmen ist damit ein wichtiges Instrument zum Aufbau ökonomischer
Macht für den Kapitalismus.

KOMMERZIALISIERUNG DER FAMILIENARBEIT

Während sich der Begriff Inwertsetzung auf die Natur bezieht, versteht
man unter Kommerzialisierung die Übertragung der kapitalistischen
Wirtschaftsweise auf bislang davor geschützte Bereiche. Ein Beispiel
dafür ist die schon behandelte Kommerzialisierung der Freizeit, die
sich bereits Mitte des 19. Jahrhunderts etablierte. Andere Bereiche
wurden in dieser Zeit vor dem Zugriff des Kapitalismus geschützt.
Die Kirchen setzten den Sonntag als arbeitsfreien Tag durch, Kindern
wurde die Arbeit in Fabriken und Bergwerken verboten. Auch die
Familienarbeit war nicht kommerzialisiert, weil die meisten verheira-
teten Frauen zu Hause blieben.[435]

Ab Mitte des 20. Jahrhunderts verstand es der Kapitalismus mit
großem Geschick, einen gesellschaftlichen Megatrend zu nutzen und
aktiv zu fördern: die Frauenbewegung. Auf dem Weg in die Gleich-

berechtigung wurden junge Mädchen immer weniger auf eine Rolle als Hausfrau und Mutter vorbereitet. Stattdessen wurden sie besser ausgebildet, was ihnen gut bezahlte Arbeitsplätze verschaffte. Damit sank aber auch der Anreiz, zu Hause zu bleiben, denn das entgangene Einkommen war einfach zu groß. Heutzutage unterscheidet sich die Erwerbsbeteiligung junger Frauen in den meisten kapitalistischen Ökonomien kaum noch von der der Männer.[436] Was Feministinnen als unabdingbare Voraussetzung für die Gleichberechtigung der Frau ansehen, war für den Kapitalismus die Gelegenheit, in den lange Zeit geschützten Bereich der Familienarbeit vorzudringen und auch dort Gewinne zu erzielen. Denn die Arbeit zu Hause musste ja nach wie vor erledigt werden.

Der Kapitalismus profitiert zumindest in dreifacher Hinsicht von der höheren Erwerbsbeteiligung von Frauen. Zum einen lindert sie in Zeiten der Vollbeschäftigung den Arbeitskräftemangel, in Zeiten hoher Arbeitslosigkeit erhöht sie die Auswahl unter möglichen Stellenbewerbern und hält die Löhne niedrig. Zusätzlich sind ihm neue Konsumentinnen sicher, die nicht nur ihre persönlichen Bedürfnisse befriedigen, sondern wegen der knapper gewordenen Zeit für Hausarbeit vermehrt arbeitssparende Produkte für den Haushalt erwerben. Mindestens genauso wichtig ist aber, dass sich mit den haushaltsnahen Dienstleistungen ein weiteres lukratives Fenster zur Erzielung von Gewinnen öffnet. Zwar ist es richtig, dass viele haushaltsnahe Dienstleistungen noch von Kleinunternehmen erbracht werden, die ja nicht zum Kern des kapitalistischen Systems gezählt werden. Aber insbesondere in den USA sind bereits größere Firmen entstanden, die sich darauf spezialisiert haben, Teile der Familienarbeit zu übernehmen. Es dürfte nur noch eine Frage der Zeit sein, bis multinational operierende Großkonzerne auch den Markt für haushaltsnahe Dienstleistungen dominieren und ihn in das kapitalistische System integriert haben werden.

Weil die Berufstätigkeit immer mehr Zeit in Anspruch nimmt und Arbeitnehmer häufig in ihrer eigentlich arbeitsfreien Zeit E-Mails beantworten, Präsentationen erstellen oder Berichte schreiben, werden immer öfter selbst sehr persönliche Bedürfnisse von fremden Personen befriedigt. Agenturen vermitteln Großmütter und Freude. Hochzeitsplaner organisieren anstelle des angehenden Ehepaares die kirchliche Trauung, Feier und Hochzeitsreise. Wenn der Trend zum Outsourcing des eigenen Ichs anhält,[437] ist es nur noch eine Frage der Zeit, bis die ersten Familien nur noch zusammen in einem Haus leben, aber nichts mehr gemeinsam tun, weil jeder mehrere Betreuer, Berater und Spielpartner zur Befriedigung der Bedürfnisse hat, die sonst eigentlich innerhalb der Familie erfüllt werden. Der Wirtschaft kann dies nur recht sein. Ähnlich wie bei der Inwertsetzung ist es dem Kapitalismus durch die Kommerzialisierung der Familienarbeit gelungen, seinen Einflussbereich auszuweiten und eine zusätzliche Gewinnquelle zu erschließen.

PRIVATISIERUNG

Kabarettisten machen sich seit Jahren einen Spaß daraus, auf den Ursprung des Wortes Privatisierung zu verweisen. Wenn sie ihrem Publikum erzählen, dass das lateinische Verb »privare« ins Deutsche übersetzt »berauben« bedeutet, haben sie die Lacher auf ihrer Seite.[438] Denn jeder Zuschauer hat schon von Privatisierungen gehört, bei denen die öffentliche Hand massiv über den Tisch gezogen wurde.

Im Allgemeinen versteht man unter Privatisierung die rechtlich abgesicherte Überführung öffentlichen Eigentums in Privateigentum.[439] In der Literatur werden dabei häufig drei Arten von Privatisierung unterschieden.[440] Als *Vermögensprivatisierung* bezeichnet man den Verkauf öffentlichen Vermögens oder dessen Überführung in Privateigentum. Dabei gehen beispielsweise Anteile von Banken, Luftfahrtunternehmen oder Hüttenwerken, die die öffentliche Hand zum Zweck der Gewinnerzielung hält, in die Hand von privaten Investoren über. Bei der *Aufgabenprivatisierung* werden Aufgaben, für die bislang der Staat zuständig war, nun von privaten Firmen erledigt. Beispiele hierfür sind das Post- und Fernmeldewesen oder Krankenhäuser. Durch die Privatisierung zieht sich der Staat aus der Erbringung dieser Leistungen zurück und überlässt sie den Regeln des Marktes.[441] Private, nach Profit strebende Unternehmen treten an die Stelle von öffentlichen Gesellschaften. Bei der *Organisationsprivatisierung* bleibt zwar die Leistungserbringung in öffentlicher Trägerschaft und die öffentliche Hand Eigentümer der Betriebe. Der Staat aber überträgt das Tagesgeschäft an private Firmen. Beispiele hierfür sind Nahverkehrsbetriebe oder das Management von Schwimmbädern.

Bis Anfang der 1980er Jahre gab es zwar hin und wieder Privatisierungen, so z. B. den Teilverkauf der *Preussag AG* oder des *Volkswa-*

gen-Konzerns. Aber dies waren Ad-hoc-Verkäufe, die keiner Strategie unterlagen.[442] Dies änderte sich mit dem Aufstieg des Neoliberalismus zur beherrschenden Leitlinie der Wirtschaftspolitik in den westlichen Demokratien. Privatisierung galt als eine von vielen Maßnahmen, den Einfluss des Staates zurückzudrängen, was eines der Hauptanliegen neoliberaler Wirtschaftspolitik ist.[443] Ein gut geplanter Propaganda-feldzug machte die Öffentlichkeit glauben, dass mit einer Privatisierung alles besser werde: Die Kosten der Leistungserstellung würden sinken, die Kunden würden besser behandelt und etwaige Defizite müssten nicht mehr durch den Steuerzahler gedeckt werden. In Deutschland, dem Vereinigten Königreich, Frankreich und anderen Ländern kam es zu einer beispiellosen Welle von Privatisierungen. Krankenhäuser, Universitäten, Post, Bahn, Energie- und Wasserversorgung, Müllab-fuhr, Gefängnisse, Museen oder Straßenmeistereien – vor kaum etwas machte die Privatisierung halt.[444] Dass Privatisierungen in der Praxis oftmals weder bessere Leistungen für die Kunden noch geringere Belastungen für den Steuerzahler bedeuteten, wurde von den Regie-rungen verschwiegen oder vertuscht.[445] So verschlechterte sich der Zustand des Schienennetzes nach der Privatisierung der Eisenbahn in Großbritannien so stark, dass sich nach einigen Jahren deshalb vermehrt Unfälle mit zahlreichen Toten und Verletzten ereigneten. Erst als eine unabhängige Kommission die mangelhafte Wartung und Instandsetzung durch die privaten Betreiber öffentlich festgestellt hatte, besserte sich die Lage, aber auch nur, weil die Regierung der privatisierten Eisenbahngesellschaft Subventionen zahlte.[446]

Aber ob Privatisierungen für die Öffentlichkeit nun Verbesserungen bringen oder nicht, ist im Kontext dieses Buches weniger wichtig. Der zentrale Punkt für diese Untersuchung ist, dass eine Vermögens- oder Aufgabenprivatisierung für den Kapitalismus immer eine Ausdeh-nung seiner Reichweite auf Kosten der Sphäre des Öffentlichen ist, die langfristig mit einem erheblichen Anschwellen der Machtquelle Ressourcen einhergeht. Denn nach der Privatisierung streicht er die Gewinne ein, die sonst der Allgemeinheit zugutegekommen wären.[447] Insofern haben der Zusammenbruch des Sozialismus in Osteuropa und die danach einsetzende Privatisierungswelle dem globalen Kapi-talismus einen beispiellosen Zuwachs an Machtmitteln eingebracht. Dieser wird auch dadurch kaum gemindert, dass so manch privatisier-tes Unternehmen wie die Bundesdruckerei oder die neuseeländische

Eisenbahn später wieder verstaatlicht wurde. Per Saldo hat der Kapitalismus durch die Privatisierungen bislang erheblich an ökonomischer Macht gewonnen. Nicht zuletzt deshalb sollen nach der Ende des 20. Jahrhunderts vorgenommenen Privatisierung der Infrastruktur und öffentlicher Unternehmen im 21. Jahrhundert Land, Gebäude und Bodenschätze aus Staats- in Privatbesitz übergehen. Dies hat zumindest die wirtschaftsnahe und einflussreiche britische Wochenzeitschrift *The Economist* im Januar 2014 vorgeschlagen. Vermögensgegenstände im Werte von rund 9 Billionen US-Dollar stünden derzeit noch im öffentlichen Eigentum, die von den Regierungen nach und nach verkauft werden sollten.[448]

Einige Autoren behaupten sinngemäß, dass die Privatisierung – und zum Teil trifft dies auch auf die Inwertsetzung zu – eine direkte Form der Entmachtung der Demokratie ist, weil sie dadurch ihren Gestaltungsspielraum und die Handlungshoheit verliert.[449] Etwas verkürzt lässt sich die Argumentation folgendermaßen darstellen: Öffentliche Unternehmen werden durch demokratische Institutionen kontrolliert und gesteuert. Sie können somit direkt vom Bund, den Ländern oder Städten und Gemeinden dazu verpflichtet werden, gesellschaftlich als wichtig erachtete Funktionen zu übernehmen, z. B. indem sie ermäßigte Nutzungstarife für sozial Benachteiligte anbieten. Dass sie dadurch weniger Gewinne abwerfen, ist der Preis, den die Demokratie für den Erhalt sozialer Leistungen bezahlt. Nach der Privatisierung unterliegen sie hingegen wie alle anderen Unternehmen den allgemein gültigen gesetzlichen Regelungen. In einer von Vertragsfreiheit geprägten Marktwirtschaft können es private Unternehmen aber ablehnen, sozial Schwachen eine verbilligte Nutzung ihrer Leistungen überhaupt anzubieten. Weil die demokratischen Institutionen jetzt als möglicher Vertragspartner auf dem Markt auftreten, aber nicht mehr als weisungsberechtigter Eigentümer, hätten sie im Vergleich zur Wirtschaft an Macht verloren.

Obwohl diese Argumentation einen wahren Kern enthält, übersieht sie zwei gewichtige Einwände. Zum einen können demokratische Institutionen privatisierten Unternehmen die Gewährung von Sozialtarifen durch finanzielle Anreize schmackhaft machen.[450] Zum anderen kann die Politik im Zuge der Privatisierung Gesetze und Regelungen erlassen, die die neuen Eigentümer dazu zwingen, bestimmten Gruppen eine verbilligte Nutzung der vormals öffentlich erbrachten Leistungen zu ermöglichen. Beides senkt allerdings die Rendite und damit den Kaufpreis, den private Investoren bereit sind, für ein zu privatisierendes, öffentliches Unternehmen zu bezahlen. Weil es ein Ziel der Privatisierung ist, möglichst hohe Einnahmen für die öffentlichen Kassen zu erzielen, verzichten die demokratischen Institutionen vielfach darauf, ihren vor der Privatisierung noch vorhandenen Gestaltungsspielraum auszuschöpfen. Wenn es den gewählten Volksvertretern ernst wäre mit der Kontrolle des Kapitalismus, würden sie bei der Privatisierung öffentliche Interessen stärker in den Vordergrund rücken. Dass sie es nur ungenügend tun, ist auch ein deutliches Indiz für die Fortschritte, die der Kapitalismus bei der Entmachtung der Demokratie bereits erzielt hat.

Unterm Strich betrachtet ist die Privatisierung somit zwar auch ein Instrument zur direkten Einschränkung der Macht demokratischer Institutionen, aber viel mehr noch ist sie ein Mittel zum Aufbau ökonomischer Macht durch den Kapitalismus. Sie enthält den demokratisch legitimierten staatlichen Stellen mögliche Gewinne aus dem Betrieb öffentlicher Unternehmen vor und transferiert sie in die Verfügungsgewalt des kapitalistischen Systems. Sie ist auch ein gutes Beispiel für das Zusammenwirken von ökonomischer und politischer Macht. Der Kapitalismus benutzt bereits vorhandene Ressourcen, um durch Lobbyismus und Propaganda die Privatisierung öffentlicher Betriebe voranzutreiben. Die Gewinne der frisch privatisierten Unternehmen werden eingesetzt, um die Öffentlichkeit und Parlamente davon zu überzeugen, dass z. B. eine Patentierung von Genen dem Wohle aller diene.

PUBLIC PRIVATE PARTNERSHIPS

Da eine Reihe von Privatisierungen nicht im versprochenen Ausmaß zu Leistungsverbesserungen für die Bürger und einer Senkung der Kosten geführt hat, wuchs in der Öffentlichkeit der Widerstand gegen sie. Der verschobene Börsengang der *Deutschen Bahn* ist wohl das bekannteste Beispiel einer aufgeschobenen Privatisierung. Als Ausweg aus diesem Dilemma verlegten sich Politiker und Wirtschaft auf eine neue Form der Zusammenarbeit, die Öffentlich-Private Partnerschaft, besser bekannt unter dem englischen Ausdruck Public Private Partnership (PPP). Eine solche Partnerschaft ist »eine langfristige, vertraglich geregelte Zusammenarbeit zwischen Öffentlicher Hand und Privatwirtschaft zur wirtschaftlicheren Erfüllung öffentlicher Aufgaben über den gesamten Lebenszyklus eines Projektes. Die für die Aufgabenerfüllung erforderlichen Ressourcen (z. B. Know-how, Betriebsmittel, Kapital, Personal etc.) werden von den Partnern in einem gemeinsamen Organisationsmodell zusammengeführt und vorhandene Projektrisiken [...] angemessen verteilt.«[451]

Bevorzugtes Objekt für eine PPP ist die öffentliche Infrastruktur, also Verkehrsnetze, Wasser- und Energieversorgung, Abfall- und Abwasserentsorgung, öffentliche Gebäude, Schulen und Universitäten, Gefängnisse oder Krankenhäuser. Die Verträge haben Laufzeiten von 15 bis 50 Jahren und enthalten in aller Regel eine Verschwiegenheitsklausel, die es den Vertragspartnern untersagt, Inhalte der Vereinbarung offenzulegen. Weder das Volk noch die meisten gewählten Repräsentanten erfahren während der Verhandlungen oder nach Vertragsabschluss Details der Vereinbarung, und wer etwas erfährt, ist zum Schweigen verpflichtet. Eine demokratische Kontrolle der Deals findet in aller Regel nicht statt.[452] Hinzu kommt, dass Verträge über PPP oftmals mehrere Tausend Seiten Text umfassen, die in Gänze wohl kaum jemand versteht, es sei denn, er beschäftigt sich monatelang nur damit. Das im Jahr 2000 beschlossene Gesetz zur Einrichtung einer PPP für die U-Bahn in London umfasst 28 000 Seiten, der Vertrag zur Erhebung von Mautgebühren auf deutschen Autobahnen zwischen der Bundesregierung und *Toll Collect* ist 17 000 Seiten stark.[453]

Dem Bürger werden PPP mit Kostensenkungen schmackhaft gemacht. Der 2007 veröffentlichte Erfahrungsbericht des Bundesministeriums für Verkehr, Bau und Stadtentwicklung beziffert den bei Auftragsvergabe geschätzten Effizienzvorteil von 46 untersuchten PPP auf durchschnittlich 16 %.[454] Die Regierung Blair taxierte den Effizienzgewinn bei der Londoner U-Bahn auf 17 %, was einer Kosteneinsparung von 7 Milliarden Euro über die Laufzeit des Vertrages entspricht.[455] Ob sich diese Einsparungen realisieren lassen, steht auf einem anderen Blatt. Denn 30 Jahre in die Zukunft reichende Kosten- und Ertragsschätzungen sind mit erheblichen Unsicherheiten behaftet. Genau deshalb sichern sich die privaten Investoren auch gegen unvorhergesehene Kostensteigerungen ab, indem sie in solchen Fällen entweder die vertraglich vereinbarten Preise für ihre Leistungen anheben dürfen oder Zuschüsse vom Staat erhalten. Das geht zumindest aus den wenigen PPP-Verträgen hervor, die publik wurden. Danach verbleibt das Risiko eines wirtschaftlichen Fehlschlags weitgehend bei der öffentlichen Hand. Diese unvorhergesehenen Kostensteigerungen oder etwaige Nachfrageausfälle, gegen die sich private Investoren absichern, werden aber nicht in den der Öffentlichkeit präsentierten Effizienzberechnungen berücksichtigt, die somit eher Wunschträume der Investoren als Realitäten widerspiegeln.[456]

Damit ist auch verständlich, warum private Investoren so versessen auf PPP sind. Die öffentliche Infrastruktur ist weitgehend vor Konkurrenz geschützt, zusätzlich ist der Investor durch den Steuerzahler abgesichert gegen das Risiko sinkender Nachfrage oder steigender Kosten. Das garantiert langfristig stabile und vor allem sichere Erträge, was einer PPP aus Sicht der Investoren noch einen zusätzlichen Reiz verleiht. Der zukünftige, sichere Geldstrom lässt sich entweder als Sicherheit für die Aufnahme eines Kredits zu sehr günstigen Konditionen einsetzen oder er lässt sich in einen Infrastrukturfonds umwandeln, der wiederum – gegen zusätzliche Gebühren – an Anleger veräußert wird. Aus Sicht des Investors ist eine PPP fast wie eine Lizenz zum Gelddrucken. Ebenfalls zu den Gewinnern zählen die Berater, insbesondere die großen Anwaltskanzleien, die die Verträge für die PPP aufsetzen. So flossen im Rahmen der PPP für die Londoner U-Bahn 500 Millionen Pfund (zum damaligen Wechselkurs mehr als 700 Millionen Euro) an Honoraren an die Berater.[457]

Für die öffentliche Hand, den Steuerzahler sowie Kunden und Arbeitnehmer der PPP ist das Ergebnis nicht so eindeutig. Denn die kapitalistische Logik legt es nahe, dass die Betreiber die versprochenen Leistungen mit einem Minimum an Aufwand erledigen wollen. Dies führt nicht selten zu Sicherheitsmängeln, Einschränkungen beim Service und massiven Verschlechterungen der Arbeitsbedingungen. Die bei der Kalkulation des Projektes optimistisch verdrängten unvorhersehbaren Kosten, die in der Realität über so lange Laufzeiten immer anfallen, werden entweder vom Steuerzahler übernommen oder durch Preiserhöhungen an die Kunden weitergegeben. Wie Werner Rügemer nach einer Analyse vieler PPP-Projekte festgestellt hat, »sind die Risiken für den Staat hoch und in ihren finanziellen Auswirkungen während und nach Ende der jahrzehntelangen Vertragslaufzeiten weder kalkulier- noch beherrschbar. Dagegen tendieren alle Vorteile zugunsten des Privatinvestors.«[458]

Ähnlich wie die Privatisierung sind PPP ein Instrument, das die Machtquelle Ressourcen zugunsten des kapitalistischen Systems stärkt und zulasten der Allgemeinheit schwächt. Hinzu kommt, dass PPP die demokratischen Entscheidungsträger, die solche Verträge letztendlich im Parlament oder Stadtrat legitimieren müssen, zu reinen Abnickern degradieren. Für die gewählten Volksvertreter besteht wie für alle anderen Beteiligten Geheimhaltungspflicht. Einsicht in die Verträge erhalten sie in abgeschotteten Räumen. Sie dürfen nur handschriftliche Notizen anfertigen, aber keine Kopien der Verträge machen. Da die Verträge über PPP komplex und die Texte dementsprechend lang sind, ist kaum ein Volksvertreter in der Lage, sie zu beurteilen. Neutrale, externe Berater können sie aufgrund der Vorschriften zur Geheimhaltung der Vertragsentwürfe ebenfalls nicht hinzuziehen. PPP sind somit immer auch ein Bereich, in dem die Demokratie direkt entmachtet wird.

Private Altersvorsorge

Um Armut und Elend im Alter zu vermeiden, bietet sich eine Versicherung an, durch die das wirtschaftliche Risiko der Langlebigkeit, welches das durch die Rentenversicherung abgedeckte Risiko ist, vermindert werden kann. Nach dieser Logik funktioniert auch das in westlichen Demokratien vorrangig eingesetzte und in der Regel staatlich betriebene Umlageverfahren. In Abhängigkeit von den eingezahlten Beiträgen während des Arbeitslebens erhält ein Versicherter beim Eintritt in den Ruhestand eine lebenslange Rente, egal wie lange er lebt. Finanziert werden die im Umlageverfahren ausbezahlten Renten durch laufende Beitragszahlungen. Je nach konkreter Ausgestaltung des Systems können noch Zuschüsse vom Staat oder Einzahlungen durch die Arbeitgeber hinzukommen. In Deutschland übernehmen die Arbeitgeber die Hälfte und die Arbeitnehmer die andere Hälfte der abzuführenden Beiträge. Die Einzahlungen werden praktisch sofort an die Rentner weitergereicht. Mit Ausnahme eines gesetzlich vorgeschriebenen Puffers werden im Umlageverfahren keinerlei Rücklagen gebildet.[459]

Wie bei jeder Versicherung machen all diejenigen ein gutes Geschäft, die weniger einzahlen als sie im Versicherungsfall ausgezahlt bekommen. Wer lange lebt, profitiert von der Versicherung, wer kurz nach seiner Verrentung stirbt, hat zwar ein Leben lang Beiträge bezahlt, bekommt aber so gut wie nichts ausbezahlt. Dieses Prinzip liegt jeder Versicherungslösung zugrunde und gilt z. B. für eine private Unfall- oder Rechtsschutzversicherung gleichermaßen. Auch wer im Alter von 20 Jahren eine Berufsunfähigkeitsversicherung abschließt, aber nie berufsunfähig wird, hat ein Leben lang Beiträge bezahlt, erhält aber keine Versicherungsleistung.

Ein andere Möglichkeit der Finanzierung der Altersvorsorge ist die in der Regel nicht-staatliche, kapitalgedeckte Rentenversicherung, bei der eine Person im Laufe ihres Arbeitslebens einen ihr gehörenden Kapitalstock aufbaut, von dessen Erträgen sie im Alter lebt. Wer sehr alt wird, dem kann es aber immer noch passieren, dass seine Ersparnisse nicht bis ans Lebensende reichen, weshalb auch bei der kapitalgedeckten Rente eine Versicherungskomponente hinzukommen muss, wenn Armut nach Aufbrauchen des angelegten Kapitalstocks vermieden werden soll. Finanziert werden die Renten aus dem angesparten Kapital, das von Banken, Versicherungen oder Investmentgesellschaften auf den internationalen Finanzmärkten angelegt wird.

Vergleicht man beide Verfahren, so stellt man fest, dass das staatliche Umlageverfahren eine Reihe von Vorteilen hat. Der wichtigste ist wohl, dass es einen Sofortstart ermöglicht, während man bis zur vollen Funktionsfähigkeit des kapitalgedeckten Systems erst eine jahrzehntelange Ansparphase durchlaufen muss. Ein Sofortstart kann nötig werden, wenn es durch Kriege zu einer physischen Zerstörung oder durch Finanzkrisen zu einer Entwertung des Kapitalstocks kommt. Denn dadurch geht die Kapitaldeckung verloren und damit die private Altersvorsorge, die bei den Versicherten in einem kapitalgedeckten System dann nur noch auf dem Papier besteht. Das durch Beiträge finanzierte Umlageverfahren ermöglicht es, diesen Personen trotzdem eine Rente zu bezahlen, weshalb viele Länder nach dem Zweiten Weltkrieg oder dem Zusammenbruch des Sozialismus sich für diesen Weg entschieden haben.[460]

Der zweite große Vorteil des Umlageverfahrens sind die niedrigen Verwaltungskosten. Hier müssen weder hohe Provisionen für die Vertreter oder Kundenberater abgezweigt noch teure Zertifizierungen durchgeführt werden. So belaufen sich die Verwaltungskosten der Deutschen Rentenversicherung gerade einmal auf 1,2 % des Haushaltsvolumens.[461] Beim kapitalgedeckten Verfahren streichen Banken,

Versicherungen und Pensionsfonds – bei voller Laufzeit des Rentenvertrages – im Durchschnitt um die 10% der eingezahlten Beiträge zur Deckung ihrer Kosten und Anhäufung von Gewinnen ein, im Einzelfall sogar bis zu 20%.[462] Falls der Vertrag vorzeitig gekündigt wird, gehen bei fondsgebundenen Verträgen unter Umständen sogar die gesamten Beiträge der Versicherten verloren. Hinzu kommt der Verwaltungsaufwand. Die dafür in Deutschland zuständige *Zentrale Stelle für Altersvermögen*, durch die die Zulagen für die private Riester-Rente berechnet, verwaltet und ausbezahlt werden, kostete den Bund 2013 gut 100 Millionen Euro.[463]

Der dritte Vorteil des Umlageverfahrens ist seine Ausfallsicherheit. Denn obwohl in seinem Namen nichts darauf hindeutet, handelt es sich bei ihm auch um ein kapitalgedecktes Verfahren. Denn hinter dem Umlagesystem steckt der Kapitalstock der gesamten Volkswirtschaft und zwar das Sach-, Finanz- und Humankapital. Selbst eine Staatspleite würde nicht zu einem Ausfall des Umlagesystems führen, denn die Volkswirtschaft und ihr Kapitalstock blieben ja trotz Zahlungsunfähigkeit der Regierung erhalten. Bei der kapitalgedeckten Rente kommt es hingegen immer wieder zu Pleiten einzelner Fonds. In solchen Fällen gehen erst einmal sämtliche Rentenansprüche der gegenwärtigen Ruheständler sowie die Rentenanwartschaften der noch arbeitenden Beitragszahler verloren. So büßten die rund 20 000 Beschäftigten des US-Energiekonzerns *Enron* im Jahre 2001 bei der Pleite ihres Unternehmens rund 2 Milliarden US-Dollar an Kapital ein, das ihre Renten finanzieren sollte. Zwar erhielten sie 2004 nach Abzug von Anwaltskosten und Gebühren rund 65 Millionen US-Dollar aus einer Versicherung zurück, aber das bedeutet netto einen Verlust von rund 97% des ursprünglichen Kapitalstocks.[464]

Die kapitalgedeckte Rente hat gegenüber dem Umlageverfahren aus einzel- und gesamtwirtschaftlicher Sicht den *möglichen* Vorteil, dass ihre Rendite höher sein kann. Ob sich dieser Vorteil tatsächlich manifestiert, ist fraglich. Seit dem Jahr 2000 gab es mit dem Platzen der Dotcom-Blase 2001 und dem Finanzmarktcrash 2008 mindesten zwei Krisen, die den Wert der Kapitaldeckung und damit die zukünftigen Rentenzahlungen in erheblichem Ausmaß reduziert haben. Für Deutschland zeigen verschiedene Untersuchungen, dass die Rendite aus der umlagefinanzierten Rentenversicherung sogar etwas höher ist als die aus der kapitalgedeckten Riester-Rente.[465]

Aus Sicht der Volkswirtschaft und der Versicherten stehen drei *sichere* und gewichtige Vorteile des Umlageverfahrens einem *möglichen* Vorteil des kapitalgedeckten Systems gegenüber. Dennoch setzen mehr und mehr Länder auf die private Altersversicherung, wenn auch oftmals nur als Ergänzung zum Umlagesystem. So wurde zum Beispiel in den USA seit 1981 die private Rente mit Hilfe der Regierung durch den Finanzsektor immer weiter ausgebaut.[466] In Deutschland führte die Bundesregierung unter Kanzler Gerhard Schröder 2001 mit der sogenannten Riester-Rente eine private, kapitalgedeckte, freiwillige und staatlich subventionierte Altersvorsorge als Ergänzung zum staatlichen Umlageverfahren ein.[467] Dass die Bürger dabei einer gigantischen Manipulationskampagne der Finanzwirtschaft und Bundesregierung auf den Leim gegangen sind, hat der Ökonom und frühere Leiter der Planungsabteilung im Bundeskanzleramt, Albrecht Müller, in seinem Buch »Meinungsmache« in allen Einzelheiten dokumentiert. Durch Lobbying, Propaganda, gezielte Fehlinformation, das Schüren von Existenzängsten und Beeinflussung der Medien wurde zunächst das Umlageverfahren in Misskredit gebracht und dann die private Altersvorsorge als Retter in der Not präsentiert.[468]

Geradezu perfide ist die Art und Weise, wie die Bürger zum Mitmachen bei der sogenannten Riester-Rente gebracht werden. Weil die Finanzbranche für die Verwaltung der Kapitalfonds hohe Gebühren erhebt und das Kapital relativ risikoarm angelegt werden muss (schließlich soll es ja in ein paar Jahrzehnten noch da sein und die Rente sichern), ist die Verzinsung der angelegten Gelder vergleichsweise niedrig.[469] Ohne staatliche Förderung hätte wohl kaum jemand einen Riester-Vertrag abgeschlossen. Also verfiel man auf den Trick, die Riester-Rente zu subventionieren, in dem aus Steuermitteln Zulagen bezahlt werden, was z. B. die Rendite der Riester-Rente für den Einzelnen so weit erhöht, dass sie zumindest für einige attraktiv wurde. Allein in den Jahren 2008, 2009 und 2010 wurden die Riester-Verträge aus dem Bundeshaushalt jährlich mit rund 2,5 Milliarden Euro an direkten Zulagen subventioniert.[470] Auf der anderen Seite werden durch die staatliche Subventionierung alle Bürger gezwungen, die Riester-Rente durch ihre Steuerzahlungen mitzufinanzieren. Wer die Voraussetzungen zum Abschluss einer Riester-Rente besitzt, wird geneigt sein, die staatlichen Zuschüsse mitzunehmen, denn der Besteuerung, aus der die Subventionen für den Aufbau der privaten

Rentenversicherung finanziert werden, kann er sowieso nicht entgehen.[471] So richtig gezogen hat der Trick bislang dennoch nicht, denn selbst mit Förderung hatten sich 2011, zehn Jahre nach Einführung der Riester-Rente, erst 40 % der Anspruchsberechtigten für einen entsprechenden Vertrag entschieden.[472]

Angesichts dieser Zahlen liegt die Versuchung nahe, die Menschen zum Abschluss einer Riester-Rente zu zwingen, so wie es ursprünglich von den Vordenkern geplant war[473] und wie es der Chef des *ifo-Instituts* Hans-Werner Sinn 2008 erneut gefordert hat, als erst 30 % der Anspruchsberechtigten einen Riester-Vertrag abgeschlossen hatten.[474] Aber davor schrecken die Politiker bislang noch zurück. Zu offensichtlich wäre dann, dass der Unterschied zwischen der staatlichen und privaten Pflichtrente nur darin besteht, dass sich die Arbeitgeber eine Menge Geld sparen, weil sie sich an der Finanzierung der Riester-Rente nicht beteiligen müssen, und dass die Finanzbranche sich mit ihr ein lukratives Geschäftsfeld erschlossen hat.

Es würde den Rahmen dieses Abschnitts sprengen, darzustellen, warum das Umlageverfahren wesentlich besser ist als sein Ruf und dass es keineswegs notwendig gewesen wäre, eine staatlich geförderte, private Altersversorgung einzuführen.[475] Aber auf einen Punkt sei dennoch verwiesen. Die kapitalgedeckte Rente löst aus volkswirtschaftlicher Sicht das angebliche Hauptproblem des Umlageverfahrens, das im demographischen Wandel, genauer gesagt dem Altern der Gesellschaft, begründet sein soll, auch nicht.[476] Es gilt nämlich nach wie vor der Satz des deutschen Soziologen Gerhard Mackenroth »daß aller Sozialaufwand immer aus dem Volkseinkommen der laufenden Periode gedeckt werden muß. Es gibt gar keine andere Quelle und hat nie eine andere Quelle gegeben, aus der Sozialaufwand fließen könnte, es gibt keine Ansammlung von Periode zu Periode, kein »Sparen« im privatwirtschaftlichen Sinne, es gibt einfach gar nichts anderes als das laufende Volkseinkommen als Quelle für den Sozialaufwand.«[477] Dies trifft auch für die in der laufenden Periode ausgeschütteten Erträge der kapitalgedeckten Rente zu, denn auch sie sind Teil des Volkseinkommens. Wie die Rente finanziert wird, ob über eine Umlage oder Kapitaldeckung, spielt also nach Mackenroth letztlich keine Rolle, und dieses Ergebnis gilt unabhängig von der demographischen Entwicklung.

Über die Mackenroth-These wird seit Jahrzehnten in der Fachliteratur lebhaft diskutiert, insbesondere vor dem Hintergrund der

Globalisierung und weltweit integrierter Kapitalmärkte. Wissenschaftliche Analysen kommen zu dem Ergebnis, dass Einwände gegen die Mackenroth-These nur unter ganz bestimmten Bedingungen gültig sind, die bislang aber in der Realität noch nicht eingetreten sind.[478] Nicolas Barr von der *London School of Economics*, der weltweit zu den führenden Experten auf dem Gebiet der Sozialpolitik zählt, kommt denn auch zu dem Ergebnis, dass »aus wirtschaftlicher Sicht [...] der demographische Wandel kein gutes Argument zugunsten kapitalgedeckter Systeme [ist].«[479] Denn *lösen* ließe sich das demographische Problem der Rentenversicherung nur durch eine Änderung der Altersstruktur der Bevölkerung. Die kapitalgedeckte Rente doktert wie viele andere Maßnahmen aber auch nur an den Symptomen einer alternden Gesellschaft herum.

Doch saubere, wissenschaftlich fundierte Analysen sind den Banken und Versicherungen bei dieser Frage immer egal gewesen, denn sie haben nie beabsichtigt, die Probleme der umlagefinanzierten Rentenversicherung zu lösen. Es ging ihnen immer nur darum, zulasten zukünftiger Rentner und der heutigen jungen Generation ein neues profitables Geschäftsfeld zu erschließen.[480] Der Ökonom Wilfried Schmähl, von 1986 bis 2000 Vorsitzender des Sozialbeirats der Bundesregierung für die gesetzliche Renten- und Unfallversicherung, sagte dazu 2011 in einem Interview: »Unterm Strich wäre das [Umlagesystem, Anm. d. Verf.] für die Beschäftigten deutlich preiswerter als die kostenträchtige Riester-Rente. Die nutzt vor allem der Finanzindustrie und den Arbeitgebern, weil sie Beiträge sparen.«[481]

Mit der Einführung der privaten Altersvorsorge tun die Regierungen und Parlamente dem Kapitalismus einen Riesengefallen. Während das staatliche Umlageverfahren die Machtbalance zwischen Gesellschaft und Wirtschaft unverändert lässt, stärkt das private Kapitaldeckungsverfahren die ökonomische Machtbasis des Kapitalismus. Indem die private Altersvorsorge jährlich Milliarden von Euros und US-Dollars in das Finanzsystem umleitet, mit dessen Anlage und Verwaltung die Finanzbranche hohe Gewinne einstreicht, trägt sie zum Ausbau der ökonomischen Macht des Kapitals bei. Die Summen, um die es dabei geht, haben es durchaus in sich. In den OECD-Ländern waren 2011 rund 21 Billionen US-Dollar in Pensionsfonds angelegt. Dies entspricht gut 72 % des Bruttoinlandsprodukts dieser Staaten.[482]

Fonds

Neben den Pensionsfonds sammeln aber auch noch andere Fonds das Geld von Anlegern und vermehren es. Prinzipiell kann jeder dort sein Geld anlegen. Die Fondsmanager investieren das ihnen anvertraute Kapital dann wiederum in Aktien, Staatsanleihen, Immobilien, Edelmetallen, Rohstoffen und einer Vielzahl von anderen Vermögenswerten.[483] Fonds gibt es mittlerweile für fast jeden Zweck und Anlegergeschmack. In die zuvor erwähnten Pensionsfonds zahlen Sparer regelmäßig Geld für ihre private, kapitalgedeckte Altersvorsorge ein. Die Anlage erfolgt zumeist relativ wertbeständig. Obwohl einzelne Fonds durchaus hohe Verluste einfahren oder sogar ihr gesamtes Kapital verlieren können, liegt die langfristige durchschnittliche Verzinsung im Bereich von 3 bis 5%.[484] Wer von Kurssteigerungen bei Aktien und den Dividendenzahlungen von Unternehmen profitieren möchte, der kann sein Geld in Aktienfonds anlegen. Und wer nur wenig Risiko eingehen will und mit einer geringen, aber relativ sicheren Rendite zufrieden ist, der kauft sich Renten- oder Immobilienfonds.

Während diese Fonds der Motor des Kapitalismus auf den Finanzmärkten sind, fungieren Hedgefonds als sein Turbolader. Hedgefonds sind relativ kurzfristig orientiert und versuchen, mit Hilfe von spekulativen Geschäften und Derivaten hohe Renditen zu erzielen. Weil hier das Risiko besteht, seine gesamte Einlage zu verlieren, dürfen in Deutschland nur institutionelle Anleger Anteile erwerben, nicht jedoch einfache Privatkunden. Der Sitz vieler Hedgefonds liegt wegen der Steuervorteile und der weniger restriktiven Kapitalmarktregulierungen zumeist in sogenannten Offshore-Finanzzentren.[485] 40% aller Hedgefonds sind formalrechtlich auf den Cayman Islands angesiedelt, 27% im US-Bundesstaat Delaware, 7% auf den Britischen Jungferninseln und 5% auf den Bermudas. Damit haben rund 80% der Hedgefonds ihren Sitz in den USA bzw. Inseln, die zum Vereinigten Königreich gehören. Verwaltet werden die Hedgefonds vorwiegend in New York und London, wo knapp 90% der weltweit tätigen Hedgefonds-Manager arbeiten. Das von Hedgefonds verwaltet Vermögen wird für das Jahr 2012 auf rund 2,3 Billionen US-Dollar geschätzt.[486]

Private-Equity-Fonds sammeln Kapital von Großinvestoren. Sie stellen jungen Unternehmen Kapital und Know-how bereit, damit diese ihre Geschäftsideen schneller und ertragreicher umsetzen können, oder kaufen ganze Unternehmen oder größere Anteile davon.[487]

Übernommene Firmen werden dann in der Regel restrukturiert und von den Fondsmanagern unter Druck gesetzt, höhere Renditen als bisher zu erwirtschaften.[488] Dies gelingt ihnen zweifelsohne. In der Fachliteratur ist eigentlich nur strittig, in welchem Umfang.[489] Eine Anfang 2012 veröffentlichte Untersuchung für die USA kommt zu dem Ergebnis, dass Fonds, die auf Firmenübernahmen spezialisiert sind, während ihrer Laufzeit 27% besser abschneiden als der Aktienindex S&P 500, der die Kursentwicklung der größten 500 börsennotierten US-Firmen erfasst.[490] Private-Equity-Fonds sind seit Anfang der 1990er Jahre vor allem in den USA aktiv, in Deutschland spielen sie seit der Finanzkrise so gut wie keine Rolle mehr.

Obwohl einige der Fonds hin und wieder Verluste einfahren, ist es für die meisten Großinvestoren auf lange Sicht ausgesprochen lukrativ, dort zu investieren. Somit erhöht sich die ohnehin schon hohe Konzentration der Vermögen noch weiter. Der Finanzjournalist Lucas Zeise trifft den Nagel auf den Kopf wenn er schreibt: »Hedge- und Private-Equity-Fonds [...] sind im Kern Institutionen, geschaffen, um die ohnehin schon Reichen noch reicher zu machen.«[491]

Viel stärker noch als die vielen Anleger profitieren aber die wenigen Manager der Hedgefonds. Die Boni, die sie bei guter Performance ihrer Fonds einstreichen können, lassen die Vergütung von Vorständen deutscher Großunternehmen, die zumeist im einstelligen Millionenbereich liegen, wie Peanuts aussehen. Im Jahr 2005 kassierten die beiden Stars unter den Hedgefonds-Managern, James Simons von *Renaissance Technologies* und Boone Pickens von *BP Capital Management*, ein Gehalt von 1,5 bzw. 1,4 Milliarden US-Dollar. Selbst ihre weniger erfolgreichen Kollegen, die auf den Plätzen 20 bis 25 der Rangliste der besten Hedgefonds-Manager landeten, erhielten immer noch 150 bzw. 130 Millionen US-Dollar.[492] Dass die Finanzkrise den Hedgefonds-Managern langfristig nicht geschadet, sondern eher noch genutzt hat, zeigen die Zahlen aus dem Jahr 2012, als David Tepper von *Appaloosa Management* mit 2,2 Milliarden US-Dollar Spitzenverdiener war und auch seine Kollegen auf den Plätzen 20 bis 25 immerhin noch rund 200 Millionen US-Dollar bezogen.[493]

Es gibt wohl kaum ein schöneres Beispiel dafür, wie der Kapitalismus seine Belohnungsmacht einsetzt, um sich bei seinen eifrigsten Protagonisten für ihre Verdienste um die Stärkung des kapitalistischen Systems zu bedanken.

LOHNSENKUNGEN

Wie in Kapitel 6 gezeigt wurde, ist der Anteil der Löhne am Volks-einkommen (Lohnquote) in den westlichen Volkswirtschaften seit Mitte der 1970er Jahre im Durchschnitt gesunken (in Deutschland ab Anfang der 1980er Jahre), während der Anteil der Gewinne gestiegen ist. Dafür sind vor allem die Globalisierung, das Wachstum der Finanzbranche und die Schwächung der Gewerkschaften verantwortlich. Auf betrieblicher Ebene manifestieren sich die drei Gründe in einem bewussten Einsatz von Instrumenten zur Senkung der Löhne der Arbeitnehmer. Dies geschieht vor allem durch die Zahlung von Niedriglöhnen und den Einsatz von Leiharbeitern.

Nach den Daten des Sozio-oekonomischen Panels (SOEP)[494] arbeiteten im Jahr 2010 in Deutschland rund 7,3 Millionen Menschen zu einem Niedriglohn.[495] Der Anteil der Beschäftigten im Niedriglohnsektor ist in Westdeutschland seit Ende der 1970er Jahre gestiegen. Im Jahr 2000 lag er bei 18% und hat sich auf 22% im Jahr 2006 erhöht. Seither verharrt er auf diesem Niveau.[496] Internationale Vergleiche mit Daten der OECD zeigen, dass Deutschland damit 2010 auf Platz 5 lag. Spitzenreiter waren die USA, in denen rund 25% der Beschäftigten im Niedriglohnbereich arbeiten, gefolgt vom Vereinigten Königreich, Kanada und Irland.[497] Lange Zeitreihen von Ende der 1970er Jahre bis 2005 für sechs OECD-Länder belegen, dass der Niedriglohnbereich im Vereinigten Königreich, Deutschland und den Niederlanden rasant und in den USA – auf hohem Niveau – leicht gewachsen ist. Nur in Dänemark verharrte er relativ konstant auf niedrigem Niveau.[498]

Bei der Leiharbeit stellen Unternehmen zeitlich begrenzt Arbeitnehmer ein, die ihnen von Zeitarbeitsfirmen überlassen werden. Rund eine Million Menschen arbeiten in Deutschland als Leiharbeiter.[499] Eine Studie des von Arbeitgebern und Wirtschaftsverbänden finanzierten Instituts der Deutschen Wirtschaft listete 2011 die Vorteile auf, die den entleihenden Unternehmen dadurch entstehen. So werden diese flexibler, international wettbewerbsfähiger und konnten dank Einsatz von Leiharbeitern die Wirtschaftskrise 2008/2009 leichter überstehen. Auch für die Arbeitnehmer hat die Studie eine gute Nachricht. Immerhin 14% der überlassenen Arbeitnehmer wurden von den Entleihern übernommen.[500]

Allerdings wird mit keinem Wort erwähnt, dass diese Vorteile teuer erkauft sind.[501] Die Ursache für die gestiegene internationale

Wettbewerbsfähigkeit sind die Einsparungen, die entstehen, weil Leiharbeiter die entleihenden Unternehmer insgesamt weniger kosten als Arbeiter der Stammbelegschaft (sonst wäre Leiharbeit ja auch ein Verlustgeschäft und darauf würde sich kaum ein Manager einlassen). Ein Teil der vom entleihenden Unternehmen eingesparten Gelder, die im Wesentlichen durch die Lohnsenkung der Arbeitnehmer finanziert werden, landet als Provision auf den Konten der Zeitarbeitsfirmen, und das ist der eigentliche Clou der Leiharbeit. Denn durch die Einschaltung eines Zwischenhändlers für Arbeit entstehen zusätzliche Unternehmen, die Gewinne durch Lohnkürzung erwirtschaften. Das stärkt die ökonomische Macht des Kapitals zulasten des Faktors Arbeit ebenso wie die Zahlung von Niedriglöhnen.

Zu weit dürfen die Löhne aber auch nicht gedrückt werden, zumindest nicht für alle, denn das würde den Massenkonsum als Triebfeder des Kapitalismus schwächen und die Gewinne der Unternehmen reduzieren. Hier offenbart sich ein Dilemma: Aus Sicht des einzelnen Unternehmens, das mit anderen in Konkurrenz steht, ist es zwar sinnvoll, niedrige Löhne zu zahlen, um die Kosten zu reduzieren. Das kapitalistische System als Ganzes leidet aber, wenn die Kaufkraft der Massen ausfällt. Gelöst hat der Kapitalismus dieses Dilemma bislang vor allem dadurch, dass er nur einen Teil der Arbeitnehmer niedrig entlohnt, während die Mittelschicht trotz vereinzelter Abstriche noch immer über genug Geld zum Ausgeben verfügt und die Oberschicht verstärkt Luxusgüter konsumiert. Ähnlich wie die Arbeitslosen hat der Niedriglohnsektor damit auch eine disziplinierende Wirkung. Er dient der Mittelschicht als Mahnung, sich nicht mit linken Parteien einzulassen, die an den Kapitalismus zu große Ansprüche in Form hoher Vermögens-, Einkommens- und Unternehmenssteuern stellen. Denn dann würde das Kapital die guten Arbeitsplätze zusammen mit den Leistungsträgern ins Ausland verlagern, mit dem Ergebnis, dass die Arbeitslosigkeit stiege und im Wesentlichen schlecht bezahlte Jobs im Inland zurück blieben.[502]

Niedrige Löhne stärken somit nicht nur die ökonomische Machtbasis des Kapitals, sie sind wegen ihrer disziplinierenden Wirkung auch ein Instrument der strukturierten Machtausübung. Denn wer einen niedrigen Stundenlohn erhält, muss länger arbeiten, um ein halbwegs zufriedenstellendes Einkommen zu erzielen.[503] Aber nicht nur das. Menschen mit niedrigem Einkommen verlieren viel Zeit, weil sie ihre Hausarbeit selbst verrichten, nach den günstigsten Angeboten suchen, stundenlang ihre neu erworbenen Möbel zusammenbauen, Autos und Fahrräder selbst reparieren und ihre Wohnungen selbst renovieren oder verschönern. Da ein gewisses Maß an frei verfügbarer Zeit Grundvoraussetzung für demokratisches Engagement ist, werden die Lebensumstände von Menschen mit niedrigem Einkommen so verändert, dass allein aus Zeitgründen eine politische Betätigung unwahrscheinlicher wird. Zusammen mit Arbeitslosen und chronisch Kranken bilden die Bezieher von Niedriglöhnen eine marginalisierte Unterschicht, von denen die meisten die Hoffnung auf Besserung ihrer Lage längst aufgegeben haben. Empirische Untersuchungen bestätigen folglich auch, dass die Wahlbeteiligung in Gebieten mit einem hohen Anteil von Einkommensschwachen und Arbeitslosen wesentlich niedriger ist als die in Bezirken mit einem hohen Anteil an wohlhabenden Bürgern.[504]

Die Lage ist also genau umgekehrt als von konservativen Politikwissenschaftlern behauptet, die in einem Rückgang der Wahlbeteiligung ein Zeichen der Zufriedenheit der Bürger mit dem System sehen. Andersherum wird somit eher ein Schuh daraus: Gerade diejenigen, deren Lage sich durch eine Abkehr von der neoliberalen Wirtschafts- und Sozialpolitik verbessern würde, sehen keinen Sinn mehr darin, zur Wahl zu gehen, weil die Parteien, die sie früher geschützt und gefördert haben, weit in die Mitte gerückt sind. Die SPD seit der Kanzlerschaft Gerhard Schröders oder Labour in Großbritannien seit den Zeiten Tony Blairs sind nur zwei Beispiele für die Abwendung der Parteiführung von großen Teilen ihrer traditionellen Basis in früheren Arbeiterparteien. Wolfgang Streeck, Direktor am *Max-Planck-Institut für Gesellschaftsforschung*, zieht aus diesen Befunden folgende Schlussfolgerung: »Alles spricht dafür, dass die sinkende Wahlbeteiligung in den kapitalistischen Demokratien nicht durch Zufriedenheit zu erklären ist, sondern durch Resignation: Vor allem die Verlierer der neoliberalen Wende sehen nicht mehr, was sie sich von einem Wechsel der regierenden Parteien versprechen sollen. [...] Die politische Resignation der Unterschichten schützt den Kapitalismus vor der Demokratie.«[505]

SCHWÄCHUNG DER GEWERKSCHAFTEN

Die wohl wichtigste Funktion der Gewerkschaften besteht darin, eine Machtbalance zwischen Arbeit und Kapital herzustellen, um die schlechtere Position von Arbeitern in Lohnverhandlungen auszugleichen.[506] Der Rückgang der Löhne und die Zunahme von Niedriglöhnen und prekärer Beschäftigung sind daher eng mit der Schwächung der Gewerkschaften verbunden, die in ihrer Rolle als Gegengewicht zu den Arbeitgebern kräftige Einbußen hinnehmen mussten.

Um den Machtverlust der Gewerkschaften empirisch zu belegen, wird eine Vielzahl von Indikatoren herangezogen.[507] Am häufigsten wird der Anteil der Gewerkschaftsmitglieder an den Beschäftigten verwendet.[508] Danach begann Anfang der 1980er Jahre die Macht der Gewerkschaften in den meisten OECD-Ländern zu bröckeln, allerdings nicht in allen Ländern gleich stark oder gleich schnell.[509] In Deutschland blieb die Verhandlungsmacht der Gewerkschaften nach diesem Indikator zum Beispiel in den 1990er Jahre relativ stabil, nahm von 1999 bis 2007 aber stark ab.[510] Da jedoch in vielen Ländern auch die Nichtmitglieder von Gewerkschaften die gleichen Lohnerhöhungen erhalten wie Gewerkschaftsmitglieder, wird alternativ zum Anteil der Gewerkschaftsmitglieder auch der Abdeckungsgrad von Tarifvereinbarungen als Indikator für die Fähigkeit der Gewerkschaften verwendet, die Lohnhöhe zu beeinflussen. Je niedriger der Abdeckungsgrad ist, desto weniger Arbeitnehmer profitieren von einem zwischen Arbeitgeber und Arbeitnehmer ausgehandelten Tarifvertrag und umso niedriger ist der Einfluss der Gewerkschaften auf die Lohnhöhe in einer Volkswirtschaft. Auch dieser Indikator deutet auf einen Machtverlust der Gewerkschaften hin. In den meisten westeuropäischen Demokratien sank der Abdeckungsgrad im letzten Jahrzehnt, in Deutschland von 87% im Jahre 1995 auf 72% im Jahr 2004.[511]

Welchen Indikator man auch heranzieht, der Machtverlust der Gewerkschaften ist offensichtlich.[512] Die Gründe dafür sind vielfältig, lassen sich für die Zwecke dieser Arbeit aber in vier Gruppen aufteilen.

Zum Ersten verstärkt die zunehmende Individualisierung die Abneigung von Menschen, sich größeren Gruppen anzuschließen. Gerade die immer zahlreicher werdenden Hochschulabsolventen haben das Gefühl, auch ohne gewerkschaftliche Unterstützung hohe Löhne in individuellen Verhandlungen mit Arbeitgebern durchsetzen zu können.

Zum Zweiten sind politische Ursachen für den Machtverlust verantwortlich. Konservativen Politikern ist die Verhandlungsmacht der Gewerkschaften ein Dorn im Auge, denn sie reduzieren die Gewinne der Unternehmen, deren finanzielle Unterstützung alle Parteien, aber vor allem die rechts der Mitte gerne und reichlich annehmen. Gleichzeitig unterstützen die Gewerkschaften eher die politisch links stehenden Parteien. Aber egal welche Parteien regieren, ihr wirtschaftspolitischer Erfolg ist immer auch von der Lohnpolitik der Gewerkschaften abhängig. Da die Unternehmen Lohnsteigerungen auf die Preise überwälzen, ist Lohnzurückhaltung eine Grundvoraussetzung für eine niedrige Inflationsrate. Fordern die Gewerkschaften über einen längeren Zeitraum Lohnerhöhungen, die über dem Produktivitätsfortschritt liegen, kann es zu Arbeitslosigkeit und Inflation kommen. Die gewerkschaftliche Lohnpolitik schafft also Fakten, an die sich die Regierung anpassen muss.[513] Bisweilen wurden die Gewerkschaften sogar als eine Art Gegenregierung betrachtet und Großbritannien galt nach Ansicht mancher Politikwissenschaftler in den 1970er Jahren deshalb als unregierbar.[514] Aus diesem Grund wurden vor allem in den angelsächsischen Ländern Gesetze erlassen, die den Einfluss der Gewerkschaften zurückdrängten.

Die dritte Ursache für den Machtverlust der Gewerkschaften liegt im Verhalten der Arbeitgeber und ihrer Verbände begründet. Seit Beginn der 1980er Jahre versuchen Manager verstärkt, die Gewerkschaftsmitglieder aus den Unternehmen zu drängen. Multinationale Konzerne, insbesondere amerikanische, taten sich dabei offensichtlich besonders hervor, auch in Europa. Ein beliebtes Mittel ist auch die Gründung einer eigenen Hausgewerkschaft, die eher für das Unternehmen als für die Arbeiter agiert, so wie im Falle des französischen Autobauers *Citroën*. Des Weiteren üben die Arbeitgeber in den Betrieben strukturelle Macht im Sinne Foucaults aus. »Jemand, der sich als »widerspenstig« erweist, wird in seinem beruflichen Fortkommen behindert. Er erhält nur den tariflichen Mindestlohn, während diejenigen, die sich kooperativ zeigen, Anspruch auf Prämien haben.«[515]

Viertens werden die Arbeitsgesetze seit einiger Zeit vor Gericht im Zweifel immer häufiger für die Arbeitgeber ausgelegt. Diese hatten schon des Öfteren Erfolg damit, Streiks gerichtlich verbieten zu lassen. Ihr Hauptargument ist dabei ein unverhältnismäßig hoher wirtschaftlicher Schaden, der ihnen und der Volkswirtschaft entsteht, insbeson-

dere wenn kleine Gewerkschaften, wie die der Piloten, Lokführer oder
Fluglotsen zum Streik aufgerufen haben. Der Europäische Gerichtshof
hat sich in zwei Urteilen ebenfalls gegen die Gewerkschaften gestellt
und Streiks, die nach nationalem Recht in Schweden und Finnland
zulässig waren, für unvereinbar mit Europäischem Recht erklärt. Er
befand es als rechtmäßig, dass Reeder aus den beiden Ländern ihre
Schiffe in Litauen und Estland registrieren und damit die Löhne und
Arbeitsstandards senken konnten.[516] Streiks gegen diese Maßnahmen
sind daher nicht zulässig. Diese Urteile stehen im Einklang mit der
früheren Rechtsprechung des Europäischen Gerichtshofs, der die Ar-
beitnehmerrechte rigoros zugunsten der unternehmerischen Freiheit
zurechtstutzte.[517]

Zur Stärkung der Position von Arbeitnehmern in Lohnverhandlungen sind die Gewerkschaften unverzichtbar, sonst wären Arbeitnehmer
wie in der Frühphase des Kapitalismus dem Lohndiktat der Unternehmer ausgeliefert. Allerdings sind die Einflüsse auf die Lohnhöhe und
den Anteil der Arbeiter an den Gewinnen der Unternehmen in der
Realität so vielfältig, dass eine Stärkung oder Schwächung der Gewerkschaften sich nicht 1:1 in höhere oder niedrigere Löhne umsetzt.[518]
Dennoch sind schwache Gewerkschaften ganz im Sinne des Kapitalismus, weil er dann – unter sonst gleichen Bedingungen – bei Lohnverhandlungen weniger von seinen Gewinnen abgeben muss. Wenn
parallel dazu noch die soziale Absicherung im Fall von Arbeitslosigkeit
gekürzt wird, so wie das in Deutschland mit den Hartz-Reformen und
ebenso in vielen anderen Ländern geschehen ist, dann sind Arbeitnehmer noch eher gezwungen, zu niedrigen Löhnen zu arbeiten.[519]
Das schont die Gewinne und trägt zum Ausbau ökonomischer Macht
seitens des Kapitals bei.

ORIENTIERUNG AM SHAREHOLDER VALUE

Ein Hauptmotiv für die soeben erwähnte Zurückdrängung des ge-
werkschaftlichen Einflusses in Unternehmen war eine tiefgreifende
Veränderung der Unternehmensziele. Der Wert eines Unternehmens
aus Sicht der Anteilseigner, der sogenannte *Shareholder Value*, wurde
ab Anfang der 1980er Jahre zur zentralen Zielgröße der Vorstände.[520]
Die bis dahin verfolgte Orientierung am *Stakeholder Value*, der sich
an den Bedürfnissen der Arbeitnehmer, der Gesellschaft und der

Anteilseigner gleichzeitig ausrichtete, wurde ebenso fallen gelassen wie die Erkenntnis, dass ein Unternehmer Erfolg nicht im Alleingang erzielt, sondern auf die Kooperation von Arbeitnehmern und Staat angewiesen ist.

Als Pionier des Shareholder-Value-Prinzips in der Praxis gilt Jack Welch, der 1981 Vorstandsvorsitzender von *General Electric* wurde. Zur Steigerung der Aktienkurse und der Gewinne setzte er auf Entlassungen, Verkauf von unrentablen Tochtergesellschaften, Zukauf gewinnversprechender Firmen und Steigerung der Produktivität. Bis 1986 fielen unter Jack Welchs Führung 130 000 Arbeitsplätze bei *General Electric* weg. Am Ende seiner 20-jährigen Amtszeit hatte er 400 Tochterunternehmen verkauft, 1 000 neu erworben, den Börsenwert von *General Electric* verdreißigfacht und 900 Millionen US-Dollar verdient.[521] Und er hatte noch etwas erreicht: Der Shareholder Value war weltweit zum mit Abstand wichtigsten Ziel von Unternehmensführern und Managern geworden. Dass Jack Welch in einem Interview mit der *Financial Times* im März 2009 die kurzfristige Fokussierung auf die Steigerung des Aktienkurses eines Unternehmens kritisierte und den Shareholder Value als »die dümmste Idee der Welt« bezeichnete,[522] ist leider mehr als nur ein Treppenwitz der Weltgeschichte. Denn die im Shareholder Value zum Ausdruck kommende kurzfristige Gewinnorientierung und die Gier nach immer noch mehr Geld hat wesentlich zur Entstehung der Finanz- und Wirtschaftskrise der Jahre 2007 bis 2009 beigetragen.[523]

Für den Kapitalismus hat sich die Orientierung am Shareholder Value ausgezahlt, was in Kapitel 6 anhand des Anstiegs der Gewinnquote auf Ebene einzelner Volkswirtschaften bereits dokumentiert wurde. Diese Steigerung der Gewinne spiegelt sich auch in den Bilanzen der Unternehmen wider. *Exxon Mobile*, das profitabelste Unternehmen der westlichen Welt, erzielte 2011 einen Gewinn von über 41 Milliarden US-Dollar und selbst im Krisenjahr 2009 standen gut 19 Milliarden US-Dollar Gewinn in der Bilanz.[524] Im Vergleich zu 1980, als *Exxon Mobile* auch schon das profitabelste Unternehmen der Welt war, bedeutet dies fast eine Verzehnfachung des Gewinns. Weltweit kamen 42 Unternehmen aus westlichen Demokratien im Jahre 2011 auf zweistellige Milliardengewinne, während 1980 gerade einmal 14 im unteren einstelligen Bereich lagen.

Die Orientierung am Shareholder Value hat aber nicht nur die Gewinne sprudeln lassen und dazu beigetragen, die Gewerkschaften zu schwächen, die Arbeitsplätze weniger sicher zu machen und Druck auf die Löhne auszuüben. Sie hat auch zu einem Umdenken bezüglich der zu zahlenden Steuern geführt. Denn obwohl der Gewinn vor Steuern eine wichtige Kennziffer zur Steuerung von Unternehmen ist, interessiert die Eigentümer letztendlich, wie viel Geld ihnen netto von den Bruttogewinnen verbleibt. Daher haben sich die Steuerabteilungen der Unternehmen noch intensiver mit der Frage auseinandergesetzt, wie sich die zu zahlenden Steuern verringern lassen.

STEUERVERMEIDUNG

Eine Möglichkeit, Steuern legal zu vermeiden, ist die konsequente Nutzung des gesetzlichen Gestaltungsspielraums zur Verringerung der Steuerlast. Prinzipiell kann dies jeder Steuerpflichtige, aber so richtig lohnend ist es vor allem für multinationale Unternehmen. Durch Anwendung legaler Steuertricks, die im Wesentlichen darin bestehen, Gewinne in Länder mit niedrigen Steuersätzen zu verschieben und Steuervorteile mehrerer Länder miteinander zu kombinieren, gelingt es vor allem Technologiekonzernen, eine Besteuerung fast vollständig zu vermeiden.[525] So erzielte der US-Konzern *Apple* im Geschäftsjahr 2011 weltweit einen Gewinn von gut 34 Milliarden US-Dollar und zahlte dafür nur 3,3 Milliarden US-Dollar an Steuern, d. h. knapp 10% anstelle von rund 24%, die zum Beispiel *Wal-Mart*, ein Unternehmen, das nicht zum Technologiesektor zählt, an die Steuerbehörden überweist.[526] Möglich werden solche Steuereinsparungen durch Gewinnverlagerungen in Länder, in denen kaum Gewinnsteuern anfallen. Im Geschäftsjahr 2012 verbuchte *Apple* im Ausland einen Gewinn von über 36 Milliarden US-Dollar, zahlte dafür aber nur gut 700 Millionen US-Dollar Steuern. Dies entspricht einem Steuersatz von 1,9%.[527] In den Jahren zuvor lief es wohl nicht ganz so gut mit der Steuervermeidung, denn 2010 zahlte *Apple* immerhin 2,2% und 2011 sogar 3,2% Steuern auf seinen Auslandsgewinn.[528] Auch andere Konzerne nutzen die Gewinnverlagerung zum Steuersparen. *Google* verringerte seine Steuern in den Jahren 2007 bis 2009 legal um 3,1 Milliarden Euro und zahlte 2009 auf seine Auslandsgewinne lediglich 2,4% Steuern. Experten schätzen, dass der US-Regierung durch solche legalen Steuerschlupflöcher jährlich rund 60 Milliarden US-Dollar an Steuern verloren gehen.[529]

Steuerschlupflöcher können aber nur genutzt werden, wenn diese zuvor von Parlamenten oder Regierungen geschaffen bzw. nicht geschlossen werden. Dies ist in den letzten Jahrzehnten offensichtlich in großem Umfang geschehen, wie die oben genannten Zahlen belegen. Hinweise auf vielfältige Steuerschlupflöcher geben die systematischen und langjährigen Diskrepanzen zwischen den nach dem geltenden Steuertarif eigentlich abzuführenden Steuern der Unternehmen und ihrer tatsächlichen Belastung. Nach Berechnungen des *Deutschen Instituts für Wirtschaftsforschung* lag die effektive Steuerbelastung der Unternehmen in den Jahren 2001 bis 2007 in Deutschland bei rund 21 %, während der tarifliche Steuersatz 38 % betrug. Ursache dafür ist eine sogenannte Besteuerungslücke, die sich als Differenz zwischen den in der volkswirtschaftlichen Gesamtrechnung ermittelten Gewinnen und den von den Finanzämtern festgestellten positiven Gewinnen der Unternehmen ergibt. Im Jahre 2007 lag die Besteuerungslücke bei rund 120 Milliarden Euro (2008: rund 90 Milliarden Euro).[530]

Gründe für die berechnete Besteuerungslücke sind offenbar die verschiedenen Gestaltungsmöglichkeiten der Unternehmen, die nicht zuletzt durch die Personalnöte in den Finanzämtern begünstigt werden. Die Steuerbehörden haben einfach zu wenige hochqualifizierte Mitarbeiter, um die ausgesprochen komplexen Sachverhalte zu durchschauen. Hinzu kommen die bekannten Anreizprobleme aufgrund des Länderfinanzausgleichs. Wenn ein Bundesland mehr Steuern von den Unternehmen erhebt, wird das im Länderfinanzausgleich berücksichtigt: Ein Geberland zahlt mehr in den Länderfinanzausgleich, ein Nehmerland erhält weniger Geld aus ihm.[531]

Eine weitere Möglichkeit, die Steuerlast zu verringern, besteht darin, den Gesetzgeber zu einer Reduzierung der Steuersätze (oder Verkleinerung der Steuerbasis) zu bewegen, vor allem auf Kapitalerträge. Das wohl effektivste Mittel zur Erreichung dieses Ziels ist die Drohung mit Standortverlagerungen, mit denen Unternehmen und Wirtschaftsverbände aller Länder ihre Regierungen unter Druck setzen. Und weil Standortentscheidungen von Unternehmen bis zu einem gewissen Grad auch von den Steuersätzen auf die Unternehmensgewinne beeinflusst werden,[532] tobt zwischen den Staaten ein Steuerwettbewerb, in dessen Verlauf die Regierungen in den OECD-Ländern die Regelsteuersätze

für Unternehmen zwischen 1982 und 2001 von 40 auf 29 % senkten.[533]
Eine Simulationsrechnung für 32 europäische Länder für den Zeitraum von 1983 bis 2006 zeigt, dass der tarifliche Regelsteuersatz für
Unternehmen ohne diesen Steuerwettbewerb um 12,5 Prozentpunkte
höher gelegen hätten.[534] Die von den Unternehmen geforderte und von
den Regierungen gewährte internationale Kapitalmobilität entfesselte
einen Wettlauf um die niedrigsten Steuersätze und trug maßgeblich zu
der bereits in Kapitel 6 angesprochenen Verringerung der Besteuerung
des Faktors Kapital relativ zum Faktor Arbeit bei. Wie dort gezeigt,
stieg die implizite Steuerquote für das Kapital nur geringfügig, für
den Faktor Arbeit jedoch erheblich an. Wer in Deutschland ein Einkommen von einer Million Euro aus Kapitalerträgen bezieht, zahlt
darauf nur 25 % Kapitalertragssteuer (plus Solidaritätszuschlag), wer
den gleichen Betrag als Arbeitnehmer bezieht, zahlt weit über 40 %
(ebenfalls plus Solidaritätszuschlag).

Um diese Vorzugsbehandlung zu rechtfertigen und der Öffentlichkeit die Angst vor massiven Ausfällen bei den Steuern auf Kapitaleinkünfte zu nehmen, wurde eine ökonomische Theorie populär gemacht,
die einen positiven Zusammenhang zwischen Steuersenkungen und
Wachstum postuliert. Diese wird auch als »Trickle-down-Theorie«
bezeichnet.[535] Nach ihr sind Investitionen durch Kapitaleigner unabdingbare Voraussetzung für Wachstum. Wird Kapital niedrig besteuert,
dann reinvestieren die Kapitalbesitzer ihre Gewinne eher, wodurch
neue Arbeitsplätze geschaffen werden. Auf diese Weise sickern die
Wohltaten, die man dem Kapital erweist, nach unten zu den breiten
Massen durch. Ihr Einkommen und Vermögen steigt durch eine niedrige Besteuerung der Investitionen. Da Ende der 1970er Jahre in den
meisten Demokratien des Westens die Arbeitslosigkeit aufgrund der
beiden Ölpreisschocks stark angestiegen und mit der bis dahin vorherrschenden Keynesianischen Wirtschaftspolitik nicht in den Griff zu
bekommen war, wandten die Regierungen bereitwillig die angebotsorientierten Rezepte an, zu denen auch die »Trickle-down-Theorie«
gehört, und senkten die Steuern auf Kapitalerträge.

Die Bilanz dieser Politik ist durchaus gemischt. Zwar wurde das zu
verteilende Volkseinkommen größer, doch – wie in Kapitel 6 gezeigt
wurde – sickerte zu den einfachen Leuten kaum etwas durch.[536] Dafür
nahm die Ungleichheit erheblich zu, was bedeutet, dass die »Trickle-
down-Theorie« in der Praxis nicht funktioniert hat.[537] Und so ist z. B.

der Aufruf »Lasst die Reichen in Ruhe« des konservativen Publizisten Josef Joffe nichts anderes als die unverblümte Unterstützung einer phantasielosen und aus der Zeit gefallenen Steuerpolitik, die das Kapital noch stärker schonen möchte als bisher.[538] Denn mit einer international vernünftig koordinierten Steuerpolitik könnte man den für die Welt als Ganzes sinnlosen Steuerwettbewerb durchaus in vernünftige Bahnen lenken. Weil aber die Regierungen und Parlamente auf Druck der Unternehmen eine Verringerung der Besteuerung von Kapital durchgesetzt haben, hat das Kapital seine ökonomische Macht im Vergleich zu den 1970er Jahren erheblich gestärkt.

Steuerhinterziehung

Während die Steuervermeidung zwar moralisch fragwürdig, aber legal ist, weil die Akteure nur den gesetzlich gegebenen Gestaltungsspielraum ausnutzen, ist Steuerhinterziehung illegal. Obwohl sich dieses Buch überwiegend mit den legalen Instrumenten befasst, mit denen der Kapitalismus die Demokratie entmachtet, erscheint es angesichts der Größenordnungen, um die es bei der Steuerhinterziehung volkswirtschaftlich geht, angebracht, in diesem Fall eine Ausnahme zu machen. Denn Schätzungen zufolge wurden den Behörden der USA im Jahre 2009 rund 400 bis 500 Milliarden US-Dollar an fälligen Steuern vorenthalten,[539] in der EU waren es 2006 zwischen 200 und 250 Milliarden Euro.[540]

Glaubt man der *Frankfurter Allgemeinen Sonntagszeitung*, dann sind wir »alle kleine Zumwinkels« und Steuerhinterziehung ist schon beinahe zum Volkssport geworden.[541] »Mal ehrlich, haben Sie bei der Steuererklärung nicht auch schon einmal geschummelt?«, wird der Leser gefragt und die Antwort sogleich mitgeliefert. »Aus dem Kinder- wurde offiziell ein Arbeitszimmer, und schon haben Sie 1250 Euro abgesetzt und den Staat um bis zu 500 Euro Steuern betrogen. Für den spannenden Roman aus der Buchhandlung haben Sie einen Beleg über Fachliteratur eingereicht. Und statt 20 sind Sie 25 Kilometer zur Arbeit gefahren.«[542] Einmal mehr wird die Botschaft der Kollektivschuld verbreitet: Da auch der Normalbürger bei der Steuer trickse, möge man sich bitte nicht so sehr über Herrn Zumwinkel und andere Wohlhabende aufregen. Schließlich sei Steuerhinterziehung so etwas wie Volkssport geworden.

Aber diese Argumentation hinkt gewaltig. Die Einkommen der abhängig Beschäftigten werden an der Quelle besteuert, die fällige Steuer wird Monat für Monat vom Arbeitgeber an den Staat abgeführt. Arbeitnehmer können sich ihre zu viel gezahlten Steuern erstatten lassen, wenn sie eine Steuererklärung und die entsprechenden Nachweise einreichen. Erst jetzt können sie Steuern auf Arbeitseinkommen überhaupt erst hinterziehen. Die Finanzbehörde kann aber jederzeit überprüfen, ob die Angaben richtig sind. Es kostet einen Finanzbeamten nur ein paar Mausklicks, um festzustellen, wie weit es vom Wohn- zum Arbeitsort ist. Wer aus dem Kinder- ein Arbeitszimmer macht, muss dem Finanzamt darlegen, wo sein Kind von nun an spielt und schläft. »Beim Nachbarn« oder »unter der Brücke« werden dabei in der Regel nicht als Erklärung akzeptiert. Die Möglichkeiten der allermeisten abhängig Beschäftigten, bei der Steuer zu tricksen, halten sich in engen Grenzen.

Viel besser haben es da die Bezieher von Kapitaleinkommen. Zwar werden Kapitalerträge in den meisten OECD-Staaten auch an der Quelle durch eine Kapitalertragsteuer erfasst, aber Kapital kann man dank der durch die Globalisierung erreichten Freizügigkeit für Kapital in Steueroasen mit gutem Bankgeheimnis arbeiten lassen, ohne dass dies besteuert wird. Dies ist seit Jahrzehnten das Geschäftsmodell von Singapur, der Schweiz und von anderen Steueroasen. Dort bunkern die Reichen mit Hilfe von Banken Billionen von US-Dollar. Ein schlechtes Gewissen haben in den Steueroasen nur wenige. Die eidgenössischen Banker stellen die demokratisch legitimierte Steuererhebung durch den Staat auf eine Stufe mit der Schutzgelderpressung durch die Mafia. Sie sehen sich moralisch im Recht, wenn sie verkünden, es sei »Aufgabe der Schweiz, [...] fiskalisch Verfolgten finanzielles Asyl zu gewähren.«[543] Die Aufnahme von Fluchtkapital funktioniert so gut, dass die in der Schweiz beheimateten *Credit Suisse* und *UBS* im Jahr 2010 die beiden größten Privatbanken der Welt waren.[544] Und die Banker wissen genau, dass sie oftmals Gesetze anderer Länder brechen. So sagte Otto Bruderer, der geschäftsführende Teilhaber der Schweizer Privatbank *Wegelin* 2012 vor US-Behörden aus, sein Institut habe wissentlich Kunden aus den USA unterstützt, Steuern zu hinterziehen, aber das sei in der Branche eben so üblich.[545]

Offizielle Statistiken zur Steuerhinterziehung auf Kapitalerträge gibt es naturgemäß nicht. Das *Tax Justice Network*, eine Nichtregierungsorganisation, die sich für mehr Steuergerechtigkeit einsetzt, schätzt, dass 2005 rund 11,5 Billionen US-Dollar an Privatvermögen in Steueroasen angelegt waren.[546] Wäre nur das Einkommen daraus, nicht aber das Vermögen selbst, versteuert worden, hätten die Finanzbehörden selbst bei vorsichtiger Schätzung jedes Jahr rund 255 Milliarden US-Dollar an zusätzlichen Steuereinnahmen aus Kapitalerträgen zur Verfügung gehabt.[547] Bis 2011 hat sich das in Steueroasen angelegte Privatvermögen je nach Schätzansatz auf 21 bis 32 Billionen US-Dollar knapp verdoppelt bzw. verdreifacht.[548]

Obwohl es für Kapitalbesitzer derzeit einfacher und risikoärmer als für normale Arbeitnehmer ist, Steuern zu hinterziehen, tätigen auch normale Bürger, vor allem kleine Selbständige, Geschäfte an der Steuer vorbei. Putzfrauen, Nachhilfelehrer, Handwerker oder Altenpfleger werden bar auf die Hand bezahlt. Auf dem Schwarzmarkt werden Zigaretten oder Alkohol unversteuert gekauft. Ob Taxiunternehmer, Restaurantbesitzer, Club- und Diskothekenbetreiber, Metzger, Bäcker oder Kioskbesitzer: Sie alle wissen, wie man das Finanzamt betrügt. Ob sie es aber tatsächlich tun und, wenn ja, in welchem Umfang, weiß niemand so genau. Das gilt sowohl für die normalen Bürger als auch für die Reichen. Dass wir alle »kleine oder große Zumwinkels« sind, darf aber bezweifelt werden. Außerdem macht es einen erheblichen Unterschied, ob ein Reicher Steuern in Millionenhöhe oder ein Kleinverdiener sich ein paar Euro spart. Wer pro Jahr sechs- oder siebenstellige Beträge am Fiskus vorbei schleust, hat weitaus mehr Geld als er für ein angenehmes Leben braucht. Er handelt nicht aus objektiver Not. Bei Geringverdienern, die, wie wir in Kapitel 6 gesehen haben, über keinerlei Vermögen verfügen oder sogar Schulden haben, geht es eher darum, sich oder seinen Kindern ein paar kleine Annehmlichkeiten zu ermöglichen, die es sonst nicht gäbe. Dieser Unterschied wird auch an den Strafen deutlich, die die Gerichte verhängen. Im ersten Fall endet ein Verfahren bei Schuldspruch in der Regel mit Freiheitsentzug, im zweiten Fall mit einer Geldbuße. Dennoch ist jede Steuerhinterziehung eine *direkte* Schwächung der Demokratie und ein Beispiel dafür, wie auch die normalen Bürger an der einen oder anderen Stelle durch ihr Verhalten dazu beitragen.

Mindestens genauso schlimm für die Demokratie sind aber die *indirekten* Auswirkungen. Denn weil Kapital mobil ist und den Behörden die eigentlich fälligen Kapitalertragsteuern relativ leicht und in hohem Umfang vorenthalten werden, müssen andere Steuern erhöht werden, wenn die staatlichen Ausgaben auf dem von den Parlamenten gewünschten Niveau gehalten werden sollen. Dafür kommen vor allem die indirekten Steuern (z. B. die Mehrwertsteuer) und die Steuern auf den international weitgehend immobilen Faktor Arbeit in Frage.[549] Empirische Untersuchungen zeigen, dass genau diese Steuern in den letzten Jahrzehnten angehoben wurden, sowohl absolut als auch relativ zu den Steuern auf Kapital.[550] Dies bedeutet auch, dass die Bezieher kleiner und mittlerer Einkommen höher belastet werden. Dass einige von ihnen das Gefühl haben, als Ehrlicher nur der Dumme zu sein, und daher auch Steuern hinterziehen, sollte eigentlich niemanden verwundern.

Am Beispiel der massiven Steuerhinterziehung auf Kapitalerträge wird besonders deutlich, wie die Politik seit Jahrzehnten im Kampf gegen Steuerparadiese versagt oder wie stark die westlichen Demokratien bereits geschwächt und auf dem Weg in die Plutokratie sind.[551] Denn nach Angaben des *Tax Justice Network* gehörten 2011 einige der bedeutendsten Steueroasen zur EU (z. B. Luxemburg, Cayman Islands, Bermudas) oder sie liegen wie die Schweiz mitten im demokratischen Europa oder wie der Bundesstaat Delaware mitten in den USA.[552] Prinzipiell ließe sich das Ausmaß der Steuerhinterziehung zwar erheblich reduzieren, zum einen durch mehr Steuerprüfer auf nationaler Ebene, zum anderen durch die Trockenlegung von Steueroasen. Aber beides passiert noch zu wenig, obwohl die überwiegende Mehrheit der Bürger Steuerhinterziehung für nicht akzeptabel hält[553] und kein Schwarzgeld im Ausland vor dem Fiskus versteckt. In den Steueroasen lebt nämlich eine kleine Oberschicht ganz hervorragend von den Fluchtgeldern und schützt die Steuerhinterzieher durch ein strenges Bankgeheimnis sowie unterlassene Amtshilfe.[554] In den Staaten, aus denen das Kapital flüchtet, besteht häufig auch kein gesteigertes Interesse seitens der Regierung, Steuerdelikte konsequent zu verfolgen. Auch aus diesem Grund fehlten in Deutschlands Finanzbehörden 2008 rund 6 000 Mitarbeiter, obwohl ein Betriebsprüfer nach Berechnungen der Dienstleistungsgewerkschaft *ver.di* rund 1 Million Euro und ein Steuerfahnder rund 1,6 Millionen Euro jährlich an hinterzogenen Steuern zurückholen würde. Von den Einkommensmillionären am Starnberger See, die vom Finanzamt München geprüft werden, muss nach Angaben des Bundesrechnungshofes nur jeder siebte damit rechnen, kontrolliert zu werden. Insgesamt verliert der Fiskus in Deutschland aufgrund des Personalmangels nach Schätzungen der Gewerkschaft ver.di rund 50 Milliarden Euro jährlich.[555] Ähnlich ist die Lage in vielen anderen OECD-Ländern. So veranschlagt der französische Rechnungshof die jährlichen Steuerausfälle durch Hinterziehung von Steuern auf Kapitalerträge auf 30 bis 40 Milliarden Euro.[556]

In den letzten Jahren mehren sich allerdings in vielen Ländern die Anzeichen für eine Abkehr vom laxen Umgang mit Steuersündern. Offensichtlich haben Abgeordnete, Regierungsmitglieder und die Steuerbehörden immer weniger Verständnis dafür, dass einerseits die Steuersätze auf Kapitalerträge zum Teil massiv gesenkt wurden, um die Reichen davon abzuhalten, ihr Geld unversteuert im Ausland anzulegen, dass dieses Entgegenkommen aber andererseits nicht honoriert wird und die Reichen ihr Geld nach wie vor in Steueroasen anlegen. In Deutschland kauften einige Landesregierungen daher sogenannte Steuer-CDs, die Daten über Konten und Vermögen im Ausland, vor allem in der Schweiz und Liechtenstein, enthalten. Das *Internationale Konsortium für Investigative Journalisten* erhielt im Frühjahr 2012 eine Festplatte mit Namen von über 130 000 Personen und Firmen, die Geschäfte mit Steueroasen tätigen. Diese wurden in Zusammenarbeit mit ausgewählten Medien ausgewertet und im Frühjahr 2013 veröffentlicht, allerdings unter weitgehender Achtung des Steuergeheimnisses. Die Behörden von Australien, den USA und dem Vereinigten Königreich sind offensichtlich ebenfalls in den Besitz dieser Daten gekommen und geben sie an andere Länder zur Verfolgung von Steuersündern weiter.[557] In Deutschland kam es nach jedem bekannt gewordenen Ankauf von Steuer-CDs zu Hunderten von Selbstanzeigen, die zwar unter Umständen strafbefreiend wirken, aber dennoch Steuernachzahlungen im unteren einstelligen Milliardenbereich eingebracht haben dürften.

Besonders massiv geht die Steuerbehörde in den USA gegen Steuersünder und die ihnen helfenden Banken vor. Dort wurde 2010 ein Gesetz erlassen, das den amerikanischen Steuerbehörden relativ einfach Einblick in die Konten von US-Bürgern im Ausland erlaubt, wenn die jeweiligen Länder dem zustimmen.[558] Im Jahre 2012 willigten Deutschland, Frankreich, Italien, Japan, die Schweiz, Spanien und das Vereinigte Königreich ein, den USA Zugriff auf die entsprechenden Daten zu gewähren. Darüber hinaus kam 2013 der automatische Informationsaustausch über Kapitalerträge weiter voran, auch weil viele

Steueroasen und Länder mit strengem Bankgeheimnis wie Luxemburg oder Österreich nicht mehr länger als Hort für Steuerhinterzieher am Pranger stehen wollen. Ebenfalls ungewohnt forsch gehen seit 2013 auch die Schweizer Banken vor, die offensichtlich Strafen im Ausland für ihre Mitarbeiter befürchten und um ihren Ruf bangen. So droht Kunden, die ihre Zinserträge nicht den heimischen Steuerbehörden deklarieren, die Auflösung ihres Kontos. Dies soll Steuersünder zur Ehrlichkeit anhalten, denn den Scheck ihrer Bank, den sie bei Schließung des Kontos erhalten, können sie fast nirgends einlösen, ohne in den Verdacht der Geldwäsche zu geraten.[559]

Am Ende sind die Steueroasen aber noch lange nicht. So bieten die rund 1000 Schweizer Treuhandfirmen ihren gut betuchten Kunden die Errichtung von anonymen Tarnfirmen an. Das kostet zwar mindestens 40 000 Euro, doch weil die anonymen Tarnfirmen nicht von Banken überprüft, sondern allenfalls durch Insider entlarvt werden können, bieten sie Steuerbetrügern einen ziemlich guten Schutz. Diese Tarnfirmen sind nichts spezifisch Schweizerisches, sie werden auch in Frankfurt, London oder New York verkauft. Steuerhinterziehung ist zwar teurer und organisatorisch aufwändiger geworden, aber immer noch möglich und lohnend für die Reichen.[560]

Wer aber ganz auf Nummer sicher gehen will, dem verbleibt noch ein weiteres Schlupfloch. Er verlegt seinen Wohnsitz zusammen mit seinem Vermögen in ein Steuerparadies und erfreut sich dort unbehelligt von Steuerforderungen seiner früheren Heimat eines angenehmen Lebens. Diese Option ist wegen der aggressiven Steuerbehörden vor allem bei US-Amerikanern beliebt, die sich mit Hilfe von Schweizer Anwälten den Pass eines anderen Landes besorgen. So gaben im Jahre 2011 bereits 1 780 US-Amerikaner ihre Staatsbürgerschaft zurück, sieben Mal mehr als 2008.[561] Dies könnte der neue Weg für die Reichen sein, sich der Besteuerung zu entziehen, wenn viele Steueroasen in Zukunft tatsächlich Informationen über ihre Anleger an deren Heimatbehörden liefern.

Aber nicht alle Wohlhabenden denken und handeln so. Einigen ist mittlerweile wohl aufgefallen, dass es nicht nur ungerecht ist, wenn sie Steuern hinterziehen oder prozentual weniger ans Finanzamt abliefern müssen als normale Arbeitnehmer, nur weil sie von Kapitalerträgen leben. Manche sorgen sich auch um den sozialen Frieden oder haben Angst vor Unruhen, die sich in den letzten Jahren immer wieder ereigneten. So forderte beispielsweise der amerikanische Großinvestor Warren Buffett im Sommer 2011, die US-Regierung möge aufhören, die Superreichen in Watte zu packen, und anfangen, diese höher zu besteuern.[562] Die französischen Unternehmer und Multimillionäre Pierre Bergé und Maurice Lévy erklärten sich ebenfalls bereit, mehr Steuern zu zahlen.[563] Insgesamt scheint es sich jedoch nur um eine verschwindend kleine Minderheit zu handeln, die dazu bereit ist. Die Allermeisten leben nach der Devise, die Paul Krugman, Ökonom und Kolumnist der *New York Times*, 2010 so charakterisierte: »Unter den unbestreitbaren Reichen hat sich eine kriegerische Haltung breitgemacht: Es ist ihr Geld, also haben sie das Recht, es zu behalten.«[564] Diese Einschätzung deckt sich mit der des Journalisten Christian Rickens, der Dutzende von Reichen interviewt hat. Auch er meint, dass die meisten Millionäre machtbewusster als der Durchschnittsbürger seien und sie das Bestreben, ihnen höhere Steuern abzuverlangen, schnell als persönlichen Affront empfänden.[565]

Korruption und Gesetzesverstösse

Obwohl sich dieses Kapitel darauf konzentriert, die legalen Instrumente des Kapitalismus zu analysieren, mit deren Hilfe er ökonomische Macht aufbaut, soll nicht verschwiegen werden, dass es neben der gerade erwähnten Steuerhinterziehung noch weitere illegale Methoden gibt, zu sehr viel Geld zu kommen. Vielen Lesern wird dabei sofort die Korruption einfallen. Aber diese verschafft dem Kapitalismus nur dann einen Vorteil, wenn Entscheidungsträger durch Bestechung dazu gebracht werden, dem kapitalistischen System Geld oder andere Ressourcen zuzuspielen, die sonst bei den Bürgern verblieben wären. Diese Fälle gibt es zwar noch, sie werden jedoch in den meisten westlichen Demokratien seltener, weil die Machtbefugnisse *einzelner* Personen in den Regierungen, Parlamenten und der Bürokratie stark eingeschränkt sind. Über die Inwertsetzung der Natur oder Privatisierungen entscheiden in westlichen Demokratien in der Regel zu viele, als dass man die Entscheidungsträger bei jeder anstehenden Entscheidung bestechen könnte. Außerdem ist nicht jeder käuflich, sodass der Kapitalismus in solchen Fällen eher auf Lobbyarbeit und Propaganda setzt.

Nach wie vor korruptionsanfällig ist aber der Bereich der öffentlichen Auftragsvergabe. Dort kann es durch Bestechung weniger Amtsträger dazu kommen, dass Leistungen zu überhöhten Preisen eingekauft werden und damit mehr Steuergelder als nötig vom Staat in die Wirtschaft transferiert werden. In vielen Fällen von Korruption verschafft sich aber ein Unternehmen nur einen Vorteil auf Kosten eines Konkurrenten, z. B. wenn ein Zulieferer den Leiter der Einkaufsabteilung besticht, um die anderen Mitbewerber um einen Auftrag auszuschalten.[566] Dies ist in den meisten Ländern zwar auch gesetzeswidrig, die Geldströme fließen aber innerhalb der Wirtschaft. Korruption hat zwar zweifelsohne viele nachteilige Wirkungen auf die Gesellschaft, zum Aufbau ökonomischer Macht durch das Kapital trägt sie derzeit in westlichen Demokratien aber nur wenig bei.

Viel gravierender sind Kartelle, auf die ich im nächsten Abschnitt noch eingehe, und Gesetzesverstöße durch Unternehmen und Banken zum Nachteil der Konsumenten oder der Gesellschaft. Zwei Beispiele aus dem Jahr 2012 sollten als Beleg genügen. Da ist zum einen der LIBOR-Skandal. Der LIBOR[567] ist zunächst ein Referenzzinssatz für Geschäfte zwischen Banken. Er bildet sich nicht direkt am Markt, sondern wird täglich von der *British Bankers' Association* nach Angaben von 18 Großbanken berechnet. Darunter auch sind auch ausländische Banken wie die *Deutsche Bank* und die schweizerische *UBS*. Zur Festsetzung des LIBOR sollen die Banken abschätzen, zu welchem Zinssatz sie sich an diesem Tag von anderen Banken Geld leihen könnten. Aber statt diesen Zinssatz zu melden, zogen es einige Banken vor, ihre Schätzungen so zu verändern, dass sie selbst am meisten davon profitieren. Selbst das liberale und wirtschaftsfreundliche britische Wirtschaftsblatt *The Economist* rügte dieses System der Zinsfestsetzung und stellte fest, dass die involvierten Banken jeden erdenklichen Anreiz hatten, zu ihren eigenen Gunsten zu lügen.[568]

Da der LIBOR aber auch der Basiszins für einige Geschäfte mit Kunden ist, entstanden diesen vermutlich erhebliche Nachteile. In den USA sind 45 % der erstrangigen und 80 % der nachrangigen Hypothekenkredite mit variablem Zinssatz an den LIBOR gebunden. Außerdem sind rund 50 % der privaten Darlehen an Studenten mit einem variablen Zinssatz ausgestattet, der an den LIBOR gebunden ist.[569] Gelingt es den Banken, durch Falschmeldungen einen höheren LIBOR durchzusetzen, ohne dass ihre tatsächlichen Refinanzierungskosten gestiegen sind, erhöht das ihre Gewinne zulasten der Kunden. Besonders lukrativ ist eine Erhöhung des LIBOR am ersten Arbeitstag eines Monats, weil da die Zinssätze der meisten Darlehen mit variablem Zinssatz angepasst werden. Um den LIBOR wirkungsvoll zu manipulieren, müssen sich die Banken allerdings untereinander absprechen, da zur Berechnung des LIBOR nur die mittleren zehn von 18 Meldungen verwendet werden, also die höchsten und niedrigsten vier unberücksichtigt bleiben.

Offensichtlich scheint es zu erheblichen Manipulationen des LIBOR zulasten von Darlehensnehmern gekommen zu sein. Die britische Großbank *Barclays* hat als einer der ersten Akteure zugegeben, jahrelang an Zinsmanipulationen beteiligt gewesen zu sein. Im Juni 2012 musste sie dafür eine Strafe von 290 Millionen Pfund bezahlen.[570] Im Dezember 2012 stimmte die *UBS* einer Zahlung von insgesamt 940 Millionen Pfund an Regulierungsbehörden in den USA, Großbritannien und der Schweiz als Geldbuße für ihre Beteiligung an Zinsmanipulationen zu.[571] Ein Jahr später verhängte die Europäische Kommission Strafen in Höhe von 1,7 Milliarden Euro gegen mehrere Großbanken wegen der Bildung eines Kartells zur Manipulation von Zinssätzen.[572]

Das zweite Beispiel für massive Gesetzesverstöße liefert die britische Großbank *HSBC*, die im Frühjahr 2012 nach Angaben von *Forbes* die zweitgrößte Bank der Welt war, mit über 300 000 Angestellten und einem Gewinn von über 16 Milliarden US-Dollar.[573] Ein Untersuchungsausschuss des US-Senats stellte nach einjähriger Ermittlungsarbeit im Juli 2012 fest, dass die Bank und ihr US-amerikanischer Ableger jahrelang Geld aus dem Drogenhandel gewaschen und Finanztransaktionen für den internationalen Terrorismus durchgeführt hatten.[574] Hinzu kommen Falschberatung von Kunden und die Beteiligung an diversen Zinsmanipulationen. Vorstandschef Stuart Gulliver entschuldigte sich bei der Öffentlichkeit für die Verfehlungen des Managements in der Vergangenheit.[575] Gleichzeitig legte die *HSBC* insgesamt 2 Milliarden US-Dollar zurück, um die Strafen für Geldwäsche und Forderungen von falsch beratenen Kunden begleichen zu können.[576]

Weitere Beispiele von Verstößen sind die Missachtung von Arbeitsschutzbestimmungen und Ausfuhrverboten für Kriegsgerät, die ebenso an der Tagesordnung sind wie illegales Entsorgen von Giftmüll in Entwicklungsländern oder das Umdeklarieren von Gammelfleisch zu genießbarem Essen.[577] In den meisten Fällen bereichern sich die

Unternehmen auf Kosten der Konsumenten (Fehlberatung bei Finanzprodukten) oder sie bürden dem Staat zusätzliche Kosten auf (Unterstützung des Drogenhandels oder Terrors). Dabei liegt es in der Natur der Sache, dass viele der illegalen Machenschaften erst gar nicht aufgedeckt werden, ähnlich wie die Bildung von Kartellen.

KARTELLBILDUNG

Wir hatten bereits in Kapitel 2 gesehen, dass ein hohes Maß an Wettbewerb elementare Voraussetzung für eine funktionierende Marktwirtschaft ist, während es im Sinne der Unternehmen ist, den Wettbewerb zu beschränken, weil dies ihre Gewinne erhöht. Aus diesem Grund wenden Unternehmen erlaubte Maßnahmen an, um den Wettbewerb einzuschränken, wie Produktdifferenzierung und Produktinnovation. Die illegale Variante der Beschränkung des Wettbewerbs reicht von der Anwendung oder Androhung von Gewalt gegen Konkurrenten, die ich nicht weiter behandle, bis zur Bildung von Kartellen.

Ein Kartell lässt sich definieren als Gruppe von Unternehmen, die zum Zweck der Beschränkung des Wettbewerbs heimlich Absprachen treffen.[578] Das können z. B. Vereinbarungen darüber sein, einen Mindestpreis nicht zu unterschreiten oder sich den Markt regional aufzuteilen. Wie groß der Umfang der Kartellbildung in den westlichen Demokratien ist, lässt sich nicht sagen, da die Unternehmen ihre Beteiligung an Kartellen nicht öffentlich machen. Die Tatsache, dass jedes Jahr eine Vielzahl von Kartellen aufgedeckt wird, lässt vermuten, dass es sich dabei um ein nicht unerhebliches Phänomen handelt. Eine Studie im Auftrag der Europäischen Kommission schätzt den Schaden für die Verbraucher durch Kartelle in der Europäischen Union im Jahr 2006 auf 13 bis 36 Milliarden Euro oder 0,12 bis 0,33 % des Bruttoinlandsprodukts.[579]

Wird ein Verstoß gegen die Wettbewerbsgesetze aufgedeckt, zieht dies scheinbar empfindliche Geldbußen nach sich. So verhängte das Bundeskartellamt allein im Mai 2013 Strafen in Höhe von 65 Millionen Euro gegen 23 Unternehmen der Mühlenbranche und 63 Millionen Euro gegen zwölf Süßwarenhersteller.[580] Im Januar 2014 legte es Geldbußen in Höhe von 106 Millionen Euro u. a. gegen vier große deutsche Brauereien fest, die sich an Preisabsprachen beteiligt hatten.[581] In der Europäischen Union mussten Firmen im Jahr 2013 insgesamt knapp

1,9 Milliarden Euro an Geldbußen bezahlen. Die höchste Einzelstrafe traf bislang (März 2014) den französischen Mischkonzern *Saint Gobain*, der für seine Beteiligung an einem Autoglaskartell im Jahre 2008 mit 880 Millionen Euro zur Kasse gebeten wurde.[582] Trotz der scheinbar hohen Strafen lohnt sich die Kartellbildung zumeist, was vor allem daran liegen dürfte, dass die Strafe maximal 10 % des Jahresumsatzes beträgt und den meisten Schätzungen zufolge weniger als 20 % der Kartelle entdeckt und bestraft werden.[583] So hat das in Deutschland 2002 aufgedeckte Zementkartell nach Angaben des Bundeskartellamts seine Kunden um zwei Milliarden Euro geschädigt, zahlte aber weniger als 400 Millionen Euro an Strafe. Bußgelder seien »kaum mehr als »eine Art Wegzoll«, den die Unternehmen »einfach einkalkulieren können««, meint der auf Wettbewerbsrecht spezialisierte Jurist Ulrich Classen.[584]

An der Grenze zwischen illegaler Kartellbildung und legaler Teilnahme am Wettbewerb steht das gleichgerichtete Verhalten von Unternehmen, was zur Bildung eines *informellen* Kartells führt. Einerseits ist es nachvollziehbar und auch nicht verboten, wenn sich ein Unternehmen in einem oligopolistischen Markt ähnlich verhält wie seine Konkurrenten, vor allem was die Preisgestaltung angeht. Warum soll man einen Preiskrieg beginnen, der allen Unternehmen der Branche schadet? Andererseits wird das freie Unternehmertum in einer wettbewerblichen Marktwirtschaft ja gerade mit dem Verweis auf den Nutzen für den Verbraucher gerechtfertigt, der durch sie eine höhere Produktvielfalt, mehr Qualität und niedrigere Preise erhält als in einer sozialistischen Planwirtschaft.

Anhand der Benzinpreise lässt sich das Dilemma für Verbraucher und Wettbewerbsbehörden veranschaulichen. Kraftstoff ist ein genormtes und damit relativ homogenes Gut. Die Unterschiede zwischen den handelsüblichen Marken kann man aus technischer Sicht vernachlässigen. Den Markt teilen sich wenige multinationale Konzerne, denen immer wieder vorgeworfen wird, sich bei den Preisen abzusprechen. Aber das haben sie gar nicht nötig, auch wenn gar nicht bestritten werden soll, dass Preisabsprachen vorkommen (können). Denn die Konzerne wissen aus Erfahrung, wie sie langfristig die höchsten Gewinne machen: Bloß keinen Preiskrieg anfangen und bei jeder Preisveränderung durch einen Konkurrenten sofort nachziehen, egal in welche Richtung. »Das läuft wie in einer langjährigen Ehe, da können sich die Partner auch ohne Absprachen darauf verlassen, dass einer am nächsten Morgen das Frühstück macht. Fast immer erhöhen Aral und Shell als Erste die Preise. Nach exakt drei oder fünf Stunden folgen die anderen Anbieter«, fasste 2012 der Präsident des Bundeskartellamts Andreas Mundt die Erkenntnisse seiner Behörde zusammen.[585] Und solange sich die Unternehmen nicht formell absprechen, ist das kein Verstoß gegen geltendes Kartellrecht. Zwar wird dadurch die Idee des Wettbewerbs unterlaufen, die ja darin besteht, den Konsumenten das Benzin zu einem möglichst günstigen Preis bereitzustellen. Aber den Wettbewerb durch gleichgerichtetes Verhalten auszuhebeln, ist aus Sicht der Hersteller ja gerade der Sinn der Sache und erklärt bis zu einem gewissen Grad die Milliardengewinne der Ölmultis, egal ob sie nun ein informelles oder formelles Kartell bilden.

GEZIELTE FEHLINFORMATIONEN

Die andere Seite gezielt mit Fehlinformationen zu versorgen, ist nicht nur ein Instrument der Spionage oder Kriegsführung. Auch Unternehmen wenden dieses Mittel an, insbesondere Großkonzerne. Teils handelt es sich bei Fehlinformationen auch um klare Gesetzesverstöße, teils bewegen sich die Unternehmen damit in einer Grauzone.

Der wohl schwerwiegendste Fall ist das jahrzehntelange Leugnen der Gefahren des Tabakkonsums durch die Zigarettenhersteller. Bereits Ende des 19. Jahrhunderts waren die schädlichen Wirkungen des Zigarettenrauchens in der medizinischen Fachliteratur beschrieben. Anfang der 1950er Jahre wurde der Zusammenhang zwischen Lungenkrebs und dem Rauchen von Zigaretten wissenschaftlich belegt. 1966 erklärte die US-Regierung öffentlich, dass Rauchen Lungenkrebs verursacht. Die Tabakindustrie behauptete jedoch noch bis Mitte der 1990er Jahre, dass es keinen Beweis für die Schädlichkeit des Rauchens gäbe und dass die vorliegenden Belege weder wissenschaftlich noch überzeugend seien.[586] In dieser Zeit war die Tabakindustrie einerseits verantwortlich für den vorzeitigen Tod von Millionen von Menschen, andererseits erzielte sie jährlich Milliardengewinne durch den Verkauf von Zigaretten. Sie nutzte ihre ökonomische Macht, um junge Menschen als neue Konsumenten für ihr Produkt zu gewinnen, durch Lobbying Einfluss auf die Gesetzgebung zu nehmen und durch Werbung immer wieder die Botschaft unters Volk zu bringen, das

Rauchen von Zigaretten sei Ausdruck von Freiheit und Abenteuer. Der US-amerikanische Medizinhistoriker Allan Brandt bescheinigte der US-Tabakindustrie daher auch, das »Verbrechen des Jahrhunderts« (»crime of the century«) begangen zu haben.[587]

Wenn sich die Schädlichkeit ihrer Produkte herausstellt, reagieren die Unternehmen fast immer nach dem gleichen Muster, egal ob es sich um Zigaretten, Asbest, Medikamente oder Verunreinigungen durch Dioxin handelt.[588] Die Öffentlichkeit wird so lange wie möglich gezielt mit Fehlinformationen versorgt. Zum einen wird vehement bestritten, dass das eigene Produkt schädlich ist, indem die Belege der Gegner als nicht stichhaltig bezeichnet werden. Zweitens lässt die unter Beschuss geratene Firma oder Branche von ihren eigenen oder ihr freundlich gesinnten Wissenschaftlern Studien anfertigen, die die Unschädlichkeit des jeweiligen Produkts belegen sollen. Zum Dritten stellt die Werbung noch stärker als bisher die positiven Seiten des betreffenden Produkts heraus. Falls es diese nicht tatsächlich gibt, wie im Fall von Zigaretten, wird das Produkt mit positiven Assoziationen belegt. Flankiert wird diese Strategie in aller Regel durch Lobbying und PR-Aktionen. Oftmals drohen die unter Verdacht stehenden Großkonzerne ihren weniger betuchten Gegnern auch mit kostspieligen Prozessen vor Gericht, was so manchen Widersacher einknicken lässt.[589] Wissenschaftler in staatlichen Forschungseinrichtungen, die zu Ergebnissen kommen, die den Großkonzernen nicht passen, werden durch willfährige Regierungen mundtot gemacht, versetzt oder gar entlassen.

Wer glaubt, solche Praktiken stammen aus einem Hollywood-Streifen, irrt gewaltig. Die französische Journalistin Marie-Monique Robin hat viele von ihnen und noch einige mehr in ihrem Buch »Mit Gift und Genen« im Fall des amerikanischen Bio-Tech-Konzerns *Monsanto* belegt.[590] So wurde das Unternehmen schon 1949 von eigenen Wissenschaftlern gewarnt, dass Dioxin potentiell krebserregend ist. *Monsanto* leugnete jahrzehntelang eine mögliche Gesundheitsgefährdung durch Dioxin und ließ zwischen 1979 und 1984 drei eigene Studien anfertigen, die kein erhöhtes Krebsrisiko zeigten. *Greenpeace* und die amerikanische Umweltbehörde (EPA) belegten später, dass alle drei Studien gefälscht waren und die Erkrankungsrate mit Blasenkrebs bei Arbeitern, die einer hohen Dioxinbelastung ausgesetzt waren, um 800 % erhöht war.[591] Doch *Monsanto* ist nicht das einzige Unternehmen, das so vorgeht. Ein ähnliches Aktionsmuster, wenn auch nicht so ausgeprägt, zeigte sich schon im Fall von *Heroin*, einem Schmerzmittel, das ab Ende des 19. Jahrhunderts bis Anfang der 1930er Jahre von *Bayer* produziert und vertrieben wurde. Erst als der massenhafte Missbrauch durch intravenöse statt orale Einnahme zu zahlreichen Toten, Schwerkranken und Abhängigen geführt hatte, stellte *Bayer* 1931 die Produktion von *Heroin* ein.[592] Ein weiteres Beispiel ist Asbest, das in Deutschland erst seit 1993 (EU-weit seit 2005) verboten ist, obwohl die krebserregende Wirkung von Asbeststaub schon seit den 1940er Jahren bekannt ist. Auch hier konnte die Branche jahrzehntelang mit Fehlinformationen und Lobbying den Bann verhindern und dadurch noch lange Zeit immense Gewinne einfahren.[593]

Diese Liste ließe sich noch beliebig verlängern, doch leider reicht der Platz nicht aus, um all die Fälle von Fehlinformation aufzuschreiben, die uns bekannt sind. Verwiesen sei z. B. noch auf eklatante Menschenrechtsverletzungen in der Produktion von Rohstoffen für die Automobil- oder Elektronikbranche,[594] den Einsatz von Kinderarbeit in den Fabriken multinationaler Unternehmen oder deren Zulieferer in Entwicklungsländern sowie auf die Lebensmittelindustrie und ihr Umgang mit Zusatzstoffen oder verdorbenem Fleisch.[595] Hinzu kommen vermutlich noch viele Fälle, von denen wir gegenwärtig noch gar nicht wissen, dass wir belogen oder uns Informationen vorenthalten werden. Dies ist jedoch ganz im Sinne des Kapitalismus. Hätten die Konsumenten vollständige Informationen über die von ihnen gewünschten Produkte, würden diese vermutlich weniger gekauft. Was für ein Unternehmen oder eine Branche das Aus bedeuten könnte, wäre für den Kapitalismus als Ganzes nur ein Problem, wenn die Konsumenten insgesamt weniger kaufen würden. Das ist zwar angesichts der geballten Verführungskünste der Werbung nicht in großem Stil zu erwarten, aber Vorsicht ist bekanntlich die Mutter der Porzellankiste.

Die drohende Gefahr für den Kapitalismus liegt weniger im Konsumverzicht als vielmehr im Erstarken des ethischen Konsums.[596] Wenn die Verbraucher vor bestimmten Produkten gewarnt würden oder genau wüssten, dass bestimmte Inhaltsstoffe die Gesundheit gefährden oder Kinder an der Herstellung beteiligt sind, würde zumindest ein Teil von ihnen auf den Konsum industrieller Massenware aus globalen Produktionsketten verzichten und stattdessen von lokalen Erzeugern oder Fair-Trade-Organisationen kaufen, die auf krank machende Zusatzstoffe oder den Einsatz von Kinderarbeit verzichten. Kapitalistische Großkonzerne müssten Marktanteile an diese Konkurrenten abtreten, was ihren Gewinn schmälern würde. Gezielte Fehlinformationen sind damit auch ein Mittel zur Sicherung der Gewinne und zum Ausbau ökonomischer Macht kapitalistischer Großkonzerne auf Kosten von Firmen, die sich ethischen Prinzipien verpflichtet fühlen und sich nicht bedingungslos dem Prinzip der Akkumulation unterwerfen.

ÜBERWÄLZUNG VON KOSTEN AUF DIE GESELLSCHAFT

Unternehmen müssen, um langfristig am Markt zu überleben, zumindest kostendeckende Preise verlangen. In einer Marktwirtschaft mit einem hohen Grad an Wettbewerb entspricht der Preis eines Gutes langfristig den Kosten der Produktion. In diesen ist die Entlohnung der Arbeiter, der Ressourcenverbrauch, der Unternehmerlohn wie auch eine marktmäßige Verzinsung des eingesetzten Kapitals enthalten. Gelingt es einem Unternehmen, seine Kosten zu senken, dann erzielt es einen höheren Gewinn, solange die anderen Unternehmer nicht ebenfalls die Produktionskosten senken und infolgedessen der Preis des Gutes aufgrund des Wettbewerbs ebenfalls sinkt. Das mit einer funktionierenden Marktwirtschaft zu vereinbarende Mittel zur Kostensenkung sind Veränderungen des Produktionsprozesses, die Produktionsfaktoren oder Ressourcen in geringerem Ausmaß einsetzen.

Es gibt jedoch auch die Möglichkeit, die Gesellschaft – und damit in der Regel den Steuerzahler – für einen Teil der Produktionskosten aufkommen zu lassen. Dies ist regelmäßig bei der Beeinträchtigung der Umwelt durch Lärm, Abgase oder Abwässer der Fall. Wenn beispielsweise Schiffe hoch mit Schadstoffen belastetes Schweröl in ihren Dieselmotoren verbrennen, stoßen sie unter anderem hohe Mengen an Ruß und Schwefel aus. Diese belasten die Umwelt, vor allem in Hafenstädten. In einer optimal funktionierenden Marktwirtschaft müssten die Schiffsbetreiber entweder die Kosten dieser Umweltnutzung tragen, indem sie die von ihnen verursachten Schäden beseitigen, oder sie müssten dafür sorgen, dass die Umweltverschmutzung erst gar nicht entsteht, indem sie z. B. die Abgase filtern oder schwefelarmes Öl verwenden. Tun sie keines von beiden, dann wird ein Teil der Produktionskosten auf die Gesellschaft überwälzt. Ökonomen unterscheiden daher zwischen *privaten* Kosten, die von den Herstellern getragen werden, und *sozialen* Kosten, die sämtliche Kosten umfassen, die mit einer wirtschaftlichen Tätigkeit verbunden sind. Falls die sozialen Kosten höher sind als die privaten, dann entsteht ein negativer externer Effekt. In diesem Fall wird die Gesellschaft mit Kosten belastet, die eigentlich von den Nachfragern des Produkts und den Herstellern zu tragen wären.[597] Bei negativen externen Effekten wird also ein Teil der Kosten sozialisiert, während die Gewinne weiterhin privatisiert bleiben. Aber die Verursacher negativer externer Effekte profitieren noch ein zweites Mal. Soll ein entstandener Schaden tatsächlich beseitigt werden, dann muss dafür oftmals der Steuerzahler aufkommen. Daran sind Produzenten und Nachfrager des umweltverschmutzenden Produkts aufgrund ihrer Steuerzahlungen zwar ebenfalls beteiligt, aber den größten Anteil tragen unbeteiligte Dritte.

Die Sozialisierung von Kosten ist nichts, was für den Kapitalismus spezifisch wäre, sie findet auch im Sozialismus statt. Die Planbehörden in den sozialistischen Ländern haben die gleichen Anreize, in ihren Fabriken negative externe Effekte zuzulassen, wie Unternehmer in den kapitalistischen Ländern.[598] Die Gewinne der Unternehmen steigen in beiden Fällen. Weil im real existierenden Sozialismus die Partei aber immer Recht hatte und sie die Medien kontrollierte, konnte die öffentliche Meinung die Unternehmen nicht unter Druck setzen, und die Umweltverschmutzung in den Ostblockstaaten war im Durchschnitt weitaus höher als im kapitalistischen Westen. Im Unterschied zu den sozialistischen Staaten übten hier Medien und Umweltschützer Druck auf die Regierungen aus. Daher erließen die westlichen Demokratien bereits in den 1960er Jahren erste wirksame Gesetze zum Schutz der Umwelt. Dies traf zwar auf den erbitterten Widerstand der Wirtschaftsverbände, die der Bevölkerung mit dem Argument Angst machten, der Umweltschutz vernichte Arbeitsplätze und Wohlstand. Aber angesichts massiver Atemwegserkrankungen in den industriellen Zentren, der Belastung von Böden mit Schwermetallen und der Verwandlung von Flüssen in Kloaken – um nur einige Beispiele zu nennen – wiesen Bürger und Politiker den Kapitalismus in die Schranken. Von wenigen Ausnahmen abgesehen, kam es in den meisten westlichen Ländern zu spürbaren und dauerhaften Verbesserungen der *lokalen* Umwelt, was durchaus als Erfolg der Demokratie bezeichnet werden kann. Das

Verursacherprinzip, wonach der Verschmutzer die Vermeidung oder Beseitigung der Schäden bezahlt, wurde auf nationaler Ebene zur Leitlinie des Umweltschutzes.[599] Im Westen gelang es dem Kapitalismus in den letzten Jahrzehnten nicht mehr, den Steuerzahler in erheblichem Umfang zur Beseitigung von Umweltschäden heranzuziehen, die er angerichtet hat.

Aber auch dafür hat der Kapitalismus die passende Antwort parat. Die Unternehmen verlagern ihre Produktion einfach in Länder mit laxeren Umweltgesetzen, vorwiegend nach Asien, aber auch in andere Regionen. Von dort aus werden dann die Endprodukte wieder in den Westen exportiert. Die negativen externen Effekte treten daher weniger in den westlichen Industrieländern, sondern verstärkt in den Entwicklungs- und Schwellenländern auf.[600] Dort leiden die Menschen zwar genauso unter den Folgen der Umweltverschmutzung, greifen aufgrund ihrer Armut oder ihres niedrigen Einkommens aber nach jedem Strohhalm, der ihre materielle Lage verbessert. Da viele dieser Länder zudem Diktaturen sind, in denen die Medien zensiert werden, kommt die öffentliche Diskussion über Umweltschutz kaum voran. Selbst in Ländern mit formaler Pressefreiheit findet eine kritische Berichterstattung nur sehr eingeschränkt statt.[601]

Auch wenn nur ein Teil der Umweltkosten durch Produktionsverlagerung verursacht wird, weil einheimische und multinationale Unternehmen auch fürs Inland produzieren, bleibt festzuhalten: Die Überwälzung von Umweltkosten auf die Gesellschaft findet nach wie vor statt, nur vorwiegend in Schwellen- und Entwicklungsländern. Für China beziffert eine Studie der Weltbank allein die Schäden der Luft- und Wasserverschmutzung auf 5,8 % des chinesischen Bruttoinlandsprodukts.[602] Alles in allem beliefen sich nach Angaben der staatlichen Umweltschutzagentur die gesamten Kosten der Umweltverschmutzung im Jahr 2005 sogar auf 10 % des Bruttoinlandsprodukts.[603] Chinas Wachstum von jährlich rund 10 % wird rein rechnerisch also vollständig durch die Umweltverschmutzung aufgebraucht.

In welchem Ausmaß multinationale Konzerne weltweit für negative externe Effekte verantwortlich waren, zeigt eine 2011 veröffentlichte Studie im Auftrag der Vereinten Nationen. Danach verursachten die 3 000 größten Unternehmen der Welt im Jahre 2008 Umweltschäden in Höhe von rund 2,2 Billionen US-Dollar.[604] Durch die Verlagerung von Umweltkosten auf die Gesellschaft profitieren sie ganz erheblich, denn nach den Berechnungen der Vereinten Nationen würden sich die Bruttogewinne der Großkonzerne halbieren, müssten sie die von ihnen verursachten Umweltschäden neutralisieren.[605]

Umweltverschmutzung ist nicht der einzige Fall der Überwälzung von Kosten auf die Gesellschaft. In den letzten Jahren haben durch Stress bedingte Krankheiten stark zugenommen, wovon ein erheblicher Teil durch die moderne Arbeitswelt bedingt ist. Viele Unternehmen erwarten von ihren Mitarbeitern unbezahlte Überstunden und ständige Erreichbarkeit.[606] Noch Anfang der 1990er Jahre waren Feierabend, Wochenende und Urlaub arbeitsfreie Erholungsphasen, heute erfüllen sie diese Funktion nur noch bedingt, weil Arbeitnehmer im Stand-by-Modus leben. Hinzu kommen Zeitverträge, unsichere Jobs, ausländische Niedriglohnkonkurrenz, Manager auf der Suche nach Einsparungsmöglichkeiten: Arbeitnehmer haben nicht nur kürzere Erholungsphasen, sie müssen auch immer mehr leisten, um sich im Job behaupten zu können. Die neue Arbeitswelt erinnert stark an die Aussage der Roten Königin in der Nachfolgegeschichte zu »Alice im Wunderland«. Als sich Alice über das hohe Tempo wundert, meinte jene nur: »Hierzulande musst du so schnell rennen, wie du kannst, wenn du am gleichen Fleck bleiben willst. Und um woandershin zu kommen, musst du mindestens doppelt so schnell laufen!«[607]

Das Ergebnis des Tempos und Drucks ist eine erhebliche Zunahme des Burn-out-Syndroms und psychischer Erkrankungen.[608] Unter den Versicherten der Allgemeinen Ortskrankenkassen (AOK) wurden 2011 knapp zwölfmal so viel Fehltage wegen Burn-out diagnostiziert wie 2004.[609] Dieser dramatische Anstieg hängt sicher auch damit zusammen, dass psychische Erkrankungen häufiger diagnostiziert werden als noch vor wenigen Jahren, weil sie weniger stigmatisiert sind. Dies allein erklärt den Anstieg, der auch in anderen Ländern zu beobachten ist, aber nicht – die moderne Arbeitswelt ist daran erheblich mitbeteiligt. Das durch Stress und Burn-out verursachte Leid und die Einschränkung der Lebensqualität tragen der Einzelne sowie seine Angehörigen und Freunde. Die Kosten der Behandlung fallen bei den Krankenkassen an, womit ein erheblicher Teil der Krankheitskosten auf die Gesellschaft verlagert wird.

In dem Maße wie Arbeitgeber Beiträge zur Krankenversicherung der Arbeitnehmer oder Lohnfortzahlung im Krankheitsfall leisten müssen, tragen sie die Krankheitskosten allerdings zum Teil mit.

Eigentlich sollte man annehmen, dass Arbeitgeber wegen der ihnen entstehenden Kosten versuchen sollten, durch Stress bedingte Krankheiten zu verhindern. Denn auch die Psychologen und Chefs der Personalabteilungen kennen die Zusammenhänge zwischen Überlastung und Fehlzeiten. Und tatsächlich gibt es vereinzelt Unternehmen, die ihre Mitarbeiter aus der Schusslinie der Dauererreichbarkeit nehmen. Bei *VW* werden seit Ende 2011 eine halbe Stunde nach Feierabend keine E-Mails mehr an die Mobiltelefone von 1 100 tarifgebundenen Angestellten weitergeleitet (die außertariflich bezahlten Manager erhalten ihre E-Mails nach wie vor).[610] *BMW* hat Anfang 2014 eine Betriebsvereinbarung abgeschlossen, die Mitarbeitern ein Recht auf Unerreichbarkeit während der Freizeit gewährt. In vielen Betrieben sind solche Regelungen aber noch in weiter Ferne, ähnlich wie moderne Konzepte der Personalführung, die versuchen, die Mitarbeiter zufriedenzustellen und sie damit ans Unternehmen zu binden. Wie empirische Untersuchungen zeigen, wird schlechte Führung toleriert, solange der Gewinn stimmt.[611]

Kosten auf die Gesellschaft zu verlagern, ist ein wichtiges Instrument des Kapitalismus, um seine Gewinne hoch zu halten und damit ökonomische Macht aufzubauen, weil die Gesellschaft gezwungen wird, die von ihm mitverursachten Schäden aus öffentlichen Mitteln zu beseitigen. Wenn sich die Unternehmen durch ihre Steuerzahlungen wenigstens angemessen an diesem Aufwand beteiligen würden, könnte man ihr Verhalten vielleicht noch akzeptieren. Da Kapital als international mobiler Produktionsfaktor sich aber (wie oben gezeigt wurde) mehr und mehr der Besteuerung entzieht, verstärkt sich der Eindruck, dass es ihm hauptsächlich darum geht, Gewinne zu privatisieren, die Kosten aber zu sozialisieren.

KAPITALISTISCHER TEUFELSKREIS

Ein kapitalistischer Teufelskreis entsteht, wenn Probleme, die durch den Kapitalismus verursacht oder verschärft werden, mit Methoden gelöst werden, die selbst Teil des kapitalistischen Systems sind und diesen dadurch stärken. Die Lösung von Umweltproblemen ist ein Paradebeispiel dafür. Wie im vorigen Abschnitt gezeigt, entsteht Umweltverschmutzung, weil Unternehmen einen Anreiz haben, Produktionskosten auf die Gesellschaft zu überwälzen. Wirtschaftspolitisch sinnvoll wäre es, die externen Effekte zu verringern. Kann man dies nicht, wäre es sachgerecht, den Verursacher zur Beseitigung der entstandenen Schäden heranzuziehen. Die günstigste Lösung für das kapitalistische System ist allerdings eine andere: Der Staat bezahlt ein Unternehmen, damit es die von einem anderen Unternehmen verursachten Verschmutzungen beseitigt.

Auf diesen Trick fallen die westlichen Demokratien aber schon seit langem nicht mehr herein, soweit es sich um die lokale Umwelt handelt. Bei weltweiten Beeinträchtigungen spielt der Kapitalismus aber immer noch ein Land gegen das andere aus. Besonders deutlich wird dies beim Ausstoß von Treibhausgasen, die maßgeblich verantwortlich für die Erderwärmung und den Klimawandel sind. Bislang konnte sich die Weltgemeinschaft nicht zu einem wirksamen Programm zur Eindämmung von Treibhausgasemissionen durchringen, weil der überwiegende Teil des kapitalistischen Systems Umsatz und Gewinne gefährdet sieht, wenn seine Unternehmen als Emittenten die Kosten der Vermeidung zu tragen hätten. Und selbst wenn einzelne Länder oder Regionen Maßnahmen zur Verringerung des Ausstoßes von Treibhausgasen ergreifen, kommt es zu Gegenreaktionen, auch wenn die Unternehmen nur gering belastet werden. Als die Europäische Union Anfang 2012 den Luftverkehr in ihr Emissionshandelssystem einbezog und von allen Airlines, deren Flüge in der EU starten und landen, Emissionszertifikate verlangte, kam es zu heftigen Abwehrreaktionen der Regierungen der USA, Russlands, Indiens und Chinas.[612]

Was auch immer einzelne Länder unternehmen: Mit der zweifelhaften, aber bewährten Botschaft, Umweltschutz koste Wohlstand und Arbeitsplätze, werden die Regierungen dazu bewegt, den globalen Kapitalismus weiter so wie bisher wirtschaften zu lassen. Und wenn diese Verteidigungslinie steht, geht der Kapitalismus zum Angriff über. Begierig propagiert er derzeit Vorschläge, die nicht darauf abzielen, Emissionen zu verringern. Stattdessen sollen die Treibhausgase der Atmosphäre entweder entzogen werden, z. B. durch Aufforstung oder unterirdische Lagerung. Alternativ soll die Erderwärmung durch Reflexion von Sonnenstrahlen verhindert werden, indem z. B. riesige Spiegel im Weltall zwischen Erde und Sonne positioniert werden oder Schwefeldioxid in die Stratosphäre eingebracht wird.[613] An diesem sogenannten Geo-Engineering würden Unternehmen prächtig verdienen, weshalb die Etablierung eines solchen kapitalistischen Teufelskreises ganz im Sinne der Wirtschaft wäre. Finanziert werden müsste dies alles natürlich durch die Bürger, die Profite verblieben in den Unternehmen. Noch gibt es neben rechtlich ungeklärten Problemen heftigen Widerstand aus einigen Ländern gegen das Geo-Engineering. Angesichts der geballten Lobbyaktivität und Öffentlichkeitsarbeit der Großkonzerne wird es vermutlich nicht mehr allzu lange dauern, bis die Regierungen das Problem der Erderwärmung durch Maßnahmen des Geo-Engineerings in großem Stil zu lösen versuchen werden.

Ein anderer kapitalistischer Teufelskreis ist schon angeklungen. Die Pharmaindustrie verdient prächtig daran, Medikamente zu entwickeln und zu vertreiben, mit denen stressbedingte Krankheiten oder Lungenkrebs behandelt werden. Auch hier werden nicht die Ursachen der gesellschaftlichen Fehlentwicklungen beseitigt, sondern es wird versucht, die Symptome zu bekämpfen. Wieder verdient der Kapitalismus Geld damit, die Schäden zu beseitigen, die er selbst angerichtet hat. Er ist Brandstifter und Feuerwehr in einer Person und lässt sich von der Gesellschaft dafür bezahlen.

DER STAAT ALS REPARATURBETRIEB DES KAPITALISMUS

»Im Allgemeinen handeln die Kapitalisten harmonisch und konzertiert, um das Volk zu schröpfen, und nun, da sie untereinander in Streit geraten sind, werden wir dazu aufgerufen, das Geld des Volkes bereitzustellen, um den Streit beizulegen.« Dieser Satz stammt weder von einem Vertreter der Occupy-Bewegung noch von einem aufgebrachten Linken, sondern aus einer Rede von Abraham Lincoln, die er im Januar 1837 als junger Abgeordneter im Repräsentantenhaus des US-Bundesstaates Illinois gehalten hat.[614] Lange bevor Zentralbanken und Regierungen der westlichen Welt die Finanzbranche ab 2008 mit Billionen von US-Dollar vor dem Kollaps retten mussten, haben es sich die Kapitalisten zur Gewohnheit gemacht, nach dem Staat zu rufen, wenn sie nicht mehr weiter wissen, einzelne Unternehmen vor dem Aus stehen, es einer ganzen Branche schlecht geht oder eine Rezession droht. Denn aus Sicht des Kapitalismus hat der Staat vor allem eine Aufgabe: Er soll helfen, möglichst hohe Gewinne zu erzielen. Dazu müssen die Parlamente zum einen Gesetze erlassen, die dem Kapitalismus möglichst gute Rahmenbedingungen zur Akkumulation verschaffen. Zum Zweiten müssen Regierung und Justiz diese wirtschaftlichen Freiheiten auch durchsetzen. Zum Dritten soll der Staat aber als Reparaturbetrieb des Kapitalismus auftreten, um Defekte des Systems zu beheben, die in Krisenzeiten die Gewinne schmälern oder Unternehmen in die Pleite treiben.[615]

Ein Blick in die Wirtschaftsgeschichte zeigt, dass dies aus Sicht des Kapitalismus dringend notwendig ist, denn er ist extrem krisenanfällig. Rezessionen (kürzere Phasen, in denen die Wirtschaftsleistung zurückgeht) gibt es relativ häufig, Depressionen (längere Phasen mit einem starken Rückgang des Bruttoinlandsprodukts) kommen zum Glück seltener vor.[616] Der US-amerikanische Ökonom Hyman Minsky hat in den 1980er Jahren theoretisch und empirisch begründet, dass diese zyklischen Konjunkturschwankungen vor allem auf die Instabilität der Finanzmärkte zurückzuführen sind, die kapitalistische Volkswirtschaften immer wieder in Rezessionen oder Depressionen stürzen werden.[617] Wie relevant Minskys Einsichten sind, zeigte sich mit Beginn der Finanzkrise 2008, deren Entstehung und Verlauf seine Theorie gut erklären kann. Leider wurden seine Einsichten 20 Jahre lang kaum beachtet und von der ökonomischen Standardtheorie abgelehnt, weil ihre Umsetzung eine strenge Regulierung der Finanzmärkte erfordern würde. Denn nach Ansicht neoliberaler Ökonomen sind Staatseingriffe weder notwendig noch wünschenswert, weil eine Marktwirtschaft sich von selbst stabilisiere.[618] Ein Anpassungsprozess könnte zwar einige Jahre in Anspruch nehmen, aber etwas Geduld zu haben ist aus ihrer Sicht allemal besser als staatliche Eingriffe.

Das Warten auf die Selbstheilungskräfte des Marktes ist jedoch verlorene Zeit für den Kapitalismus, denn in einer Rezession fallen kaum Gewinne an, der Prozess der Akkumulation gerät ins Stocken. Deswegen kommt es ihm sehr gelegen, wenn der Staat ein Konjunkturprogramm auflegt, um das Wachstum anzukurbeln. Weil dadurch die Gewinnaussichten steigen, hintergeht der Kapitalismus an diesem Punkt den Neoliberalismus, der die theoretischen und ideologischen Grundlagen für sein Wiedererstarken ab Anfang der 1980er Jahre gelegt hat und damit dessen stärkster Verbündeter im Geiste wurde (dies wird ausführlich in Kapitel 9 behandelt). Der Kapitalismus muss aber gar nicht selbst aktiv werden, denn in aller Regel erschallt der Ruf nach staatlichen Maßnahmen zur Stabilisierung der Konjunktur zuerst von den Gewerkschaften, denen die Arbeitsplätze ihrer Mitglieder am Herzen liegen. Er braucht sich also bei einer Rezessionen nur mit einem Eingriff in den Wirtschafts*prozess*, den er sonst eigentlich ablehnt, zu arrangieren.[619] Dass im Falle einer drohenden Depression wie im Jahre 2008 noch mehr auf dem Spiel steht und auch die Vertreter des Kapitals den Staat vehement auffordern, große Rettungspakte auf den Weg zu bringen, versteht sich beinahe von selbst. In beiden Fällen tritt der Staat aber als Reparaturbetrieb des Kapitalismus auf. Er behebt *zeitweise* den *permanenten* Defekt der Instabilität des kapitalistischen Systems.

Der Staat soll aber nicht nur die großen Reparaturen in Form von Konjunkturprogrammen bei Rezessionen übernehmen, er soll auch dann helfen, wenn einzelne Unternehmen in Gefahr sind. Das betrifft allerdings nicht den selbständigen Bäcker um die Ecke oder den kleinen Handwerker. All diejenigen, die zwar normaler Bestandteil jeder Marktwirtschaft sind, aber sich im Unterschied zu Großkonzernen und Banken nicht kapitalistisch verhalten, können kaum auf eine Rettung durch den Staat hoffen.[620] Stehen jedoch mehrere Tausend Arbeitsplätze auf dem Spiel, ertönt schnell der Ruf nach Hilfe der öffentlichen Hand. Besonders spektakulär und lehrreich war der Rettungsversuch für die *Philipp Holzmann AG*, einen börsennotierten Baukonzern, dessen Anfänge bis 1849 zurückreichen. Als 1999 in den Kassen beinahe über Nacht ein Verlust in Milliardenhöhe entdeckt wurde, stellte der damalige Bundeskanzler Gerhard Schröder eine staatliche Bürgschaft von 250 Millionen DM bereit und bewegte so die Gläubigerbanken, sich am Rettungspaket zu beteiligen.[621] Das alles nützte leider nichts, denn die *Philipp Holzmann AG* musste 2002 Insolvenz beantragen. Ähnlich gelagert war der Fall *Babcock Borsig*, ein Maschinenbauer. Die Landesregierung von Nordrhein-Westfalen war bereit, mit bis zu 430 Millionen DM zu bürgen. Doch auch diese Aktion war nicht erfolgreich, das Unternehmen musste 2002 Insolvenz anmelden. In beiden Fällen fehlte am Ende das Vertrauen der Gläubigerbanken in die Zukunft der Unternehmen. Während bei *Philipp Holzmann* und *Babcock Borsig* die Bürgschaften unangetastet blieben, gingen beim Rettungsversuch für das Stahlwerk *Maxhütte* in der Oberpfalz Steuergelder in Millionenhöhe verloren. Erstmals 1987 in die Pleite gerutscht und durch Millionensubventionen der bayerischen Staatsregierung (plus Lohnverzicht der Beschäftigten) am Leben erhalten, musste es 2002 endgültig aufgeben.[622]

Die Liste der Unternehmen, die durch den Staat gerettet werden sollten, ließe sich noch beliebig verlängern, vor allem wenn man über die Grenzen Deutschlands blickt. Aber öfter als es pleitebedrohten Kapitaleignern lieb ist, wird der Ruf nach Geld vom Staat nicht erhört. Denn Politiker haben zu oft erfahren müssen, dass in Not geratene Großunternehmen damit nur ein zeitlicher Aufschub gewährt wurde, die Rettung zum Schluss jedoch trotz aller Finanzhilfen scheiterte. Denn wenn ein Unternehmen in normalen Zeiten vor dem Konkurs steht, dann ist das in der Regel auf Fehler des Managements zurückzuführen, das entweder die Kosten nicht in den Griff bekommt, zu hohe Risiken eingeht oder am Markt vorbei produziert. Würde man in Schwierigkeiten geratenen Unternehmen immer helfen, würde die Dynamik der »schöpferischen Zerstörung« außer Kraft gesetzt, die seit Joseph Schumpeter als Triebfeder des kapitalistischen Prozesses gilt.[623] Daher ist der Verzicht auf kurzfristige Hilfen zugunsten einzelner Großunternehmen langfristig durchaus als Maßnahme zur Stabilisierung des Kapitalismus zu sehen. Auch aus diesem Grund sind staatliche Rettungsmaßnahmen auf Ebene der EU und WTO relativ streng reglementiert und den Beihilfen für einzelne Unternehmen oder Branchen sind enge Grenzen gesetzt. Allerdings haben diese Einschränkungen das Ziel, in normalen Zeiten eine Rettung von Firmen durch die Politik zu verhindern. Wenn dem Kapital durch Rezessionen oder Depressionen hohe Verluste drohen, dürfen und sollen die Regierungen fast alles tun, um den Kapitalismus vor massiven Einbußen zu schützen.

In diesem Sinne ist das, was sich seit 2007 in der Finanzwelt abspielt, nichts anderes als die bislang größte Rettungsaktion für das kapitalistische System in der Geschichte der Menschheit und gleichzeitig ein Musterbeispiel dafür, wie der Kapitalismus den Staat als Reparaturbetrieb instrumentalisiert. Tausende von Banken, Versicherungen und Investmentfirmen standen in der westlichen Welt vor der Zahlungsunfähigkeit und drohten die Weltwirtschaft in eine Krise zu stürzen, die die große Depression von 1929 bis 1933 klein hätte aussehen lassen, wenn die Regierungen und Zentralbanken nicht so vehement gegengesteuert hätten.[624] Verursacht wurde die Krise durch einen typisch kapitalistischen Prozess, nämlich den Versuch des Finanzsektors, immer schneller immer mehr Geld zu verdienen. Konkret zählen zu den Hauptursachen der Krise eine im Vergleich zu den eigenen Sicherheiten viel zu hohe Risikobereitschaft der Banken, eine geradezu fahrlässige Unterschätzung des Ausfallrisikos auf dem Markt für Hypothekendarlehen in den USA, ein Versagen der Rating-agenturen bei der Bewertung von Wertpapieren sowie eine völlig verfehlte Regulierung des Finanzsektors, die allerdings maßgeblich durch Lobbyaktivitäten der Banken und Versicherungen bewirkt wurde, wie wir in Kapitel 8 noch sehen werden.[625] Zwar ist es richtig, dass auch externe Faktoren zur Krise beigetragen haben, vor allem die expansive Geldpolitik der US-Notenbank (Federal Reserve System oder kurz Fed) oder das Fehlen einer Durchgriffshaftung in das übrige Privatvermögen, wenn Hypotheken auf Häuser nicht zurückgezahlt werden konnten.[626] Aber gute (oder schlechte) Rahmenbedingungen für Geschäfte gab und gibt es zu allen Zeiten. Letztendlich ist der Finanzsektor allein für das Geld seiner Kunden verantwortlich und niemand hat ihn gezwungen, so hohe Risiken einzugehen. Es war die Aussicht auf immense Bonuszahlungen, die Vorstände und Manager verleitete, in den Banken das bereits erwähnte System der »Struktu-rierten Verantwortungslosigkeit« zu etablieren.[627] Die Schuld für die Krise liegt nicht nur für Altbundeskanzler Helmut Schmidt dann auch eindeutig bei den Investmentbankern und Fondsmanagern, die »uns alle, fast die gesamte Welt, in die Scheiße geritten« haben, wie er im Juli 2011 schrieb.[628]

Die Mittel zur Rettung von Banken lassen sich prinzipiell in zwei Gruppen einteilen. Staatsausgaben, z. B. zur Rekapitalisierung von Banken, die zunächst den Haushalt belasten und dem Steuerzahler unmittelbar als Kosten aufgebürdet werden, sowie Garantien, die nur unter Umständen zu einem Verlust der öffentlichen Hand führen. Die unmittelbaren Kosten sind in einigen Ländern ganz erheblich. Island und Irland wandten von 2008 bis 2011 mehr als 40% ihres Bruttoin-landsprodukts zur Rettung der Banken auf, Griechenland über 27%, die Niederlande knapp 13% und das Vereinigte Königreich knapp 9%. Für Deutschland werden die Ausgaben auf 1,8% des Bruttoinlandspro-dukts beziffert, wobei jedoch nicht die Kosten für die Rettung der West LB und der Hypo Real Estate enthalten sind. Wie hoch der Anteil an den Staatshilfen ist, den der Steuerzahler letztendlich zu tragen hat, hängt von den Vergabekonditionen und dem Erfolg der Rettungsmaß-nahmen ab. Die isländischen und niederländischen Banken erstatteten dem Staat bis Ende 2011 rund 53% bzw. 56% der Ausgaben, die bri-

tischen Banken immerhin rund 25 %.[629] Zum anderen Teil handelt es
sich bei den Rettungsmaßnahmen aber um Garantien, deren Sinn ja
genau darin besteht, einen Zusammenbruch der Banken zu verhindern, um die Kosten für die Allgemeinheit niedrig zu halten. Wenn
der Plan aufgeht, müssen die Garantien nicht in Anspruch genommen
werden und die klammen Banken können sich aus eigener Kraft retten.

Insgesamt sind die Rettungsaktionen erfolgreich gewesen, denn
bei den meisten Banken waren Bilanzsumme und Gewinne dank der
staatlichen Rettungspakete schon bis Ende 2010 wieder erheblich
gewachsen.[630] In vielen Fällen gelang das aber nur, weil die verlustrei-
chen und mit hohen Risiken behafteten Wertpapiere in eigens dafür
gegründete Abwicklungsbanken (sogenannte Bad Banks) ausgelagert
wurden, deren Verluste vom Steuerzahler zu tragen sind. So machte
die Abwicklungsbank *FMS Wertmanagement* der *Hypo Real Estate*, die
wegen exorbitant hoher Verluste sogar verstaatlicht werden musste,
im Jahr 2011 einen Verlust von rund 10 Milliarden Euro, der über
den deutschen Bankenrettungsfond und damit letztendlich durch den
Staatshaushalt beglichen wurde.[631]

Um einen Eindruck von den Größenordnungen der Rettungspakete
zu vermitteln, seien zwei Beispiele genannt. Der in Deutschland im
Oktober 2008 eingerichtete Finanzmarktstabilisierungsfonds hatte ein
Volumen von 470 Milliarden Euro zur Vergabe von Garantien und
Krediten, die zur Rettung von Banken eingesetzt werden konnten.[632]
Das sogenannte TARP-Programm[633] in den USA, mit dem in Schwierigkeiten geratene Branchen gerettet wurden, sollte ursprünglich mit
über 700 Mrd. US-Dollar ausgestattet werden, das Volumen wurde
später durch Parlamentsbeschluss jedoch auf 475 Mrd. reduziert.
Insgesamt stellte die US-Regierung zwischen dem 3. Oktober 2008
und dem 3. Oktober 2010 den Großbanken, der Autoindustrie und
der Versicherungsgesellschaft *AIG* rund 430 Milliarden US-Dollar an
Krediten zur Verfügung.[634]

Das war aber noch lange nicht alles an Hilfen in den USA. Einige
von ihnen wurden sogar vergeben, ohne die Öffentlichkeit zu informieren. Dazu zählen Kredite der US-Notenbank an Finanzinstitute in aller
Welt, die in der Spitze, am 5.12.2008, ein Volumen von 1,2 Billionen
US-Dollar aufwiesen. Würde man diese Summe in Eindollarscheinen
ausbezahlen, könnte man damit 539 Olympiaschwimmbecken füllen.
Bekannt wurden diese Geheimkredite erst im Jahre 2011, nachdem die

Nachrichtenagentur *Bloomberg* sich in mehreren Gerichtsverfahren das Recht auf Zugang zu diesen Informationen erstritten hatte. Bis zu diesem Zeitpunkt hatte die Fed die Kredite geheim gehalten und keinerlei Auskünfte dazu gegeben.[635]

In Tabelle 12 sind die zehn größten Empfängerbanken dieser Geheimkredite sowie vier weitere Banken aus Deutschland und deren maximaler sowie durchschnittlicher Kreditbetrag aufgelistet. Das meiste Geld erhielt in diesem Zeitraum die US-amerikanische Bank *Morgan Stanley*, die mit bis zu 107 Milliarden US-Dollar bei der Fed in der Kreide stand. Die schweizerische *UBS* erhielt als maximalen Kreditbetrag 77 Milliarden US-Dollar, die *Deutsche Bank* 66 Milliarden. Selbst die *Bayerische Landesbank* hatte sich bis zu 10 Milliarden US- Dollar bei der Fed geliehen.

Tabelle 12: Kredite der US-Zentralbank an ausgewählte Empfänger (in Milliarden US-Dollar zwischen August 2007 und April 2010*)

Name des Empfängers	Maximaler Kreditbetrag	Durchschnittlicher Kreditbetrag
1. Morgan Stanley	107,3	6,9
2. Citigroup Inc.	99,5	19,7
3. Bank of America Corp.	91,4	20,7
4. Royal Bank of Scotland Group plc	84,5	21,4
5. State Street Corp.	77,8	7,1
6. UBS AG	77,2	13,9
7. Goldman Sachs Group Inc.	69,0	7,5
8. JPMorgan Chase & Co.	68,6	12,0
9. Deutsche Bank AG	66,0	12,5
10. Barclays plc	64,9	19,1
...		
19. Hypo Real Estate Holding AG	28,7	10,7
...		
22. Commerzbank AG	22,0	5,1
23. Dresdner Bank AG	18,4	5,9
...		
37. Bayerische Landesbank	10,0	3,2
...		

* Zeitraum, für den die US-Notenbank Daten zur Auswertung an Bloomberg übergeben hat. Die aufgelisteten Empfänger waren zumeist nicht während des gesamten Zeitraums Kreditnehmer.

Quelle: Bloomberg (2011).

Auch wenn die Hilfen von den Banken teilweise wieder zurückgezahlt werden bzw. Garantien sind, die nicht in Anspruch genommen werden müssen, eines ist klar: Zusammen mit den endgültig verlorenen Steuergeldern haben diese Mittel das kapitalistische System in einer schweren Krise stabilisiert.[636] Der Staat, den die Banken vor 2007 immer wieder aufgefordert hatten, sich aus ihren Angelegenheiten herauszuhalten, musste sich in der Krise in deren Angelegenheiten einmischen, um sie und ganze Volkswirtschaften vor dem Kollaps zu retten. Er wurde seiner Funktion als Reparaturbetrieb des Kapitalismus zu 100 % gerecht. Dabei haben sich die Staaten zusätzlich erheblich verschulden müssen, einige, wie Griechenland und Irland, sogar so stark, dass sie selbst wiederum Finanzhilfen benötigten.

Die Regierungen der westlichen Demokratien haben Verantwortung übernommen, als der Kapitalismus durch die Verantwortungslosigkeit der Finanzbranche die Welt an den Rand einer schweren Wirtschaftskrise geführt hat. Aber sie haben dies keineswegs freiwillig getan, sie wurden dazu regelrecht erpresst. Mehr als zwei Dutzend Banken sind weltweit in der Vergangenheit systemrelevant geworden, also zu groß und zu wichtig, als dass man sie einfach in Konkurs gehen lassen könnte (»too big to fail«).[637] Wenn man als Bank nur groß genug ist, muss man gerettet werden, es gibt dazu keine Alternative. So kann man höhere Risiken eingehen. Falls es gutgeht, werden die Gewinne privatisiert, falls es schiefgeht, werden die Verluste sozialisiert. Genau das war die unausgesprochene Geschäftspolitik vieler systemrelevanter Banken bis zum Ausbruch der Finanzkrise 2008.

Den Staat als Reparaturbetrieb zu instrumentalisieren, ist wohl das genialste Instrument, das der Kapitalismus bislang ersonnen hat, um ökonomische Macht anzuhäufen. Zwar retten Parlamente und Regierungen in Not geratene Unternehmen lange nicht mehr so großzügig wie früher mit Steuergeldern, aber das ist vor allem ein Problem für kleine und mittlere Firmen. Wenn ein Unternehmen nur groß genug oder gar »systemrelevant« ist, kann es immer noch mit Staatshilfe rechnen.

FAZIT

Dieses Kapitel hat eine Vielzahl von Instrumenten beschrieben, mit deren Hilfe der Kapitalismus seine ökonomische Machtbasis stärkt. Er nutzt dabei in einigen Fällen ganz geschickt gesellschaftliche Trends, wie die Frauenbewegung zur Kommerzialisierung der Familienarbeit. Viele Maßnahmen hat er jedoch selbst ergriffen bzw. deren Nutzung vorangetrieben. Das gilt für die Aufrechterhaltung eines hohen Konsumniveaus ebenso wie die Inwertsetzung der Natur oder die Umfunktionierung des Staates in einen Reparaturbetrieb für den Kapitalismus.

Der Einsatz dieser Maßnahmen hat seit Beginn der 1980er Jahre zugenommen und zu der in Kapitel 6 dokumentierten Verschiebung ökonomischer Macht zugunsten des Faktors Kapital und zulasten des Faktors Arbeit geführt. Und weil Kapitaleinkommen niedriger besteuert wurden als Arbeitseinkommen, resultierte dies auch in einer stärkeren Konzentration von Einkommen und Vermögen, wodurch eine kleine Oberschicht immer wohlhabender wurde. Dies gelang ihr auch dadurch, dass sie ihre gewonnene ökonomische Macht durch eine Vielzahl von Maßnahmen in politische Macht umsetzte. An vorderster Stelle steht dabei das Lobbying, das im nächsten Kapitel genauer betrachtet wird.

8 – LOBBYING

Es bedarf keiner weiteren Beweise, um zu erkennen,
wie sehr die Demokratie durch das Ausspielen und Durchsetzen
von Machtpositionen gefährdet ist. [...] Das Problem der Einordnung
der organisierten Gruppeninteressen in das Gesamtgefüge von Volk
und Staat ist jedenfalls noch lange nicht befriedigend gelöst.

Ludwig Erhard (Deutscher Wirtschaftsminister und Bundeskanzler, 1957)

Die Grundidee einer repräsentativen Demokratie besteht darin, dass die gewählten Abgeordneten in enger Anlehnung an den Willen des Volkes regieren. Nichts anderes meint die berühmte und bereits zitierte Demokratiedefinition von Abraham Lincoln und nichts anderes meint das Wort vom Wählerauftrag, den die Politik umzusetzen habe. Der Volkswille bildet sich durch öffentliche Diskussion und idealerweise sollten die Wähler und Volksvertreter jeweils der Option den Vorzug geben, die das Gemeinwohl am meisten fördert. Dies gilt selbst dann, wenn eine bestimmte Option für eine Gruppe von Bürgern Nachteile mit sich bringt. Der Grund dafür ist einfach zu verstehen. Da in einer Demokratie immer wieder Entscheidungen getroffen werden, wird die Wohlfahrt aller Bürger im Laufe der Zeit vergrößert, wenn jedes Mal derjenigen Option der Vorzug gegeben wird, die das Gemeinwohl am stärksten fördert. Selbst wenn eine Gruppe bei der einen oder anderen Entscheidung benachteiligt wird, kann sie sicher sein, bei anderen Entscheidungen das bessere Ende für sich zu haben. Sinnvoll wäre es also in einer Demokratie, immer im Sinne des höchsten Gemeinwohls zu entscheiden, denn dies führt letztendlich dazu, dass es allen Bürgern im Laufe der Zeit besser geht, als wenn sich die Entscheidungen an Gruppeninteressen orientieren. Gemeinwohlorientierung der Politik bedeutet nichts anderes, als dass langfristig alle gewinnen, und die frühen Pioniere der Demokratie hofften, dass vernunftbegabte Menschen sich auf dem Marktplatz der Ideen nach eingehender Abwägung und Diskussion jeweils für die Option entscheiden, die allen am meisten nutzt.

Umgekehrt gilt aber auch, dass es für eine Gruppe vorteilhaft ist, wenn die Entscheidungen immer wieder oder des Öfteren so getroffen werden, dass nicht das Gemeinwohl gefördert wird, sondern sich die Vorteile der Gruppe erhöhen. Auf lange Sicht steigert dies Wohlstand und Macht der bevorzugten Gruppe auf Kosten der anderen. Der Erkenntnis, dass es für eine Gruppe nützlich ist, die Entscheidungsträger in ihrem Sinne zu beeinflussen, liegt die Anwendung eines seit langem bekannten Mittels der Beeinflussung der Regierung zugrunde – das Lobbying.

Der Begriff Lobbying leitet sich vom englischen Wort »lobby« ab. Es bezeichnete ursprünglich eine Empfangs-, Eingangs- oder Vorhalle. Vertreter von Interessengruppen sammelten sich im 19. Jahrhundert in der Eingangshalle des US-amerikanischen Kongresses oder des britischen Parlaments und versuchten, die ankommenden Volksvertreter bei der Stimmabgabe zu beeinflussen. In diesem Sinne wurde der Begriff seit dem frühen 19. Jahrhundert in den USA gebraucht.[638] Auch heute noch bezeichnet Lobbying in seiner engen Auslegung »die Beeinflussung der Regierung durch bestimmte Methoden, mit dem Ziel, die Anliegen von Interessengruppen möglichst umfassend bei politischen Entscheidungen durchzusetzen.«[639] Unter dem Begriff »Regierung« werden nach dieser Definition von Leif und Speth alle Personen oder Institutionen verstanden, die politisch bindende Entscheidungen treffen oder deren Herbeiführung wesentlich beeinflussen. Damit sind nicht nur *nationale* Regierungen und Volksvertretungen Adressaten des Lobbyings. Auch regionale Parlamente und Regierungen von Bundesländern, Ministerien und deren Beamte, die Europäische Kommission oder Behörden wie das Europäische Patentamt werden zum Ziel der Lobbyisten. Im Interesse der Eindeutigkeit werde ich im weiteren Verlauf dieses Kapitels den Begriff »Regierung« im Sinne Leifs und Speths durch den Ausdruck »Administration« ersetzen, um Verwechslungen mit der Regierung im herkömmlichen Sinne zu vermeiden. Der Terminus »bestimmte Methoden« bringt zum Ausdruck, dass nicht jede Art der Beeinflussung der Administration Lobbying ist. Insbesondere zählt die allgemeine Interessenvertretung z. B. bei öffentlichen Anhörungen im Parlament oder durch Stellungnahme in den Medien nicht zum Lobbying, obwohl die Administration durchaus davon beeinflusst wird. Auch die wissenschaftliche Politikberatung durch Sachverständigenräte, Forschungsinstitute, Universitäten oder Experten wirkt zwar auf die Entscheidungsträger ein, zählt jedoch nicht zum Lobbying.

MERKMALE DES KLASSISCHEN LOBBYINGS

Wesentliches Kennzeichen der von Lobbyisten angewandten Methoden ist, dass diese nicht transparent sind und sich im informellen, aber legalen Bereich bewegen. Lobbyisten arbeiten weitgehend unter Ausschluss der Öffentlichkeit und nutzen vorzugsweise persönliche Kontakte, um Vertreter der Administration zu beeinflussen.[640] Konkret kann es sich bei Lobbyarbeit um die Einwirkung auf den Referentenentwurf eines Gesetzes handeln oder um das Treffen eines Topmanagers mit einem Minister. Da diese Art der Beeinflussung für die Bürger weder erkennbar noch nachvollziehbar ist, haftet dem Lobbying seit jeher ein negativer Beigeschmack an, weshalb sich viele Lobbyisten heute z. B. »Abteilungsleiter Öffentlichkeitsarbeit« oder »Referent für Politik und Kommunikation« nennen.[641] Hinzu kommt, dass die Intransparenz manche Lobbyisten zu Maßnahmen greifen lässt, die zwar in den Bereich der verbotenen, illegalen oder illegitimen Instrumente fallen, aber nach der viel breiteren Definition von Alemann und Eckert ebenfalls zum Lobbying gehören.[642] Dazu zählen z. B. nicht deklarierte Spenden an Parteien, die Bestechung von Entscheidungsträgern oder die Androhung von Gewalt gegen Personen nach Art der Mafia. Ich werde im Folgenden nicht weiter auf die illegalen Methoden eingehen, weil es mir ganz allgemein darum geht zu zeigen, wie der Kapitalismus die Entmachtung der Demokratie mit legalen Mitteln zustande bringt. Dass illegale Aktionen wie Bestechung, Stimmen- und Ämterkauf oder Gewaltanwendung dem Kapitalismus zusätzliche Vorteile verschaffen könnten, steht außer Frage. Es besteht allerdings auch die Gefahr, dass der Widerstand gegen diese Methoden und seine Drahtzieher das Projekt der Machtübernahme gefährden könnte, weshalb der Kapitalismus vermutlich gut beraten ist, solche Aktionen auf ein Minimum zu beschränken.

Aus der Zielsetzung, ein bestimmtes Anliegen einer Interessengruppe durchzusetzen, folgt ein weiteres Kennzeichen des Lobbyings, der Projektbezug. Lobbyisten versuchen, ein bestimmtes Gesetz oder eine Regulierung zu beeinflussen. Lobbyarbeit hat also immer einen konkreten Bezug, womit sie sich von der Öffentlichkeitsarbeit der Verbände und Konzerne unterscheidet, die eher darauf angelegt ist, über die Medien die Einstellung der Wähler zu bestimmten Themen und Problemen zu beeinflussen. Weil sich Lobbying und langfristig angelegte Stimmungsmache gut ergänzen, lässt sich in der Realität häufig ein Nebeneinander von beiden beobachten.[643] Analytisch lässt sich beides jedoch sauber voneinander trennen und in diesem Kapitel geht es allein um das Lobbying.

Aus der projektorientierten Vorgehensweise ergibt sich ein weiteres Kennzeichen des Lobbyings: Die Administration soll Einzelinteressen durchsetzen, anstatt sich am Gemeinwohl zu orientieren. Dies wird natürlich so nicht kommuniziert. Lobbyisten sind wahre Meister der Schönfärberei und finden immer Argumente, warum die Verfolgung von Einzelinteressen auch dem Gemeinwohl dient. So ist beispielsweise Cornelia Yzer, von 1997 bis 2011 Cheflobbyistin der deutschen Pharmaindustrie, davon überzeugt, dass sich die Interessen der Arzneimittelhersteller mit denen der Gesellschaft decken.[644]

Ein weiteres Kennzeichen des Lobbyings ist die Gegenseitigkeit. Lobbyisten bieten Entscheidungsträgern etwas an, damit diese im Gegenzug deren Interessen besonders berücksichtigen. Als Angebote kommen vor allem Informationen oder politische Unterstützung auf den Tisch. Aber auch materielle Vergünstigungen wie großzügige Honorare für Vorträge, Einladungen zu prestigeträchtigen Galaveranstaltungen oder üppige Spenden an die Partei, die zumindest gefühlt schon fast an Korruption heranreichen, sind Teil des Gebens und Nehmens.

Trotz aller Bemühungen ist die Lobbyarbeit nicht immer von Erfolg gekrönt, denn Lobbyisten konkurrieren oftmals untereinander um Vergünstigungen, die es in vielen Bereichen aber nicht für alle gleichzeitig geben kann. Ein gutes Beispiel bietet der Gesundheitsbereich, in dem sich bei jeder noch so kleinen Reform die drei großen Gruppen der Ärzte, der Pharmaindustrie und der Krankenkassen einen Kampf um die üppigen, aber dennoch begrenzten Beiträge der Versicherten liefern. Hinzu kommt noch eine Vielzahl anderer Lobbygruppen, wie die der Privaten Krankenversicherungen, der Apotheker, der Krankenhäuser oder der Physiotherapeuten, die alle darum ringen, ein größeres Stück des Kuchens abzubekommen.[645]

Da es bei großen Reformen für einzelne Gruppen schon mal um ein paar Milliarden Euro gehen kann, lohnt es sich, die Lobbyarbeit professionell zu betreiben. Lobbyisten sind daher heutzutage überwiegend Vollzeit für ihre Auftraggeber tätig, mit reichlich Geld ausgestattet, sehr gut ausgebildet und erfahren in ihrem Metier. Selbst bei kleinen Interessengruppen lässt sich diese Professionalisierung beobachten.

Denn obwohl es hier insgesamt oft nur um eher bescheidene Vorteile geht, können sich diese für ein einzelnes Unternehmen in der Bilanz doch erheblich auswirken.

Das letzte Merkmal des klassischen Lobbyismus hängt eng mit den beiden zuvor genannten Punkten Konkurrenz und Professionalisierung zusammen. Je mehr Geld eine Interessengruppe für das Lobbying aufwenden kann, desto bessere Lobbyisten kann sie beschäftigen und desto häufiger und stärker kann sie auf die Administration einwirken. Damit ergibt sich eine Asymmetrie im Einfluss zwischen den Interessen von zahlungskräftigen und von finanzschwachen Interessengruppen. Die Lobbyisten des Kapitals können schnell viel Geld mobilisieren, wenn nötig auch über mehrere Jahre. Diese Möglichkeiten haben viele andere Lobbyorganisationen nicht.[646] Auch wenn die Interessen des Kapitals nicht homogen sind und die Unternehmen bisweilen gegeneinander um Einfluss konkurrieren, schwächt das ihre Position gegenüber den anderen Gruppen in der Gesellschaft nur wenig. Denn wenn es darum geht, die Interessen der Großkonzerne gegen die der anderen Gruppen der Gesellschaft zu verteidigen, sind sich die Unternehmen und deren Verbände weitgehend einig.

LOBBYISMUS 2.0

Das im vorigen Abschnitt beschriebene klassische Lobbying ist zwar in vielerlei Hinsicht erfolgreich, insbesondere für die Wirtschaft, stößt allerdings manchmal auch an Grenzen. Zum einen stehen Lobbys unter verstärkter Beobachtung der Medien, von Nichtregierungsorganisationen und der Politikwissenschaft. Dadurch kommen einige ihrer Aktivitäten ans Tageslicht und es ist nicht mehr ganz so leicht möglich, die Administration heimlich zu beeinflussen. Zum anderen müssen auf ihre Wiederwahl bedachte Politiker die Befindlichkeiten ihrer Wähler beachten und dürfen sich nicht nur nach den Wünschen der mächtigen Interessengruppen richten. Drittens haben einige Länder mittlerweile strenge Berichtspflichten eingeführt und Gesetze gegen ein Ausufern des Lobbyings erlassen. Daher hat insbesondere die Wirtschaft Wege gesucht und gefunden, die Einschränkungen des klassischen Lobbyings zu umgehen. Statt die Administration von außen zu beeinflussen, schleusen die Interessengruppen entweder ihre Vertreter in die Administration ein oder sie belohnen Entscheidungsträger, die sich im vorauseilenden Gehorsam während ihrer Amtszeit nützlich gemacht haben, nach dem Karriereende in der Administration mit hoch dotierten Posten in der Wirtschaft, in Lobbyorganisationen oder Verbänden. Das Einschleusen in die Administration erfolgt auf zweierlei Art: Einmal durch das sogenannte Inside-Lobbying. Der zweite Weg des neuen Lobbyismus ist die Nutzung der sogenannten Drehtür.

Die Bezeichnung Drehtür als Sinnbild für diese Variante des Lobbyismus 2.0 stammt ursprünglich aus dem Englischen (revolving door) und verweist auf die in den USA weit verbreitete Praxis des Hin- und Herwechselns zwischen einem hochrangigen Job in der Administration einerseits und der privaten Wirtschaft oder einer Lobbygruppe andererseits. Wie durch eine Drehtür verlassen auf der einen Seite Mitarbeiter die Administration, während auf der anderen Seite Manager aus der Privatwirtschaft oder Lobbyisten in sie hineingezogen werden. Die typische Karriere eines solchen Wechselspielers sieht in den USA so aus, dass er oder sie ein paar Jahre für einen Kongressabgeordneten arbeitet, dann seine eigene Lobbyfirma aufmacht und sich von Unternehmen bezahlen lässt, um auf den Kongressabgeordneten einzuwirken. Manche Lobbyisten wechseln mehrmals während ihres Berufslebens die Seiten.[647]

Die Nutzung der Drehtür als Mittel der Einwirkung auf die Administration reicht in den USA bis in die höchsten Ämter. Dick Cheney, von Januar 2001 bis Januar 2009 der 46. Vizepräsident der USA, arbeitet sich zunächst die politische Karriereleiter nach oben und wurde unter Präsident George Bush sen. Verteidigungsminister. Während der Amtszeit von Präsident Bill Clinton (1993–2001) wechselte er zunächst zum American Enterprise Institute, einer Organisation, die sich für das »freie Unternehmertum« einsetzt, wie der Kapitalismus in den USA auch genannt wird. Von 1995 bis 2000 war er Vorstandsvorsitzender von *Halliburton*, einem US-Großkonzern, der vor allem Dienstleistungen für die Erdölindustrie liefert. Nach seinem Amtsantritt als Vizepräsident wurde er u. a. zuständig für Energiefragen.[648] Eine Branche, die einen ehemaligen Vorstandsvorsitzenden aus den eigenen Reihen zum Vizepräsidenten aufsteigen sieht, der im Amt dann noch genau für diese Branche Zuständigkeiten erhält, muss vermutlich keine besonderen Lobbyanstrengungen mehr entfalten, um sich des Wohlwollens dieser Person sicher zu sein.

Auch in Deutschland lässt sich dieser Drehtüreffekt beobachten, allerdings in stark abgeschwächter und abgewandelter Form. Weil viele Zielpersonen der Lobbyisten Berufsbeamte in Ministerien und Behörden sind, kommt es in weitaus geringerem Maß zu einem Hin- und Herspringen zwischen Jobs in der Administration und der Wirtschaft. Auch zwischen den Spitzenpositionen der Politik und Wirtschaft scheint es in Deutschland einen geringeren Austausch zu geben. Karrieren wie die von Werner Müller, die in das Muster der Drehtür passen, sind wohl eher die Ausnahme. Dieser war von 1992 bis 1997 Vorstand eines Unternehmens im Energiesektor und bekleidete von 1998 bis 2002 im Bund das Amt des Wirtschaftsministers, in dem er auch für Energiefragen zuständig war. Nach seinem Ausscheiden aus der Politik wurde er 2003 Vorstand bei der *Ruhrkohle AG.*

Die in Deutschland beliebtere Variante ist die des fliegenden Wechsels von der Politik in die Wirtschaft. Spitzenvertreter der Administration, die sich über Jahre ihren Weg nach oben gebahnt haben, nutzen ihr Amt, um bestimmten Interessengruppen Wohltaten zu erweisen. Im Gegenzug dafür werden sie nach Ende ihrer politischen Karriere mit gut dotierten Posten in der Wirtschaft versorgt. Prominentes Beispiel ist Altbundeskanzler Gerhard Schröder, der von 1980 bis 2005 entweder im Bundestag oder im Landtag von Niedersachsen saß. Parallel dazu war er von 1990 bis 1998 niedersächsischer Ministerpräsident und von 1998 bis 2005 Bundeskanzler. In seinen letzten Amtsjahren ebnete er zusammen mit dem russischen Präsident Putin dem Bau einer Gaspipeline durch die Ostsee den Weg. Wenige Monate nach dem Ende seiner Amtszeit als Bundeskanzler nahm er den Posten als Vorstandsvorsitzender eines Konsortiums an, das die Pipeline bauen und betreiben sollte. Kaum weniger bekannt ist Matthias Wissmann, der von 1976 bis 2007 Bundestagsabgeordneter der CDU war und von 1993 bis 1998 als Bundesminister für Verkehr immer ein offenes Ohr für die Autoindustrie hatte. Er wurde am 1.7.2007 Präsident des *Verbands der Automobilindustrie (VDA).* Ähnliche Fälle gibt es in Hülle und Fülle. Eine Bestandsaufnahme zwei Jahre nach Ende der Ära Schröder ergab, dass von 44 hochrangigen Mitgliedern seiner zweiten Regierung, die nach der verlorenen Wahl die Politik verlassen haben, zwölf einer Tätigkeit nachgingen, die als Lobbytätigkeit eingestuft wird.[649]

Aber es sind nicht nur Mitglieder von Bundesregierungen, die von der Politik in die Wirtschaft wechseln. Roland Koch, von 1999 bis 2010 Ministerpräsident von Hessen, wurde 2011 Vorstandsvorsitzender des Baukonzerns *Bilfinger Berger* mit einem geschätzten Gehalt von 1,5 Millionen Euro. Roland Koch hatte sich während seiner Amtszeit vehement für den Bau der dritten Landebahn am Frankfurter Flughafen eingesetzt, von dem sein neuer Arbeitgeber profitierte. Viele politische Beobachter deuten dies als Beleg für das Funktionieren des Mechanismus vom vorauseilenden Gehorsam.[650]

Von der anderen Variante des Lobbyings 2.0, dem sogenannten Inside-Lobbying, erfuhr die breite Öffentlichkeit in Deutschland durch einen Bericht des ARD-Politikmagazins *Monitor* am 19.10.2006. Dabei werden Mitarbeitern aus der Wirtschaft an ein Ministerium verliehen, die zwar für das Ministerium arbeiten, aber nach wie vor von der Wirtschaft bezahlt werden. Anfragen im Deutschen Bundestag brachten zutage, dass über 100 Mitarbeiter aus deutschen Konzernen in Ministerien saßen und sogar an Gesetzen mitschrieben.[651] Wie Adamek und Otto in ihrem 2008 erschienenen Buch »Der gekaufte Staat« faktenreich belegen, dient dies vor allem »den Profiten der Konzerne«.[652] Sie führen darin eine Vielzahl von Beispielen auf, in denen externe Mitarbeiter ihren Arbeitgebern halfen – so etwa den Fall eines Mitarbeiters einer Krankenkasse, der seinem Chef während der laufenden Verhandlungen zur Gesundheitsreform vertrauliche Informationen zugespielt hatte.[653]

Neben dem Einschleusen von Mitarbeitern in Ministerien ist die Besetzung von Positionen in Beratungsgremien für Regierungen oder Parlamente eine weitere Möglichkeit zum Inside-Lobbying. Ziel ist es, die Empfehlungen des Beratergremiums möglichst mit den eigenen Interessen in Einklang zu bringen. Die Europäische Kommission macht sich den Rat solcher Beratergruppen ausgiebig zunutze. Nach den eigenen Richtlinien und dem Selbstverständnis der Europäischen Kommission als demokratisches Organ der Europäer sollten diese Expertengruppe ausgewogen besetzt sein und neutralen Rat geben. Regierungen, die Wirtschaft und die Zivilgesellschaft sollen gleichermaßen vertreten sein. Aber auch hier ist es den Wirtschaftslobbys gelungen, sich besser als die übrigen Gruppen zu positionieren, wie eine Untersuchung der Nichtregierungsorganisation *Alter-EU* zeigt. Im Jahre 2008 waren in mindestens 110 Expertengruppen die Wirtschaftsvertreter zahlenmäßig stärker repräsentiert als die gesamte Gruppe der Zivilgesellschaft bestehend aus Gewerkschaftern, Verbraucherschützern, unabhängigen Wissenschaftlern und Wohlfahrtsverbänden. In 40 Gruppen hatten die Wirtschaftsvertreter sogar die absolute Mehrheit, also mehr Mitglieder als Regierungen und Zivilgesellschaft zusammen.[654]

Drehtüreffekt und vorauseilender Gehorsam sind zwar in erster Linie als Lobbying einzustufen, sie sind aber auch Bestandteil von demokratisch legitimierten Plutokratien, in denen die Reichen im Hintergrund bleiben und die Ausübung von Macht ihren Handlangern überlassen. Wenn sich diese während ihrer Amtszeit als Politiker wohlgefällig verhalten, werden sie später mit gut dotierten Posten in der Wirtschaft versorgt. Mittlerweile finden sich quer durch alle Parteien genügend Männer und Frauen, die darauf vertrauen, dass sich die Wirtschaft für ihre Vorleistungen erkenntlich zeigt.

AUSMASS DER LOBBYARBEIT

Da sich Lobbyarbeit teilweise abseits der Öffentlichkeit vollzieht, gibt es auch keine genauen Daten über ihr Ausmaß. Allerdings haben einige Länder Gesetze oder Regeln erlassen, die zum einen die Arbeit der Lobbygruppen regulieren und zum anderen festlegen, dass diese sich registrieren und über ihre Arbeit berichten müssen. Relativ vorbildlich, was die Berichtspflichten angeht, sind seit dem Inkrafttreten des Lobby Disclosure Act (frei übersetzt: Gesetz zur Offenlegung von Lobbytätigkeit) im Jahre 1995 die USA. Wer als Lobbyfirma mehr als 3 000 US-Dollar von einem Klienten für seine Lobbytätigkeit in einem Quartal erhält oder wer als Lobbyorganisation mit angestellten Lobbyisten mehr als 12 500 US-Dollar im Quartal für Lobbytätigkeiten ausgibt, muss sich für dieses Quartal beim Kongress der Vereinigten Staaten als Lobbyist registrieren. Firmen oder Organisationen, die diese Grenzwerte überschreiten, müssen detailliert Rechenschaft über Herkunft und Verwendung ihrer Gelder ablegen.[655] So konnte z. B. nachvollzogen werden, wie viel Geld Lobbyvertreter ausgaben, um im Jahre 2005 die mit zwei Stimmen Mehrheit im Senat getroffene Entscheidung des amerikanischen Kongresses zu beeinflussen, die Förderung von Öl in einem Naturschutzgebiet Alaskas zu erlauben. Die Öl- und Gasindustrie spendete seit 1989 rund 180 Millionen

US-Dollar für Wahlkämpfe der beiden großen Parteien, wovon 74% an die Republikaner gingen. *Arctic Power*, eine Lobbygruppe, der verschiedene Ölfirmen und die Handelskammer von Alaska angehören, gab von 1997 bis 2004 rund 1,7 US-Millionen Dollar für Lobbyarbeit in Washington aus.[656] Aufgrund der strengen Vorschriften in den USA wissen wir auch, dass sich die Zahl der registrierten und aktiven Lobbyisten von 1998 bis 2013 von rund 10 400 auf 12 300 erhöht hat. Die Ausgaben für das Lobbying haben sich im gleichen Zeitraum mehr als verdoppelt und stiegen von rund 1,45 Milliarden auf 3,21 Milliarden US-Dollar.[657] Die Berichtspflicht macht die Aktivitäten der Lobbyisten zwar nicht besser, aber wenigsten kann in den USA jeder nachprüfen, wer für wen in welcher Sache tätig ist und wie viel Geld aufgewendet wird, um die Administration zu beeinflussen. Das gilt allerdings nur für die klassische Arbeit der Lobbyisten. Zum Lobbying 2.0 gibt es aber auch für die USA keine genauen Angaben. Das *Center for Responsive Politics* sammelt zwar detaillierte Daten über Personen, die sich den Drehtürmechanismus zunutze gemacht haben.[658] Anspruch auf Vollständigkeit kann die Organisation aber nicht erheben.

In Deutschland und der Europäischen Union sind die Pflichten zur Offenlegung weitaus weniger streng. Niemand weiß genau, wie viele Lobbygruppen es gibt, welche Summen die einzelnen Lobbys aufwenden und für welche Aktivitäten die Gelder ausgegeben werden. *LobbyControl*, ein gemeinnütziger Verein, der über die Aktivitäten von Lobbygruppen informiert, schätzt, dass in Brüssel zwischen 15 000 und 20 000 Lobbyisten auf Parlament und Kommission der EU einwirken. In Deutschland sollen rund 5 000 Lobbyisten die Administration beeinflussen.[659]

URSACHEN DES LOBBYINGS

Die Versuchung, sich durch Beeinflussung der Administration Vorteile zu verschaffen, ist ein bekannter Bestandteil des politischen Prozesses. Dies gilt nicht nur für Demokratien, auch in einer Diktatur, Monarchie oder Aristokratie versuchen einzelne Personen oder Interessengruppen, auf die Administration einzuwirken. Das Lobbying als Instrument zur Beeinflussung einer demokratisch legitimierten Administration hat eine mehr als 200-jährige Tradition. Dennoch war es noch bis weit in die 1970er Jahre hinein ein eher beschauliches Geschäft. Hochran-

gige Manager oder Eigentümer einzelner Unternehmer sprachen bei
den zuständigen Ministern vor und legten ihnen ihre Anliegen dar.
In den meisten westlichen Staaten hat das professionelle Lobbying
erst vor wenigen Jahrzehnten begonnen. In der Literatur wird zwar
eine Vielzahl von Ursachen für die Zunahme des Lobbyings genannt,
genau genommen lassen sich diese aber auf vier tiefer liegende Gründe
zurückführen.

Der erste Grund für die Zunahme des Lobbyings liegt im Verhalten der Unternehmen begründet. Während sie sich in der Phase der
Bescheidenheit des Kapitalismus von Anfang der 1950er bis Ende der
70er Jahre im Wesentlichen damit begnügten, im Rahmen der bestehenden Wirtschaftsordnung und Regeln zu agieren, änderte sich ihr
Verhalten ab Anfang der 80er Jahre. In Wirtschaftskreisen gewann eine
alte Einsicht wieder an Bedeutung, nach der sich schon mit relativ
geringen Veränderungen der Spielregeln große Gewinne erzielen
lassen. Und warum sollten kapitalistische Unternehmen, denen es im
Endeffekt um die Erhöhung ihrer Gewinne geht, nicht auch versuchen,
die Administration zur Änderung der Regeln zu bewegen? Das haben
Unternehmer schließlich schon vor über 250 Jahren mit großem Erfolg
gemacht. Und so hatte Adam Smith bereits Ende des 18. Jahrhunderts
seine Zeitgenossen ermahnt, äußerst vorsichtig, ja sogar in höchstem
Maße misstrauisch zu sein, wenn Kaufleute und Manufakturbesitzer
Gesetze vorschlagen sollten und dabei die Förderung des Gemeinwohls
als Grund angeben. Seiner Ansicht nach dienten diese normalerweise
nicht dem öffentlichen Wohl. Kaufleute und Manufakturbesitzer seien
Leute, »deren Interesse nie exakt dasselbe ist wie das der Öffentlichkeit,
die im Allgemeinen ein Interesse daran haben, die Öffentlichkeit zu
täuschen und sogar zu unterdrücken, und die sie bei vielen Gelegenheiten bereits getäuscht und unterdrückt haben.«[660] In dieser Hinsicht
agiert der Kapitalismus heute noch genauso wie zu Adam Smiths
Zeiten. Ziel seiner Lobbyisten ist es, die Parlamente zu Gesetzen zu
bewegen, die die in Kapitel 7 beschriebenen Instrumente zur Steigerung der Gewinne und damit Ausweitung der ökonomischen Macht
zur Entfaltung bringen. Dahinter steht letztlich nichts anderes als der
von Nietzsche diagnostizierte Wille zur Macht, den der Kapitalismus
nach einer kurzen Phase der Bescheidenheit wieder entdeckt hat.

Das Lobbying intensivierte sich aber noch aus einem zweiten
Grund. Im Nachgang zu den Forderungen der 68er-Generation, die

sich vor allem für Frieden und mehr Demokratie einsetzte, erblühte die Zivilgesellschaft. Ihre beiden wirtschaftlichen Hauptforderungen nach besserem Umweltschutz und mehr sozialer Gerechtigkeit versuchte sie nicht nur durch eine Mobilisierung der Öffentlichkeit durchzusetzen. Auch die Zivilgesellschaft hatte die Vorzüge des Lobbyings entdeckt und begann, dieses Instrument zu nutzen.[661] Dadurch gerieten aber die Unternehmen von einer weiteren Seite unter Druck, denn vor allem an ihre Adresse richteten sich die Vorwürfe, freiwillig zu wenig für Umwelt und Soziales zu tun. Die Wirtschaft reagierte darauf einerseits wie immer, indem sie das Ausmaß der Probleme und ihre Verantwortung dafür herunterspielte. Andererseits intensivierte sie ihre Lobbyaktivitäten, um Regierungen davon abzuhalten, strenge Umweltgesetze zu erlassen oder die Wirtschaft zu verpflichten, sich stärker an der Finanzierung von Maßnahmen zum Ausgleich sozialer Härten zu beteiligen.

Die gerade geschilderte Abwehr von Lobbyaktivitäten führt uns zum dritten Grund für die Zunahme des Lobbyings. Er ist ein systemischer, liegt also in der internen Logik des Lobbyingprozesses begründet. Ziel des Lobbyings ist die Durchsetzung von Partikularinteressen. Hat Lobbyarbeit Erfolg, wird die vertretene Gruppe besser gestellt, häufig jedoch auf Kosten einer anderen. Die benachteiligte Gruppe wird dann ebenfalls auf Lobbyarbeit setzen, um in Zukunft solche Nachteile zu vermeiden oder sich an anderer Stelle Vorteile zu verschaffen. Anders ausgedrückt: Sind die Bemühungen einer Lobby von Erfolg gekrönt, müssen die Verlierer nachziehen, um nicht zu den Benachteiligten im politischen Prozess zu gehören. Durch diese im System des Lobbyings angelegte Rückkopplung entsteht eine Aufwärtsspirale, die so lange zu einer Ausweitung des Lobbyings führt, bis die Kosten des Lobbyings dessen Erträge übersteigen. Lobbying ist bis zu dieser Grenze ein sich selbst verstärkender Prozess, angetrieben von einem Mechanismus, den der schwedische Ökonom Gunnar Myrdal als zirkulär kumulative Verursachung bezeichnet hat.[662] Auf diese innere Logik des Lobbyings und die Gefahr, dass sich der Lobbyismus auf diese Weise verselbständigt, hat schon Ludwig Erhard eindringlich hingewiesen, der nicht nur aus diesem Grund ein entschiedener Gegner des Lobbyismus war.[663] Er hatte sich wiederholt dafür ausgesprochen, die selbstsüchtigen Interessengruppen in die Schranken zu weisen. Im gesamten sechsten Kapitel seines Buches »Wohlstand für alle«, das

die Überschrift »Wirtschaftsminister, nicht Interessenvertreter« trägt,
rechtfertigt Ludwig Erhard seine Politik, als Wirtschaftsminister dem
Gemeinwohl bei wirtschaftspolitischen Entscheidungen Vorrang vor
Partikularinteressen zu geben.[664]

Dies bringt uns zum vierten Grund für die Zunahme des Lobbyismus. Er kann nur dann gedeihen, wenn er auf fruchtbaren Boden fällt,
wenn also die Administration bereit ist, sich Partikularinteressen
zu beugen. An Ludwig Erhard und seinen Beamten im Wirtschaftsministerium bissen sich die Lobbyisten in den meisten Fällen noch
die Zähne aus. Er setzte sogar 1957 nach jahrelangem Streit mit dem
Bundesverband der Deutschen Industrie und gegen den vehementen
Widerstand weiter Teile der Wirtschaft ein für das Kapital eher unlieb-
sames Kartellgesetz durch, auch wenn es ihm nicht gelang, all seine
Vorstellungen einzubringen. Damals waren die Auseinandersetzungen zwischen Wirtschaft und Politik heftig und sie wurden in aller
Öffentlichkeit ausgetragen. Im Wirtschaftsministerium saßen noch
ordnungspolitische Überzeugungstäter, die zwar nicht dogmatisch
vorgingen, um den Wiederaufbau Deutschlands nicht zu gefährden,
die aber sicherlich nicht das taten, was die Wirtschaft gerne gehabt
hätte.[665]

Heute denken viele Entscheidungsträger in der Administration
anders. Sie lassen sich zum einen leichter als ihre Vorgänger mit dem
Allzweckargument unter Druck setzen, dass Arbeitsplätze abgebaut
oder ins Ausland verlagert würden, wenn die Administration nicht
machen sollte, was dem Kapital gefällt. Dieses Argument gibt es zwar
schon länger, es gewann jedoch durch die sich seit Anfang der 1980er
Jahre beschleunigende Globalisierung an Schlagkraft. Denn erst sie
ermöglicht es den Unternehmen, ihre Drohung auch wahr zu machen,
und Kapital und die dazugehörigen Arbeitsplätze in größerem Umfang kostengünstig an ausländische Standorte zu verlagern.[666] Zum
Zweiten ist die größere Nachgiebigkeit der Administration gegenüber
Partikularinteressen auf den Wertewandel zurückzuführen, der mit
dem Aufkommen des Neoliberalismus die Verfolgung des Eigeninteresses stärker in den Mittelpunkt gerückt hat als die Verfolgung des
Gemeinwohls. Das erleichtert es den finanzstarken Lobbyisten, die
Vertreter der Administration mit kleinen und großen Wohltaten zu
beglücken, ohne dabei gegen Gesetze zu verstoßen. Die Hauptursache
für die Zunahme der Willfährigkeit von Abgeordneten und Regie-

rungsmitgliedern dürfte aber darin begründet liegen, dass sie bei entsprechendem Wohlverhalten vom zuvor beschriebenen Drehtüreffekt oder fliegenden Wechsel in die Wirtschaft profitieren können.

BRAUCHT EINE DEMOKRATIE LOBBYING?

Wenn es nach der Mehrheit der Journalisten in den Qualitätsmedien und der breiten Öffentlichkeit geht, dann ist die Antwort auf diese Frage ein klares Nein. Lobbyisten seien skrupellose Vertreter von Partikularinteressen und schadeten dem Gemeinwohl, so lautet das gängige Argument. Der schlechte Ruf der Lobbyisten hängt wohl in erster Linie mit dieser Einschätzung zusammen. Einige Politikwissenschaftler gewinnen dem Lobbying jedoch auch Positives ab. Peter Lösche, emeritierter Professor der Universität Göttingen, sieht zwar durchaus dessen Nachteile, kommt in seinem Beitrag »Demokratie braucht Lobbying« aber insgesamt zu einem weitaus besseren Urteil als die Öffentlichkeit. Seiner Auffassung nach leisten Lobbyisten der Demokratie vor allem aus drei Gründen wertvolle Dienste.[667] Zum einen beraten Lobbyisten die Administration. Sie zählen oftmals zu den wenigen Experten auf einem bestimmten Gebiet und sowohl die Beamten in Ministerien als auch die Abgeordneten benötigen dieses Expertenwissen, um gute Gesetze oder Regulierungen zu entwerfen. Zum Zweiten wird die politische Teilhabe durch das Lobbying gestärkt, weil es eine formale Struktur bietet, die zu einer Bündelung der Interessen führt. Dadurch kann sich der Einzelne besser in den politischen Prozess einbringen als er dies auf sich allein gestellt tun könne. Drittens führt die bereits erwähnte Konkurrenz der Lobbyisten zu einem fundierten Austausch von Argumenten, weil jede Gruppe hofft, durch bessere Ideen die Entscheidungsträger zu überzeugen. Ein angenehmer Nebeneffekt der Konkurrenz ist, dass die Macht einzelner Lobbyisten nicht zu stark anwächst, sodass für Lösche insgesamt das Positive überwiegt.

Diese Argumentation ist aus mehreren Gründen problematisch. Die beiden letzten Argumente sind zwar im Prinzip richtig, aber nicht besonders stichhaltig. Denn um eine stärkere Beteiligung des einzelnen Bürgers am politischen Prozess zu erreichen, sind Lobbygruppen sicherlich nur ein Instrument zweiter oder dritter Wahl. Wesentlich sinnvoller wäre es, die Menschen durch mehr direkte Demokratie in die politischen Entscheidungen mit einzubeziehen. Gleiches gilt, wenn es darum geht, die Meinungsvielfalt und die Konkurrenz der Ideen zu fördern. Auch dafür gibt es bessere Mittel als die Stärkung der Lobbyarbeit. Das erste Argument erscheint zunächst gewichtiger, es verwechselt jedoch Ursache mit Wirkung. Der Grund, warum Lobbygruppen heutzutage über bessere Informationen verfügen, ist hauptsächlich darin zu sehen, dass diejenigen Institutionen, die früher ein fachliches Urteil abgeben konnten, seit langem absichtlich und deutlich geschwächt wurden. Dazu zählt vor allem die Ministerialbürokratie, die in Deutschland auf Bundesebene von 1993 bis 2005 einen jährlichen Personalabbau von 1,5 % zu verkraften hatte. Dieser war von der Regierung unter Bundeskanzler Helmut Kohl beschlossen worden, um die Staatsausgaben zu senken.[668] Das von Peter Lösche positiv bewertete Angebot an Informationen seitens der Lobbyisten geht im Wesentlichen darauf zurück, dass sich die Unternehmen seit Jahrzehnten dagegen wehren, mehr Informationen preiszugeben. Vordergründig wird dies mit den hohen Kosten der Sammlung, Aufbereitung und Übermittlung der Daten begründet, die die Wettbewerbsfähigkeit der Unternehmen angeblich schwäche.

Wie fadenscheinig ein solches Argument ist, braucht angesichts der Datensammelleidenschaft von Unternehmen, der preiswerten Speicherkapazität und der hoch entwickelten Software, mit deren Hilfe die von der Politik benötigten Informationen durch ein paar Befehle innerhalb kürzester Zeit aus bestehenden Datenbanken extrahiert werden können, wohl nicht betont zu werden. Der tiefer liegende Grund für die Zurückhaltung der Informationen ist ein anderer: Wissen ist Macht. Solange die Informationen von den Unternehmen kontrolliert werden, entscheiden sie darüber, welche Informationen sie wann und wo in den politischen Prozess einspeisen. Diese selektive Informationsweitergabe verschafft den Interessengruppen einen wichtigen Vorteil bei der Durchsetzung ihrer Interessen. Lobbyarbeit, insbesondere die der Wirtschaft, kann heute nur deswegen so wichtige Dienste für die Politik leisten, weil die eher am Gemeinwohl orientierten Institutionen personell und finanziell ausgedünnt wurden und die mit Personal und Informationen gut ausgestatteten Lobbygruppen zum Teil ihre Stellung eingenommen haben.

Eine Demokratie braucht also kein Lobbying so wie es zurzeit in den westlichen Staaten betrieben wird. Sie benötigt Diskussionen und einen Austausch von Positionen auf dem Marktplatz der Ideen, um zu Entscheidungen zu gelangen, die das Gemeinwohl fördern.

WIE LOBBYING DIE DEMOKRATIE SCHWÄCHT UND DEN BÜRGERN SCHADET

Intelligente Lobbyisten, von denen es eine ganze Menge gibt, sehen durchaus ein, dass ihr Tun zumindest eine Schwächung der Demokratie ist, weil nicht mehr der Wille des Volkes die Parlamentarier leitet, sondern das Geld der Interessengruppen. Gerechtfertigt wird diese massive Durchsetzung eigener Positionen im Wesentlichen mit dem zuvor bereits genannten Argument, dass man bessere Informationen und Analysen hätte als Volk und Regierung und daher auch besser wisse, was gut für die Gesellschaft als Ganzes sei. Diese vorgetäuschte Sorge um das Gemeinwohl ist allerdings nur eine Schutzbehauptung einer kleinen Gruppe von mächtigen Strippenziehern, die damit den in vielen Fällen schädlichen Einfluss der Lobbyarbeit auf Gesundheit und Wohlstand der Menschen verschleiern will. Man denke nur daran, wie die Lobbyisten der Tabakindustrie jahrzehntelang versucht haben, die Gefährlichkeit des Rauchens zu leugnen, um Gesetze zum Schutz von Nichtrauchern oder Werbeverbote für Tabakprodukte zu verhindern.[669] Ähnlich gelagert sind z. B. die Fälle von Alkohol, Asbest, vielen chemischen Pflanzenschutzmitteln, einigen Weichmachern oder Dieselkraftstoff, in denen die jeweiligen Lobbyisten lange Zeit Erfolg damit hatten, die Schädlichkeit der Stoffe herunterzuspielen und Gesetze zum Schutz der Menschen zu verhindern.

Wie Lobbying die Demokratie schwächt und den Bürgern schadet, lässt sich exemplarisch im Fall der europäischen Chemikalien-Richtlinie REACH studieren. REACH steht für »Registration, Evaluation, Authorisation (and Restrictions) of Chemicals«, auf Deutsch »Registrierung, Bewertung, Zulassung (und Beschränkung) von Chemikalien«.[670] Um zu verstehen, welche Macht Lobbyisten in diesem Fall entfaltet haben, muss man die Vorgeschichte von REACH kennen, die 1992 begann. In jenem Jahr veröffentlichten vier dänische Wissenschaftler eine Studie, nach der die durchschnittliche Zahl der Spermien in einem Milliliter Samenflüssigkeit von Männern sich zwischen 1940 und 1990 beinahe halbiert hatte. Gleichzeitig ging die durchschnittliche Menge an ausgestoßener Samenflüssigkeit um knapp 20% zurück, was die Fruchtbarkeit von Männern ebenfalls verringerte.[671] Drei Jahre später erschien von den gleichen Autoren ein Fachartikel, in dem sie aufgrund von Befunden in anderen Studien auf einen möglichen Zusammenhang zwischen erhöhten Werten von bestimmten Umweltchemikalien mit hormonähnlicher Wirkung (Östrogenen) und der Abnahme der Fruchtbarkeit bei Männern verweisen.[672] Da diese Umwelthormone in vielen Gegenständen des täglichen Gebrauchs stecken und ins Blut oder die Muttermilch übergehen können, wurde gemutmaßt, dass dadurch vermutlich noch andere Krankheiten verstärkt ausgelöst werden könnten. Unterstützt wurde der Verdacht durch eine Vielzahl von Publikationen, die eine Verbindung zwischen Umwelthormonen und Fehlentwicklungen herstellten, wie z. B. Frühreife bei Mädchen, eine Zunahme von Frühgeburten oder eine erhöhte Rate von Brustkrebs.[673] Noch war unklar, wie stark die Budgets der Krankenkassen allein durch die Behandlungskosten belastet würden, Schätzungen gingen jedoch davon aus, dass allein in Deutschland viel Geld eingespart werden könnte, falls es gelänge, die Aufnahme von Umwelthormonen im menschlichen Körper stark zu verringern.[674] Es bahnte sich ein milliardenschwerer Interessenskonflikt zwischen Verbraucherschutz und dem Gesundheitssystem einerseits und der Chemischen Industrie auf der anderen Seite an, die um ihre Gewinne bangte, falls sie die Unbedenklichkeit der von ihr verwendeten Substanzen nachweisen müsste. Während die Chemiebranche versuchte, die Kosten der durch sie verursachten negativen externen Effekte weiterhin auf die Gesellschaft zu überwälzen, wollten die Bürger den Unternehmen entsprechend dem Verursacherprinzip die Kosten der Vermeidung oder Beseitigung dieser Schäden auferlegen. Außerdem sollte das Vorsorgeprinzip[675] stärker zum Tragen kommen, um die Menschen vor den schädlichen Auswirkungen der Umwelthormone in Zukunft besser zu schützen.

Ende der 1990er Jahre war die Diskussion über Nutzen, Kosten und Schädlichkeit der Umweltchemikalien mit hormonähnlicher Wirkung in vollem Gange und die Politik wurde aktiv. Im Februar 2001 veröffentlichte die Europäische Kommission das Weißbuch »Strategie für eine zukünftige Chemikalienpolitik«, dessen Maßnahmen im Wesentlichen dem wissenschaftlich allgemein anerkannten Verursacher- bzw. Vorsorgeprinzip entsprachen. Danach sollte die Industrie dafür sorgen, »dass nur Chemikalien hergestellt und/oder auf den Markt gebracht werden, die für die vorgesehenen Verwendungszwecke sicher sind. Die Kommission schlägt vor, die Verantwortung für die Erfassung und Auswertung von Daten und für die Beurteilung der Risiken im Zusammenhang mit der Verwendung dieser Stoffe den Unternehmen zu übertragen.«[676] Bis 2012 sollten ca. 30 000 Substanzen evaluiert und in Abhängigkeit vom Ergebnis entweder zugelassen oder verboten werden. Die gesamten Kosten dafür hätten nach Schätzungen der Europäischen Kommission 2,3 Milliarden Euro betragen.[677] Verteilt auf mehr als 10 Jahre hätte das die Chemische Industrie in Europa mit 200 Millionen Euro pro Jahr belastet, was weniger als 0,1 % ihres Jahresumsatzes entspricht.[678] Der Nutzen von REACH wäre aber weitaus höher gewesen. Nach vorsichtigen Schätzungen der Europäischen Kommission hätte REACH rund 4 500 Leben pro Jahr gerettet und dem öffentlichen Gesundheitswesen in Europa jährlich mehr als eine Milliarde Euro an Behandlungskosten erspart.[679] Rechnet man mögliche Folgekosten der Erkrankungen (z. B. Frühverrentung oder Lohnsteuerausfälle) aufgrund der Belastung mit Umweltchemikalien hinzu, ergibt sich ein noch höherer Nutzen durch REACH. Die Zahlen belegten also eindeutig, dass die Gesellschaft von REACH massiv profitiert hätte, und die wissenschaftlich allgemein anerkannten Prinzipien der Umweltpolitik besagen, dass die Chemische Industrie die Kosten der Risikobewertung tragen muss. Hätten das Volk oder seine Vertreter angesichts der damaligen Faktenlage zu entscheiden gehabt, wäre REACH wohl wie geplant gekommen.

Was zwischen der Veröffentlichung des Weißbuchs im Februar 2001 und der Verabschiedung der endgültigen Richtlinie zu REACH Ende 2006 an Lobbyarbeit seitens der Chemischen Industrie verrichtet wurde, kann hier nicht im Detail vertieft werden. Aber die Lobbyisten bedienten sich aller Mittel, die in diesem Geschäft üblich sind. So entwickelte eine Unternehmensberatung im Auftrag des *Bundesverbands der Deutschen Industrie* Horrorszenarien, nach denen allein in Deutschland ein Produktionsrückgang im Verarbeitenden Gewerbe von 20 % drohe. Der *Verband der Chemischen Industrie (VCI)* sah Millionen von Arbeitsplätzen in Gefahr. Beschäftigte von Chemiefirmen wurden in Ministerien und der Europäische Kommission platziert und arbeiteten an den Regulierungen mit. Der US-amerikanischen Chemiebranche wurde klargemacht, dass REACH ihre Exporte in die Europäische Union vermindern würde. Die Lobbyarbeit zeigte

Wirkung bis in höchste Kreise. Die Regierungschefs von Deutschland, Frankreich und dem Vereinigten Königreich – Gerhard Schröder, Jacques Chirac und Tony Blair – beschwerten sich im September 2003 in einem gemeinsamen Brief beim Präsidenten der Europäischen Kommission Romano Prodi und verlangten mehr Rücksichtnahme auf die Interessen der Industrie. Der US-amerikanische Außenminister Colin Powell wandte sich 2002 an seine Botschafter in der EU und 35 weiteren Staaten und forderte sie auf, den zuständigen Stellen vor Ort die Bedenken der US-Regierung gegen REACH vorzutragen.[680]

Die Lobbyarbeit hatte Erfolg. Die Europäische Kommission schwächte bereits im September 2003 ihren ursprünglichen Entwurf stark ab. Nur noch ein Drittel der ursprünglich vorgesehenen Stoffe sollte nun getestet werden, wobei auch die Zahl der Prüfverfahren reduziert wurde. Es folgten drei weitere Jahre intensiver Lobbyarbeit. Am 1.7.2007 trat eine Richtlinie für Chemikalien in Kraft, die weit hinter den Plänen von 2001 zurückblieb und die Interessen der Industrie weitaus stärker schützt als die der Menschen und der Umwelt. REACH ist ein zahnloser Tiger geworden. So muss es auch nicht verwundern, dass die Erkrankungen oder Störungen, die auf hormonell wirkende Umweltchemikalien zurückgeführt werden, weiter ansteigen. In den wenigen Ländern Europas, die gegenwärtig systematisch die Qualität der Spermien untersuchen, zeigen sich bei 40% der Männer Fertilitätsstörungen. Auch gibt es Belege für eine geringere Fruchtbarkeit und vermehrte Entwicklungsstörungen bei Wildtieren, besonders in Gegenden, die mit einem Cocktail von Alltagschemikalien belastet sind.[681] Die Kampagne gegen REACH ist somit auch ein Musterbeispiel dafür, wie der Kapitalismus seine einmal gewonnene ökonomische Macht zur Finanzierung von Lobbyaktivitäten nutzt, die zum einen demokratische Entscheidungen zu seinem Vorteil verändern und zum anderen seine Gewinne schützen, wodurch er seine gegenwärtige und zukünftige Macht festigt.

Während die eben genannten Lobbyaktivitäten Substanzen schützen, die Leben und Gesundheit vieler Menschen zugunsten der Unternehmensgewinne bedrohen, zielen andere Lobbyaktivitäten in erster Linie darauf ab, den von ihnen vertretenen Branchen höhere Profite zu verschaffen, indem sie ganz allgemein günstigere Rahmenbedingungen herstellen. Dazu zählt vor allem die Deregulierung der Märkte, was nichts anderes heißt als den Firmen mehr Handlungsfreiheit zu

gewähren und weniger Rechenschaft gegenüber der Gesellschaft abzuverlangen. Dass freie Märkte nur wenigen Kapitalisten nützen, der
überwiegenden Mehrheit aber Nachteile bringen, ist eine Lektion aus
der Wirtschaftsgeschichte, die uns schon aus Kapitel 3 bekannt ist.[682]

Aber wenn man nicht aus der Geschichte lernt, ist man dazu verdammt, die Fehler der Vergangenheit zu wiederholen. Genau das ist
überall in der westlichen Welt passiert, vor allem in der Finanzbranche.
Nachdem man vor allem in den USA nach der Großen Depression
von 1929 Gesetze erlassen hatte, die verhindert haben, dass die
Banken zu groß werden und zu hohe Risiken eingehen, begannen
die Lobbyisten nach der Amtsübernahme von Präsident Reagan im
Jahre 1981 damit, Regierung und Kongress zu Lockerungen dieser
Bestimmungen zu bewegen. Besonders aktiv wurden sie in den letzten
Jahren der Präsidentschaft von Bill Clinton und in der achtjährigen
Regierungszeit von George W. Bush. Wie die Untersuchungskommis-
sion des US-Kongresses zur Aufklärung der Ursachen der Finanzkrise
feststellte, gab allein die Finanzbranche zwischen 1999 und 2008 rund
2,7 Milliarden US-Dollar für Lobbyarbeit aus. Parallel dazu spendeten
Einzelpersonen und politische Aktionskomitees eine weitere Milliarde
US-Dollar für den gleichen Zweck.[683] Die Kommission stellte auch
fest, dass diese intensive Lobbyarbeit maßgeblich zur Deregulierung
des Banken- und Versicherungswesens beigetragen hatte und diese
einer der Hauptgründe für den Ausbruch der Finanzkrise 2008 war.
So war es beispielsweise fünf großen Investmentbanken nach einer
massiven Kampagne in den USA gelungen, ihre Aufsichtsbehörde SEC
(Securities and Exchange Commission) und die Politik davon zu überzeugen, dass Investmentbanken Spezialisten im Umgang mit Risiken
sind und für sie daher eine Vorschrift aus dem Jahr 1975 unnötig sei,
nach der Investmentbanken 8,3% ihrer Aktiva in Form von Eigenkapital zurücklegen mussten. Im April 2004 wurde diese Regelung
gestrichen. Die Folge war eine massive Zunahme der Ausleihungen
der Investmentbanken und ein Rückgang der Eigenkapitalquoten auf
3,2 bis 4,6%.[684] Dies war gleichbedeutend mit einer Halbierung des
Risikopuffers, der nach 2004 so gut wie nicht mehr vorhanden war.

Als im Spätsommer 2008 viele US-amerikanische Investmentbanken vor dem Ruin standen, kam dies einem doppelten Offenbarungseid
gleich. Die Bankvorstände mussten nicht nur zugeben, sich wie Zocker
in einem Kasino verhalten zu haben, statt wie ehrbare Bankiers solide

mit den Geldern ihrer Kunden zu wirtschaften. Mindestens genauso schlimm war das Eingeständnis, dass freie Märkte eben nicht – wie von neoliberaler Seite immer behauptet – mehr Wachstum und Wohlstand für eine Volkswirtschaft bringen. Hätte, wie in Kapitel 7 beschrieben, der Staat nicht in letzter Sekunde die großen Banken (mit Ausnahme von *Lehman Brothers)* gerettet, wäre die Welt vermutlich nicht in die kleine Depression von 2009 hineingeraten, sondern in eine große wie von 1929 bis 1933. Auch dieses Beispiel verdeutlicht, wie ungehemmte Interessenvertretung dem Gemeinwohl schadet. Denn ohne die durch umfangreiche Lobbyarbeit mit ausgelöste Deregulierung hätten die Banken zum einen keine so hohen Risiken eingehen können, sie hätten zweitens über mehr Eigenkapital zur Deckung etwaiger Verluste verfügt, und sie wären drittens nicht »too big to fail« geworden. So haben die Lobbyisten einer kleinen Gruppe von Bankern und Fondsmanagern zu viel Geld verholfen, für den entstandenen Schaden mussten aber im Wesentlichen die Steuerzahler aufkommen.

Nun könnte man vermuten oder hoffen, dass amerikanische Politiker sich angesichts solch schlechter Erfahrungen nicht mehr so leicht von Lobbyisten beeinflussen lassen. Das scheint aber offensichtlich nicht der Fall zu sein, was auch mit dem bereits erwähnten Urteil des Obersten Gerichtshofs zusammenhängt, das eine unbegrenzte finanzielle Unterstützung von Politikern durch politische Aktionskomitees erlaubt. Wer als Politiker nicht mehrere Millionen US-Dollar für seine Wahlkampagne mobilisieren kann, hat in der Regel nicht mal in einem kleinen Bundesstaat den Hauch einer Chance, in den Senat oder das Repräsentantenhaus gewählt zu werden. Auch dieser Umstand erlaubt es der Finanz-, Versicherungs- und Immobilienbranche (dem sogenannten F.I.R.E.-Sektor) nach wie vor, eine besonders aktive Lobbyarbeit in den USA zu betreiben.[685] Nach Angaben der überparteilichen Menschenrechtsorganisation *Global Exchange* gaben Unternehmen des F.I.R.E.-Sektors von 2006 bis 2012 rund 880 Millionen US-Dollar für Spenden an Abgeordnete des Senats und Repräsentantenhauses aus. Fast dreimal so viel, nämlich rund 2,4 Milliarden US-Dollar, wandten sie für Lobbyarbeit auf. Unter anderem beschäftigten sie damit zusammen im Durchschnitt rund 18 500 Lobbyisten und PR-Berater im Jahr. Der Erfolg dieser Arbeit kann sich durchaus sehen lassen. Bei der Abstimmung über sieben Schlüsselgesetze für die Wirtschaft in den Jahren 2008 bis 2011 votierten z. B. 37 % der Senatoren bei *allen*

Abstimmungen, an denen sie teilnahmen, im Sinne der F.I.R.E.-Lobby, weitere 38% der Senatoren stimmten zumindest bei vier Abstimmungen im Sinne von F.I.R.E.[686] Eine solche Übereinstimmung mit Lobbypositionen ist angesichts der schlechten Erfahrungen, die in den USA mit den Lobbyaktivitäten der Wall Street vor der Finanzkrise 2008 gemacht worden waren, zumindest erstaunlich.

In Europa sieht es aber auch nicht besser aus. Auch hier hat die Finanzbranche ihre Lobbyaktivitäten massiv ausgeweitet, um ihre Profite zu schützen, die sie durch eine stärkere Regulierung des Banken- und Versicherungswesens in Gefahr sieht. Besonders erfolgreich ist die Finanzlobby im Einschleusen ihrer Experten in die Beratergruppen der Europäischen Kommission gewesen. Wie die schon zitierte Studie von *Alter-EU* belegt, gab es 19 Expertengruppen, die 2009 die Kommission in Finanzmarktfragen berieten. Acht Gruppen waren von Vertretern der Finanzbranche dominiert, die zahlenmäßig viermal so stark repräsentiert waren wie alle Vertreter der Wissenschaft, Gewerkschaften und Verbraucherschützer zusammen.[687] Nur eine Gruppe war paritätisch mit Abgesandten von Nichtregierungsorganisationen und der Finanzbranche besetzt (sieben Gruppen bestanden nur aus Vertretern der Regierungen der Mitgliedsstaaten, für drei Gruppen gab es keine Angaben zu den Mitgliedern).[688] Die Europäische Kommission ließ sich also nach der Krise von genau den gleichen Interessengruppen beraten wie zuvor, obwohl klar ist, dass deren Ratschläge mitverantwortlich für die Krise waren. Die neuen Empfehlungen sahen nur minimale zusätzliche Regulierungen vor. »Die Dominanz der Unternehmen bedeutet, dass die Regulierung oft so gestaltet wird, um die Profite der großen Banken und privaten Unternehmen zu schützen und nicht die Interessen der Öffentlichkeit«, schreiben die Verfasser der Studie für *Alter-EU*.[689] Sie kommen damit zu der gleichen Erkenntnis wie Adam Smith vor über 200 Jahren.

LOBBYING – DAS KAPITAL IST KLAR IM VORTEIL

Es kann heutzutage kaum mehr ein Zweifel daran bestehen, dass Lobbying die Macht des Volkes erheblich schwächt. Regierung und Parlamente werden derzeit so stark von den finanzkräftigen Lobbys beeinflusst, dass die formal demokratisch zustande gekommenen Entscheidungen nur selten dem Willen der Mehrheit des Volkes entsprechen. Lobbygruppen üben Macht im Sinne der Definition Max Webers aus. Sie setzen ihren Willen durch, auch gegen den Widerstand des Volkes oder seiner Vertreter.

Hinzu kommt, dass es in der Europäischen Union und Deutschland wenig Transparenz bezüglich der Lobbyaktivitäten gibt. Niemand weiß genau, welche Lobby die Administration in welcher Sache mit welchen Argumenten und Wohltaten gerade beeinflusst. Das Beispiel der USA zeigt, dass mehr Transparenz zwar nützlich ist, um nachzuvollziehen, wer wen in welcher Sache beeinflusst. Das Ausmaß des Lobbyings konnte dadurch aber nicht begrenzt werden. Vielmehr scheint es so zu sein, dass sich die Kultur der Einflussnahme verändert. Lobbying ist ein Geschäft wie jedes andere geworden und mehr und mehr Lobbyisten verkünden bereits öffentlich, dass sie der Demokratie einen Dienst erweisen, weil sie angeblich den Standpunkt der schweigenden Mehrheit vertreten.

Selbst Anhänger der elitistischen Variante von Demokratie kann es nicht zufrieden stellen, wenn statt einer unabhängigen, dem Gemeinwohl verpflichteten Administration, Partikularinteressen die Politik bestimmen. Denn von einem fairen Wettbewerb der Interessengruppen untereinander kann nicht gesprochen werden. In Brüssel, Berlin, Washington und den anderen Hauptstädten der westlichen Demokratien dominieren die Lobbyisten der Banken und Großkonzerne.

Wie ernst die Lage in Brüssel ist, machte im Juni 2010 ein Aufruf von 22 Abgeordneten deutlich, die aus verschiedenen Fraktionen des Europaparlaments stammen, z. B. von den Christdemokraten, Grünen, Liberalen, Linken und Sozialdemokraten. Die Finanzpolitiker beschwerten sich über den ständigen Druck aus Kreisen der Banken und die Nähe der Finanzeliten zu den politischen Entscheidungsträgern. Das Fehlen von Distanz trägt »dazu bei, den Argumenten der Finanzindustrie einseitige Aufmerksamkeit zu schenken, und schränkt mit Sicherheit die Fähigkeit der politischen Verantwortlichen ein, Entscheidungen frei von Einflussnahme zu treffen.«[690] Da es in Brüssel keine organisierte Gegenmacht zur Dominanz der Bankenlobby gäbe, sei es dringend notwendig, eine Nichtregierungsorganisation zur Beobachtung des Finanzsektors und zur unabhängigen Beratung von Öffentlichkeit und Parlamentariern zu etablieren. In den nächsten Monaten unterzeichneten mehr als 160 weitere Abgeordnete den Aufruf und im Juli 2011 kam es zur Gründung von *Finance Watch*, die ein

Gegengewicht zur Macht der Finanzlobby aufbauen und unabhängige Expertise und Beratung liefern soll. Bis Ende 2013 hatte *Finance Watch* nach eigenen Angaben 13 Mitarbeiter eingestellt, zahlreiche Stellungnahmen zu Finanzmarktgesetzen geschrieben und sich über 100-mal mit Parlamentariern getroffen.[691]

Ob dies mehr als ein Tropfen auf den heißen Stein ist, muss sich erst noch zeigen. Denn 700 Lobbyisten von Banken mit einem Etat von über 300 Millionen Euro sind ein starker Gegenspieler für eine Organisation mit einem Etat von knapp 2 Millionen Euro und rund einem Dutzend Mitarbeiter.[692] Und damit ist die Finanzbranche eindeutig im Vorteil, denn wie Lobbyisten wissen, gilt bei der Beeinflussung von Politikern, Parlamenten und der Bürokratie, »dass Lobbying den Einsatz großer Mengen an Ressourcen – vor allem Geld und Zeit – voraussetzt, wenn es erfolgreich sein will.«[693] Und genau hier liegt das Problem für alle Gruppen, hinter denen keine finanzstarken Interessen stehen. Wie ein Vertreter des globalisierungskritischen Netzwerks *Attac* in Brüssel kommentierte, können Nichtregierungsorganisationen im Unterschied zum Finanzsektor auf keinen teuren Stab von Anwälten, Lobbyisten und Ökonomen zurückgreifen.[694]

Genau diese finanzielle Asymmetrie macht das Lobbying zu einer Gefahr für die Demokratie. Denn zur Vertretung der Interessen des Kapitals lassen sich in der Regel mehr Gelder mobilisieren als für Umwelt, Verbraucherschutz, Soziales oder andere gesellschaftliche Anliegen. Und solange in den westlichen Demokratien asymmetrisches Lobbying vorherrscht, werden die Forderungen des Kapitals für bessere Bedingungen zum Erzielen von Gewinnen stärker berücksichtigt als die Anliegen der normalen Bürger.

Ergänzt wird die klassische Vorgehensweise bei der Beeinflussung der Parlamente und Regierungen durch das Lobbying 2.0. Denn insbesondere durch den Drehtüreffekt und fliegende Wechsel kommt es zu einer engen personellen Verzahnung zwischen Kapital und Politik. Beim Aufbau einer demokratisch legitimierten Plutokratie ist dieser personelle Austausch durch Lobbying 2.0 ein wichtiger Schritt, weil er zu einer Harmonisierung der Interessen von Politik und Kapital führt. Die beiden Sphären vermischen sich so weit, dass sie für das Volk zwar noch formal getrennt handeln, aber Ziele und Denken sich inhaltlich kaum noch unterscheiden. Ein Schelm, wer dabei an die berühmte Schlussszene aus George Orwells Roman »Farm der Tiere«

denkt. In dieser verbrüdern sich die machthabenden Schweine bei einem Saufgelage wieder mit den Menschen, die sie zuvor als ihre Feinde von der Farm vertrieben hatten, während die übrigen Tiere, die von den Schweinen regiert werden, hungernd von draußen durchs Fenster blicken und die Schweine nicht mehr von den Menschen unterscheiden können.

FAZIT

Das asymmetrische Lobbying und die enge personelle Verzahnung zwischen Politik und Wirtschaft durch das Lobbying 2.0 sind Meilensteine auf dem Weg zur Entmachtung des Volkes durch den Kapitalismus und zu demokratisch legitimierten Plutokratien. Der Versuch der Einflussnahme per se ist dabei gar nicht so sehr das Problem. Gäbe es nur das klassische Lobbying und wären alle Lobbygruppen finanziell gleich gut ausgestattet, würde das zwar immer noch keine Umsetzung des Volkswillens garantieren, aber dem doch umso näher kommen, je mehr die Bürger ihre Anliegen über die ihnen nahe stehenden Lobbygruppen in die politische Diskussion einbringen könnten. Dies verhindert der Kapitalismus jedoch weitgehend, indem er hohe Geldsummen in Lobbyarbeit steckt, die seinen Zwecken dienen. Zusätzlich belohnt er Politiker für vorauseilenden Gehorsam mit hoch dotierten Posten in der Wirtschaft und durchsetzt Ministerien und Expertengremien mit eigenen Beratern. Gegen diese geballte Übermacht können sich die Bürger nur wenig wehren und so werden Gesetze immer öfter zum Nutzen der Unternehmen und deren Gewinnen gemacht. Aber Lobbyaktivitäten sind nicht das einzige Instrument, mit dem das Kapital seine ökonomische Macht in politische umsetzt. Der Kapitalismus greift die Demokratie an mehreren Fronten gleichzeitig an. Der nächste Meilenstein auf dem Weg der Entmachtung ist die Manipulation der öffentlichen Meinung, die das Lobbying wirkungsvoll unterstützt. Denn Parlamentarier lassen sich umso leichter von den Positionen der Lobbyisten überzeugen, je stärker diese auch in der Öffentlichkeit und den Medien vertreten sind. Und dafür gibt es kaum ein besseres Mittel als die Propaganda.

9 – PROPAGANDA

Ohne Propaganda kann gar nichts verbreitet werden,
keine Philosophie und keine Seife.

Erich Kästner (Deutscher Schriftsteller, 1930)

Das Wort Propaganda leitet sich vom lateinischen Verb »propagare« ab, was so viel bedeutet wie »verbreiten« oder »fortpflanzen«. Im heutigen Sinne gebraucht wird es, seit Papst Gregor XV. 1622 eine bis dahin kleine Kommission zur Verbreitung des Glaubens in eine dauerhafte und mächtigere Einheit umwandelte, die »Sacra Congregatio de Propaganda Fide« (Heilige Kongregation für die Glaubensverbreitung). Aufgabe der Propaganda, wie die Kongregation kurz genannt wurde, war es, den katholischen Glauben in den von Europa gegründeten Kolonien in Afrika, Amerika und Asien zu fördern und gegen die Reformatoren in Europa vorzugehen.

Heutzutage lässt sich Propaganda definieren als die Beeinflussung der öffentlichen Meinung durch die gezielte Verbreitung von Ideen.[695] Ziel ist es, bei den Adressaten eine gewünschte Veränderung der Einstellungen oder Sichtweisen zu bewirken. Verbreitet werden unter anderem politische, wirtschaftliche oder auch kulturelle Meinungen. Die Propaganda kann sowohl humanitäres Gedankengut oder die Ideale der Aufklärung aussenden als auch nationalistische oder menschenverachtende Ideen. Sie ist ein Instrument und als solches, wie die meisten anderen auch, weder von Natur aus gut noch böse.

Da wirkungsvolle Meinungsmache heute die Existenz von Massenmedien voraussetzt, lassen sich die Anfänge der modernen Propaganda auf Mitte bis Ende des 19. Jahrhunderts datieren. Nachdem Gustave Le Bon 1895 mit seinem einflussreichen Werk »Psychologie der Massen« die Öffentlichkeit mit der Vorstellung eines irrationalen, leicht verführbaren Volkes aufgerüttelt hatte, wurde die Propaganda von den Eliten in den Dienst der Stabilisierung der Gesellschaft gestellt.[696] Sie wurde einerseits verstanden als im Fall der Fälle einzusetzendes Mittel zur Abwendung des Sturzes der bürgerlichen Gesellschaft, der als »Gespenst des Kommunismus« zumindest in Europa umging. Andererseits sollte damit die Meinung des Volkes durch die Obrigkeit geformt werden, nicht zuletzt um Zustimmung und Begeisterung für Kriege zu wecken. Der negative Beigeschmack des Wortes in der westlichen Welt rührt denn auch her vom Einsatz der Propaganda während des Ersten und Zweiten Weltkrieges. So sah das amerikanische Volk lange Zeit keinen Grund, warum die USA sich in den Ersten Weltkrieg einmischen sollten. Weil es nach der Kriegserklärung aber notwendig wurde, die kleine Berufsarmee schnell in ein Massenheer umzuwandeln und sich die Unterstützung der Bevölkerung zu sichern, gründete Präsident Wilson das Komitee für Öffentlichkeitsinformation (Committee on Public Information). Dieses hatte zur Aufgabe, die öffentliche Meinung im Sinne der Regierung durch Propaganda zu formen und Kriegsbegeisterung in den USA zu wecken.[697] Die von Josef Goebbels – von 1933 bis zu seinem Tod 1945 Reichsminister für Volksaufklärung und Propaganda – betriebene Gehirnwäsche bereitete das deutsche Volk auf den Zweiten Weltkrieg vor. Kaum jemand bezweifelt, dass die Propaganda mitentscheidend für die Kriegsbegeisterung unter den Anhängern der Nationalsozialisten war. Doch auch die Alliierten warfen die Propagandamaschine an und beide Seiten würdigten den jeweiligen Feind in erniedrigender Weise in der Öffentlichkeit herab, um ihre Bevölkerung besser zum Kampf zu motivieren. Den negativen Beigeschmack hat das Wort bis heute nicht verloren, weshalb es im Sprachgebrauch durch Wörter wie »Öffentlichkeitsarbeit«, »Politische Kommunikation« oder den englischen Begriff »Public Relations« (PR) ersetzt wurde.

HERAUSFORDERUNGEN FÜR DIE MODERNE PROPAGANDA

Als Reaktion auf die Lehre von der Verführbarkeit der Massen entwickelte sich nach dem Ersten Weltkrieg die humanistische Propagandakritik, die sich auch gegen Reklame und Werbung durch Geschäftsleute wandte. Ihre Protagonisten halten die Menschen für vernunftbegabte Wesen, die fähig sind, sich auf Grundlage neutraler Informationen rational eine Meinung zu bilden. Propaganda ist in ihren Augen ein demokratiefeindlicher Faktor, der ausgeschaltet werden sollte. Weil dies nie vollständig gelingen werde, müsse die Masse wenigstens über die Manipulation der öffentlichen Meinung aufgeklärt werden. Die humanistische Propagandakritik stuft bis heute die Praktiken der Konzerne und Verbände als Gefahr für die Demokratie ein.[698]

Die zeitgenössischen Propagandisten kennen natürlich die Vergangenheit ihres Metiers und die Kritik daran. Sie geben sich daher betont offen, bejahen die Demokratie und halten die Bürger, zumindest in ihren öffentlichen Äußerungen, für weitgehend vernunftbegabt und des kritischen Denkens fähig. Sie setzen weniger auf eine kurzfristig manipulierende Beeinflussung, weil der Verlust an Glaubwürdigkeit im Falle des Erwischtwerdens zu groß wäre. Stattdessen versuchen sie langfristig zu wirken. Durch eine subtile Verbreitung ausgewählter Informationen und die Einschaltung geeigneter Propagandatechniken sollen die von ihnen gewünschten Meinungen auf lange Sicht in der Gesellschaft verankert werden. Propaganda soll wie ein *Hintergrundrauschen* zu einem allgegenwärtigen, aber nicht wahrnehmbaren Begleiter werden.

Die Herausforderung für die Beeinflussung der öffentlichen Meinung besteht vor allem darin, die Umstände so zu gestalten, dass die Menschen zwar tun, was die Propaganda will, die Handlung ihnen aber als freier Wahlakt erscheint.[699] Als Meister dieser Technik und Pionier der modernen Propaganda in der Praxis gilt Edward Bernays. Er war ein Neffe Sigmund Freuds, wurde 1891 in Wien geboren und kam mit seinen Eltern als Einjähriger in die USA. Er studierte Agrarwissenschaften an der Cornell University und erlernte zunächst als Autodidakt das Geschäft mit der Beeinflussbarkeit der Massen. Als er Anfang 20 war, begann er, mit Bildern und Events zu experimentieren und erzielte Erfolge mit der Vermarktung von in den USA wenig bekannten europäischen Stars wie Enrico Caruso. Ab 1917 war er für das Komitee für Öffentlichkeitsinformation tätig. Er verfeinerte seine Methoden unter dem Einfluss der Schriften seines Onkels. Insbesondere faszinierte ihn die Idee, die Menschen über ihr Unterbewusstsein zu manipulieren.[700]

Edward Bernays erzielte für seine Klienten aus Politik und Wirtschaft erstaunliche Erfolge. Als ein Meisterstück der Propaganda gilt bis heute seine 1929 gestartete Kampagne für die US-amerikanischen Zigarettenhersteller, die mit stagnierenden Umsätzen zu kämpfen hatten. Damals rauchten überwiegend Männer, denn für Frauen galt dies als unschicklich, in einigen Bundesstaaten der USA war den Frauen das Rauchen in der Öffentlichkeit sogar gesetzlich verboten. Edward Bernays heuerte eine Gruppe junger, gut aussehender Frauen an, und informierte die Presse, dass Frauenrechtlerinnen während der großen Parade in New York »Torches of Freedom« (Fackeln der Freiheit) anzünden würden. Auf sein Zeichen hin begannen die Models vor den versammelten Pressefotografen Zigaretten zu paffen. Am nächsten Tag machte die Presse landesweit mit Berichten auf den Titelseiten auf, welche die Zigaretten in Zusammenhang mit Freiheit brachten. Unterstützt wurde Bernays' Coup durch Werbung, um vor allem die Freiheitsbotschaft zu verankern. Im Laufe der Zeit entschieden sich mehr und mehr Frauen für das Rauchen. Sie glaubten, es sei ihre freie Entscheidung. Bernays wusste, es war der Erfolg seiner Propaganda.[701]

Edward Bernays war wie viele Politiker, Verleger und Journalisten seiner Zeit auch überzeugt davon, dass selbst freiheitliche Gesellschaften mit der Hilfe von Propaganda gesteuert werden. Vom demokratischen Grundprinzip der Gründerväter der USA, dass die Bürger aus den konkurrierenden Ideen mit Hilfe der Vernunft die besten auswählen würden, war er nicht überzeugt. Bernays war vielmehr der Meinung, dass »wir regiert, unser Verstand geprägt, unser Geschmack geformt und uns Ideen eingeflüstert werden«.[702] Er glaubte, dass man die Menschen weitgehend manipulieren, ja sogar eine Art unsichtbare Regierung bilden könne, die die wahrhaft regierende Macht sei. Sein berühmtes, 1928 veröffentlichtes Buch »Propaganda« beginnt mit den Worten: »Die bewusste und intelligente Manipulation der organisierten Gewohnheiten und Meinungen der Massen ist ein wichtiges Element der demokratischen Gesellschaft«.[703] Bernays sah die Propaganda als das entscheidende Mittel an, eine Demokratie zu führen.

Ob man mit Hilfe der Propaganda tatsächlich irrationale Massen zügeln, stabile Demokratien aufbauen oder sogar eine Art unsichtbare Regierung bilden kann, wurde von Bernays' Kritikern durchaus bezweifelt. Fest steht jedoch, dass durch sie nicht nur Produkte besser verkauft werden können, sondern auch die öffentliche Meinung bis zu einem gewissen Grad geformt wird. Als Bernays 1995 im Alter von 103 Jahren starb, hatten er und seine Mitstreiter mehr als 75 Jahre lang Erfahrungen gesammelt, wie man die Propaganda einsetzt, um die öffentliche Meinung zu beeinflussen. Dabei haben sie ein ausgefeiltes Arsenal an Techniken der Beeinflussung entwickelt, das die gesendeten Botschaften nicht mehr einfach als plumpe Propaganda erscheinen lässt.

STANDARDTECHNIKEN DER PROPAGANDA

Wie man Menschen mit Propaganda beeinflusst, ist eine Wissenschaft für sich.[704] Zunächst beruhte sie vor allem auf Erfahrungen von Praktikern kombiniert mit Einsichten aus der Psychologie.[705] Danach hat die neu entstandene Propagandaforschung wichtige Erkenntnisse geliefert. Seit Anfang der 1990er Jahre hat die wissenschaftliche Fundierung der Propagandatechniken aufgrund der Erkenntnisse der Hirnforschung erhebliche Fortschritte gemacht. Vor allem wissen wir jetzt wesentlich besser, wie unser Verstand arbeitet und warum bestimmte Techniken der Beeinflussung gut funktionieren.[706]

Propaganda setzt auf verschiedene Techniken, die vermutlich älteste ist die Wiederholung. Das alte lateinische Sprichwort »Repetitio est mater studiorum«, das auf Deutsch so viel heißt wie »Wiederholung ist die Mutter des Studierens bzw. des Lernens«, unterstreicht, welch große Bedeutung die immer wiederkehrende Beschäftigung mit einer Sache hat. Dies liegt daran, dass unser Gehirn zum Verarbeiten und Abspeichern von Informationen Verbindungen zwischen Gehirnzellen herstellt. Je öfter bestehende Verbindungen genutzt werden, umso gefestigter werden sie, umso länger verbleibt diese Information abrufbar. Umgekehrt löst das Gehirn eine angelegte Verbindung nach einer gewissen Zeit, wenn diese nicht benutzt wird: der Mensch vergisst. Hinzu kommt der sogenannte »Mere-Exposure-Effekt« (dt. in etwa: Effekt des bloßen Ausgesetztseins). Der Psychologe Robert Zajonc konnte Ende der 1960er Jahre zeigen, dass Menschen sich Situationen oder Botschaften gegenüber umso aufgeschlossener zeigen, je öfter sie ihnen ausgesetzt sind.[707]

Alle erfolgreichen Propagandisten wiederholen ihre Botschaften daher in gewissen Zeitabständen. Besonders überzeugend wirkt die Propaganda, wenn die Botschaft dem Adressaten nicht nur von einem Sender überbracht wird, dem die Menschen eventuell misstrauen, weil er vielleicht nur sein Eigeninteresse verfolgt. Daher schmieden Propagandisten Allianzen mit ähnlich denkenden gesellschaftlichen Gruppierungen, die in konzertierten Aktionen ganz ähnliche Meinungen verbreiten. So war es für die Durchsetzung der 2003 verkündeten rot-grünen Agenda 2010 (die umfassendste Reform des deutschen Systems der sozialen Sicherung) entscheidend, dass große Teile der Medien, neoliberale Wirtschaftsexperten sowie die damaligen Oppositionsparteien (CDU, CSU und FDP) jahrelang die gleichen Kernbotschaften wiederholt hatten: Die hohen Lohnnebenkosten schaden der Wettbewerbsfähigkeit deutscher Unternehmen, viele Arbeitslose würden sich nur in der sozialen Hängematte ausruhen, die Menschen sollten wieder mehr Eigenverantwortung übernehmen etc.[708]

Des Weiteren setzt die Propaganda auf die Macht der Bilder. Ihre Nutzung zur Verstärkung der Erinnerung ist wie die Wiederholung ein bewährtes Mittel. Als viele Menschen noch nicht schreiben und lesen konnten, wurden die Botschaften durch bildhafte Darstellungen überbracht, so während des amerikanischen Unabhängigkeitskriegs oder der französischen Revolution. Mit dem Spruch »Ein Bild sagt mehr als 1000 Worte« überzeugten Werbefachleute Anfang der 1920er Jahre ihre Kunden, verstärkt auf Symbole und plastische Darstellungen in der Werbung zu setzen. Bald stellte sich heraus, dass bebilderte Werbung effektiver ist als reiner Text, eine Erkenntnis, die uns heute nicht mehr überrascht. Die Verbindung eines Textes mit einem Logo war eine der logischen Folgen aus dieser Erkenntnis und der Grund, warum fast alle großen Unternehmen, die Konsumgüter oder Dienstleistungen verkaufen, ein Symbol zu ihrem Namen führen. Wie wichtig diese Logos in der Werbung sind, zeigt ein Beispiel aus den USA. Dort hatten Forscher der Universität Stanford Drei- bis Fünfjährigen Karotten vorgesetzt. Sobald die Verpackung mit dem Logo einer großen Fast-Food-Kette versehen war, griffen die Kleinen stärker zu als bei Karotten in neutraler Verpackung. Dass bei Kindern, die besonders viel fernsehen, der Effekt stärker war, ist kaum überraschend, sonst würden die Marketingprofis wohl kaum jeden Tag Millionen von US-Dollar für Werbung im Kinderprogramm ausgeben.[709]

Die dritte Standardtechnik der Propaganda ist das sogenannte Testimonial. Darunter versteht man die Unterstützung einer Meinung durch Fürsprache von Prominenten oder Experten. In der Werbung für Konsumgüter ist diese Technik zwar verbreitet, ob sich damit immer die gewünschten Erfolge einstellen, ist fraglich. Denn zum einen wissen die Verbraucher auch, dass der Prominente für seine Botschaften bezahlt wird und das beworbene Produkt sich nicht durch hohe Qualität auszeichnen muss. Zum anderen hebt sich die Wirkung unter Umständen auf, wenn Konkurrenzprodukte ebenfalls auf diese Weise beworben werden. Etwas anders gelagert ist die Sache bei Prominenten oder Experten, die für eine Idee werben, zum Beispiel für die Anliegen des Kapitalismus. Speerspitze dieser Art von Propaganda ist die *Initia-*

tive Neue Soziale Marktwirtschaft (INSM), eine von den Arbeitgebern der Metall- und Elektroindustrie finanzierte Organisation mit einem Budget von rund 8 Millionen Euro im Jahr 2010 und 7 Millionen Euro 2013.[710] Die *INSM* arbeitet zusammen mit Werbeagenturen Kampagnen aus, die positive Aussagen von Prominenten aus Wirtschaft, Sport, Politik und Kunst zu Eigenverantwortung und individueller Leistung in Zeitungsanzeigen und Werbeclips unters Volk bringen.[711]

Das vierte Element guter Propaganda ist eine bekräftigende Darstellung der Botschaft und ihrer Inhalte. Oberstes Gebot ist dabei, die eigene Position ohne Differenzierung kurz und schlagwortartig als die einzig wahre darzustellen. Zu diesem Zweck werden mögliche Kritikpunkte verschwiegen und oft kommt nur die halbe Wahrheit auf den Tisch. Falls die Gegenposition in der Öffentlichkeit doch auftaucht, wird sie herabgewürdigt und mit negativen Attributen belegt. So wurde die 35-Stunden-Woche von den Arbeitgebern in Deutschland als »Irrweg« gebrandmarkt. Gewerkschaften und Sozialverbänden wurde vorgehalten, sie wollten Deutschland in einen »kollektiven Freizeitpark« verwandeln und die Arbeitslosen in ihrer »sozialen Hängematte« schützen.[712]

UMDEUTUNG VON BEGRIFFEN DURCH DIE PROPAGANDA

Die Standardtechniken der Propaganda reichen zwar weit, aber auch für sie gibt es Grenzen. Zumindest ein Teil der Menschen kennt sie und lässt sich nicht so einfach manipulieren. Neben den gerade genannten offenkundigen und teilweise brachialen Techniken setzt die Propaganda daher parallel auf versteckte und subtile Mittel zur Beeinflussung des Denkens.

Da die Sprache neben Bildern das wichtigste Medium zur Überbringung einer Botschaft ist, versucht die Propaganda, wichtige Begriffe in ihrem Sinne zu besetzen.[713] Die Umdeutung von Begriffen schlägt sich allerdings erst nach mehreren Jahren im allgemeinen Sprachverständnis nieder, sodass die Propaganda hier über einen langen Zeitraum konsistent vorgehen muss. Dann schleicht sich das neue Begriffsverständnis »auf leisen Sohlen ins Gehirn« und wird dort zur »heimlichen Macht«, wie Georg Lakoff und Eva Wehling in ihrem Buch über den Einfluss der politischen Sprache auf unser Denken zeigen.[714] Weil sich diese Veränderungen allmählich vollziehen, werden sie von den meisten Menschen allerdings kaum bemerkt, was genau das Ziel der subtilen Techniken der Propaganda ist.

Besonders wichtig zum Verständnis einer Gesellschaft sind Begriffe wie Freiheit, Demokratie, Marktwirtschaft oder Kapitalismus. Aufgabe der Propaganda ist es, Begriffe positiv aufzuladen oder bereits positiv besetzte aus anderen Bereichen in den eigenen zu übernehmen und mit deren Hilfe die eigenen Anliegen als hilfreich und nützlich darzustellen. Ein Beispiel dafür ist die Umdeutung des Begriffs »Flexibilität«.[715] Ursprünglich bezeichnete das Wort die lebenswichtige Eigenschaft von Pflanzen, sich im Wind zu biegen und dann in ihre Ausgangsposition zurückzukehren. Der Begriff war somit in der Botanik positiv besetzt. Die Pflanze bleibt aber bekanntlich an ihrem Ort. Der Begriff »Flexibilität« verkörperte damit nicht nur Beweglichkeit und Biegsamkeit, sondern auch die Rückkehr in die ursprüngliche Position, also Ortsfestigkeit, Verwurzelung oder Stabilität.[716] Diese Eigenschaften galten bis weit in die 1960er Jahre hinein als erstrebenswert, weil sie Gesellschaften und Familien zusammen halten. Der Kapitalismus benötigt jedoch – speziell, seit die Globalisierung an Fahrt gewann – Menschen, die bereit sind, heute hier und morgen dort zu arbeiten, die also nicht in der Heimat verwurzelt sind. Ganz im kapitalistischen Sinn deutete die Propaganda also den Begriff um. Der sich auf die Verwurzelung beziehende Teil des Begriffs »Flexibilität« wurde systematisch ausgeblendet. Übrig blieb die Beweglichkeit nach allen Richtungen als Reaktion auf eine Anforderung von außen, die ursprünglich der Wind war. Heute wird der Begriff Flexibilität genau in diesem Sinne verwendet: In Bezug auf den Raum bezeichnet er die Fähigkeit von Individuen, sich genau dorthin zu begeben, wo sie gebraucht werden und in Bezug auf ihre Funktion die Fähigkeit, bei Bedarf auch andere Aufgaben zu übernehmen. Wenn Unternehmen heute flexible Mitarbeiter suchen, dann meinen sie genau diesen universell einsetzbaren Typus von Mensch.

Parallel zur Vereinnahmung werden positiv besetzte Begriffe durch negativ belegte ersetzt. Diese werden dann benutzt, um die Positionen der Gegner in der Öffentlichkeit so darzustellen, dass der Eindruck entsteht, deren Anliegen seien schlecht oder gar gefährlich. Der Begriff »Arbeitslohn« ist ein gutes Beispiel dafür. Er ist in der ursprünglichen Bedeutung eine Belohnung für die geleistete Arbeit. Volkswirtschaftlich betrachtet stellt der Lohn den Ertrag des Produktionsfaktors Arbeit dar. In beiden Sichtweisen gilt: Der Lohn fällt in einer Marktwirtschaft umso höher aus, je besser jemand qualifiziert ist, je mehr sich jemand anstrengt und je knapper der Faktor Arbeit ist. Von Seiten der Arbeitgeber wird zumeist aber nicht vom »Arbeitslohn«, sondern von »Arbeitskosten« oder »Lohnkosten« gesprochen. Hohe Löhne werden dadurch in der öffentlichen Diskussion als Belastung angesehen, die es zur Erhaltung der internationalen Wettbewerbsfähigkeit im Zaum zu halten gilt. Dass hohe Löhne Ausdruck hoher Produktivität der Unternehmen und Arbeitnehmer sind und wir darüber eigentlich froh sein sollten, geht durch die propagandistische Umdeutung des Begriffs »Arbeitslohn« in »Lohnkosten« völlig unter.

Eine andere Möglichkeit ist es, einem ursprünglich positiv belegten Ausdruck durch leichte Umformung einen negativen Anstrich zu geben. »Gutmensch«, eine Zusammenziehung aus »guter Mensch«, ist ein Beispiel für eine solche Umformung. Der Begriff wurde von den Nationalsozialisten verwendet, um u. a. den Münsteraner Bischof Clemens August Graf von Galen und seine Anhänger zu schmähen, die sich gegen die Ermordung von Behinderten aussprachen. Seit den 1980er Jahren belegt die kapitalistische Propaganda damit Bürger, die sich aus Nächstenliebe oder ethischen Erwägungen für benachteiligte Menschen einsetzen. Unterstellt wird ihnen dabei, sie seien naiv und hätten den Bezug zur Wirklichkeit verloren.[717] Der tiefer liegende Grund ist natürlich, dass das Kapital seit dem Ende der Bescheidenheit wenig Lust verspürt, einen Teil seines Gewinns in Form von Steuern für soziale Zwecke, wie die Unterstützung von Armen oder Behinderten, abzuführen.

Andere Begriffe werden neutralisiert, weil mit ihnen eine stark negative Assoziation gegen die eigene Position verbunden ist, die sich selbst durch gute Propaganda nicht so einfach in ihr Gegenteil verkehren lässt. Dies geschieht, indem man selbst den Begriff nicht mehr verwendet und ihn durch einen positiv wahrgenommenen Terminus ersetzt. Hat die Propaganda Erfolg, verschwindet der negativ besetzte Begriff oder er wird dem neuen, positiv besetzten gleichgestellt. Falls Sie sich gewundert haben, warum dieses Kapitel mit dem heute in Medien und Alltagssprache kaum noch benutzten Wort »Propaganda« überschrieben ist, ahnen Sie jetzt vermutlich den Grund dafür. Die Propaganda hat auch ins eigene Haus gewirkt. Weil es ihr angesichts des historischen Makels, der ihr spätestens seit 1945 anhaftete, aussichtslos erschien, den Begriff positiv zu besetzen, hat sie sich dafür entschieden, ihn nicht mehr zu verwenden und durch andere zu ersetzen, z. B. Öffentlichkeitsarbeit oder politische Kommunikation. Man muss solche Kunstgriffe aber nicht nachvollziehen, sondern kann das Kind ruhig beim Namen nennen.

Ähnlich wie mit ihrer eigenen Bezeichnung verfuhr die Propaganda mit dem Begriff »Kapitalismus«, der fast vollständig durch das Wort »Marktwirtschaft« substituiert oder mit ihm gleichgesetzt wurde. Notwendig geworden war der Begriffstausch, weil in den USA die Bürger Ende des 19. Jahrhunderts unter den Monopolen oder marktbeherrschenden Stellungen der sogenannten Räuberbarone litten, zu denen unter anderen John D. Rockefeller (Mineralöl), Andrew Carnegie (Stahl), Cornelius Vanderbilt (Eisenbahnen) und James Buchanan Duke (Tabak) gezählt werden. Diese zogen den Konsumenten das Geld aus der Tasche, indem sie mit Geschäftspraktiken, die nach heutigen Maßstäben überwiegend als illegal eingestuft sind, ihre Konkurrenten in den Konkurs trieben oder aufkauften, eine dominierende Stellung auf einzelnen Märkten aufbauten und dann stark überhöhte Preise verlangten. John D. Rockefeller wurde so zwar zum reichsten Mensch der Welt, aber er und die anderen Räuberbarone zogen sich den Zorn des Volkes zu, das den Kapitalismus vor Ausbruch des Ersten Weltkrieges für ausbeuterisch und selbstzerstörerisch hielt. Die US-amerikanische Politik schränkte zwar mit einer Reihe von neuen Gesetzen die Macht der Monopolisten ein, die Unternehmer kamen aber wegen des immensen Vertrauensverlustes nicht umhin, den »Kapitalismus« als »free enterprise system« zu bezeichnen. In Europa machten viele Menschen profitgierige Großkapitalisten für den Ausbruch des Ersten Weltkriegs verantwortlich und so vollzog die Propaganda auch hier die Umdeutung zur »Marktwirtschaft«, die insbesondere nach dem Zweiten Weltkrieg zum Tragen kam.[718] Das Ergebnis war wie erhofft. Bis zum Ausbruch der Finanzkrise im Jahre 2008 war der Begriff »Kapitalismus« in der öffentlichen Diskussion stark zurückgedrängt worden und wenn er auftauchte, dann oftmals als Synonym für den Begriff »Marktwirtschaft«. Da der Begriff »Marktwirtschaft« positiv belegt war, trug diese Gleichsetzung auch dazu bei, den negativen Beigeschmack des Begriffs »Kapitalismus« zu neutralisieren. Dabei kam der Propaganda eine Regel zugute, die Schüler in der ganzen Welt lernen, wenn sie Aufsätze schreiben: Vermeide wörtliche Wiederholungen! So konditioniert, verwenden Journalisten, wenn nötig, gerne beide Begriffe abwechselnd, und das Publikum empfindet dies als angenehm, weil dies seinem sprachästhetischen Empfinden entspricht. Wenn sogar ein Experte wie der französische Historiker Fernand Braudel auf den letzten Seiten seiner dreibändigen Abhandlung der Wirtschaft des 15. bis 18. Jahrhunderts schreibt, dass »...der Unterschied zwischen Kapitalismus und Marktwirtschaft für mich die entscheidende Einsicht meiner langen Untersuchung [war]«[719], dann ist das ein Beleg dafür, wie wirksam dieses dauerhafte Hintergrundrauschen unser Denken beeinflusst.

DER KAPITALISMUS UND DIE NEOLIBERALE IDEOLOGIE

Da die Propaganda nur ein Instrument ist, muss sie mit einer Ideologie versorgt werden, die sie verbreiten kann. Ideologien geben dem Leben der Menschen in der Gemeinschaft einen Sinn und liefern eine Handlungsbegründung. Gleichzeitig haben sie eine herausragende Bedeutung für die Etablierung und Aufrechterhaltung von Gesellschaftsordnungen.[720] Sie bestärken die Privilegierten in ihrem Glauben an das System und spenden den Benachteiligten Trost. Der Kapitalismus hatte über Jahrhunderte hinweg wie bei einem Mosaik ein Argument zum anderen gefügt, um das Bild eines Wirtschaftssystems zu zeichnen, welches insgesamt das Allgemeinwohl fördert, wobei er sich vor allem auf die Ideen des klassischen politischen und wirtschaftlichen Liberalismus stützte.[721]

Diese Gesamtheit aus Glaubenssätzen und die damit verbundenen Wirtschaftspraktiken, wie z. B. die rationale Betriebsführung, nannte Max Weber den »Geist des Kapitalismus«. Für ihn und seine Zeitgenossen gab es keinen Zweifel an der stabilisierenden Funktion von Ideologien. »Wenn der Kapitalismus regelmäßigen Untergangsprophezeiungen zum Trotz nicht nur überlebt, sondern seinen Einflussbereich unablässig ausgedehnt hat, so liegt dies eben auch daran, dass er sich auf eine Reihe von handlungsanleitenden Vorstellungen und gängigen Rechtfertigungsmodellen stützen konnte, durch die er als eine annehmbare oder sogar wünschenswerte, allein mögliche bzw. als beste aller möglichen Ordnungen erschien«, folgern Boltanski und Chiapello in ihrem Buch »Der neue Geist des Kapitalismus«.[722]

Doch spätestens nach dem Zweiten Weltkrieg hatte der Kapitalismus wohl seinen Geist ausgehaucht. Die öffentliche Meinung war ihm nicht wohlgesonnen. Die sozialen Verwerfungen, die der Liberalismus in Europa bis Ende des 19. Jahrhunderts hervorgebracht hatte, waren noch frisch in Erinnerung, ebenso wie die ausbeuterischen Geschäftspraktiken der Räuberbarone in den USA sowie die Mitverantwortung der kriegslüsternen, profitgierigen Großindustriellen für zwei Weltkriege. Hinzu kam, dass sich in einigen Ländern eine sozialistische Planwirtschaft etabliert hatte, die zumindest die kapitalintensive Massenproduktion gut beherrschte und Arbeitslosigkeit nicht kannte. Eines der größten Probleme, das der Kapitalismus ab Mitte des 20. Jahrhunderts zu lösen hatte, war die Wiedererlangung verlorenen Vertrauens. Er benötigte daher dringend eine *Ideologie*, die ihn als vorteilhaftes Wirtschaftssystem porträtierte und die insbesondere den Führungskräften vermittelte, warum es sinnvoll sein sollte zu akkumulieren. Der klassische Liberalismus kam dafür nicht in Frage, denn eine Neuauflage der alten Wirtschaftsordnung aus der ersten Hälfte des 20. Jahrhunderts hätten die Menschen nicht akzeptiert. Andererseits glaubten die führenden politischen und wirtschaftlichen Köpfe im bürgerlichen Lager, dass der klassische Liberalismus im Prinzip eine gute Ideologie sei, die man nur an ein paar Stellen ein wenig verändern müsse. So wurde zum einen ein Kurswechsel im Umgang mit Armut vollzogen. Statt von privater Wohltätigkeit abhängig zu sein, sollten Arme einen garantierten Anspruch auf Versorgung durch den Staat haben. Niemand sollte mehr hungern oder frieren müssen, nur weil er arbeitslos war oder wegen Krankheit oder Alters nicht mehr arbeiten konnte.[723] Zum anderen hatte sich die Zurückhaltung des Staates bei der Festlegung eines Ordnungsrahmens für die Marktprozesse als nachteilig erwiesen. In der Neukonzeption sollte der Staat die Spielregeln der Marktwirtschaft festlegen und gleichzeitig als Schiedsrichter ihre Durchsetzung überwachen.[724]

In ihren Grundzügen entstand diese neue Ideologie bereits ab Mitte der 1920er Jahre in Form des Neoliberalismus, der nach dem Zweiten Weltkrieg verfeinert wurde, in den westlichen Ländern immer mehr an Einfluss gewann und »am Ende des 20. Jahrhunderts […] zur dominanten Ideologie des Kapitalismus …« avancierte.[725] Der Neoliberalismus ist aber weit mehr als eine Ideologie, er ist eine fundierte Wirtschafts- und Gesellschaftstheorie und eine Strategie, die staatliche Eingriffe zurückdrängen und »den Markt zum universalen, alle Gesellschaftsbereiche übergreifenden Regulierungsmechanismus erheben möchte.«[726]

DER STREIT UM DIE DEUTUNGSHOHEIT IM NEOLIBERALEN LAGER

Bevor man eine Ideologie propagandistisch verbreitet, müssen ihre Inhalte und Kernaussagen feststehen. Denn kaum etwas ist schädlicher für die Durchsetzung der eigenen Ideen als wenn der Eindruck entsteht, die Protagonisten sprächen nicht mit einer Zunge. Insofern musste zunächst ein Richtungsstreit gelöst werden, denn streng genommen gab und gibt es *den* Neoliberalismus nicht. Historisch lassen sich mindestens zwei wichtige Strömungen voneinander unterscheiden, der von deutschen Ökonomen entwickelte *Ordoliberalismus* und der österreichisch-amerikanische *Marktliberalismus*. Der grundlegende Unterschied zwischen den beiden Varianten liegt in der Beurteilung privater Macht und der daraus resultierenden Rolle des Staates. Nach *ordoliberaler* Auffassung entsteht in Märkten, die sich selbst überlassen werden, d. h. gemäß dem Laissez-faire-Prinzip des 19. Jahrhunderts operieren, wirtschaftliche Macht durch Bildung von Kartellen und Großkonzernen.[727] Ordoliberale weisen folglich dem Staat die Rolle zu, eine wettbewerbliche Marktwirtschaft nach dem Leitbild der vollständigen Konkurrenz zu etablieren. In dieser Marktform produzieren viele kleine Unternehmen entsprechend der Nachfrage der Konsumenten. Niemand darf über Marktmacht verfügen. Franz Böhm, einer der führenden Ordoliberalen, brachte den Inhalt der ordoliberalen Wettbewerbspolitik schlagwortartig auf den Punkt: »Rücksichtslose Entmachtung der Privatwirtschaft, Entprivatisierung der dann noch verbleibenden Marktmacht.«[728]

Eine nach ordoliberalen Prinzipien organisierte Marktwirtschaft erfordert »einen starken Staat, einen Staat oberhalb der Wirtschaft, oberhalb der Interessenten.«[729] Durch Setzung der wirtschaftlichen Rahmenbedingungen verleiht er den Märkten eine stabile Ordnung und organisiert den Wettbewerb. »Der Wettbewerb [ist] kein Naturereignis, sondern eine Veranstaltung der Rechtsordnung. So wenig von selbst ein geregeltes Fußballwettspiel entsteht, wenn man 22 Menschen einen Lederball übergibt und es ihnen überläßt, was sie mit ihm anfangen sollen, so wenig entsteht ein zur planvollen Steuerung der Märkte geeigneter Wettbewerb, wenn man Gewerbefreiheit herstellt und den befreiten Unternehmern sagt: Seht zu, wie ihr zu Gewinn kommt.«[730]

Im Unterschied dazu vertraut Friedrich August von Hayek, der herausragende Vertreter des österreichisch-amerikanischen Marktliberalismus, auf die ordnende Kraft des *Marktes*. Seiner Ansicht nach entsteht durch ihn und mit ihm und in ihm eine spontane Ordnung. Zwar wendet sich auch Hayek gegen das Laissez-faire-Prinzip des 19. Jahrhunderts und hält einen Ordnungsrahmen für notwendig. Dieser soll aber über Gesetze Märkte und Wettbewerb nur fördern, nicht organisieren. Für Hayek ist der Markt der Ort, an dem das auf die Individuen verstreute Wissen zusammengeführt wird. Der Wettbewerb hat als Entdeckungsverfahren die Aufgabe, den besten Lösungen zum Durchbruch zu verhelfen, womit er ebenfalls die Gesellschaft in bestimmter Weise ordnet.[731] Das in freier Interaktion der Individuen entstehende Marktergebnis ist das Maß aller Dinge, nicht irgendeine normative Vorstellung von einem zu erreichenden Optimum. Das Wissen der Menschen ist zu begrenzt, als dass ein solches normatives Optimum überhaupt festgelegt werden könnte. Nach Hayek sollte der freie Markt wegen der Begrenztheit menschlichen Wissen als die einzig sinnvolle und damit beste Institution zur Koordination menschlicher Aktivitäten verwendet werden.[732] Der Markt als spontane Ordnung ist für Hayek wie alle sozialen Institutionen »zwar das Ergebnis menschlichen Handelns, aber nicht menschlichen Entwurfes«.[733] Denn der Mensch sei gar nicht in der Lage, ein so großartiges Koordinationssystem wie den freien Markt zu ersinnen. Er hat sich nicht bewusst dafür entschieden, der Markt ist vielmehr das Ergebnis der Evolution. »*Wir haben unser Wirtschaftssystem nicht entworfen, dazu sind wir nicht intelligent genug.* Wir sind in dieses Wirtschaftssystem hineingestolpert und es hat uns zu unvorhergesehenen Höhen getragen…«[734]

Aus der spontanen Ordnung als die beste aller Welten und der Funktion des Wettbewerbs als Entdeckungsverfahren ergeben sich zwei wichtige Schlussfolgerungen. Zum einen ist ein Vergleich der Leistungsfähigkeit der »spontanen Ordnung« mit anderen Wirtschaftssystemen gar nicht vorgesehen: »wenn die Marktordnung nicht einer bestimmten Rangordnung von Zielen dient, ja wenn von ihr, wie von jeder spontan gebildeten Ordnung, legitimerweise nicht einmal gesagt werden kann, daß sie bestimmte Zwecke *hat,* dann ist es auch nicht möglich, den Wert ihrer Ergebnisse als eine Summe der einzelnen Produkte darzustellen.«[735] Damit schließt Hayek aber die Möglichkeit aus, sich für ein anderes Wirtschaftssystem als den freien Markt zu entscheiden, selbst wenn sich dieses seiner spontanen Ordnung im Hinblick auf die wirtschaftliche Leistungsfähigkeit überlegen zeigen sollte. Denn der freie Markt ist für ihn Selbstzweck, er hat keine anderen Ziele als das, frei zu sein, und kann daher nicht mit anderen Wirtschaftssystemen verglichen werden.[736] Deshalb bedarf es auch keiner Eingriffe des Staates in den Markt, ja sie sind sogar störend, weil sich die Gesellschaft in Hayeks Gedankenwelt spontan und von selbst ordnet. Der Staat hat demnach nur die Aufgabe, die Freiheitsrechte der Bürger zu gewährleisten, damit diese sich voll auf den Marktwettbewerb einlassen können. Aufgrund des begrenzten Wissens hält Hayek selbst eine aktive Wettbewerbspolitik für wenig sinnvoll.

Es liegt auf der Hand, dass der Kapitalismus mit dem Ordoliberalismus schlechter fährt. Denn dessen Leitbild der vollständigen Konkurrenz gesteht den Unternehmen kaum wirtschaftliche Macht und nur einen relativ bescheidenen Gewinn zu. Akkumulation in großem Stil kann unter solchen Bedingungen nicht stattfinden. »Nur in einer einzigen Marktform tritt das Phänomen der wirtschaftlichen Macht ganz zurück: Nämlich bei der Verwirklichung der *vollständigen Konkurrenz*. […] Würde einmal in einem Lande auf allen Märkten vollständige Konkurrenz bestehen, so wären alle Betriebe und Haushaltungen und damit alle Bewohner des Landes wirtschaftlich weitgehend entmachtet. […] Das Problem der ökonomischen Macht würde in einem solchen Lande nur wenig sichtbar sein.«[737] Unmittelbar nach dem Zweiten Weltkrieg war der Kapitalismus in Deutschland bereit, eine den ordoliberalen Vorstellungen halbwegs entsprechende Begrenzung seiner wirtschaftlichen und politischen Macht zu akzeptieren, auch unter dem Druck der Alliierten, die der Entflechtung der Kartelle höchste Priorität einräumten. In anderen Ländern der westlichen Welt hielt sich der Kapitalismus mit seinen Machtansprüchen ebenfalls noch zurück, denn schließlich ging es ihm in dieser Phase der selbst auferlegten Bescheidenheit darum, verloren gegangenes Vertrauen zurückzugewinnen und sich gegenüber der sozialistischen Planwirtschaft als besseres Wirtschaftssystem zu erweisen.

Umgekehrt ist aber auch offensichtlich, dass sich der von Hayek oder Milton Friedman propagierte Marktliberalismus wesentlich besser für die Akkumulation eignet als der Ordoliberalismus. Zum freien Markt und der sich daraus ergebenden spontanen Ordnung, die sich evolutionär und vom Menschen im Grunde unverstanden entwickelt hat, gibt es für Neoliberale keine Alternative.[738] Wenn der spontane Ordnungsprozess in einem von wenigen Großkonzernen dominierten Kapitalismus mündet, dann ist dies die beste aller möglichen Welten, die sich als Ergebnis eines Jahrtausende währenden evolutionären Prozesses eingestellt hat.[739] Wenn durch Akkumulation wirtschaftliche Macht entsteht, dann ist dies Teil der spontanen Ordnung der Gesellschaft und zu akzeptieren.

Im Unterschied zum Ordoliberalismus hat der Neoliberalismus nichts gegen Großkonzerne. Laut Hayek gibt es »keinen möglichen Maßstab, nach dem wir entscheiden können, ob ein bestimmtes Unternehmen zu groß ist.«[740] Für ihn sind große Unternehmen nicht wegen ihrer wirtschaftlichen oder politischen Macht problematisch, sondern weil sie im Inneren riesigen Bürokratien gleichen. Arbeitnehmer in Großunternehmen würden so wenig über die Marktmechanismen lernen, aber viel über Bürokratien. Es bestehe somit die Gefahr, dass sie sich der »Disziplin der verzögerten Belohnung« (Max Weber) unterwerfen und die Gesellschaft dadurch von passiven, bürokratisch sozialisierten Menschen dominiert würde. Aber Hayek ist bereit, dieses Risiko als das kleinere Übel in Kauf zu nehmen, weil die Begrenzung der Monopolmacht von Unternehmen einen starken Staat erfordere, den er wie andere Neoliberale für das größere Übel hält. Seine Lösung für das Problem der Macht großer Unternehmen besteht darin, durch andere große Unternehmen ein Gegengewicht zu schaffen. »Was die Macht großer Kapitalanhäufungen kontrolliert, sind andere große Kapitalanhäufungen, und eine derartige Kontrolle ist viel wirkungsvoller als jede Überwachung durch die Regierung«.[741]

Angesichts dieser akkumulationsfreundlichen Ausrichtung ist kaum verwunderlich, dass der Kapitalismus die Ideologie des österreichisch-amerikanischen Marktliberalismus mit offenen Armen empfangen hat. Das »freie Unternehmertum«, wie der Kapitalismus in den USA schönfärberisch heißt, wurde von den Wirtschaftsführern mehr und mehr als Leitbild der gesellschaftlichen Entwicklung propagiert. Allerdings hatten die Neoliberalen bis Ende der 1970er Jahre nur wenig Erfolg mit dessen Durchsetzung. Bis dahin waren sie eine von der Öffentlichkeit wenig beachtete Splittergruppe, deren Ansichten kaum Widerhall in der Politik fanden. Nur in Deutschland war es den Ordoliberalen in den ersten Nachkriegsjahren gelungen, einen Teil ihrer Ideen in die Praxis umzusetzen. Allerdings wurden sie von der Industrie, die weiter auf Kartellbildung setzte, aufs Stärkste angefeindet und bekämpft, sodass ihre Idee einer machtminimierenden Wettbewerbswirtschaft bereits ab Anfang der 1950er Jahre immer weniger Eingang in die deutsche Wirtschaftspolitik fand.[742] Das 1957 erlassene Gesetz gegen Wettbewerbsbeschränkungen trug zwar noch eine ordoliberale Handschrift, war jedoch auch von den kapitalfreundlichen Vorstellungen des *Bundesverbands der Deutschen Industrie* geprägt. Abgesehen von der Machtfrage waren die Gemeinsamkeiten zwischen den beiden Lagern allerdings groß. Und da auch die Ordoliberalen die größte Bedrohung der individuellen Freiheiten in Planwirtschaft und Sozialismus sahen, ließen sie die kleinen Unterschiede auf sich beruhen und fochten an der Seite der Marktliberalen für die Durchsetzung der neuen Wirtschaftsordnung.

In der öffentlichen Wahrnehmung wurde der Unterschied zwischen den Ordo- und Marktliberalen so gut wie gar nicht zur Kenntnis genommen. Wenn überhaupt, dann sprach man vom Neoliberalismus, der allerdings erst ins öffentliche Bewusstsein drang, als das »goldene Zeitalter des Kapitalismus« zu Ende ging und 1979 im Vereinigten Königreich mit Margaret Thatcher eine bekennende Anhängerin der Ideen Hayeks Premierministerin wurde. Danach ging die Saat des Neoliberalismus allerdings in einem solchen Tempo auf, dass es sich lohnt zu untersuchen, wie diese Ideologie bis Ende des 20. Jahrhunderts zur dominierenden Maxime der Politik werden konnte. Im Wesentlichen sind dafür eine klare Strategie, eine fein ausgeklügelte Organisation der Propaganda und die Dauerberieselung mit den Botschaften des Neoliberalismus verantwortlich.

DIE PROPAGANDASTRATEGIE DER NEOLIBERALEN

Die führenden Köpfe des Neoliberalismus stellten ihr Projekt von Anfang an bewusst als Gegenentwurf zum Sozialismus und der parlamentarischen Demokratie dar. Ihnen ging es darum, auf Basis eines radikalen Liberalismus einen Gesellschaftsentwurf zu präsentieren, der die Freiheit des Individuums vor staatlichen Eingriffen schützt, eine Idee, die für die meisten Bürger im Westen angesichts von Menschenrechtsverletzungen und Unterdrückung anders Denkender im Osten sehr attraktiv war.[743]

Obwohl sie in ihren Schriften keinen Zweifel an ihrer Abneigung gegen die Demokratie ließen,[744] hielten sie eine offene Revolte gegen sie oder ihre Abschaffung für taktisch unklug. Hayek und seinen Mitstreitern war völlig klar, dass primär der Sozialismus bekämpft werden musste, denn dieser würde die Erreichung ihres obersten Ziels – die Freiheit des Individuums zu sichern – sofort unmöglich machen. Die formelle Entmachtung der parlamentarischen Demokratie war daher erst einmal zweitrangig. Auch gab es Marktliberale, die es vorzogen, die Demokratie in ihrem Sinne zu steuern und den Volkswillen zu fabrizieren, wie Joseph Schumpeter es ausgedrückt hatte. Sie bezogen eine Position, die Robert McChesney so charakterisierte: »Der Neoliberalismus […] funktioniert am besten in einer formellen parlamentarischen Demokratie, in der die Bevölkerung systematisch davon abgehalten wird, sich an Entscheidungsprozessen sinnvoll beteiligen zu können.«[745] Es musste also ein Weg gefunden werden, den Neoliberalismus unter Aufrechterhaltung formal demokratischer Prozeduren zu etablieren. Das Problem dabei war nur, dass die Neoliberalen in den ersten Jahrzehnten nach dem Zweiten Weltkrieg außerhalb Deutschlands, in dem allerdings die Ordoliberalen den Ton angaben, so gut wie keinen Einfluss und keinerlei Macht hatten, ihre Ideologie umzusetzen.

Hayek wusste jedoch um die Wirkung der Ideen, der Propaganda und setzte auf die Macht der Meinung.[746] Obwohl er ansonsten kein Freund der Lehren des britischen Ökonomen John Maynard Keynes war, hatte er dessen viel zitierten Satz aus dem Schlusskapitel der »General Theory« verinnerlicht: »Die Ideen von Ökonomen und Philosophen, egal ob richtig oder falsch, sind mächtiger als allgemein angenommen.«[747] Hayek stellte diese Passage aus Keynes' Werk 1947 in den Mittelpunkt seiner Eröffnungsrede der ersten Tagung der *Mont Pelerin Society*, ursprünglich ein loser Zusammenschluss von 36 Ökonomen, Philosophen und Historikern, heute eine auf über 500 Mitglieder in mehr als 40 Ländern angewachsene Gruppierung.[748] Er verdeutlichte, dass es langfristig ihre Hauptaufgabe sei, die neoliberalen Ideen zu verbreiten, denn nur so könne man eine freie Gesellschaft erschaffen und erhalten.[749]

DIE ORGANISATION DER NEOLIBERALEN PROPAGANDA

Neben der strategischen Entscheidung, vor allem Planwirtschaft und Sozialismus und nicht die Demokratie anzugreifen, liegt einer der wichtigsten Gründe für den Erfolg des Neoliberalismus in einer beinahe generalstabsmäßig geplanten Organisation der Propaganda. Um gesellschaftliche Macht zu erlangen, entwickelten Hayek und seine Mitstreiter daher parallel zur Verbreitung ihrer Ideen von Anfang an eine Strategie zur Beeinflussung der öffentlichen Meinung, die ihrem Gesellschaftsentwurf zur Durchsetzung verhelfen sollte. Diese beruht im Wesentlichen auf drei Elementen:[750]

1. Propagierung eines elitären Führungsanspruchs.
2. Gewinnung von Multiplikatoren durch propagandistische Werbung.
3. Erlangung der ideologischen Diskussionshoheit durch die sogenannten Think-Tanks (Denkfabriken).

ad 1). Der Führungsanspruch der Neoliberalen leitet sich aus deren elitistischem Demokratieverständnis ab. Die meisten Neoliberalen sind davon überzeugt, dass eine Demokratie von einer intelligenten Minderheit geführt werden muss. So spricht sich Hayek zum einen für eine Beschränkung der Macht der Parlamente durch eine starke Verfassung aus, die von den Abgeordneten nicht durch Gesetze des Parlaments ausgehebelt werden könne. Zum anderen sollten wichtige Entscheidungen durch einen »Rat der Weisen« getroffen werden, der langfristig denke und sich nicht an den kurzfristigen Schwankungen der öffentlichen Meinung orientiere.[751] Diese eine Gruppe von Spezialisten, die unbehelligt von den unwissenden Massen im Hintergrund arbeitet, solle alle wichtigen Entscheidungen treffen. Dies sei auch für die Massen nützlich, die aufgrund ihres beschränkten Horizonts nicht beurteilen könnten, was für eine Gesellschaft richtig ist.[752]

Zum Teil war und ist der elitäre Führungsanspruch bereits verwirklicht. Man denke nur an die Geldpolitik, die fast überall von Expertengremien in der Zentralbank gemacht wird. Durch ein vom Parlament beschlossenes Gesetz sind diese Gremien zwar demokratisch legitimiert, aber gleichzeitig auch der laufenden demokratischen Kontrolle entzogen. Ob die Entscheidungen eines solchen »Rats der Weisen« besser sind als die des Parlaments, das sich vor seinen Beschlüssen ja auch von Fachleuten beraten lässt, ist zumindest fraglich. Die 1929 einsetzende Weltwirtschaftskrise wurde von der US-Zentralbank zunächst mitverursacht und dann durch eine falsche geldpolitische Reaktion auf die ersten Krisenerscheinungen noch verschlimmert. Für Milton Friedman ist »die Große Depression in den Vereinigten Staaten ein Beweis dafür, wie viel Schaden durch die Fehler einiger weniger Männer angerichtet werden kann, wenn sie überwältigende Macht über das Geldsystem eines Landes ausüben.«[753] Auch die Weltwirtschaftskrise der Jahre 2008 und 2009 ist wiederum – zumindest teilweise – auf das Versagen des gleichen unabhängigen Expertengremiums zurückzuführen. Die lockere Geldpolitik der US-Zentralbank unter der Leitung von Alan Greenspan führte zuerst zu einer Spekulationsblase auf dem Markt für Vermögenswerte, die schließlich platzte und dadurch zum Auslöser der Krise wurde. Obwohl es warnende Stimmen vor einem solchen Szenario gab, nahm das Expertengremium diese nicht ernst und vertraute auf die Selbstregulierungskräfte des Marktes.[754]

Es ist müßig darüber zu spekulieren, ob eine parlamentarische Kontrolle der Geldpolitik die beiden Krisen verhindert hätte. Tatsache ist jedoch, dass auch ein »Rat der Weisen«, der – wie von Hayek gewünscht – unbehelligt vom ahnungslosen Volk entscheiden konnte, zu Beschlüssen gelangte, die für die Weltwirtschaft eine ökonomische Katastrophe darstellten. Nichtsdestotrotz gehen die Bemühungen der Neoliberalen weiter, ihren Führungsanspruch mit Hilfe solcher Expertenräte zu etablieren. Dem Kapitalismus spielen solche Entwicklungen natürlich in die Hände. Denn wie oben gezeigt, unterstützt der Marktliberalismus die Akkumulation ausgesprochen gut. Und angesichts der ausgefeilten Lobbyarbeit dürfte es dem Kapital unter Einsatz seiner großen Belohnungsmacht relativ leicht fallen, die Mehrheit der Ratsmitglieder auf seine Seite zu ziehen und sie am Ende nahtlos in die Plutokratie zu integrieren.

Es mag zwar zunächst paradox klingen, aber um eine elitäre Führung durchzusetzen, müssen auch die Eliten geführt werden, zumindest muss deren Arbeit koordiniert werden. Diese Aufgabe übernahm ab 1947 die in der Schweiz auf Anregung und Einladung Hayeks gegründete *Mont Pelerin Society*[755]. Nach außen hin gibt sich die Gesellschaft zwar als Diskussionsforum für Ideen von Gleichgesinnten aus, die für die Freiheit des Individuums, für uneingeschränktes Privateigentum an Produktionsmitteln und gegen staatliche Bevormundung eintreten. Aber Hayek hat sich schon in seinem 1949 erschienenen Artikel »Die

Intellektuellen und der Sozialismus« der Frage gewidmet, wie man die neoliberalen Ideen mit Hilfe der Intellektuellen und der Medien in der Öffentlichkeit hegemonial verankern könne.[756] Auch war sich Hayek bewusst, dass die Umerziehung der Menschen eine Sache von ein bis zwei Generationen war und der Neoliberalismus daher einen langen Atem brauchen würde. Er sah die *Mont Pelerin Society* daher mehr als Speerspitze im Kampf um die Meinungsführerschaft an und weniger als ein reines Diskussionsforum – eine Position, mit der sich Hayek auch durchsetzen konnte.[757] Im Laufe der letzten sechzig Jahre haben die Mitglieder der *Mont Pelerin Society* in einer Vielzahl von Veröffentlichungen und über die gesamte Palette der medialen Kanäle auf die Öffentlichkeit eingewirkt. Sie gründeten oder unterstützten eine Vielzahl von Denkfabriken, die sich in ihren jeweiligen Ländern der Verbreitung neoliberaler Ideen widmen.

ad 2.) Der Gewinnung von Multiplikatoren durch propagandistische Werbung – oder anders ausgedrückt: der Kampf um die besten Köpfe – ist vermutlich das wichtigste Element in der Strategie zur Durchsetzung neoliberaler Ideen. Nach Hayek kommt der Überzeugung von Professoren, Lehrern, Journalisten, Sportlern oder Künstlern besondere Bedeutung zu, weil sie als Multiplikatoren die Ideen der neoliberalen Vordenker in der Masse verbreiten sollten.[758] Ähnlich wie die Frauen, die nach dem Propagandatrick von Edward Bernays mit den »Fackeln der Freiheit« zu rauchen begannen, musste die Übernahme der neoliberalen Ideen Multiplikatoren als ihre eigene freie Entscheidung erscheinen. Dazu eigneten sich die zentralen Ideen von der Freiheit des Individuums und der daraus in einer Marktwirtschaft entstehenden spontanen Ordnung besonders gut, weil sich ein Großteil der Multiplikatoren aus Angst vor dem kollektivierenden Sozialismus mit den freiheitlichen Ideen weitgehend identifizieren konnte. Hinzu kommt, dass die Mehrheit der Multiplikatoren als Begünstigte des Marktliberalismus ein natürliches Interesse an seiner Etablierung hat. Um die besten Köpfe zu gewinnen, setzte der Neoliberalismus auch auf propagandistische Werbung, die durch ihre allgegenwärtige Dauerberieselung in Zeitungen, in Kinos, im Rundfunk und Fernsehen sowie von Plakatsäulen die öffentliche Meinung zu seinen Gunsten beeinflussen und Multiplikatoren auf seine Seite ziehen sollte.

In Deutschland wurde 1952 zum Zwecke der Durchsetzung der von den Ordoliberalen favorisierten Sozialen Marktwirtschaft auf Anregung Ludwig Erhards die *WAAGE* gegründet, ein von Industriellen finanzierter und geführter Verein, der bis zu seiner Auflösung 1965 über 15 Millionen DM für die Verbreitung von Werbung für die Soziale Marktwirtschaft ausgab. Zwischen 1952 und 1965 lancierte die *WAAGE* 29 mehrmonatige Werbekampagnen.[759] Die von Werbeagenturen nach den damals neuesten Erkenntnissen der Konsumentenbeeinflussung entworfenen Plakate, Zeitungsanzeigen und Kinowerbefilme waren mitverantwortlich dafür, dass die Deutschen nach und nach die Soziale Marktwirtschaft akzeptierten.[760]

1953 wurde die *Aktionsgemeinschaft Soziale Marktwirtschaft* (*ASM*) ins Leben gerufen. Mit ihrem Leiter Alexander Rüstow wurde sie zur »ersten neoliberalen Bildungseinrichtung im Hayek'schen Sinne.«[761] Noch heute widmet sich die *ASM* der Verbreitung neoliberaler Ideen und ein Schwerpunkt ihrer Tätigkeit ist nach eigenen Angaben »die wirtschaftliche Ausbildung der jungen Generation in Deutschland.«[762]

Offensichtlich war aber die *ASM* nicht schlagkräftig genug, weshalb die Arbeitgeberverbände der Metall- und Elektroindustrie im Jahr 2000 die zuvor schon erwähnte *Initiative Neue Soziale Marktwirtschaft* (*INSM*) gründeten. Ganz im Geiste des Hayekschen Propagandafeldzugs setzt die *INSM* Teile ihres Millionenbudgets für »öffentlichkeitswirksame Aktionen« zur »Gewinnung von Reformmehrheiten« ein.[763] »Wissenschaftlich begleitet wird die INSM vom Institut der deutschen Wirtschaft (IW)«[764], einer sogenannten Denkfabrik, deren Rolle im nächsten Abschnitt thematisiert wird. Mitglieder des *IW* sind »Arbeitgeber- und Wirtschaftsverbände [...] sowie Unternehmen aus Industrie, Handel und Dienstleistungssektor als außerordentliche Mitglieder«.[765] Welche Art von wissenschaftlichem Rat eine von Arbeitgebern finanzierte Denkfabrik der Öffentlichkeit gibt, kann man sich an den Fingern einer Hand abzählen. Die *INSM* beruft sich zwar explizit auf die Ideen Ludwig Erhards, aber jetzt ginge es darum, die Marktwirtschaft »an die Umfeldbedingungen des 21. Jahrhunderts anzupassen: an die Globalisierung, die Wissensgesellschaft, die Veränderungen in der Arbeitswelt und den demografischen Wandel.«[766] Ein genauer Blick auf die von der *INSM* vertretenen Inhalte zeigt jedoch, dass diese dem amerikanischen Marktliberalismus viel näher stehen als dem Ordoliberalismus der Nachkriegszeit.[767] Ludwig Erhard würde sich vermutlich im Grabe umdrehen, bekäme er mit, wie die *INSM* seine Ideen fast bis zur Unkenntlichkeit entstellt.

ad 3) Das dritte Element des neoliberalen Propagandafeldzugs ist die Erlangung der ideologischen Diskussionshoheit durch die Gründung von so genannten Think-Tanks, in denen – wie der Name sagt – nachgedacht wird. Der breiten Öffentlichkeit soll durch diese Bezeichnung das Bild vermittelt werden, dass in diesen Einrichtungen neutrale Experten die besten Lösungen für politische und ökonomische Probleme finden.[768] Tatsächlich ging es jedoch darum, die öffentliche Meinung im neoliberalen Sinn zu beeinflussen. Gerhard Radnitzky, Mitglied der *Mont Pelerin Society*, bezeichnet es als das Ziel einer Denkfabrik, »ein Meinungsklima zu schaffen, in dem die Parteipolitik den langfristigen Interessen einer freien Gesellschaft besser dienen kann. […] Das *Mittel* dazu ist die Aufklärung, insbesondere Aufklärung über die Folgen verschiedener institutioneller Einrichtungen für Wohlstand und Freiheit. […] Die *Adressaten* dieser Aufklärung sind Eliten, die die öffentliche Meinung beeinflussen.«[769] Dass es den Neoliberalen nicht um Aufklärung im Sinne Immanuel Kants geht, sondern Aufklärung bei ihnen nichts anderes als Propaganda für den Neoliberalismus ist, die einer religiösen Bekehrung gleicht, verdeutlicht Radnitzky, wenn er sich über den Nutzen eines Think-Tanks auslässt. Er bestärkt »die bereits »Gläubigen« in ihrem (richtigen) Glauben. […] Er versucht, bisher »Ungläubige« aufzuklären«.[770] Denkfabriken sollen also unter dem Deckmantel eines untadeligen Rufs über Multiplikatoren langfristig die Heilsgeschichte des Neoliberalismus verbreiten, auf dass die öffentliche Meinung langsam, aber sicher von ihm überzeugt wird. Letztlich geht es darum, »den Krieg der Ideen zu gewinnen«, wie es die Politologin Susan George ausdrückt.[771]

Die ersten Think-Tanks zur Wiederbelebung des Liberalismus entstanden schon zwei Jahrzehnte vor Gründung der *Mont Pelerin Society* in der Schweiz, Frankreich und den USA.[772] Das 1927 in Genf gegründete *Institut Universitaire de Hautes Études Internationales* (IUHEI) bot u. a. den späteren Gründungsmitgliedern der *Mont Pelerin Society* Wilhelm Röpke, Fritz Machlup, Ludwig van Mises und Friedrich August von Hayek die Möglichkeit, zu forschen und zu lehren.[773] In den USA wurde 1943 das *American Enterprise Institute* als Gemeinschaftsprojekt einiger Unternehmen (*Bristol-Myers, General Mills, Chemical Bank*) und liberaler Einzelpersonen etabliert.[774] Sein Ziel war und ist es, das amerikanische Volk von den Vorteilen des freien Unternehmertums zu überzeugen.[775]

Zum Katalysator der Entstehung von Think-Tanks wurde ab 1947 die *Mont Pelerin Society*, deren Mitglieder sich weltweit vernetzten und in ihren jeweiligen Heimatländern tatkräftige Unterstützung bei der Gründung und Aufrechterhaltung neoliberaler Denkfabriken leisteten. In England entstanden so z. B. 1955 das *Institute of Economic Affairs* und 1974, unter tatkräftiger Mithilfe von Margaret Thatcher, das *Centre for Policy Studies*.[776] In den USA kam zum *American Enterprise Institute* noch eine Reihe von Think-Tanks hinzu, darunter die *Heritage Foundation*, das *Cato Institute* und das *Manhattan Institute for Policy Research*. Bis zum Jahr 2002 waren weltweit mehr als 100 neoliberale Think-Tanks entstanden (fünf davon in Deutschland), die enge personelle und ideologische Verbindungen mit Mitgliedern der *Mont Pelerin Society* eingingen.[777]

Finanziert wurden die prokapitalistischen Think-Tanks überwiegend durch die Wirtschaft. In den Anfangsjahren war es neben der *Rockefeller Foundation*, die in den 1930er und 1940er Jahren das Genfer *Institut Universitaire de Hautes Études Internationales* unterstützte, vor allem der *William Volker Fund*, auf dessen Kosten zum Beispiel die Teilnehmer des ersten Treffens der *Mont Pelerin Society* in die Schweiz reisten und der zahlreiche Veröffentlichungen und Treffen finanzierte. Nach und nach reihten sich andere Stiftungen reicher US-Amerikaner in die Phalanx der Förderer des Neoliberalismus ein. So erhielt z. B. das *American Enterprise Institute* Gelder von der *Ford Foundation*.[778] Auch Großkonzerne wie *General Electric, General Motors, Rockwell* oder *Shell* stiegen in die Finanzierung der Think-Tanks ein.[779] Das 1977 gegründete *Cato Institute* erhielt seine Anschubfinanzierung von den Großindustriellen Charles und David Koch, deren Vermögen im März 2014 laut *Forbes* 34 Milliarden US-Dollar betrug, womit sie auf Rang 6 der Rangliste der reichsten Personen der Welt standen.[780] Auch dank ihrer Spenden arbeiten heute mehr als 100 Menschen für das Institut, dessen Experten von den Medien häufig zitiert oder befragt werden. Im Wesentlichen raten sie zu Steuererleichterungen, Kürzung von Sozialausgaben und Deregulierungen in der Umweltpolitik, also genau zu solchen Maßnahmen, die ihren Finanziers nutzen.[781] Das Londoner *Institute of Economic Affairs* erhielt sein Startkapital und jährliche Zuwendungen zum laufenden Betrieb ebenfalls von Geschäftsleuten, die den Neoliberalismus weiter verbreitet sehen wollen.[782]

Für das Kapital war und ist die Finanzierung von Denkfabriken in mehrerlei Hinsicht ein gutes Geschäft. Zum einen sind die Spenden für Think-Tanks in den meisten Ländern steuerlich abzugsfähig, zum anderen schufen die Think-Tanks mit ihren Veröffentlichungen ein freundliches Klima für das Kapital und zum Dritten rehabilitierten sie das System des freien Unternehmertums. Alles in allem dürften von Ende des Zweiten Weltkriegs bis Ende des letzten Jahrtausends mehrere hundert Millionen US-Dollar an Denkfabriken zur Verbreitung der neoliberalen Ideologie geflossen sein.[783]

Zusammenfassend lässt sich festhalten, dass die Strategie Hayeks, die Ideen des Neoliberalismus über den Erdball zu verbreiten, nach mehr als dreißigjähriger Vorbereitungszeit Anfang der 1980er Jahre erste politische Erfolge brachte. Die Saat des Marktliberalismus ging zunächst in den USA und im Vereinigten Königreich auf, was sicher kein Zufall war. Denn zum einen hatte die neoliberale Propaganda hier den Boden besonders gut bereitet. Zum Zweiten stürzten die Ölpreiserhöhungen des OPEC-Kartells die westlichen Länder 1972 und 1979 in Rezessionen, die durch die moderaten Staatseingriffe der damaligen Regierungen nicht in den Griff zu bekommen waren. Dies war Wasser auf die Mühlen der Neoliberalen, die in der Öffentlichkeit den Eindruck erwecken konnten, die besseren Rezepte für die Wirtschaft zu haben. Somit setzte sich ab Anfang der 1980er Jahre in den angelsächsischen Ländern die für den Kapitalismus günstige Ideologie des Marktliberalismus durch.

In Deutschland verlief der Aufstieg des Neoliberalismus zumindest in den 1950er und 1960er Jahren etwas anders als in den USA oder Großbritannien. Die Ordoliberalen warben hier kräftig für die Soziale Marktwirtschaft, in der ein staatlich organisierter Wettbewerb das Ziel »Wohlstand für alle« verfolgte. Im Unterschied zum Marktliberalismus Friedmans oder Hayeks wollten die Ordoliberalen eine Anhäufung von Marktmacht und Reichtum auf Seiten der Unternehmer verhindern. Auch bedurfte es in Deutschland keiner großen Lobbyaktivitäten der Ordoliberalen: Sie saßen bereits in der Regierung. Ludwig Erhard hatte im Wirtschaftsministerium die einflussreiche Grundsatzabteilung 1952 mit Alfred Müller-Armack, einem Ordoliberalen, besetzt.

Der wissenschaftliche Beirat des Ministeriums bestand überwiegend aus Ordoliberalen. Eine Vielzahl von universitären und außeruniversitären Forschungsinstituten, die mit ihren Gutachten und Stellungnahmen die Politik berieten, wurde von Ordoliberalen geleitet. Die Besetzungsmodalitäten des 1963 gegründeten Sachverständigenrats zur Begutachtung der gesamtwirtschaftlichen Entwicklung stellen bis heute sicher, dass in der Regel vier von fünf Mitgliedern aus dem liberalen Lager kommen. Die deutsche Wirtschaftspolitik war bis zur ersten Konjunkturdelle im Jahre 1967 eher von ordoliberalen als neoliberalen Prinzipien geprägt.

In den 1970er Jahren gewannen während der sozial-liberalen Koalition unter dem Eindruck der beiden Ölpreisschocks wirtschaftspolitische Denkrichtungen an Einfluss, die stärker auf Staatseingriffe setzten als den Ordoliberalen lieb war. Explizit als Lobbyorganisation wurde daher 1982, im Jahr der Regierungsübernahme durch Helmut Kohl, die *Stiftung Marktwirtschaft* gegründet. Ihr Ziel ist es »Politik und Öffentlichkeit für mehr Freiheit in Verantwortung, für mehr Wettbewerb und Transparenz, für mehr Eigeninitiative, Chancen- und Leistungsgerechtigkeit zu gewinnen«, und zwar auch »durch Gespräche mit Entscheidungsträgern in Politik und Gesellschaft.«[784] Unter der Regierung Kohl fand allerdings keine Rückbesinnung auf die ordoliberalen Grundsätze der sozialen Marktwirtschaft Ludwig Erhards statt, sondern eine Wende zum Neoliberalismus angelsächsischer Prägung. Auch die rot-grüne Bundesregierung mit SPD-Kanzler Gerhard Schröder an der Spitze, der oftmals als »Genosse der Bosse« bezeichnet wurde, warf sich in den Strom der Zeit und bescherte Deutschland mit den sogenannten Hartz-Reformen einen neoliberalen Prinzipien folgenden Umbau der Sozialsysteme. Kurzum, die Regierungen von Helmut Kohl, Gerhard Schröder und Angela Merkel haben den Ordoliberalismus, der zumindest von der Idee her durch eine strenge Wettbewerbspolitik das Entstehen zu großer ökonomischer Macht verhindern würde, auf eine Randerscheinung reduziert. Der für den Kapitalismus günstigere Neoliberalismus hatte sich auch in Deutschland gegen den Ordoliberalismus durchgesetzt.

Mehr als dreißig Jahre harte und teilweise frustrierende Aufbauarbeit begannen sich Anfang der 1980er für die Neoliberalen zu lohnen. Sie hatten Organisationsstrukturen geschaffen, die durch ihre Propaganda die öffentliche Meinung verändert hatten. Welche Botschaften unters

Volk gebracht wurde, damit durch den »hergestellten Volkswillen« im Sinne Schumpeters dem Kapitalismus freundlich gesinnte Parteien die Regierung stellten, wird im nächsten Abschnitt untersucht.

DIE BOTSCHAFTEN DER KAPITALISTISCHEN PROPAGANDA

Obwohl der Neoliberalismus als ideologische Grundlage zur Rechtfertigung des Kapitalismus nach dem Zweiten Weltkrieg diente, denken die Vertreter des Kapitals keineswegs daran, sich in jeder Hinsicht nach den neoliberalen Gedanken zu richten. Warum auch? Das Ziel des Kapitalismus liegt in der Akkumulation, das Ziel der Neoliberalen ist die Verwirklichung größtmöglicher Freiheit für den Einzelnen. Beide Ziele können in Konflikt miteinander geraten, wie wir an der Funktion des Staates erkennen können: Der Kapitalismus begrüßt Staatseingriffe, wenn sie ihm bei der Anhäufung von Gewinnen helfen, der Neoliberalismus, wenn sie ihm mehr Freiheiten für das Individuum bringen. Neoliberale wollen daher möglichst wenige Eingriffe des Staates in die Wirtschaft, weil dies die unternehmerische Freiheit des Einzelnen beeinträchtigt. Der Kapitalismus ist viel pragmatischer. Er wünscht sich die öffentliche Hand immer dann herbei, wenn es darum geht, seine Gewinne zu steigern oder Verluste zu vermeiden, wie wir am Beispiel des Staats als Reparaturbetrieb des Kapitalismus in Kapitel 7 gesehen haben. Aber trotz kleinerer Meinungsverschiedenheiten ziehen beide im Wesentlichen an einem Strang, vor allem bezüglich der Verbreitung zentraler Botschaften, was wohl auch der Hauptgrund für die Finanzierung der neoliberalen Denkfabriken durch Großunternehmen und reiche Mäzene war und ist.

Die Propagandabotschaften des Kapitalismus haben vor allem drei Funktionen.[785] Sie verhelfen ihm einerseits zu höheren Gewinnen bzw. mehr Einfluss. In diesem Zusammenhang werden vor allem die in Kapitel 7 dargestellten Instrumente zur Steigerung der ökonomischen Macht als wünschenswert charakterisiert. Dies geschieht häufig indirekt und ergibt sich oft als Schlussfolgerung aus den verbreiteten Botschaften. Zweitens unterstützt die Propaganda die sich im Verborgenen vollziehende Lobbyarbeit. Parlamentarier zeigen sich den Wünschen der kapitalistischen Lobbyisten naturgemäß aufgeschlossener, wenn die öffentliche Meinung auf ihrer Seite ist. Zum Dritten liefert die Propaganda für die Manager in den Unternehmen eine überzeugende Begründung dafür, warum sie sich dem Kapitalismus und seinen Ideen verschreiben sollen. Ohne die persönliche Motivation des Führungspersonals wäre es wohl ungleich schwieriger, den Kapitalismus zu festigen.[786]

In Bezug auf die zentrale Frage dieses Buches, wie und warum der Kapitalismus immer mächtiger wurde, lassen sich zunächst drei zentrale Propagandabotschaften des Neoliberalismus identifizieren, die der Kapitalismus übernimmt und um eine vierte ergänzt:[787]

FREIE MÄRKTE SIND GERECHT

Nach Ansicht der Neoliberalen entspricht das auf freien Märkten erzielte Einkommen dem Beitrag der Produktionsfaktoren zum Volkseinkommen.[788] Wer ein hohes Gehalt bekommt, verfügt demnach über besondere Kenntnisse und Fähigkeiten, die er sich im Laufe seines Lebens erworben hat, oder angeborenes Talent, das er gut nutzt. Eine Umverteilung von Einkommen durch Steuern und Transfers habe zu unterbleiben, weil es – wie beispielsweise Milton Friedman betont – kein ethisches oder moralisches Prinzip gibt, das diese rechtfertigen würde.[789]

Gegen die neoliberale Vorstellung von der Gerechtigkeit der Märkte gibt es eine Reihe von gewichtigen Einwänden. Der bedeutendste ist wohl, dass es sich dabei um ein Werturteil handelt und man mit dem gleichen Recht behaupten kann, eine Umverteilung sei gerecht. So gibt es auch ganz unterschiedliche ethische Vorstellungen über Gerechtigkeit, aber bislang keine anerkannte Methode festzustellen, welche die beste oder sinnvollste ist. Der Philosoph John Rawls hat beispielsweise eine bedeutende und einflussreiche Theorie der Gerechtigkeit formuliert, nach der eine Gesellschaft sich für eine Umverteilung aussprechen würde.[790] Dazu hat er die Denkfigur des »Schleiers des Nichtwissens« entwickelt, um abzuleiten, wie eine gerechte Gesellschaft nach Ansicht der meisten Menschen beschaffen sein sollte. Um diese Konstruktion zu verstehen, stellen wir uns eine Situation vor, in der die Menschen zwar allgemeine Kenntnissee über soziale, politische und wirtschaftliche Zusammenhänge wie z. B. die Ursachen von Armut und Reichtum haben, aber nicht wissen, an welchen Platz in der Gesellschaft sie hineingeboren werden. Man könnte als gesunder Spross reicher Eltern zur Welt kommen oder als schon im Mutterleib unterernährter

Säugling in einer bettelarmen Familie. Wenn die Menschen sich nun hinter dem »Schleier des Nichtwissens« entscheiden müssten, ob sie korrigierend in ihr Schicksal eingreifen sollen oder nicht, würden die meisten zumindest für eine gewisse Umverteilung plädieren.

Die Vernachlässigung der Anfangsausstattung eines Menschen mit Ressourcen ist der zweite bedeutende Einwand gegen die Vorstellung von der Gerechtigkeit der Märkte. Ein hohes Einkommen kann ein Mensch nicht nur durch erlernte Fähigkeiten oder angeborenes Talent erzielen, sondern auch durch die Erbschaft eines großen Vermögens an Finanz- oder Sachkapital. Das wissen zwar auch die Neoliberalen, sie verteidigen diese Ungleichheit aber vehement. So sieht Milton Friedman keinen Unterschied darin, ob jemand eine begnadete Stimme von seinen Eltern erbt, mit der er viel Geld verdienen kann, oder ein Vermögen.[791] Diese Feststellung ist aber wie so vieles im Neoliberalismus auch wieder ein Werturteil, das sich nicht wissenschaftlich neutral begründen lässt. Mit dem gleichen Recht lässt sich nämlich argumentieren, dass ein erheblicher Unterschied besteht. Denn Vermögen können Eltern mit Sicherheit an die Kinder weitergeben, Talent hingegen nicht. Es gibt Kinder zuhauf, die nicht die Begabungen ihrer Eltern erben, andere sind mit Talent gesegnet, ohne dass dies bei ihren Eltern erkennbar gewesen wäre. Die Vergabe von Talent gleicht somit einem Lotteriespiel, bei dem jeder ähnliche Chancen hat. Vermögen hingegen erbt man in der Regel nur, wenn man reiche Eltern hat. Daraus lässt sich ein Werturteil formulieren, das dem neoliberalen entgegengesetzt ist: Weil das Erben von Talent Glücksache ist und es nur durch erhebliche Eigenanstrengungen zur Entfaltung kommt, sollen Erträge aus der Nutzung von Talent nicht umverteilt werden. Ererbte Vermögen hingegen sind umzuverteilen, weil man sie als Kind reicher Eltern automatisch bekommt und zu ihrer Nutzung keinerlei Eigenanstrengungen notwendig sind. Aber man kann sogar noch einen Schritt weiter gehen und argumentieren, dass die Quelle des Vermögens und Einkommens völlig irrelevant ist für die Frage der Umverteilung. Wer viel Geld verdient, ist – aus welchen Gründen auch immer – wirtschaftlich leistungsfähiger und man kann von den Starken erwarten und verlangen, die Schwachen in einer Gesellschaft bis zu einem gewissen Grade zu unterstützen. Wer über Vermögen oder ein hohes Einkommen verfügt, kann ohne Einschränkung an Lebensqualität relativ viel an Steuern bezahlen, um damit z. B. durch Transferzahlungen Niedriglöhne aufzustocken. Diese Idee steckt hinter dem Prinzip der Besteuerung entsprechend der wirtschaftlichen Leistungsfähigkeit,[792] das in vielen Ländern immer noch als Richtschnur der Einkommensteuer akzeptiert ist, auch wenn die Bezieher hoher Einkommen lange nicht mehr so hoch besteuert werden wie noch in den 1960er Jahren. Aber auch dieses Prinzip beruht auf einem Werturteil, das sich genauso gut oder schlecht begründen lässt wie die alle anderen.[793]

Freie Märkte sind also nicht notwendigerweise gerecht, wie die Neoliberalen behaupten. Auch die Frage, ob und in welchem Umfang eine Gesellschaft Einkommen und Vermögen umverteilen sollte, muss letztendlich rein politisch entschieden werden, da die Wissenschaften hier keine wertneutralen Maßstäbe liefern. Die neoliberale Vorstellung von Gerechtigkeit wird von den Vertretern des Kapitalismus jedoch willkommen geheißen und propagiert, weil sie akkumulierte Vermögen schont und damit die ökonomische Machtbasis nicht antastet.

FREIE MÄRKTE SIND EFFIZIENT

Diese Behauptung des Neoliberalismus impliziert zumindest zweierlei. Erstens soll die Allokation der Ressourcen optimal sein, das heißt, die Hersteller liefern unter Minimierung der Produktionskosten genau die Güter, die von den Konsumenten gewünscht werden.[794] Dabei sorgt eine große Zahl von Unternehmen für ein hohes Maß an Wettbewerb, was für eine direkte Weitergabe der minimalen Produktionskosten in Form niedrigerer Preise an die Verbraucher sorgt. Zum Zweiten sollen die Ersparnisse unter Berücksichtigung der Risikopräferenz der Anleger optimal in die Finanzierung von Investitionen kanalisiert werden.

Dass es sich bei letzterer Behauptung um frommes Wunschdenken handelt, hat sich in großem Stil während der Finanzkrise 2008 gezeigt, als die immer weiter deregulierten Finanzmärkte außer Kontrolle gerieten. Zuvor hatten die Banken den Sparern nicht nur wie gewünscht relativ sichere Anlagen verkauft, sondern auch stark risikobehaftete Zertifikate, von denen sich viele später als wertlose Schrottpapiere erwiesen. Wie eine Vielzahl von seither erschienenen Studien zeigen, sind die Finanzmärkte vielfach weder rational noch effizient.[795]

Aber auch die Märkte für Waren und andere Dienstleistungen weisen erhebliche Mängel auf. Generationen von Ökonomen haben festgestellt, dass freie Märkte nur unter ganz bestimmten Bedingungen effizient sind, die in der Realität aber nicht immer erfüllt sind. Dann kommt es zu einem völligen oder teilweisen Marktversagen, wobei sich mindestens fünf Fälle unterscheiden lassen.

Da sind zum einen die bereits aus Kapitel 7 bekannten negativen externen Effekte in der Produktion, die dazu führen, dass umweltbelastende Güter in zu großen Mengen produziert werden.

Der zweite Fall von Marktversagen tritt bei asymmetrisch verteilten Informationen auf, die beispielsweise dann vorliegen, wenn die Verkäufer, die ihre eigenen Produkte sehr gut kennen, ihren Kunden wichtige Informationen vorenthalten. Wie der US-amerikanische Ökonom George Akerlof 1970 in einem bahnbrechenden Artikel gezeigt hat, werden die Märkte in diesem Fall zwar mit Produkten schlechter Qualität beliefert, hingegen bricht der Markt für die guten Qualitäten zusammen.[796] Marktversagen liegt hier vor, weil es zwar eine Nachfrage nach qualitativ hochwertigen Produkten gibt, sich diese aber nicht in eine Kaufentscheidung umsetzt. Die Konsumenten sind durch das Zurückhalten von Informationen verunsichert. Das Risiko, ein teures Produkt von vermeintlich hoher Qualität zu kaufen, das sich später als Niete entpuppt, ist ihnen zu groß.

Drittens können Märkte auch versagen, wenn es sich um die optimale Nutzung von Gütern im Zeitablauf handelt, also bei der intertemporalen Allokation. Das Problem ergibt sich vor allem bei der Nutzung der sogenannten gesellschaftlichen Ressourcen wie Wildtieren, Urwäldern oder den Fischbeständen der Weltmeere.[797] Diese Güter gehören traditionell der Gesellschaft und werden im Deutschen auch als Allmendegüter bezeichnet, benannt nach der Allmende, dem einem Dorf gemeinschaftlich gehörenden Weideland. Wenn die Nutzung dieser Güter – wie in freien Märkten – nicht reguliert ist, können sie von jedermann unbegrenzt in Anspruch genommen werden. Eine optimale Bewirtschaftung würde aber erfordern, gesellschaftliche Ressourcen nachhaltig zu bewirtschaften, also z. B. nur die Mengen zu entnehmen, die auf natürliche Weise wieder nachwachsen. Damit könnte die Nutzung zwischen der heutigen und den zukünftigen Generationen besser aufgeteilt werden. Unter den Bedingungen freier, also unregulierter Märkte, werden gesellschaftliche Ressourcen in der Gegenwart jedoch zu stark genutzt, weil in einem freien Markt keiner einen Anreiz hat, langfristig nachhaltig zu wirtschaften. Im Gegenteil:

Weil jeder weiß oder annimmt, dass sich die meisten andern nicht nachhaltig verhalten, wird jeder versuchen, kurzfristig so viel wie möglich von der Ressource zu nutzen, was in unregulierten Märkten letztlich zu ihrer Zerstörung oder Ausrottung führt. Das ist der Mechanismus, der hinter der Überfischung der Weltmeere, dem Abholzen der Tropenwälder, der Ausrottung von Wildtieren und ganz allgemein hinter der »Tragik der Allmende« steckt. Freie Märkte versagen im Fall gesellschaftlicher Ressourcen bei der effizienten Allokation im Zeitverlauf.

Der vierte Fall von Marktversagen betrifft die Bildung von Monopolen. Wenn Monopole vorliegen, dann zahlen die Konsumenten höhere Preise und erhalten geringere Mengen von dem Gut als in Märkten mit einem hohen Grad an Wettbewerb. In diesem Fall liegt ein partielles Marktversagen vor, weil die Konsumenten das Gut zwar erhalten, aber nicht in der Menge, die ihnen ein freier Wettbewerbsmarkt liefern würde.[798] Sind Produktinnovationen oder differenzierte Güter der Grund für das Monopol, führen freie Märkte tatsächlich zu mehr Effizienz, vorausgesetzt die neuen Produkte sind nicht durch Patente geschützt. Dann führt der Markteintritt von Nachahmern nämlich zu einem Rückgang der Preise und die Konsumenten erhalten nach Beseitigung des temporären Monopols die gleiche Menge wie in einem Markt mit hohem Grad an Wettbewerb. Viele Monopole entstehen jedoch, weil die Produktion eines Gutes hohe Investitionen in Infrastruktur nötig macht, z. B. für die Lieferung von Wasser, Strom oder Telefon oder den Betrieb eines Eisenbahnnetzes. Ein solches Monopol kann aufgrund von Markteintrittsbarrieren in der Regel nicht durch Konkurrenten gebrochen werden. Denn im Normalfall könnte kein Wettbewerber die nötigen Investitionsmittel zum Aufbau der benötigten Infrastruktur aufbringen und falls doch, würde der angegriffene Monopolist, der aus der Vergangenheit auf einem dicken Polster mit Monopolgewinnen sitzt, als Reaktion auf den Markteintritt die Preise so weit senken, dass der Neuankömmling seine Kosten nicht mehr decken kann und wieder aus dem Markt ausscheiden muss. In freien Märkten bleiben Monopole, die auf hohen Investitionen in Infrastruktur beruhen, wie selbstverständlich erhalten, weshalb sie auch natürliche Monopole heißen.[799]

Der letzte Fall des Marktversagens betrifft die sogenannten öffentlichen Güter. Dabei handelt es sich um Dinge wie Grundlagenforschung oder äußere Sicherheit, die in den meisten Ländern durch eine Armee hergestellt werden soll. Weil niemand von der Nutzung öffentlicher Güter ausgeschlossen werden kann, wenn sie einmal hergestellt sind, besteht kein Anreiz für die Konsumenten, ein solches Gut in Auftrag zu geben.[800] Jeder Nachfrager wird darauf warten, bis andere das Gut ordern, um es dann als Trittbrettfahrer kostenlos zu nutzen. Deshalb lohnt es sich für Unternehmen auch nicht, wie bei anderen Produkten in Vorleistung zu gehen und zu hoffen, durch Werbung und geschicktes Marketing genügend Abnehmer zu finden. Bei öffentlichen Gütern handelt es sich um vollständiges Marktversagen, weil das Gut in einem freien Markt nicht produziert wird, obwohl dafür ein Bedarf bei den Konsumenten besteht.

Freie Märkte sind also vielfach ineffizient. Sowohl der ökonomische Mainstream als auch neoliberale Ökonomen erkennen diesen Fakt an, reagieren aber unterschiedlich darauf. Der Mainstream plädiert in diesen Fällen für Staatseingriffe, um die Allokation der Ressourcen zu verbessern.[801] Negative externe Effekte sollen durch eine Besteuerung der umweltbelastenden Produktion neutralisiert werden. Bei asymmetrisch verteilten Informationen kann der Staat die besser informierte Seite des Marktes zwingen, relevante Informationen über das betreffende Produkt bereitzustellen. Gesellschaftliche Ressourcen sollen nach Ansicht des Mainstreams durch Zugangsbeschränkungen nachhaltig genutzt werden. Monopole sollten so reguliert werden, dass sie nur normale Gewinne erzielen und die Konsumenten Preise bezahlen, die denen auf einem Wettbewerbsmarkt entsprechen. Die Produktion öffentlicher Güter sollte der Staat organisieren und durch die Erhebung von Steuern finanzieren.

Neoliberale Ökonomen verfolgen eine andere Strategie.[802] Zum einen spielen sie die Bedeutung des Marktversagens herunter, indem sie es zu relativ selten vorkommenden Ausnahmefällen erklären. Zweitens argumentieren sie, dass sowohl Anbieter als auch Nachfrager ein Eigeninteresse am Zustandekommen eines Geschäfts haben. Daher würden die Marktteilnehmer alles unternehmen, um das Ausmaß des Marktversagens zu reduzieren. Um den Zusammenbruch des Marktes für qualitativ hochwertige Güter im Fall asymmetrisch verteilter Informationen zu verhindern, würden die Verkäufer ihre Güter von neutralen Stellen zertifizieren lassen, um so den Käufern die gute Qualität zu signalisieren. Bei öffentlichen Gütern würden sich die

Nachfrager organisieren und gemeinsam für deren Herstellung sorgen, wenn unbedingt nötig sogar unter Zuhilfenahme des Staates wie im Falle der Aufstellung und Finanzierung einer Armee. Das dritte neoliberale Strategieelement zur Entschärfung des Marktversagens besteht im Entwickeln neuer Theorien für die Fälle, in denen private Selbsthilfe nicht möglich ist. Ein Beispiel dafür sind Monopole, die durch besondere Marktbedingungen entstehen, wie die dominierende Stellung von *Microsoft* bei Betriebssystemen für PC. Um in diesen Situationen ein Eingreifen des Staates zu verhindern, wurde die Theorie der »Bestreitbaren Märkte« entwickelt.[803] Diese besagt im Kern, dass bereits die Drohung eines Markteintritts durch einen potentiellen Konkurrenten ausreicht, damit der Monopolist keine überhöhten Preise verlangt, sondern solche, die in einem Markt mit hoher Konkurrenz üblich wären. Staatseingriffe zur Förderung des Wettbewerbs sind in bestreitbaren Märkten unnötig. Zu guter Letzt setzen die Neoliberalen dem Marktversagen die Idee vom Staatsversagen entgegen. Der Staat habe in aller Regel weder die Informationen noch die Kompetenz, um bei Marktversagen durch wirtschaftspolitische Maßnahmen eine effizientere Allokation der Ressourcen zu bewirken. Mit schöner Regelmäßigkeit würde der Staat sogar die Lage in den betroffenen Märkten noch verschlimmern. Daher sollten selbst natürliche Monopole, für die die Theorie der bestreitbaren Märkte kaum anwendbar ist, weder staatlich reguliert noch betrieben, sondern in die Hand von Privaten gegeben werden. Neoliberale plädieren dafür, ein hohes Ausmaß an Marktversagen hinzunehmen, weil das immer noch besser sei als staatliche Bevormundung oder eine Verschlimmerung des Marktversagens durch inkompetente Bürokraten.

Obwohl Marktversagen schon seit über 100 Jahren in der wissenschaftlichen Literatur als Beleg gegen die Effizienz freier Märkte angeführt wird, konnte dies die Propaganda der Neoliberalen nicht stoppen. Ganz im Sinne Hayeks erzählen sie nach wie vor das Märchen von der Überlegenheit freier Märkte. Den Mainstream-Ökonomen, die Marktversagen durch wirtschaftspolitische Maßnahmen korrigieren wollen, halten sie vor, das Staatsversagen zu ignorieren.

Marktversagen wie bei öffentlichen Gütern oder einigen Fällen von asymmetrischen Informationen haben keine nennenswerten Auswirkungen auf die Gewinnsituation des Kapitals, die anderen jedoch schon. Wie in Kapitel 7 gezeigt, erhöhen natürliche Monopole die

Profite der Firmen zulasten der Verbraucher und die Übernutzung gesellschaftlicher Ressourcen steigert die gegenwärtigen Gewinne auf Kosten der zukünftigen Generationen. Ähnliches gilt für die negativen externen Effekte im Falle der Umweltbelastung. Letztendlich dient das Märchen von der Effizienz freier Märkte dem gleichen Zweck wie das von der Gerechtigkeit freier Märkte: Es soll Staatseingriffe als unnötig oder schädlich hinstellen.

Die großen Konzerne gehen bei der Propaganda bezüglich der Effizienz freier Märkte pragmatisch vor und verkünden über ihre PR-Abteilungen und Think-Tanks die Ideen, die ihren Gewinnen am zuträglichsten sind. Dabei übernehmen sie im Wesentlichen die Vorstellungen der Neoliberalen, nur eine nicht: Für Neoliberale ist das Ausscheiden von Unternehmen gemäß dem Schumpeterschen Konzept der schöpferischen Zerstörung konstituierender Bestandteil freier Märkte. Hebelt man diesen Mechanismus aus, zerstört man die kreative Dynamik des Kapitalismus, weil Unternehmen künstlich am Leben gehalten werden, die aufgrund ihrer schwachen Leistungen keine Existenzberechtigung haben. Daher lehnen die Neoliberalen im Unterschied zum Kapitalismus staatliche Rettungspakete für Großbanken ebenso ab wie Maßnahmen zur Stabilisierung der Konjunktur. Sie sehen sogar den Kapitalismus durch die fehlende Selbstreinigung langfristig gefährdet. Aber diese Sichtweise ist den gerade im Markt operierenden Kapitalisten egal, sie würden ohne staatliche Rettungsaktionen ja viel Geld verlieren. Ihnen ist das Hemd näher als die Jacke, weshalb sie Staatseingriffe immer dann befürworten, wenn diese ihre Gewinne retten oder erhöhen.

MENSCHEN STREBEN VOR ALLEM NACH HOHEM WOHLSTAND

Neoliberale Ökonomen propagieren, dass Menschen letztendlich nach materiellem Wohlstand streben. Um dieses Ziel zu erreichen, richten die Individuen ihr Tun darauf aus, im Verlauf ihres Lebens ein möglichst hohes Einkommen zu erzielen. Sie mögen zwar mehrere Jahre an Hochschulen oder Stätten der beruflichen Bildung verbringen und damit kurzfristig auf Geld verzichten. Sie tun dies jedoch, um langfristig ein maximales Einkommen unter Nutzung ihrer Talente und Neigungen zu erzielen.[804] Dies ist im Kern das Modell des *Homo oeconomicus*, des ausschließlich von wirtschaftlichen Überlegungen geleiteten Menschen. Neoliberale Ökonomen versuchen damit, fast die gesamte Bandbreite menschlichen Verhaltens zu erklären. Dazu zählen nicht nur die Handlungen von Konsumenten, Produzenten und Sparern, sondern auch die von Verbrechern. Selbst die Wahl des Lebenspartners oder die Entscheidung, wie viele Kinder ein Paar zur Welt bringt, ist für die Vertreter dieser Theorie eine ökonomische.

Angesichts der Komplexität menschlichen Verhaltens ist der ökonomische Ansatz zur Erklärung menschlichen Verhaltens massiv kritisiert worden. Der grundlegende Einwand lautet, dass die Menschen zu unterschiedlich sind, als dass ihre Handlungen mit dem Modell des *Homo oeconomicus* auch nur annähernd realistisch erfasst werden können.[805] So versuchen tief religiöse Menschen in aller Welt, ein gottgefälliges Leben zu führen. In den großen Weltreligionen gehören dazu auch die Nächstenliebe und Barmherzigkeit, die sich in Spenden für die Armen manifestiert, ein Verhalten, das kaum zur Maximierung des Lebenseinkommens beiträgt. Besonders überzeugte Anhänger wählen ein Leben in Klöstern, in denen vor allem gebetet wird, in manchen Gemeinschaften legen die Mönche und Nonnen sogar ein Armutsgelübde ab und halten sich daran. Wie in Kapitel 5 gezeigt, streben Menschen nach Ansicht von Philosophen wie Friedrich Nietzsche oder Bertrand Russell vor allem nach Macht. Dazu benötigen sie auch Geld oder andere Ressourcen, aber diese sind nur Mittel zum Zweck, doch letztendlich wollen die Menschen vor allem Einfluss und Macht, aber nicht einen möglichst hohen Wohlstand. Die seit einigen Jahren boomende Glücksforschung bestätigt, dass die meisten Menschen letztendlich vor allem Zufriedenheit oder Glück wünschen.[806] Geld, Glaube oder Macht sind nach Ansicht vieler Glücksforscher ebenso wie Gesundheit, gute Freunde und eine intakte Familie nur Mittel, um ein glückliches Leben zu führen.

Der Kapitalismus braucht jedoch materialistisch eingestellte Menschen. Es liegt nicht in seinem Interesse, wenn die Menschen weniger konsumieren wollen. Und so verbreiten seine Propagandaorganisationen weiterhin das Menschenbild des *Homo oeconomicus* und betonen immer wieder, wie wichtig der materielle Wohlstand ist. So startete die *Initiative Neue Soziale Marktwirtschaft* (INSM) 2007 eine Kampagne für mehr Wachstum und bekräftigte ihre Position durch ein Wachstumsmanifest. Darin begründet die *INSM* zusammen mit 30 Professoren, die fast ausschließlich dem neoliberalen Lager zu-

zuordnen sind, »warum Deutschland mehr Wachstum braucht. Das gemeinsame Plädoyer für dynamisches und stabiles Wachstum fordert die politisch Verantwortlichen auf, den Worten jetzt auch Taten folgen zu lassen.«[807]

Die Durchschlagskraft der Propaganda vom materiellen Wohlstand lässt sich vor allem an der Fixierung der Regierungen auf das Wachstumsziel erkennen. Obwohl es die Welt auf Dauer kaum verkraften dürfte, wenn sieben Milliarden Menschen (und in Zukunft noch mehr) nach den derzeitigen westlichen Standards leben würden, werden Konsum und Produktion vorangetrieben, als gäbe es kein Übermorgen. Das Propagieren von Wachstum ignoriert diese grundlegende Einsicht und lenkt von der wichtigen Problematik der Endlichkeit fossiler Brennstoffe und anderer Rohstoffe ab, für die der Kapitalismus in seiner bisherigen Form keine Lösung hat und die unter Umständen sogar »das Ende des Kapitalismus wie wir ihn kennen« bedeuten könnte.[808]

Die Fixierung aufs Wachstumsziel hat aber für den Kapitalismus noch eine andere Funktion, die der Verschleierung. Die Verkündung von jährlichen Wachstumsraten einer Volkswirtschaft oder des Pro-Kopf-Einkommens suggeriert fälschlicherweise einen für alle Menschen gleichen Zuwachs. Komplementiert wird diese Botschaft – vor allem in den angelsächsischen Ländern – mit der von John F. Kennedy oftmals gebrauchten Metapher von der ansteigenden Flut, die alle Boote anhebt (»a rising tide lifts all boats«). Durch die Fokussierung auf das durchschnittliche Wachstum wird elegant vertuscht, dass in den letzten dreißig Jahren die Früchte des Wirtschaftswachstums vor allem den Kapitalbesitzern zugutegekommen sind, wie in Kapitel 6 gezeigt wurde.

WAS GUT IST FÜR UNTERNEHMEN, IST AUCH GUT FÜR UNSER LAND

Als der frühere Chef des US-Autoherstellers *General Motors* (GM) Charles Erwin Wilson 1953 vor seiner Berufung zum Verteidigungsminister der Vereinigten Staaten gefragt wurde, ob er Interessenskonflikte zwischen seiner früheren Position und dem neuen Amt sehe, antwortete er sinngemäß mit dem Spruch: »Was gut ist für GM, ist auch gut für unser Land.« Diese Aussage wurde in leicht abgewandelter Form ein zentraler Pfeiler der kapitalistischen Propaganda, nach der alles gut für die Menschen eines Landes ist, was gut für die Unternehmen ist. Mit diesem Generalanspruch werden z. B. Forderungen nach Steuererleichterung, einer Verringerung der Arbeitgeberbeiträge zu den Sozialversicherungen, zur Inwertsetzung der Natur, zum Schutz vor ausländischer Konkurrenz oder zur Verhinderung von Umweltschutzmaßnahmen begründet.

Die Wahrheit ist jedoch, dass all diese Maßnahmen im Wesentlichen die Gewinne der (inländischen) Unternehmen erhöhen und zulasten von Arbeitnehmern, Konsumenten und der Umwelt gehen. Und leider sind die meisten dieser Forderungen langfristig sogar nachteilig für die Gesellschaft. Besonders deutlich wird dies beim Schutz vor ausländischer Konkurrenz. Da die Unternehmen der Öffentlichkeit vorgaukeln, untereinander in hartem Wettbewerb zu stehen, um den Konsumenten die bestmögliche Qualität zu möglichst niedrigen Preisen zu liefern, würden sie sich unglaubwürdig machen, falls sie ausländische Wettbewerber vom Markt fernhalten wollten, nur weil diese einfach die besseren Unternehmer sind oder wegen des niedrigeren Lohnniveaus im Ausland preiswerter produzieren können. Also lautet der alte Standardvorwurf, die ausländische Konkurrenz sei unfair und übermächtig, weil sie zu Bedingungen produzieren könne, mit denen das Inland nicht mithalten kann.

Wie dieses Pokerspiel um Schutz vor ausländischen Wettbewerbern abläuft, hat der französische Ökonom Frédéric Bastiat satirisch überzogen bereits 1845 in seiner »Petition der Kerzenmacher« dargelegt. In dieser Schrift an die Abgeordneten des Parlaments fordern die französischen Hersteller von Kerzen, Lampen und Straßenlaternen von den Parlamentariern Protektion: »Wir unterliegen der unerträglichen Konkurrenz eines auswärtigen Rivalen, der – wie es aussieht – Licht unter Bedingungen produziert, die den unseren so überlegen sind, dass er unseren *nationalen Markt* damit zu einem unglaublich niedrigen Preis *überschwemmt* [...]. Dieser Rivale – die Sonne – liefert uns einen hartnäckigen Kampf [...]. Wir fordern, Sie mögen ein Gesetz erlassen, das das Schließen aller Fenster, Bodenluken, Dachfenster, Fensterläden, Läden, Vorhänge, Schiebefenster, Bullaugen, Markisen vorschreibt.« Die Petition führt auch die Argumente auf, die bis heute prinzipiell zur Rechtfertigung von Zöllen, Quoten und Einfuhrverboten verwendet werden: Die Schaffung von Arbeitsplätzen durch Produktion zusätzlicher Kerzen und Lampen, das Aufblühen der Landwirtschaft, weil zusätzlich ölhaltige Früchte wie Raps und Oliven angebaut werden, einen Aufschwung der Fischereiflotte, die Wale zur Gewinnung von Walöl jagen würde, usw. »Es gibt niemanden [...], der nicht sein Gehalt und seinen Wohlstand ansteigen sieht.«[809]

Jedermann leuchtet unmittelbar die Sinnlosigkeit eines Schutzes vor Sonnenlicht in Häusern und Wohnungen ein, weil damit für die Produktion von Kerzen Arbeitskräfte gebunden werden, die man im Inland anderweitig einsetzen könnte, zum Beispiel zur Erhöhung der Nahrungsmittelproduktion. Das gleiche Argument gilt aber prinzipiell für jedes Gut, das im Ausland kostengünstiger produziert werden kann als im Inland. Durch seine Einfuhr spart die inländische Wirtschaft Ressourcen, die sie in die Produktion anderer Güter stecken kann. Dieser Vorteil entsteht bei jedem internationalen Tauschgeschäft und bildet seit Jahrtausenden die wirtschaftliche Grundlage des Fernhandels. Was die Kaufleute aus der täglichen Praxis wussten, hat die Außenhandelstheorie bis heute zumindest grundsätzlich immer wieder bestätigt, seit David Ricardo das Prinzip der komparativen Vorteile 1817 zum ersten Male der Öffentlichkeit präsentiert hat.[810] Die Konsumenten profitieren unmittelbar vom Freihandel durch niedrigere Preise, die Exporteure durch größere Absatzmärkte und die Außenhändler durch ihre Handelsspanne. Einzig die Produzenten von Gütern, die am inländischen Markt mit ausländischen Wettbewerbern konkurrieren, müssen Absatzeinbußen hinnehmen, und von diesen geht der Widerstand gegen den Freihandel aus. Heutzutage werden sie dabei oftmals von den Gewerkschaften unterstützt, die sich für den Erhalt der bestehenden Arbeitsplätze einsetzen.

Eines der am besten untersuchten Beispiele für die nachteiligen Auswirkungen der Protektion sind die »freiwilligen« Exportbeschränkungen für den US-Markt, auf die sich die japanische Regierung und Autoindustrie in den 1980er Jahren einließen.[811] Auf Druck von *General Motors*, *Ford* und *Chrysler* wurde vereinbart, dass die japanischen Autohersteller, die damals viele kleine und benzinsparende Modelle im Angebot hatten, ihre Exporte in die USA »freiwillig« beschränken. Diese Vereinbarung erlaubte es den US-Produzenten weiterhin, ihre überdimensionierten und technisch unterlegenen Autos mit hohem Benzinverbrauch *kurzfristig* auf dem US-Markt mit einem ansehnlichen Gewinn zu verkaufen. Das war gut für *General Motors*, *Ford* und *Chrysler*, aber war es auch gut für das Land? Sicher nicht. Denn die

Konsumenten mussten höhere Preise bezahlen und hatten weniger Modelle zur Auswahl. Noch dazu bekamen sie technisch und qualitativ schlechtere Autos mit hohem Benzinverbrauch. Dadurch mussten die USA weiterhin relativ viel Erdöl importieren, was ihre Handelsbilanz belastete und ihre Auslandsverschuldung erhöhte.

Aber es kam noch viel schlimmer, denn *langfristig* war der Schutz vor ausländischer Konkurrenz nicht einmal gut für *General Motors*. Zum einen fehlte nämlich der Anreiz, kleine, aber qualitativ hochwertige Autos mit sparsamen Motoren zu bauen. Dieses Versäumnis war für die Autoverkäufe in den USA wegen des Schutzes auf dem Inlandsmarkt unproblematisch, es machte sich jedoch auf den Exportmärkten immer stärker bemerkbar. Denn dort genossen die amerikanischen Autohersteller keine Vorzugsbehandlung und fielen gegenüber der europäischen und japanischen Konkurrenz weiter zurück, sodass ihre Autoverkäufe und Gewinne auf den Exportmärkten zurückgingen. Zum anderen lieferten die japanischen Unternehmen nun die Automodelle mit den höchsten absoluten Stückgewinnen in die USA. Diese Reaktion war die logische Konsequenz der Protektion. Wenn sie schon nur eine begrenzte Stückzahl an Autos in die USA exportieren durften und ihr Kontingent spielend leicht absetzen konnten, warum sollten sie dann kleine Autos verkaufen, bei denen der Gewinn pro Stück gering war? Ironischerweise stärkten also die hohen Gewinne aus den Verkäufen in den USA die Wettbewerbsfähigkeit der japanischen Autohersteller, weil diese nun mehr Geld für die Weiterentwicklung ihrer Fahrzeuge hatten. Und diese Tatsache machte es den klammen US-Produzenten nicht leichter, technologisch zur ausländischen Konkurrenz aufzuschließen. Nach ein paar Jahren fielen die Nachteile dieser Regelung auch der US-Regierung auf, die allein für das Jahr 1984 die Kosten für die USA auf 3,2 Milliarden US-Dollar taxierte.[812]

Damit steht zumindest für den Fall der Protektion fest: Die Botschaft »Was gut ist für Unternehmen, ist auch gut für unser Land« ist eine Propagandalüge. Der Schutz vor ausländischer Konkurrenz ist zwar *kurzfristig* gut für die Unternehmen und Arbeitnehmer aus der unter Druck geratenen Branche, für alle anderen ist er jedoch nachteilig. *Langfristig* schadet die Protektion jedoch auch den geschützten Unternehmen und deren Arbeitern. Selbst Friedrich List, der im 19. Jahrhundert eine heute noch für aufholende Länder wichtige Begründung für kurzfristigen Schutz vor übermächtiger, ausländischer

Konkurrenz geliefert hat, verwies auf den temporären Charakter seiner Maßnahmen.[813] Der von ihm vorgeschlagene Erziehungszoll muss zwar lange genug in Kraft sein, um aufholenden Industrien Schutz zu gewähren. Da er die geschützten Firmen jedoch zum Bestehen im internationalen Wettbewerb erziehen soll, muss der Zoll im Zeitablauf Schritt für Schritt reduziert werden.

Auch für die meisten anderen Forderungen gilt in der Realität, dass einem Land nicht unbedingt das nutzt, was seinen Firmen hilft. Niedrigere Steuern für Unternehmen müssen entweder durch eine höhere Staatsverschuldung, eine Senkung der Staatsausgaben oder höhere Steuern für Arbeitnehmer und Konsumenten gegenfinanziert werden. Geringere Umweltstandards (ebenso wie Arbeits- und Sozialstandards) entlasten zwar die Unternehmen von bestimmten Kosten, sie bürden diese jedoch der Gesellschaft auf. Die bereits zitierte Warnung von Adam Smith vor Unternehmen, die Gemeinwohl vorschützend doch nur ihre Eigeninteressen verfolgen und die Öffentlichkeit immer wieder belügen, um einen Vorteil für sich herauszuholen, hat auch nach über 200 Jahren nichts an Aktualität verloren.

TOTALITARISMUS DES MARKTES UND MACHTBLINDHEIT ALS AUSWIRKUNGEN DER PROPAGANDA

Die Propagandabotschaften des Neoliberalismus wurden in der Öffentlichkeit so oft wiederholt, bis selbst politisch eher links einzustufende Regierungen wie die rot-grüne Koalition unter Gerhard Schröder oder die Labour-Regierung unter Tony Blair im Vereinigten Königreich soziale Einschnitte vornahmen, die man eigentlich nur konservativen Parteien zugetraut hätte. Allgemein bekannt sind der Rückzug des Staates und der Abbau der sozialen Sicherung. In der öffentlichen Wahrnehmung weit weniger beachtet wurden zwei Auswirkungen, die einen weiteren Meilenstein für den Kapitalismus bei der Entmachtung der Demokratie markieren.

Die erste schwerwiegende und bis zur Finanzkrise 2008 kaum wahrgenommene Folge der neoliberalen Propaganda war die Ignoranz des Phänomens der wirtschaftlichen Macht.[814] Im Unterschied zu den Ordoliberalen, die eine radikale Zerschlagung privater ökonomischer Marktmacht forderten, hatte Friedrich August von Hayek sie – wie bereits erwähnt – als unschädlich eingestuft und sogar empfohlen, die Marktmacht großer Unternehmen durch andere Großunternehmen zu neutralisieren. Die Theorie bestreitbarer Märkte unterstützte seine Position, indem sie argumentierte, dass wettbewerbsähnliche Preise bereits durch die Androhung möglicher Markteintritte durch Konkurrenten erzielt würden. Auf bestreitbaren Märkten könne die Ausnutzung der Marktmacht zum Nachteil der Konsumenten ebenso verhindert werden wie die Erzielung hoher Gewinne, die von Großunternehmen in der Praxis häufig dazu verwendet werden, Konkurrenten nach einem tatsächlich erfolgten Markteintritt mit Dumpingpreisen wieder aus dem Markt zu vertreiben. Die unmittelbare Folge dieser Theorie war eine Lockerung in der Auslegung und täglichen Umsetzung des Wettbewerbsrechts, vor allem in den USA, aber auch in einigen europäischen Ländern.[815] Besonders profitiert hat davon die Finanzbranche, in der es zu einer historisch einmaligen Ansammlung von Großkonzernen gekommen ist, die sich nicht, wie von Hayek erhofft, gegenseitig in Schach hielten. Stattdessen konkurrierten diese Unternehmen nur wenig untereinander, privatisierten die Gewinne und sozialisierten die Verluste. Anders ausgedrückt: Sie schufen einen gemeinsamen Pool an ökonomischer Macht.

Hayek und seine neoliberalen Mitstreiter waren weder zu naiv noch zu unwissend, um die Gefahr dieser Anhäufung ökonomischer Macht nicht zu sehen. Derart belesene Gelehrte, die auch die Warnungen ihres liberalen Vordenkers Adam Smith vor der Verschlagenheit von Unternehmen kannten, leisten sich als Gruppe keine solche Fehleinschätzung. Sie haben es vorgezogen, diese Möglichkeit zu ignorieren, weil sie damit nur die von ihnen verachteten demokratischen Institutionen auf den Plan gerufen hätten, die den Kapitalismus durch ein entsprechendes Wettbewerbsrecht stärker hätten einschränken müssen als es ihnen ideologisch gepasst hätte.

Die zweite kaum beachtete Auswirkung war das Vordringen der Marktlogik in die Privatsphäre.[816] Durch die neoliberalen Reformen wurde den Menschen ein jahrzehntelang nicht gekanntes Maß an Eigenverantwortung übertragen, auf das sie ganz unterschiedlich reagierten. Einige wirkten verunsichert, andere motiviert. Gemeinsam war allen, dass sie ihr Eigeninteresse stärker berücksichtigen mussten als zuvor. Das hatte auch Auswirkungen auf die zwischenmenschlichen Beziehungen. Freundschaften wurden vor dreißig und mehr Jahren geschlossen, weil man mit jemandem auf einer Wellenlänge lag. Eine

Ehe ging man ein, weil man jemanden liebte. Der durch neoliberale Propaganda geprägte Mensch hingegen beurteilt andere Menschen vor allem danach, ob sie für sein eigenes materielles Wohlergehen oder die Karriere förderlich sind. Wer in diese Rubrik fällt, wird schnell zum »Freund«, und das nicht nur auf Facebook. Ob es sich dabei um eine authentische Beziehung handelt, in der das Interesse an der Person im Vordergrund steht, oder um eine auf knallhartem Nutzenkalkül basierende Scheinfreundschaft, lässt sich häufig nicht ermitteln. Das Individuum kann dadurch kaum noch Erfahrung mit der Authentizität von sozialen Beziehungen sammeln und erfährt gleichzeitig am eigenen Leib das Gefühl, instrumentalisiert zu werden. Waren die persönlichen Beziehungen vor einigen Jahrzehnten noch weitgehend von Gefühlen wie Sympathie, Liebe oder Abneigung geprägt, dominieren nun ökonomische Kosten-Nutzen-Überlegungen. Freunde und auch Lebenspartner werden öfter als früher nach ihrem zukünftigen Potential ausgewählt, die eigene Karriere zu befördern oder einen materiellen Nutzen abzuwerfen.

Die Folgen dieses Wandels sind viel gravierender als es auf den ersten Blick aussieht. Wenn selbst das Privatleben nur noch schwach von Emotionen und stark von Kosten-Nutzen-Überlegungen geleitet wird, bedeutet das nichts anderes als dass die Marktlogik auch noch in den letzten bislang geschützten Winkel des menschlichen Lebens vordringt. Der Markt wird zur totalitären Erscheinung, die das gesamte Leben und Denken beherrscht – ein klarer Fall von strukturierter Machtausübung. Wer aber gelernt hat, nur in einer Logik zu denken, kommt kaum auf die Idee, nach Alternativen zu fragen. Er hat die Botschaften des Neoliberalismus internalisiert und setzt sie unhinterfragt im täglichen Leben um. Die Propaganda hat durch die Totalisierung des Marktes die Konditionierung der Menschen im Sinne des Kapitalismus wirkungsvoll unterstützt, ein Prozess, mit dem sich das nächste Kapitel näher beschäftigt.

FAZIT

Propaganda ist in der Lage, die öffentliche Meinung zu beeinflussen. Der Kapitalismus und seine Vertreter haben sie genutzt, um sich in einem guten Licht darzustellen. Großkonzerne bewerben heute nicht mehr nur ihre Produkte, sie stellen sich in der Öffentlichkeit als nützlich dar. Sie verweisen auf ihre Maßnahmen zum Umweltschutz oder ihre Beiträge zur Schaffung von Arbeitsplätzen. Und so ist es wenig überraschend, dass der sich als Marktwirtschaft tarnende Kapitalismus bis zum Ausbruch der Finanz- und Wirtschaftskrise im Jahre 2008 in weiten Teilen der Öffentlichkeit in Glanz und Gloria erstrahlte. Die kapitalistische Propaganda ist ohne Zweifel ein wirkungsvolles Instrument zur Beeinflussung der öffentlichen Meinung und spielt eine bedeutende Rolle bei der Entmachtung der Demokratie durch den Kapitalismus.

Aber auch die Propaganda stößt an Grenzen. Zum einen lässt sich auch mit noch so viel Geld ein Fiasko nicht in einen Triumph verwandeln. Das erfuhr schon Edward Bernays, als es ihm nicht gelang, den Kapitalismus von seiner Schuld an der 1929 ausgebrochenen Weltwirtschaftskrise zu reinigen. Die Öffentlichkeit machte zu Recht die Gier der Spekulanten für den Ausbruch der Krise verantwortlich. Zum Zweiten kennen viele Menschen die Macht der Propaganda und hinterfragen Informationen, insbesondere wenn diese in Form von bezahlter Werbung in den Medien auftaucht. Drittens werden mittlerweile auch die Schattenseiten des Kapitalismus mit propagandistischen Techniken angeprangert. Ähnlich wie beim Lobbying haben diese Gruppen allerdings weitaus weniger Geld zur Verfügung als die Vertreter des Kapitals. Auch bei der Propaganda haben wir es mit einer finanziellen Asymmetrie zu tun, die sich letztlich aus der überragenden ökonomischen Macht des Kapitals speist. Zumindest entsteht so aber eine Gegenöffentlichkeit, die dem Kapitalismus wenigstens hin und wieder etwas entgegensetzt.

Nicht zuletzt aus diesem Grund ist dem Kapitalismus daran gelegen, die Menschen zur unbewussten Übernahme seiner Propagandabotschaften im täglichen Leben zu bringen. Wie er dieses Ziel erreicht, wird im nächsten Kapitel thematisiert.

10 – KONDITIONIERUNG

*Es denkt der Mensch die freie Tat zu tun, umsonst! Er ist das Spielwerk
nur der blinden Gewalt, die aus der eignen Wahl ihm schnell die
furchtbare Notwendigkeit erschafft.*

Friedrich Schiller (Deutscher Dichter, 1799)

Während die Propaganda für die Verbreitung von Ideologien sorgt,
liegt die Funktion der Konditionierung darin, die Menschen zur
Anwendung dieser Ideen im täglichen Leben zu bringen. Ziel der
Konditionierung ist der Aufbau von konditionierter Macht, d. h. der
Möglichkeit, einer anderen Gruppe seinen Willen aufzuzwingen, ohne
dass die Betroffenen dies als Machtausübung wahrnehmen. Diese Methode der Machtausübung wird besonders von Steven Lukes betont. Er
beschäftigte sich mit der in den 1920er Jahren von Antonio Gramsci,
einem Mitbegründer der Kommunistischen Partei Italiens, aufgeworfenen Frage, wie sich kapitalistische Ausbeutung unter demokratischen
Bedingungen bewerkstelligen ließe.[817] Lukes' Antwort auf diese Frage
lautet, dass dabei konditionierte Machtausübung eine wesentliche Rolle spielt, die in diesem Kontext üblicherweise als ein Prozess definiert
ist, in dessen Verlauf das Individuum erwünschte Verhaltensmuster
verinnerlicht hat und nach diesen handelt.[818] Entscheidend dabei ist,
dass das Individuum nach erfolgter Konditionierung glaubt, es würde
ohne äußeren Zwang aus freien Stücken handeln.

WARUM AUCH DER KAPITALISMUS KONDITIONIERT

Konditionierte Machtausübung ist deshalb so wertvoll für die Machthaber, weil sie von den Beherrschten nicht bemerkt wird. Sie gestattet
es, Menschen im Sinne der Herrscher zu lenken, ohne bei den Beherrschten Abneigungen gegen die Unterordnung auszulösen. Während kompensatorische Machtausübung immer den Beigeschmack
von Käuflichkeit hat, die von den Betroffenen durchaus als solche
wahrgenommen wird, und die repressive Machtausübung von den
Opfern als schmerzhaft oder erniedrigend empfunden wird, bleibt die
konditionierte Machtausübung von den meisten Menschen unbemerkt,
weil sie glauben, frei zu handeln. Aus diesem Grund ist konditionierte
Macht der Ausübung von repressiver oder kompensatorischer Macht

in vielerlei Hinsicht überlegen, auch wenn Machthaber in der Regel alle drei Elemente miteinander kombinieren.

Wie wertvoll die Konditionierung ist, zeigen sowohl die Religionen als auch das Militär.[819] Die irdischen Vertreter von Religionsgemeinschaften verfügen zwar durch die Glaubensregeln über ein erhebliches Potential an repressiver Macht, die den Gläubigen gegenüber in vielen Religionen sogar bis ins Jenseits reicht, und sie nutzen diese, um Vermögen anzuhäufen, das sie kompensatorisch einsetzen, um diejenigen zu belohnen, die wie Pastoren und Priester ihr Leben ganz der Verbreitung der jeweiligen Religion widmen. Aber um eine Religion über Jahrhunderte hindurch erfolgreich gegen die Konkurrenz anderer Religionen und Weltanschauungen, einschließlich des Atheismus, zu verteidigen, muss den Anhängern der eigene Glaube in Fleisch und Blut übergegangen sein. Daher widmen alle Religionsführer nicht nur der Verbreitung des Glaubens besondere Aufmerksamkeit, sondern sie sorgen durch zu befolgende Rituale wie Gebete oder Fastenzeiten für die Übernahme der religiösen Ideen ins tägliche Leben. Denn nur wer die Regeln der Religion verinnerlicht hat und täglich umsetzt, der bleibt seiner Gemeinschaft treu, verteidigt sie gegen Angriffe und bringt als überzeugter Anhänger den missionarischen Eifer auf, andere bekehren zu wollen.

Ohne konditionierte Macht wären die Religionsführer in der gleichen Situation wie die Manager von Unternehmen, denen im Wesentlichen nur die Belohnungsmacht in Form von Geldzahlungen zur Verfügung steht, wenn sie versuchen, Arbeitnehmer ans Unternehmen zu binden. Wie wenig diese wert sind, wenn es um langfristige Bindungen geht, zeigt kaum etwas deutlicher als das Beispiel des Profifußballs. In diesem Metier kämpfen fast alle Spieler für den Verein, der ihnen das meiste Geld bietet. Solange sie diesem Club angehören, unterwerfen sie sich dessen Regeln und der Spielphilosophie des Trainers. Sie erfüllen die Erwartungen der Fans nach Identifikation mit ihrem Verein, indem sie nach Torerfolgen auf das Vereinswappen am Trikot zeigen und sich in Interviews lobend über den eigenen Club und die Fans äußern. Aber im Unterschied zu einem wahren Fan, der seinem Verein vom Kindesalter an die Treue hält, wechseln viele Profifußballer mehrmals in ihrer Karriere den Verein. Ohne die Verankerung des Glaubens, also der propagierten Ideologie, durch Konditionierung ginge es den Religionsführern genauso. Ihre Anhänger würden zu den

Religionen wechseln, die ihnen den größten Nutzen bringen, sei es nun diesseitig oder jenseitig.

Ähnlich ist die Situation beim Militär. Wer sein Leben, seine Gesundheit oder seine körperliche und geistige Unversehrtheit aufs Spiel setzt, muss an das glauben, wofür er kämpft. Zwangsverpflichtete Rekruten, die repressiver Macht unterworfen sind, gelten beim Militär daher von jeher als dritte Wahl. Selbst Söldner, die für ihren Einsatz materielle Belohnungen erhalten, sind nur zweite Wahl. Niccolò Machiavelli hält Söldner für »nutzlos und gefährlich« und Söldnertruppen richten seiner Meinung nach »nichts als Schaden« an.[820] Aller militärischen Erfahrung nach sind diejenigen Soldaten am besten für den Kampf geeignet, die sich freiwillig als Berufssoldaten den Streitkräften anschließen, weil sie überzeugt davon sind, für eine gute und richtige Sache zu kämpfen.[821] Daher werden in allen Armeen die Wehrpflichtigen und Berufssoldaten auf bestimmte Normen und Werte eingeschworen, die es zu verteidigen oder zu verbreiten gilt.

Konditionierte Machtausübung hat für die Herrschenden aber noch eine weitere nützliche Eigenschaft. Sie bringt ihre eigenen Multiplikatoren hervor und pflanzt sich auf diese Weise automatisch fort. Denn wer tagtäglich gewissen Normen und Werten ausgesetzt ist, verinnerlicht diese und gibt sie an andere Personen weiter. Multiplikatoren sind bei der Konditionierung noch bedeutender als im Fall der Propaganda, wo Friedrich August von Hayek sie ja bereits als unverzichtbares Erfolgselement auserkoren hat.

Der Kapitalismus hat also gute Gründe, zusätzlich zur Verbreitung seiner Ideologie auch noch auf die Konditionierung der Individuen zu setzen. Wer nie über eine andere Welt nachgedacht oder in einer gelebt hat, kommt gar nicht auf die Idee, es könnte jenseits seines eigenen Horizonts noch eine andere und vielleicht sogar lohnendere Sphäre geben. Ohne Konditionierung besteht immer die Gefahr, dass sich Menschen vom Kapitalismus abwenden – sei es, weil sie erkennen, dass er Probleme wie globalen Klimawandel, Armut oder Kriege um Rohstoffe zumindest mitverursacht hat, oder sei es, weil die Menschen dann nach einem alternativen System Ausschau halten, das ihnen nicht nur materiellen Wohlstand verheißt.

Die Konditionierung ist damit aus Sicht des Kapitalismus eine sinnvolle Ergänzung zum Lobbyismus und zur Propaganda, auch weil er zu einem nicht unbeträchtlichen Teil von den Anstrengungen anderer profitiert. Denn wie im Folgenden noch gezeigt wird, müssen Menschen in jeder arbeitsteilig organisierten Gesellschaft bis zu einem gewissen Grad konditioniert werden, um ihre Aufgaben zu erfüllen. Außerdem hat die Konditionierung eine gesellschaftsstabilisierende Funktion, sodass sie beinahe allgegenwärtig ist. Der Kapitalismus nutzt die Bemühungen von Eltern, Erziehern und Lehrern, Kinder und Jugendliche auf das Leben in einer immer stärker von wirtschaftlichen Faktoren dominierten Gesellschaft vorzubereiten. Im Vergleich zu den bisher behandelten Mitteln zum Aufbau ökonomischer Macht und zu deren Umsetzung in politische kann sich der Kapitalismus bei der Konditionierung weitgehend passiv verhalten und die Arbeit andere erledigen lassen. Nur an bestimmten Punkten wird er aktiv, dann aber massiv. Die Konditionierung ist weiteres Beispiel für die Fähigkeit des Kapitalismus, sich als Trittbrettfahrer gesellschaftliche Entwicklungen und Gegebenheiten für seine Zwecke nutzbar zu machen.

GRUNDLAGEN DER KONDITIONIERUNG

Die Konditionierung setzt vor allem bei Kindern und Jugendlichen an und für den US-amerikanischen Politikwissenschaftler Benjamin Barber besteht kein Zweifel daran, dass sie eine wesentliche Stütze des Kapitalismus ist.[822] Getreu dem Sprichwort »Was Hänschen nicht lernt, lernt Hans nimmer mehr« beginnt sie so früh wie möglich und zieht sich durch das gesamte Kindes- und Jugendalter. Zunächst sind es vor allem die Eltern, die als Agenten der Sozialisation ihrem Nachwuchs Verhaltensweisen, Werte und Normen vorleben, die er durch das Vorbild verinnerlichen wird. Später wiederholt sich der Prozess in Kindergarten, Schule, Freundeskreis und Vereinen. Die Konditionierung erfolgt durch die Übernahme von Werten und Verhaltensweisen, die im Spiel oder im Alltag vermittelt und als normal, korrekt, richtig oder fair erachtet werden. Kinder übernehmen auf diese Weise implizit die Ziele und das Wertesystem ihrer Umgebung.

Elementare psychologische Grundlage der Konditionierung ist das Lernen durch Imitation. Psychologen und Verhaltensforscher sind sich zwar noch nicht ganz einig, ob Imitation ein angeborener Instinkt oder eine erlernte Fähigkeit ist. Tatsache ist jedoch, dass bereits wenige Tage alte Säuglinge das Herausstrecken der Zunge oder andere, einfache Gesten von Erwachsenen imitieren können.[823] Die Konditionierer nutzen diese schon früh im Leben eines Menschen nachweisbare Fähigkeit zur Imitation, indem sie Kindern die zu übertragenden Normen, Werte und Verhaltensweisen vorleben. Je jünger ein Kind, desto wichtiger ist Lernen durch Nachahmung und desto weniger ist es imstande, diese Manipulation seiner Persönlichkeit und Einstellungen zu erkennen. Verstärkt wird das Lernen durch Nachahmung mit Belohnungen. Dazu gehören in einer frühen Phase des Lebens Umarmungen, ein Lächeln oder ein liebevolles Tätscheln durch die Eltern, später kommt noch das Lob hinzu. Materielle Belohnungen werden erst dann eingesetzt, wenn Kinder gelernt haben, dass Besitz wichtig ist.

Neben dem Lernen durch Imitation ist die Bildung von Gewohnheiten die zweite Grundlage der Konditionierung.[824] Auch hier nutzen die Konditionierer eine angeborene oder früh erlernte Eigenschaft der Menschen. Gewohnheiten entstehen, weil das Gehirn bestrebt ist, sich möglichst wenig anzustrengen. Es versucht, wiederkehrende Situationen in eine Gewohnheit zu verwandeln, um Energie zu sparen und sich auf andere Dinge konzentrieren zu können. Eine Gewohnheit kann man sich als dreistufige Schleife vorstellen. Am Anfang steht ein sogenannter Auslösereiz, der dem Gehirn mitteilt, welche der vielen gespeicherten Gewohnheiten aktiviert werden soll. Nach erfolgter Aktivierung schaltet das Gehirn als zweiten Schritt in den Routinemodus. Nun wird ohne Nachdenken, Abwägen oder Entscheiden eine Routine abgearbeitet, bestehend aus einer festen Abfolge von Schritten, wie bei einem Computerprogramm. Beendet wird die Gewohnheit auf der dritten Stufe durch eine Belohnung, die dem Gehirn signalisiert, dass es richtig war, die Routine zu durchlaufen, wodurch sich die Gewohnheit verfestigt. Auslösereize können so ziemlich alle Sinneseindrücke sein, die das Gehirn wahrnehmen kann: Gerüche, Töne oder Bilder. Routinen können sehr kurz und einfach sein, aber auch lang und vielfältig. Als Belohnung kommt wie beim Lernen durch Imitation alles in Frage, was Menschen als angenehm oder nützlich empfinden, von Streicheleinheiten bis Schokolade.[825] Gewohnheiten entstehen zumeist unbemerkt und ohne explizite »Erlaubnis« unseres Verstandes. Sie entfalten eine fast unheimliche Macht, was schon seit langem durch Redewendungen wie: »Die Macht der Gewohnheit«, »Der Mensch ist ein Gewohnheitstier« oder das englische Sprichwort »Old habits die hard« im Sprachgebrauch belegt ist. Sowohl die oftmals unbewusste Entstehung als auch der mächtige Einfluss von Gewohnheiten auf das

Verhalten von Menschen wird von den Konditionierern geschätzt und genutzt.

Der Erfolg jeder Konditionierung hängt entscheidend davon ab, dass Kinder und Jugendliche die Manipulation ihrer Normen und Werte nicht bemerken. Dazu erweisen sich vor allem zwei Mittel als ausgesprochen effektiv – Werbung sowie Spiel und Sport. Beide nutzen die eben behandelten psychologischen Grundlagen Imitation und Gewohnheitsbildung. Die Werbung wurde bereits in Kapitel 7 unter dem Aspekt des Aufbaus ökonomischer Macht angesprochen, wo ihre Rolle thematisiert wurde, die Menschen permanent zum Kaufen zu verleiten und damit das kapitalistische System insgesamt am Leben zu erhalten. Ihre zweite wichtige Funktion besteht in der Konditionierung, denn nach der permanent unterschwellig verbreiteten Botschaft der Werbung stellt das Kaufen etwas Alltägliches, Selbstverständliches und Befriedigendes dar. Dies ist zwar nicht das eigentliche Ziel der Werbung, die potentielle Kunden ja dazu bringen will, ein ganz bestimmtes Produkt zu kaufen. Trotzdem verinnerlicht der allseits von Werbung berieselte Mensch die versteckten Botschaften. Wer ständig mit Anzeigen und Werbespots konfrontiert wird, die Autos, Bausparverträge oder Parfüms anpreisen, kann sich zwar bewusst dem Konsum einzelner Produkte verschließen, der damit transportierten Geisteshaltung des Konsumismus können oder wollen sich aber nur wenige auf Dauer entziehen.[826] Dennoch gibt es in den westlichen Demokratien Menschen, die sich dem werbegeleiteten Konsumterror entziehen, vielleicht auch, weil sie die Mechanismen der Konditionierung durchschauen.

Aus diesem Grund ist Spiel und Sport das weitaus bessere Mittel der Konditionierung. Denn mit Ausnahme von den Spielen, in denen es wie beim Monopoly explizit ums Geldverdienen geht, scheinen die allermeisten absolut nichts mit dem Kapitalismus zu tun haben.[827] Noch stärker scheint dieses Argument für den Sport zu gelten, denn welchen Zusammenhang sollte es schon zwischen dem Kapitalismus und dem Sport geben, außer dass der organisierte Profisport Teil des kapitalistischen Systems ist? Doch der Schein trügt. Wie der nächste Abschnitt verdeutlicht, werden für das Erstarken des Kapitalismus wichtige Werte, Normen und Verhaltensmuster durch Spiel und Sport übertragen. Das Schöne für den Kapitalismus ist dabei, dass er vom natürlichen Spieltrieb der Menschen profitiert. Er muss die Konditionierung durch Sport und Spiel also nicht forcieren, sie findet fast ohne sein Zutun statt.

INHALTE DER KONDITIONIERUNG

Nachdem wir uns mit den Grundlagen der Konditionierung vertraut gemacht haben, müssen wir uns noch mit der zentralen inhaltlichen Frage beschäftigen: Welche konkreten Normen, Werte und Verhaltensweise hilft der Kapitalismus schon in Kindern und Jugendlichen zu verankern, damit sie ihn als Erwachsene möglichst unkritisch akzeptieren oder vielleicht sogar als seine Jünger missionarisch tätig werden? Im Großen und Ganzen sind es vier zentrale Elemente, die uns zum Teil schon unter einem anderen Blickwinkel begegnet sind, hier aber unter dem Aspekt der Konditionierung genauer betrachtet werden.

SPAREN, KONSUMIEREN UND INVESTIEREN

Tragende Säulen des Kapitalismus sind Ersparnisse, Investitionen und Konsum, weshalb das Erlernen dieser »Primärtugenden« unumgänglich ist. Spätestens wenn Kinder in die Schule kommen, erhalten sie eine Sparbüchse und werden angehalten, Geld zurückzulegen, um sich irgendwann in der Zukunft etwas Größeres dafür kaufen zu können, wodurch die Basis für das Erlernen des zweiten Verhaltensmusters – das Konsumieren – gelegt wird. Zumeist wird das Geld auf einem Sparkonto bei einer Bank zinsbringend angelegt, ein Prozess, der Kinder mit dem Prinzip einer Investition vertraut macht. Unterstützt wird diese Konditionierung durch Erziehungsratschläge in Büchern und Zeitschriften, die den Eltern nahelegen, Kindern ab einem bestimmten Alter Taschengeld zu geben, damit sie den Umgang mit Geld lernen. Daran ist nichts auszusetzen, denn in der heutigen Welt wäre es geradezu verantwortungslos, Kindern den Umgang mit Geld nicht beizubringen. Aber bombardiert von Werbung und angeregt durch Gleichaltrige, die von Spielzeug bis Kleidung immer das Neueste haben, imitieren Kinder die Konsumgewohnheiten ihrer Altersgenossen.[828] Zwar sind sich viele Eltern, Erzieher und Lehrer dieses Mechanismus bewusst und versuchen, die Bedeutung des Konsums nicht so hoch zu hängen und die Kinder zu einer alternativen Verwendung ihres

Geldes anzuregen. Aber langfristig kämpfen sie auf verlorenem Posten. Zum einen sind viele Erwachsene kein glaubhaftes Vorbild, da sie selbst konditioniert wurden und dem Diktat der Mode oder den Verlockungen der Werbung nicht widerstehen können. Zum anderen unterliegen Kinder einem starken Nachahmungstrieb. Es reicht schon, dass ein oder zwei Kinder mit den neuesten Produkten auftauchen, um bei anderen in der Gruppe den Wunsch auszulösen, das Objekt der Begierde auch haben zu wollen.

Eine Vielzahl von Spielen unterstützt die Konditionierung in diesem Bereich. Ganz deutlich zu sehen ist dies beim *Monopoly*, einem der beliebtesten Brettspiele aller Zeiten, das zum Weihnachtsgeschäft 1934 erstmals aufgelegt wurde und von mehr als 450 Millionen Menschen weltweit gespielt wird. Ziel des Spieles ist es, durch strategisch geschicktes Kaufen von Grundstücken und deren Bebauung mit Häusern oder Hotels Einnahmen zu erzielen. Die Teilnehmer entwickeln durch *Monopoly* ein Gefühl für Ersparnisse und Investitionen, werden mit elementaren Funktionen einer Bank vertraut gemacht und erkennen die Bedeutung von Monopolen für die Steigerung von Gewinnen. Sie erlernen die Grundprinzipien rationaler Betriebsführung, indem sie ihre Ausgaben planen und mit den erwarteten Einnahmen in Einklang bringen.[829] Ähnliche Brettspiele, wenn auch nicht ganz so weit verbreitet, gibt es in Hülle und Fülle: Das *Spiel des Lebens*, *Union Pacific* (in den USA unter dem Namen *Rail Baron* verbreitet) oder *Puerto Rico* sind nur einige von ihnen.[830]

GEWINNEN UND VERLIEREN

Wie das Leben, so ist auch der Kapitalismus ohne Gewinn und Verlust nicht denkbar. Die Vermittlung dieser Norm gehört zu den zentralen Aufgaben der Konditionierung, aber damit allein ist es nicht getan. Um eine Gesellschaft zu stabilisieren, kommt es nämlich auch darauf an, Rückschläge im täglichen Leben mit Anstand und Würde zu ertragen und deshalb nicht auf die Barrikaden zu gehen. Das gilt gleichermaßen für Unternehmer, die ihr Kapital ganz oder teilweise verlieren, als auch für Arbeitnehmer, die einen Lohnverzicht oder den Verlust ihres Arbeitsplatzes hinnehmen müssen. Diesbezüglich leisten Spiel und Sport einen unverzichtbaren Beitrag.

Viele Gesellschaftsspiele, die unsere Kinder schon in jungen Jahren kennenlernen, folgen – von einigen Ausnahmen abgesehen – einem ganz bestimmten Muster.[831] Alle Mitspieler haben die gleichen Startbedingungen; jeder konkurriert gegen jeden um den Sieg; der Sieger wird im Laufe des Spiels ermittelt; es gewinnt derjenige, der das meiste Geschick für das Spiel aufbringt und vom Glück der Würfel, der gezogenen Karten oder des Zufallsgenerators im Computerprogramm begünstigt wird. Brettspiele wie *Mensch ärgere Dich nicht*, *Scrabble* und *Carcassonne* oder Kartenspiele wie *Mau-Mau* oder *Uno* haben wohl die meisten bereits als Kinder kennengelernt. Mit Hilfe dieser Spiele verinnerlichen wir schon früh im Leben einige der wesentlichen Botschaften des Kapitalismus: Jeder startet im Leben von der gleichen Ausgangsposition; jeder kann gewinnen, d. h. es vom Tellerwäscher zum Millionär bringen; Geschick, welches man erlernen kann, und Glück, das man entweder hat oder nicht, entscheiden über unseren Erfolg, zunächst im Spiel und später im Wirtschaftsleben.

Zum anderen – und das ist für das Funktionieren des Kapitalismus mit am wichtigsten – lernen wir zu verlieren und Ungleichheit zu ertragen. Denn wie in den Kapiteln 3 und 6 bereits gezeigt wurde, führt die Dynamik des kapitalistischen Prozesses unweigerlich zu großen Unterschieden bei Einkommen und Vermögen zwischen den Menschen. Je stärker die Massen bereit sind, diese Ungleichheit als das Ergebnis eines »Spiels« zu akzeptieren, bei dem jeder der Fiktion nach zu Beginn des Lebens die gleichen Chancen hat, bei dem die Geschicktesten wohlhabend oder reich werden und die weniger mit Talent und Glück Gesegneten an den unteren Rand der Gesellschaft rutschen, desto mehr festigt sich jede Gesellschaft, die wie der Kapitalismus Ungleichheit in großem Stil hervorbringt.

KONKURRENZ UND KOOPERATION

Konkurrenz und Kooperation sind zwei weitere Steuerungsmechanismen, die für den Erfolg des Kapitalismus erforderlich sind. Die Rivalität *zwischen* Individuen oder Unternehmen entfesselt die »schöpferische Kraft der Zerstörung«, von der Joseph Schumpeter glaubt, es handle sich um die eigentliche Triebfeder des Kapitalismus.[832] Die Kooperation von Individuen *innerhalb* von Unternehmen hingegen ist – bei aller Konkurrenz um Posten und Beförderungen – wesentliche

Voraussetzung für den Erfolg eines Betriebes.[833] Ebenso wichtig ist die Zusammenarbeit von Firmen *innerhalb* einer Industrie, wenn es um die Verteidigung gemeinsamer Interessen geht. Obwohl die Unternehmen einer Industrie heftig gegeneinander um Marktanteile ringen, verbünden sie sich, wenn ihre Branche reguliert oder besteuert werden soll. Die britische Anti-Tabak-Aktivistin Judith Mackay formulierte dieses scheinbare Paradox wie folgt:»Solange es um kommerzielle Einzelinteressen geht, sind die Firmen Konkurrenten, die einander hart bekämpfen. Aber wenn es um ihr Gesamtinteresse geht, etwa um den Nichtraucherschutz, dann arbeiten sie erstaunlich gut zusammen.«[834] Der Kapitalismus benötigt also Konkurrenz und Kooperation gleichzeitig, aber in einer ausgewogenen Mischung.

Das Erziehungssystem fördert beide Verhaltensmuster. Von der frühen Kindheit bis zum Ende der Schulzeit werden uns die Vorzüge der Kooperation beigebracht, insbesondere innerhalb der Familie. Helfen Kinder den Eltern beim Kuchenbacken oder beim Geschirrabräumen, sind die Erwachsenen schneller mit ihrer Arbeit fertig und können sich früher und länger den Kleinen widmen. Eine Vielzahl kooperativer Spiele wie das gemeinsame Aufbauen einer Holzeisenbahn oder Rollenspiele wie Mutter-Vater-Kind unterstützen diesen Prozess. Später kommen Hilfe beim Einkaufen und anderen Arbeiten hinzu. In der Schule wird von der Klasse gemeinsam der Schulgarten gepflegt oder ein Verkaufsstand fürs Schulfest organisiert. Oder man bereitet sich in Lerngemeinschaften auf Prüfungen vor und engagiert sich in Jugendgruppen für den Umweltschutz oder Entwicklungsländer. Die Rückmeldung ist immer die gleiche: Zusammen erreicht man Dinge, die man alleine nicht erreichen könnte.

Doch auch die Rivalität ist unser ständiger Begleiter, unter Geschwistern um die Zuneigung der Eltern, im Kindergarten um die Aufmerksamkeit der Erzieher. Je älter die Kinder werden, desto mehr scheint die Kooperation in den Hintergrund zu rücken und Rivalität die Oberhand zu gewinnen, ohne das Verhaltensmuster Kooperation aber völlig zu verdrängen. Gute Noten werden immer wichtiger, je weiter die Schullaufbahn voran schreitet, weil diese über den Zugang zu den höheren Schulen und guten Universitäten entscheiden. So entsteht eine Rivalität um gute Noten und die meisten finden es aufgrund der Konditionierung selbstverständlich, dass im Erziehungssystem schon ein Wettbewerb um eine gute Ausgangsposition fürs spätere Leben stattfindet.

Rivalität und Zusammenarbeit sind Verhaltensmuster, die sich auf den *ersten Blick* nur schwer miteinander vereinbaren lassen. Tatsache ist jedoch, dass der Kapitalismus beide Verhaltensmuster benötigt, und zwar in einem genau austarierten Verhältnis zueinander.[835] Ein Zuwenig an Konkurrenz und ein Zuviel an Kooperation zwischen Firmen erhöht zwar die Gewinne auf Unternehmensebene, wird aber langfristig problematisch für Bestand des Kapitalismus, weil dadurch der kapitalistische Prozess der »schöpferischen Zerstörung« gebremst wird, der nach Joseph Schumpeter »progressiv den Lebensstandard der Massen erhöht.«[836] Unternehmen, die eine Monopolstellung innehaben oder Teil eines kooperierenden Oligopols sind, werden langfristig vom Markt weniger zu Prozess- und Produktinnovationen gezwungen als wenn sie unter Konkurrenzdruck stünden. Solange nur ein paar Unternehmen diese privilegierte Stellung genießen, ist dies für den Kapitalismus unschädlich. Würden die Firmen generell zu wenig miteinander konkurrieren und sich zu stark absprechen, käme es zu einem aus Sicht der Konsumenten suboptimalen Angebot an Gütern und Dienstleistungen, sowohl was die Preise als auch was die Qualität der Waren betrifft. Die Großunternehmen würden zu trägen bürokratischen Einrichtungen verkommen, eine Tendenz, die sich in den 1950er und 1960er Jahren in den USA und Europa zeigte.[837] Der Kapitalismus verlöre durch die mangelnde Dynamik aber einen erheblichen Teil seiner Belohnungsmacht, weil er den Lebensstandard der Menschen nicht genug erhöhen könnte. Und am Ende könnte er wie der Sozialismus untergehen.

Umgekehrt schadet auch zu viel Konkurrenz und zu wenig Kooperation dem Kapitalismus, eine Erkenntnis, die ich schon ausführlich abgehandelt habe. Zur Erinnerung: Wenn, wie unter dem Leitbild der vollkommenen Konkurrenz, sehr viele Firmen in einem Markt konkurrieren, sind die Gewinne relativ gering. Die Fähigkeit zur Akkumulation ist eingeschränkt und dem Kapitalismus fehlen die Mittel zum Aufbau von wirtschaftlicher Macht. Das kapitalistische System braucht folglich eine gesunde Mischung aus Kooperation und Rivalität zwischen den Unternehmen, da nur so *gleichzeitig* das kurzfristig wichtigste Ziel der Akkumulation vereinbar ist mit dem alles überragenden langfristigen Ziel der Erhaltung des Kapitalismus als Wirtschaftssystem.

Auch innerhalb einer Firma ist es wichtig, die richtige Balance zu finden zwischen Rivalität und Zusammenarbeit. Konkurrenz um Beförderungen spornt zu höherer Leistung an und erlaubt es, diejenigen Mitarbeiter zu identifizieren, die den größten Beitrag zum Erfolg eines Unternehmens leisten und damit die ersten Anwärter auf höher dotierte Führungspositionen sind. Zu viel Rivalität und zu wenig Zusammenarbeit bedeutet aber, dass Mitarbeiter Energie und Arbeitszeit auf die Verteidigung ihrer Position und die Schädigung ihrer direkten Konkurrenten verschwenden, anstatt sich um Kunden, Lieferanten oder ihren internen Verantwortungsbereich kümmern. Wenn es umgekehrt innerhalb der Firma zu wenig Rivalität zwischen den Mitarbeitern gibt, dann werden die Kunden schlecht behandelt, die Qualität der Produkte und Dienstleistungen stimmt nicht mehr und die Firma wird Probleme am Markt bekommen. Nur wenn innerhalb eines Unternehmens Konkurrenz und Kooperation richtig austariert sind, wird es langfristig Erfolg am Markt haben.

Aus Sicht des Kapitalismus kommt es also darauf an, dass Individuen die Verhaltensmuster Konkurrenz und Kooperation gleichzeitig in einem der Situation optimal angepassten Verhältnis zueinander einsetzen. Nirgendwo kann man so etwas besser lernen als in einem klassischen Mannschaftssport wie Basketball, Eishockey, Fußball, Handball, Hockey oder Rugby.[838] Eine wesentlichen Eigenschaften dieser Sportarten besteht nämlich darin, jedem einzelnen Spieler ständig Entscheidungen darüber abzuverlangen, ob es nun besser ist zu kooperieren oder zu versuchen, individuell zu glänzen und sich selbst besser in Szene zu setzen als seine Mitspieler. Erzwungen werden diese Entscheidungen durch die Ausrichtung des Spiels auf das Erzielen von Toren (bzw. Körben im Basketball). Um ein Tor zu erzielen, müssen die Spieler einer Mannschaft über einen längeren Zeitraum kooperieren, denn im Normalfall gelingt es nur so, den Ball samt eines Spielers in eine Erfolg versprechende Position in die Nähe des gegnerischen Tors zu bringen. Damit eine Mannschaft ein Tor erzielen kann, muss aber ein Spieler dieses Kooperationsmuster irgendwann unterbrechen, den Ball nicht mehr zu einem Mitspieler weiterleiten, sondern aufs Tor schießen. Dann wird der Spieler zum Rivalen seiner Mitspieler: Um die Gunst des Publikums und des Trainers, um das Ansehen, das demjenigen zuteilwird, der entscheidend zum Erfolg der Mannschaft beiträgt.[839] Aber nicht nur beim Torschuss, sondern auch während des Spiels ist die optimale Balance zwischen rivalisierenden und kooperativen Aktionen zu finden. Wie weit soll ich als Spieler alleine mit dem Ball laufen? Wann soll ich abspielen und zu wem? Inwieweit muss ich versuchen, einen Fehler meiner Mitspieler auszubügeln?

Ganz nebenbei lehren die klassischen Mannschaftssportarten auch, mit Niederlagen umzugehen, aber nicht nur im direkten Vergleich mit dem Gegner. Teams umfassen weit mehr Spieler als auf dem Spielfeld zum Einsatz kommen können. Einige Spieler sitzen – aus welchen Gründen auch immer – auf der Ersatzbank und müssen mit dieser Zurückstellung und ihrem Frust leben lernen. Dies ist eine gute Vorbereitung auf das Arbeitsleben, in dem sich auch viele anstrengen, aber nur wenige weit nach oben steigen.

Wer sich näher mit der Logik von Mannschaftssportarten beschäftigt, wird feststellen, dass sie bereits Kinder spielerisch mit einem wichtigen Mechanismus des Kapitalismus vertraut machen, nämlich ein der jeweiligen Situation optimal ausgewogenes Verhältnis von Kooperation und Konkurrenz zu finden.

AUTORITÄTEN AKZEPTIEREN

Mannschaftssportarten vermitteln aber noch eine weitere, bedeutende Fähigkeiten, die Unterordnung unter das Kommando des Trainers. Diese garantiert zwar noch lange keinen Erfolg, ist aber eine entscheidende Grundlage dafür. Nur wenn die Spieler die taktischen Anweisungen des Trainers befolgen und nicht jeder gerade das macht, worauf er Lust hat, kann eine Mannschaft sich die notwendigen Voraussetzungen für den Erfolg überhaupt erarbeiten. Ganz ähnlich ist die Situation in den Unternehmen, nur dass hier Vorstände und Chefs die Rolle der Trainer übernehmen.

Die Akzeptanz von Autoritäten beginnt aber schon lange bevor Kinder mit den klassischen Mannschaftssportarten in Berührung kommen. Da sind zum einen die Eltern, denen der Nachwuchs gehorchen lernt. Zum anderen wird die Akzeptanz von Autoritäten durch eine Kraft vorangetrieben, die viele als so selbstverständlich betrachten, dass ihre lebensstrukturierende Wirkung gar nicht mehr als solche wahrgenommen wird – das »Diktat der Uhr«.[840] Obwohl Kinder keine

Uhr benötigen, weil sie sich so lange mit etwas beschäftigen, bis ihnen langweilig wird, ist ihr Tagesablauf in modernen Gesellschaften dem Terminplan der Erwachsenen unterworfen, spätestens dann, wenn die Betreuung außer Haus beginnt. Einrichtungen für kleine Kinder öffnen und schließen im Rhythmus des Arbeitslebens, sodass Eltern und Erzieher, die häufig auch Kinder haben, erwerbstätig sein können. In den meisten Kindergärten und Kindertagesstätten wird streng nach Zeitplan gearbeitet: Frühstück von 9:00 Uhr bis 9:30 Uhr, basteln und spielen bis 11:45 Uhr, dann Mittagessen usw. Kinder lernen sehr früh, sich an ein von außen vorgegebenes Schema anzupassen. Zu Beginn dieser Konditionierung bringen sie keinerlei Verständnis für ein Leben nach dem Takt der Uhr auf und fragen ständig, warum sie sich jetzt für den Kindergarten anziehen müssen, obwohl sie doch lieber noch zu Hause spielen würden. Die Erklärungen, die sie erhalten, verweisen auf die Zwänge der Arbeitswelt, die Notwendigkeit, Geld zu verdienen, um Essen, Bekleidung und die Wohnung bezahlen zu können. Die Bedürfnisse der Kinder müssen jedoch zwangsweise zurückstehen. Es bedarf erheblicher Überredungskünste und des Einsatzes repressiver Macht (wer zu spät kommt, darf nicht mit den anderen frühstücken), bis Kinder solche Zeitpläne halbwegs akzeptieren, wovon alle Eltern und Erzieher ein Lied singen können. Aber die Mühe lohnt sich, zumindest aus Sicht der Erwachsenen. Früher oder später unterwerfen sich Kinder dem Diktat der Uhr und verschieben die Erfüllung ihrer eigenen Wünsche auf einen späteren Zeitpunkt. Beides ist eine Grundvoraussetzung für das Funktionieren jeder arbeitsteilig organisierten Ökonomie. Aber Kinder haben am Ende dieses Erziehungsprozesses noch etwas anderes verinnerlicht, was für die Stabilität jeder gesellschaftlichen Ordnung unabdingbar ist, nämlich dass es Autoritäten gibt, denen man sich unterzuordnen hat.[841] Die meisten Menschen haben spätestens zum Ende ihrer Schulzeit das Diktat der Uhr und die Notwendigkeit von Autoritäten nicht nur als notwendig akzeptiert. Sie sind sogar davon überzeugt, dass es gut ist, so zu leben, und begeben sich freiwillig in diesen Rhythmus, den sie als Multiplikatoren später an ihre Kinder weitergeben. Die Unterordnung unter das Diktat der Uhr und externe Autoritäten ist nichts, was spezifisch kapitalistisch wäre. Sie ist eine notwendige Voraussetzung für den Aufbau arbeitsteilig organisierter Gesellschaften und im antiken Griechenland und

Rom ebenso zu finden wie den sozialistischen Planwirtschaften. Folgerichtig arbeitet der Kapitalismus auch auf diese Unterordnung hin.

Zweifellos war die Erfindung der Zeitmessung mit Hilfe mechanischer Uhren Ende des 13. Jahrhunderts eine unabdingbare Voraussetzung für die Entfaltung des Kapitalismus, weil erst sie es ermöglichte, die Zeit in kleine Einheiten einzuteilen, die eine Arbeitsteilung in Werkstätten und Manufakturen erleichterte. Aus diesem Grund entwickelten auch Kaufleute, Geldverleiher und Handwerker jeweils ein eigenes Interesse am Beherrschen der Zeitmessung. Die Florentiner Wollweber nutzen sie bereits Ende des 14. Jahrhunderts zur Berechnung von Überstunden.[842] Der Genfer Reformator Johannes Calvin mahnte im 16. Jahrhundert seine Glaubensgemeinschaft zu einem rationalen Umgang mit der Zeit, die ebenso wie Gewinne nicht durch Konsum und Genuss verschwendet werden durfte, sondern genutzt werden musste, entweder zum Dienst an Gott oder zur Mehrung des Gewinns. Benjamin Franklin formulierte diese Idee als heute noch gültige kapitalistische Maxime 1748 in seinen Ratschlägen an einen jungen Kaufmann: »Bedenke, dass Zeit Geld ist.«[843] Die rationale Nutzung der Zeit gipfelt in dem auf den ersten Blick paradoxen Spruch, nach dem es kein kostenloses Mittagessen gibt, nicht einmal, wenn man eingeladen wird. Denn die Zeit, die man aufwenden muss, um der Einladung zu folgen, könnte man auch anderweitig nutzen.[844] Karlheinz Geißler, der sich jahrzehntelang aus ökonomischer und philosophischer Perspektive mit dem Phänomen Zeit beschäftigt hat, fasst seine Erkenntnisse folgendermaßen zusammen: »Der Kapitalismus ermöglicht, erlaubt und legitimiert es, Dinge, Beziehungen, Abläufe und die Zeit selbst zu einer am Markt handelbaren Ware zu transformieren. Zeit verwandelt sich, indem sie sich vertaktet, zu einer quantifizierbaren Tauscheinheit.«[845]

Da der Menschen von sich aus nur bedingt zur Pünktlichkeit neigt, muss er zur Einhaltung der Zeit erzogen werden, vor allem, um im Takt der Fabriken und Büros arbeiten zu können. Es ist seit mehr als zwei Jahrhunderten Aufgabe des Erziehungssystems, diese Konditionierung zu gewährleisten. Gleichzeitig etabliert es den Gehorsam gegenüber Autoritäten. Mit der Akzeptanz des »Diktats der Uhr« und der Befehlsgewalt von Autoritäten wird ein wichtiger Teil der Konditionierung abgeschlossen, den der Kapitalismus wie jede arbeitsteilig organisierte Gesellschaft zu seiner Entfaltung benötigt.

WIRTSCHAFTSLEHRE IM SCHULUNTERRICHT

In der Schule wird der Verinnerlichung von Verhaltensweisen, die dem Kapitalismus nützlich sind, aber noch auf andere Weise Vorschub geleistet. Unter erheblichem Druck der Unternehmenslobbyisten ist es im Verlauf der letzten Jahrzehnte gelungen, das Fach »Wirtschaft« oder dementsprechende Inhalte in die Lehrpläne einzuschleusen, vielleicht nicht ganz so weitgehend wie von den Protagonisten erhofft, aber auch die längste Reise beginnt mit dem ersten Schritt. Auf diese Weise werden Schüler früh mit den Prinzipien der Wirtschaft vertraut gemacht. Dies ist angesichts der Tatsache, dass der Einzelne heute mehr wirtschaftlich bedeutsame Entscheidungen zu treffen hat als noch vor zwanzig oder dreißig Jahren, nicht verwerflich. Schließlich sichert der Staat derzeit eine Reihe von Risiken nicht mehr genügend ab, sodass man sich als junger Mensch viel stärker um Schutz vor den Folgen von Krankheiten, Unfällen, Invalidität, Berufsunfähigkeit, Arbeitslosigkeit oder Armut im Alter kümmern muss.

Aber man muss das Pferd von der richtigen Seite her aufzäumen und darf nicht Ursache und Wirkung vertauschen. Der Normalbürger muss sich heute nur deshalb mehr mit wirtschaftlichen Fragen in seinem privaten Bereich herumschlagen, weil die neoliberale Propaganda den Staat bei der sozialen Sicherung als überdimensioniert und unfähig dargestellt hat und die Lobbyisten die Parlamente so lange bearbeitet haben, bis der Staat die Absicherung gegen Lebensrisiken entweder ganz oder teilweise privaten Anbietern überlassen hat.[846] Nur deswegen ist die Beschäftigung mit diesen Fragen heute ein absolutes Muss, auf das ein Schulfach »Wirtschaft« vorbereiten soll.

Wie man Schülern die Welt der Wirtschaft näher bringen könnte, hat der *Bundesverband Deutscher Banken* im Frühjahr 2008 schon mal erläutert, als er sein Konzept der ökonomischen Bildung vorstellte.[847] Wirtschaftslehre müsste demnach in ganz Deutschland von der ersten bis zur zwölften Klasse durchgängig als eigenständiges Fach unterrichtet werden. Das Curriculum sieht vor, den Stoff in zwei Schulstunden pro Woche zu vermitteln und ihn mehrmals während der zwölf Schuljahre zu wiederholen. »Alle grundlegenden Strukturen und Prinzipien der ökonomischen Bildung sowie die unterschiedlichen Inhaltsbereiche sollen von Beginn an, das heißt bereits ab der Grundschule, entwickelt und dann auf den weiteren Stufen einer schulischen »Laufbahn« ausdifferenziert, vertieft und wieder aufgegriffen werden.«[848]

Pädagogisch (oder propagandistisch) mag das Konzept wohl durchdacht sein und in den Schülern die Inhalte verankern, die dem *Bundesverband Deutscher Banken* lieb sind. Mit Bedauern stellen die Autoren aber die nicht einmal in Ansätzen verwirklichte Umsetzung ihres Vorschlags fest: »Das Gesamtkonzept für die ökonomische Bildung beschreibt selbstverständlich ein Ideal, das in Deutschland bislang nicht annähernd realisiert worden ist.«[849] Was die Beteiligten verschweigen, ist die Tatsache, dass auch der *Inhalt* Schülern lediglich das Wissen über eine ideale, grundsätzlich harmonische Wirtschaft vermittelt, die es so in der Realität nicht gibt. Gelehrt werden soll die rosarote Welt der Marktwirtschaft. So werden beispielsweise Unternehmen von den Autoren schönfärberisch als »ökonomische und soziale Aktionszentren« dargestellt.[850] Das ist zwar nicht völlig falsch, geht aber am Kern der Sache vorbei. Denn Unternehmen sind nun mal in erster Linie Einheiten zur Erwirtschaftung von Gewinnen, indem sie vorhandene oder durch Werbung geweckte Bedürfnisse durch die Produktion von Waren und Dienstleistungen befriedigen. Die Aufstellung der in den zwölf Schuljahren abzuhandelnden Themen und Inhalte enthält maximal drei negativ besetzte Begriffe: Arbeitslosigkeit, Armut und Globalisierung, wobei Letzterer bei manchen aber auch positiv besetzt ist. Es sind darin aber über 50 Termini gelistet, die positive Assoziationen erwecken oder zumindest neutral klingen.[851]

Breiten Raum nimmt in dem Konzept auch die Finanzbranche ein, deren segensreiches Wirken für die Menschen durch Vergabe von Krediten und Vermögensbildung den Schülern ausführlich nahegebracht werden soll.[852] Obwohl sich Spekulationsblasen und Finanzkrisen als roter Faden bis zur Gegenwart durch die Wirtschaftsgeschichte ziehen, finden sich die Worte »Spekulation« und »Krise« nicht ein Mal. Immerhin taucht der Begriff »Kapitalismus« auf, allerdings nicht als Thema oder Inhalt im Text, sondern im Titel einer Quelle im Literaturverzeichnis. Wie man Schülern die ökonomische Realität näherbringen könnte, statt an einem nicht existierenden Wunschbild zu kleben, dazu schweigt das Konzept.

In dieses Bild passt auch die Darstellung des *Homo oeconomicus*, also des rational optimierenden, nur nach wirtschaftlichen Erwägungen handelnden Menschen. Dieser wird als einzige Grundlage für die Analyse der Beziehungen zwischen Akteuren benutzt, eine Kritik an diesem Modell wird als »unnötig« bezeichnet.[853] Das Curriculum ignoriert damit nicht nur die vor über 250 Jahren etablierten Erkenntnisse von Adam Smith, der in seinem Werk »Theorie der ethischen Gefühle« argumentiert, dass Menschen in ihrem Handeln hauptsächlich von Sympathie oder Mitgefühl geleitet werden,[854] oder die bekannte Aussage des Philosophen David Hume, Freund und Lehrer von Adam Smith, nach der die Vernunft immer und überall die Sklavin der Leidenschaft ist. Es übergeht auch die Erkenntnis von John Maynard Keynes, nach der die »animal spirits« (zu dt. »animalische Instinkte«) oftmals die Oberhand über die Vernunft behalten.[855] Und es verkennt völlig die Beiträge der Verhaltensökonomik der letzten Jahrzehnte, die gezeigt haben, wie und warum sich Menschen anders verhalten als es das Modell des *Homo oeconomicus* behauptet.[856]

Es stellt sich natürlich die Frage, warum das vom *Bundesverband Deutscher Banken* vorgeschlagene Curriculum diesen bedeutenden Zweig der Wirtschaftsforschung ausblendet. An mangelnder Relevanz kann es wohl kaum liegen, denn Kaufleute, Verkäufer und Marketingexperten nutzen dieses Wissen seit Jahrzehnten, um ihre Produkte zu verkaufen. Und mit Daniel Kahneman hat ein Vertreter der modernen Verhaltensökonomik 2002 sogar den »Preis der Schwedischen Reichsbank im Gedenken an Alfred Nobel« erhalten, die wichtigste Auszeichnung in den Wirtschaftswissenschaften. Außerdem gibt es mittlerweile weltweit Lehrstühle für Verhaltensökonomik an vielen Universitäten, die Forschungsergebnisse füllen meterweise die Regale in den Bibliotheken. Die Antwort könnte in den Vorteilen für die Banken liegen, wenn Schüler darüber im Unklaren gelassen werden, wie Menschen tatsächlich ihre Anlageentscheidungen treffen und ihnen dafür eingetrichtert wird, der Mensch handle stets rational.

Aufschlussreich ist in diesem Zusammenhang besonders eine Veröffentlichung aus dem Jahr 2010 der *Deutsche Bank Research*, die eine Zusammenstellung der wichtigsten Erkenntnisse der Verhaltensökonomik und die sich daraus ergebenden Schlussfolgerungen für Investitionsentscheidungen enthält. Darin wird mehr als ein Dutzend von wissenschaftlich belegten Effekten beschrieben, die das Modell des *Homo oeconomicus* schwer erschüttern. Ein zentrales Ergebnis der Studie lautet: »Menschen machen systematische Fehler, insbesondere bei komplexen Fragestellungen, wie z. B. Anlageentscheidungen.«[857] Wäre es angesichts solcher Einsichten nicht angebracht, Schülern beizubringen, wie solche Fehler vermieden werden können? Noch dazu, wo es im Fazit der Studie heißt: »der Einfluss der Psychologie und der Gefühle in einem als sehr rational wahrgenommenen Umfeld wie der Wirtschaft und der Finanzwirtschaft [wird] doch häufig unterschätzt.«[858] Doch an einer solchen Fehlervermeidung sind die Banken wohl kaum interessiert, hauptsächlich weil sie gut an dieser ungleichen Informationsverteilung verdienen: Sie wissen ja, wie sich Menschen bei Investitionsentscheidungen verhalten, und können dieses Wissen zu ihrem Vorteil nutzen.

Der Einwand, die Erkenntnisse der Verhaltensökonomik seien schließlich nicht geheim und jeder Oberstufenschüler könne sie sich selbst besorgen und nutzen, läuft ins Leere. Wer nach dem Curriculum des *Bundesverbandes Deutscher Banken* unterrichtet würde, erführe in der Schule nichts über die Verhaltensökonomik und nur eine verschwindende Minderheit unter den Schülern würde außerhalb des Unterrichts auf sie stoßen. Im Verlauf der weiteren Ausbildung bliebe diese Wissenslücke bei den meisten erhalten, denn nur in ganz wenigen Berufsausbildungen und Studienfächern werden verhaltensökonomische Inhalte überhaupt thematisiert. Die Mehrzahl der Schüler wäre aufgrund der Konditionierung nach diesem Curriculum überzeugt, rational zu entscheiden, wenn ihm die Bank eines ihrer Produkte verkauft, auch wenn es bessere Angebote am Markt gibt.

Der Vorstoß des *Bundesverbandes Deutscher Banken* zeigt deutlich, wie sich der Kapitalismus die Konditionierung im Schulunterricht vorstellt. Die Kernbotschaft der Propaganda vom segensreichen Kapitalismus, der allen nutzt, soll in Schulbücher geschleust werden und die allwöchentliche Berieselung damit die Schüler im Sinne des Kapitalismus konditionieren. Alles Kritische oder Störende wird ausgeblendet. Zum Glück sind wir noch nicht so weit, dass die Vertreter des Kapitals die Lehrpläne für die Schulen schreiben. Aber der Druck von Seiten der Wirtschaft auf die Schulbehörden steigt, ökonomische Themen in die Lehrpläne aufzunehmen und sie so aufzubereiten, dass die Wirtschaft dabei positiv dargestellt wird.

Solange wirtschaftsfreundliche Ansichten aber noch nicht im gewünschten Umfang in den Schulen vermittelt werden, ist Selbsthilfe angesagt. Daher haben Unternehmen und Verbände bereits in den 1990er Jahren damit begonnen, kostenloses Unterrichtsmaterial für Schulen zu verteilen oder übers Internet bereitzustellen.[859] Ende 2012 hielten 16 der 20 umsatzstärksten deutschen Unternehmen entsprechende Angebote auf ihren Webseiten zum Herunterladen bereit.[860] Auch die von der Wirtschaft finanzierte *Initiative Neue Soziale Marktwirtschaft*, deren propagandistische Aktivitäten bereits im vorangegangenen Kapitel thematisiert wurden, stellt detailliert aufbereitetes Lehrmaterial zur Verfügung. In der Unterrichtseinheit »Soziale Sicherung« soll den Schülern unter anderem klargemacht werden, dass die hohen Lohnnebenkosten durch die von Arbeitgebern und Arbeitnehmern paritätisch finanzierten Sozialversicherungen große Risiken für die deutsche Volkswirtschaft bergen.[861] *LobbyControl* kam in einer 2013 veröffentlichten Studie über die Einflussnahme der Wirtschaft auf den Schulunterricht zu folgendem Fazit: »Lobbyisten haben die Schule als Handlungsfeld für sich entdeckt. Sie erstellen Unterrichtsmaterialien, veranstalten Schulwettbewerbe oder bilden Lehrer fort. Dabei geht es nicht um Erkenntnis oder Bildung, sondern um Meinungsmache.«[862]

SICHERUNG DER GEFOLGSCHAFT

Nach erfolgter Konditionierung besteht die zweite Herausforderung der konditionierten Machtausübung in der Aufrechterhaltung der verinnerlichten Verhaltensweisen und Umsetzung der Normen und Werte im täglichen Leben. Denn obwohl etablierte Gewohnheiten mächtig sind, lassen sie sich verändern, und auch einmal Erlerntes kann vergessen oder bewusst missachtet werden.

Um die Gefolgschaft möglichst vieler Konditionierter langfristig zu sichern, setzt der Kapitalismus zum einen die schon behandelte kompensatorische Macht ein, was ihm leichtfällt, weil seine Kernkompetenz in der Herstellung von materiellen Belohnungen liegt. Das langfristig vermutlich wichtigste Instrument zur Sicherung der Gefolgschaft dürfte die Möglichkeit des Aufstiegs in die Klasse der reichen Kapitalisten sein, die jedermann offensteht. Die Hoffnung, es vom Tellerwäscher zum Millionär zu bringen, erfüllt sich jeden Tag auf Neue für ein paar Erfolgreiche. Dieses Mindestmaß an Durchlässigkeit der Klassengrenzen, das den geschäftstüchtigen Mitgliedern der Gesellschaft einen Aufstieg erlaubt, hält die überwiegende Mehrheit bei der Stange, weil auch sie hofft, im kapitalistischen System zumindest wohlhabend zu werden. Dazu bieten sich außer unternehmerischem Erfolg noch einige andere Möglichkeiten: ein Lottogewinn, eine Karriere als Profisportler oder Künstler, Sieger in einer Casting-Show oder

Misswahl. In einer Aristokratie oder Monarchie alter Prägung fehlen diese Aufstiegschancen größtenteils, weil bereits mit der Geburt die Klassenzugehörigkeit feststeht. Der französische Schriftsteller Stendhal hat diese Sackgasse für die Talentierten, aber Ausgeschlossenen in seinem 1830 erschienenen Roman »Rot und Schwarz« eindrücklich beschrieben. Dem ehrgeizigen und intelligenten Julien Sorel steht im Frankreich der Restauration aufgrund seiner niedrigen Herkunft nur die Kirche als Karriereweg offen. In dieser aber scheitert er, weil er die Heuchelei des Klerus, der Wasser predigt, jedoch Wein trinkt, abstoßend findet. Der Kapitalismus hat diesen grundlegenden Fehler der Aristokratie und Erbmonarchie, die Stellung eines Individuums in der Gesellschaft bereits mit der Geburt weitgehend festzulegen, zu seinem Glück bislang vermieden. Denn fehlende gesellschaftliche Aufstiegsmöglichkeiten sind immer ein Grund für Unzufriedenheit und können den Boden für eine Revolution bereiten. Außerdem sichert er sich damit die besten Talente, die als erfolgreiche Geschäftsleute seine ökonomische Macht stärken.

Als drittes Mittel zur Sicherung der Gefolgschaft setzen die Konditionierer auf einen bewährten sozialen Mechanismus, den Gruppenzwang. Menschen neigen dazu, sich nach der Mehrheit in einer Gruppe zu richten, um nicht als Außenseiter zu gelten und die Sympathie der anderen Mitglieder zu gewinnen. Sie übernehmen Einstellungen und Handlungsweise der Gruppenmehrheit. Dabei weichen sie zum Teil erheblich von ihrem eigenen, unbeeinflusst vom Gruppendruck getroffenen Urteil ab. Besonders stark wirkt der Druck, wenn redegewandte oder mit Autorität ausgestattete Mitglieder der Gruppe ihre Meinung klar und bestimmt äußern. Dann kann sogar die Meinung einer Minderheit schnell zur Mehrheitsposition werden. Sozialpsychologen haben den im täglichen Leben zu beobachtenden Gruppenzwang und dessen Wirksamkeit in vielen Experimenten nachgewiesen.[863] Seine wesentliche Funktion besteht darin, mögliche Abweichler von der Norm zur Akzeptanz der vorherrschenden Werte, Einstellungen und Verhaltensweisen zu bringen.

Ein weiteres, sehr subtil wirkendes Instrument, um Gefolgschaft zu sichern, ist die Ausgestaltung des Bezugsrahmens.[864] Was ist damit gemeint? Die Konditionierung gibt durch das Setzen von Normen und Werten einen Rahmen vor, innerhalb dessen sich die Wahlhandlungen des Individuums vollziehen. Die von den Konditionierern unerwünschten Optionen werden außerhalb des Rahmens verlegt, sodass das Individuum diese normalerweise nicht in Betracht zieht. Damit die Konditionierung Erfolg hat, muss der Rahmen vor allem zwei Bedingungen erfüllen. Zum einen muss er weit genug gesteckt sein, um dem Individuum das Gefühl von Freiheit zu vermitteln. Die Individuen müssen denken, frei unter möglichst *verschiedenen, weit auseinander liegenden* Optionen wählen zu können. Wer nur die Wahl hat zwischen Urlaub an der Ost- und Nordsee, fühlt sich weniger frei als wenn er zusätzlich noch das Mittelmeer, den Atlantik, die Karibik und die Südsee mit in seine Wahl einbeziehen kann. Die zweite Bedingung bezieht sich auf die Quantität der innerhalb des Rahmens zur Verfügung stehenden Optionen. Menschen haben eine Vorliebe für Vielfalt oder Präferenz für Abwechslung. Je mehr Auswahlmöglichkeiten sie haben, wenn sie ein Gut kaufen wollen, desto zufriedener sind sie, solange die Wahl nicht zur Qual wird.[865] Um beim Beispiel Urlaub zu bleiben: Die Möglichkeit, Ferien am Meer zu machen, muss um Optionen wie Wanderurlaub, Wintersport oder Städtetouren erweitert werden, will man der Vorliebe für Vielfalt gerecht werden. Die immense Warenvielfalt, die ein kapitalistisches System produziert, hat auch die Funktion, den Menschen eine enorme Zahl an Wahlmöglichkeiten *innerhalb* des Rahmens anzubieten, gleichzeitig aber zu verschleiern, dass es *außerhalb* des angebotenen Spektrums von Waren und Dienstleistungen noch Dinge gibt, die ebenfalls erstrebenswert sein könnten.[866] Die Menschen sollen erst gar nicht auf die Idee kommen, ihr Heil außerhalb des Rahmens in Konsumverzicht, Spiritualität, Altruismus oder Ähnlichem zu suchen. Das würde ihnen zwar mehr Freiheit geben, würde aber den kapitalistischen Rhythmus von Produktion, Konsum und Akkumulation stören und die Macht des Kapitalismus begrenzen. Ein wirkungsvoller Rahmen, der dem Kapitalismus die Gefolgschaft möglichst vieler Konditionierter sichert, reduziert den Freiheitsgedanken westlicher Demokratien auf Wahlfreiheit im Markt und erfüllt in quantitativer Hinsicht den Wunsch nach Abwechslung und Vielfalt. Er vervollständigt die konditionierte Machtausübung und ist gleichzeitig der Einstieg in die Entfaltung struktureller Macht im Sinne Foucaults, weil er eine Umgebung vorgibt, die vom Kapitalismus gewünschte Verhaltensweisen wahrscheinlicher und unerwünschte Verhaltensweisen unwahrscheinlicher macht.

Fazit

Zusammenfassend lässt sich festhalten, dass Elternhaus und Erziehungssystem Kinder und Jugendliche dazu bringen, Verhaltensweisen zu verinnerlichen, die für den Kapitalismus förderlich sind. Entsprechend konditionierte Individuen akzeptieren Autoritäten, ordnen sich Leitfiguren unter, nehmen Ungleichheit hin, verhalten sich – wie von der Situation gefordert – mal rivalisierend und mal kooperativ. Außerdem lernen sie, Arbeitszeiten und Termine einzuhalten, Koordinationsfunktionen in der Gesellschaft und Betrieben zu übernehmen und sich zu überlegen, welchen Anteil ihres Einkommens sie sparen bzw. konsumieren sollen. Weil Menschen diese Verhaltensweisen in jeder funktionierenden arbeitsteiligen Gesellschaft verinnerlicht haben müssen, profitiert der Kapitalismus erheblich von den Anstrengungen anderer. Er unterstützt und verstärkt deren Bemühungen, indem er in der Schul-, Berufs- und Universitätsausbildung kapitalistische Werte und Normen vermittelt, die von den meisten Menschen nach erfolgter Konditionierung bedenkenlos akzeptiert werden.

Ließe man den Kapitalismus schalten und walten wie er wollte, würde er uns wohl dem Lehrplan des *Bundesverbandes Deutscher Banken* entsprechend die schöne, heile Welt des Kapitalismus einbläuen, bis auch der Letzte vollständig indoktriniert wäre und die kapitalistischen Normen und Werte ins tägliche Leben kritiklos übernommen hätte. Zum Glück gibt es einflussreiche Institutionen, die der Konditionierung, der Propaganda und dem Lobbyismus wenigstens in Teilen kritisch gegenüberstehen. Die beiden wichtigsten sind das Bildungssystem und die Qualitätsmedien. Von diesen könnte noch am ehesten Aufklärung über die Machtgelüste des Kapitalismus und die permanente Schwächung der westlichen Demokratien ausgehen. Dieser Gefahr ist sich der Kapitalismus durchaus bewusst und er unternimmt viel, damit möglichst wenig von seinem Machtstreben an die Öffentlichkeit gelangt. Die nächsten beiden Kapitel widmen sich den Strategien, mit denen der Kapitalismus diese Aufklärung zu unterbinden versucht. Eine von ihnen ist die Verhinderung von Bildung, die andere ist die Eindämmung der Kritik an ihm in den Qualitätsmedien. Die vom Kapitalismus angewandten Methoden wirken dabei ausgesprochen subtil, haben jedoch eine bemerkenswerte Effektivität, wie in den nächsten beiden Kapiteln gezeigt wird.

11 – VERHINDERUNG VON BILDUNG

Alles sehen – nichts begreifen.

Gerhard Richter (Deutscher Maler, 1966)

Die in der Kapitelüberschrift enthaltene Behauptung, der Kapitalismus betreibe Bildungsverhinderung, mag manchen Leser überrascht haben. Schließlich klagt die Wirtschaft nicht nur in Deutschland seit Jahren über einen Mangel an Fachkräften und sollte somit ein Eigeninteresse an gut ausgebildeten Bewerbern um Lehrstellen oder Hochschulabsolventen haben. Außerdem geben Betriebe jährlich Milliarden von Euros für Weiterbildungsmaßnahmen aus. Da Bildung ein sehr vielschichtiger Begriff ist, für den es keine allgemein akzeptierte Definition gibt, soll zunächst einmal das hier verwendete Konzept von Bildung umrissen werden, um dann zu zeigen, warum der Kapitalismus Bildung in diesem Sinne ablehnend gegenübersteht, aber die Generierung und Anhäufung von Wissen fördert.

BILDUNG UND WISSEN

Der in diesem Buch verwendete Begriff von Bildung entstand Ende des 18. Jahrhunderts. Ihm liegt die Rückbesinnung auf den Humanismus und die Ideen der Aufklärung zugrunde. Im Sinne Immanuel Kants, der im Gebrauch des eigenen Verstandes ohne fremde Anleitung den Weg aus der Bevormundung sah, kann Bildung als Weg zur Mündigkeit gesehen werden.[867] Ähnlich argumentierte der preußische Universalgelehrte Wilhelm von Humboldt. In seinem Aufsatz zur »Theorie der Bildung des Menschen« legt er dar, dass, um die »Ausbildung der Menschheit, als ein Ganzes, zu vollenden«, sowohl einzelne Wissensgebiete durchdrungen als auch miteinander in Verbindung gesetzt werden müssen. Nur so könne der Mensch sich zu einem »höheren Standpunkt« und zu einer »allgemeineren Übersicht« erheben. Er wendet sich dagegen, aus all den Wissensgebieten nur diejenigen Bestandteile herauszulösen, aus denen der Einzelne für seine berufliche Ausbildung Vorteile ziehen kann.[868] Humboldt fasst den Menschen als ein Wesen auf, das von innerer Unruh verzehrt nach Erkenntnis strebt. Sein Denken ist »immer nur der Versuch seines Geistes, sich vor sich selbst verständlich zu machen, sein Handeln ein Versuch seines Willens, in sich frei und unabhängig zu werden«.[869] »Die letzte Aufgabe unsres

Daseyns [...] löst sich allein durch die Verknüpfung unsres Ichs mit der Welt zu der allgemeinsten, regesten und freiesten Wechselwirkung. Diess allein ist nun auch der eigentliche Massstab zur Beurtheilung der Bearbeitung jedes Zweiges menschlicher Erkenntnis.«[870]

Bildung im Humboldtschen Sinne lässt sich, wie der Philosoph Konrad Paul Liessmann es prägnant ausdrückt, als »verstehende Aneignung der Grundlagen unserer Kultur« definieren.[871] Sie zielt nicht unbedingt darauf ab, den Menschen auf einen Beruf vorzubereiten. Vielmehr soll durch eigenes Denken und kritisches Hinterfragen ein Verständnis für die Welt entwickelt werden. Bildung ist »Selbstbildung des Menschen, eine Formung und Entfaltung von Körper, Geist und Seele, von Talenten und Begabungen, die den einzelnen zu einer entwickelten Individualität und zu einem selbstbewussten Teilnehmer am Gemeinwesen und seiner Kultur führen sollen.«[872]

Humboldt war aber keineswegs ein weltabgewandter Schöngeist, der die Menschen auf ein Leben im Elfenbeinturm der Wissenschaft oder im Tempel der schönen Künste vorbereiten wollte, so wie es ihm Gegner bis heute gerne vorhalten. Die Erforschung und Anwendung wirtschaftlicher und technischer Prinzipien zur Verbesserung der Lebensbedingungen sind durchaus Teil seines Konzepts von Bildung, weshalb er auch so großen Wert auf das Fach Mathematik in Schule und Universität legte.[873] Aber jegliche Bildung ist immer nur Mittel zur Erreichung des obersten Ziels, dem Menschen zu einem Leben in Selbstbestimmung und Freiheit zu verhelfen. Das humanistische Gymnasium und die Humboldtsche Universität sind das uns heute zumindest noch rudimentär bekannte Ergebnis der Anstrengungen, dieses Ziel zu erreichen.[874]

Kritiker hatten Humboldt bereits damals vorgeworfen, ein Ideal zu entwerfen, dem nur wenige privilegierte Menschen nacheifern können, während die Massen durch den Kampf ums tägliche Brot daran gehindert seien, sich die Grundlagen für ein selbstbestimmtes Leben in Freiheit anzueignen. Um sie aus der Lebensnot zu erlösen, seien Stätten der Berufsbildung wichtig.[875] Deshalb entstanden im Laufe der Zeit aus rein pragmatischen Gründen neben den auf Bildung ausgelegten Gymnasien und Universitäten Humboldtscher Prägung auch die auf Georg Kerschensteiner zurückgehenden Berufsschulen als Ergänzung zum traditionellen System der Berufsausbildung durch eine Lehre.

Aber nicht nur ein für die Mehrheit fragwürdiges Ideal von Bildung, sondern auch dessen Umsetzung mittels der Gymnasien stieß auf Kritik. Friedrich Nietzsche bemängelte dies 1872 kurz nach seiner Berufung an die Universität Basel in mehreren Vorträgen. Wahre Bildung begänne mit der Muttersprache: »Jede klassische Bildung hat nur *einen* gesunden und natürlichen Ausgangspunkt, die künstlerisch ernste und strenge Gewöhnung im Gebrauch der Muttersprache«[876] und das Gymnasium versäume es, diese den Schülern richtig beizubringen. Außerdem ließen die Lehrer den Schülern zu viele Freiheiten. Sie seien am Gymnasium noch viel zu jung, um »selbständig zu ästhetisiren« und »selbständig zu philosophiren«.[877] Am Gymnasium sollten die Schüler die Gedanken großer Dichter und Denker im Original nachvollziehen, sie sollten versuchen zu verstehen, warum ein Philosoph glaubt, er habe recht. Erst wenn sie alles Wichtige nachvollzogen hätten, könnten sie sich selbständig mit dem Stoff beschäftigen.[878]

Das hohe Ideal der Bildung als ein Prozess, der dem Menschen Freiheit und Selbstbestimmung ermöglichen soll, steht immer in einem gewissen Widerspruch zur Notwendigkeit des Broterwerbs. Ideal und Erfordernis in einem vernünftigen Verhältnis im Schul- und Universitätssystem zu verankern, ist schon schwer genug. Hinzu kommt aber noch, dass weltliche Herrscher und Klerus nur höchst selten ein gesteigertes Interesse an Bildung im Humboldtschen Sinne hatten. Auch dem Kapitalismus ist nicht daran gelegen, wenn Menschen verstehend ergründen, wie er mehr und mehr das tägliche Leben dominiert und immer weiter an Macht gewinnt. Würde sich die Mehrheit der Menschen tatsächlich im Sinne der Aufklärung bilden, würde das die Machtposition des Kapitals, der Politik und der Religion zugunsten einer demokratischen Selbstbestimmung erheblich schwächen. Daher ist der Kapitalismus eine unheilvolle Allianz mit der weltlichen und geistlichen Obrigkeit eingegangen mit dem Ziel, Selbstbestimmung, Aufklärung und eigenständiges kritisches Denken nur so weit zuzulassen, als es seine Machtposition nicht gefährdet. Bildung als verstehende Aneignung der Grundlagen unserer Kultur, die auf eine kritische Durchdringung und Verknüpfung verschiedener Wissensgebiete setzt, um den Menschen ein Leben in Freiheit und Selbstbestimmung zu ermöglichen, ist nicht erwünscht.[879]

Wenn das kapitalistische System aber keine gebildeten Menschen im Sinne Humboldts braucht, was benötigt es dann? Die Antwort ist einfach. Es hat Bedarf an hochqualifizierten Spezialisten, die sich auf einem begrenzten Fachgebiet das notwendige *Wissen* angeeignet haben, um in einer technisch und organisatorisch komplexen Welt wie Rädchen in einem Uhrwerk zu funktionieren. Das Uhrwerk verstehen sollen die Rädchen nicht, es reicht, wenn es ein paar Uhrmacher gibt, die das tun. »Die Klugheit des Systems basiert auf der Dummheit seiner Elemente. Jedenfalls müssen Elemente eines gut funktionierenden Systems dumm genug sein, um das System selber nicht zu verstehen, allerdings klug genug, um sich einreden zu können, sie täten es«, stellen Markus Metz und Georg Seeßlen treffend fest.[880] Ganz ähnlich argumentierte Friedrich August von Hayek: Die »Bereitschaft, sich im allgemeinen den Ergebnissen sozialer Prozesse zu unterwerfen, die niemand geplant hat und deren Ursache vielleicht niemand versteht, ist unentbehrlich, wenn es möglich sein soll, ohne Zwang auszukommen.«[881] Seiner Meinung nach könnten sich die Menschen blind auf die in freien Märkten entstehende spontane Ordnung verlassen, ohne verstehen zu müssen, wie das System als Ganzes funktioniert.

Ähnlich wie für den Begriff *Bildung* gibt es auch für den Begriff *Wissen* keine allgemein akzeptierte Definition. Seit der griechische Philosoph Plato Wissen definiert hat als eine Aussage, die gerechtfertigt, wahr und allgemein akzeptiert ist,[882] haben ihn Philosophen und speziell Erkenntnistheoretiker immer weiter ausdifferenziert. Für die Zwecke dieser Arbeit und zum Zwecke der Unterscheidung vom Begriff Bildung reicht es, eine weithin geläufige Abgrenzung zu verwenden. Nach dieser lässt sich Wissen definieren als Kenntnis von allgemein akzeptierten Fakten und Meinungen (Know-that) und das Beherrschen von zielführenden Prozeduren (Know-how).[883]

UNTERSCHIEDE ZWISCHEN WISSEN UND BILDUNG

Ein wichtiger Unterschied zwischen Bildung und Wissen liegt im *Verstehen*.[884] Das Verständnis entsteht im Menschen im denkenden Umgang mit Wissen und Informationen. Um sich Bildung anzueignen, ist harte Arbeit des menschlichen Verstandes bei der Durchdringung und Verknüpfung von Wissen und Informationen aus den verschiedensten Bereichen notwendig. Der Verstand muss zunächst aus dem Datenstrom, der in Form von Sinneswahrnehmungen ständig auf den Menschen einströmt, Informationen herausfiltern, also Daten, die handlungsrelevant sind oder in Zukunft handlungsrelevant sein könnten. Informationen werden mit dem vorhandenen Wissen verknüpft und verändern den Bestand an Wissen, d. h. die Menge und Qualität von Fakten über Bausteine der Welt. Durch Nachdenken, Analysieren, Abwägen, Urteilen und Bewerten innerhalb eines breiten Wissensspektrums entsteht im Austausch mit anderen Menschen Bildung. Während Bildung als Prozess breit angelegt ist und auf Wissen bauend nach Erkenntnis strebt, geht es beim Erwerb von Wissen eher um die kleinteilige Anhäufung von Informationen und Fakten oder das Erlernen von Prozeduren, z. B. die Bedienung einer Software oder Maschine. Wissen ist somit eine *notwendige*, aber keine hinreichende Voraussetzung für Bildung. Johann Wolfgang von Goethe hat dem Unterschied zwischen Bildung und Wissen im *Faust* ein literarisches Denkmal gesetzt. Auf der einen Seite steht der nach Erkenntnis dürstende Faust, dessen Streben sich in dem bekannten Vers »dass ich erkenne, was die Welt / im Innersten zusammenhält« widerspiegelt. Auf der anderen Seite steht sein wissbegieriger Schüler Wagner, der gar nicht verstehen kann, was wahre *Bildung* ist, weil er nur versucht, epigonal an das *Wissen* seines Meisters zu gelangen.

Der zweite wesentliche Unterschied zwischen Wissen und Bildung liegt in der *Übertragbarkeit*.[885] Wissen lässt sich, wenn auch nicht notwendigerweise vollständig, ordnen und unabhängig vom Menschen auf Papier oder elektronisch speichern und wieder abrufen. Bildung hingegen existiert nur im Menschen und ist nicht in gleicher Weise wie Wissen übertragbar. Faktenwissen und kleinere Bausteine von Wissen kann man sich schnell aus dem Internet herunterladen oder aus einem Buch aneignen, Bildung nicht. Natürlich muss ein Mensch auch harte geistige Arbeit verrichten, um sich einen Bestand an Wissen anzueignen. Die gedankliche Durchdringung ist aber vor allem auf Zusammenhänge *innerhalb* eines Wissensgebiets gerichtet, nicht auf Zusammenhänge *zwischen* den verschiedenen Disziplinen, durch die Bildung im Sinne einer verstehenden Aneignung der Grundlagen einer Kultur erst möglich wird.

Der divergierende Grad an Übertragbarkeit ist Grundlage des dritten wichtigen Unterschieds zwischen Wissen und Bildung, nämlich die *Prüfungstauglichkeit*. Da Wissen relativ einfach kodifizier- und übertragbar ist, lässt sich leicht überprüfen, ob jemand etwas weiß oder nicht. Im Fernsehen wird uns das allabendlich durch Quiz-Sendungen wie »Wer wird Millionär?« vor Augen geführt. Der Moderator stellt eine Wissensfrage, auf die es nur eine richtige Antwort gibt. Auch in Schule und Universität ist es nicht schwierig, Wissen abzuprüfen, selbst wenn dabei kein Multiple-Choice-Test gewählt wird, sondern die Frage in Aufsatzform zu beantworten ist. Ob sich jemand gebildet hat, d. h. Zusammenhänge verstanden, eigene Erkenntnisse gewonnen, Verbindungen zwischen Wissensgebieten entdeckt und den Stoff kritisch durchdrungen hat, all das lässt sich zwar überprüfen und benoten, aber lange nicht so einfach, wie man Wissen testen und benoten kann. Festzustellen, ob jemand sich gebildet hat, erfordert daher einen höheren Zeitaufwand seitens der Prüfer. Sie können nicht einfach abhaken, was richtig ist, sondern müssen sich auf den Gedankengang des Prüflings einlassen. Dabei können sie zwar logische Fehler in der Argumentation oder Widersprüche objektiv feststellen, aber subjektive Werturteile entziehen sich einer objektiven Bewertung. Die Beurteilung von Bildung setzt deshalb auch voraus, dass dem Prüfer ein höheres Maß an Subjektivität zugestanden wird als bei der Beurteilung von Wissen, die weitaus objektiver erfolgen kann. Wegen dieser höheren Subjektivität ähnelt die Benotung von Bildung der Bewertung in Musik oder Malerei, wo z. B. technische Fertigkeiten von Spezialisten relativ objektiv festgestellt werden können, die künstlerische Qualität eines Werkes aber häufig Anlass zu Kontroversen bietet.

Viertens ist Bildung ein *langfristig angelegter Prozess*, bei dem nicht notwendigerweise wöchentlich ein messbarer Fortschritt erzielt wird. Wissen hingegen wird in kleinen Häppchen (als Unterrichtseinheit von 45 oder 90 Minuten) serviert und fügt sich Baustein für Baustein zum bisherigen Wissensbestand hinzu. Der Wissensstand eines Menschen ist somit objektiver und in kürzeren Zeitabständen überprüfbar als sein Bildungsstand. Beides hat vor dem Hintergrund bestimmter gesellschaftlicher Entwicklungen, auf die ich gleich noch zu sprechen komme, zu einer Bevorzugung der Wissensvermittlung gegenüber dem Ziel der Bildung in Schule und Universität geführt.

Es ist also nur folgerichtig, wenn wir davon sprechen, in einer Wissens- und Informationsgesellschaft zu leben, weil wir beständig einen wachsenden Bestand von Informationen und Wissen erzeugen, den wir ordnen und in Schubladen ablegen, bis wir ihn brauchen. Irreführend, aber vermutlich beabsichtigt, um von guten Ruf der Humboldtschen Idee zu profitieren, ist es, von einem Bildungssystem oder von

Bildungspolitik zu sprechen, weil unsere Schulen und Universitäten im Wesentlichen darauf ausgerichtet sind, Informationen zu liefern und Wissen zu vermitteln. Treffender wäre somit die Bezeichnung »Wissensvermittlungssystem«.

WARUM DER KAPITALISMUS BILDUNG VERHINDERT UND WISSEN FÖRDERT

Dass der Kapitalismus die Generierung und Anwendung von Wissen fördert und Bildung zu verhindern sucht, hat neben machtpolitischen auch noch wirtschaftliche, gesellschaftspolitische und kulturelle Gründe. Der wichtigste *ökonomische* Grund ist die Möglichkeit zur Aneignung von Wissen in den Unternehmen durch Patente, Urheber- oder Markenrechte.[886] Dieses kodifizierte Wissen hat einen Wert und soll zusammen mit dem in den Mitarbeitern vorhandenen impliziten Wissen durch Wissensmanagement im Unternehmen optimal genutzt und wenn möglich noch erhöht werden.[887] Wissen wird ähnlich wie Kapital akkumuliert. Zum Zweiten fließt Wissen in immer stärkerem Umfang in Produkte und Dienstleistungen ein. Um qualitativ hochwertige und am Markt wettbewerbsfähige Waren herzustellen, müssen Unternehmen immer wissensintensiver produzieren. Weil diese Produkte häufig innovativ sind oder sich aus Sicht der Konsumenten stark genug von denen der Wettbewerber unterscheiden, entstehen als willkommener Nebeneffekt die bereits in Kapitel 7 beschriebenen kleinen Monopole aufgrund von Produktdifferenzierung, die erfolgreichen Unternehmen hohe Gewinne bescheren. Zum Dritten sieht der Kapitalismus keinen Grund, über seine Steuerzahlungen Bildung im Humboldtschen Sinne an Schulen oder Universitäten zu finanzieren, denn er benötigt mit Wissen vollgestopfte Absolventen. *Gesellschaftspolitisch* stellen gebildete Schüler und Studenten, die Muße zum Nachdenken und Diskutieren haben, nämlich eine Gefahr für den Kapitalismus dar. Nicht umsonst schrillen bei allen Regierungen die Alarmglocken, wenn Studenten gegen soziale Zustände protestieren. Außerdem – und darauf hat bereits Joseph Schumpeter in den 1940er Jahren hingewiesen – könnte »höhere Bildung derart das Angebot« an Intellektuellen erhöhen, dass »sie einen besonders wichtigen Fall der Teilarbeitslosigkeit« schaffen würden. Die steigende Zahl von gebildeten, aber unterbeschäftigten Intellektuellen wäre nämlich unzufrieden und »Unzufriedenheit erzeugt Groll« sowie »eine Feindseligkeit gegen die kapitalistische Ordnung«[888], die nach Schumpeter zusammen mit anderen Faktoren letztlich zum Untergang des Kapitalismus führt. Und last but not least sind die *Kultur* der Bildung und die *Kultur* des Kapitalismus zumindest an einem wichtigen Punkt unvereinbar: Für Muße und Kontemplation als Voraussetzung für Bildung benötigt man freie Zeit. Dem Geist des Kapitalismus entsprechend und eingedenk der Mahnung Benjamin Franklins, nach der Zeit Geld ist, soll Zeit aber vor allem dazu genutzt werden, um Geld zu verdienen.[889] Wer als Kapitalist diese Maxime verinnerlicht hat, wird es kaum für nützlich halten, Zeit in Bildung zu stecken.

Dennoch ist auch die Vermittlung von Wissen für den Kapitalismus nicht ohne Risiko. Weil sich die meisten Menschen Wissen aus den verschiedensten Gebieten aneignen, erweitern sie so ihren Horizont. Je mehr jemand weiß, desto höher ist die Wahrscheinlichkeit, dass er Wissensgebiete verstehend miteinander verknüpft und somit beginnt, sich zu bilden. Das passiert viel öfter als es dem Kapitalismus lieb ist. Denn glücklicherweise hat die Bildung bei einigen Aufrechten einen hohen Stellenwert. Immer noch gibt es Eltern, Lehrer, Professoren, Journalisten und Publizisten, denen es wichtig ist, die Menschen im Sinne Immanuel Kants zu eigenständigem Denken anzuhalten und im Sinne Humboldts zu bilden.

Die Obrigkeit weiß aber um die Gefährlichkeit dieses Tuns und gerade die Schulbürokratie unternimmt so einiges, um die Menschen von Bildung abzuhalten. In einem Erlass der obersten Schulbehörde von Texas werden deshalb klare Anforderungen an die Lehrinhalte vorgegeben: »Die Schulbuchtexte sollen den Bürgersinn und das Verständnis für das System der freien Marktwirtschaft schärfen und insbesondere den Patriotismus und den Respekt vor anerkannten Autoritäten fördern.«[890] In Russland haben die Schulbehörden auf Weisung der Regierung Putin das Fach »Russische Literatur« mit dem Fach »Russisch« vereinigt. Die Prüfungen bestehen nun aus Lücken-texten, die auszufüllen sind, Aufsätze wurden gestrichen. Eine Gruppe von Moskauer Philologen sieht darin den Versuch, »zu verhindern, dass die Werte dieser Literatur erörtert und angeeignet werden«.[891] Nach ihrer Ansicht werde Bildung dadurch systematisch zerstört. Führende Intellektuelle, wie der Slawist Wiktor Zhiwo, der in den USA lehrt, werfen Wladimir Putin vor, das Volk zum Schweigen bringen zu wollen. »Das wird ein Volk sein, das seine Gedanken nicht aus-drücken kann, das weder sprechen noch denken kann.« Die dahinter stehende Absicht hatte der zuständige Minister für Bildung einige Jahre zuvor so charakterisiert: »In der Sowjetunion wurde versucht ›Schöpfer-Menschen‹ zu erziehen. Heute besteht die Aufgabe darin, qualifizierte Konsumenten zu erziehen.« Russlands Regierung hat offensichtlich verstanden, was man Schülern beibringen muss, um die Opposition nicht zu stark werden zu lassen und möglichst schnell zum kapitalistischen Westen aufzuschließen.

Wahrscheinlich sind diese Beispiele aus den USA und Russland noch extremer als der im vorigen Kapitel dargestellte Vorschlag des *Bundesverbandes Deutscher Banken* für eine zwölf Jahre andauernde Unterweisung im Fach Wirtschaft, vor allem weil so klar ausgesprochen wird, dass es letztlich darum geht, die Botschaft der kapitalistischen Propaganda zum Zwecke der Konditionierung in die Schulbücher zu tragen und damit letztendlich Bildung zu verhindern. Vielleicht geht man in Westeuropa und einigen anderen Regionen subtiler vor, formuliert parallel zu den Wissenszielen noch wahre Bildungsziele, setzt die großen Klassiker der Philosophie und Literatur noch auf den Lehrplan. Aber machen wir uns nichts vor: Die schönsten Lehrplä-ne, die zumindest auf dem Papier Bildungsziele im Sinne Kants und Humboldts enthalten mögen, nutzen nichts, wenn Pädagogen diese im Tagesgeschäft nicht umsetzen können. Und genau das passiert in weiten Teilen der kapitalistischen Welt, wo versucht wird, systematisch Bildung zu verhindern, dafür aber umso mehr Wissen in die Köpfe der Schüler und Studenten zu trichtern.

Zum Zweck der Bildungsverhinderung und Fokussierung auf die Vermittlung von Wissen kommen vor allem die in Kapitel 5 behandelte strukturierte Machtausübung im Sinne Foucaults und ihre Techniken zum Einsatz. Sie verändern Lebenszusammenhang und Arbeitsumfeld der Individuen und bewirken eine dauerhaft ausgeübte Selbststeuerung, die erwünschtes Verhalten fördert und unerwünschtes hemmt. Anders als kompensatorische, repressive oder konditionierte Machtausübung wirken die Techniken der strukturellen Machtausübung nicht direkt auf das Individuum, sondern auf dessen Umgebung. Neben der im vorigen Kapitel beschriebenen konditionierten Macht kommt zum Zweck der Bildungsverhinderung im Schul- und Universitätsbereich, der im Mittelpunkt dieses Kapitels steht, vor allem die strukturierte Ausübung von Macht zum Einsatz.

Die nächsten Abschnitte behandeln die wichtigsten Mittel und Wege, mit denen eine vom Kapitalismus gesteuerte bzw. unter Druck gesetzte Politik und Bürokratie denjenigen das Leben schwer macht, die versuchen, als Gegengewicht zur Propaganda und Konditionierung noch letzte Reste von Bildung in unserem Schul- und Universitätssystem zu erhalten.

SCHULE UND KINDERGARTEN ALS VORSTUFE DES ARBEITSMARKTES

Schulnoten entscheiden heutzutage viel stärker noch als in den 1980er Jahren über Karrierechancen. Daher sah sich kaum »eine vorherige Generation […] mit solch hohen Erwartungen und Leistungsdruck bei gleichzeitiger Ungewissheit über den Lohn ihrer Anstrengungen konfrontiert wie die gegenwärtige.«[892] Obwohl Arbeitgeber nicht nur auf die Zensuren schauen, erhalten sie durch diese doch ein wichtiges Signal. Wer gute Noten hat, weiß entweder viel oder ist zumindest sehr fleißig oder beides zusammen. Personalchefs ziehen daraus die nicht völlig unberechtigte Schlussfolgerung, dass ein Bewerber sein Wissen und seine Arbeitsmoral auch in die Firma einbringen wird. Wenn dann noch die weichen Faktoren wie Teamfähigkeit und Kommunikationsverhalten ausgeprägt vorhanden sind, steht einer Einstellung kaum mehr etwas im Wege. Der Wettbewerb um Jobs beginnt somit schon in der Schule, denn die Noten entscheiden über Jobchancen und den Zutritt zu den Universitäten. Da »auf die Gewinner wachsende Belohnungen und auf die Verlierer immer härtere Sanktionen warten«,[893] fühlen sich Eltern der bürgerlichen Mitte immer stärker unter Druck gesetzt. Sie tun fast alles, um ihren Kindern einen möglichst guten Schulabschluss zu ermöglichen.[894] Sie ziehen aus Wohnvierteln weg, die sie als Kinderlose wegen des multikulturellen Ambientes noch schätzten, weil die eigenen Kinder in gutbürgerlichen Gegenden groß werden sollen, in deren Schulen die meisten die Landessprache beherrschen. Sie melden sich mit erstem Wohnsitz bei Freunden oder Verwandten an, damit das Kind in eine bessere Grundschule kommt und seine Chancen verbessert, auf die besten Gymnasien zu kommen. Selbstverständlich wird der Nachwuchs intensiv bei den Hausaufgaben betreut, erhält bei Bedarf Nachhilfestunden und den obligatorischen Sport- und Musikunterricht. Eltern aus der Mittel- und Oberschicht werden zum Coach ihrer Kinder und haben vor allem eines im Sinn: Das Kind soll sich schon während der Kindergarten- und Schulzeit Wissen aneignen, um eine gute Startposition für den Arbeitsmarkt bekommen.

Besonders ehrgeizige oder besorgte Eltern warten aber nicht bis zum Beginn der Schulzeit. Viel früher noch versuchen sie, die Startposition ihrer Kinder im Rennen um die besten Schulen zu verbessern und die Kleinen auf die »Anforderungen des Weltmarkts vorzubereiten«. Bereits im Mutterleib wird das Kind mit Mozart beschallt, weil dies angeblich intelligent macht.[895]

Kurz nach der Geburt geht es weiter: Drei Monate alte Babys werden in Frühenglischkurse gesteckt, in denen Kindern mit Hilfe von kurz gezeigten Bildkarten und Liedern in 45 Minuten Englisch als Fremdsprache beigebracht wird. »Frühförderwahn« nannte Jeannette Otto in der Wochenzeitung *Die Zeit* dieses Phänomen. Die Auswirkungen dieser Art von Frühförderung auf die Intelligenz von Kindern sind allerdings mehr als umstritten. Für »völlig absurd« hält der Lernforscher Henning Scheich solche passiven Vermittlungsbemühungen: »Learning by Doing ist für kleine Kinder von größter Bedeutung. Sie brauchen dafür viel Zeit und das direkte Tun.« Aber nicht alle Eltern sind so besessen, dem Nachwuchs schon als Säuglinge in gekünstelter Umgebung passiv eine Fremdsprache beibringen zu wollen. Viele warten damit, bis die Kinder zwei oder drei Jahre alt sind, und setzen sie dann mit einer pädagogisch angeblich wertvollen DVD vor den Fernseher, damit der Nachwuchs Chinesisch oder Rechnen lernt. Das macht das Ganze auch nicht besser. Für die Züricher Bildungsforscherin Elsbeth Stern ist »die Vorstellung vieler Eltern, die Architekten der Kindergehirne zu sein, […] der reinste Wahnsinn. Wir müssen uns von der Annahme lösen, dass kindliche Gehirne mit beliebigen geistigen Aktivitäten trainiert werden können.« Dabei wenden sich Bildungs- und Gedächtnisforscher gar nicht gegen eine frühe Beschäftigung mit Sprachen, Musik oder der Mathematik, sie muss nur natürlich und in den Tagesablauf der Kinder eingebunden sein wie bei der zweisprachigen Erziehung oder in einem bilingualen Kindergarten.[896]

Hinzu kommt, dass ein Heer von Experten Eltern vor allen möglichen Gefahren warnt, die ein Kind potentiell bedrohen könnten. Jede

Schublade muss gesichert werden, die Kellertreppe ist eine potentielle Falltür, jeder Fremde ein möglicher Entführer und jeder Verwandte, Lehrer oder Betreuer ist ein möglicher Kinderschänder. Natürlich bestehen für Kinder allerlei Gefahren, aber die gab es schon immer. Allerdings führte das durch Experten und Medien allzeit wach gehaltene Gefühl der überall lauernden Bedrohungen und der soziale Druck, die Kinder dagegen bestmöglich zu schützen, zu einem »paranoiden Erziehungsstil« (»paranoid parenting«), wie es der Soziologe Frank Furedi genannt hat.[897] Aus Sorge, dem Nachwuchs könnte irgendetwas zustoßen, engen Eltern die Spielräume ihrer Kinder ein. Wie Überwachungshubschrauber schweben sie ständig über ihnen und kontrollieren ihren Nachwuchs genau, weshalb sie auch als »Helikopter-Eltern« bezeichnet werden.[898] Vorbei sind die Zeiten, in denen sich die Sprösslinge nachmittags trafen und stundenlang unbeaufsichtigt von Erwachsenen tun und lassen konnten, was ihnen gefiel. Dass spezielle Sicherheitsfirmen anbieten, Kinder lückenlos zu überwachen, ähnlich wie Strafverfolgungsbehörden mit einer Fußfessel bei Straftätern, ist nur die logische Konsequenz des gestiegenen elterlichen Sicherheitsbedürfnisses.

Als Ergebnis dieses elterlichen Coachings und des paranoiden Erziehungsstils wächst eine Gruppe von Kindern heran, die bisweilen als »Rücksitzgeneration« bezeichnet wird, weil sie auf dem Rücksitz des Autos oder des Fahrrads gut behütet von einem Termin zum nächsten gekarrt wird. Ihr Tagesablauf ist so überwacht und durchgeplant, dass für spontane Verabredungen mit Freunden oder ein kontemplatives Innehalten kaum mehr Zeit bleibt. Selbstbestimmte, dem Rhythmus des eigenen Lern- und Denkprozesses angepasste Phasen der Ruhe und Muße wären aber notwendig, um Wissen in Bildung zu verwandeln, nur leider lässt dies der Terminkalender der Kinder nicht mehr zu.

Unter diesem Aspekt war die auf Druck der Wirtschaft veranlasste Verkürzung der gymnasialen Schulzeit in vielen westdeutschen Bundesländern ein grandioser Coup des Kapitalismus. Denn da im Wesentlichen der gleiche Stoff nun innerhalb von acht Jahren statt von neun Jahren vermittelt werden muss, wird den Schülern nicht nur die Zeit für Musik, Kunst und Sport geraubt, sondern auch für Bildungsprozesse. Aus pädagogischer Sicht war die Verkürzung der gymnasialen Schulzeit ein Reinfall, aber um die Kinder und deren Bildung ging es dabei sowieso nie.[899] Den Schülern sollten lediglich in weniger Zeit das gleiche Wissen eingetrichtert werden und sie sollten es angesichts des PISA-Schocks auch noch besser wiedergeben können, zumindest in den von der OECD durchgeführten Tests.

Stellvertretend für die Generation von Turbogymnasiasten beschwert sich Yakamoz Karakurt, eine 15-jährige Schülerin aus Hamburg, mit Aussagen, die den Protagonisten des Kapitalismus Freudentränen in die Augen treiben dürften: »Ich habe kein Leben mehr. Mit Leben meine ich Hobbys, Freizeit und Spaß. Der Grund dafür ist die Verkürzung der Schulzeit, [...] das bedeutet Druck und Stress. [...] Ich komme um 16 Uhr aus der Schule und gehe nicht vor 23 Uhr ins Bett. Und das liegt nicht daran, dass ich fernsehe, mich entspanne oder sogar Spaß habe. [...] Wir sollen Maschinen sein, die funktionieren, und das mindestens 10 Stunden am Tag.«[900] Dabei ist Yakamoz Karakurt, die gute Noten hat, nicht intellektuell überfordert und sie ist auch kein Einzelfall. Sie muss einfach so viel für die Schule arbeiten, um gut zu sein. Bereits als Schülerin ist sie genau dort, wo die Bildungsverhinderer sie haben wollen. Sie ist mit der Aufnahme, Speicherung und Wiedergabe von Wissen so beschäftigt, dass für kaum etwas anderes mehr Zeit bleibt. Und damit es auch ja keine Schule wagt, den Lehrern auf eigene Faust Freiräume für Bildungsprozesse zulasten der Wissensvermittlung zu gewähren, gibt es in immer mehr Bundesländern das Zentralabitur. Mit dessen Hilfe überwacht die Schulbürokratie den Vollzug der Bildungsverhinderung und sanktioniert etwaige Abweichler.

Es gibt aber noch einen weiteren, eher indirekt wirkenden Mechanismus der Bildungsverhinderung. Weil die Bedeutung von Noten steigt, sind insbesondere die Helikopter-Eltern viel eher bereit, sich bei Lehrern oder dem Direktor über vergebene Zensuren zu beschweren und notfalls auch gerichtlich dagegen vorzugehen.[901] Schulen und Lehrer werden somit immer stärker gezwungen, möglichst objektiv darzulegen, was die Kinder können und was nicht. Dies lässt sich, wie oben gezeigt, bei Wissen aber viel einfacher bewerkstelligen als bei Bildung. Dass in Schulen daher mehr Zeit auf *Wissensvermittlung* verwendet wird, die nicht mehr für *Bildungsprozesse* zur Verfügung steht, ist auch vielen Eltern und Kindern nicht verborgen geblieben. Schüler der New Yorker Stuyvesant High School, die als Elitegymnasium gilt und bislang vier Absolventen in ihren Annalen zu verzeichnen hat, die später Nobelpreisträger wurden, gaben dies sogar als Grund dafür an, warum sie bei Prüfungen mogeln: Es würde viel zu viel Faktenwissen abgefragt anstatt festzustellen, ob sie die tieferen konzeptionellen Zusammenhänge verstanden hätten oder sich eigene Gedanken über englische Literatur machen würden.[902]

Der vom Arbeitsmarkt ausgehende Druck, möglichst gute Noten zu erzielen, ist ein Paradebeispiel für strukturierte Machtausübung. Er verändert den Lebensalltag von Schülern, Lehrern und Eltern so, dass Bildung unwahrscheinlicher und Wissensvermittlung wahrscheinlicher wird. Eine ganz ähnliche Entwicklung vollzieht sich an den Hochschulen. Auch dort erhöhen die zunehmende Klagefreude der Studenten, aber auch die Evaluierungen und Rankings, auf die ich noch eingehen werde, den Druck auf die Professoren, Wissen statt Bildung zu vermitteln. Hinzu kommen noch steigende Studentenzahlen und ausgeweitete Berichtspflichten an die Hochschul- oder Ministerialbürokratie oder Akkreditierungsagenturen im Zuge der Einführung der neuen Abschlüsse Bachelor und Master. All dies raubt den Lehrenden Zeit, die sie zur Beurteilung von Bildung bräuchten. Aber selbst wenn Professoren und Studenten tatsächlich wollten: Die neue Studienstruktur der Bachelor- und Masterstudiengänge lässt Bildungsprozesse kaum noch zu.

UMSTELLUNG AUF BACHELOR- UND MASTER- STUDIENGÄNGE

Jahrelang hatte die Wirtschaft die Politik gedrängt, das europäische Hochschulsystem stärker am angelsächsischen Modell auszurichten, damit die ersten Hochschulabsolventen schon mit Anfang 20 dem Arbeitsmarkt zur Verfügung stehen. Vor einigen Jahren war es dann so weit. Die Schulzeit wurde in vielen Bundesländern auf zwölf Jahre verkürzt und im Rahmen des Bologna-Prozess wurde das Diplom oder der Magister ersetzt durch ein zweistufiges System. In vergleichsweise kurzer Zeit kann ein Student mit dem Bachelor einen ersten berufsqualifizierenden Abschluss erreichen. Die besten können anschließend in ein bis zwei Jahren noch einen Master erwerben, die große Masse soll aber nach den Vorstellungen der Wirtschaft schon als Bachelor ins Arbeitsleben treten.

Einer der großen Unterschiede zwischen dem neuen Bachelor-/ Master-System und dem alten europäischen System ist die Anzahl der abzulegenden Prüfungen während eines Semesters, die im neuen System wesentlich höher ist. An angelsächsischen Hochschulen, dem Vorbild, gibt es in der Regel in jedem Fach pro Semester neben der Abschluss- noch mindestens eine Zwischenprüfung und häufig kommen noch kürzere schriftliche Ausarbeitungen oder Kurztests hinzu. Ähnlich ist es nach der Umstellung nun an den meisten europäischen Hochschulen. Damit die Studenten sich angemessen auf diese Masse an Prüfungen vorbereiten können, werden in vielen Bachelorkursen ein paar wenige Lehrbücher eingesetzt, in denen das für den Kurs relevante Wissen pädagogisch geschickt dargestellt und in wochenweise vermittelbare (und bei Bedarf prüfbare) Häppchen unterteilt ist. Zusammenfassungen, Kontrollfragen und kleine Fallstudien stellen sicher, dass die Studenten sich das im Lehrbuch verschriftete Wissen aneignen können. Zwar sind die Masterstudiengänge anspruchsvoller und verlangen von den Studenten mehr eigenständige Leistungen als in Bachelorstudiengängen, aber auch hier steht die Wissensvermittlung im Vordergrund. Im Prinzip ist ein engagierter Student im Bachelor-/Master-System an sechs Tagen die Woche vom ersten bis zum letzten Tag des Semesters mit der Aufnahme und Wiedergabe von Wissen beschäftigt. Langfristig bleibt von diesem Wissen aber gar nicht so viel in den Köpfen der Studenten hängen, da die Vielzahl der Prüfungen dazu zwingt, sich vieles kurzfristig einzupauken und nach der Klausur im Kopf schnell wieder Platz zu schaffen – ein Vorgang, den Kritiker auch als »Wissensbulimie« bezeichnen.[903] Ein Blick über den Tellerrand oder das Lesen eines Originals ist den Studenten in diesem System – zumindest im Bachelor – nicht möglich, wenn sie sich innerhalb von sechs Semestern mit guten Noten für den Arbeitsmarkt qualifizieren wollen. Jörn Meyn, ein im Jahr 2010 von der *Frankfurter Allgemeinen Sonntagszeitung* interviewter Student, bringt es auf den Punkt, wenn er sagt: »Ich kann nicht monatelang Foucault lesen.«[904]

Die Umsetzung der Bologna-Reformen hat all diejenigen schwer enttäuscht, die in der Hochschule noch einen Bildungsauftrag umgesetzt sehen wollen. Ausgesprochen kritisch kommentiert daher auch die *Frankfurter Allgemeine Zeitung*: »Für Studenten heißt die neue Bologna-Wirklichkeit: Zielstrebigkeit ohne Umwege und Sackgassen. Neugier, Erkenntnisinteresse, selbständiges Denken – also alles, was höhere Bildung ausmacht – bleiben auf der Strecke. [...] An die Stelle von Erkenntnisprozessen mit ungewissem Ausgang sind

Berufsorientierung und Reproduktion getreten«. Es hat also nichts mit Nostalgie oder Beschönigung von früheren Mängeln zu tun, wenn Heike Schmoll, die Verfasserin des Kommentars, die Ablösung des alten europäischen Systems bedauert und feststellt: »Mit der Idee der europäischen Universität war ursprünglich keine Institution, sondern eine eigene Lebensform verbunden.«[905]

Denn als eigene Lebensform hat das alte europäische System Studenten Freiräume eröffnet, in denen so etwas wie ein Bildungsprozess stattfinden konnte. Da war einmal das Auslandsjahr. Die Prüfungen wurden zwar häufig von den inländischen Universitäten nicht anerkannt, aber gerade deswegen leistet das Studium in der Ferne einen wichtigen Beitrag zur Bildung. Im Ausland konnte man früher in Ruhe und Muße seinen intellektuellen Neigungen nachgehen, bedeutsame Werke des eigenen Faches im Original lesen und sich ergänzend intensiv mit Land und Leuten befassen. Wer im alten System ein Jahr im Ausland verbrachte, hat sich sicher auch Wissen angeeignet; er hat sich aber vor allem gebildet. Im neuen System reicht es, wenn überhaupt, statt eines Auslandsjahrs meist nur noch zu einem Auslandssemester und die im Ausland abgelegten Prüfungen werden jetzt an der Heimatuniversität anerkannt. Damit bleiben aber der Zeit- und der Prüfungsdruck bestehen und ein Freiraum für Bildung ist kaum mehr vorhanden. Noch dazu wird das Wissen an der ausländischen Hochschule oftmals mit den gleichen Lehrbüchern vermittelt wie in der Heimat, was die Frage aufwirft, welche positiven Effekte das Punktesammeln in der Fremde noch hat, außer ein von den Personalabteilungen in Unternehmen vergebener Bonuspunkt für Flexibilität und Auslandserfahrung.

Das alte europäische System hat aber noch etwas Weiteres geleistet, was häufig unterschätzt wird. Es hat die Studenten durch die Abschlussprüfungen, in denen innerhalb weniger Tage in mehreren Prüfungen der Stoff von drei oder vier Semestern abgefragt wurde, veranlasst, sich intensiv und nachhaltig mit den Studieninhalten zu beschäftigen. Denn mit der heutigen Strategie des kurzfristigen Reinpaukens des Stoffes vor der Prüfung wären die meisten Studenten früher nicht nur vorläufig gescheitert. Wenn Arbeitgeber aktuell zu Recht beklagen, dass ein Bachelor viel geringere Kenntnisse und weniger Durchblick hat als ein Absolvent des alten Systems, dann liegt dies nicht nur an der Verkürzung der Regelstudienzeit auf sechs Semester, sondern auch an der Streichung der Abschlussprüfungen *am Ende* des Studiums zugunsten einer Vielzahl kleinerer Tests *während* des Studiums. Für die Wirtschaft brachten die neuen Abschlüsse damit also nicht nur Vorteile. Zwar bekommen die Arbeitgeber in Europa jetzt 21-jährige Hochschulabsolventen, aber diesen fehlt im Vergleich zu früheren Generationen nicht nur Wissen, sondern auch Lebenserfahrung.

Was auch immer die Lobby der Arbeitgeber im Vorfeld der Umstellung an Vorteilen für die Gesellschaft aufgezählt haben mag, nur wenige davon ließen sich realisieren und wenn, dann wurden sie teuer erkauft. Letztendlich war alles nur Propaganda, um ein System zu etablieren, in dem die Hochschulen keinen Bildungsauftrag im Humboldtschen Sinn mehr haben, sondern nur noch Wissen und Fähigkeiten für den Arbeitsmarkt vermitteln sollen. Aber selbst damit sind die Unternehmen nicht zufrieden, denn noch immer geht ihnen die praktische Vorbereitung auf den Beruf nicht weit genug. Kaum etwas macht dies deutlicher als die von Hans Heinrich Driftmann, dem Präsidenten des *Deutschen Industrie- und Handelskammertages*, Anfang 2011 geübte Kritik an den Bachelor-Abschlüssen: »Die Unternehmen vermissen vor allem die Verknüpfung von Theorie und Praxis bei den Absolventen der neuen Studiengänge. Das sollte ja gerade durch die Neuordnung verbessert werden.« Und folgerichtig verlangt er von den Hochschulen mehr Praxisphasen, mehr Pflichtpraktika, mehr Projekte und »Vorlesungen, in denen Unternehmer Einblick in den Unternehmensalltag geben«.[906]

In anderen Ländern laufen im Übrigen ganz ähnliche Prozesse ab. Besonders nachdenklich müssen die Entwicklungen in Großbritannien stimmen. Die Universitätsreformen von 2010 basieren auf Empfehlungen, die ein Komitee unter Leitung von Lord John Browne, dem früheren Vorstandsvorsitzenden des Ölmultis *British Petroleum* erarbeitet hat. Ausdrücklich wird darin der Primat des ökonomischen Nutzens der universitären Wissensvermittlung betont. Und weil die Geisteswissenschaften ihren Studenten zu wenig Wirtschaftsdienliches transferieren, sollten sie staatlicherseits nicht mehr gefördert werden.[907] Subventionen im Bildungsbereich sollen den Studiengängen zugutekommen, die für die Wirtschaft Nützliches lehren.

Der Paradigmenwechsel an den Hochschulen lässt sich auch an der Veränderung der Worte nachvollziehen, mit denen die Tätigkeit eines Studenten beschrieben wird. Früher bezeichnete man diese als das

Studium eines Faches, z. B. der Medizin oder der Volkswirtschaftslehre. Heutzutage durchlaufen Studenten vielfach einen Studiengang oder absolvieren ein Studienprogramm. Die Unterschiede sind nicht nur semantischer Natur. In dem Wort »Studium« deutet nichts auf eine Struktur hin. In der Realität war ein Studium zwar immer strukturiert, ließ den Studenten aber viele Wahlmöglichkeiten und Freiheiten. Ein »Gang« hingegen hat Mauern, er engt ein. Wenn man Glück hat, trifft man auf eine Gabelung oder einen Quergang, an dem man sich aussuchen kann, wohin man geht, nichtsdestotrotz ist ein Gang eine einengende Struktur. Ein »Programm« durchläuft eine vorher festgelegte Abfolge von Schritten. Wenn es Wahlmöglichkeiten gibt, so sind diese fest einprogrammiert. Die Verschulung des Studiums, die Einengung auf die Vermittlung von Wissen und die Verhinderung von Bildung spiegeln sich also nicht nur in den Inhalten und der Organisation des Studiums, sondern auch in der Wortwahl wider.

Eine Auswirkung des verschulten Studiums ist es, dass die Studierenden es nun leichter in der Regelstudienzeit beenden können. Im Durchschnitt benötigen Studierende in Deutschland 6,6 Semester für ihren Bachelor. Warum heute kaum noch jemand zwei oder drei Semester länger studiert, was noch vor ein paar Jahren gang und gäbe war, ist zwar nicht völlig klar.[908] Eine große Rolle spielen jedoch die veränderten Anforderungen der Personalabteilungen. Für sie zeigt die Einhaltung der Regelstudienzeit, dass jemand eine Aufgabe im Rahmen eines Zeitbudgets erledigen kann, egal welche Widrigkeiten oder Ablenkungen den Weg des Bewerbers kreuzen. Von solchen Kandidaten kann erwartet werden, dass sie dieses Geschick auch in die Firma einbringen.

Das kapitalistische System ist auf dem besten Wege, durch die bisherigen und weiter angedachte Universitätsreformen in Europa eines seiner wichtigsten Ziele zu erreichen, nämlich den Studenten die für Bildungsprozesse benötigte Zeit zu rauben. Dass die jungen Absolventen des neuen Systems aufgrund der »Wissensbulimie« auch weniger Kenntnisse haben als früher, ist sicherlich ein Nachteil. Aber diesen nimmt der Kapitalismus bereitwillig in Kauf, solange die Entstehung einer für ihn gefährlichen Klasse von Intellektuellen, wie Joseph Schumpeter sie beschrieben hat, verhindert werden kann.

Steigende Bedeutung von Praktika für den Arbeitsmarkt

Bis weit in die 1980er Jahre hinein ist kaum jemand auf die Idee gekommen, freiwillig ein schlecht oder gar nicht bezahltes Praktikum zu absolvieren, um seine Arbeitsmarktchancen zu erhöhen. Viele ältere Schüler oder Studenten gingen zwar arbeiten, aber im Vordergrund stand das Motiv des Geldverdienens, entweder um das Studium zu finanzieren oder sich Urlaub, Führerschein oder Auto leisten zu können. Daneben nutzten viele Studenten die Semesterferien auch, um sich in Ruhe und Muße zu bilden, sei es durch anspruchsvolle Lektüre oder Reisen.

Arbeitgeber sahen es natürlich schon immer gerne, wenn ihre Bewerber bereits praktische Erfahrungen gesammelt hatten – zum einen, weil man auf einem guten Praktikumsplatz tatsächlich Nützliches für den angestrebten Beruf lernen kann, zum anderen verkürzt oder verhindert ein Praktikum die Frustphase, die viele Hochschulabsolventen kurz nach dem Start ins Berufsleben durchleben, wenn sie feststellen, dass im Berufsalltag die intellektuellen Herausforderungen fehlen und sie die Routine schnell zu langweilen beginnt. Wer diese Lektion bereits während des Praktikums gelernt hat, weiß, was auf ihn zukommt.

Weil die Arbeitgeber heute Hochschulabsolventen mit Praktika viel eher einstellen als solche ohne, verstärkt sich der Druck auf Schüler und Studenten, ein Praktikum an das andere zu reihen. Im Durchschnitt hat ein Hochschulabsolvent in Deutschland vor, während und unmittelbar nach dem Studium etwas mehr als vier Praktika absolviert.[909] Und weil die Nachfrage nach Praktikumsplätzen so hoch ist, bezahlen viele Arbeitgeber ihre Praktikanten schlecht oder gar nicht. Nach einer Studie der *Hans-Böckler-Stiftung* aus dem Jahr 2011 erhielten 40% der Praktikanten keine Vergütung. Das durchschnittliche Entgelt der bezahlten Praktika, der restlichen 60% also, lag bei 550 Euro monatlich. Daher mussten viele Studenten von der Unterstützung ihrer Eltern oder eigenen Ersparnissen leben. 22% der Praktikanten bezogen sogar staatliche Sozialleistungen.[910]

Ein Praktikum wird von der Wirtschaft gerne als eine sogenannte Win-Win-Situation dargestellt, weil die Studenten ihre Arbeitsmarktchancen erhöhen und Arbeitgeber praxiserfahrene Anfänger schnell im Betrieb produktiv einsetzen können. Aber auch hier darf man Ursache und Wirkung nicht miteinander verwechseln. Denn die

Chancen auf einen Job erhöhen sich ja nur, weil Praktika von den Personalabteilungen zu einem unverzichtbaren Posten im Lebenslauf von Bewerbern erhoben wurden. Die Studierenden haben gar keine andere Wahl mehr. Unter den heutigen Bedingungen am Arbeitsmarkt sind die Studenten gezwungen, wenigsten ein paar Praktika zu absolvieren. »Wie Getriebene haken sie nur noch ab, was die Personalabteilungen der Unternehmen von ihnen erwarten.«, schreibt Tanjev Schultz in der *Süddeutschen Zeitung.* »Schule und Hochschule werden zum Marktplatz der Lebenslauf-Optimierer.«[911]

Damit entpuppt sich die Forderung zum Absolvieren von Praktika als Ausübung struktureller Macht im Foucaultschen Sinne, weil Lebenszusammenhang und Arbeitsumfeld des Einzelnen so verändert werden, dass erwünschte Verhaltensweisen wahrscheinlicher und unerwünschte Handlungen unwahrscheinlicher werden. Praktika vermitteln zweifellos arbeitsmarktrelevante Fertigkeiten und Kenntnisse. Sie stehlen den jungen Menschen aber auch wertvolle Zeit, die sie für Bildung verwenden könnten.

NEUE FORMEN DER PROMOTION UND DER HABILITATION

Noch vor wenigen Jahren bestand eine Doktorarbeit in einem geistes- oder sozialwissenschaftlichen Fach aus einer mehrere Hundert Seiten füllenden Abhandlung. Mit einer solchen Arbeit wurde der Nachweis erbracht, dass der Promovend ein relativ eng umgrenztes Thema auf hohem wissenschaftlichem Niveau bearbeiten konnte. Im Idealfall lieferte er auch noch die eine oder andere neue Erkenntnis für die Wissenschaft. Eine im Durchschnitt noch längere Habilitationsschrift diente im deutschsprachigen Raum zur Vorbereitung auf eine Professur an einer Universität, wozu sich die angehenden Hochschullehrer mit ihrem Fach in der Breite auseinandersetzen mussten, schließlich sollte ja am Ende die Lehrerlaubnis für ein ganzes Fachgebiet stehen. Weit mehr noch als die Promotion war die Habilitation auf Bildung angelegt, insbesondere wenn die zukünftigen Professoren auch mal über den Tellerrand hinaus schauten.

Seit einigen Jahren folgen die europäischen Hochschulen aber auch hier ihren angelsächsischen Vorbildern. Promovieren kann man vielfach kumulativ, indem man einige kürzere, aus Sicht der Wissenschaft hochkarätige Aufsätze schreibt. Ob eine lange Doktorarbeit oder drei kurze Aufsätze wissenschaftlich mehr wiegen, lässt sich kaum sagen, da man Äpfel und Birnen nur schwer miteinander vergleichen kann. Allerdings ist aufgrund der Kürze der Aufsätze das Themenfeld viel stärker eingegrenzt. Wer kumulativ promoviert, beschränkt seinen Untersuchungsgegenstand und spezialisiert sich stärker als es bei der alten Doktorarbeit der Fall war. Auch die Habilitationsschrift als Voraussetzung für die erfolgversprechende Bewerbung um eine Professur kann durch formal adäquate Leistungen ersetzt werden, worunter in der Praxis vorwiegend die Veröffentlichung von Aufsätzen in angesehenen Fachzeitschriften als Nachweis ausreicht. Die angelsächsische Maxime »Publish or perish!« (Veröffentliche oder gehe zugrunde!) hat sich auch in Kontinentaleuropa durchgesetzt. Kandidaten mit langen Publikationslisten, d. h. vielen kleinen Aufsätzen, haben im neuen Zeitalter der wissenschaftlichen »Tonnenideologie«[912] tendenziell bessere Chancen auf Universitätsprofessuren als ihre breiter ausgebildeten Konkurrenten.

Hinzu kommen inhaltliche und methodische Veränderungen. So geht in den Politikwissenschaften der Anteil von Veröffentlichungen, die Handlungsempfehlungen aussprechen, seit Jahrzehnten zurück. In der Fachzeitschrift *American Political Science Review* befassten sich Anfang der 1940er Jahre noch rund ein Fünftel der Publikationen mit der Frage, wie Politik gestaltet werden sollte. Gegenwärtig sind es weniger als 1 %.[913] Die angewandten Methoden sind selbst in den Geistes- und Sozialwissenschaften so weit fortgeschritten, dass die Veröffentlichungen nur noch von Spezialisten verstanden werden. »Alle Fachdisziplinen haben sich mehr und mehr spezialisiert sowie mehr und mehr quantitativ ausgerichtet, was sie für die Öffentlichkeit immer weniger zugänglich macht«, bemerkt Anne-Marie Slaughter, die frühere Dekanin der *Woodrow Wilson School* in Princeton.[914]

Was »Tonnenideologie« sowie die inhaltlichen und methodischen Veränderungen bedeuten, braucht wohl nicht besonders betont zu werden: Die in Schule und Studium festzustellende Tendenz zur Anhäufung von Wissen anstelle einer breiteren Bildung setzt sich im weiteren Verlauf der akademischen Karriere fort. Der breit gebildete Hochschullehrer, der Querverbindungen zu angrenzenden Fachgebieten ziehen und diese seinen Studenten vermitteln kann, ist auf dem Rückzug, der stärker spezialisierte Professor tritt an seine Stelle. In den

Naturwissenschaften mag eine solche Spezialisierung nötig sein und mit einigen Abstrichen auch in den Sozial- und Geisteswissenschaften. Der Nachteil liegt aber auf der Hand. Trotz steigender Zahl von Professoren kommen aus den geistes- und sozialwissenschaftlichen Fakultäten immer weniger breite, die Realität analytisch erfassende Darstellungen, Interpretationen und Kritiken der Gesellschaft, die Input für einen Bildungsprozess sein könnten.

AKADEMISCHER KAPITALISMUS

Spitzfindige Anhänger des neuen Qualifizierungssystems verweisen gerne darauf, dass es angesichts der Fülle von Wissen in der Promotions- und Habilitationsphase vor allem darum gehe, sich für eine akademische Karriere zu empfehlen. Im Humboldtschen Sinne bilden könnten sich die Hochschullehrer ja nach der Berufung auf einen Lehrstuhl immer noch. Aber auch dieses Argument ist angesichts der Zielvorgaben für Professoren reine Augenwischerei. Damit die Hochschule in den Forschungsrankings besser abschneidet, werden auch neu berufene Professoren angehalten, möglichst viele Drittmittel einzuwerben und schnell eine Publikation nach der anderen zu erstellen. Oberstes Ziel der Forschung ist unter diesen Bedingungen nicht mehr der Erkenntnisgewinn, sondern die Maximierung der Zahl der Veröffentlichungen in hochrangigen Fachzeitschriften. Mit allerlei Taschenspielertricks, vor allem dem geschickten Recycling bereits veröffentlichter Ergebnisse unter anderem Blickwinkel, kann diese in bislang ungeahnte Höhen geschraubt werden. Damit »bringt es ein Betriebswirt Anfang dreißig auf 36 internationale Veröffentlichungen in drei Jahren«[915], ein geradezu horrender Wert.

Das heutige europäische Hochschulsystem ist zum *akademischen Kapitalismus* mutiert,[916] in dem statt Kapital Forschungsleistungen akkumuliert werden, vorwiegend in Form von Veröffentlichungen in wissenschaftlichen Fachzeitschriften.[917] Die Kennziffern der universitären Qualitätsmanager belohnen Forscher mit einer hohen Zahl an Drittmittelprojekten und Publikationen, ob und wie die Wissenschaft davon profitiert, interessiert nur wenig. Denn der Erkenntnisgewinn dieser Veröffentlichungsmanie ist durchaus beschränkt. Die Gutachter der Fachzeitschriften neigen nämlich dazu, Aufsätze mit innovativen Gedanken oder Kritik am vorherrschenden Paradigma viel häufiger abzulehnen als solche, die auf Konformität setzen und nur wenig Neues beinhalten.[918] Diese Erfahrungen hatten zum Beispiel Dutzende von amerikanischen Ökonomen gemacht, die bis 1993 entweder mit dem »Preis der Schwedischen Reichsbank für Wirtschaftswissenschaften im Gedenken an Alfred Nobel« oder der »John-Bates-Clark-Medaille« (für den besten Nachwuchsökonomen) ausgezeichnet wurden. Viele ihrer innovativen Artikel wurden mindestens einmal zurückgewiesen. Georg Akerlofs vielzitierter Aufsatz über asymmetrisch verteilte Informationen,[919] der ausschlaggebend für die Verleihung dieses sogenannten Wirtschaftsnobelpreises an ihn im Jahre 2001 war, wurde von drei führenden Fachzeitschriften zurückgewiesen, bevor er 1970 endlich in einer vierten erscheinen konnte.[920]

Die Tatsache, dass insgesamt mehr als 90% der bei den Top-Zeitschriften eingereichten Beiträge zunächst abgelehnt werden, hat also nicht unbedingt etwas mit der mangelnden Qualität der Aufsätze zu tun, im Gegenteil: Es deutet auf ein massives Qualitätsproblem des Verfahrens hin, das zu einem erheblichen Teil der Praxis des »desk-reject« geschuldet ist.[921] Darunter versteht man die Ablehnung eines eingereichten Aufsatzes durch einen der Herausgeber, der die eingereichten Beiträge i. d. R. innerhalb weniger Minuten vorprüft und dann entscheidet, ob er sich zwei oder drei Gutachter sucht und diese um ein Urteil bittet. Denn die Zeit der Gutachter, die für diese Tätigkeit kein Geld erhalten und bei den zumeist anonymisierten Verfahren auch keine Lorbeeren durch Nennung ihres Namens ernten können, ist die Engstelle des ganzen Verfahrens. Da kein Herausgeber auch nur annähernd so viele Gutachter an der Hand hat wie er für die Evaluierung aller eingereichten Beiträge bräuchte, bleibt ihm gar nichts anderes übrig, als die allermeisten nach einer kurzen Vorprüfung ungelesen zurückzuschicken.

Sollten die Autoren zu den glücklichen 3–5% gehören, die nach einer eingehenden Prüfung durch die Gutachter aufgefordert werden, ihren Aufsatz in überarbeiteter Form wieder einzureichen, gilt es, die Auflagen und Anregungen zu berücksichtigen.[922] Solange dabei Fehler und Ungereimtheiten beseitigt oder Lücken gefüllt werden, ist dagegen nichts einzuwenden. Denn dadurch verbessert sich die Qualität der Publikationen, was zumindest offiziell Sinn und Zweck des Gutachterverfahrens ist. Die politische Ökonomie der Begutachtung ist jedoch eine andere. Noch relativ harmlos ist es, wenn die Gutachter

Argumente alternativer Denkschulen, denen sie angehören, zusätzlich gewürdigt wissen wollen. Schon problematischer ist es, wenn sie, was häufig vorkommt, dem Aufsatz eine ganz andere Stoßrichtung geben wollen.[923] Vor die Wahl gestellt, zu publizieren oder unterzugehen, beugen sich nicht wenige Autoren dem Druck der Gutachter und Herausgeber. Unter diesen Bedingungen zu publizieren, sei die akademische Form der Prostitution, meint der Schweizer Ökonom Bruno Frey, der Dutzende von Aufsätzen in hochrangigen Fachzeitschriften veröffentlicht hat.[924]

Mindestens genauso frustrierend wie die Anbiederung an die Gutachter fällt aber die Wahrnehmung der wissenschaftlichen Erkenntnisse aus. Anfang der 1990er Jahre wurden nur 45 % der in den 4 500 Top-Journals publizierten Artikel innerhalb der ersten fünf Jahre nach ihrem Erscheinen zitiert. Eine Studie aus dem Jahr 2009 beziffert den Anteil für Artikel, die von 2002 bis 2006 erschienen, auf 41 %.[925]

Was aber bewirkt ein System, in dem 90 % der bei Top-Fachzeitschriften eingereichten Beiträge abgelehnt werden, das die wenigen veröffentlichten auf Konformität zur vorherrschenden Denkschule trimmt und das im Durchschnitt über die Hälfte der Publikationen als nicht hilfreich für die Wissenschaft einstuft? Zum einen werden abweichende Meinungen unterdrückt, die das Gedankengut des vorherrschenden Paradigmas relativieren oder in Frage stellen könnten. Dies wiederum führt »insbesondere in den Geistes- und Sozialwissenschaften, aber nicht nur dort, zu einer Verarmung des Wissens.«[926] Zum anderen hält es die Hochschullehrer mit der Erstellung einer Vielzahl von Aufsätzen zu kleinteiligen, größtenteils irrelevanten Themen auf Trab, um die Wahrscheinlichkeit einer Veröffentlichung zu erhöhen. Dafür haben diese nun kaum mehr Zeit für die intellektuelle Durchdringung größerer Zusammenhänge.

Das beste Beispiel für die »zunehmende inhaltliche Irrelevanz«[927] dieses Publikationssystems ist das Versagen der Mainstream-Ökonomen bei der Generierung von gesellschaftlich relevantem Wissen vor der Finanzkrise 2008. Bis zu deren Ausbruch füllten Tausende von Aufsätzen die Fachzeitschriften, in denen die Finanzmärkte als effizient und rational dargestellt wurden. Ein Auftreten solch einer Krise war theoretisch ausgeschlossen.[928] Die wenigen warnenden Stimmen konnten sich zwar in Büchern oder zweitrangig eingestuften Fachzeitschriften Gehör verschaffen, sie wurden jedoch von den Mainstream-Ökonomen und der Öffentlichkeit ignoriert oder als Ketzer und Wichtigtuer abqualifiziert.[929] Als die theoretisch ausgeschlossene Krise dann in der Realität nicht mehr zu übersehen war, verwendeten die meisten Mainstream-Ökonomen das Bild vom »schwarzen Schwan«, welches damals aufgrund eines 2007 erschienenen und viel verkauften Buches von Nassim Nicholas Taleb mit dem gleichnamigen Titel in aller Munde war.[930] Dort ist ein »schwarzer Schwan« definiert als ein unvorhersehbares, sehr seltenes Ereignis. Statt sich zu fragen, ob etwas falsch an ihren Theorien war und die Andersdenkenden vielleicht doch nicht ganz unrecht hätten, wurde die Finanzkrise als »schwarzer Schwan« deklariert und die Mainstream-Ökonomen konnten weiter machen wie bisher.[931] Alles andere hätte ja auch das bislang akkumulierte Kapital (in Form der eigenen Publikationen) abgewertet.

Mit dieser Geisteshaltung immunisiert sich die vorherrschende Denkschule aber gegen jegliche Kritik. John Gray, Philosoph an der London School of Economics, hält es für das größte Problem des ökonomischen Mainstreams, dass dieser versucht, durch mathematische Modelle und statistische Wahrscheinlichkeitsberechnungen gesicherte Aussagen zu gewinnen.[932] Dabei übersieht er die »animalischen Instinkte«, die eine nicht durch Mathematik und Statistik erfass- und berechenbare Unsicherheit in die Welt bringen, in der sich die Dinge dann auch anders zutragen als in den Modellen vorhergesehen. Dieses Problem lässt sich grundsätzlich überhaupt nicht lösen, die meisten Ökonomen glauben aber, es gelöst zu haben. Daher hätten sie auch »keine Vorstellung von der eigenen Unwissenheit«.[933] Sie fühlen sich im selbst geschaffenen Mikrokosmos der Modellwelt sicher und wagen es nicht, sich in den unsicheren Makrokosmos der Realität zu begeben. Die Erforschung der eigenen Unwissenheit unterbleibt, was unter den heutigen Bedingungen des akademischen Kapitalismus nur rational ist. Denn sie kostet Zeit, in der man Publikationen erstellen kann, ihr Ausgang ist unsicher und man wird schnell zum geächteten Außenseiter und Nestbeschmutzer.[934] Deirdre McCloskey, Professorin für Volkswirtschaftslehre und Geschichte an der Universität Illinois hat diese »Secret Sins of Economics« (Geheime Sünden der Volkswirtschaftslehre) 2002 sinngemäß beschrieben und kam schon damals zu einem vernichtenden Urteil für das Publikationssystem: «Das meiste, was in den führenden Fachzeitschriften der Volkswirtschaftslehre erscheint, ist unwissenschaftlicher Müll.«[935]

Selbst wenn man dieser Kritik nicht völlig zustimmt, eines ist sicher: Es gäbe gute Gründe, sich dem Dauerzwang zur Publikation kleinster Wissensbausteine in Fachzeitschriften zu entziehen, vor allem in den Wirtschafts-, Sozial- und Geisteswissenschaften, doch das verhindern heutzutage die Leistungsvorgaben. Hochschullehrer, die wenig publizieren, erhalten weniger Geld und Mitarbeiter. Ihre Reputation leidet und sie gehen wie jeder Forscher das Risiko ein, mit ihrem Projekt zu scheitern, was bei einem lange dauernden Unterfangen aus Sicht der Hochschulleitung schwer wiegt. Vor der Emeritierung hat ein Hochschullehrer heutzutage weder Zeit noch Muße noch einen materiellen Anreiz, etwas anderes zu produzieren als kleinteiliges Wissen. Die Zeiten der aus den Universitäten kommenden aufklärenden und bildenden Schriften sind weitgehend vorbei.[936] Eine Hochschulkarriere wie die von Immanuel Kant ist heute nicht mehr vorstellbar. Der Philosoph hatte in den ersten zehn Jahren nach seiner Berufung als Professor an die Universität Königsberg kaum etwas veröffentlicht, dafür aber umso mehr nachgedacht. Als Ergebnis entstanden die »Kritik der reinen Vernunft« und später darauf aufbauend weitere Werke, die bis heute zu den wichtigsten und einflussreichsten Arbeiten der Philosophie zählen.[937]

Wer heute im akademischen Kapitalismus bestehen und halbwegs gut beurteilt werden will, dem bleibt gar nichts anderes übrig als das zu produzieren, was die Qualitätsmanager der Hochschulen sehen wollen. Kennziffern regieren die akademische Welt. Der Soziologe Richard Münch beurteilt diese Entwicklungen wie folgt: »Wissenschaft und Bildung verlieren so ihre ureigenste Kraft der ständigen Erneuerung. Sie werden einer 360-Grad-Überwachung unterworfen, die nur noch wenig Spielraum für Kreativität, das heißt Abweichung von der Normalität, lässt. Man kann diese Kontrolle über Bildung und Wissenschaft als eine neue Stufe der rationalisierten Gouvernementalität interpretieren (Foucault).«[938] Durch diese strukturierte Machtausübung erschwert der Kapitalismus Bildungsprozesse im Humboldtschen Sinne bei Hochschullehrern, also genau bei denen, die künftige Akademiker ausbilden.

EVALUATIONEN

Spätestens mit der Veröffentlichung der Ergebnisse der »PISA-Studie« ist die Evaluation (oder Leistungsbewertung) auch der breiten Öffentlichkeit in Deutschland als Technik der Messung und des Vergleichs von Leistungen bekannt. Allgemein geht es bei einer Evaluation darum, das tatsächlich Erreichte mit den vorgegebenen Zielen zu vergleichen. Dadurch sollen sich Defizite identifizieren und Verbesserungsmaßnahmen einleiten lassen, weshalb Leistungsbewertungen durchaus sinnvoll sein können.

Auf einem Markt, wo die Nachfrager den Anbieter einfach wechseln können, ist eine Evaluation unnötig, denn die Kunden wählen das Angebot, das ihren Vorstellungen am besten entspricht. Wer ständig am Kunden vorbei produziert, verschwindet automatisch vom Markt. Evaluationen gibt es vor allem dort, wo es nur einen Anbieter gibt oder wenn – wie im Schul- und Universitätsbereich – der Staat die Trägerschaft für (fast) alle Leistungsanbieter innehat. Diese Einrichtungen werden von Seiten der Wirtschaft seit Jahrzehnten unter den Generalverdacht der Ineffizienz, mangelnden Leistungsbereitschaft oder sogar Faulheit des Personals gestellt. Da diese Institutionen kaum untereinander konkurrieren, weil es keinen Wettbewerb wie auf einem Markt gibt, können die Nachfrager nur schwerlich die schlechten von den guten unterscheiden. Da lag es nahe, Wettbewerb künstlich zu erzeugen, indem man alle Einrichtungen zuerst evaluiert, dann die gemessenen Leistungen in Kennzahlen verwandelt und am Ende eine Rangfolge bildet.[939]

Die Wirtschaft legt einen geradezu missionarischen Eifer an den Tag, um die Politik von den Segnungen des künstlichen Wettbewerbs zu überzeugen. Exemplarisch sei dazu aus einer Studie der Schweizer Großbank *UBS* zur Verbesserung der öffentlichen Verwaltung aus dem Jahr 1997 zitiert: »Wo hoheitliche Funktionen ausgeübt werden und Monopole bestehen, fehlt meistens ein starker Leistungsansporn. Der Staat muss daher in allen Bereichen vermehrt Wettbewerbssituationen schaffen, selbst dort, wo die Aufgaben bzw. Leistungsangebote nicht direkt dem freien Markt ausgesetzt werden können. Wettbewerb [...] fördert generell das persönliche Engagement der Beteiligten sowie die kreative Suche nach besseren Problemlösungen. Wo für öffentliche Dienstleistungen aus irgendwelchen Gründen kein marktwirtschaftlicher Wettbewerb geschaffen werden kann, müssen wettbewerbsähnliche Maßnahmen an dessen Stelle treten.«[940] Da Menschen eine angeborene und durch die Erziehung verstärkte Neigung haben, sich mit anderen zu messen, erscheint es angesichts so manch schlechter persönlicher Erfahrungen, die fast jeder schon einmal mit Schule, Universität, Gesundheitswesen oder öffentlicher Verwaltung gesammelt hat, nur angemessen, in diesen Bereichen für mehr Wettbewerb zu sorgen. Und nach den ersten Eindrücken, die mit evaluierten Einrichtungen gesammelt wurden, arbeiteten diese offensichtlich kundenorientierter und effizienter als früher. Wo liegt also das Problem und wie tragen Evaluierungen und Rankings zur Produktion von Wissen und zur Verhinderung von Bildung in Schule und Universität bei?

Antworten auf diese Fragen erhält man, wenn nicht nur die Theorie, sondern auch die Praxis der Evaluation betrachtet wird. Das Hauptproblem einer Evaluation ist die Festlegung der Kriterien, nach denen beurteilt werden soll, denn wer diese festlegen darf, entscheidet indirekt über das Ergebnis der Evaluation.[941] Dabei ist allgemein weder in Schule noch Universität klar, welcher Maßstab angelegt werden soll. Ist ein Gymnasium dann gut, wenn es die weniger Talentierten aussortiert, damit die Begabteren im Sinne einer Elitebildung noch besser gefördert werden können? Oder ist es gerade ein Zeichen von Erfolg, wenn eine Schule auch die Schwächeren fördert und damit ein höherer Anteil von Schülern eines Jahrgangs die Sekundarstufe II erfolgreich abschließt, so wie beim mehrmaligen »PISA-Musterknaben« Finnland?[942] Außerdem kommt es entscheidend darauf an, wen man evaluieren lässt. Schüler und Studenten haben eine andere Vorstellung davon, was ein guter Unterricht ist, als deren Eltern, ganz zu schweigen von den Lehrern und Professoren.

Hinzu kommt die Illusion von der (exakten) Messbarkeit qualitativer Leistungen.[943] »Versucht man die Qualität von Leistungen immer exakter zu erfassen, greift man dermaßen stark in das System (Unternehmen, öffentliche Organisation) ein, dass sich die Menschen nachher nicht mehr gleich verhalten, was schon wieder eine andere Messung der Qualität erforderlich machen würde.«, schreibt der Schweizer Ökonom Mathias Binswanger in seinem Buch »Sinnlose Wettbewerbe«. Er hält es für völlig hoffnungslos, die »Leistung intellektuell arbeitender Menschen an messbaren Outputs festzumachen [...]. Geniale Ideen wurden oftmals in wenigen Minuten oder auf wenigen Seiten entwickelt, während langes Schuften und tausende von Artikeln und Berichten möglicherweise kein brauchbares Resultat lieferten.«[944] Und an diesem Punkt wird wiederum deutlich, worum es geht: Die Intellektuellen müssen ständig auf Trab gehalten werden, im Falle der Hochschullehrer durch die Produktion und Weitergabe von Wissen oder das Ausfüllen von Formularen für die Evaluatoren, sodass so wenig wie möglich Zeit für die eigene Bildung und die der Studenten bleibt.

Leider bewerten gerade externe Evaluatoren oftmals mit wenig Sinn und Verstand die Qualität von Institutionen, insbesondere die von Schulen und Hochschulen. Einen Indikator wie die »Abbrecherquote« in die Evaluierung der Lehr- und Betreuungsqualität einfließen zu lassen hört sich im ersten Moment vernünftig an.[945] Denn die Vermutung liegt nahe, dass die Lehr- und Betreuungsqualität in einem Studiengang umso schlechter ist, je mehr Studierende das Studium abbrechen. Bei genauerer Betrachtung zeigt sich aber die Problematik des Indikators »Abbrecherquote«. Er lässt nämlich kaum einen Rückschluss auf die Qualität der Ausbildung zu, solange man nicht weiß, warum sich Studenten in einen Studiengang einschreiben und warum sie wieder mit dem Studium aufhören. Die Motive der Aufnahme eines bestimmten Studiums reichen von Interesse über materielle Vorteile (verbilligte Nutzung des öffentlichen Nahverkehrs, preiswerte Krankenversicherung etc.) bis hin zu Motiven wie »Ich weiß nicht, was ich sonst tun soll« und »Jura (oder Wirtschaft) kann man immer brauchen«. Die Gründe fürs Aufhören sind ebenso vielfältig: Überforderung, mangelndes Talent, unzureichende Vorkenntnisse, ein neu erwachtes Interesse an einem anderen Fach sowie finanzielle, familiäre oder psychische Probleme. Um die tatsächlichen Ursachen hoher Abbrecherquoten herauszufinden, sind aufwändige Befragungen von Professoren, Mitarbeitern, Studenten und Studienabbrechern notwendig, denn nur so lässt sich feststellen, ob hohe Abbrecherquoten auf schlechte Lehre oder Betreuung zurückzuführen sind. Diese kosten aber viel Zeit und Geld und werden daher zumeist unterlassen. Es ist gerade für externe Evaluatoren viel praktischer und preiswerter, leicht erhebbare Indikatoren zu verwenden, und halbwegs plausibel, deren Eignung zur Messung von Qualität zu begründen.[946]

Damit wird aber auch der Charakter der Evaluierung als Instrument der strukturierten Machtausübung offengelegt. Wer als Institution gut abschneiden will, befördert diejenigen Mitarbeiter, die durch ihr

Arbeitsverhalten zu einer hohen Zielerreichung beitragen: Ein nach den Kriterien erwünschtes Verhalten stellt sich ein, unerwünschtes unterbleibt. Damit fällt denjenigen, die die Kriterien der Evaluation festlegen, ungeheure strukturelle Macht in die Hände.[947] Denn sie bestimmen, wer in einer Evaluation gut abschneidet und wer nicht. Wird eine Evaluation alle paar Jahre wiederholt und hat ihre Ergebnisse Auswirkungen auf die materielle Situation oder Reputation von Lehrern, Schulen oder Hochschulen, dann werden diese sich in ihrem Verhalten an die Evaluationskriterien anpassen, so wie die bereits erwähnten Nachwuchswissenschaftler und Hochschullehrer, die tonnenweise kurze Artikel für Fachzeitschriften produzieren, um ihre Publikationsliste möglichst lang werden zu lassen, weil diese ein wichtiges Evaluationskriterium für die Forschungsleistung ist. So wie die meisten Evaluationen zurzeit im Hochschulbereich durchgeführt werden, wirken sie wie ein Verstärker für die ohnehin schon vorhandene Tendenz zur vermehrten Generierung und Vermittlung von Wissen und Verdrängung von Bildung. Und dieser Trend wird durch viele kleine Stellschrauben gefestigt. Eine davon, die deutlich macht, wie strukturelle Macht durch die Festlegung der Kriterien einer Evaluation ausgeübt wird, soll nun etwas näher analysiert werden.

An deutschen Hochschulen wird die Lehre im Moment oftmals durch Studenten bewertet, was keineswegs selbstverständlich ist. Denn woher soll ein 18-Jähriger wissen, ob ihm im Hörsaal oder Labor das geeignete Wissen für einen Beruf vermittelt wird, von Bildung ganz zu schweigen. Insofern wäre es durchaus sinnvoll, die Lehre zumindest ergänzend auch durch Experten begutachten lassen, was aber wiederum ziemlich aufwändig wäre und deshalb zumeist unterbleibt. Durch die rein studentische Bewertung verstärken sich aber die zuvor schon angesprochenen Tendenzen zur Wissensvermittlung und Bildungsverhinderung an den Hochschulen, denn aus der Schule sind die Studenten das Aufnehmen und Wiedergeben von Wissen gewohnt. Die allermeisten haben wie Fausts Schüler Wagner gar keine Vorstellung mehr davon, was ein Bildungsprozess ist, und erwarten, was das Lernen anbetrifft, zumindest im Bachelor eine Fortsetzung der schulischen Wissensvermittlung. Daher bewerten sie Professoren tendenziell besser, deren Powerpoint-Folien oder Skripte sie auswendig gelernt in der Klausur zu Papier bringen können, als diejenigen, die eigenständige Denkleistungen verlangen. Man muss als Hochschullehrer entweder ein dickes Fell haben oder ein missionarischer Verfechter einer Bildung im Sinne Humboldts sein, um dauerhaft schlechtere Evaluierungen als die Kollegen in Kauf zu nehmen, vor allem weil die Abhilfe so einfach ist: Lehre und prüfe nur Wissen. Und auf das verlegen sich immer mehr Hochschullehrer, nicht nur in Deutschland.[948]

Obwohl die Abkehr von Bildung die wenigen nach Erkenntnis strebenden Studenten frustriert, ähnlich wie die zuvor erwähnten Schüler der New Yorker Peter Stuyvesant High School, ist die breite Masse der Studenten mit dieser Art des Unterrichts und der Prüfungen zufrieden. Mit überschaubarem Lernaufwand können in den meisten Studiengängen passable Noten erzielt werden. Wer sich für sein Metier interessiert, sein Studium halbwegs ernst nimmt und nicht ein Fach wählt, für das er völlig untalentiert ist, für den ist die Gefahr, im Bachelor durchzufallen, relativ gering. Das Ticket für den Eintritt in den Arbeitsmarkt ist gelöst. Auch die Hochschulleitung ist zufrieden, vor allem, wenn die Mittelzuweisungen aus dem Ministerium davon abhängen, wie hoch der Anteil der Absolventen ist, die ihr Studium innerhalb der Regelstudienzeit beenden.

RANKINGS

Vollends zum Instrument der strukturellen Machtausübung wird die Evaluation durch die Rankings, also den in eine Rangliste gepressten Vergleich von Institutionen untereinander. Die Besten werden als Vorbild dargestellt, denen es nachzueifern gilt. Dadurch erhöht sich der Druck auf die Mitarbeiter in Schulen und Universitäten, doch bitte so gut zu lehren wie die Spitzenreiter. Erst die Rankings simulieren den von der Wirtschaft geforderten Wettbewerb und sollen nach ihrer Ansicht zu Leistungssteigerungen führen.

Da Rankings auf einer Evaluation von Institutionen basieren, weisen sie natürlich die gleichen Probleme wie die Evaluationen selbst auf. Hinzu kommen noch all die Probleme, die sich daraus ergeben, dass man die mehrdimensionalen Ergebnisse einer evaluierten Einheit in eine Zahl oder Qualitätsstufe umrechnen muss, um eine Reihenfolge bilden zu können. Aber diese Feinheiten, die ein Ranking anfällig für willkürliche Manipulationen macht, sollen hier nicht weiter vertieft werden. Stattdessen sei auf drei Punkte verwiesen, die im Hinblick auf die Machtverteilung zwischen Demokratie und Kapitalismus im

Zusammenhang mit Rankings und Evaluationen bislang noch nicht thematisiert wurden.

Erstens sind die Verfahren des Rankings im Hochschulbereich demokratisch nicht legitimiert. Noch schlimmer: Sie stammen häufig von privaten Instituten oder Zeitungen, die dem Kapitalismus sehr nahe stehen, wie das weltweit beachtete *Times Higher Education World University Ranking* oder das in Deutschland weit verbreitete Ranking des von der *Bertelsmann Stiftung* mitgegründeten *Centrums für Hochschulentwicklung (CHE)*.[949] Solche Rankings bilden vor allem ab, wie gut und schnell es gelingt, den Studierenden das für den Beruf benötigte Wissen einzurichten. Dahinter steht die betriebswirtschaftliche Vorstellung, ein Studium solle das am Markt verwertbare Humankapital erhöhen. Dass Hochschulen auch einen Bildungsauftrag haben, geht völlig unter.

Das zweite Problem hängt eng mit dem ersten zusammen und zeigt, wie die kapitalistische Propaganda im Hochschulbereich arbeitet. Das *CHE* erstellt nicht nur die Rankings, sondern versucht seit seiner Gründung, durch Publikationen, Konferenzen und PR-Maßnahmen das staatliche Hochschulsystem in der Öffentlichkeit zu diskreditieren und das hohe Lied der privaten, unternehmerischen Universität zu singen.[950] Genau dies ist die für die Öffentlichkeit weitgehend verborgene Agenda der Evaluationen und Rankings in den Ländern mit einem geringen Anteil privater Universitäten. Denn oberstes Ziel war es lange Zeit, möglichst viele staatliche Hochschulen zu privatisieren (oder neue Privatuniversitäten zu gründen) und damit, wie in Kapitel 7 beschrieben, den Machtbereich des Kapitals zulasten der Demokratie auszuweiten. In Deutschland hatten diese Anstrengungen allerdings nicht den von der *Bertelsmann Stiftung* gewünschten Erfolg.[951]

Das dritte Problem vieler Rankings ist, dass sie nur die *relative* Position der Hochschulen für ein Stichjahr miteinander vergleichen. Ein so konstruiertes Ranking kann damit nicht widerspiegeln, inwieweit sich eine Hochschule seit der letzten Evaluierung *absolut* verbessert oder verschlechtert hat. Eine höhere Position im Ranking der nächsten Untersuchungsperiode zeigt nur an, ob die Hochschule *im Vergleich* zu anderen besser oder schlechter geworden ist. Ein solches Ranking liefert auch keine Hinweise darauf, ob das Hochschulsystem sich als *Ganzes* verbessert oder verschlechtert hat. Dies wäre aber wichtig, um anzuzeigen, ob sich die Hochschulen einzeln und insgesamt in die richtige oder falsche Richtung bewegen. Es wäre ein Leichtes, die Rankings so zu konstruieren, dass sie auch absolute Verbesserungen anzeigen. Das ist aber nicht gewollt, weil man sich bei einer *relativen* Rangordnung nicht nur absolut, sondern stärker noch als die Konkurrenten verbessern muss, damit die eigenen Anstrengungen Auswirkungen im Ranking haben. Eine wichtige Implikation eines relativen Rankings wird somit durch das bereits zitierte Bonmot der Roten Königin aus der Nachfolgegeschichte zu »Alice im Wunderland« vortrefflich beschrieben. Danach muss man so schnell rennen, wie man kann, wenn man am gleichen Fleck bleiben will. Und um woandershin zu kommen, also im Ranking aufzusteigen, muss man noch mindestens doppelt so schnell laufen! Genau diese Logik liegt dem *CHE*-Ranking zugrunde.

Es ist also kein Wunder, dass es von Seiten der Hochschulen teils massive Vorbehalte gegen externe Evaluierungen und Rankings gibt. So haben bereits mehrere deutsche Hochschulen beschlossen, nicht mehr am CHE-Ranking teilzunehmen, z.B. die Universität zu Köln und die Universität Hamburg.[952] Die *Deutsche Gesellschaft für Soziologie* hatte die soziologischen Fachbereiche der deutschsprachigen Universitäten im Juni 2012 aufgefordert, sich nicht mehr an der Datenerhebung für das *CHE*-Ranking zu beteiligen.[953] Ähnliche Empfehlungen kamen auch von der *Gesellschaft Deutscher Chemiker*, der *Deutschen Gesellschaft für Publizistik- und Kommunikationswissenschaft* und weiterer Fachvereinigungen. Von den Evaluatoren und den dahinter stehenden Interessengruppen werden die Kritiker deswegen diffamiert und mit dem Generalverdacht belegt, sie wollen sich nicht bewerten lassen, weil dadurch Defizite in der Organisation sowie die Faulheit oder Unfähigkeit ihres Personals offenbart würden. Dieses Motiv lässt sich zwar nie ganz ausschließen. Viel wahrscheinlicher ist aber, dass einige der Evaluierten das Spiel durchschauen. Sie wollen einfach nicht, dass private, selbst ernannte Prüfer nach Gutdünken und durch demokratisch nicht legitimierte Verfahren Kriterien festlegen, die vor allem messen, wie gut sich die Hochschulen in den Dienst der Wirtschaft stellen, während die übrigen Leistungen der Hochschulen für die Gesellschaft einfach unter den Tisch fallen.[954]

Dass Misstrauen gegenüber dem einen oder anderen Ranking durchaus angebracht ist, bestätigte 2010 der Herausgeber des »Times Higher Education World University Rankings«, Phil Baty: »Ich muss Ihnen ein Geständnis machen. Die Ranglisten der besten internationalen

Universitäten, die meine Zeitschrift in den vergangenen sechs Jahren veröffentlicht hat, sind ihrem Zweck nicht gerecht geworden. Anders formuliert: Sie weisen schwerwiegende Mängel auf.«[955] Grundlegende Defizite bescheinigen viele Experten auch dem *CHE*-Ranking. Dieses basiert z. B. im Bereich der Lehre unter anderem auf einer Befragung von Studierenden, die wegen der geringen Rücklaufquoten vermutlich nicht-repräsentativ ist, weil bei solchen Befragung die Unzufriedenen überproportional in den Antworten vertreten sind.[956] Hinzu kommt die Beeinflussbarkeit der Studierenden. Manche Hochschulleitungen und Professoren weisen diese im Vorfeld der Evaluierung immer wieder auf einen grundlegenden ökonomischen Zusammenhang hin: Die Reputation und damit der Marktwert des eigenen Abschlusses, zunächst ausgedrückt durch das Einstiegsgehalt, kann durch eine gute Beurteilung der eigenen Alma Mater gesteigert werden. Denn mit dem Zeugnis von einer gut bewerteten Universität in der Tasche hat man Personalchefs gegenüber eine bessere Verhandlungsposition als mit einem Abschluss vom Tabellenletzten. Bis zu einem gewissen Grad dürfte der Platz im *CHE*-Ranking also davon abhängen, inwieweit es Hochschulleitungen und Professoren gelingt, die Studierenden zu einer positiven Bewertung zu motivieren und die Frustrierten davon abzuhalten, sich zu äußern. »Wissenschaftliche Evaluation ja – *CHE*-Ranking nein« lautet demnach auch die Überschrift der Stellungnahme der *Deutschen Gesellschaft für Soziologie* zu der in Deutschland derzeit vorherrschenden Methode des *CHE*-Rankings.[957]

FAZIT

Die in diesem Kapitel beschriebenen Mittel der strukturierten Machtausübung sind ursächlich dafür verantwortlich, dass die Vermittlung von Wissen auf Kosten einer umfassenden Bildung für junge Menschen immer stärker zunimmt. Ihre Lebensumstände wurden in den letzten beiden Jahrzehnten massiv transformiert. Ein Ausscheren aus der Maschinerie der Wissensvermittlung – und sei es auch nur zeitweise – ist aufgrund der durch den Kapitalismus mitverursachten veränderten Anforderungen an die Berufsanfänger unwahrscheinlicher geworden, was ein untrügliches Zeichen für die Ausübung struktureller Macht ist. Der Umbau der Bildungsanstalten zu Einrichtungen der Wissensvermittlung stärkt den Kapitalismus und reduziert die Wahrscheinlichkeit der Entstehung einer kritischen Masse von Intellektuellen.

Die Verhinderung von Bildung ermöglicht es dem Kapitalismus, weitgehend ungestört ökonomische Macht aufzubauen und diese mit Hilfe seiner Lobbyisten in politische Macht umzusetzen. Parallel dazu indoktriniert die Propaganda weiterhin das Volk, auf dass es die herrschende gesellschaftliche Ordnung als beste Option ansieht, und die Konditionierung sorgt für die Übernahme der Propagandabotschaften ins tägliche Leben. Bildung wäre eine Möglichkeit, eine breite, wohlinformierte Schicht von Bürgern heranzuziehen, die eben nicht mehr nur nach dem Motto »Alles sehen – nichts begreifen« lebt, sondern sich verstehend an einer Diskussion um gesellschaftliche Ziele sowie Kosten und Nutzen unseres derzeitigen wirtschaftlichen und politischen Systems beteiligt. Dass es kapitalismuskritischen Gruppierungen wie der *Occupy-Bewegung* oder *Attac* selbst in Krisenzeiten nicht gelingt, mehr Menschen zu Protesten zu motivieren, belegt, wie wirksam die Maßnahmen des kapitalistischen Systems zum Ausbau und zur Erhaltung seiner Macht sind.

»Wo bleibt die freie Presse?«, könnte man nun fragen. Denn sie sollte doch den Bürgern das ganze Ausmaß der Lobbyarbeit verdeutlichen, als Gegengewicht zur Propaganda die öffentliche Meinung beeinflussen, die Methoden und Auswirkungen der Konditionierung offenlegen und die Verhinderung von Bildung anprangern. Wäre es nicht geradezu die zentrale Aufgabe der Qualitätsmedien in einer Demokratie, unter dem Schutz der Pressefreiheit und des Rechts auf freie Meinungsäußerung solche Entwicklungen transparent zu machen, damit die Menschen sich ganz bewusst für oder gegen diesen Weg entscheiden können? Im Prinzip ja, aber der Kapitalismus ist sich dieser Gefahr bewusst und hält ein ganzes Arsenal an Gegenmaßnahmen bereit, die im nächsten Kapitel beschrieben werden.

12 – Die Zähmung der vierten Gewalt

Die Medien dienen mächtigen gesellschaftlichen Interessengruppen, propagieren in deren Auftrag und werden von diesen kontrolliert und finanziert.

Edward Herman und Noam Chomsky
(US-amerikanische Politikwissenschaftler, 1988)

Die freie Presse wird in einer Demokratie auch als vierte Gewalt bezeichnet.[958] Ihre Aufgabe ist es zum einen, die anderen drei Gewalten zu kontrollieren und über deren Tun und Unterlassen zu berichten. Darüber hinaus soll sie aber auch Informationen, Analysen und Kommentare zu allen für die Menschen wichtigen Ereignissen und Entwicklungen liefern. Die freie Presse ist ein wichtiges Instrument der Aufklärung im Sinne Kants, durch das der Bürger mündig wird und eigene Urteilskraft entwickelt.[959]

Alle Demokratietheorien, die es mit der Herrschaft des Volkes ernst meinen, verweisen auf die Bedeutung des freien Meinungsaustausches. Für die Ansätze der partizipatorischen Demokratie ist dies eine Selbstverständlichkeit, aber auch die elitistischen Ansätze betonen diesen Aspekt. So schreibt Joseph Schumpeter, dass der Wettbewerb um die Führerschaft in einer Demokratie immer »die freie Konkurrenz um freie Stimmen« sein muss und dass dieser Wettbewerb »ein beträchtliches Quantum Diskussionsfreiheit« sowie »ein beträchtliches Quantum Pressefreiheit« bedeutet.[960] Nur dann ist nach Ansicht selbst vieler elitistischer Demokratietheorien die gewählte Regierung auch vom Volk legitimiert.[961]

Der Kapitalismus, für den eine Plutokratie als Herrschaftsform das Beste wäre, ist weder für eine freie Presse noch für einen freien Meinungsaustausch, denn beide könnten das kapitalistische Projekt der Machtübernahme gefährden. Besser ist es da schon, die vierte Gewalt zu zähmen und im Sinne der kapitalistischen Ideen auszurichten. Natürlich kann dies in den westlichen Gesellschaften zurzeit (noch) nicht wie in Diktaturen durch eine staatliche Zensur bewerkstelligt werden. Der Widerstand der Bürger wäre vermutlich massiv, würde der Kapitalismus versuchen, Kritik an ihm und seinen Protagonisten zu zensieren. Daher werden viel subtilere Methoden eingesetzt, die sich in eine strategische und operative Ebene unterteilen lassen. Auf *strategischer Ebene* wird zwischen Politik, Wirtschaft und Medien ein

Konsens über den Rahmen hergestellt, innerhalb dessen sich die aufgeworfenen Fragen und die zulässigen Antworten bewegen. Und nur diese werden gedruckt oder gesendet. Auf *operativer Ebene* beeinflusst der Kapitalismus die Medien vorwiegend über Marktprozesse, von denen die wichtigsten später noch thematisiert werden.

DIE HERSTELLUNG VON KONSENS

Die *strategische* Kontrolle der Medien durch die Herstellung von Konsens hat eine über hundert Jahre zurückliegende Vorgeschichte. Nach dem Ersten Weltkrieg hatte die Demokratie im Sinne Abraham Lincolns in vielen westlichen Ländern einen Machtzuwachs erfahren. Der überwiegende Teil der erwachsenen Bevölkerung war nun wahlberechtigt.[962] Damit wuchsen aber die Befürchtungen, dass die zahlenmäßig weit überlegene Unter- und Mittelschicht Parteien wählen würde, die sich gegen die Oberschicht eines Landes richten könnten. Außerdem galt die breite Masse des Volkes als wankelmütig, kurzsichtig und demagogisch verführbar.[963] Daher versuchten die Anhänger der elitistischen Vorstellung von Demokratie, das Volk in ihnen genehme Bahnen zu lenken. Wesentliche Voraussetzung dafür war und ist die »Herstellung von Konsens« in den wichtigsten Massenmedien. Die Idee geht auf den konservativen US-Journalist Walter Lippmann zurück, der in seinem 1922 publizierten Buch über die öffentliche Meinung genau begründet, warum und wie dieser Konsens hergestellt werden muss.[964] Nach Lippmann ist die reale Welt viel zu komplex, als dass sie von der überwiegenden Mehrheit richtig verstanden werden kann. Daher bedarf es einer intellektuellen Elite in Politik und Medien: In der Politik, um die richtigen Entscheidungen anstelle des Volkes zu treffen, und in den Medien, um den Massen eine in Kernfragen der Gesellschaft einheitliche Interpretation der Geschehnisse zu liefern. Richtig angewendet stabilisiert der Konsens die Gesellschaft im Sinne der herrschenden Schichten.[965]

Durch die Herstellung von Konsens wird faktisch ein Rahmen festgelegt, innerhalb dessen sich die Analysen und Diskussionen zu vollziehen haben. Grundlage dieser Grenzziehung ist die Festlegung der unangreifbaren Eigenschaften der Rechts- und Gesellschaftsordnung. In den westlichen Ländern zählen dazu unter anderem das Recht auf Eigentum (inklusive des Rechts, erwirtschaftete Gewinne nach

Abzug von Steuern behalten zu dürfen), das Recht auf freie Entfaltung der Persönlichkeit und das Recht auf freie Berufswahl (inklusive des Rechts, Unternehmen zu gründen). Diese Rechte sind unabdingbare Voraussetzungen für eine kapitalistische Wirtschaftsordnung.

Die Rahmensetzung ist im Übrigen auch in anderen Gemeinschaften ein altbewährtes Mittel zur Herstellung von Konsens. Die großen Weltreligionen nutzen sie seit Jahrhunderten. Sie diskutieren innerhalb ihrer jeweiligen Glaubensgemeinschaft zwar über die richtige Auslegung der heiligen Schriften, stellen sich hingegen als Gruppe nicht die Frage, ob ihre eigene Religion die richtige ist oder nicht. Dies bleibt wenigen Individuen vorbehalten, die dann auch schon mal die Religionszugehörigkeit wechseln, ähnlich wie es Medien gibt, die sich in ihrer Meinungsäußerung nicht in den Rahmen einfügen lassen wollen. Aber die Abtrünnigen sind sowohl bei den Medien als auch bei den Religionen nur eine kleine Minderheit.

Eine besondere Rolle bei der Herstellung von Konsens spielen die Leitmedien, weil sie einen relativ starken Einfluss auf andere Medien und die Meinungsbildung in der Öffentlichkeit haben. Während sie in ihren Berichtsteilen relativ ausgewogen und faktentreu über wichtige Ereignisse informieren, vertreten sie in ihren Kommentaren zumeist eine bestimmte politische, aber nicht notwendigerweise parteipolitische, Richtung. Aus dem Printbereich werden in Deutschland zu den Leitmedien allen voran die *Frankfurter Allgemeine Zeitung*, die *Süddeutsche Zeitung, Der Spiegel* und *Die Zeit* gezählt. Neben den Leitmedien gibt es in westlichen Demokratien ein breit diversifiziertes Spektrum von Zeitungen, Internetportalen, Fernseh- und Hörfunksendern, von denen viele den Leitmedien qualitativ in nichts nachstehen. Zusammen mit den Leitmedien bilden sie die Qualitätsmedien.[966]

Die Qualitätsmedien sind als vierte Gewalt mitverantwortlich für die Herstellung des Konsenses. Innerhalb dieses gesetzten Rahmens finden teilweise hitzige Auseinandersetzungen zwischen verschiedenen Positionen statt und es wird erbittert über den richtigen Weg *innerhalb* des Rahmens gestritten. Aber weder die Grundpfeiler der bürgerlichen Ordnung noch der Kapitalismus noch die repräsentative Demokratie werden *grundsätzlich* in Frage gestellt. Da Medien aber bis zu einem gewissen Grad wiedergeben müssen, was ihre Leser hören wollen, kann diese Rahmensetzung nur funktionieren, wenn die Leser dieses Weltbild grundsätzlich akzeptieren. Auch deshalb sind die zuvor besprochene Propaganda, Konditionierung und Verhinderung von Bildung so bedeutend, weil dadurch die Übernahme des von den Qualitätsmedien vermittelten Bildes der Gesellschaft erleichtert wird.

Die Herstellung von Konsens ist die erste wichtige Maßnahme zur Zähmung der vierten Gewalt. Es besteht jedoch immer die Gefahr, dass dieser in den Medien aufgrund von krisenhaften Entwicklungen aufgeweicht wird. So ist mit Ausbruch der globalen Finanzkrise 2008 zumindest kurzzeitig eine Debatte darüber entbrannt, inwieweit insbesondere der Finanzsektor nicht nur gezügelt, sondern sogar dauerhaft verstaatlicht werden sollte. Im Zusammenhang mit den staatlichen Rettungsmaßnahmen für den Bankensektor wurde auch diskutiert, ob in unserer Gesellschaft tatsächlich noch alle Macht vom Volke ausgeht oder ob nicht schon die »Banken die Politik regieren«, wie es die Ausführungen von Susanne Schmidt nahelegen, die als promovierte Volkswirtin, Investmentbankerin und Tochter von Altbundeskanzler Helmut Schmidt ein besonderes Gespür für die Verstrickungen von Kapital, Macht und Politik hat.[967]

Der Schriftsteller und Literaturnobelpreisträger Günter Grass hat in einer bemerkenswerten Rede auf der Jahrestagung 2011 der Journalistenvereinigung *Netzwerk Recherche* den Finger in diese Wunde gelegt, als er sagte: »Das Auseinanderdriften in eine Klassengesellschaft mit verarmender Mehrheit und sich absondernder reicher Oberschicht, der Schuldenberg, dessen Gipfel mittlerweile von einer Wolke aus Nullen verhüllt ist, die Unfähigkeit und dargestellte Ohnmacht frei gewählter Parlamentarier gegenüber der geballten Macht der Interessenverbände und nicht zuletzt der Würgegriff der Banken machen aus meiner Sicht die Notwendigkeit vordringlich, etwas bislang *Unaussprechliches* zu tun, nämlich die Systemfrage zu stellen.«[968] In Deutschland gehe es ja nicht darum, die Revolution auszurufen, sondern die Systemfrage lautet viel einfacher: »Ist ein der Demokratie wie zwanghaft vorgeschriebenes kapitalistisches System, in dem sich die Finanzwirtschaft weitgehend von der realen Ökonomie gelöst hat, doch diese wiederholt durch hausgemachte Krisen gefährdet, noch zumutbar?«[969]

Ob die Systemfrage im Sinne von Günter Grass nicht nur gestellt, sondern in den nächsten Jahren auch ernsthaft in den Medien diskutiert wird, ist für die Machtverteilung zwischen Kapitalismus und Demokratie von entscheidender Bedeutung. Die Hoffnung stirbt ja bekanntlich zuletzt und im vorliegenden Fall gründet sie sich auch darauf, dass einige bislang sehr standhafte Verfechter des kapitalisti-schen Systems an diesem – zumindest in seiner derzeitigen Form – zu zweifeln beginnen. So beschrieb Frank Schirrmacher, Mitherausgeber der *Frankfurter Allgemeinen Zeitung*, im August 2011 in einem Artikel mit dem Titel »Ich beginne zu glauben, dass die Linke recht hat« sein neu entstandenes Misstrauen gegenüber dem derzeitigen politischen und ökonomischen System, das in einer für ihn und seine Zeitung ungewöhnlich harten Abrechnung mit der Partei der Bundeskanzlerin Angela Merkel endet: »Die CDU hat ihre an die Finanzmärkte ausge-liehenen immateriellen Werte, ihre Vorstellung vom Individuum und vom Glück des Einzelnen, niemals zurückgefordert. Sie hat nicht nur keine Verantwortung für pleitegehende Banken verlangt, sie hat sich noch nicht einmal über die Verhunzung und Zertrümmerung ihrer Ideale beklagt. [...] Es ist die Frage, ob sie ein bürgerlicher Agenda-setter ist oder ob sie das Bürgertum als seinen Wirt nur noch parasitär besetzt, aussaugt und entkräftet.«[970]

Ähnlich entsetzt hatte sich einige Wochen zuvor der konservative Journalist Charles Moore in der britischen Tageszeitung *The Telegraph* geäußert: »Denn wenn die Banken, die sich um unser Geld kümmern sollen, uns das Geld wegnehmen, es verlieren und aufgrund staatlicher Garantien dafür nicht bestraft werden, passiert etwas Schlimmes. Es zeigt sich – wie die Linke immer behauptet hat –, dass ein System, das angetreten ist, das Vorankommen von vielen zu ermöglichen, sich zu einem System pervertiert hat, das die wenigen bereichert.«[971] Moores Fazit ist für einen bislang standhaften Verfechter des politischen und wirtschaftlichen Systems in Großbritannien geradezu revolutionäres Gedankengut: »Die Reichen betreiben ein globales System, das es ihnen erlaubt, Kapital zu akkumulieren und den niedrigsten Preis für Arbeit zu zahlen, der gerade möglich ist. Nur sie haben etwas von der neu entstandenen Freiheit. Die Vielen müssen einfach nur härter arbeiten, unter immer unsicher werdenden Bedingungen, um die We-nigen zu bereichern. Demokratische Politik, die vorgibt, die Vielen zu bereichern, haben sich in Wahrheit diejenigen Banker, Medienbarone und Wirtschaftsführer einverleibt, die alles lenken und besitzen.«[972]

Es gibt also durchaus Anzeichen für ein Aufweichen des Konsenses, wenn die Qualitätsmedien fragen, ob das bislang übereinstimmend vermittelte Bild einer steigenden Flut, die alle Boote anhebt, noch stimmig ist. Die Kontrolle auf der strategischen Ebene könnte dem

Kapitalismus also aus den Händen gleiten. Aber auch darauf ist er gut vorbereitet, indem er die Steuerung auf strategischer Ebene durch Maßnahmen auf der operativen Ebene ergänzt hat, auf die ich gleich im Detail noch zu sprechen komme.

Wie wichtig diese operative Kontrolle zur Einhaltung des Konsenses ist, zeigt die Debatte um die Rolle der Gier von Bankern als Ursache der schweren Finanz- und Wirtschaftskrise der Jahre 2008 bis 2010. Die Diskussion hat den Kapitalismus während dieser drei Jahre zwar nicht ganz von Schuld reingewaschen, aber zumindest in den meisten westlichen Qualitätsmedien überwiegend als alternativlos bezeichnet. Insbesondere die konservative Presse hat in dieser Zeit die These von der Schuld aller an der Krise so oft wiederholt, bis die überwiegende Mehrheit im Westen dies glaubte. Erst ab Mitte 2011 wurde die Systemfrage im Sinne von Günter Grass ernsthaft diskutiert, als sich im Verlauf der europäischen Staatsschuldenkrise zeigte, dass es nicht um die Rettung des Euros ging, der aus ökonomischen Gründen nie in Gefahr war, sondern darum, einige verantwortungslose Großbanken ein weiteres Mal zu stützen und die Lasten der Rettungspakete großenteils der Mittelschicht, den Beziehern niedriger Einkommen, Rentnern, Kranken und Sozialhilfeempfängern aufzubürden.[973] Seit diesem Zeitpunkt besteht tatsächlich die Gefahr der Aufweichung des Konsenses, wie die Beiträge von Charles Moore und Frank Schirrmacher beispielhaft belegen.

Um diese Gefahr zu bannen und Diskussionen in den Medien auf die richtigen Themen und Antworten zu lenken, greift die zweite, operative Stufe der Kontrolle ein. Auf dieser Ebene nutzt das kapitalistische System die Mechanismen des Marktes, um vor allem die kritischen Medien dazu zu bringen, sich weiterhin innerhalb des Konsenses zu bewegen und die Systemfrage nicht nachteilig für den Kapitalismus zu beantworten. Diese operative Kontrolle ist einer der Hauptgründe für die sich seit Jahren verschlechternde Lage des Qualitätsjournalismus, der zunehmend ins Visier des Kapitalismus geriet. Es sind vor allem die fünf folgenden Faktoren, die die vierte Gewalt als Verbündeten der Demokratie schwächen.[974]

GESTIEGENE RENDITEERWARTUNGEN GEGENÜBER QUALITÄTSMEDIEN

Vorbei sind die Zeiten, in denen ein Verleger wie Max Aitken an einen seiner Chefredakteure schreiben konnte: »Es ist mir völlig egal, ob Sie Geld verdienen. Alles, was ich von Ihnen verlange, ist eine großartige Zeitung«.[975] An Verlagen, die Qualitätsmedien herausgeben, haben sich vielfach Investoren beteiligt, die Geld verdienen wollen und wie bei anderen Investitionen auch eine Rendite von 15 % bis 25 % auf das eingesetzte Kapital fordern. Eine Zeitung wird von ihnen als Produkt wie jedes andere betrachtet, das zu möglichst niedrigen Kosten hergestellt werden und am Markt möglichst viele Nachfrager finden soll.

Die Konsequenzen aus dem Renditedruck sind insbesondere für den aufklärenden Qualitätsjournalismus verheerend. Fachlich spezialisierte und erfahrene Journalisten werden durch Multimediaexperten ersetzt, die zwar mehr von der Technik, der Macht der Bilder und der Vernetzung von Inhalten verstehen, aber journalistische Generalisten sind. Damit wird aber eine Schlüsselfunktion der freien Presse geschwächt, Informationen zu komplexen Themen zu sammeln, diese mit Hilfe von Experten und anderen Quellen zu bewerten und für die Öffentlichkeit verständlich aufzubereiten.[976] Die noch verbleibenden Journalisten der alten Schule bekommen immer weniger Zeit für die eigene Recherche. Denn viele Redaktionen scheuen sich vor dem Hintergrund knapper Zeitzuteilung und hoher Zeilenvorgaben verständlicherweise, ihre Journalisten investigativ arbeiten zu lassen. Das Risiko, am Ende mit nichts dazustehen, ist vielen einfach zu groß geworden. Der von Carl Bernstein und Bob Woodward – zwei Reporter der *Washington Post* – Anfang der 1970er Jahre aufgedeckte Watergate-Skandal, der Richard Nixon seinen Job als amerikanischer Präsident kostete, würde unter den heutigen Bedingungen vermutlich nicht mehr aufgeklärt werden. Kaum ein Chefredakteur würde heute noch das Risiko eingehen, zwei junge und relativ unerfahrene Journalisten auf Basis dünner Hinweise monatelang investigativ an einer Geschichte mit ungewissem Ausgang arbeiten zu lassen.

Noch gibt es in den westlichen Demokratien Qualitätsjournalismus, sowohl investigativ wie auch aufklärend analytisch. Man braucht allerdings kein Prophet zu sein um vorherzusagen, dass die hohen Renditeanforderungen genau diese für die Demokratie so wichtige Nische des Journalismus weiter zurückdrängen werden.

Der Einfluss der Anzeigenkunden

Printmedien leben von Einnahmen aus dem Anzeigengeschäft und den Verkaufserlösen aus dem Vertrieb der Zeitung. Beide Finanzquellen sind durch das Internet unter massiven Druck geraten. Kleinanzeigen wandern seit Jahren in Online-Portale ab, die für Anbieter und Nachfrager kostengünstiger sind als Zeitungen und aufgrund ihrer Suchfunktionen den Zeitaufwand fürs Finden von geeigneten Angeboten verringern. Junge oder internetaffine Kunden kommen erst gar nicht mehr auf die Idee, sich eine Zeitung zu kaufen, wenn sie nach Informationen suchen. Die Auflagen und damit die Erlöse aus dem Verkauf von Zeitungen gehen in vielen Verlagen zurück, weil die neusten Nachrichten auf jeder Zugangsseite zum elektronischen Postfach stehen, womit der Informationsbedarf vieler Konsumenten auch schon befriedigt ist. Wer dennoch mehr wissen will, kann sich auf den Online-Seiten der Qualitätsmedien informieren, die Teile ihrer Printausgaben auch elektronisch abrufbar anbieten. Geld lässt sich damit allenfalls durch Werbung verdienen, weil die Nutzer im Internet bislang kaum bereit sind, für Inhalte zu zahlen.

Für die großen Anzeigenkunden wie die Lebensmitteldiscounter, Banken, Mineralölkonzerne, Autohersteller, Handelsketten oder Energieversorger bedeutet die wegbrechende Finanzierungsbasis der Qualitätsmedien einen Machtzuwachs in zweierlei Hinsicht. Zum einen können sie leichter Rabatte für ihre Anzeigen herausschlagen, was die finanzielle Lage der Qualitätsmedien weiter verschlechtert. Dies gilt umso mehr, als in den meisten Ländern das Gros der Anzeigen von einer Handvoll Agenturen geschaltet wird. Zum anderen können große Anzeigenkunden damit drohen, ihre Werbung bei der Konkurrenz drucken zu lassen, wenn Beiträge erscheinen, die ihnen nicht gefallen sollten. In manchen Redaktionen bewirkt schon die Angst vor einem Anzeigenentzug einen vorauseilenden Gehorsam, der Themen, die Anzeigenkunden nicht gefallen könnten, von vornherein von der Berichterstattung ausschließt. In diese Situation kommen vor allem regional ausgerichtete, kleinere Zeitungen. Weil große, überregionale Qualitätsmedien viel stärker auf die eigene Glaubwürdigkeit gegenüber ihren Hunderttausenden von Lesern achten müssen, sind sie etwas weniger anfällig gegenüber dem tatsächlichen oder antizipierten Druck von Anzeigenkunden.

Beispiele für den vorauseilenden Gehorsam von Verlegern oder Chefredaktionen gibt es in Hülle und Fülle. Am Nachmittag des 25.3.2008 berichtete die Internetausgabe des *Stern (stern.de)* über Mitarbeiterüberwachung in Filialen des Lebensmitteldiscounters *Lidl*. An den beiden nächsten Tagen war diese Geschichte eines der dominierenden Themen im Fernsehen und in den überregionalen Zeitungen. Viele Regionalzeitungen hielten sich mit der Berichterstattung merklich zurück und brachten, wenn überhaupt, nur eine kurze Meldung. Erst an den beiden folgenden Tagen erschienen längere Beiträge, die sich aber mehr mit der Entschuldigung *Lidls* bei seinen Mitarbeitern befassten als mit der Überwachung selbst. Verwunderlich ist dieses Verhalten nicht, denn *Lidl* gehört zu den großen Anzeigenkunden vieler Regionalzeitungen.

Die *Badischen Neuesten Nachrichten* kündigten einer Redakteurin, weil sie in anderem Zusammenhang 2007 kritisch über *Lidl* berichtet hatte. Der Chefredakteur warf ihr vor, uneinsichtig gewesen zu sein. Dass die 1,4 Millionen Euro, für die Lidl bei den *Badischen Neuesten Nachrichten* im Jahre 2005 inseriert hatte, bei der Kündigung eine Rolle gespielt haben, wurde ebenso dementiert wie die Meldung, dass *Lidl* mit einem Anzeigenentzug gedroht habe.[977] Offiziell würden die meisten Verlage und Redaktionen wohl bestreiten, dass es sich bei dieser Art von Verhalten um vorauseilenden Gehorsam handelt, aber das ist ja gerade das Schöne an kompensatorischer Machtausübung. Die Menschen verhalten sich so wie es die Mächtigen wollen, weil sie dafür belohnt werden, in diesem Fall mit weiteren Anzeigen.

Auch für Sanktionen von Anzeigenkunden gegenüber kritischer Berichterstattung gibt es eine Vielzahl von Beispielen. Die Zeitschriften *Capital* und *manager magazin* hatten sich in mehreren Reportagen kritisch mit dem geplanten Börsengang der *Deutschen Bahn* und dem damaligen Bahnchef Hartmut Mehdorn auseinandergesetzt. Nach eigenen Angaben wurde das *manager magazin* deswegen jahrelang kaum noch mit Anzeigenaufträgen von der *Deutschen Bahn* bedacht.[978] Bei *Capital* hat die für die Anzeigen zuständige Mediachefin der Bahn vier Tage nach Erscheinen eines kritischen Artikels zu Hartmut Mehdorn Anzeigen storniert und in diesem Zusammenhang auf die unerwünschte Berichterstattung verwiesen. Dem Konzernsprecher der Bahn war dies aber wohl zu viel an Offenheit. Er behauptete später auf Nachfrage des NDR-Medienmagazin *ZAPP*, das Zusammenfallen von

Anzeigenstopp und Erscheinen des kritischen Beitrags in *Capital* sei reiner Zufall.[979]

Die *Wolfsburger Nachrichten* warfen einem namentlich nicht genannten Einzelhandelsgeschäft arbeitsrechtlich nicht gedeckten Umgang mit Mitarbeitern vor. Die Geschäftsführung des betroffenen Unternehmens, das zu den größten Elektroeinzelhandelsketten Europas zählt, wusste aber, wer gemeint war, und startete einen Werbeboykott gegen die *Wolfsburger Nachrichten*.[980] Der *Stern* wurde nach Angaben von Noé und Schwarzer vom Pharmakonzern *Ratiopharm* nicht mehr mit Anzeigen bedacht, weil er aufgedeckt hatte, dass dieser Ärzten großzügige Geschenke gemacht hatte.[981] Die Lokalreaktion der *Süddeutschen Zeitung* hatte 2004 darüber berichtete, wie *Aldi Süd* in einer Münchner Filiale die geplante Gründung eines Betriebsrates verhindern wollte. Danach strich der Discounter seine immer montags und donnerstags in der Bayern-Ausgabe erscheinende ganzseitige Anzeige. Offiziell begründet wurde dies von einer Sprecherin von *Aldi Süd* mit der Veränderung des Werbekonzepts, welches vorsieht, nur noch in kostenlos verteilten Anzeigenblättern zu inserieren. Nicht ganz zu dieser Erklärung passt allerdings, dass von *Aldi Süd* danach noch in kostenpflichtigen Münchner Boulevardzeitungen, die nicht über die geplante Betriebsratswahl berichtet hatten, Anzeigen geschaltet wurden.[982]

Die Zähmung der vierten Gewalt durch die großen Anzeigenkunden findet überall in der westlichen Welt statt, nicht nur in Deutschland. In den USA strahlte der öffentliche Fernsehsender *WNET* 1985 eine Dokumentation mit dem Titel »Hungrig nach Profit« aus, die sich kritisch mit bestimmten Praktiken multinationaler Unternehmen in Entwicklungsländern auseinandersetzte. Bereits vor der Ausstrahlung versuchten Mitarbeiter des Senders in vorauseilendem Gehorsam den Beitrag zu entschärfen, was nur unzureichend gelang. Nach der Ausstrahlung beschwerte sich der Vorstandsvorsitzende von *Gulf + Western*, einem amerikanischen Industriekonglomerat mit Geschäftätigkeit in vielen Entwicklungsländern, beim Sender über den Film, der in bösartiger Form wirtschaftsfeindlich sei, wenn nicht sogar antiamerikanisch. Weil das Verhalten des Senders nicht das eines Freundes sei, entzog *Gulf + Western* dem Sender seine weitere finanzielle Unterstützung in Form von Anzeigen.[983]

Vorauseilender Gehorsam und Anzeigenboykott sind an der Tagesordnung, nur offiziell zugegeben wird dies von Redaktionen und Groß-
inserenten nur sehr selten. Aber die Zeiten der Bescheidenheit des Kapitalismus sind vorbei und seine Protagonisten versuchen immer mehr,
sich die Unterstützung der Qualitätsmedien zu erkaufen, indem sie die
Belohnungsmacht der Anzeigenaufträge einsetzen. Gleichzeitig übt er
durch ständige Drohung des Anzeigenentzugs strukturelle Macht im
Sinne Foucaults aus, weil die Arbeitsbedingungen in den Redaktionen
eine allzu kritische Berichterstattung über Großkonzerne bereits im
Vorfeld durch freiwillige Selbstzensur verhindern. Welche negativen
Auswirkungen diese Praktiken von Großkonzernen für die freie Presse
haben, beklagte 2006 Christoph Fasel, damals Leiter der Henri-Nan-
nen-Journalistenschule: »Schlimmer noch als die tatsächlich offenbar
werdenden Fälle ist ja jene Atmosphäre, die sich über Redaktionen legt,
also die Schere im Kopf: Darf ich darüber noch berichten, kann ich
das noch thematisieren, wird das nicht zu einem Nachteil für unsere
gesamte Zeitung führen, wenn ich diesen Missstand aufdecke«.[984]

Niemand leistet sich heute noch den Luxus wie 1953 Gerd Bucerius,
Verleger der damals stark defizitären Wochenzeitschrift *Die Zeit*. Er
wies seine Anzeigenabteilung an, Aufträge einer großen Lebensversi-
cherung nicht mehr entgegenzunehmen, weil deren Generaldirektor
sich über einen kritischen Bericht beschwert hatte und er die Unabhängigkeit seiner Zeitung wahren wollte.[985] Und noch Mitte der 1970er
Jahre stellte John Kenneth Galbraith beruhigend fest: Mit »Werbung
[…] kauft man sich nicht unmittelbar die Unterstützung der Sender,
Zeitschriften und Zeitungen«.[986] Heute können nur noch ganz wenige
Chefredakteure und Verleger auf Werbung durch Großunternehmen
verzichten. Sie sind im Gegenteil auf die Anzeigen der Konzerne drin-
gender angewiesen als je zuvor.

Die Anzeigenerlöse üben aber weit jenseits des Tagesgeschäfts
eine für den Kapitalismus positive Selektion im Medienmarkt aus. Je
kaufkräftiger die Leser sind, desto höher ist – bei einem gegebenen
Verbreitungsgrad einer Zeitung – das Interesse der Werbewirtschaft
zu inserieren. Daher fließen Zeitungen, die sich an wohlhabende und
damit tendenziell eher konservative Leser richten, mehr Anzeigenaufträge zu als Blättern, die sich eher an Arbeiter oder sozial Schwache
richten. Um wenigstens kostendeckend arbeiten zu können, müssen
kritische Zeitungen entweder ihre Verkaufspreise im Vergleich zu den

konservativen Zeitungen erhöhen, was die Zahl ihrer Leser schrumpfen lässt und die Einnahmeseite der Zeitung weiter unter Druck setzt,
oder sie müssten etwaige Verluste durch Zufluss von frischem Kapital
ausgleichen. Dies ist aber zumeist nur eine zeitlich begrenzte Option
und außerdem sind die Kapitalisten nicht wirklich erpicht darauf, ihre
Gegner zu unterstützen. Der Marktmechanismus führt unter sonst
gleichen Rahmenbedingungen dazu, dass sich Zeitungen für ärmere
Menschen schlechter über den Markt refinanzieren können als Blätter
mit wohlhabender Kundschaft.

Dem vorwiegend von Arbeitern gelesenen *Daily Herald* wurde
genau dieser Marktmechanismus zum Verhängnis. Er wurde 1964
eingestellt,[987] obwohl er fünfmal so viele Leser hatte wie die konservative *Times*. Die Anzeigenkunden fanden es aber wenig attraktiv, im
Daily Herald zu werben, weil dieser von Leuten mit geringer Kaufkraft
gelesen wurde, die obendrein auch noch eher kritisch gegenüber dem
Kapital sind. So waren die Nettoanzeigenerlöse der *Times* pro 1000
verkaufte Exemplare bereits 1955 sechs Mal so hoch wie die des *Daily
Herald*. In den folgenden Jahren verschlechterte sich diese Relation
weiter zu seinen Ungunsten, was letztlich zur Einstellung des Blattes
führte. Über vier Millionen Leser hatte der *Daily Herald* im letzten Jahr
seiner Existenz und musste trotzdem aufgeben, weil er nicht genug
Anzeigenkunden hatte.[988]

Viele andere kritische Zeitungen haben ähnliche Probleme. Die
taz, ein in Berlin verlegtes Blatt, das seit 1979 als links-alternatives
Sprachrohr agiert, hat nur selten große Anzeigenkunden, weil seine
Leser als zu kritisch und zu wenig durch Werbung manipulierbar
gelten.[989] Die *taz* stand in der Vergangenheit mehrmals vor dem Aus
und konnte nur durch strikte Kostenbegrenzung, insbesondere bei den
Gehältern der Mitarbeiter, und solidarische Unterstützung ihrer Leser
gerettet werden.[990] Nicht überlebt hat hingegen die *Financial Times
Deutschland*, die im Vergleich zu den meisten anderen Wirtschafts-
blättern relativ kritisch über Unternehmen und die Politik berichtete.
Auch sie litt unter dem geringen Anzeigenaufkommen und wurde im
Dezember 2012 eingestellt. In Ihrer letzten Ausgabe schrieben die
Chefredakteure: »Entschuldigung, liebe Anzeigenkunden, dass wir
so kritisch über Eure Unternehmen berichtet haben. Entschuldigung,
liebe Pressesprecher, dass wir so oft Euren Formulierungsvorschlägen
nicht gefolgt sind.«[991] Sie verdeutlichen damit, dass es kritische Zei-

tungen sehr schwer haben, sich in einem kapitalistischen System zu finanzieren.

Überall in der westlichen Welt werden durch das Werbeverhalten der Anzeigenkunden die wirtschaftsfreundlichen Zeitungen oder Fernsehsender finanziell gestärkt, während die kritischen Medien zumeist starke Einbußen im Anzeigengeschäft hinnehmen müssen. Dass die Leser eine kritische Berichterstattung durchaus schätzen, belegt eine Studie aus dem Jahr 2011. Danach wünschen sich knapp 70% der Befragten mehr Informationen über die Auswirkungen der Tätigkeit von Unternehmen auf die Umwelt und knapp 60% wollen mehr über den Einfluss von Firmen auf Politik und Gesellschaft wissen.[992] Aber die Macht der Anzeigenkunden verhindert dies.

DIE PUBLIC-RELATIONS-ABTEILUNGEN DER KONZERNE

Alle großen Konzerne und selbst viele mittelständische Unternehmen unterhalten sogenannte Public–Relations-(PR-)Abteilungen, die dafür sorgen, dass die eigene Firma und ihre Produkte sowie die Topmanager in der Öffentlichkeit positiv wahrgenommen werden. Hochglanzbroschüren und Internetauftritte sollen potentiellen Arbeitnehmern, Lieferanten und Kunden nicht nur das Leistungsspektrum und die Geschäftsfelder nahebringen, sie stellen auch dar, wie vorbildlich sich die Unternehmen in ökologischer und sozialer Hinsicht verhalten. Sich selbst in ein gutes Licht zu rücken, ist nicht verwerflich. Arbeitnehmer tun dies in Vorstellungsgesprächen und Politiker präsentieren sich so ihren Wählern. Der halbwegs aufgeklärte Teil der Öffentlichkeit weiß, dass es sich bei den meisten PR-Verlautbarungen aus Unternehmen um Propaganda handelt, die kritisch hinterfragt und mit anderen Quellen verglichen werden müssen.

Problematisch für die Meinungsbildung in einer Demokratie wird die PR-Arbeit, wenn sie nicht mehr als solche zu erkennen ist und sich hinter einer Maske verbirgt. Für die PR-Leute liegt aber in der Maskierung gerade der diskrete Charme der Öffentlichkeitsarbeit. Wenn es gelingt, eine dem Interesse des eigenen Unternehmens dienende Berichterstattung als Werk einer vertrauenswürdigen, neutralen Institution erscheinen zu lassen, dann ist die Öffentlichkeit viel eher geneigt, die Botschaft zu glauben. Ein Ziel von PR-Abteilungen ist daher die systematische Beeinflussung der Qualitätsmedien durch

Zulieferung von Informationen oder Texten, die am besten im Zeitungsstil geschrieben sind und direkt oder mit leichten Veränderungen übernommen werden können.

In den ausgedünnten Redaktionen der Zeitungen, die mit immer weniger Mitarbeitern die gleiche Spaltenzahl wie früher füllen müssen, werden solche Zulieferungen mit Handkuss entgegengenommen. Mit Ausnahme der manipulierten Öffentlichkeit, die aber nicht weiß, dass sie hinters Licht geführt wird, gewinnen alle bei diesem Deal. Der um seinen Job bangende Journalist hat weniger Arbeit und muss keine Beschwerden des Unternehmens fürchten. Der Verleger hat einen zufriedenen Anzeigenkunden mehr. Und das Unternehmen hat – mit dem Qualitätssiegel einer (noch) für glaubwürdig gehaltenen Institution – seine frohe Botschaft unters Volk gebracht.[993] Zu welch dramatischen Fehlinformationen es mittlerweile in der Öffentlichkeit kommt, unterstreicht die Aussage des Medienberaters Klaus Kocks, der einmal im Vorstand von *VW* zuständig war für Kommunikation: »Die Öffentlichkeitsarbeiter müssen nicht mehr nur hoffen, den Journalisten Informationen unterschieben zu können. Die Nachfrage nach PR-Material ist so stark gestiegen, dass wir gar nicht so viele Geschichten erfinden können, wie die Zeitungen drucken wollen.«[994]

Aber die PR-Abteilungen der Konzerne liefern nicht nur Inhalte für Zeitungen, sie manipulieren auch Einträge in Wikipedia und sozialen Netzwerken. Eine Studie der *Otto-Brenner-Stiftung* listet zum Beispiel eine Vielzahl von imagefördernden Veränderungen in Artikeln auf, die sich auf Unternehmen beziehen. Diese wurden entweder von den Firmen selbst oder von PR-Agenturen vorgenommen.[995] Auch hier ist für die Öffentlichkeit nicht zu erkennen, ob ein Artikel in Wikipedia von Unternehmen geschönt wurde oder nicht.

DAS KAPITAL ALS EIGENTÜMER VON MEDIEN

Das beste Mittel zur Zähmung der vierten Gewalt liegt aber zweifellos in der direkten Übernahme von Medienunternehmen durch Großkonzerne oder Investoren. Warum soll man sich mit der Rolle als Minderheitsinvestor zufriedengeben oder nur versuchen, auf die Redaktionen über die Verteilung von Anzeigengeldern oder PR-Material Einfluss zu nehmen, wenn man gleich die Mehrheit an einer Zeitung oder einem Fernsehsender erwerben kann? Das hat der Kapitalismus schon früh erkannt und so stellte Joseph Schumpeter bereits 1942 Folgendes fest: »Der Zeitungs-Großkonzern ist in den meisten Fällen nichts anderes als eine kapitalistische Unternehmung.« Diese müsse zwar nicht notwendigerweise Klasseninteressen vertreten, könne dies aber durchaus, weil sie »von einer kapitalistischen Gruppe subventioniert wird mit dem ausgesprochenen Zweck der Verteidigung ihrer Interessen oder Ansichten, – je größer der Konzern und die Auflagen sind, desto wichtiger wird dieses Element.«[996]

In Italien sind die machtpolitischen Auswirkungen der operativen Kontrolle der Medien durch Kapitalisten als Eigentümer deutlich zu spüren, seit Silvio Berlusconi mit Hilfe der ihm gehörenden Medien 1994 erstmals Ministerpräsident wurde.[997] Zu dieser Zeit gehörten die großen, privaten Fernsehsender ebenso zu seinem Imperium wie der größte Buchverlag Italiens (Marktanteil 30%) und 40 Zeitungen und Zeitschriften (Marktanteil 40%). Als Ministerpräsident hatte er indirekt Zugriff auf das Staatsfernsehen RAI. Berlusconi kontrollierte zusammen mit seiner Familie auch die Holding *Fininvest*, in der seine unternehmerischen Aktivitäten gebündelt sind. Andere große Zeitungen Italiens werden ebenfalls von Industriekonzernen oder deren Eigentümern kontrolliert. *La Stampa* gehört zur *Fiat*-Gruppe. Der Unternehmer Carlo de Benedetti steuerte bis Januar 2009 über seine Holdings *La Repubblica,* eine der größten Zeitungen des Landes. Zum Glück für die politische Meinungsvielfalt in Italien ist Carlo de Benedetti ein erklärter Gegner Silvio Berlusconis und *La Repubblica* eine Zeitung der linken Mitte.[998] Aber die Tatsache, dass Unternehmer sich Zeitungen und Fernsehsender halten, die sie hofieren, ist für eine Demokratie sicherlich nicht förderlich.

Ähnlich geartet waren die Verbindungen zwischen Kapital und Qualitätsmedien auch in Frankreich im ersten Jahrzehnt dieses Jahrhunderts. Serge Dassault, einer der reichsten Männer Frankreichs und Rüstungsunternehmer, hat großen Einfluss auf 70 Zeitungen, darunter der einflussreiche *Le Figaro* (Paris) und *Le Progrés* (Lyon). Arnaud Lagardère kontrolliert über die *Lagardère*-Gruppe, die sich auf Rüstung und v. a. Medien spezialisiert hat, den größten Buchverlag Frankreichs. Er ist an Dutzenden von Magazinen (z. B. *Paris Match),* Zeitungen (z. B. *Le Parisien*) und Fernsehsendern beteiligt. Bernard Arnault, Vorstandsvorsitzender und Hauptaktionär des Luxusgüterherstellers *LVMH Moët Hennessy – Louis Vuitton* und laut *Forbes* im Jahre 2009 mit einem Vermögen von 16 Milliarden US-Dollar der reichste Mann Frankreichs, kaufte sich 2007 die Wirtschaftszeitung *Les Echos*.[999]

Im Unterschied zu Frankreich und Italien geht es in Deutschland eher beschaulich zu. Zwar sind auch hier die großen Medienkonzerne kapitalistische Unternehmungen, die Geld verdienen wollen, aber sie gehören zumeist nicht reichen Industriellen oder Finanziers. Diese Eigenart ist vermutlich eine Nachwirkung des verheerenden Einflusses von Alfred Hugenbergs Presseimperium während der Weimarer Republik und der Reaktion der Alliierten nach dem Zweiten Weltkrieg darauf. Hugenbergs Zeitungen verbreiteten nationalistische und antidemokratische Ideen und verhalfen dadurch den Nationalsozialisten an die Macht. Die Alliierten bauten nach dem Krieg in Westdeutschland eine aus unabhängigen Zeitungen bestehende Medienlandschaft auf, die sich im Kern noch so erhalten hat.[1000] Insofern findet die Kontrolle der Medien auf operativer Ebene in Deutschland weniger durch den Besitz und stärker über die anderen zuvor beschriebenen Kanäle statt.

Aber auch in Deutschland stehen die Zeitungen so stark unter wirtschaftlichem Druck wie selten zuvor, vor allem die mit kleiner und mittlerer Reichweite. Sie erhalten Konkurrenz von kostenlosen Onlinenachrichten und Gratisanzeigenblättern, die häufig auch noch die wichtigsten Nachrichten abdrucken. So sanken die Werbeeinnahmen deutscher Tageszeitungen von 6,5 Mrd. Euro im Jahre 2000 auf 3,6 Mrd. Euro in 2010, die verkaufte Auflage ging von gut 24 Millionen auf knapp 19 Millionen zurück.[1001] Die großen Qualitätszeitungen müssen auch mit diesem Druck klarkommen. Aber sie sind im Moment noch besser durch ihre Leser geschützt, die gut recherchierte Geschichten und fundierte Analysen schätzen. Dennoch sehen die meisten Medienexperten die vierte Gewalt in ihrer Rolle als Wächter der Demokratie auch in Deutschland erheblich geschwächt. Für Heribert Prantl, Mitglied der Chefredaktion der *Süddeutschen Zeitung,* sind die Medien dabei, sich aus wirtschaftlichen Gründen selbst zu zensieren. Er beklagt »eine Tendenz zur Vermischung von Information und Unterhaltung [...], von Journalismus und PR [...] von Journalismus und Wirtschaft – die Tatsache also, dass sich immer mehr Journalisten zu Büchsenspannern und Handlangern von Wirtschaftslobbys machen lassen.« Seine Warnung vor den »geistigen Zwangsjacken, die sich der Journalismus selber anzieht«, könnte kaum deutlicher ausfallen: »Es

besteht wie noch nie seit 1945 die akute Gefahr, dass der deutsche Journalismus verflacht und verdummt, weil der Renditedruck steigt«.[1002]

Das Paradebeispiel für den Einfluss des großen Geldes auf die
Medien ist jedoch bislang der Medienkonzern von Rupert Murdoch.
Der in Melbourne geborene Unternehmer kaufte oder gründete
Zeitungen und Fernsehsender, vorwiegend in Australien, Großbri-
tannien und den USA. Ihm gehören Blätter wie *The Times* und *The
Sun*, die *New York Post* und seit 2007 das *Wall Street Journal*. Er ist
Gründer, Hauptaktionär und Vorsitzender der *News Corporation*, in
der seine Medienaktivitäten gebündelt werden. *Forbes* schätzte sein
Vermögen im Jahr 2013 auf mehr als elf Milliarden US-Dollar. Rupert
Murdochs politische Einstellungen sind konservativ, er befürwortet
unternehmerische Freiheit, hält wenig von Gewerkschaften und gilt im
Inneren wie Äußeren als ein Befürworter des harten Durchgreifens.[1003]
In Großbritannien unterstützte er zunächst Margaret Thatcher und
ihren Nachfolger John Major von den Konservativen, wechselte später
allerdings die politische Seite und favorisierte Tony Blair (Labour). In
den USA leistete er zunächst den Republikanern Beistand, doch auch
dort wechselt er die Seiten, wenn es ihm opportun erscheint. Seine
New York Post unterstützte in den Vorwahlen im Wahlkampf 2008 den
späteren Sieger Barack Obama von der Demokratischen Partei.[1004]

Wie einflussreich ein Medienimperium sein kann, haben zwei Wissenschaftler anlässlich der US-Präsidentschaftswahlen im Jahr 2000
belegt. Sie haben genau analysiert, ob und wie der 1996 von Rupert
Murdoch gegründete Fernsehsender *Fox News* die Entscheidungen
der Wähler beeinflusst hat.[1005] Obwohl der Sender offiziell neutral ist,
begünstigte seine Berichterstattung die Republikaner. Das Wahlergebnis bestätigt eindeutig, dass diese Propaganda wirkt: In Städten,
in denen die Wähler *Fox News* sehen konnten, erzielten die Republikaner einen um 0,4 bis 0,7 Prozentpunkte höheren Stimmenanteil
als in Gebieten, in denen *Fox News* nicht zu empfangen war. Dieser
Unterschied mag klein erscheinen, hat aber die Präsidentenwahlen
zugunsten von George W. Bush entschieden. Dieser erhielt in Florida
nämlich nur 537 Stimmen mehr als der Demokrat Al Gore, gewann
damit sämtliche Wahlmännerstimmen von Florida und damit auch
die Mehrheit im Wahlmännerkollegium, das letztlich den Präsidenten
der USA wählt.[1006] Ohne die Unterstützung von *Fox News* hätte George
W. Bush den Berechnungen der Wissenschaftler zufolge rund 10 000

Stimmen weniger erhalten, womit Al Gore in Florida gewonnen hätte und amerikanischer Präsident geworden wäre.[1007]

Drei Jahre später half das Medienimperium von Rupert Murdoch den Falken in den USA bei der medialen Vorbereitung des Einmarschs in den Irak. Seine mehr als 175 Zeitungen weltweit verbreiteten damals das Märchen von den Massenvernichtungswaffen, die das Hussein-Regime angeblich besitzt, und brachte auf diese Weise viele Politiker im Westen dazu, diesen Einmarsch zu unterstützen.[1008] Heute wissen wir, dass der Irak entgegen den Behauptungen von George W. Bush, die nicht nur von Rupert Murdochs Medien begierig aufgenommen und verbreitet wurden, keine Massenvernichtungswaffen besaß.

Eigentümer einer Zeitung oder eines Fernsehsenders zu sein bedeutet aber noch nicht, dass man den Redaktionen bis ins Detail vorschreiben kann, über was ihre Journalisten berichten und wie sie bestimmte Ereignisse kommentieren sollen, selbst wenn die Eigentümer die Chefredaktionen mit ihren Vertrauten besetzen. Denn jedes Medium lebt davon, dass seine Kunden ein Minimum an Vertrauen in den Wahrheitsgehalt der Berichterstattung haben, egal ob die geäußerten Ansichten nun eher rechts oder links einzuordnen sind. Es wäre der Ruin jedes meinungsbildenden Qualitätsmediums, wenn es wiederholt Falschmeldungen im großen Stil abdrucken oder zu einem Propagandasprachrohr absinken würde. Das wissen auch die Großen der Medienbranche. Deren Ziel ist es, der Öffentlichkeit ein insgesamt positives Bild der kapitalistischen Welt zu präsentieren, in der auch die Kritik an Missständen zum Ausdruck kommen muss, solange die Systemfrage am Ende immer noch prokapitalistisch beantwortet wird. Das erhöht die Glaubwürdigkeit, stellt den erwünschten Konsens her und stärkt langfristig den Kapitalismus.

RECHTSPERSÖNLICHKEIT VON UNTERNEHMEN

Einen weiteren Angriff auf den Qualitätsjournalismus führt der Kapitalismus mit Hilfe der Rechtsprechung und Rechtsetzung. Diese gewährt Personen und Unternehmen seit einigen Jahren mehr Schutz gegen Falschbehauptungen und Verleumdungen. So hat das Bundesverfassungsgericht 2005 die bis dahin für die Presse günstige Regelung des Vorrangs der freien Meinungsäußerung revidiert und argumentiert, dass im Zweifel der Schutz der Persönlichkeit Vorrang hat. Was als eine sinnvolle Maßnahme für Personen von öffentlichem Interesse gegen Schmähungen von Sensationsreportern und Nachstellungen von Paparazzi gedacht war, mutiert zur scharfen Waffe gegen die Qualitätsmedien. Die Zahl der Klagen gegen Zeitungen nimmt zu, womit das wirtschaftliche Risiko der Berichterstattung bei heiklen Themen steigt. So manche Redaktion überlegt es sich nicht nur wegen eines möglichen Anzeigenboykotts zweimal, ob sie eine Story veröffentlichen soll, in der ein Manager oder Großindustrieller in ungünstigem Licht erscheint.[1009]

MEDIEN ALS WÄCHTER DER PLUTOKRATIE

Egal ob Italien, Frankreich, Australien, Großbritannien, Deutschland oder die USA: In vielen westlichen Ländern besteht diese für eine Demokratie gefährliche Verbindung zwischen großem Geld und meinungsbildenden Qualitätsmedien. Die Reichen sichern ihre Macht ab, indem sie die vierte Gewalt an die Kandare nehmen. Die Medien werden von Wächtern der Demokratie zu Wächtern der Plutokratie umfunktioniert. Erleichtert wird die Medienkontrolle dadurch, dass »eine sehr kleine Zahl außerordentlich reicher Individuen die politisch relevanten Nachrichten und Informationen [kontrolliert ...]. So sehr diese Personen auch untereinander konkurrieren mögen, teilen sie doch tendenziell bestimmte politische Ansichten. Und sie haben ein starkes Interesse daran, die Ressourcen, über die sie verfügen, zu nutzen, um für diese Ansichten zu kämpfen.«[1010] Die durch wirtschaftlichen Druck kontrollierte oder von den Reichen direkt beeinflusste Presse zeichnet ein geschöntes Bild des Kapitalismus und seiner Protagonisten. Kritik an den Auswüchsen des Systems ist zulässig, eine Systemdiskussion fand zumindest bis Mitte 2011 so gut wie nicht statt. Es wurde bis dahin – wie bereits erwähnt – nicht einmal der Unterschied zwischen Kapitalismus und Marktwirtschaft herausgearbeitet, was die Grundvoraussetzung für eine fruchtbare Systemdiskussion wäre, denn nur dann könnten die Kritiker des Kapitalismus nicht mehr automatisch als Befürworter eines menschenverachtenden Sozialismus gebrandmarkt werden. Aber nur auf dieser Grundlage wären die Menschen wohl bereit zu überlegen, ob eine Systemkorrektur angebracht wäre, z. B. in Form einer wirklich sozialen Marktwirtschaft, die Akkumulation nur in beschränktem Umfang zulässt und damit den Kapitalismus zähmt. Nach ein paar Monaten ist aber auch die Systemdebatte wieder im Sande verlaufen. Die Eigentümer der Qualitätsmedien haben ihren Redaktionen wohl nahegelegt, sich anderen Themen zu widmen.

Auf den problematischen Einfluss des Kapitals auf die Medien hat schon 1965 der Journalist Paul Sethe in einem heute fast schon berühmten Leserbrief an den *Spiegel* hingewiesen: «Die Gefahr für uns Presseleute besteht [...] darin, daß die Besitzer der Zeitungen den Redaktionen immer weniger Freiheit lassen, daß sie ihnen immer mehr ihren Willen aufzwingen. Da aber die Herstellung von Zeitungen und Zeitschriften immer größeres Kapital erfordert, wird der Kreis der Personen, die Presseorgane herausgeben können, immer kleiner. [...] Pressefreiheit ist die Freiheit von zweihundert reichen Leuten, ihre Meinung zu verbreiten. Journalisten, die diese Meinung teilen, finden sie immer.«[1011] Diese Kritik könnte von einem Sozialisten zur Zeit der ideologischen Auseinandersetzungen zwischen Ost und West stammen, sie tut es aber nicht. Paul Sethe war ein Konservativer, von 1949 bis 1955 einer der fünf Gründungsherausgeber der *Frankfurter Allgemeinen Zeitung*, die auch zu dieser Zeit schon nicht im Verdacht stand, allzu kapitalismuskritisch zu sein. Rund 50 Jahre später müssen wir leider feststellen, dass Paul Sethes Befürchtungen sich bewahrheitet haben, doch es sind nicht mehr 200 Verleger in Deutschland, die das Sagen haben. Es sind *weltweit* vermutlich nicht mehr als ein paar Dutzend Medienkonzerne, die der breiten Öffentlichkeit ihre Sicht der Dinge vermitteln.[1012] Und deren Besitzer gehören der von David Rothkopf beschriebenen »Super-Klasse« von Mächtigen an, die »das Leben von Millionen von Menschen in zahlreichen Ländern der Erde« beeinflusst[1013], indem sie durch ihre Medien die Meinung der Wähler manipulieren.

Fazit

Solange die Leser noch anspruchsvoll oder ein kluger Kopf sein wollen und solange sie ihre Medien noch als glaubwürdig und aufklärerisch empfinden, so lange kann der Qualitätsjournalismus seine Rolle als Wächter der Demokratie zumindest noch in Ansätzen spielen. Wenn aber angesichts des wirtschaftlichen Drucks von allen Seiten auch noch die Schutzmacht der kritischen Leser bröckelt, weil diese entweder kaum mehr Zeit zum Lesen finden und die potentiellen Nachwuchsleser gar nicht mehr auf die Idee kommen, sich durch die Qualitätsmedien zu informieren, dann dürfte es zwar weiterhin noch Zeitungen geben. Aber die Inhalte werden andere sein. Die Mehrzahl der heutigen Qualitätsmedien wird dann vermutlich ebenfalls eine Mischung aus oberflächlichen Informationen und Unterhaltung (Infotainment) bringen. Kritische Analysen, investigative Reportagen und geistreiche Kommentare werden, wenn überhaupt, auf wenige Nischenzeitungen mit relativ kleiner Auflage beschränkt bleiben. Der Philosoph Jürgen Habermas wies 2007 in einem Beitrag für die *Süddeutsche Zeitung* eindringlich darauf hin, dass es sich keine Demokratie leisten könne, auf ihre Qualitätszeitungen zu verzichten.[1014]

Tut sie es doch, ist sie keine Demokratie mehr, zumindest keine, in der durch aktive Teilnahme einer Vielzahl von Bürgern an einer öffentlich ausgetragenen Debatte der Wille des Volkes ermittelt und umgesetzt wird. Und dann erfüllen die Medien die ihnen vom Kapitalismus zugedachte Funktion, nämlich ihn und die Plutokratie vor ihren Gegnern zu bewachen.

Mit diesem Kapitel ist die Analyse der *bedeutendsten Strategien* zur Entmachtung der Demokratie durch den Kapitalismus abgeschlossen. Im Verbund würden die offensiven (Aufbau ökonomischer Macht und die Umsetzung in politische durch Lobbyismus, Propaganda, Konditionierung) und defensiven Teile (Verhinderung von Bildung und Zähmung der vierten Gewalt) vermutlich schon ausreichen, demokratisch legitimierte Plutokratien zu errichten. Aber Vorsicht ist bekanntlich die Mutter der Porzellankiste und deshalb schützt sich das kapitalistische System durch eine Reihe von flankierenden Maßnahmen, deren wichtigste im nächsten Kapitel analysiert werden.

13 – FLANKIERENDE MASSNAHMEN

Das gute Gelingen ist zwar nichts Kleines,
fängt aber mit Kleinigkeiten an.

Sokrates (Griechischer Philosoph, 469–399 v. Chr.)

Kleinvieh macht auch Mist, besagt eine Redensart und meint damit, dass viele unbedeutend erscheinende Maßnahmen auch zum Gelingen des großen Ganzen beitragen können. In diesem Sinne beschäftigt sich dieses Kapitel mit Maßnahmen, die den Prozess der Entmachtung flankieren. Für sich alleine würde jede von ihnen wohl kaum etwas bewirken, im Verbund mit den zuvor beschriebenen Strategien erzielen sie aber eine erstaunliche Effektivität. Die flankierenden Maßnahmen gehören überwiegend zum Bereich der strukturierten Machtausübung. Sie verändern die Lebensumstände so, dass erwünschte Verhaltensweisen wahrscheinlicher werden.

ZEITDIEBSTAHL

Zeit ist ein besonderes Gut, vermutlich das einzige, das völlig gleich verteilt ist. Jeder Mensch erhält jeden Tag aufs Neue 24 Stunden Zeit, immer wieder, bis an sein Lebensende. Zeit kann nicht produziert, nicht verkauft, nicht besessen und nicht umverteilt werden. Aber man kann jemandem die Zeit stehlen, indem man ihn hindert, sie so zu nutzen, wie er will.

Wer – wie die meisten Menschen – nicht von einem Vermögen leben kann, benötigt einen bestimmten Teil seiner Zeit zum Geldverdienen, um seinen täglichen Grundbedarf decken zu können, und zum Schlafen bzw. zur Erholung. Die restliche Zeit steht jedem zur freien Verfügung. Sie kann, ganz im Geiste der Mahnung Benjamin Franklins, nach der Zeit Geld ist, im kapitalistischen Sinne zur Arbeit und insbesondere Akkumulation genutzt werden, aber auch zur Teilhabe am kulturellen und politischen Leben. Der Kapitalismus hat ein massives Eigeninteresse daran, dass Menschen so viel Zeit wie möglich für Produktion und Konsum aufbringen, sich also Dingen widmen, die den Wirtschaftskreislauf in Schwung halten.[1015] Zum einen benötigt er dies zur maximalen Akkumulation. Gleichzeitig stiehlt er dadurch den Menschen aber auch die Zeit, die sie verwenden könnten, sich an demokratischen Prozessen zu beteiligen oder der Politik und der

Wirtschaft auf die Finger zu schauen. In der Idealwelt des Kapitalismus gibt es folglich nur drei Verwendungszwecke für Zeit: Arbeitszeit zur Herstellung von Waren und Dienstleistung, Konsumzeit zum Kauf und Verbrauch der produzierten Güter und die physisch notwendige Reproduktionszeit zum Schlafen, Essen etc.[1016]

Aldous Huxley lässt diesen Zeitdiebstahl in seinem Roman »Schöne neue Welt«, der im Jahr 2540 spielt, durch den Weltaufsichtsrat Mustafa Mannesmann wie folgt begründen: »Technisch wäre es ganz einfach, die Arbeitszeit der niederen Kasten auf drei oder vier Stunden am Tag herabzusetzen. [...] Das Experiment wurde vor mehr als einhundert-fünfzig Jahren unternommen. Ganz Irland erhielt den Vierstundentag. Ergebnis? Unruhen und gewaltig steigender Stromverbrauch, sonst nichts.«[1017] Die Kapitalisten haben seit jeher alles daran gesetzt, die frei verfügbare Zeit der Menschen zu minimieren, auch aus Angst vor dem randalierenden Pöbel und den unzufriedenen Intellektuellen. Und das gelingt ihnen immer besser, wie Colin Crouch beklagt: »Überall stellen die Menschen fest, daß ihre Jobs einen wachsenden Teil ihres Lebens verschlingen und sehr großen Streß mit sich bringen.«[1018] Die Wirtschaft verdient ganz nach dem Prinzip des kapitalistischen Teufelskreises sogar Geld mit der Beseitigung der von ihr herbeige-führten Zeitmangelkrankheiten, indem sich z. B. die Pharmaindustrie die Medikamente gegen Schlaflosigkeit und Nervosität teuer bezahlen lässt. Andere Unternehmen verdienen an Menschen mit wenig Zeit durch Angebote wie Speed-Dating oder Speed-Fitness.

Der Soziologe Hartmut Rosa sieht in der Beschleunigung des Lebenstempos eine der Hauptursachen für die von den meisten Men-schen beklagte Zeitknappheit.[1019] Immer mehr Produktionsschritte oder Konsumhandlungen werden pro Zeiteinheit erledigt. Dies er-scheint auf den ersten Blick paradox, weil die technologische Entwick-lung den Zeitbedarf für die Erledigung von Aufgaben stark reduziert hat. Von Hamburg nach München gelangt man dank Flugzeug oder ICE in einem Bruchteil der Zeit, die früher eine Postkutsche brauch-te. Aber diese Zeitersparnis verwendet der Mensch in der Moderne nicht für Müßiggang, sondern um noch mehr zu produzieren oder zu konsumieren. Zeit ist nach Rosa zu einer knappen Ressource gewor-den. Zum einen, weil der Wettbewerb uns dazu zwingt, denn Zeit zu sparen bedeutet Kosten zu sparen, was zum Wettbewerbsvorteil für Unternehmen wird. Aber auch die Menschen stehen untereinander im Wettbewerb, allen voran um Bildungsabschlüsse und Arbeitsplätze, aber auch um Statussymbole, Partner und Freunde. Zum Zweiten wünschen sich Menschen, egal ob sie an ein Fortleben nach dem Tod glauben oder nicht, ein erfülltes Dasein im Diesseits. »Das Leben in all seinen Zügen, seinen Höhen und Tiefen und seiner Komplexität auszukosten wird zum zentralen Streben des modernen Menschen.«[1020]

Aber mit welchen Mitteln setzt der Kapitalismus den langfristigen Beschleunigungseffekt der Moderne ins tägliche Leben um? Wie schafft er es, den Menschen ihre freie Zeit zu stehlen und sie entweder arbeiten oder konsumieren zu lassen? Zum einen bekämpft er jegliche Arbeitszeitverkürzung aufs Schärfste. Nachdem es in den 1980er Jahren zumindest in weiten Teilen Europas so aussah, als käme die 35-Stunden-Woche, gibt es seither eine Tendenz zur Verlängerung der Arbeitszeit, einmal durch die tatsächliche Anwesenheit im Betrieb, vor allem aber durch die ständige Erreichbarkeit über E-Mail oder Mobiltelefon auch außerhalb der Arbeitszeit.[1021] So macht die kapitalistische Propaganda seit Jahrzehnten Front gegen kürzere Wochenarbeitszeiten. Das bereits erwähnte Wachstumsmanifest der *Initiative Neue Soziale Marktwirtschaft* geißelt die 35-Stunden-Woche als »Irrweg«.[1022]

Zum Zweiten wurde der Sonntag als freier Tag auf Druck der Wirtschaft weitgehend abgeschafft. Der von den christlichen Religionen vor allem für Einkehr, Rast und Gebet vorgesehene Ruhetag war auch als Ausgleich für fremdbestimmte Arbeit gedacht. »Er gewährt eine Ruhe, die nicht erwirtschaftet werden muss, die auch nicht auf Kosten anderer erkauft ist, ja die überhaupt nicht der Logik des Tausches unterliegt.«[1023] Heute sind die religiösen Feiertage, die früher noch für Ruhe oder Muße reserviert waren, zu Arbeits- oder Konsumtagen geworden, »ein Beleg für die unerschöpfliche Erfindungsgabe des Kapitalismus.«[1024] Der freie Tag wird dem Rhythmus der rund um die Uhr laufenden Konsummaschinerie geopfert.

Zum Dritten hat die bereits in Kapitel 7 erwähnte Kommerzialisierung der Familienarbeit, die dort unter dem Aspekt des Aufbaus ökonomischer Macht analysiert wurde, zu einer Einschränkung der frei verfügbaren Zeit einer Familie geführt. Im alten Rollenmodell gingen die Männer einer Erwerbsarbeit nach, die Frauen erledigten die Hausarbeit. Bei einer 40-Stunden-Woche ließ diese Aufteilung Männern und Frauen genügend freie Zeit für Bildung, Kultur und politisches Engagement, auch wenn diese nicht immer dafür genutzt wurde. Wenn hingegen beide Erwachsene eines Haushalts einer Erwerbstätigkeit nachgehen, verbleibt nach Abzug des Zeitaufwands für Hausarbeit kaum noch freie Zeit. Nun wird häufig argumentiert, dass berufstätige Paare sich aufgrund des höheren Einkommens arbeitssparende Haushaltsgeräte und die Beschäftigung von Putzfrauen, Kinderbetreuern und Haushaltshilfen leisten können und so die für Hausarbeit aufgewendete Zeit reduzieren. Empirische Untersuchungen können dies jedoch nicht bestätigen. Zwar arbeiteten beispielsweise Frauen in den USA im Jahre 2005 18 Stunden weniger pro Woche im Haushalt als noch hundert Jahre zuvor, dafür haben die Männer ihre Beteiligung an der Hausarbeit um 13 Stunden erhöht.[1025] Die Nettozeitersparnis von fünf Stunden pro Woche bei der Hausarbeit ist jedoch kein Gewinn an freier Zeit, weil die Frauen diese Zeit nun für den Weg zur Arbeitsstätte und zurück benötigen. Hinzu kommt die zusätzliche Konsumzeit, die eine Familie benötigt, um das höhere Haushaltseinkommen auszugeben.

Der größte vom Kapitalismus bewirkte Zeitdiebstahl findet jedoch durch die fast grenzenlose Produktdifferenzierung statt, die zu einer künstlich geschaffenen Unübersichtlichkeit und Verkomplizierung des Angebots führt.[1026] Egal was man heute erwerben will, man wird nicht nur mit Konsummöglichkeiten überfrachtet, sondern hat ein zeitlich kaum zu bewältigendes Informationsproblem. Jede Kaufentscheidung, vom Laptop über Geldanlagen bis zum Abschluss einer Versicherung, erfordert wegen der vielen ähnlichen Produkte heutzutage einen viel höheren Zeitaufwand als früher. Hinzu kommt, dass der von der Wirtschaft vorangetriebene Abbau des Sozialstaates uns generell mehr Entscheidungen abverlangt. Während die Menschen vor dreißig Jahren noch gut staatlicherseits gegen Lebensrisiken abgesichert waren, müssen sie sich heute um private Zusatzversicherungen im Falle einer Krankheit, eines Unfalls oder wegen einer möglichen Berufsunfähigkeit kümmern. Die staatliche Deregulierung in Bereichen, die früher durch die öffentliche Daseinsvorsorge zu durchaus vernünftigen Konditionen gewährleistet war, hat Anbieter von Strom, Wasser, Telekommunikations- oder Paketdiensten zuhauf hervorgebracht.[1027] Deren Konditionen müssen nun mit hohem Zeitaufwand verglichen werden, will man sein Geld nicht unnötig zum Fenster hinaus werfen. Damit dies nicht geschieht, können gestresste Konsumenten Vergleichsportale und Preissuchmaschinen im Internet konsultieren, bei denen man allerdings aufpassen muss, nicht auf die geschickt eingebetteten Werbelinks zu klicken. Außerdem: Woher weiß der Nutzer solcher Internetdienste, die zumeist von Tochterunternehmen großer Konzerne betrieben werden, ob die Informationen nicht zugunsten der konzerneigenen Firmen manipuliert sind? Das kann man, wenn überhaupt, nur durch sehr aufwändige Recherchen herausfinden. Was als Abhilfe für ein Zeitproblem gedacht war, erzeugt ein neues. Zudem können Konsumenten auf diese Weise nur standardisierte Markenprodukte vergleichen, wie Mobiltelefone oder Waschmaschinen. Die in hundert verschiedenen Varianten angebotenen Verträge zur Absicherung gegen Berufsunfähigkeit oder Altersarmut kann man über Suchmaschinen und Preisportale gar nicht vergleichen, weil die Konditionen zu unterschiedlich sind.

Aber auch aus der Unübersichtlichkeit der Märkte macht der Kapitalismus ein Geschäft, indem neutrale Versicherungsmakler gegen Bezahlung für ihre Kunden das passende Angebot finden.[1028] Auch hier haben wir es wieder mit einem kapitalistischen Teufelskreis zu tun. Zunächst gestaltet der Kapitalismus seine Angebotspalette bewusst undurchsichtig, um dann mit der Schaffung von mehr Durchblick Geld zu verdienen. Und damit dieses Geschäft auch hauptsächlich bei ihm verbleibt, sorgen seine Lobbyorganisationen dafür, dass Verbraucherzentralen oder die *Stiftung Warentest*, die solche Leistungen neutral und für Konsumenten zu geringen Kosten anbieten, möglichst wenig Geld erhalten. Trotzdem gelingt es diesen Organisationen hin und wieder, mehr Markttransparenz zu schaffen, aber leider nur für eine Weile. Da Übersichtlichkeit die Gewinne schmälert, verändern die Anbieter ihre Tarife, Waren und Dienstleistungen in atemberaubender Geschwindigkeit. Eine mühsam gewonnene Marktübersicht ist schon nach kurzer Zeit nicht mehr aktuell, die zeitaufwändige Suche beginnt erneut.

Der Kapitalismus kann allerdings nur über die Menschen verfügen, die in sein System eingebunden sind. Wie aber stiehlt er z. B. Arbeitslosen die Zeit? Noch bis zu Beginn der 1980er Jahre hatte der Kapitalismus tatsächlich kaum Zugriff auf die Zeit dieser Gruppe.[1029] Die neoliberale Propaganda überzeugte jedoch die Bevölkerung, dass jeder, der arbeiten wolle, auch einen Job bekommen könne. Arbeitslosigkeit wurde mit Faulheit gleichgesetzt. Zwar kann man in einer liberalen Gesellschaft niemanden zur Arbeit zwingen, wenn aber jemand untätig daheimsitzt und sich eventuell mit Schwarzarbeit noch ein ordentliches Zubrot verdient, dann soll er wenigstens staatlicherseits nicht mehr so üppig unterstützt werden. Folglich wurde vor allem den Langzeitarbeitslosen die Unterstützung massiv gekürzt. Nun müssen sie jeden Cent zweimal umdrehen, bevor sie ihn ausgeben. Da lohnt es sich schon, die Postwurfsendungen der Lebensmitteldiscounter oder die kostenlos verteilten Anzeigenblätter nach den billigsten Angeboten zu durchforsten und eine Tour durch drei oder vier Läden zu machen, um einen Euro zu sparen, freie Zeit ist ja genug vorhanden. Hinzu kamen verschärfte Auflagen seitens der Bürokratie. Die kontrolliert, ob Arbeitslose genügend Bewerbungen schreiben oder zu Vorstellungs-gesprächen gehen. Damit sind die besonders schwer Vermittelbaren aber mangels geeigneter offener Stellen nicht ausgelastet, weshalb es für diese Gruppe in vielen Ländern so etwas wie verpflichtende Arbeit für die Gemeinschaft gibt. In Deutschland sind dies die sogenannten Ein-Euro-Jobs, mit denen die schwer Vermittelbaren für eine gerade-zu lächerliche Aufwandsentschädigung von einem Euro die Stunde gemeinnützige Arbeit verrichten müssen, damit ihre Leistungen nicht gekürzt werden.[1030]

Von den 24 Stunden, die jeder Mensch während seines Lebens jeden Tag aufs Neue geschenkt bekommt, bleibt also immer weniger Zeit zur freien Verwendung übrig, auch weil der Kapitalismus sich die Zeit anderer aneignet. »Zeit, auch die Lebenszeit vieler Menschen, gerät in den bestimmenden Einfluss privater Kapitalbesitzer. [...] Der, der mit der Vermehrung des Geldes rechnet, gibt den Takt und die Fristen der eilenden Zeit vor. Die Menschen müssen sich – je nachdem in welcher Position und wie stark sie dem Wirtschaftssystem ausgesetzt sind – an diesen Rhythmus anpassen«, konstatiert der Theologe Christoph Fleischmann.[1031] Zeitdiebstahl ist somit eine Mischung aus konditionierter und strukturierter Machtausübung. Als Kinder und Jugendliche werden wir durch das schon erwähnte Diktat der Uhr auf den Gebrauch der Zeit im Rhythmus von Minuten und Stunden konditioniert. Als Erwachsene müssen sich die meisten Menschen in die weitgehend vom Kapitalismus vorgegebenen Zeitstrukturen inte-grieren, womit sie zum Objekt strukturierter Machtausübung werden.

UNTERHALTUNG

Wenn es den Menschen tatsächlich gelingt, sich außerhalb des Dreige-
stirns von Arbeits-, Konsum- und Reproduktionszeit etwas Freiraum
zu verschaffen, dann darf diese aus Sicht des Kapitalismus keinesfalls
gegen ihn verwendet werden. Auch deshalb hat er als eine weitere
flankierende Maßnahme eine gigantische Unterhaltungsindustrie aufgebaut, die nur ein Ziel hat, uns abzulenken, und zwar in einer ganz
bestimmten Art und Weise. Denn Ablenkung ist ein uraltes Bedürfnis
der Menschen. Niemand kann ständig nur arbeiten und daher dient
die Reproduktionszeit sowohl der Zerstreuung und Erholung als auch
der Erbauung und aktiver Teilnahme an Kultur. Aber gerade der bildende Teil der Kultur wird immer stärker durch einfache Ablenkung
verdrängt. Hauptverantwortlicher dafür ist der Leistungsdruck in
der Arbeitswelt, Schule, Berufsausbildung und Hochschule, der den
gefühlten Bedarf nach passiver Ablenkung durch Unterhaltung erhöht
hat. Viele Menschen sind im täglichen Leben durch Beruf, Haus- und
Familienarbeit, Verkehrsstaus, Bürokratie und Zeitdiebstahl derart ge-
stresst, dass sie an einem normalen Tag nur noch angenehm abgelenkt
werden wollen. Das ist weder verwerflich noch Schuld der Einzelnen,
die oftmals nur Getriebene des Systems sind, spielt aber den Mächtigen
in die Hände. So haben die Herrscher den Wunsch der Menschen nach
Ablenkung schon immer für ihre Zwecke genutzt. Ihre Idealwelt hat
bereits der römische Dichter Juvenal in einer Satire beschrieben, in der
sich die entmachteten Bürger nur noch »Brot und Spiele« wünschen.
Nicht die geistige Auseinandersetzung mit bildender Kultur, also
Literatur, Musik, Kunst oder Theater, die Bildungsprozesse auslösen
könnte, ist von den Herrschenden gewünscht, sondern abstumpfende
und verdummende Ablenkung.

Um besser zu verstehen, warum ablenkende Unterhaltung von den
Herrschenden so geliebt und gefördert wird, müssen wir uns kurz mit
ihren wichtigsten Eigenschaften und den Unterschieden zur bildenden Kultur befassen. Markus Metz und Georg Seeßlen haben beide so
prägnant zusammengefasst, dass ich mir erlaube, die für dieses Buch
wichtigsten Erkenntnisse etwas gekürzt zu übernehmen. Sie schreiben:
»Unterhaltung macht die besten Bildungsanstrengungen zunichte […],
lenkt von den realen Problemen ab, macht […] infantil und unkritisch,
[…] passiv und träge. […] Unterhaltung ist das perfekte Medium für
Anpassung und Unterwerfung.«[1032] Bildende Kultur hingegen richtet

sich an den Bürger als aktives Subjekt, das in Austausch tritt mit Literatur, Kunst, Musik und Theater. Sie dient der Erbauung, strebt nach dem Wahren, Schönen und Guten und regt zum kritischen Denken an. Letztlich schärft sie die Urteilskraft, trägt zur Bildung bei und bezweckt damit das Gegenteil von Unterhaltung. Deren letzte Bestimmung ist die Verdummung der Bürger, definiert als die Unfähigkeit, aus Tatsachen die angebrachten Schlüsse zu ziehen.

Das Paradepferd der Unterhaltung ist das Privatfernsehen. In Deutschland erlebte es seinen unaufhaltsamen Aufstieg, nachdem Helmut Kohl die »geistig-moralische Wende« ausgerufen hatte und ihm als Bundeskanzler nach 1982 den Weg bereitete. Dem großen Vorbild USA nacheifernd, die bereits in den 1940er Jahren damit begannen, wurde privaten Sendern erlaubt, ein durch Werbung finanziertes Programm auszustrahlen. Was dabei herauskommen würde, war den Protagonisten des Kapitalismus immer klar: Eine mediale Gegenmacht zum öffentlich-rechtlichen Fernsehen, in der man nach Herzenslust Werbezeit kaufen kann, um die Menschen noch stärker auf Konsum zu konditionieren und die frohe Botschaft des Kapitalismus zu verbreiten. Denn schon aus reinem Eigeninteresse würde das Privatfernsehen alles tun, was den Werbekunden gefällt. Während die vierte Gewalt mühsam durch den Entzug von Anzeigen gezähmt werden muss, verleihen diese dem Privatfernsehen erst seine Existenzberechtigung.

Das Programm der privaten Anbieter besteht daher fast vollständig aus Sendungen, die entweder oberflächliche Unterhaltung liefern (z. B. Krimis, Soaps, Sport, Casting-Shows) oder sich reißerisch mit persönlichen Problemen von Menschen auseinandersetzen, die zumeist der Unterschicht zugerechnet werden. Damit wird auch eine hohe Bindung ans Privatfernsehen erzeugt, weil die Unterschicht dadurch das Gefühl hat, ernstgenommen zu werden. Bei den Privaten stehen sie und ihre Lebenswelt im Mittelpunkt des Programms. Verstärkt wird dieses Gefühl durch die Casting-Shows, bei denen auch Vertreter der Unterschicht ins Fernsehen kommen und dadurch Aufmerksamkeit und Geld erhalten, was ihnen sonst verwehrt bliebe. Der frühere Programmchef von *RTL*, Helmut Thoma, hat diese Strategie mit dem Satz »Im Seichten kann man nicht ertrinken« beschrieben.[1033] Die wenigen kritischen oder informativen Sendungen der Privaten müssen entweder aufgrund gesetzlicher Vorschriften gezeigt werden (z. B. Nachrichtensendungen) oder sind das Feigenblatt für minimale

Glaubwürdigkeit. Denn die Verdummungsabsicht soll möglichst nicht erkannt werden, weshalb das Privatfernsehen auch über die größten Skandale in Wirtschaft und Politik berichtet. Allerdings gehen diese Informationen sehr selten über das hinaus, was im Internet, Radio oder den Qualitätsmedien sowieso schon verbreitet wurde. Gerechtfertigt wird die seichte Unterhaltung mit der Quote, wozu wiederum Helmut Thoma den passenden Spruch liefert: »Der Köder muss dem Fisch schmecken, nicht dem Angler.«[1034] Aber dieses Bild ist schief, denn der Geschmack des Fischs ist naturgegeben, der des Menschen wird geformt. Und genau daran wirkt das Privatfernsehen in einer dem Kapitalismus dienenden Weise mit. Es konditioniert die Menschen auf Konsum, propagiert wirtschaftsfreundliche Werte und gaukelt ihnen vor, alles sei nur Unterhaltung.

Wo liegt der Unterschied zum öffentlich-rechtlichen Fernsehen, wird so mancher fragen, wenn er an die vielen Kochshows, Volksmusikabende, Adelshochzeiten, Sportübertragungen, Krimis und Soaps denkt, die dort tagtäglich zu sehen sind? Er ist fast verschwunden, denn in der Tat ist der Inhalt bei den privaten und den öffentlich-rechtlichen Programmen während der Hauptsendezeit beinahe identisch geworden. Im sinnlosen Wettbewerb um Einschaltquoten haben die öffentlich-rechtlichen Hauptsender ihren Bildungsauftrag vernachlässigt und sich auf das Niveau der privaten Sendeanstalten begeben. Anspruchsvolles wird, von wenigen Ausnahmen abgesehen, auf Nebensendeplätze oder in kaum beachtete Spartenkanäle abgeschoben. Das Einfache wird eben dem Komplizierten vorgezogen.[1035]

Die Tatsache, dass im öffentlich-rechtlichen Fernsehen immer noch Kultursendungen, anspruchsvolle Dokumentationen und Gesellschaftskritik gezeigt, aber nur noch von einer kleinen Minderheit der Zuschauer verfolgt werden, verdeutlicht, wie sehr der Geschmack der Masse bereits geformt ist. Diese will sich fast nur noch berieseln lassen. Für Hans Magnus Enzensberger ist das Fernsehen – unabhängig von seinem Inhalt – das ideale Mittel, um sich abzulenken. Wie er schon 1988 anmerkte: »Man schaltet das Gerät ein, um abzuschalten«.[1036] Dieses Bedürfnis ist in den letzten Jahrzehnten trotz des Internets immer stärker geworden. Mehr als dreieinhalb Stunden täglich sahen die Zuschauer in Deutschland im Jahre 2010 fern, während es 1980 noch zwei Stunden waren. Mit dem Lesen einer Tageszeitung verbrachten sie nur noch 23 Minuten, 15 Minuten weniger als noch 1980.[1037] Versuche, das Privatfernsehen anspruchsvoller zu gestalten und damit auch die öffentlich-rechtlichen Sender aus dem Wettrennen um das niedrigste Niveau zu entlassen, scheitern am Geschmack der Masse, wie Roger Schawinski erfahren musste, als er als Programmchef des Privatsenders *SAT1* versuchte, mehr auf Qualität zu setzen.[1038] Selbst konservative Kreise erkennen mittlerweile, welch Unheil das Fernsehen anrichtet. Die CDU-Spitzenpolitikerin Ursula von der Leyen bescheinigte ihm 2006, es mache »dick, dumm, traurig und gewalttätig.«[1039]

Das Fernsehen ist zwar das dominierende, aber bei weitem nicht das einzige Unterhaltungsmedium. Bücher, Zeitschriften, das Internet, Computerspiele und der Rundfunk sind überwiegend Teil dieser gigantischen Berieselungsanlage geworden, die die Massen kurzfristig von den Sorgen des Alltags befreit und in eine Traumwelt entführt. So berichtet die Regenbogenpresse mit ihren Geschichten aus der Welt des Hochadels, der Schönen und Reichen ausschließlich über Dinge, die nichts mit der Lebenswirklichkeit ihrer Leser zu tun haben. Computerspiele entführen Jugendliche in eine virtuelle Welt. Volkstümliche Musikanten und Schlagersänger bringen die heile Welt der Berge, Seen und Liebe zu Gehör. Welche Funktion diese Berieselung hat, ist den Stars der Szene durchaus bewusst. So antwortete die Schlagersängerin Andrea Berg in einem Interview auf den Vorwurf, ihre Lieder seien oberflächlich: »Wenn ich nur einen Menschen von seinen Alltagssorgen ablenke, dann habe ich alles richtig gemacht.«[1040]

Ablenkung ist aber nicht die einzige Funktion der Unterhaltung aus kapitalistischer Sicht. Sie muss auch Hoffnung verbreiten, die den Massen Erlösung von materiellen Sorgen verheißt. Die von den Medien immer wieder verbreiteten »Vom-Tellerwäscher-zum-Millionär-Geschichten« zeigen, wie es ein paar wenige Unternehmer, Showstars und Spitzensportler mit Talent und Fleiß geschafft haben, ein ansehnliches Vermögen anzuhäufen. Das lässt die Unterschicht hoffen, sie könnte es ebenfalls schaffen. Berichte über Lottogewinner, Glückspilze bei Preisausschreiben oder Sieger in Quiz- und Casting-Shows haben dieselbe Funktion. Dass es sich hierbei um weniger als 0,01 % der Bevölkerung handelt, die es auf diese Weise zu Wohlstand bringen, geht in der Flut der Dauerveröffentlichung unter. Wenn sie nicht nur vom Glück träumen, dann überschätzen die Menschen die tatsächliche Wahrscheinlichkeit, reich zu werden.

Neil Postman hat 1985 in seinem mittlerweile zum Klassiker avancierten Buch »Wir amüsieren uns zu Tode« eindrucksvoll belegt, was Unterhaltung im medialen Zeitalter letztendlich bewirkt: Sie führt zum *Niedergang der Urteilskraft*. Und genau dieser ist von den Machthabenden gewünscht. Das Kernproblem ist für Postman dabei weder das Fernsehen noch die Unterhaltung per se, sondern »daß jedes Thema als Unterhaltung präsentiert« wird. »Gleichgültig, was gezeigt wird und aus welchem Blickwinkel – die Grundannahme ist stets, daß es zu unserer Unterhaltung und zu unserem Vergnügen gezeigt wird.«[1041] Auch politische Auseinandersetzungen und Gesellschaftskritik werden als Infotainment aufbereitet, das ja keine Unzufriedenheit mit dem System, sondern, wenn überhaupt, dann nur mit einzelnen Personen aufkommen lassen soll. Um nicht missverstanden zu werden: Nicht wenige durchschauen diesen Mechanismus und lassen sich ihre Urteilskraft nicht durch die Dauerberieselung mit oberflächlicher Unterhaltung schwächen. Aber das ist aus Sicht des Kapitalismus unproblematisch. Denn Unterhaltung ist nur *eine* unter mehreren *flankierenden* Maßnahmen und er muss damit nicht alle Menschen erreichen. Sie unterstützt jedoch sein Bemühen wirkungsvoll, die breiten Massen ruhigzustellen und vom politischen Engagement abzuhalten.

Unterhaltung ist somit die perfekte *Ergänzung* zum Zeitdiebstahl, zur Bildungsverhinderung und zur Zähmung der vierten Gewalt. Sie füllt einen Teil der freien Zeit, die für geistige Auseinandersetzung mit gesellschaftlichen Problemen vorhanden wäre, mit verdummender Ablenkung. Heutzutage ist nicht mehr Religion, sondern Unterhaltung das Opium des Volkes. Sie ist, wie der Zeitdiebstahl, eine Form der strukturierten Machtausübung im Sinne Foucaults, die die Lebensumstände der Menschen so verändert, dass sie sich im Sinne der Machthaber verhalten.

ANGST VERBREITEN

»Keine Leidenschaft beraubt den Verstand gründlicher seiner Handlungs- und Entscheidungsfreiheit als die Angst.«[1042] Mit diesen Worten fasste der irische Staatsmann und Philosoph Edmund Burke Mitte des 18. Jahrhunderts eine grundlegende Eigenschaft menschlichen Verhaltens zusammen. Das Gefühl der Angst ist seit Urzeiten fest im Menschen verankert und ermöglicht es, bei Gefahr schnell zu reagieren.

Angst kann zu irrationalem Verhalten verleiten, sie kann aber auch disziplinierend wirken, wenn sich Menschen aus Angst vor Strafen oder dem Verlust wertvoller Dinge ruhig verhalten.[1043] Zu welchen Handlungen die Angst sie auch immer anstiften mag, die Menschen verhalten sich anders als wenn sie ruhig und rational agieren würden. »Angst ist der größte Feind der Vernunft«, schreibt Al Gore und verweist darauf, dass die Gründerväter der USA in der Verfassung versucht hätten, das Element der Angst als Triebfeder politischen Handelns so weit wie möglich auszuschalten.[1044] Die Grundlage der amerikanischen Demokratie, nach der vernünftige Bürger auf dem Marktplatz der Ideen die besten auswählen werden, lässt sich nämlich nur in einer weitgehend angstfreien Umgebung verwirklichen.

Das große Versprechen des Kapitalismus an die Demokratie zu Beginn der zweiten Hälfte des 20. Jahrhunderts war dann auch Wohlstand für alle.[1045] Um seinen ramponierten Ruf wieder aufzupolieren, war der Kapitalismus bereit, den Menschen die Angst vor materiellem Elend und Arbeitslosigkeit zu nehmen. Wenn das Volk einer liberalen Wirtschaftsverfassung zustimmen würde, die es Unternehmen erlaubt, Gewinne zu erzielen und Kapital zu akkumulieren, dann würden diese im Gegenzug für steigenden Lebensstandard der Bevölkerung sorgen. Bis zu Beginn der 1970er Jahre, dem Ende der Bescheidenheit, hielt der Kapitalismus sein Versprechen. Eine breite Mittelschicht entstand, die sich von Jahr zu Jahr mehr leisten konnte. Selbst einfache Arbeiter kamen zu bescheidenem Wohlstand. Die Reichen beteiligten sich über ihre Steuerzahlungen in erheblichem Umfang an der Finanzierung des Sozialstaates, der die Menschen ausreichend gegen Arbeitslosigkeit, Krankheit und Armut absicherte. Die Bevölkerung des Westens hatte zwar Angst vor einem Atomkrieg zwischen Ost und West, den Verlust ihres Arbeitsplatzes oder ihres Wohlstands fürchteten nur wenige, schließlich herrschte fast überall annähernd Vollbeschäftigung. Damit war dem Kapitalismus aber das einzige ihm noch verbliebene Druckmittel repressiver Machtausübung abhandengekommen, nämlich den Menschen Angst vor materieller Not, sozialem Abstieg und Verlust ihres Selbstwertgefühls einzujagen.[1046] Der ab Anfang der 1980er Jahre einsetzende Abbau des Sozialstaates wurde von neoliberalen Politikern und Ökonomen zwar offiziell mit Effizienzgewinnen und dem Abbau von Verkrustungen begründet,[1047] die verborgene Agenda war jedoch eine machtpolitische: Es ging darum, das stumpf gewordene

Schwert der repressiven Machtausübung wieder zu schärfen. Denn die Gewerkschaften und mit ihnen Arbeiter und Angestellte waren zu stark geworden. Sie forderten nicht nur höhere Löhne und kürzere Arbeitszeiten, sondern auch eine Demokratisierung der Wirtschaft. Sie wollten in den Unternehmen noch stärker mitbestimmen, weil dort nicht zuletzt über die Arbeitsplätze ihrer Mitglieder entschieden wird.

Der Abbau des Sozialstaates ließ die Verbreitung von Angst als Instrument der repressiven Machtausübung wieder aufleben. Denn »es besteht kein Zweifel, daß [...] die verschiedenen Formen von Versicherungen und Alters- und Krankheitsvorsorge des modernen Sozialstaats [...] als spezifische Mechanismen der Angstverminderung anzusehen sind.«, ist sich der Rechtsphilosoph Danilo Zolo sicher.[1048] Längere Zeit arbeitslos zu sein, war wegen der wirtschaftlichen Folgen plötzlich wieder ein Schreckgespenst. Auch die Furcht, seinen gesellschaftlichen Status zu verlieren, griff wieder um sich.[1049] Aber statt sich gegen Sozialabbau sowie Steuererleichterungen für Unternehmen und Reiche zu wehren, stimmte die Mittelschicht unter dem Einfluss neoliberaler Propaganda ihrer eigenen Ausplünderung und Selbstentmachtung zu.[1050]

Warum aber lassen es sich die Bürger nach dem Abbau des Sozialstaats auch noch bieten, dass sie mit ihren Steuergeldern marode Banken retten und gleichzeitig die Millionenboni der Banker finanzieren? Warum schafft es die Occupy-Bewegung nicht, mehr Menschen auf die Straßen zu bringen? Warum wird die Streitschrift »Empört Euch!« von Stéphane Hessel zwar überall in Europa gelesen, führt jedoch nur zu einer Entrüstung mit Worten (vor allem im Internet) statt zu Protesten oder Auflehnung mit Taten? Eine wahrscheinliche Antwort lautet: Viele haben Angst davor, ihre Lage könnte sich verschlimmern statt sich zu verbessern. Jahrzehntelang haben sie den Wohlstand, den ihnen die Belohnungsmacht des Kapitalismus bescherte, als bereichernd genug empfunden, um sich mit ihm zu arrangieren. Gleichzeitig hat die neoliberale Propaganda in den düstersten Farben ausgemalt, was alles passieren wird, wenn Volk oder Politiker den Kapitalismus wieder zähmen: Armut, Arbeitslosigkeit, Abwanderung der Unternehmen und Hochqualifizierten, Verlust von Steuereinnahmen sowie der Ausverkauf der Nation.

So veröffentlichte der *Deutsche Industrie- und Handelskammertag (DIHK)* 2003 eine Studie, nach der 24% der Unternehmen planten, in den nächsten drei Jahren die Produktion wegen hoher Löhne und Steuern ins Ausland zu verlagern.[1051] Solche Zahlen versetzen die Menschen in Angst und jede Regierung in Alarmbereitschaft. Zehn Jahre später das gleiche Spiel: Im März 2013 schürte der neu gewählte Präsident des *DIHK*, Eric Schweitzer, sofort wieder die Angst vor Arbeitsplatzverlusten, falls SPD und Grüne nach der Bundestagswahl im Herbst 2013 versuchen sollten, die Reichen über höhere Steuern zur Finanzierung der von ihnen mitverschuldeten Wirtschafts- und Finanzkrise heranzuziehen. »Wenn der Spitzensatz der Einkommensteuer von 42 Prozent auf 49 Prozent steige, werde das 1,4 Millionen Stellen kosten. Nach *DIHK*-Berechnungen bedeutet jeder Prozentpunkt höhere Einkommensteuer 200 000 weniger Arbeitsplätze.«[1052]

Auf welchen Daten, Annahmen und Modellen die Berechnungen des *DIHK* beruhen, ist völlig unklar. Diese entscheiden aber maßgeblich über das Ergebnis solcher Prognosen. Es ist ohne weiteres möglich, die Berechnungen so zu gestalten, dass eine Erhöhung des Spitzensteuersatzes zur Schaffung von Arbeitsplätzen führt, wenn man zum Beispiel unterstellt, dass mit den zusätzlichen Staatseinnahmen arbeitsintensiv hergestellte Dienstleistungen, z. B. Kinderbetreuung, Altenpflege oder die energetische Sanierung von Altbauten finanziert werden. Auch für Prognosen gilt sinngemäß das Bonmot von James Markusen, einem Ökonomen der University of Colorado: »Ich bin zuversichtlich, ein Modell fabrizieren zu können, das jedes nur gewünschte Ergebnis liefert, wenn der Auftraggeber nur tief genug in die Tasche greift.«[1053] Und dass der *DIHK* als Lobby des Kapitals nur Studien erstellen lässt, die seine neoliberale Propaganda stützen, sollte eigentlich niemanden verwundern.

Egal in welchem westlichen Land man sich befindet, überall verbreiten die Lobbyisten des Kapitals Angst vor Arbeitslosigkeit und sozialem Abstieg. Deshalb überschätzen Menschen systematisch die möglichen Verluste aus der Zähmung des Kapitalismus und unterschätzen die daraus entstehenden Vorteile für sie. Es ist also eine Mischung aus Verlustangst und Zufriedenheit mit dem Erreichten, die die Menschen dazu treibt, sich für ein Leben auf Knien zu entscheiden, statt stehend für eine bessere Gesellschaft zu kämpfen. Sie sehen im Kapitalismus »ein Krokodil, das man füttert, in der Hoffnung, dann als Letzter gefressen zu werden,« wie es der Kabarettist Urban Priol 2011 ganz treffend ausdrückte. Mit der Möglichkeit, Angst durch Sozialstaatsabbau und Entzug von Belohnungen zu verbreiten, hat der Kapitalismus die verlorene Option der repressiven Machtausübung in westlichen Demokratien wieder gewonnen und genutzt.

MASSSTÄBE SETZEN

Wer bei Bewertungen gut abschneiden will, tut gut daran, sich nach den Beurteilungskriterien zu richten. Noch besser ist es jedoch, die Maßstäbe zu setzen, anhand derer die Bewertung erfolgt, bzw. dafür zu sorgen, dass die Zahlen, nach denen man besonders gut abschneidet, in der Öffentlichkeit wahrgenommen werden. Genau dies gelingt dem Kapitalismus vortrefflich, indem er das Wirtschaftswachstum zur dominierenden Größe zur Messung des Wohlstands eines Landes gemacht hat. Das war zunächst einmal weder sein Verdienst noch seine Absicht. Statistiker versuchten schon Mitte des 19. Jahrhunderts mit mäßigem Erfolg, verlässliche Aussagen über die wirtschaftlichen Aktivitäten eines Landes mit Hilfe von objektiv messbaren Indikatoren herauszuarbeiten. Der Durchbruch kam erst in den 1930er Jahren, als das System der Volkswirtschaftlichen Gesamtrechnung (VGR) entwickelt wurde.[1054] Seit dieser Zeit ist das Zahlenwerk stetig ausgeweitet und weiterentwickelt worden und selbst die breite Öffentlichkeit wird regelmäßig über die wichtigsten Entwicklungen in den Medien informiert.

Die wohl wichtigste Größe der VGR ist das Bruttoinlandsprodukt (BIP), das den Wert aller produzierten und dem Endverbrauch zugeführten Waren und Dienstleistungen innerhalb eines bestimmten Zeitraums in einem Land oder einer Region misst.[1055] Obwohl das BIP nur ein Indikator für die Versorgung einer Volkswirtschaft mit Wirtschaftsgütern ist, die über Markttransaktionen erbracht werden, ist es zum meistverwendeten Wohlstandsindikator geworden. Das Wohlstandsniveau mit Hilfe des BIP zu messen, ist von unschätzbarem Vorteil, wenn es darum geht, die Erfolge des Kapitalismus herauszustellen. Dieses Vorgehen verzerrt nämlich die Leistung zu seinen Gunsten, weil es genau das, was er besonders gut kann, nämlich Waren zu produzieren, als einziges Kriterium der Erfolgsmessung heranzieht. Das ist in etwa so, als würde man die Qualität von Fußballspielern einzig an der Zahl der aus dem laufenden Spiel heraus geschossenen Tore messen. Hier schneiden die Angriffsspieler natürlich besser ab als die Abwehrspieler oder Torleute. Die großen ökonomischen Schwächen des Kapitalismus, z. B. für eine halbwegs gerechte Verteilung der produzierten Güter zu sorgen und damit allen ein menschenwürdiges Dasein ohne Armut und Ausgrenzung zu gewähren, werden durch das BIP nämlich nicht erfasst.

Aber das ist nicht der einzige Vorteil, den das BIP als Wohlstandsindikator für den Kapitalismus hat. So verringert eine Verschmutzung der Umwelt, die eine staatlicherseits ungezügelte kapitalistische Produktionsweise mit sich bringt, den *tatsächlichen* Wohlstand in einer Gesellschaft. Das BIP als *Indikator* für Wohlstand bleibt jedoch unverändert. Ähnliches gilt für Krankheiten oder Unfälle.[1056] Je höher deren Zahl, desto mehr müsste sich der Wohlstand einer Nation reduzieren. Aber auch hier zeigt das BIP keine Veränderung, weil es nur die Wertschöpfung, nicht jedoch die Wertvernichtung misst. Und wenn die Schäden durch Unfälle oder Umweltverschmutzung über Markttransaktionen beseitigt werden, steigt das BIP sogar. Der meistgenutzte Indikator für Wohlstand weist also eine Asymmetrie bei der Berechnung auf, die dem Kapitalismus nützt: Durch ihn verursachte Schäden lassen das BIP unverändert, ihre Beseitigung erhöht das BIP. Nach Neutralisierung der Schäden ist der tatsächliche Wohlstand in einer Gesellschaft jedoch genauso groß wie vor der Schädigung. Nur der Öffentlichkeit wird durch diese gezielte Fehlinformation weisgemacht, der Wohlstand der Nation habe sich erhöht.

Das BIP als Wohlstandsindikator hat aber noch einen weiteren Vorteil, den vor allem die Reichen in den letzten 30 Jahren zu schätzen gelernt haben, als sie einen immer größeren Anteil am BIP für sich verbuchen konnten. Es misst nicht, wer die Endverbrauchsgüter erhält. Dabei würden die meisten Menschen der Aussage der klassischen Ökonomen zustimmen, nach der ein Laib Brot für einen Armen mehr wert ist als für einen Reichen.[1057] Ein Wohlstandsindikator sollte also stärker ansteigen, wenn der Zuwachs an Konsumgütern den ärmeren Schichten zufällt als wenn er zu den Reichen wandert.

Der Wohlstand eines Menschen und einer Nation umfasst auch mehr als nur die über den Markt abgesetzten Güter und Dienstleistungen für den Endverbrauch. Dazu gehören so wichtige Dinge wie Gesundheit oder das Gefühl der Zufriedenheit. »[…] den gesellschaftlichen Fortschritt fast ausschließlich am Wert der Güterproduktion, dem BIP-Zuwachs, zu messen, das ist wahrlich kein kleiner Betrug«, schrieb deshalb John Kenneth Galbraith in seinem lesenswerten Buch »Die Ökonomie des unschuldigen Betrugs«.[1058]

Doch gegen alternative Messungen des Wohlstands leisten die Wirtschaft und ihre Lobbys seit Jahren mit fadenscheinigen Argumenten Widerstand. Der Grund dafür ist aber ein politischer, kein ökonomischer. Solange die Öffentlichkeit das BIP als einzige oder zumindest wichtigste Größe zur Beurteilung des Wohlstands akzeptiert, kann der Kapitalismus dem Volk glaubhaft machen, die Politik dürfe nur das Wachstum fördern.[1059] Alles andere habe zu unterbleiben: Arbeitszeitverkürzung darf nicht sein, Umweltschutz darf nicht übertrieben werden. Dabei müsste »Zeitwohlstand [...] in der volkswirtschaftlichen Gesamtrechnung ein Reichtumsindikator sein«, wie der Zeitforscher Karlheinz Geißler fordert.[1060]

Wie wichtig es ist, Maßstäbe zu setzen, zeigt sich aber nicht nur an einem Indikator, der eine ganze Volkswirtschaft betrifft, sondern auch im Kleinen. Scheinbar unbedeutende oder harmlose Verschiebungen der Maßstäbe können im Laufe der Zeit große Wirkung entfalten.

Ein Beispiel ist die Analyse des Wirkens multinationaler Unternehmen durch die Vereinten Nationen. Dazu gab es bei der UNO in New York das *Zentrum zur Erforschung transnationaler Gesellschaften* (*UNCTC*), das 1993 auf Antrag der USA aber aufgelöst wurde, weil es zu kritisch über die internationalen Großkonzerne berichtete. Weil die Politik aber in Zeiten der Globalisierung nicht einen der wichtigsten Akteure einfach so von der Beobachtung durch die Weltgemeinschaft ausschließen konnte, wurden einige Forscher an den Zweitsitz der UNO nach Genf versetzt, wo sie mit stark reduziertem Auftrag weiter arbeiten durften. Doch damit die Forscher sich nicht zu sehr mit den großen Konzernen beschäftigen, wurde der Maßstab verändert, der festlegt, was ein multinationales Unternehmen ist. Vormals waren dazu Investitionen in Produktionsanlagen in mindestens sechs Ländern notwendig. Der neue Maßstab definierte jedes Unternehmen als multinational, das mindestens eine Fabrik im Ausland kontrolliert. Dadurch waren die Forscher gezwungen, sich mit hunderttausenden kleinen und unbedeutenden Firmen zu beschäftigen, statt sich auf die 100 größten zu konzentrieren, die für rund ein Drittel der ausländischen Direktinvestitionen verantwortlich waren.[1061]

Ein anderes Beispiel dafür, wie das Setzen von Maßstäben die Beurteilung von Sachverhalten beeinflusst, ist der »Preis der Schwedischen Reichsbank für Wirtschaftswissenschaften im Gedenken an Alfred Nobel«. Die Auszeichnung wurde 1969 erstmals vergeben, also 68 Jahre nach den ersten Nobelpreisen für Medizin, Chemie, Physik, Literatur und Frieden. Der Preis geht nicht wie die andern auf das Vermächtnis von Alfred Nobel zurück, sondern auf eine Idee der Zentralbank Schwedens, wird aber dennoch in den meisten Medien vereinfacht als »Wirtschaftsnobelpreis« bezeichnet und die Ausgezeichneten werden Nobelpreisträger genannt. Die *Schwedische Akademie der Wissenschaften* nahm die Anregung zur Einrichtung eines solchen Preises zunächst auch nur sehr zögerlich auf, ließ die Bedenken aber letztendlich fallen.[1062] Dennoch ist die Auszeichnung bis heute aus mehreren Gründen umstritten.

Zum einen hätte Alfred Nobel nach Einschätzung seines Ururenkels Peter Nobel selbst einem solchen Preis nie zugestimmt, denn er hielt nicht viel von der Ökonomik.[1063] »Ich habe keine Wirtschafts-Ausbildung und hasse sie von Herzen«, schrieb Alfred Nobel in einem Brief, den die vier Urenkel seines Bruders Ludwig 2001 veröffentlichten.[1064]

Zweitens gilt die Ökonomik bis heute nicht als harte Wissenschaft, die im gleichen Maße richtige und überprüfbare Aussagen über die Realität macht wie die Physik oder die Chemie, was die Finanzkrise 2008 bestätigte. Bereits 2004 hatte Joseph Stiglitz, drei Jahre zuvor selbst Gewinner des Preises, in einem Interview gewitzelt: »Die Ökonomie ist die einzige Wissenschaft, in der sich zwei Menschen einen Nobelpreis teilen können, weil ihre Theorien sich gegenseitig widerlegen.«[1065]

Der dritte Einwand bezieht sich auf die Aufmerksamkeit, die aus der Vergabe resultiert. Die beiden Preisträger des Jahres 1974 waren besonders kritisch: Gunnar Myrdal meinte schlicht, die Auszeichnung gehöre abgeschafft.[1066] Friedrich August von Hayek sah einzelnen Personen eine Autorität zukommen, die in den Wirtschaftswissenschaften niemandem zustehe. Joseph Stiglitz bezieht seine Kritik weniger auf die Person als die Theorien, wenn er meint, die Ehrung verleihe »ökonomischen Ideen Aufmerksamkeit, die sie sonst nicht erhalten würden.«[1067]

Der meines Erachtens wichtigste, aber in der öffentlichen Diskussion kaum beachtete Kritikpunkt, ist die unverdiente Aufwertung der Wirtschaftswissenschaften im Vergleich zu anderen Disziplinen, wie der Philosophie, Soziologie oder Politologie. Denn durch den Preis entstand eine nicht zu rechtfertigende Hierarchie: Über allen thront die Ökonomik als »Königin der Sozialwissenschaften«, wie sie der US-amerikanische Ökonom Abba Lerner 1972 in einem Anflug aus Anmaßung und Selbstverherrlichung bezeichnet hatte.[1068] Darunter arbeitet der Hofstaat, bestehend aus den »niederen« Geistes- und Sozialwissenschaften.

Obwohl es keinerlei wissenschaftlich belastbare Rechtfertigung für die Aufwertung der Wirtschaftswissenschaften gibt, setzt der Preis Maßstäbe für die Beurteilung der Bedeutung von Fachdisziplinen. Er sendet die Botschaft aus, dass wirtschaftliche Einsichten für die Menschheit wichtiger sind als philosophische, soziologische, historische oder politische. Dabei gibt hunderte von Geistes- und Sozialwissenschaftlern, die auf ihrem Gebiet genauso viel oder sogar noch mehr geleistet haben als die Wirtschaftswissenschaftler in ihrem Metier. Trotzdem werden ihre Ideen in der Öffentlichkeit und der Politik weniger zur Kenntnis genommen. So hätte John Rawls mit ziemlicher Sicherheit den Preis in Philosophie für seine Theorie der Gerechtigkeit oder Michel Foucault den Preis in Soziologie für seine Machttheorien erhalten. Hätte es eine solche Ehrung in anderen Fachdisziplinen jedes Jahr gegeben, wäre vermutlich schon vor der Finanzkrise 2008 in den Politik- und Wirtschaftsseiten der auflagenstarken Qualitätszeitungen intensiver über Gerechtigkeit und Macht diskutiert worden und nicht nur hin und wieder im Feuilleton einiger weinger Zeitungen. Und vielleicht hätten damit einige der übelsten Auswüchse des Kapitalismus der jüngeren Zeit verhindert werden können, wenn die »Königin der Sozialwissenschaften« nicht als Alleinherrscherin so unsagbar schlecht hätte regieren können und dürfen. So aber wurden die Wirtschaftswissenschaften durch die neue Auszeichnung stark aufgewertet.

Maßstäbe setzen ist eine Form der strukturierten Machtausübung, weil die meisten Menschen ihr Verhalten und Denken unbewusst an den aufgestellten Kriterien ausrichten. In allen drei hier beschriebenen Fällen profitiert der Kapitalismus von den aufgestellten Standards, deren Einrichtung und Aufrechterhaltung er vorangetrieben hat, wenn auch nicht im Alleingang, sondern unter Mithilfe von Wissenschaftlern (beim BIP), Politikern (beim UNCTC) und Ökonomen und Zentralbankern (beim »Wirtschaftsnobelpreis«).

ZWEIFEL ZERSTREUEN

Gebrauchsanweisungen beginnen häufig mit Glückwünschen zum Erwerb eines Produktes. Meistens folgen dann noch Sätze über die besondere Qualität des erworbenen Gegenstandes. Diese Vorgehensweise der Hersteller geht auf psychologische Einsichten zum Nachkaufverhalten von Konsumenten zurück, die motiviert sind durch die von Leon Festinger entwickelte Theorie der kognitiven Dissonanz. Danach werden Menschen durch unterschiedliche, teils auch widersprüchliche Wahrnehmungen in einen inneren Spannungszustand versetzt, kognitive Dissonanz genannt. Dieser Gefühlszustand tritt auch vor größeren Anschaffungen oder wichtigen Entscheidungen auf. Dann besorgen sich Menschen Informationen, um sich besser entscheiden zu können. Wenn diese Informationen entweder kein eindeutiges Bild ergeben oder nicht frei von Widersprüchen sind, entsteht eine kognitive Dissonanz. Den Menschen sind solche Spannungszustände unangenehm. Sie versuchen, diese kognitiven Dissonanzen zu reduzieren. Vor einer Kaufentscheidung ist dies durch Einholen von besseren Informationen oder durch ein Aufschieben des Kaufes möglich.[1069]

Nach einem Kauf sieht die Sache etwas anders aus, insbesondere wenn der Kauf nur noch unter hohen Kosten rückgängig gemacht werden kann. Dann sind die vor dem Kauf eingeholten Informationen immer noch verfügbar und wirken auf den Gemütszustand. Zum Abbau der Spannungen suchen die Menschen jetzt nach Informationen, die den Kauf im Nachhinein rechtfertigen. In dieser Phase werden alle Informationen begierig aufgenommen, die für das gekaufte Produkt sprechen. Informationen, die den Kauf in einem ungünstigen Licht erscheinen lassen, werden als weniger wichtig eingestuft oder ausgeblendet. Genau aus diesem Grund werden wir zu Beginn von Gebrauchsanweisungen zum Kauf beglückwünscht. Denn obwohl jeder weiß, dass ein Hersteller nichts Negatives über sein Produkt schreiben würde: In der Nachkaufphase lechzen wir geradezu nach Bestätigung, und selbst offensichtlich parteiische Informationen bestärken unsere Entscheidung.

Um Zweifel an ihm zu zerstreuen, geht auch der Kapitalismus nach diesem Prinzip vor. Denn selbst wenn die meisten Menschen in dieses Wirtschaftssystem hineingewachsen sind und sich nicht bewusst dafür entschieden haben, befinden sie sich doch in so etwas Ähnlichem wie der »Nachkaufphase«. Sie fühlen sich einfach besser und sind dem Kapitalismus zugeneigter, wenn sie ab und zu hören, welch segensreiche Einrichtung er doch ist. Denn Berichte über die Zerstörung des Regenwaldes durch renditehungrige Erdölkonzerne, unmenschliche Arbeitsbedingungen in Schuh- und Textilfabriken namhafter Sportartikelhersteller oder sich ausbreitende Armut in der westlichen Welt lassen durchaus Zweifel am System aufkommen. Diese kognitive Dissonanz versuchen die Protagonisten des Kapitalismus zu verringern, indem sie seine Wohltaten preisen, wozu auch der bereits beschriebene Propagandaapparat eingesetzt wird. Die meisten Menschen reagieren wie von der Theorie der kognitiven Dissonanz vorhergesagt: Sie blenden die Informationen über die Schattenseiten des Kapitalismus zum größten Teil aus und nehmen vorwiegend solche Eindrücke wahr, die sie bestärken, in der besten aller möglichen Welten zu leben.

Besondere Zurückhaltung beim Hochjubeln der angeblichen Erfolge des Kapitalismus und beim Kleinreden der Schattenseiten legen seine Helfershelfer nicht an den Tag. Schönfärberisch erklären sie den Kapitalismus zum Heilsbringer. Sie halten sich an die alte Volksweisheit »Bescheidenheit ist eine Zier, doch weiter kommt man ohne ihr.« So rief der CDU-Politiker Friedrich Merz mitten in der Finanzkrise 2008 dazu auf, mehr Kapitalismus zu wagen.[1070]

Fremde Federn

In der Wissenschaft ist es durchaus üblich zuzugeben, dass eigene Erfolge auf Vorarbeiten anderer beruhen. Ein Beispiel für diese Geisteshaltung ist das bekannte Zitat von Isaac Newton, der damit seine eigenen Leistungen als einer der bedeutendsten Naturwissenschaftler seiner Zeit bescheiden relativierte: »Wenn ich weiter sehen konnte, so deshalb, weil ich auf den Schultern von Giganten stand.«[1071] Das seit dem 12. Jahrhundert belegte Bildnis von den Zwergen, die auf den Schultern von Riesen stehend weiter sehen können als vom Boden aus, ist Ausdruck dieser Bescheidenheit.[1072] Unumwunden wird zugegeben, dass die Erfolge in Wissenschaft, Technik und Kultur auf Vorleistungen anderer beruhen. Das Zitieren von Quellen in wissenschaftlichen Veröffentlichungen ist daher unumgänglich, denn Forschung beginnt nie am absoluten Nullpunkt.

Im Unterschied dazu schmückt sich der Kapitalismus gerne mit fremden Federn. Wirtschaftsnahe Medien, neoliberale Politiker, Unternehmer und Manager verschleiern so die Bedeutung anderer Faktoren an der Mehrung des Wohlstands. So listete *Die Welt* im Juni 2009 in einem Artikel mit dem Titel »Warum der Kapitalismus beibehalten werden muss« zehn seiner angeblichen Wohltaten auf.[1073] Diese reichen von Wohlstandmehrung über die Förderung von Gesundheit, Bildung, Umweltschutz, Freiheit und Kunst bis hin zur Erhaltung des Friedens. Der Kapitalismus als Eier legende Wollmilchsau: Besser kann man sich wohl kaum in Szene setzen. Es ist zwar nicht falsch, was *Die Welt* in ihrem Beitrag schreibt, aber eben nur ein Teil der Wahrheit. Denn zum einen unterschlägt der Artikel die negativen Auswirkungen des Kapitalismus auf Gesundheit, Bildung, Umwelt und Freiheit, die in diesem Buch schon zur Sprache kamen. Zum anderen tut er so, als gäbe es den Staat nicht. Dieser hat im 19. Jahrhundert gegen den heftigsten Widerstand der Kapitalisten die Schulpflicht eingeführt und ist bis heute ein wichtiger Träger der Wissensvermittlung in Schulen und Universitäten. Er verhindert durch Arbeitsschutzgesetze Schäden an Leib und Leben von Arbeitern und Angestellten. Er sorgt durch Investitionen in Humankapital und die Infrastruktur, durch Rechtssicherheit und die Bereitstellung öffentlicher Güter für Vorleistungen, auf deren Basis sich die Wirtschaft entwickeln kann. Auf sich allein gestellt, wäre der Kapitalismus zum Scheitern verurteilt.[1074]

Ein frühes Beispiel fürs Schönfärben ist Joseph Schumpeter, der in seinem 1942 erschienenen Spätwerk »Kapitalismus, Sozialismus und Demokratie« das kapitalistische System seitenweise über alle Maßen lobt und als Höhepunkt folgenden Satz formuliert: »Nicht nur die moderne mechanisierte Anlage und die ihr entströmende Produktenmenge, nicht nur die moderne Technik und die wirtschaftliche Organisation, sondern auch alle Eigenschaften und Leistungen der modernen Zivilisation sind direkt oder indirekt das Produkt des kapitalistischen Prozesses.«[1075] Diese Aussage – und ähnliche anderer Autoren – wirft mehrere Fragen auf. Wenn der Kapitalismus »direkt und indirekt« für alle Eigenschaften und Leistungen der modernen Zivilisation verantwortlich ist, ist er es dann nicht auch für Armut und Krieg? Und was waren die treibenden Kräfte des Fortschritts in den Tausenden von Jahren, bevor der Kapitalismus sich entwickelte. Schumpeter geht nicht auf diese auch damals schon gültigen Einwände ein, er wollte wohl den Kapitalismus im Kampf gegen den Sozialismus argumentativ unterstützen, schließlich war zu diesem Zeitpunkt die fünfzig Jahre später folgende Kapitulation des real existierenden Sozialismus noch nicht abzusehen.

Ein Beispiel aus der jüngeren Zeit für das Schmücken mit fremden Federn ist das von Rainer Hank und Werner Plumpe herausgegebene Buch mit dem Titel »Wie wir reich wurden. Eine kleine Geschichte des Kapitalismus.« Die vielen Einzelbeiträge des Buches, die zuvor schon in der *Frankfurter Allgemeinen Sonntagszeitung* erschienen waren, beleuchten differenziert und kenntnisreich die wirtschaftliche Entwicklung der letzten Jahrhunderte. Sie zeigen, wie Marktwirtschaft, Ideen, Erfindergeist, Pionierunternehmer, Anreizsysteme, die Ausgestaltung von Eigentumsverhältnissen und *auch* der Kapitalismus den materiellen Wohlstand der Menschen gefördert haben.[1076] Aber Titel des Buches, die Einführung der Herausgeber und die Beiträge selbst legen nahe, dass unser Reichtum auf den Kapitalismus zurückzuführen ist. Außerdem blendet das Buch weitgehend aus, dass weltweit kaum mehr als 1 % der Menschen wirklich reich sind[1077] und mindestens eine Milliarde Menschen täglich ohne die soziale Absicherung oder eigene Ersparnisse ums Überleben kämpft.

Auch wenn es trivial oder pathetisch klingen mag, angesichts der Schönfärberei des Kapitalismus schadet es nicht, sich Folgendes in Erinnerung zu rufen: Die Riesen, auf deren Schultern er steht, sind die Gaben der Natur, die großen Entdeckungen von Forschern und Erfindern sowie die Ideen von Philosophen und Staatsmännern zur Reduzierung von Kriegen und inneren Unruhen. Selbst der neoliberale Ökonom Milton Friedman gesteht dies zu, wenn er schreibt, die Errungenschaften von Isaac Newton, Gottfried Wilhelm Leibniz, Albert Einstein, Niels Bohr, William Shakespeare oder Albert Schweitzer seien das »Produkt von individueller Genialität, stark vertretener Minderheitenmeinung und eines gesellschaftlichen Klimas, das Vielfalt und Verschiedenartigkeit gestattete.«[1078]

Langfristig entscheidend für den materiellen Wohlstand eines Landes ist der Produktivitätsfortschritt, das heißt die Fähigkeit, mit einem bestimmten Bestand an Produktionsfaktoren mehr Waren und Dienstleistungen herzustellen. Quellen der Produktivitätssteigerung sind zum einen technischer Fortschritt sowie Verbesserungen in der Arbeitsorganisation, zum anderen aber auch der medizinische

Fortschritt, denn dieser trägt zur Erhaltung des Humankapitals bei. Ohne die Entwicklung von Impfstoffen gegen Infektionskrankheiten würden auch heute noch massenweise Menschen sterben und mit ihnen gingen auch ihre beruflichen Fähigkeiten und Kenntnisse verloren. Brillen, Kontaktlinsen oder Augenoperationen ermöglichen es, die bei den meisten Menschen auftretende Altersweitsichtigkeit zu korrigieren, sodass sie ihren Beruf auch weiterhin ausüben können. Der Historiker David Landes verweist auf die Bedeutung der Erfindung von Augengläsern im Mittelalter, wodurch sich die Lebensarbeitszeit von Handwerkern verdoppelte.[1079]

Die Behauptung, der Kapitalismus sei Hauptverantwortlicher des wirtschaftlichen Wohlstands, muss also korrigiert werden. Denn technischen und medizinischen Fortschritt gab es schon lange Zeit, bevor sich der Kapitalismus entfaltete.[1080] Forscher und Erfinder wurden zu keiner Zeit von der Aussicht auf Reichtum angetrieben, sondern von dem Drang, Lösungen für Probleme zu finden oder das Leben angenehmer und gesünder zu machen. So konnten zum Beispiel die großen Bakteriologen und Mediziner des 19. Jahrhunderts wie Robert Koch, Emil von Behring oder Louis Pasteur bei Beginn ihrer Versuche gar nicht abschätzen, ob diese zum Erfolg führen würden. Die unbestrittene Stärke des Kapitalismus liegt nicht im *Hervorbringen*, sondern in der *Verwertung* von Erfindungen. Seine Pionierunternehmer gehen wirtschaftliche Risiken ein, indem sie versuchen, die Erkenntnisse von Forschern im Alltag nutzbar zu machen. Seine Investoren stellen neu gegründeten Firmen Wagniskapital zur Verfügung, um aus Ideen marktgerechte Produkte zu machen. Das ist der große und keineswegs zu unterschätzende Beitrag des Kapitalismus zum Wohlstand der Nationen. Aber er beruht auf Vorleistungen anderer und es wäre angebracht, er würde dies entsprechend würdigen.

Eine weitere, nicht genannte, Vorleistung sind die natürlichen Ressourcen der Erde, insbesondere die fossilen Energieträger und Bodenschätze, auf deren Ausbeutung ein erheblicher Teil unseres Wohlstands beruht.[1081] Diese Ausbeutung hat in den letzten Jahrzehnten noch massiv zugenommen, obwohl eine Wachstumsstrategie, die auf nicht erneuerbare Energieträger setzt, langfristig zum Scheitern verurteilt sein muss. Aber im Moment ist der Fossilismus, das heißt die Nutzung fossiler Rohstoffe als billige Energiequelle, eben auch ein wesentlicher Faktor, dem wir unseren Wohlstand verdanken.[1082] Der

Kapitalismus ist über multinationale Energiekonzerne zwar an dieser gegenwärtigen Wohlstandmehrung beteiligt, aber den zukünftigen Generationen erweist er damit einen Bärendienst, weil diese nicht mehr auf Erdöl werden zurückgreifen können.[1083]

Aber selbst wenn wir die Frage der langfristigen Tragfähigkeit des Fossilismus einmal außer Acht lassen, eines steht fest: Der Kapitalismus ist nicht alleine verantwortlich für unser hohes materielles Wohlstandsniveau, Gesundheit oder Umweltschutz. Er leistet zweifelsohne an der einen oder anderen Stelle einen positiven Beitrag zur Verbesserung unserer Welt. Aber der Kapitalismus ist ein Zwerg, der auf den Schultern von Riesen steht. Dies jedoch leugnen seine Protagonisten aus machtpolitischen Gründen.

Fazit

Neben seinen offensiven und defensiven Strategien zur Entmachtung der Demokratie ergreift der Kapitalismus noch starke flankierende Maßnahmen, um seine Erfolgschancen zu maximieren. Er übt damit zumeist strukturelle Macht aus, weil die meisten flankierenden Maßnahmen die Lebensumstände der Menschen verändern und sie sich in seinem Sinne verhalten. Wie schon bei anderen Gelegenheiten (z. B. der Kommerzialisierung der Familienarbeit) verstärkt der Kapitalismus aber oftmals nur vorhandene gesellschaftliche Trends und gestaltet sie zu seinem Vorteil um.

Besonders wichtig ist der Zeitdiebstahl, weil Demokratie ein langwieriger Prozess bestehend aus Informationssuche, öffentlicher Diskussion und Beratschlagung sowie Entscheidung ist. Sich an demokratischen Diskussionen oder Verfahren zu beteiligen, kostet viel Zeit, und je mehr die Bürger davon an das kapitalistische System abtreten, desto stärker werden sie im täglichen Leben an der Ausübung der Herrschaft gehindert. Als perfekte Ergänzung zum Zeitdiebstahl erweist sich die Unterhaltung, indem sie große Teile der freien Zeit vieler Menschen mit verdummender Ablenkung füllt. Mit der Verbreitung von Angst zieht der Kapitalismus die einzige ihm noch verbleibende Option der repressiven Machtausübung. Indem er Maßstäbe zu seinen Gunsten verändert, Zweifel zerstreut und sich hemmungslos mit fremden Federn schmückt, ergänzt er wirkungsvoll sein Arsenal an flankierenden Maßnahmen.

Allerdings ist nicht jeder Bürger gleichermaßen für die oben geschilderten Aktionen empfänglich, manche entziehen sich sogar einigen von ihnen ganz bewusst. Für den Kapitalismus ist jedoch nicht weiter schlimm, da es sich um flankierende Maßnahmen zur Absicherung der offensiven und defensiven Strategien der Entmachtung handelt und er damit nicht jeden erreichen muss.

Teil III: Vollendung der Entmachtung?

In den vergangenen drei bis vier Jahrzehnten ist der Kapitalismus ein gutes Stück vorangekommen auf dem Weg der Entmachtung des Volkes. Die entscheidende Frage ist daher, ob und wie lange sich diese Tendenzen noch fortsetzen werden. Damit begibt man sich in den Bereich der Prognosen, weshalb zunächst einmal mit dem weit verbreiteten Missverständnis aufzuräumen ist, eine Prognose sei eine Vorhersage zukünftiger Ereignisse. Wie Joseph Schumpeter betont, ist eine Prognose immer eine Wenn-dann-Aussage. Sie sagt »uns niemals, was mit einem Objekt geschehen *wird*, sondern was geschehen *würde*«, wenn die in der Analyse festgestellten Einflussfaktoren weiterhin wirkten.[1084] Und genau in diesem Sinne soll die Aussage zur Plutokratie als zukünftige Herrschaftsstruktur verstanden werden: Wenn die in diesem Buch beschriebenen Entwicklungen so weitergehen wie bisher, dann werden die meisten westlichen Demokratien sich in nochmals drei bis vier Jahrzehnten in demokratisch legitimierte Plutokratien verwandelt haben.

Das Fragezeichen in der Überschrift zum folgenden Kapitel 14 »Auf dem Weg in die Plutokratie?« verweist auf die Unwägbarkeiten aller sozialen Prozesse. Falls sich die Bedingungen im Wenn-Teil der Prognose ändern, verändert sich auch die Schlussfolgerung im Dann-Teil.

Aus Sicht des Kapitals gibt es zwei Risikofaktoren, die den Wenn-Teil der Prognose revidieren und die angestrebte vollständige Entmachtung des Volkes gefährden könnten. Zum einen könnte sich der Kapitalismus durch seine Maßlosigkeit schwächen oder gar selbst zerstören, ein Szenario, das seit fast zwei Jahrhunderten diskutiert wird. Für Karl Marx war der Kapitalismus nur eine notwendige Stufe auf dem Weg der gesellschaftlichen Entwicklung hin zum Kommunismus. Max Weber und Joseph Schumpeter glaubten, er würde durch die Bürokratie gebändigt oder vom Sozialismus abgelöst. Falls dies tatsächlich passieren würde, wären auch seine politischen Ambitionen erledigt, der Demokratie würde von dieser Seite keine Gefahr mehr drohen. Bislang hat sich der Kapitalismus aber immer weiter über den Erdball verbreitet und selbst die heftigsten – und noch dazu durch ihn selbst mitverursachten Wirtschaftskrisen – überstanden. Dies dürfte auf seine hohe Anpassungsfähigkeit zurückzuführen sein. »Er nährt sich vom Wandel, paßt sich, nach Bedarf ausbaufähig oder zu Einschränkungen imstande, den wirtschaftlichen Möglichkeiten jeder Epoche und Weltgegend an«, meint der französische Historiker Fernand Braudel und sieht daher in ihm eine langlebige Wirtschaftsform.[1085] Es ist also davon auszugehen, dass der Kapitalismus die nächsten Jahrzehnte prägen wird, weshalb das nächste Kapitel sich der Frage widmet, ob er die Entmachtung der Demokratien vollenden kann.

Die zweite Seite, von der dem Kapitalismus Gefahr droht, ist eine wieder erstarkende Demokratie. Formal ist immer noch das Volk der Souverän und die Bürger könnten beginnen, sich gegen die Entmachtung durch den Kapitalismus zu wehren. Was dazu notwendig wäre, skizziere ich in Kapitel 15.

14 – Auf dem Weg in die Plutokratie?

Es gibt den Klassenkampf, nun ja, aber es ist meine Klasse,
die Klasse der Reichen, die den Krieg führt, und wir gewinnen.

Warren Buffett (US-amerikanischer Multimilliardär, 2006)

Die Antwort auf die Frage, ob die meisten westlichen Demokratien *zurzeit* auf dem Weg in die Plutokratie sind, ist ein klares Ja. Formal geht zwar noch alle Macht vom Volke aus, tatsächlich bestimmen jedoch Großkonzerne und Reiche die Richtlinien der Politik. Gegen die Wirtschaft zu regieren, ist beinahe unmöglich geworden. Das Kapital hat in vermutlich noch nie dagewesenem Umfang ökonomische Macht aufgebaut, die es konsequent in politische Macht umsetzt. Kaum ein wirtschaftlich wichtiges Gesetz wird mehr verabschiedet, das nicht die Handschrift von Unternehmenslobbyisten trägt. Spenden an Parteien und Kandidaten, die dem Kapital gewogen sind, erhöhen deren Chancen, wiedergewählt zu werden. Die PR-Abteilungen der Konzerne zeichnen schönfärberisch das Bild eines wohltätigen, freien Unternehmertums und die privaten Massenmedien, die entweder kapitalistischen Großkonzernen gehören oder dringend auf deren Anzeigen angewiesen sind, verbreiten es – der Glaubwürdigkeit halber hin und wieder mit wohldosierter Kritik versehen.

Privatisierung von Politikfeldern als Vollendung der Plutokratie

Ich hatte bereits darauf verwiesen, dass die Entmachtung der Demokratie ein relativ langsamer Prozess ist. Selbst der Übergang von einer Postdemokratie zu einer Plutokratie verläuft fließend und nicht schlagartig. Dennoch stellt sich die Frage, ob es Kriterien gibt, um festzustellen, wann die Postdemokratie beginnt, sich in eine Plutokratie zu verwandeln.

Definiert man Plutokratie so wie in diesem Buch als Herrschaft der Konzerne, der Reichen und ihrer Stellvertreter, dann kann man z. B. die USA – so wie viele Sozialwissenschaftler dies bereits tun – als (demokratisch legitimierte) Plutokratie bezeichnen.[1086] Aber auch eine Postdemokratie ist durch einen herrschaftsähnlichen Einfluss von Großkonzernen gekennzeichnet. Um von einem Übergang zur Plutokratie sprechen zu können, muss zur demokratisch legitimierten

Machtausübung durch die Plutokraten noch etwas *hinzukommen*, was es in einer Postdemokratie erst in Ansätzen gibt: eine Privatisierung der Politik. Von der spricht man, wenn politische Aufgaben *direkt* von Konzernen, reichen Privatleuten oder Institutionen erledigt werden, die in *eigener Verantwortung* und nach *eigenen Regeln* handeln. Dazu bedarf es zumeist einer erstmaligen »Erlaubnis« durch Regierungen oder Parlamente, z. B. durch die Schaffung von Freiräumen im Zuge einer Deregulierung oder durch Gesetze, die privaten Organisationen die Gestaltung bestimmter Politikfelder gestatten. Ist die »Erlaubnis« einmal erteilt, kann sie zwar theoretisch zurückgenommen werden, praktisch geschieht dies aber selten.

Warum das Kapital eine Privatisierung der Politik betreibt, liegt auf der Hand. In einer Postdemokratie herrscht das Kapital noch vorwiegend *indirekt*, indem es seine ökonomische Macht in politische umsetzt. Damit besteht aber immer die Gefahr, dass einige Politikbereiche anders geregelt werden als es sich die Kapitalbesitzer vorstellen. Eine privatisierte und von Plutokraten gelenkte Politik neutralisiert dieses Risiko. Prinzipiell liegt es also im Interesse des Kapitals, in möglichst vielen Bereichen Politik zu gestalten, und genau deshalb waren die letzten Jahrzehnte durch ein kontinuierliches Fortschreiten auf dem Weg in die Plutokratie gekennzeichnet. Wie die folgenden Ausführungen belegen, bekamen die westlichen Gesellschaften die Auswirkungen einer privatisierten Politik immer stärker zu spüren.

RATINGAGENTUREN

Eine aus wirtschaftlicher Sicht bedeutende Privatisierung der Politik begann bereits nach der großen Depression, als in den USA durch ein Gesetz aus dem Jahr 1934 (Securities and Exchange Act) eine staatliche Behörde zur Beaufsichtigung des Wertpapierhandels, die *Securities and Exchange Commission* (SEC), gegründet wurde. Die SEC ist für die Umsetzung einer Vielzahl von Kapitalmarktgesetzen verantwortlich und bekam dafür vom Gesetzgeber weitreichende Befugnisse eingeräumt. 1975 traf die SEC drei Entscheidungen, die es den Ratingagenturen ermöglichte, zunächst direkt Politik auf den Kapitalmärkten zu betreiben, welche im Laufe der Zeit immer schwerwiegendere Folgen für die Volkswirtschaften der ganzen Welt hatten: Die privaten Ratingagenturen wurden wirtschaftspolitische Akteure. Dabei sah alles am Anfang noch ganz harmlos aus. Die erste Entscheidung betraf die staatliche Lizenzierung von Ratingagenturen. Die SEC erteilte den damals sieben bekanntesten unter ihnen das begehrte Zertifikat »Nationally Recognized Statistical Rating Organization« (NRSRO). Im Laufe der Zeit wurden durch Fusionen daraus die großen Drei – *Fitch*, *Moody's* und *Standard & Poor's*. Bis 2003 waren sie die einzigen NRSRO. Obwohl die SEC danach weitere Ratingagenturen zugelassen hat, lag der Marktanteil der großen Drei im Jahr 2010 immer noch bei 95%.[1087] Die zweite Entscheidung betraf die Einstufung (oder das Rating) von Wertpapieren nach Risikokategorien. Die SEC entschied, dass Banken und andere Finanzinstitute umso weniger Kapital als Risikopuffer zurücklegen müssen, je geringer die Ausfallwahrscheinlichkeit der gehaltenen Wertpapiere ist. Dadurch haben die Ratingagenturen einen Anreiz, ihren subjektiven Bewertungsspielraum beim Rating von Wertpapieren zugunsten der Emittenten zu nutzen. Denn je besser die Einstufung, desto höher ist – unter sonst gleichen Bedingungen – der beim Verkauf erzielbare Preis. Und da die Emittenten und nicht die Käufer die Gebühren für die Bewertung bezahlen, urteilen die Ratingagenturen tendenziell im Sinne der Auftraggeber. Als dritte Entscheidung wurde US-amerikanischen Pensionsfonds vorgeschrieben, nur noch Wertpapiere zu kaufen, die mit der Bestnote »A« eingestuft sind. Das alleinige Recht zur Festlegung der Bonität der Wertpapiere erhielten die Ratingagenturen, was ihnen in den USA eine entscheidende Rolle an den Finanzmärkten einbrachte.[1088]

In den folgenden Jahrzehnten dehnten die Ratingagenturen ihre ursprünglich auf die USA beschränkte Geschäftstätigkeit fast auf die ganze Welt aus, da immer mehr Länder in ihren nationalen Kapitalmarktgesetzen Ratings von einer dieser drei Agenturen verlangten.[1089] Auch die Zahl der Staaten, die von den Ratingagenturen benotet wurden, stieg von fünf im Jahr 1975 auf 191 im Jahr 2000 und umfasste damit beinahe alle Länder der Welt.[1090] Auf diese Weise erlangten die Ratingagenturen immer stärkeren Einfluss auf die Bedingungen, unter denen sich Staaten an den internationalen Kapitalmärkten Geld leihen konnten. Bereits 1996 bemerkte der damalige Präsident der *Deutschen Bundesbank* Hans Tietmeyer, »daß sich die meisten Politiker immer noch nicht darüber im Klaren sind, wie sehr sie bereits heute unter der Kontrolle der Finanzmärkte stehen und sogar von diesen beherrscht werden.«[1091]

Denn die Finanzmärkte und damit auch die Ratingagenturen entscheiden, ob und zu welchen Konditionen ein Land sich Geld leihen
kann. Im Prinzip besteht der Zinssatz, den ein Staat dem Kapitalmarkt
bieten muss, damit Investoren seine Anleihe kaufen, aus zwei Komponenten: Dem *Kapitalmarktzinssatz* für Länder mit bester Bonität und
einem *Risikozuschlag*, der umso höher ausfällt, je schlechter das Rating
eines Landes ist. Und an dieser Stelle wird es politisch. Private Ratingagenturen entscheiden nach von ihnen selbst aufgestellten Kriterien,
in die objektiv nachvollziehbare ökonomische Informationen, aber
auch subjektive Bewertungen eingehen, über die Bonität eines Landes
als Kreditnehmer.[1092] Sie haben damit über die Höhe des Risikozu-
schlags entscheidenden Einfluss auf den Zinssatz, zu dem ein Land
sich verschulden kann. Aus Sicht eines Landes betreiben die Ratingagenturen damit Zinspolitik auf den internationalen Kapitalmärkten.
Hinzu kommt der Einfluss auf die Budgetpolitik. Da die Schuldzinsen
letztendlich[1093] durch Gelder beglichen werden müssen, die durch
Ausgabenkürzungen oder Steuererhöhungen erwirtschaftet werden,
beeinflusst die private Zinspolitik auch die Haushaltspolitik von Staaten und kann sogar Auswirkungen auf die Stabilität ihrer Währungen
haben. Als Kanada 1995 massive wirtschaftliche Probleme hatte, wollte
es seinen Dollar stabilisieren und eine Abwertung vermeiden. Daher
kürzte die Regierung die Staatsausgaben und erhöhte die Steuern. Der
Ratingagentur *Moody's* war dies jedoch zu wenig. Sie gab bekannt,
prüfen zu wollen, ob Kanada eventuell herabgestuft werden sollte, was
den Risikoaufschlag erhöhen würde, den Kanada für neu ausgegebene
Staatsanleihen bezahlen müsste. Würde Kanada herabgestuft, dann
verlören die bereits im Umlauf befindlichen Staatsanleihen an Wert.
Um sich vor dem drohenden Wertverlust zu schützen, verkauften
Investoren unmittelbar nach dieser Ankündigung von *Moody's* massiv
kanadische Staatsanleihen und der kanadische Dollar wertete sich
weiter ab.[1094]

Nun lässt sich argumentieren, dass es auf alle Fälle jemanden geben
muss, der die Bonität von Ländern beurteilt, weil Investoren sonst
nicht wissen, wie sicher ihr Geld angelegt ist, und sie im Zweifel den
Staaten gar kein Geld leihen. Und daher sei es das Beste, die Bonität
nach objektiven Kriterien durch neutrale Schiedsrichter zuverlässig
feststellen zu lassen. Der Einfluss auf die Zinsen sei dann nur eine
sich rein technisch ergebende Folge der Wirtschaftspolitik eines Lan-

des. Dies ist zwar prinzipiell richtig, das Problem dabei ist nur, dass die Einstufungen von Staatsanleihen in der Realität weder objektiv noch zuverlässig noch neutral sind.[1095] Wären die Kriterien *objektiv*, müsste jedes Land zu jedem Zeitpunkt von allen Ratingagenturen gleich beurteilt werden. Dies ist aber nicht der Fall, was vor allem auf die subjektive Komponente der Einstufung zurückzuführen ist. Würden die Ratings *zuverlässig* das Ausfallrisiko anzeigen, dann hätte es nicht so viele Wertpapiere geben dürfen, die 2006 (noch vor der Finanzkrise) mit Bestnoten versehen, aber 2007 innerhalb weniger Tage auf Ramschniveau herabgestuft wurden.[1096] Ebenso hätten Italien und Irland vor ihrer massiven und schnellen Herabstufung 2011 bzw. 2010 nicht jahrelang Bestnoten erhalten dürfen.[1097]

Auch an der *Neutralität* der großen Drei gibt es erhebliche Zweifel, und das nicht nur, weil sie Finanzkonzernen gehören. So werden *Moody's* und *Standard & Poor's* zum Teil von denselben Eigentümern gesteuert. Zu diesen zählen große, weltweit tätige US-Fonds und US-Banken, die versuchen, über die Ratingagenturen ihre eigenen Interessen durchzusetzen.[1098] Das fanden auch drei Forscher der Universität St. Gallen heraus, die Ratings von 26 OECD-Staaten zwischen 1999 und 2010 mit einer Vielzahl von Daten verglichen, die nach Einschätzung der Ratingagenturen und der ökonomischen Theorie die Bonität von Ländern erklärten. Ihnen fiel auf, dass bis zu Beginn der Staatsschuldenkrise 2009 die Ratings aller Staaten gut mit ihren Wirtschaftsdaten übereinstimmten. Während der Krise wurden Portugal, Italien, Griechenland und Spanien jedoch schlechter eingestuft als vergleichbare andere Länder, wofür es aufgrund der Datenlage jedoch keinen Anlass gab.[1099] Offensichtlich griffen sich die Ratingagenturen aus politischen und wirtschaftlichen Gründen die Staaten heraus, die sich am wenigsten wehren konnten. Schnell waren diese vier Länder nach ihren Anfangsbuchstaben mit der abwertenden Bezeichnung PIGS-Staaten (engl. pigs = dt. Schweine) belegt.[1100] So sollte alle Welt sehen, um welche Art von Schuldnern es sich handelt. Die nicht gerechtfertigte Verschlechterung des Ratings zwang die vier Staaten, höhere Zinssätze für neue Kredite zu bezahlen als Länder mit vergleichbaren Wirtschaftsdaten. Weitere Zweifel an der Neutralität von Ratings schürt eine Untersuchung von Andreas Fuchs und Kai Gehring, zwei Ökonomen der Universitäten Heidelberg und Göttingen. Sie stellten fest, dass Ratingagenturen ihr eigenes Land systematisch besser eingestuft hatten als es nach den Fundamentaldaten und der Einschätzung ausländischer Ratingagenturen gerechtfertigt erschien.[1101] Diese Präferenz für den Heimatmarkt ist ebenfalls ein Beleg für die unzureichende Neutralität von Ratings.

Um nicht falsch verstanden zu werden: Länderratings liefern Investoren wichtige, wenn auch keineswegs immer zuverlässige Informationen für Anlageentscheidungen und tragen somit zur Transparenz auf den Kapitalmärkten bei. In irgendeiner Form hat es und wird es immer eine Beurteilung der Bonität von Schuldnern geben. Das sind die Pensions- und anderen Kapitalfonds ihren Kunden schuldig, die wissen wollen, wie sicher ihre Gelder angelegt sind. Aber im derzeitigen System verbleibt den Ratingagenturen ein viel zu großer *subjektiver* Bewertungsspielraum, den sie ausnutzen, um über den Risikozuschlag auf die Höhe des Zinssatzes für Staatsanleihen einzuwirken. Hinzu kommt der Einfluss ihrer Empfehlungen, die sie Staaten geben, um ihre Kreditwürdigkeit zu verbessern oder zu erhalten. Diese laufen im Wesentlichen darauf hinaus, die Staatsausgaben durch Entlassungen aus dem öffentlichen Dienst und Einschnitte bei sozialen Leistungen zu kürzen. Nur selten werden Einschnitte bei Ausgaben für Polizei, Militär und Geheimdienste gefordert. Damit machen die Ratingagenturen zwar nicht direkt Politik, sie zwingen Parlamente und Regierungen jedoch, sich an die Empfehlung zu halten, wenn sie ihre Bonität verbessern wollen. »Im Ergebnis sind Ratingagenturen keine selbstständigen und »objektiven« Bewerter, sondern ausführendes Organ ihrer Eigentümer im Besonderen und der westlichen Kapitalmacht im Allgemeinen«, lautet die Schlussfolgerung des Publizisten Werner Rügemer, der sich eingehend mit der politischen Ökonomie von Ratingagenturen befasst hat.[1102]

Private Ratingagenturen betreiben bis zu einem gewissen Grade also Politik, wenn auch mit staatlicher Billigung. In einer funktionierenden Demokratie ist die Gestaltung der Politik Kernaufgabe des Volkes oder seiner Vertreter, die sich dazu auch demokratisch kontrollierter Institutionen bedienen können, wie z. B. des Bundeskartellamts im Fall der Wettbewerbspolitik. Selbst in einer Postdemokratie werden derartige Institutionen noch formal demokratisch beaufsichtigt und gelenkt. Es ist aber ein untrügliches Anzeichen für den Übergang zu einer (demokratisch legitimierten) Plutokratie, wenn – wie im Falle der Ratingagenturen – ein nicht unwichtiger Bereich der Politik privatisiert wird.

REGULATORY CAPTURE

Unter *regulatory capture*[1103] versteht man die (feindliche) Übernahme einer staatlichen Regulierungsbehörde durch private Individuen oder Interessengruppen. Nach der Übernahme dienen die Regulierungsbehörden nicht mehr dem Allgemeinwohl, sondern den Interessen Einzelner. Diese Definition geht auf den US-amerikanischen Ökonomen George Stigler zurück, der Anfang der 1970er Jahre eine schon von Montesquieu und Karl Marx geäußerte Einsicht wiederbelebte, nach der es viel gewinnbringender sein kann, die Regeln zum Nutzen der eigenen Branche oder Firma zu gestalten als sich im Wettbewerb gegen Konkurrenten zu behaupten.[1104]

Regulierungsbehörden werden vom Staat zur Verbesserung der Effizienz von Märkten eingerichtet, wenn diese aufgrund von (teilweisem) Marktversagen nicht optimal funktionieren. Ihre Kernaufgabe ist es, das Allgemeinwohl durch eine ausgewogene Regulierung so weit wie möglich zu fördern.

Prinzipiell lassen sich zwei Arten von Regulierungsbehörden unterscheiden, solche, die vorwiegend bestehendes Recht auslegen und anwenden, und solche, die in gewissem Umfang eigene Regeln festlegen und danach handeln. Die erste Gruppe, zu denen in den meisten Ländern z. B. die Wettbewerbsaufsicht zählt, ist nur relativ schwach von *regulatory capture* betroffen. Interessengruppen nehmen bei diesen vor allem über ihre Lobbyisten Einfluss, indem sie für Gesetze zum Vorteil ihrer Klientel sorgen. Es ist vor allem die zweite Gruppe von Regulierungsbehörden, die sich für die Privatisierung der Politik durch *regulatory capture* eignet. Wenn es Lobbyisten gelingt, eine regelsetzende Behörde zu vereinnahmen, dann können sie weitgehend für die Durchsetzung ihrer Anliegen sorgen.

Prinzipiell kann sich natürlich jede Interessengruppe am *regulatory capture* beteiligen und es ist theoretisch nicht ausgeschlossen, dass eine staatliche Regulierungsbehörde von Gewerkschaften, Verbraucherschützern oder Umweltorganisationen vereinnahmt wird. In der Praxis ist allerdings das Kapital aufgrund seiner ökonomischen Macht viel besser in der Lage, sich einen organisatorischen und propagandistischen Vorsprung gegenüber den anderen Gruppen zu erarbeiten, wenn Parlamente oder Regierungen über die Besetzung der Entscheidungsgremien in den staatlichen Regulierungsbehörden entscheiden. Außerdem droht die Wirtschaft im Falle einer zu strengen Aufsicht schon standardmäßig mit der Verlagerung von Produktion und damit Arbeitsplätzen ins Ausland.[1105]

Die Bandbreite des *regulatory capture* reicht von der harten Variante, der Besetzung wichtiger Gremien durch Personen aus dem eigenen Lager, bis hin zur weichen Variante, der Beeinflussung der Entscheidungsträger. Die *Eidgenössische Bankenkommission (EBK)* ist eines der besten Beispiele für *regulatory capture* durch die eigenen Gefolgsleute. Bis zu ihrer Integration in die Nachfolgeorganisation, die *Eidgenössische Finanzmarktaufsicht (FINMA)* am 1.1.2009, oblag der *EBK* die Aufsicht über Banken, Börsen und Anlagefonds in der Schweiz. Der Präsident des siebenköpfigen Entscheidungsgremiums war zuvor für die Großbank *UBS* tätig, vier weitere Mitglieder kamen ebenfalls aus dem Bankenbereich. Wenig überraschend gestattete die *EBK* der *UBS* im Jahr 2004 den Einstieg in eine sehr risikoreiche Spielart des Investmentbanking.[1106] Wie viele andere Banken auch, machte die *UBS* im Zuge der Finanzkrise hohe Verluste und im Oktober 2008 musste die *Schweizer Nationalbank* der *UBS* mit 60 Milliarden Schweizer Franken unter die Arme greifen, sonst wäre die *UBS* vermutlich pleitegegangen.[1107]

Auch die Nachfolgeorganisation *FINMA* ist vom Finanzsektor vereinnahmt. Als eine ihrer ersten Amtshandlungen sorgte sie 2009 dafür, dass bei Vermögensanlagen in der Schweiz weiterhin verdeckte Provisionen an die vermittelnden Banken und Anlageberater gezahlt werden können, die sich pro Jahr auf rund fünf Milliarden Franken belaufen. Sie reguliert den Finanzsektor weiterhin viel stärker im Sinne der Banken als der Kunden. Kein Wunder, denn in »ihrem Miliz-Verwaltungsrat sitzen Banken- und Versicherungsvertreter, aber keine Vertreter der Konsumenten, der Anleger und der KMU. Bei der Bankenaufsicht galt und gilt immer noch das Prinzip: Die Kontrollierten kontrollieren ihre Kontrolleure«, kritisiert der Ökonom Rudolf Strahm, der von 1991 bis 2004 Nationalrat (Mitglied des Schweizer Parlaments) war.[1108]

Aber nicht immer gelingt es Interessengruppen, Regulierungsbehörden mit eigenen Vertretern zu besetzen. Wenn Mitarbeiter und

Entscheider der Behörden relativ neutral sind, kommen andere Techniken zur Vereinnahmung der Regulierer zum Zuge. Eine davon ist *regulatory capture by sophistication* (zu dt. etwa regulatorische Gefangennahme durch intellektuelle Überlegenheit).[1109] Diese bietet sich vor allem in Bereichen an, in denen die zu regelnden Sachverhalte relativ komplex sind, wie z. B. auf den Finanzmärkten oder bei Atomkraftwerken. In solchen Fällen spielen die privaten Interessengruppen ihren Wissens- und Informationsvorsprung aus, den sie erzielen, weil es ihnen aufgrund ihrer Belohnungsmacht in Form von Geld und Karrierechancen gelingt, das Gros der fähigsten Experten einzustellen. Die viel schlechter ausgestatteten staatlichen Regulierungsbehörden, die ihren Mitarbeitern nur durchschnittliche Gehälter und Aufstiegsmöglichkeiten bieten können, sind nur für ganz wenige Spezialisten attraktiv. Die Experten der Unternehmen oder Verbände legen zur Untermauerung ihrer Anliegen komplizierte Berechnungen, Modelle oder Schätzungen vor, die die Aufseher nur unvollständig nachvollziehen können, die sie aber trotzdem absegnen. Für Martin Hellwig, Direktor des *Max-Planck-Instituts zur Erforschung von Gemeinschaftsgütern*, ist *regulatory capture by sophistication* einer der Hauptgründe dafür, warum die nationalen Finanzaufsichtsbehörden jahrelang eine Unterkapitalisierung der Banken zuließen, die nach Ausbruch der Finanzkrise 2008 die bereits erwähnte Bankenrettung notwendig machte.[1110]

Die häufigste Form des *regulatory capture* dürfte jedoch die weiche Variante sein, also die Beeinflussung der Regulierungsbehörden durch Lobbyisten, Regierungsvertreter, vorauseilenden Gehorsam und den Drehtüreffekt. Besonders gut lässt sich dies im Pharmabereich studieren. Weil Arzneimittelhersteller einen Anreiz haben, den therapeutischen Nutzen ihrer Medikamente hoch und die Risiken und Nebenwirkungen niedrig zu bewerten, müssen Regulierungsbehörden über die Zulassung von Medikamenten entscheiden. Sie müssen objektiv abwägen, ob die Zulassung eines Arzneimittels gerechtfertigt ist, und auch feststellen, ob öffentliche Krankenkassen das neue Medikament bezahlen dürfen. Pharmaunternehmen, denen oftmals Kosten im dreistelligen Millionenbereich entstanden sind, bis sie bei den Regulierungsbehörden vorstellig werden, wollen natürlich eine Zulassung und auch einen hohen Preis für ihre Arzneimittel erzielen.

Sie versuchen somit Sonderinteressen zulasten des Gemeinwohls durchzusetzen, was die Regulierungsbehörden verhindern sollten.

John Abraham, Professor am *Centre for Global Health Policy* der Universität Sussex, hat ausführlich beschrieben, wie das weiche *regulatory capture* im britischen und US-amerikanischen Gesundheitswesen funktioniert. Danach bewirkt der Drehtüreffekt einen regen Austausch zwischen Regulierungsbehörden und Industrie, wodurch Wissenschaftler, wenn sie für die Zulassungsbehörden arbeiten, ein offenes Ohr für die Anliegen der Pharmabranche haben. Vor allem, wenn sie planen, später (wieder) die Seite zu wechseln, legen sie die Regeln im vorauseilenden Gehorsam günstig für die Industrie aus. Lobbyisten sorgen über ihren Einfluss auf Parlamente und Regierungen für eine branchenfreundliche Besetzung der Leitungsebene der Behörden. Dies zeigt sich unter anderem darin, dass von den Wissenschaftlern empfohlene Nichtzulassungen von Arzneimitteln häufig von den Vorgesetzten angezweifelt und manchmal ohne nähere Begründung in eine Zulassung umgewandelt werden, während ein positives Votum für ein Medikament so gut wie nie hinterfragt wird. Eine dem Allgemeinwohl förderliche Regulierung ist ebenfalls nicht zu erwarten, wenn Interessenskonflikte vorliegen. Wissenschaftler von Forschungsinstituten oder Universitäten sind oftmals als externe Berater für Regulierungsbehörden tätig. Gleichzeitig können sie aber auch Beratungs- oder Forschungsaufträge für sich selbst oder ihre Universitäten von Pharmafirmen erhalten, wodurch ein Interessenskonflikt entsteht. Zwar ist es den Wissenschaftlern zumeist untersagt, an Zulassungsverfahren von Firmen mitzuwirken, von denen sie Zuwendungen erhalten haben. Aber allein schon die Tatsache, dass sie regelmäßig Forschungsgelder und Beraterhonorare aus der Pharmaindustrie erhalten, macht sie gefügig. Wer kritische Gutachter sind, spricht sich in der Branche schnell herum, und diese müssen befürchten, keine oder weniger Forschungsgelder für sich oder ihre Universität zu bekommen.[1111]

In Deutschland sieht sich die *Ständige Impfkommission (STIKO)* immer wieder mit dem Vorwurf des *regulatory capture* konfrontiert. Weil sich viele Ärzte und Eltern nach deren Empfehlungen richten und die Krankenkassen seit April 2007 die von der *STIKO* empfohlenen Impfungen bezahlen müssen, ist der Anreiz für Impfstoffhersteller hoch, die 16-köpfige Kommission zur Empfehlung möglichst vieler Impfungen zu veranlassen. Inwieweit sich ein Expertengremium wie die *STIKO* tatsächlich beeinflussen lässt, ist von außen schwer zu beurteilen. Es hinterlässt jedenfalls einen faden Beigeschmack, wenn der langjährige Vorsitzende, wie 2007 geschehen, zu einem Impfstoffhersteller wechselt und die meisten Mitglieder mit der Impfstoffindustrie zusammenarbeiten, so wie das noch 2010 der Fall war.[1112]

Es liegt in der Natur der weichen Variante des *regulatory capture*, dass sie empirisch nur schwer nachzuweisen ist. Flächendeckende Untersuchungen gibt es dazu folglich nicht. Betrachtet man die Entwicklungen der letzten Jahrzehnte, dann fallen vor allem drei Dinge auf: Zum einen haben sich Möglichkeiten zum *regulatory capture* weltweit durch die Privatisierung und die dadurch nötig gewordene Einsetzung neuer Regulierungsbehörden massiv erhöht.[1113] Zum Zweiten hat das Kapital seine ökonomische und organisatorische Macht wo immer es geht genutzt, um seine Gefolgsleute in Regulierungsbehörden einzuschleusen oder deren Mitglieder auf die weiche Art zu beeinflussen. Zum Dritten zeigen die genannten Beispiele, denen sich noch viele hinzufügen ließen, dass die Großkonzerne beim *regulatory capture* ziemlich erfolgreich sind und ihre Gewinne zulasten des Allgemeinwohls erhöhen.[1114] Die Privatisierung der Politik schreitet auch auf diesem Gebiet unaufhaltsam voran.

POLITIK DURCH OPERATIVE STIFTUNGEN

Auf eine ganz andere Art als die bislang vorgestellten Akteure betreiben operative Stiftungen Politik. Sie führen nach ihren Vorstellungen gestaltete Projekte durch, wobei sie manchmal öffentliche, demokratisch kontrollierte Aufgaben übernehmen und in Eigenregie durchführen. Meist geschieht dies in Ergänzung staatlicher Funktionen, manchmal aber auch als Ersatz dafür. Die »Erlaubnis« für das Kapital, Politik zu betreiben, liegt zum einen in der Möglichkeit, gemeinnützige Stiftungen zu gründen und Geld beinahe frei von jeglichem steuerlichen Zugriff des Staates einzubringen. Zum anderen gewährt der Staat den operativen Stiftungen weitgehende Freiräume, die Politik nach Vorstellungen des Kapitals umzusetzen.

Die Übertragung von Vermögen auf gemeinnützige Stiftungen hat eine lange Tradition als legales Steuersparmodell. Es diente schon US-amerikanischen Großindustriellen wie John Rockefeller, Andrew Carnegie oder Henry Ford zur Vermeidung von Erbschafts- und

Vermögenssteuern.[1115] Das Grundprinzip ist einfach und in fast allen westlichen Demokratien das gleiche: Die Reichen bringen Vermögen (z. B. Aktien) zunächst in eine gemeinnützige Stiftung ein, über die sie dann weiterhin die Unternehmen kontrollieren, deren Aktien oder Beteiligungen sie besitzen. Die Gewinne fließen steuerbegünstigt in die Stiftung und finanzieren deren Aktivitäten. In Deutschland können gemeinnützige Stiftungen bis zu einem Drittel der Stiftungserträge an den Gründer und dessen nächste Verwandte auszahlen, was diese zwar als Einkommen versteuern müssen, aber so wird zumindest sichergestellt, dass Kinder und Enkel vom Vermögen profitieren, ohne Erbschaftssteuern zu zahlen, da die Stiftung selbst nicht vererbt wird. In Deutschland sind gemeinnützige Stiftungen wie in vielen anderen Ländern auch von den meisten Steuern befreit.[1116]

Stiftungen sind damit einerseits Mittel zum Aufbau ökonomischer Macht. Angesichts sinkender oder nicht vorhandener Steuern auf Erbschaften und Vermögen sind die Steuersparmöglichkeiten für manche Stifter aber nur von untergeordneter Bedeutung. Sie wollen ihre Vorstellungen von Politik durchsetzen und ihr Image und das ihrer Unternehmen verbessern. Ihre operativen Stiftungen sind zum einen karitativ tätig und schließen Lücken, die sich durch den staatlichen Rückzug aus der sozialen Absicherung oder Bildungsfinanzierung ergeben haben. Die weltweit größte ihrer Art ist die *Bill & Melinda Gates Foundation*, die Ende 2012 über ein Vermögen von über 36 Milliarden US-Dollar verfügte. Der Gründer von *Microsoft* und seine Frau setzten ihr Geld vor allem für die Verbesserung des öffentlichen Gesundheitswesens in Afrika ein, aber auch für Bildungsinitiativen in den USA.[1117] Stifter wie Bill Gates werden von großen Teilen der Öffentlichkeit als Wohltäter gepriesen. Übersehen wird dabei, dass ihr großes Vermögen oftmals auf Oligopol- oder Monopolstellungen ihrer Unternehmen beruht, die auf Gewinne kaum noch Steuern zahlen und damit dem Staat die Mittel vorenthalten, die dieser sozialpolitisch einsetzen könnte. Auch wenn sie Gutes tun wollen: Karitative Stiftungen sind für eine Demokratie eine sehr bedenkliche Privatisierung der Politik, in diesem Fall der Sozialpolitik, weil die Bedürftigen einer privaten Stiftung gegenüber keinen Rechtsanspruch auf Hilfe haben.[1118] Wie früher nach Gutsherrenart bestimmt der Vorstand, wer ein Stipendium, eine notwendige Operation oder Nahrungsmittel erhält.

Es geht aber auch anders. Der Hamburger Reeder Peter Krämer finanziert über das Kinderhilfswerk der Vereinten Nationen den Aufbau von Schulen in Afrika, weil er eine Privatisierung der Politik für undemokratisch hält. »Ich will einfach nicht, dass eine Handvoll Milliardäre bestimmt, ob nun Fischgründe in Alaska, Golfresorts in Florida oder der Kampf gegen Aids finanziert werden.«, sagte er in einem Interview.[1119] Aber so denken nur die wenigsten Reichen. Denn warum sollten sie zunächst mit allen verfügbaren Mitteln versuchen, die Zahlung von Steuern zu vermeiden, wenn sie mit ihrem Geld dann doch nicht tun und lassen können, was sie für richtig halten?

Noch problematischer als der karitative ist der machtpolitische Teil der Stiftungsarbeit, der in der Durchsetzung der Agenda ihrer Geldgeber besteht. So haben einige, wenn auch beileibe nicht alle Stiftungen zum Ziel, den Kapitalismus zu fördern oder die Prinzipien unternehmerischen Handelns in der Gesellschaft zu verankern. Damit begannen die großen US-amerikanischen Stiftungen in den 1950er Jahren, und das nicht nur im eigenen Land oder Europa. Die *Ford Foundation* baute einen kapitalistisch geprägten Studiengang für Ökonomie in Indonesien auf und brachte chilenische Studenten zum Wirtschaftsstudium nach Chicago. Nach dem Putsch gegen die Regierung von Salvador Allende 1973 konnte General Pinochet auf diese neoliberal geprägte Wirtschaftsexpertise zurückgreifen. In Indien werden Nichtregierungsorganisationen (NGOs) als Gegenpol zu *Occupy Wall Street* finanziell unterstützt, wenn sie kapitalistische Praktiken wie Privatisierungen oder die ökonomische Macht von Konzernen nicht kritisieren.[1120]

Die ungekrönten Könige der politischen Einflussnahme in den USA dürften jedoch die bereits in Kapitel 9 genannten Brüder David und Charles Koch sein. Wie öffentliche Steuerregister zeigen, haben sie zwischen 1998 und 2008 knapp 200 Millionen US-Dollar über ihre Stiftungen ausgegeben, 50 Millionen US-Dollar in Lobbying investiert und über 10 Millionen US-Dollar für politische Kampagnen gespendet, von denen 80 % an die Republikaner gingen. Sie versuchen damit, ihre Ideen vom freien Unternehmertum zu verbreiten und die Ergebnisse der Klimaforscher zur globalen Erwärmung anzuzweifeln. Außerdem finanzieren sie Non-Profit-Organisationen, die forschungsgestützte Expertisen erstellen, mit dem Ziel, die Gewinne ihrer Unternehmen zu erhöhen. Charles Lewis, Gründer des überparteilichen *Center for*

402 TEIL III: VOLLENDUNG DER ENTMACHTUNG?

Public Integrity, charakterisierte die Brüder wie folgt: »Die Kochs spielen in einer anderen Liga. Niemand hat so viel Geld ausgegeben wie sie. [...] Sie zeigen ein Verhaltensmuster der Missachtung von Gesetzen, der politischen Manipulation und der Verdunklung.«[1121]

In Deutschland ist es allen voran die *Bertelsmann Stiftung*, die über drei von ihr gegründete oder unterstütze Denkfabriken Politik macht: das *Centrum für angewandte Politikforschung (CAP)*, das *Centrum für Hochschulentwicklung (CHE)* und das *Centrum für Krankenhausmanagement (CKM)* an der Universität Münster. Am bekanntesten und einflussreichsten dürfte das *CHE* sein, das 1994 von der *Bertelsmann Stiftung* zusammen mit der Hochschulrektorenkonferenz gegründet wurde. Ziel des *CHE* war und ist es, unternehmerische Prinzipien in die Hochschulen zu tragen. Über den Gremien der akademischen Selbstverwaltung, in denen alle wichtigen Gruppen (z. B. Professoren, Studenten und Angestellte) der Hochschule vertreten sind, sollen starke Präsidenten mit weitgehenden Handlungsvollmachten installiert werden. Mit Unternehmern und Managern besetzte Hochschulräte sollen die Durchsetzung der Ökonomisierung einfordern und überwachen. Die Studenten werden als Kunden betrachtet, die demnach Studiengebühren zahlen sollen, so wie in den angelsächsischen Ländern.[1122]

Als Think-Tank veröffentlicht das *CHE* Studie um Studie, organisiert Workshops und Konferenzen für Politiker und Hochschulrektoren, auf denen es ihnen seine Ideen nahebringt. Die Hochschulgesetze werden zwar immer noch von den Parlamenten verabschiedet, aber was in den Gesetzen steht, stammt oftmals aus dem *CHE*. Paradebeispiel dafür ist das 2007 in Kraft getretene Hochschulfreiheitsgesetz in Nordrhein-Westfalen. Es basiert weitgehend auf einer Veröffentlichung des *CHE* aus dem Jahre 2005 mit dem Titel »Zehn *CHE*-Anforderungen an ein Hochschulfreiheitsgesetz für Nordrhein-Westfalen«.[1123] Dass die akademische Selbstverwaltung in den meisten Bundesländern reformbedürftig war, soll gar nicht bestritten werden. Aus Sicht der Demokratie problematisch ist aber, dass die durchgeführten Veränderungen durch eine private Stiftung angestoßen und letztlich nach ihren Vorstellungen umgesetzt wurden.

Während Stiftungen im karitativen Bereich politische Aufgaben *direkt* in eigener Verantwortung und nach eigenen Regeln übernommen haben, die Politik in Teilen also bereits privatisiert ist, agieren sie in anderen Politikfeldern noch eher als Lobbyisten, Propagandisten und Konditionierer. Sie versuchen aber immer stärker, Parlamente und Regierungen zu überzeugen, ihnen auch in nicht-karitativen Bereichen eine aktive Rolle zukommen zu lassen. Manchmal gelingt ihnen das ganz gut. Das *CHE* wird aufgrund seiner Rolle als politischer Akteur schon mal als heimliches oder informelles Bildungsministerium bezeichnet.[1124]

PRIVATE INTERNATIONALE SCHIEDSGERICHTE

Um eine etwas andere Form der Privatisierung von Politik handelt es sich bei der Streitschlichtung zwischen Investoren und Staaten (*Investor-State Dispute Settlement, ISDS*) durch private, internationale Schiedsgerichte. Die Besonderheit liegt hierbei darin, dass private Akteure unter bestimmten Voraussetzungen faktisch ein Vetorecht gegen staatliche Politik erhalten.

Internationale Schiedsgerichte werden dann angerufen, wenn sich Investoren im Ausland durch neue Regulierungen um ihre Gewinnmöglichkeiten gebracht sehen. Dazu zählen staatliche Maßnahmen wie der Entzug von Lizenzen (z. B. zum Abbau von Bodenschätzen), Gesetzesänderungen (z. B. zum Schutz der Bevölkerung vor Gesundheitsgefahren), die Rücknahme von gewährten Subventionen oder Steuererhöhungen.[1125] So hat die asiatische Tochtergesellschaft des Tabakkonzerns *Philip Morris International* die Regierung von Australien verklagt, weil diese 2011 verfügte, dass Tabakprodukte nur noch in beinahe neutralen Verpackungen und versehen mit großflächigen Warnhinweisen vor den Gesundheitsgefahren des Rauchens verkauft werden dürfen.[1126] Der schwedische Energieversorger *Vattenfall* verlangt von der Bundesrepublik Deutschland in einem 2012 gestarteten Verfahren, das voraussichtlich erst 2016 entschieden wird, rund 3,7 Milliarden Euro Schadensersatz, im Wesentlichen für entgangene Gewinne aufgrund des Atomausstiegs.[1127]

Grundlage solcher Verfahren sind entweder regionale oder bilaterale Investitionsabkommen, die es Investoren gestatten, gegen politische Entscheidungen von Regierungen vorzugehen, die ihre *erwarteten* Gewinne schmälern oder sie in ihren Eigentumsrechten einschränken. Die meisten Prozesse werden vor dem Schiedsgericht der Weltbank verhandelt. Noch in den 1990er Jahren waren jährlich im Durchschnitt nur eine Handvoll Klagen anhängig, zwischen 2002 und 2010 waren es jährlich bereits 30 bis 40. Im Jahre 2012 hatten die Investoren mit 58 angestrengten Prozessen einen neuen Rekord aufgestellt.[1128]

Neben der steigenden Zahl von Investitionsabkommen liegt der zweite Grund für die Verzehnfachung der Klagen innerhalb von 20 Jahren in den wirtschaftlichen Anreizen für die beteiligten Juristen. Die Richter sind freiberuflich tätige Privatpersonen, die von den Streitparteien vorgeschlagen und bezahlt werden. Im Durchschnitt kostet ein Rechtsstreit acht Millionen US-Dollar und zumeist muss jede Partei ihre Kosten selbst tragen, unabhängig vom Ausgang des Verfahrens. International tätige Anwaltskanzleien erhalten den größten Teil der Gebühren, den Rest bekommen die Richter. Je mehr Klagen es gibt, desto mehr verdienen die beteiligten Juristen. Und je mehr Verfahren gegen die Staaten entschieden werden, desto mehr ermutigen Anwaltskanzleien Investoren, die sich benachteiligt fühlen, zu einer Klage. »In einem asymmetrischen Rechtssystem, in dem nur der Investor klagen kann, ist das ein starker Anreiz, das System durch investorenfreundliche Schiedssprüche und Rechtsinterpretationen klägerfreundlich zu halten.«, konstatiert Pia Eberhardt von der in den Niederlanden ansässigen Non-Profit-Organisation *Corporate Europe Observatory*. In rund einem Drittel der Fälle erreichen die Investoren ihr Ziel und in einem weiteren Drittel kommt es zu einer gütlichen Einigung, bei der die Regierungen ihre Maßnahmen entweder zurücknehmen oder Geldzahlungen leisten.[1129]

Oftmals muss es aber erst gar nicht zu einer Klage kommen, um Parlamente und Regierungen davon abzuhalten, Gesetze zu erlassen, die eventuell die Gewinne von Investoren schmälern. Allein die Androhung, man werde vor einem Schiedsgericht gegen die neuen Regeln klagen, führt dazu, die Gesetze aufzuweichen oder auf Eis zu legen.[1130] Mit diesem Verhalten, das im Englischen als *regulatory chill* (zu Deutsch in etwa: Beruhigung der Regulierer) bezeichnet wird, sah sich auch Kanada konfrontiert, nachdem es 1994 zusammen mit Mexiko und den USA die Nordamerikanische Freihandelszone (NAFTA) errichtet hatte. Das Abkommen sieht ebenfalls eine private Streitschlichtung nach dem oben beschriebenen Muster vor. Auf beinahe jede geplante kanadische Maßnahme zum Schutz der Umwelt folgte ein Brief von Anwaltskanzleien, in dem eine Klage von US-amerikanischen Firmen wegen entgangener Gewinne angedroht wurde. Die meisten Initiativen wurden daraufhin von der kanadischen Regierung gestoppt oder stark verwässert. Der US-amerikanische Publizist William Greider ist überzeugt davon, dass die Klageandrohung die eigentliche Waffe der ausländischen Konzerne zur Beruhigung der Regulierer ist. Denn bei einer Streitschlichtung läuft man Gefahr, in den Medien als profitgieriger oder umweltschädigender ausländischer Multi zu erscheinen, womit die guten Beziehungen zur Regierung und der Ruf bei den Kunden im Gastland beschädigt werden können.[1131]

Wie in allen anderen bislang behandelten Fällen der Privatisierung von Politik steht auch bei den privaten Schiedsgerichten am Anfang eine »Erlaubnis« durch Regierung und Parlamente. Denn die Schiedsgerichte können erst nach Inkrafttreten entsprechender regionaler oder bilateraler Investitionsabkommen tätig werden. Grundlage ihres Handelns sind Klauseln, die ausländischen Investoren Schutz vor staatlichen Maßnahmen bieten, die ihre Gewinne oder Eigentumsrechte gefährden. Damit erfüllen die Investitionsabkommen aber noch eine weitere Funktion: Durch die Klagemöglichkeit und den *regulatory chill* sichern sie ausländisches Kapital und dessen Gewinn weitgehend gegenüber inländischen Maßnahmen ab, auch wenn diese wie beim Tabakkonsum aus gesundheitspolitischen Gründen durchaus sehr gut begründet sein können. Dass ausländische Investoren dadurch bessergestellt sind als inländische, die sich nicht an ein internationales Schiedsgericht wenden können, erklärt auch, warum die Lobbyisten der Konzerne die Regierungen bedrängen, diese Art von Schutzklauseln in die Investitionsabkommen aufzunehmen: Je mehr solcher Abkommen geschlossen werden, desto besser sind Kapital und Gewinne von global operierenden Unternehmen außerhalb ihres Sitzlandes geschützt. Das wirft auch die Frage auf, warum nationale Regierungen die Interessen von multinationalen Großkonzernen besser vertreten als die von Handwerksfirmen oder kleinen Mittelständlern, die vorwiegend auf dem inländischen Markt operieren. Wenn man den Abschluss von Investitionsabkommen mit Schutzklauseln für Großkonzerne als Privatisierung der Politik begreift, die eine (Post-)Demokratie in eine Plutokratie verwandelt, dann hat man die wahrscheinlichste Antwort auf diese Frage.

SOZIALE VERANTWORTUNG VON UNTERNEHMEN

Die älteste Form der Privatisierung von Politik ist die Wahrnehmung von sozialer Verantwortung durch Unternehmen. Lange bevor Monarchen oder Regierungen im 19. Jahrhundert daran dachten, Gesetze zur Verbesserung der Lebensumstände zu erlassen, wurden Unternehmer von verschiedenen Seiten dazu aufgefordert, ihre Profite nicht nur für sich zu behalten oder ihren eigenen Arbeitern durchaus eigennützig Wohnungen zu bauen oder höhere Löhne zu zahlen. Nein, sie sollten mit ihren Gewinnen auch für andere etwas Gutes tun, d. h. sie sollten gesellschaftliche Verantwortung übernehmen.[1132]

Was auf den ersten Blick wie eine vernünftige und selbstverständliche Forderung erscheint, entpuppt sich bei genauerer Betrachtung als ein kaum zu durchschlagender gordischer Knoten. Denn auf die Kernfrage: »Wem gegenüber und für was soll ein Unternehmen verantwortlich sein?« gibt es keine zufriedenstellende Antwort. Die naheliegende Option »der Gesellschaft gegenüber« löst das Problem nicht. Die Interessen der Mitglieder einer Gesellschaft sind viel zu heterogen als dass ein Unternehmen auch nur einigen annähernd gerecht werden kann. Soll auf Gewinn verzichtet werden, um über die gesetzlichen Vorschriften hinaus die Umweltbelastungen zu reduzieren oder die Arbeitsbedingungen zu verbessern? Sollen aus den Profiten gar außerbetriebliche Einrichtungen wie Schulen, Universitäten, Religionsgemeinschaften, Krankenhäuser, Polizei oder Feuerwehr unterstützt werden? Fast jede gesellschaftliche Gruppe hat gute Argumente dafür, warum Unternehmen ihr Anliegen finanzieren sollten. Hinzu kommt, dass jeder etwas anderes unter gesellschaftlicher Verantwortung versteht, was Unternehmen schnell in die Bredouille bringen kann.

Geradezu klassisch sind Konflikte zwischen religiösen Gruppierungen und Organisationen zur rechtlichen Gleichstellung von Homosexuellen oder Frauen in den USA. Nur ein Beispiel: Nachdem *Wal-Mart* in den USA der Nationalen Handelskammer von Schwulen und Lesben beigetreten war, rief die *American Family Association* zum Boykott von *Wal-Mart* auf. Zunächst widerstand das Unternehmen diesem Druck, doch als religiöse Gruppierungen begannen, den Aufruf zu unterstützen und *Wal-Mart* noch zusätzlich drängten, die sogenannte »Pille danach« nicht mehr zu verkaufen, lenkte *Wal-Mart* ein. Daraufhin forderten Frauenrechtsgruppen, die »Pille danach« wieder zu vertreiben, was *Wal-Mart* zwar tat, das Unternehmen aber jedem Apotheker aus persönlichen Gründen erlaubte, ein vorgelegtes Rezept nicht einlösen zu müssen.[1133] Damit saß das Unternehmen aber weiterhin zwischen zwei Stühlen, denn es konnte keine der Forderungen vollständig erfüllen.

Nicht zuletzt aus solchen Überlegungen heraus hat Milton Friedman schon Anfang der 1970er Jahre postuliert, dass die soziale Verantwortung von Unternehmen einzig und allein darin liegt, unter Befolgung der Gesetze einen möglichst hohen Gewinn zu erzielen.[1134] Seiner Ansicht nach solle die Gesellschaft per Gesetz regeln, was soziale Verantwortung konkret bedeutet, indem zum Beispiel der Umfang von Maßnahmen zum Schutz der Umwelt oder der Arbeitnehmer vor Betriebsunfällen genau festgelegt wird. Das sei für die Unternehmen die pragmatischste Lösung, weil dadurch die Konkurrenz der gesellschaftlichen Gruppen um Spenden, Zuwendungen oder Wohlverhalten gezügelt wird. Aber Milton Friedman führt auch verfassungsrechtliche Erwägungen zur Stützung seiner Position an: »Wir haben ein ausgewogenes System, das die Funktion der Legislative, Steuern zu erheben und die Ausgaben zu beschließen, von der Funktion der Exekutive, die Steuern einzutreiben und das Ausgabenprogramm zu erfüllen«, ebenso trennt wie die richterliche Funktion, »Streitigkeiten zu schlichten und das Gesetz auszulegen.« Im Falle der Übernahme sozialer Unternehmensverantwortung spielt der Manager jedoch »gleichzeitig Gesetzgeber, Verwalter und Richter. Er entscheidet darüber, wen und wie hoch und zu welchem Zweck er jemanden besteuern will, und er ist es, der die Gewinne ausgibt.«[1135] Dies hält Milton Friedman für nicht akzeptabel.

Aber mit dieser Position konnte sich der große Theoretiker des freien Unternehmertums bei seiner eigenen Klientel nicht durchsetzen. Denn die Firmen lieben es, sich in der Öffentlichkeit mit der Übernahme sozialer Verantwortung zu brüsten. Heutzutage gibt es kaum noch ein größeres Unternehmen, das nicht behauptet, freiwillig Gutes für die Gesellschaft zu tun. Selbst Discounter, die ihre Billigwaren in Entwicklungsländern oftmals unter menschenunwürdigen Umständen produzieren lassen, verkünden auf ihren Webseiten, wie verantwortungsbewusst sie freiwillig mit ihren Mitarbeitern, Lieferanten, Kunden und der Umwelt umgehen. Wenn aber investigative Journalisten oder NGOs einmal genauer hinsehen, dann stellen sich viele Behauptungen als Schönfärberei heraus. Außerdem würde die

Befolgung von Friedmans Position bedeuten, Geld nur für rein betriebliche Zwecke einzusetzen. Unternehmen dürften mit ihren Gewinnen keine Lobbyisten mehr finanzieren oder Spenden an Politiker oder Parteien verteilen.

Für jede Demokratie wäre es ein Segen, wenn die Manager und Eigentümer nur noch versuchen würden, durch gute Unternehmensführung Gewinne zu erzielen. Weil sich aber durch die Beeinflussung von Regierungen und Parlamenten die ökonomische Macht noch weiter steigern lässt und durch die Privatisierung der Politik die eigenen Vorstellungen direkt umgesetzt werden können, haben die Unternehmen keinen Grund, Milton Friedmans Vorschlägen zu folgen. Auch das Problem der sich widersprechenden Anforderungen von gesellschaftlichen Gruppen haben sie elegant gelöst. Sie folgen einfach irgendwelchen Richtlinien, die von Dritten in Zusammenarbeit mit Regierungen, Gewerkschaften, Wirtschaftsverbänden und NGOs aufgestellt wurden. Dazu zählen z. B. die Leitsätze der OECD für multinationale Unternehmen, der *Global Compact* der Vereinten Nationen und eine Vielzahl branchenspezifischer Verhaltenskodizes. Diese Richtlinien sind streng genug formuliert, um in der breiten Öffentlichkeit den Eindruck zu erwecken, die Unternehmen würden soziale Verantwortung übernehmen, aber weich genug, um ihnen großen Handlungsspielraum zu lassen. Damit betreiben sie als Private jedoch auch Politik, was selbst einen überzeugten Neoliberalen wie Milton Friedman gestört hat.

FAZIT

Wie dieses Kapitel belegt, schreitet die Privatisierung der Politik in den westlichen Gesellschaften langsam, aber sicher voran. Der Demokratie wird damit nach und nach eine ihrer konstituierenden Eigenschaften entzogen, eine Regierung *durch* das Volk zu sein. Wie der Schlussstein in einem Torbogen vollendet die Privatisierung der Politik den Prozess der Entmachtung. Demokratisch legitimierte Plutokratien treten an die Stelle von Demokratien.

Mit Ausnahme der Tatsache, dass die Bürger dann kaum noch Mitwirkungsrechte in ihrem Gemeinwesen haben werden, muss dies nicht unbedingt von Nachteil sein. Wenn die Plutokraten erst einmal fest im Sattel sitzen, könnte sich ein philanthropischer Kapitalismus herausbilden, der allen Bürgern nutzt.[1136] Im Gegenzug für die Übertragung der Regierungsgewalt an die Plutokraten könnte dann z. B. ein bedingungsloses Grundeinkommen für alle stehen. Dazu müsste sich bei den Kapitalisten nur die Einsicht durchsetzen, dass sie sich durch großzügigen Einsatz ihrer Belohnungsmacht den Frieden im Inneren und die Loyalität der Beherrschten sichern.

Ob es allerdings zu diesem Geschäft kommen wird, ist mehr als fraglich. Denn bislang setzt das Kapital immer noch auf die Strategie, seine ökonomische Macht weiter auszubauen und in politische umzusetzen, auch weil es für ein bedingungsloses Grundeinkommen einen nicht unerheblichen Teil seiner Gewinne abgeben müsste. Daher stellt sich die Frage, wie man die Vollendung der Entmachtung und das Entstehen einer Plutokratie noch verhindern könnte. Welche Schritte dazu nötig wären, wird im nächsten Kapitel thematisiert.

15 – WIEDERAUFLEBEN DER DEMOKRATIE?

Es ist schwierig, einen Menschen zu einer Einsicht zu bewegen,
wenn sein Gehalt davon abhängt, dass er sich ihr verschließt.

Upton Sinclair (US-amerikanischer Schriftsteller, 1935)

Basierend auf der in diesem Buch gestellten Diagnose sollen noch einige Therapievorschläge entwickelt werden, die zu einem Wiederaufleben der Demokratie beitragen würden. Zuvor sind allerdings ein paar Anmerkungen angebracht:

1. Nicht jeder ist davon überzeugt, dass eine Therapie notwendig ist. Vor allem die Profiteure des jetzigen Systems werden die Gegenmaßnahmen ablehnen und – sollten sie je ernsthaft in Betracht gezogen werden – mit allen Mitteln bekämpfen. Denn sie haben die Entmachtung des Volkes über die letzten Jahrzehnte vorangetrieben und von ihr profitiert. Und im Moment deutet nichts darauf hin, dass sie sich ihre Herrschaft freiwillig beschneiden und die Zeiten der Bescheidenheit des Kapitals wieder aufleben lassen.

2. Eine zweite Gruppe von Bürgern hat den Prozess der Entmachtung bislang noch kaum wahrgenommen, denn eine »Huxley-Welt« ist von innen nun mal nicht so leicht zu durchschauen. Der Hauptgrund dafür liegt in der Ausübung strukturierter und konditionierter Macht. Der über die Medien hergestellte Konsens wird durch Konditionierung, Propaganda und die Verhinderung von Bildung wirkungsvoll unterstützt. Er lässt den Rahmen der zu Verfügung stehenden Optionen sehr weit gesteckt erscheinen. Das derzeitige politische System wird innerhalb dieser Grenzen als lebhafte Demokratie dargestellt, in der um die besten Lösungen gerungen wird. So bleibt vielen verborgen, dass einige westliche Gesellschaften schon Postdemokratien sind und andere sich bereits auf dem Weg in die Plutokratie befinden.

3. Eine dritte Gruppe versteht zwar, wie das Kapital die Demokratie schwächt, lässt sich aber durch seine Belohnungsmacht ruhigstellen und von der Drohung einschüchtern, ihr Arbeitsplatz und ihr Wohlstand gerieten in Gefahr, wenn man die Herrschaft des Kapitals einschränken sollte. Diese Gruppe zieht sich ins Private zurück, pflegt mit großer Hingabe Haus und Garten, geht ihren Hobbys nach und engagiert sich, wenn überhaupt, lokal und unpolitisch, z. B. im Sportverein.

4. Die Marginalisierten und Enttäuschten bilden die vierte Gruppe, welche nicht für eine Therapie zu begeistern ist. Sie sind zu arm oder zu frustriert, als dass sie sich selbst gegen das herrschende System auflehnen könnten oder wollten, obwohl gerade sie durch eine Veränderung der Verhältnisse profitieren würden. Ihnen fehlt neben dem Rückhalt in der Öffentlichkeit auch eine starke Vertretung, die sie fürs Politische (re-)aktivieren könnte.

5. Daraus folgt, dass die Schar der Verfechter von Therapiemaßnahmen zurzeit relativ klein und mit wenigen Ressourcen ausgestattet ist. Schon deshalb dürfte sie es sehr schwer haben, erste Schritte gegen die Entmachtung einzuleiten. Hinzu kommt, dass es weder eine schnell wirkende noch eine Patentlösung gibt. Viele Aktionen müssten gleichzeitig und langanhaltend an unterschiedlichen Stellen ansetzen, was eine bessere Finanzausstattung und schlagkräftigere Organisationen erfordern würde. Daher dürften die Chancen, die Entmachtung der Demokratie aufzuhalten, nicht allzu hoch sein.

Doch die Hoffnung stirbt bekanntlich zuletzt und in diesem Fall gründet sie sich auf die Entwicklung eines Kombinationspräparats, also eines Bündels von Maßnahmen, die – im Verbund angewendet – Wirkung zeigen könnten. Ermutigend ist insbesondere, dass die Parlamente in den westlichen Demokratien sich in jüngerer Zeit bereits an der einen oder anderen Stelle gegen die Plutokraten gewehrt haben. Und solange das Volk noch der Souverän ist, besteht zumindest theoretisch die Möglichkeit, den Prozess der Entmachtung zu stoppen. Daher sollen im Folgenden die *wichtigsten* der dazu notwendigen Maßnahmen *in Grundzügen* umrissen werden. Sie alle bis ins Detail auszuarbeiten und aufzuschreiben, würde viel Zeit und Platz (d. h. ein weiteres Buch) erfordern. Die Ausführungen beschäftigen sich daher hauptsächlich mit dem *Was* und weniger mit dem *Wie*.

Keine der vorgeschlagenen Maßnahmen ist neu. Sie wurden alle schon diskutiert, viele von ihnen werden oder wurden sogar in dem einen oder anderen Land angewendet. Ihre politischen und ökonomischen Vor- und Nachteile sind daher weitgehend bekannt, zumeist aber aus einem anderen Kontext. In diesem Kapitel rücken sie als Instrument der Machtbegrenzung des Kapitals und zur Stärkung der Demokratie in den Fokus.

Einige der vorgeschlagenen Therapien mögen manche Leser als ziemlich radikal oder fremd empfinden. Das liegt daran, dass diese Optionen außerhalb des hergestellten Konsenses liegen und von der öffentlichen Debatte weitgehend ignoriert werden. Die vorgeschlagenen Maßnahmen sind aber noch lange nicht so radikal, wie der eine oder andere sich das vielleicht wünschen mag.

Richtig radikal wäre es, den Kapitalismus abzuschaffen. Das könnte man durch eine Enteignung der Kapitalbesitzer und Etablierung des Sozialismus erreichen. Allerdings ist bislang noch niemandem eine funktionierende Lösung für das Problem der geteilten Verantwortung in großen Gruppen eingefallen: Weil der Kapitalstock im Sozialismus allen gehört, fühlt sich keiner mehr so richtig verantwortlich für seine Erhaltung und effiziente Nutzung. Die Folge davon ist eine massive Verschwendung von Ressourcen. Auch ein *nationaler* Sozialismus (anfangs vielleicht sogar noch mit demokratischem Feigenblatt), wie er manchen rechtsextremen Parteien vorschwebt, würde den Kapitalismus in seiner jetzigen Form beseitigen, aber eben auch die Demokratie durch eine Diktatur ersetzen. Angesichts dieser Probleme und der großen Verbrechen gegen die Menschlichkeit, die sozialistische, faschistische und nationalsozialistische Regime begangen haben, ziehe ich diese Optionen nicht weiter in Betracht.

Was demokratische Gesellschaften ebenfalls nicht brauchen können, sind Sabotage, Aufstände sowie der Einsatz von Gewalt oder Terror. Sie verursachen zu viel Leid und rufen die Staatsmacht auf den Plan. Die Freiheitsrechte, die das Volk braucht, um den Prozess der Entmachtung mit friedlichen Mitteln zu stoppen, könnten unter dem Vorwand der Gefährdung der inneren Sicherheit so weit eingeschränkt werden, dass der Übergang zur Plutokratie nicht mehr aufzuhalten ist.

Die Maßnahmen, für die ich im Folgenden plädiere, würden einen *zivilisierten Kapitalismus* etablieren, der sich in die Gesellschaft einordnet, ihr gegen angemessene Entlohnung mit seiner Dynamik und schöpferischen Kraft dient, der aber das Primat der Demokratie anerkennt. Ein zivilisierter Kapitalismus würde (zunächst gezwungenermaßen, später vielleicht sogar freiwillig) darauf verzichten, die in Kapitel 7 beschriebenen Instrumente zum Aufbau ökonomischer Macht immer weiter auszureizen, und er würde sich bei der Anwendung politischer Macht zurückhalten.

Zugeschnitten sind die Vorschläge auf die Verhältnisse in Deutschland. Sie lassen sich unter Berücksichtigung der institutionellen Gegebenheiten aber auch auf andere Länder übertragen. Ebenfalls gilt es zu beachten, dass es Ziel der Vorschläge ist, das bislang nicht gehaltene Versprechen der Demokratie einzulösen, nämlich die »unsichtbare Macht« zu begrenzen, insbesondere die des Kapitals. Die Vorschläge sind aber kein Allheilmittel gegen die Unzufriedenheit vieler Bürger mit der bestehenden Form der Demokratie, weil dazu auch die zu Beginn des Buches geschilderten Missverständnisse bezüglich der Aufgaben einer Demokratie beitragen.

ÄNDERUNGEN AM POLITISCHEN SYSTEM

DIREKTE DEMOKRATIE STÄRKEN

Da die Bürger auf Bundesebene zwischen den Bundestagswahlen keine rechtlich bindende Möglichkeit haben, Parlament oder Regierung zu beeinflussen, sind als wichtigste Maßnahme gegen die Entmachtung des Volkes Instrumente direkter Demokratie auf Bundesebene einzuführen. Diese sollen das parlamentarische System aber nicht ersetzen, sondern nur wirkungsvoll ergänzen. *Prinzipiell* kommen dafür zwei Instrumente in Frage, das *Referendum* und die *Volksabstimmung*. Bei einem *Referendum* stimmen die Wahlberechtigten über ein vom Parlament vorgeschlagenes Gesetz ab, das erst dann in Kraft tritt, wenn die am Referendum teilnehmenden Wähler es mit einfacher Mehrheit bestätigen. Bei einer *Volksabstimmung* entscheiden die Wahlberechtigten über eine von Bürgern erarbeitete Gesetzesvorlage. Stimmt die Mehrheit der teilnehmenden Wähler zu, muss das Parlament die Vorlage als Gesetz in Kraft setzen.

Wie alle Instrumente können auch Referenden und Volksabstimmungen missbraucht werden, was natürlich verhindert werden muss. Dazu könnte man z. B. die Normen der Schweiz, die auf lange und insgesamt sehr gute Erfahrungen mit der direkten Demokratie zurückblicken kann, an die deutschen Verhältnisse anpassen.[1137] Alternativ könnte man einen der vielen Vorschläge aufgreifen, die in Deutschland diskutiert werden, wie den der Initiative *Mehr Demokratie*. Dieser sieht bei der Verabschiedung eines Gesetzes durch die Bürger (Volksabstimmung) bis zu drei Stufen vor. Da wäre zunächst die *Volksinitiative*. Wenn 100 000 Bürger per Unterschrift einer Gesetzesvorlage zustimmen, dann muss der Bundestag über den Vorschlag abstimmen, sofern er nicht vom Bundesverfassungsgericht als verfassungswidrig eingestuft wird. Lehnt ihn das Parlament ab, kann als zweite Stufe ein *Volksbegehren* zur Umsetzung der abgelehnten Vorlage gestartet werden. Unterstützen eine Million Wahlberechtigte das Begehren, dann muss ein *Volksentscheid* über die Gesetzesvorlage stattfinden. Vorgeschlagen wird ebenfalls, dem Volk nach Verabschiedung eines Gesetzes durch den Bundestag drei Monate Zeit zu geben, um ein *Referendum* dagegen zu initiieren. Falls sich 500 000 Wahlberechtigte innerhalb dieser Frist dafür aussprechen, kann das Gesetz nur nach Zustimmung im *Referendum* in Kraft treten.[1138]

Sicherlich gibt es noch andere Möglichkeiten, Übernutzung oder Missbrauch der Instrumente direkter Demokratie zu verhindern. Entscheidend ist, dass der Souverän eine realistische und wirksame Möglichkeit erhält, ein von Lobbyisten beeinflusstes Parlament durch *Referenden* zu kontrollieren und über *Volksabstimmungen* eigene Gesetze zu verabschieden. Beide Instrumente sind dazu geeignet, die Macht des Kapitals zu verringern. Vor allem das klassische Lobbying käme bei direkten Entscheidungen des Volks kaum zur Geltung, denn es würde nur wenig nützen, die Parlamentarier zu beeinflussen.

Allerdings reicht mehr direkte Demokratie allein keineswegs aus, um die Entmachtung zu verhindern. Denn das Kapital versucht, durch Propaganda und Kontrolle der Medien die Volksmeinung in seinem Sinne zu lenken. Die dazu benötigten Ressourcen stehen in aller Regel reichlich zur Verfügung. Außerdem lassen sich die langfristig wirkenden Einflüsse der Konditionierung und Bildungsverhinderung nicht kurzfristig so einfach abmildern.

Ein Blick in die Schweiz bestätigt den Einfluss des großen Geldes auf die Volksmeinung. Dort hat *Interpharma*, die Lobbyorganisation der Schweizer Pharmaindustrie, unter der Führung ihres Chefstrategen Thomas Cueni in 20 Jahren keine bedeutende Volksabstimmung verloren. Erreicht wurde dies nicht nur durch gute Argumente, sondern auch durch eine geschickte Kombination aus Parteienfinanzierung, Werbekampagnen und der üblichen Drohung mit Standortverlagerung.[1139]

Die Schweiz liefert jedoch auch Beispiele dafür, wie das Volk den Kapitalismus in die Schranken weisen kann. Am 3. März 2013 stimmten die Wähler mit Zweidrittelmehrheit für die Initiative »Gegen die

Abzockerei«. Damit wurde das Parlament verpflichtet, das weltweit vermutlich schärfste Aktienrecht in Kraft zu setzen, mit dem Gehaltsexzesse des Managements gestoppt werden können. Nach dem Willen der Initiative sollen die Aktionäre jährlich über die Gehälter und Boni der Manager abstimmen. Begrüßungs- oder Antrittsgelder sowie Abfindungen bei vorzeitigem Ausscheiden wären demnach illegal. Der Abstimmung war eine millionenschwere Kampagne der mächtigen Schweizer Wirtschaftslobby *economiesuisse* gegen die Initiative vorangegangen. Konservative Politiker und viele Unternehmer hatten sich ebenfalls gegen die Initiative ausgesprochen und im Falle einer Annahme den Untergang der Schweiz prophezeit.[1140] Geholfen hat es in diesem Falle nichts, die Abstimmung ging verloren. Das Schweizer Parlament beschloss daraufhin am 20. November 2013 die »Verordnung gegen übermässige Vergütungen bei börsenkotierten Aktiengesellschaften«, die alle wesentlichen Forderungen der Initiative erfüllt.

Insgesamt lassen sich die Schweizer bei wirtschaftspolitischen Themen nicht so stark beeinflussen wie es die Wirtschaftsverbände gerne hätten. So heißt es in einer Studie zum Einfluss des Geldes auf das Abstimmungsverhalten, die alle 39 Volksabstimmungen von 2005 bis 2011 umfasst: »Obwohl die Befürworter einer wirtschaftlichen Liberalisierung im Durchschnitt fast drei Viertel der Werbeausgaben getätigt hatten, konnten sie im Schnitt weniger als 40 Prozent der Stimmbürger auf ihre Seite ziehen.«[1141]

Es ist daher kaum verwunderlich, wenn sich in Deutschland vor allem die konservativen Parteien dagegen sträuben, dem Volk mehr direkte Mitspracherechte zu gewähren. Besonders deutlich wurde dies zum wiederholten Male nach den Bundestagswahlen 2013 während der Verhandlungen zur Großen Koalition. In diesen weigerte sich die CDU, Volksabstimmungen auf Bundesebene einzuführen, obwohl sich 84% der Wahlberechtigten (83% der Unionswähler) sowie die CSU und die SPD dafür ausgesprochen hatten.[1142] Ein Machtwort aus der CDU-Spitze um Angela Merkel stoppte das Vorhaben. Zu groß erschien der CDU wohl die Gefahr, die Macht des Kapitals, das einer ihrer Hauptfinanziers ist, könnte vom Volk eingeschränkt werden. Es ist schon ausgesprochen angenehm, wenn man vier Jahre – vom Souverän ungestört – regieren kann. Und vielleicht werden es sogar

fünf Jahre, falls die Große Koalition entsprechende Pläne von Bundes-
tagspräsident Norbert Lammert (CDU) umsetzt.[1143]

Ob ein Mehr an direkter Demokratie in den nächsten Jahren in
Deutschland kommen wird, ist daher fraglich. Aber selbst wenn:
Volksabstimmungen und Referenden sind keine Allheilmittel gegen
die Entmachtung, sondern nur eines von vielen notwendigen Mitteln,
um die Umwandlung der Demokratie in eine Plutokratie zu verhindern.

LOBBYISMUS EINDÄMMEN

Die klassischen Aktivitäten von Lobbyisten stark einzuschränken,
dürfte schwierig werden. In einer freiheitlichen Gesellschaft kann man
niemandem verwehren, seine Meinung zu äußern und andere, also
auch Parlamentarier, von ihr zu überzeugen. Klassisches Lobbying ist
aber in Deutschland im Moment auch deswegen so erfolgreich, weil es
sich weitgehend im Verborgenen abspielt. Diese Heimlichtuerei kann
nur durch mehr Transparenz unterbunden werden. Die Öffentlichkeit
muss nachvollziehen können, wer als Lobbyist tätig ist und von wem er
finanziert wird. Dazu ist ein verpflichtendes, von jedermann jederzeit
einsehbares Lobbyregister notwendig, in das sowohl die Organisationen, die Lobbying betreiben, als auch deren Mitarbeiter einzutragen
sind. Um zu verhindern, dass Interessengruppen sich nicht in das
Register aufnehmen lassen, aber trotzdem als Lobbyisten arbeiten,
muss es möglich sein, den Eintrag gerichtlich anordnen zu lassen. Zum
Zweiten müssen Ort und Zeitpunkt von Treffen zwischen Lobbyisten
sowie Regierung und Parlamentariern publik gemacht werden. Damit
wird zwar das klassische Lobbying nicht verhindert, es wird aber wenigstens nachvollziehbar, wer wen zu beeinflussen versucht.

Um die Drehtür zwischen Wirtschaft und Politik zu schließen, be-
kämen Abgeordnete und Regierungsmitglieder nach Beendigung ihrer
Amtszeit eine fünfjährige Karenzzeit verordnet. In diesem Zeitraum
dürften sie weder als Lobbyisten noch in der Wirtschaft arbeiten. Damit würde sich das Problem des vorauseilenden Gehorsams ebenfalls
verringern.

Im Moment lehnen viele Politiker eine Karenzzeit noch mit dem
Argument ab, dass sie einem Berufs- bzw. Betätigungsverbot gleich-
käme. Das ist allerdings nur der durchsichtige Versuch, sich die

Option auf einen gut dotierten Posten in der Wirtschaft nach Ende der Karriere in der Politik offenzuhalten. Denn mit der Karenzzeit wird nur eine ganz bestimmte Tätigkeit für einen fest definierten Kreis von Lobbyorganisationen und Firmen nicht gestattet. Dieses kleine Opfer können ehemalige Volksvertreter und Regierungsmitglieder durchaus bringen, um den Einfluss der Lobbyisten zu schmälern. Und wer sich dieser Regelung nicht unterwerfen mag, darf sich eben nicht zum Volksvertreter wählen lassen. Beamte haben im Gegenzug für ihre Arbeitsplatzsicherheit auch kein Streikrecht und wer darauf nicht verzichten will, darf eben kein Beamter werden. Es ist wohl nicht verwerflich, wenn das Volk ein ähnliches Maß an Loyalität von seinen Vertretern fordert wie der Staat von seinen Beamten.

NEBENTÄTIGKEITEN VON ABGEORDNETEN VERBIETEN, DIÄTEN ERHÖHEN

Abgeordnete sind vom Volk gewählt und in seinem Auftrag tätig. Sie sollten während ihrer aktiven Zeit als gewählter Volksvertreter ausschließlich als Parlamentarier arbeiten dürfen. Insbesondere müssten für sie *alle* Nebentätigkeiten verboten sein, sowohl bezahlte als auch unbezahlte. Ausgenommen davon wären lediglich ehrenamtliche Tätigkeiten sowie politische Funktionen, z. B. in Parteien, Parlament oder in der Regierung.

Im Gegenzug sollten Abgeordnete besser bezahlt werden als bisher. Ein Anhebung ihrer Diäten auf das Niveau der Präsidenten von Bundesgerichten (Besoldungsstufe R10, im Jahr 2013 knapp 12 500 Euro monatlich) würde sie während ihrer Amtszeit wirtschaftlich völlig unabhängig machen und das Verbot von Nebentätigkeiten kompensieren. Ebenso aufgestockt werden sollte die Kosten- und Mitarbeiterpauschale, damit Abgeordnete ihre Büros im Bundestag und in ihren Wahlkreisen besser mit Personal ausstatten können. Denn Politik ist ein komplexes und zeitraubendes Geschäft, das nur mit erheblicher Unterstützung verantwortungsvoll betrieben werden kann.

Angesichts des Politikerbashings, das vor allem in der Boulevardpresse immer wieder betrieben wird, dürfte dieser Vorschlag in der breiten Öffentlichkeit auf wenig Gegenliebe stoßen. Man muss sich aber vor Augen halten, dass Bundestagsabgeordnete in Bezug auf die Verantwortung Spitzenmanagern der Wirtschaft in nichts nachstehen.

Sie entscheiden mit dem Bundeshaushalt über ein Budget, das um ein Vielfaches größer ist als das deutscher Großkonzerne, deren Vorstände jedoch um ein Vielfaches höher entlohnt werden als Abgeordnete. Durch die Verabschiedung von Gesetzen übernehmen die Parlamentarier Verantwortung für das Wohlergehen von Millionen von Menschen. Außerdem haben die meisten Abgeordneten eine 60- bis 70-Stunden-Woche. Eine Vergütung auf dem Niveau von Bundesrichtern bei gleichzeitigem Verbot sämtlicher Nebentätigkeiten erscheint somit durchaus angebracht.

PARTEIENFINANZIERUNG NEU ORDNEN

Nicht nur die Abgeordneten, auch die Parteien müssen weniger empfänglich für das große Geld gemacht werden. Daher sollten Parteien direkte Zuwendungen nur noch von wahlberechtigten, *natürlichen Personen* erhalten dürfen, wobei eine Höchstgrenze von 10 000 Euro pro Jahr und Person einzuhalten wäre. Ebenso verbieten müsste man die indirekte Finanzierung von Parteien, z. B. durch Sponsoring von Parteitagen oder Werbung in Publikationen der Parteien. *Juristische Personen* (Unternehmen oder Stiftungen) dürften Parteien überhaupt nicht mehr direkt unterstützen. Sie könnten allerdings in unbegrenzter Höhe an einen noch zu gründenden »*Demokratiefonds*« spenden, dessen Einnahmen an die zu Europa-, Bundestags- und Landtagswahlen zugelassenen Parteien entsprechend ihrer Stimmanteile ausgeschüttet würden. In diesen Demokratiefonds könnten auch all diejenigen Parlamentarier, die Diäten auf dem Niveau von Bundesrichtern für zu hoch halten, einen Teil ihrer Bezüge spenden.

Weil diese Regelungen vermutlich die Finanzausstattung der Parteien schrumpfen lassen würden, sollten Parteien pro gültige abgegebene (Zweit)Stimme bei Europa-, Bundestags- und Landtagswahlen einen höheren Fixbetrag als bisher (z. B. zwei Euro) erhalten. Dadurch hätten die Parteien einen finanziellen Anreiz, für weniger Politik(er)verdrossenheit zu sorgen, denn eine steigende Wahlbeteiligung würde sich positiv auf ihre Finanzen auswirken.

PRIVATISIERUNG DER POLITIK STOPPEN

Die letzte notwendige Änderung am politischen System betrifft die Ausübung von Staatsmacht. Der Trend zur Übertragung von Kernaufgaben der Politik von der öffentlichen in die private Sphäre muss rückgängig gemacht werden. Vor allem die alleinige Bewertung souveräner Staaten durch private *Ratingagenturen* ist so nicht mehr hinnehmbar. Zwar spricht nichts dagegen, wenn deren Analysten zunächst eine differenzierte Beurteilung der ökonomischen Situation eines Landes erstellen. Bevor diese aber veröffentlicht wird, müsste die Regierung des betroffenen Staates Einwände erheben können, die in die Bewertung eingearbeitet werden müssten. Falls danach immer noch Dissens zwischen Ratingagentur und Regierung besteht, müsste der Sachverhalt vor Veröffentlichung des Ratings durch ein Schiedsgericht der Vereinten Nationen geklärt werden.

Die Vereinnahmung von Regulierungsbehörden (*regulatory capture*) zu unterbinden, ist ebenfalls möglich, wenn auch nicht ganz einfach. Denn Regierungen und Parlamente verfügen zumeist nicht über das nötige Expertenwissen. Der Versuch, Spezialisten aus der zu regulierenden Branche anzuwerben, scheitert oftmals an den Gehalts- und Karrierevorstellungen geeigneter Kandidaten. Aber selbst wenn er gelingt, neigen die Regulierer dazu, ihre ehemalige Branche mit Glacéhandschuhen anzufassen.[1144] Ebenfalls hinderlich ist der mangelnde politische Wille zur Regulierung. Falls dieser jedoch vorhanden ist, lassen sich Branchen vernünftig ordnen. Zum einen gibt es genug wechselwillige, von ihrer eigenen Branche enttäuschte Spezialisten, die in den relativ sicheren Staatsdienst wechseln würden, falls dieser attraktiver wäre. Da durch eine schlechte Regulierung, z. B. bei Atomenergie, leicht ein Milliardenschaden entstehen oder wie im Fall der Finanzbranche eine weltweite Rezession ausgelöst werden kann, gibt es jeden Grund, wechselwillige Experten zu attraktiven Konditionen einzustellen. Zum anderen ist es oftmals möglich, mit einfachen Mitteln eine wirkungsvolle und kosteneffektive Regulierung zu erreichen. In der Finanzbranche wäre schon viel gewonnen, wenn die nicht beaufsichtigten Schattenbanken einfach wie Banken behandelt würden und die Eigenkapitaldeckung für beide massiv heraufgesetzt würde.[1145]

Das de facto vorhandene Vetorecht multinationaler Unternehmen gegen Gesetze, die ihre erwarteten Gewinne schrumpfen lassen, ist – zumindest bei zukünftigen Verträgen – leicht zu beseitigen. Dazu reicht es schon, wenn die Staaten keine Klagemöglichkeiten vor *privaten Schiedsgerichten* in internationalen Handels- und Investitionsabkommen vorsehen. Besonders wichtig wäre es, wenn das geplante Abkommen zur Errichtung einer transatlantischen Freihandelszone (*TAFTA* bzw. *TTIP*) diese Option ausschließen würde.[1146] Problematischer sind die rund 3 000 schon bestehenden Freihandelsabkommen. Diese können in der Regel nur mit Zustimmung aller Unterzeichner geändert werden. Allerdings achten die Lobbyisten genau darauf, dass ihre Vorteile nicht verloren gehen, weshalb es in den nächsten Jahren wohl kaum zu einer signifikanten Zahl von Streichungen der Klagemöglichkeiten vor privaten Schiedsgerichten kommen dürfte.[1147]

Begrenzung der ökonomischen Macht des Kapitals

Die oben genannten Vorschläge zur Änderung des politischen Systems würden die Macht des Volkes direkt stärken, Lobbyarbeit offenlegen sowie die Ausübung von Belohnungsmacht gegenüber Parteien und Abgeordneten reduzieren. Diese Stärkung der Demokratie müsste aber begleitet werden von einer Begrenzung der vielfältigen Möglichkeiten des Kapitals, ökonomische Macht aufzubauen. Denn diese wird eingesetzt, um die öffentliche Meinung durch Propaganda zu beeinflussen, die Menschen im Sinne des Kapitalismus zu konditionieren, das Bildungssystem in eine Maschine der Wissensvermittlung zu konvertieren, die Medien als vierte Gewalt in der Demokratie zu schwächen und das Ganze mit flankierenden Maßnahmen zu stützen.

Prinzipiell begrenzt man ökonomische Macht am besten, indem man die Kraft der Instrumente reduziert, mit deren Hilfe sie aufgebaut wird. Jedoch eignen sich nicht alle Instrumente gleichermaßen als Ansatzpunkte für Maßnahmen, vor allem kommen diejenigen kaum in Frage, bei denen der Kapitalismus eher den Trittbrettfahrer gesellschaftlicher Trends spielt.

Kapital machtreduzierend besteuern

Das geeignetste Instrument zur Rückverlagerung ökonomischer Macht an das Volk liegt darin, den Kapitaleinsatz machtreduzierend zu besteuern, ohne für Unternehmen die Anreize, Gewinne zu erzielen, allzu stark zu senken. Das könnte man einerseits erreichen, indem man eine Obergrenze für Gewinne aus eingesetztem Kapital aufstellt, so wie das Ludwig Erhard 1931 in seiner nie veröffentlichten Habilitationsschrift angedacht hatte.[1148] Alternativ könnte man bei der Besteuerung von Kapital einen *progressiven* Stufentarif einführen, der sich an der erzielten Rendite orientiert. Dazu müsste eine »Normalrendite« des eingesetzten Kapitals definiert werden, z. B. 5 %. Die Gewinne eines Unternehmens, das die Normalrendite erzielt, werden mit einem ebenfalls festzulegenden »Normalsteuersatz« von z. B. 25 % besteuert. Für jeden Prozentpunkt mehr an Rendite würde der Steuersatz um einen fixen Betrag an Prozentpunkten ansteigen, z. B. um 3 Prozentpunkte. Falls die tatsächliche Rendite bei 8 % läge, müsste der Gewinn in diesem Beispiel mit 34 % versteuert werden. Der Stufentarif würde auch nach unten angewendet. Läge die tatsächliche Rendite bei 2 %, dann wären nur 16 % Steuern auf den Gewinn fällig.

Ein solcher progressiver Stufentarif der Unternehmenssteuer würde die Anreize senken, übermäßige Renditen zu erzielen. Firmen würden zum einen nicht mehr in gleichem Maß wie derzeit versucht sein, Kosten zu reduzieren, indem sie sie auf die Gesellschaft verlagern oder die Löhne ihrer Mitarbeiter senken. Zum anderen wäre es weniger verlockend, die Verbraucher durch Werbung zum Konsumieren zu verleiten oder Preise durch Kartellabsprachen zu steigern. Für Banken wären Zinsmanipulationen und Verkäufe dubioser Vermögensanlagen an Privatanleger weniger attraktiv.

Eine machtreduzierende Besteuerung des Kapitals muss begleitet werden von Maßnahmen gegen die legale Steuervermeidung durch Gewinnverlagerung in Steueroasen, die multinationale Unternehmen unter anderem dadurch bewirken, dass sie Kosten in Hochsteuerländern und Erträge in Niedrigsteuerländern verbuchen. Viel wäre heute schon gewonnen, wenn sich die Staaten und Konzerne konsequent an die Richtlinien der OECD für multinationale Unternehmen in Bezug auf Steuern halten würden.[1149] Und solange es keine international ähnliche Besteuerung für Kapitalerträge gibt, müssen die Staaten zumindest den Steuersenkungswettlauf stoppen und einen relativ hohen Mindeststeuersatz auf Gewinne einführen, um den Anreiz zur Steuerverlagerung zu senken.

Ergänzt werden sollte die Kapitalbesteuerung in Deutschland durch eine spürbare Vermögenssteuer, die es in vielen westlichen Ländern gibt, sowie eine Erhöhung der Erbschaftssteuer auf große Vermögen. Denn selbst wenn der gerade vorgeschlagene progressive Stufentarif auf Kapitalerträge eingeführt würde, käme es ohne spürbare Erbschafts- und Vermögenssteuer immer noch zu erheblichen Zuwächsen an Geld oder Sachwerten bei den ohnehin schon Reichen. Es geht hier aber nicht darum, eine bessere Einnahmequelle für den Finanzminister zu schaffen, weshalb man ein Schonvermögen von einer Million Euro pro Person durchaus steuerfrei stellen sollte. Und es geht auch nicht darum, mittelständische Unternehmen oder kleine Familienbetriebe während des laufenden Betriebs oder bei der Übergabe an die Nachfolger in den Ruin zu treiben. Die Erbschafts- und Vermögenssteuern müssten vor allem bei den Superreichen ansetzen, also denjenigen, deren Vermögen so groß und so weit gestreut ist, dass »dieser Planet schon zerplatzen müsste, damit auch sie nur noch im Hemd dastünden«, wie es der Elitenforscher Hans-Jürgen Krysmanski ausdrückte.[1150]

Auch das Tätigkeitsfeld von gemeinnützigen, operativen Stiftungen sollte eingeschränkt werden. Sie dürften sich ausschließlich karitativen Aufgaben widmen und darüber hinaus keinerlei gesellschaftspolitische Aktivitäten betreiben. Ausgenommen davon wären die politischen Stiftungen von Parteien sowie öffentliche (d. h. vom Staat gegründete) Stiftungen. Außerdem sollte der Staat bei Gründung einer gemein- nützigen Stiftung (bzw. bei einer Zustiftung in bestehende Stiftungen) so tun, als läge der Fall einer Vererbung (oder Schenkung) vor. Damit könnte verhindert werden, dass eine vermeintlich gemeinnützige Stif- tung vor allem deshalb gegründet wird, um Erbschaftssteuer zu sparen.

WETTBEWERBSPOLITIK ORDOLIBERAL AUSRICHTEN

Die Wettbewerbspolitik hat sich in den vergangenen Jahrzehnten hauptsächlich darauf beschränkt, bestehende Kartelle zu bestrafen. Das reicht aber nicht aus, vor allem nicht im Finanzsektor, wo einige Großbanken und Versicherungsgesellschaften so groß geworden sind, dass sie als »systemrelevant« erklärt wurden. Mit Ausnahme von Situ- ationen, in denen ein natürliches Monopol vorliegt (siehe Kapitel 7), sollte es in einer Marktwirtschaft keine Großunternehmen geben, deren Konkurs eine Rezession auslösen könnte.

Aus diesem Grund wäre vor allem in der Finanzbranche kräftig aufzuräumen. Die multinational operierenden Universalbanken, die alle Bankgeschäfte unter einem Dach vereinen, müssten durch Spezialbanken ersetzt werden, die nur einen kleinen Teil aller möglichen Bankleistungen anbieten. Vor allem das risikoreiche Investmentbanking müsste strikt vom traditionellen Einlagen- und Kreditgeschäft getrennt werden.[1151] Weil in einem solchen Trennbankensystem aber immer noch die Gefahr besteht, dass einzelne Banken »too big to fail« werden, müsste eine Obergrenze für die Bilanzsumme eingeführt werden, bei deren Überschreitung eine Bank aufgesplittet wird. Die US-amerikanische Professorin für Volkswirtschaftslehre Anat Admati und ihr deutscher Kollege Martin Hellwig, die einen umfassenden Vorschlag zur Neuregulierung des Bankensystems vorgelegt haben, glauben nicht, »dass Banken, deren Vermögenswerte über 100 Milliarden US-Dollar hinaus wachsen, noch irgendwelche Effizienzvorteile haben. Tatsächlich ist zu vermuten, dass allzu große Banken eher ineffizient sind und an schwerwiegenden Führungs- und Kontrollproblemen leiden.«[1152] Eine Größenbegrenzung von Banken bei der genannten Summe ist aus gesamtwirtschaftlicher Perspektive durchaus zu vertreten, auch wenn die Großbanken und ihre Lobbyisten gegen einen solchen Gesetzentwurf Sturm laufen und nichts unversucht lassen würden, ihn zu Fall zu bringen. Sinngemäß sollte diese Regelung auch auf alle anderen Großunternehmen ausgeweitet werden, die ebenfalls ab einer bestimmten Größe entflochten werden sollten. Dieser Vorschlag ist weit weniger revolutionär als er sich im ersten Moment anhört, denn solche Aufsplittungen hat es schon gegeben. Als John D. Rockefellers *Standard Oil Company* Anfang des 20. Jahrhunderts in den USA zu groß und zu mächtig geworden war, wurde sie von der US-Regierung unter Präsident Theodore Roosevelt in 33 Unternehmen aufgeteilt. Insgesamt wurden damals 44 marktbeherrschende Großkonzerne entflochten.[1153]

Die Vorteile einer Größenbegrenzung wären für die Allgemeinheit gewaltig. Das Prinzip der Haftung für eigenes Handeln könnte durchgängig angewendet werden, weil der Staat nicht mehr gezwungen wäre, als Reparaturbetrieb für den Kapitalismus einzuspringen. Die Versuchung, durch riskante oder ausbeuterische Geschäfte immer noch größer zu werden, wäre stark reduziert, vor allem in Verbindung mit dem oben vorgeschlagenen progressiven Stufentarif der Unternehmensbesteuerung. Die Wettbewerbspolitik bekäme eine ordoliberale Stoßrichtung, ganz nach dem bereits erwähnten Motto von Franz Böhm, der 1947 für eine radikale Entmachtung der privaten Unternehmer plädiert hatte.

PRIVATISIERUNG STOPPEN, INWERTSETZUNG STAATLICH KONTROLLIEREN

Die Übertragung staatlicher Aufgaben an kapitalistische Unternehmen durch Privatisierung, die Etablierung von Public Private Partnerships und die Inwertsetzung der Natur sind drei Instrumente, mit denen der Kapitalismus seine ökonomische Macht zulasten der restlichen Gesellschaft ausbaut. Daher darf es keine neuen Privatisierungen mehr geben, insbesondere nicht bei der kommunalen Daseinsvorsorge oder bei der Infrastruktur wie dem Schienennetz. Bereits erfolgte Verkäufe staatlicher Infrastruktur sollten, soweit wirtschaftlich vertretbar, so schnell wie möglich rückgängig gemacht werden. Public Private Partnerships sind zumeist weder notwendig noch vorteilhaft für die öffentliche Hand. Sie sollten beim Auslaufen bestehender Verträge nicht mehr verlängert werden, neue PPP sollten gänzlich vermieden werden.

Entgegen den Behauptungen neoliberaler Propaganda gibt es für eine Gesellschaft nur selten einen Grund zu Privatisierungen und Public Private Partnerships. Denn öffentliche Unternehmen können durchaus adäquate Leistungen zu günstigen Preisen erbringen, wenn sie nach unternehmerischen Grundprinzipien handeln dürfen. Das gilt für Betriebe der kommunalen Daseinsvorsorge ebenso wie für Großunternehmen. Nur ein Beispiel von vielen: Die *Schweizerischen Bundesbahnen* (SBB) sind seit 1999 eine Aktiengesellschaft im Eigentum des Staates. Sie gelten als eine der besten Eisenbahnen weltweit: Im Stundentakt verkehren Schnell- und Regionalzüge sowie Busse. Die Kundenzufriedenheit ist hoch, auch weil knapp 90% der Reisenden pünktlich ihr Ziel erreichen. Die Zahl der Unfälle ist gesunken, die Mitarbeiterzufriedenheit gestiegen. Der Konzerngewinn lag 2012 bei 422 Millionen Schweizer Franken (2011 bei 344 und 2010 bei 298 Millionen).[1154] Unternehmen in Staatsbesitz können also profitabel, sicher, kundenorientiert und zur Zufriedenheit der Mitarbeiter betrieben werden. In Norwegen besteht die Einnahmeseite des Haushalts zu 25% aus Gewinnen von gut geführten Staatsbetrieben.[1155]

Ebenso wenig notwendig ist es, dem Kapitalismus die Inwertsetzung der Natur zu überlassen. Wenn sich eine Gesellschaft dafür entscheidet, dann sollte sie diesen Vorgang kontrollieren und so umwelt- und sozialverträglich wie möglich gestalten. Die bereits erwähnte Nutzung des Erdöls in Norwegen zeigt, wie es gehen kann. Dort profitieren vor allem die öffentliche Hand und die Rentenversicherung massiv davon, dass der Staatskonzern *Statoil* in großem Stil an der Förderung des Öls beteiligt ist. Auch das Nagoya-Protokoll über den Zugang zu genetischen Ressourcen und die ausgewogene und gerechte Aufteilung der sich aus ihrer Nutzung ergebenden Vorteile könnte die Gesellschaft an den Erträgen der Inwertsetzung der Natur beteiligen. In welchem Ausmaß das geschehen wird, hängt von der Umsetzung durch die nationalen Parlamente ab, die entsprechende Gesetze erlassen müssen.

GESETZESVERSTÖSSE HÄRTER AHNDEN

Bis zu einem gewissen Grad baut der Kapitalismus ökonomische Macht durch illegale Handlungen auf, wie z. B. Steuerhinterziehung, Korruption, Kartellbildung oder Verstöße gegen Umweltgesetze. Obwohl die Sanktionen dafür in den letzten Jahren in einigen Ländern verschärft wurden, kommen die Verantwortlichen häufig immer noch relativ glimpflich davon. Zum einen, weil es nicht zu einer Anklage kommt, denn die Verjährungsfristen sind kurz und potentielle Hinweisgeber zögern vielfach mit der Aufdeckung von Skandalen aus Angst um ihre materielle Existenz. Zum anderen werden als Strafen häufig nur Geldbußen, Hausarrest (bei älteren Angeklagten) oder Freiheitsentzug auf Bewährung verhängt.

Mit nichts kann man Vorstände, Top-Manager oder Reiche so strafen wie mit Freiheitsentzug, weil sie während dieser Zeit ihr Geld persönlich nur dazu nutzen können, sich im Gefängnis ein paar Annehmlichkeiten zu verschaffen. Aus diesem Grund sollten die Verjährungsfristen und Strafen für Wirtschaftsverbrechen erhöht werden. Gleichzeitig müssen die Strafverfolgungsbehörden personell und materiell besser ausgestattet werden sowie mehr Steuerprüfer und -fahnder tätig werden. Hinweisgeber sollten besser geschützt werden. Da sie in der Regel persönliche und materielle Nachteile erleiden, könnte man ihnen auch eine Belohnung zahlen, wenn ihr Tipp zu einer Verurteilung führt.

Außerdem sollte ein Unternehmensstrafrecht eingeführt werden. Dann hätten Verfehlungen einzelner Mitarbeiter auch Konsequenzen – unter Umständen bis hin zur Auflösung – für die Firmen selbst. Die Eigentümer würden stärker als bisher darauf achten, dass sich Vorstände und Manager an Recht und Gesetz hielten.[1156]

DER MEINUNGSMACHE WIDERSTEHEN

Die kapitalistische Propaganda wendet gegen die gerade gemachten Vorschläge zur Begrenzung der ökonomischen Macht des Kapitals mit schöner Regelmäßigkeit ein, dass ihre Umsetzung Arbeitsplätze vernichten würde. Davon darf man sich aber keine Angst einjagen lassen, denn Jobverluste würde es bei Umsetzung der oben skizzierten Maßnahmen aus mehrerlei Gründen nicht geben:

1. Der progressive Steuertarif auf Gewinne schafft einen Anreiz, nicht mehr nur dem Shareholder Value gerecht zu werden und damit die Zahl der Beschäftigten und deren Löhne zu senken, um Kosten zu sparen. Im Ergebnis dürfte es mehr Beschäftigte mit mehr Gehalt (zulasten der Gewinne) geben. Dies stärkt die Binnennachfrage und trägt zusätzlich zum Erhalt inländischer Arbeitsplätze bei.

2. Erbschafts- und Vermögenssteuern für Reiche führen dem Staat Einnahmen zu, mit deren Hilfe er arbeitsintensive Dienstleistungen fördern kann (z. B. Altenpflege und Kinderbetreuung) oder die ebenfalls arbeitsintensive Sanierung von Wohngebäuden, Straßen und Brücken. Die wenigen Jobs, die im Luxusgütersegment oder in der Vermögensverwaltung wegfielen, würden bei richtigem Mitteleinsatz durch einen Zuwachs in den arbeitsintensiven Branchen mehr als wettgemacht werden.

3. Eine ordoliberale Wettbewerbspolitik würde zwar die Zahl der Arbeitsplätze in Großunternehmen reduzieren, aber gleichzeitig mehr Jobs in kleineren Firmen entstehen lassen. Denn die Nachfrage nach den Produkten einer Branche würde sich durch die Aufspaltung von Großunternehmen ja nicht verändern. Somit würden die Arbeitsplätze nur innerhalb einer Branche umgeschichtet.

4. Auch Reprivatisierungen und die Beendigung von Public Private Partnerships werden eher zur Schaffung neuer Arbeitsplätze beitragen, denn hier müssen die Kosten nicht mehr durch Personalabbau zur Erreichung hoher Renditeziele gesenkt werden.

Ebenso unzutreffend ist das Argument, die oben gemachten Vorschläge zur Zivilisierung des Kapitalismus würden zu einem Rückgang der Investitionen und damit des Wachstums führen. Zwar mag es tatsächlich weniger *private* Investitionen geben, dafür gibt es aber mehr Spielraum für *öffentliche*. Und wenn der Staat die zusätzlichen Steuereinnahmen für Infrastruktur und Bildung ausgibt, dürften sich die Wachstumseinbußen in sehr engen Grenzen halten, falls sie sich nicht langfristig sogar positiv auswirken. Aber selbst wenn die Gesellschaft durch die Begrenzung der ökonomischen Macht des Kapitals auf etwas Wachstum verzichten würde – wen träfe es? Wie in Kapitel 6 dargelegt, sind es die Reichen, denen das Mehr beim Bruttoinlandsprodukt in den letzten Jahrzehnten zugutegekommen ist, und sie würde ein Rückgang der Wachstumsrate hauptsächlich treffen.

MASSNAHMEN INTERNATIONAL KOORDINIEREN

Wie bisher auch, wird das Kapital versuchen, durch Standortverlagerungen und Steuerminimierung Gewinneinbußen zu vermeiden, die aufgrund einer höheren Besteuerung oder einer die Konkurrenz fördernden Wettbewerbspolitik entstehen würden. Daher müssten gerade diese Maßnahmen – ebenso wie einige der noch nachfolgenden genannten – international koordiniert werden. Solange die Staaten sich aber als Konkurrenten untereinander sehen, die versuchen, durch Steuersenkungen mehr Kapital anzuziehen, wird dies nicht gelingen – im Gegenteil. Das Kapital wird die westlichen Demokratien weiterhin gegeneinander ausspielen. Dabei müssten sie sich gerade verbünden, um ein Gegengewicht zu den multinationalen Großkonzernen zu bilden, die es durch koordiniertes Lobbying geschafft haben, der internationalen Staatengemeinschaft für sie ausgesprochen günstige Handels- und Investitionsbedingungen abzuringen. Wenn sich die westlichen Demokratien wenigstens auf eine angemessene Mindestbesteuerung von Gewinnen (z. B. in der Größenordnung von 40 %) einigen könnten, kämen sie schon einen Schritt weiter.

STÄRKUNG DER ÖKONOMISCHEN MACHT DER MITTELSCHICHT UND DER MARGINALISIERTEN

Neben den Freiheiten des demokratischen Rechtsstaats und der Fähigkeit, die verschiedenen Formen der Machtausübung zu verstehen, ist materielle Unabhängigkeit eine zentrale Voraussetzung für ein selbstbestimmtes Leben. Gerade diese fehlt aber bei Armen, chronisch Kranken und den Beziehern niedriger Einkommen. In den meisten Ländern wurden die Sozialleistungen und Löhne für diese Menschen aufgrund der neoliberalen Wende so massiv gekürzt, dass sie entweder am Rande des Existenzminimums leben oder monatlich Dutzende von Überstunden leisten müssen, um über die Runden zu kommen.

MINDESTLOHN BEZAHLEN

Nur wenn die materielle Existenz ausreichend abgesichert ist, können sozial Schwache ihre demokratischen Rechte und Freiheiten in Anspruch nehmen. Auch deswegen ist ein ausreichender gesetzlicher Mindestlohn notwendig. Eine angemessene Stundenvergütung verhindert das Phänomen der arbeitenden Armen, die trotz einer 40-Stunden-Woche nicht genug Geld für sich und ihre Familien haben und daher Überstunden leisten oder einen Zweitjob annehmen. Beides raubt ihnen die letzten zeitlichen Freiräume für Bildung und politisches Engagement.

Das Standardargument gegen Mindestlöhne lautet, dass sie die Arbeitslosigkeit erhöhen. Dahinter steht die Vorstellung, dass der sich auf einem Arbeitsmarkt bildende Lohn Angebot und Nachfrage ins Gleichgewicht bringt. Ein darüber liegendes Mindestentgelt würde zur Arbeitslosigkeit führen. Dieses Argument setzt aber ein Machtgleichgewicht der Verhandlungspartner voraus. Genauso wie mächtige Gewerkschaften zu hohe Löhne durchsetzen können, sind die Arbeitgeber in der Lage, die Löhne zu drücken, wenn die Arbeiter keine Alternativen haben und jeden Job annehmen müssen. Vieles spricht dafür, dass gerade in den Bereichen, in denen die Entgelte aufgrund der Mindestlöhne in Deutschland steigen würden, die Arbeitgeber die Macht haben, Niedriglöhne zu zahlen, weil sie besser organisiert sind und die Arbeiter zu wenig Alternativen haben. Richtig gesetzte Mindestlöhne würden in diesem Fall ein Marktversagen korrigieren, das sich aus ungleicher Verteilung der Verhandlungsmacht auf dem

Arbeitsmarkt ergibt. Insofern wäre es auch durchaus angebracht, diese Zusammenhänge öffentlich bekannt zu machen und sie gerade den Arbeitnehmern dieser Branchen besser zu vermitteln. Das würde die Gewerkschaften stärken, was notwendig ist, will man sich zur Abwehr von Niedriglöhnen nicht ausschließlich auf den Gesetzgeber verlassen.

Ob infolge von Mindestlöhnen die Arbeitslosigkeit steigt, ist mehr als fraglich. Zunächst einmal würden die Gewinne der Unternehmen sinken, was deren Widerstand erklärt. Auch deuten empirische Untersuchungen und die Erfahrungen anderer Länder, insbesondere der USA, in denen es schon lange Mindestlöhne gibt, nicht auf einen Anstieg der Arbeitslosigkeit hin.[1157] Joachim Möller vom *Institut für Arbeitsmarkt- und Berufsforschung* kommt für Deutschland zu dem Ergebnis, dass der Mindestlohn so gut wie keine negativen Auswirkungen auf die Beschäftigung hat.[1158] Der von der Bundesregierung im Frühjahr 2014 auf den Weg gebrachte gesetzliche Mindestlohn ist daher ein wichtiger und richtiger Schritt zur Stärkung der materiellen Unabhängigkeit von Arbeitnehmern mit geringem Einkommen.

GRUNDEINKOMMEN GEWÄHREN

Ein Mindestlohn hilft aber nur Arbeitnehmern, während Selbständige, Erwerbslose, Kranke oder Rentner davon nicht profitieren. Ein Grundeinkommen (manchmal auch Bürgergeld genannt), das der Staat jedem Bürger unabhängig von seiner wirtschaftlichen Lage bezahlt, würde auch die Marginalisierten in die Lage versetzen, sich am Gemeinschaftsleben angemessen zu beteiligen. Denn ein Bürgergeld wäre höher als die momentan gezahlte Sozialhilfe, die ja nur die bloße Existenz sichert.[1159]

Gegen das Grundeinkommen werden vor allem zwei Argumente angeführt: Es sei nicht finanzierbar und fördere nur den Müßiggang. Obwohl beide eine gewisse Berechtigung haben, sind die Probleme weitaus geringer als die Schwarzmaler behaupten. Denn die Finanzierbarkeit hängt einmal davon ab, wie stark andere Einkünfte auf das Grundeinkommen angerechnet werden. Ein *bedingungsloses* Grundeinkommen, das jedem Menschen unabhängig von seinem Einkommen und Vermögen einen monatlich festen Betrag garantieren würde, wäre wohl relativ schwierig zu finanzieren, aber auch gar nicht nötig. Denn es gibt eigentlich keinen vernünftigen Grund, warum die

Gesellschaft Personen mit einem Monatseinkommen von 3 000 Euro oder mehr noch ein Grundeinkommen spendieren sollte. Werden Einkünfte hingegen angerechnet, erhalten nur noch relativ wenige Menschen ein Grundeinkommen, aber es wären genau diejenigen, die es dringend benötigen würden. Nicht vergessen darf man auch, dass im Gegenzug zum Grundeinkommen ja alle anderen staatlichen Sozialtransfers gestrichen würden, wie z. B. Wohngeld, Kindergeld oder das Arbeitslosengeld II. Berechnungen von Michael Opielka und Wolfgang Strengmann-Kuhn im Auftrag der *Konrad-Adenauer-Stiftung* haben ergeben, dass sich ein im Jahre 2006 als angemessen betrachtetes Grundeinkommen in Höhe von 800 Euro für Erwachsene und 400 Euro für Kinder ohne Steuererhöhung und zusätzliche Verschuldung finanzieren ließe.[1160] Falls die Mittel dennoch nicht reichen sollten, z. B. weil ein höheres Bürgergeld ausgezahlt werden soll, könnten auch noch die zusätzlichen Einnahmen aus der oben vorgeschlagenen Erbschafts- und Vermögenssteuer sowie dem Schließen von Steuerschlupflöchern verwendet werden. Hauptzweck dieser Maßnahmen ist es ja gerade, die Macht des Kapitals zu reduzieren – ein Effekt, der verstärkt wird, wenn der Staat das eingenommene Geld den Bürgern mit der geringsten ökonomischen Macht zukommen lässt.

Auch der zweite Einwand, das Grundeinkommen fördere die Faulheit, ist übertrieben. Wer nicht arbeiten will, der kann das heute schon und erhält trotzdem Sozialhilfe. Das höhere Grundeinkommen würde zusätzlich nur wenige zum Nichtstun verleiten, denn es reicht ja nicht für ein Leben in Saus und Braus. Die meisten Erwerbstätigen würden genauso weiter arbeiten wie bisher. Denn Arbeit verschafft nicht nur Einkommen, sondern auch gesellschaftliche Anerkennung und Zufriedenheit. Würden sich Menschen nur anstrengen, wenn es eine materielle Entlohnung dafür gäbe, hätten wir kaum so viele Amateursportler oder ehrenamtlich tätige Menschen.[1161]

Ob Mindestlohn und Grundeinkommen die bereits langjährig marginalisierte und frustrierte Unterschicht in großer Zahl zu politisch aktiven Bürgern machen würde, ist zwar fraglich; sie würden jedoch verhindern, dass diese Gruppe weiter wächst, solange es der Markt nicht schafft, allen Menschen ein mehr als nur die bloße Existenz sicherndes Arbeitseinkommen zu verschaffen. Mindestlohn und Grundeinkommen zusammen würden jedoch allen Bürgern ein menschenwürdiges Leben ermöglichen. Niemand wäre nur aus materiellen

Gründen von der politischen Teilhabe und vom gesellschaftlichen Engagement ausgeschlossen. Zusätzlich verlöre der Kapitalismus das letzte Instrument repressiver Machtausübung, das ihm noch verblieben ist, nämlich den Menschen Angst vor einem Leben in Armut am Rande der Gesellschaft einzujagen.

SPITZENEINKOMMEN HÖHER BESTEUERN, MITTELSCHICHT ENTLASTEN

Die dritte wichtige Maßnahme zur Rückverlagerung ökonomischer Macht an die überwiegende Mehrheit der Bürger wäre eine Umgestaltung des Tarifs bei der Einkommensteuer. Dieser müsste insbesondere die Bezieher niedriger und mittlerer Einkommen kräftig entlasten, auch weil diese durch den in Kapitel 6 belegten Anstieg der indirekten Steuern und der impliziten Steuerquote des Faktors Arbeit mittlerweile eine fast erdrückende Steuerlast zu tragen haben. Im Gegenzug sollten die höheren Einkommen viel stärker belastet werden. Wolfgang Münchau, von 2001 bis 2003 Chefredakteur der *Financial Times Deutschland* und Verfasser einer Kolumne, die auf *Spiegel Online* der »Spur des Geldes« folgt, schlägt z. B. vor, Einkommen ab fünf Millionen Euro mit 75 bis 90 % zu besteuern.[1162] Wenn man dann noch für Jahreseinkommen zwischen 100 000 und fünf Millionen Euro den Steuersatz an diesen genannten Prozentsatz heranführt, könnte man die ökonomische Macht reicher Privatpersonen relativ wirkungsvoll beschneiden.

AUFKLÄRUNG UND BILDUNG

Ergänzend zu den bisher gemachten Vorschlägen bedarf es weiterer Maßnahmen, um die Demokratie wiederzubeleben und den Übergang zu einer Plutokratie zu verhindern. Denn die öffentliche Meinung ist derzeit noch so stark durch die neoliberale Propaganda geprägt, dass jeder Vorschlag zur Zivilisierung des Kapitalismus mit Skepsis betrachtet und von der Mehrzahl der Medien, die entweder kapitalistischen Großkonzernen gehören oder dringend auf finanzkräftige Anzeigenkunden angewiesen sind, argwöhnisch kommentiert wird. Gegen diese Meinungsmache helfen nur zwei Dinge, wenn man sie nicht verhindern kann oder durch Gegenpropaganda neutralisieren will: Aufklärung und mehr Bildung.

KRITISCHE BERICHTERSTATTUNG STÄRKEN

Als Erstes gilt es, Aufklärung in großem Stil zu betreiben und die Meinungsmache des kapitalistischen Systems konsequent zu entlarven. Dieser Prozess hat zwar aufgrund der Finanzkrise begonnen, er ist jedoch durch die Staatsschuldenkrise, die gleichzeitig eine Krise der Großbanken ist, zwei Jahre später wieder ins Stocken geraten. Der Grund dafür ist ein bekannter Nachteil repräsentativer Demokratien in Kombination mit einem Notfall: Weil Politiker, um gewählt zu werden, dem Volk teure Versprechen machen, die nach dem Urnengang wenigstens teilweise eingehalten werden müssen, lag der Schuldenstand vieler Länder schon seit Jahren an der Grenze der Tragfähigkeit. Und als die Regierungen dann zur Bekämpfung der vom Kapitalismus verursachten Rezession 2009 und zur Rettung der Banken zusätzliches Geld aufnehmen mussten und hohe Steuerausfälle zu verkraften hatten, schnellte der Schuldenstand auf bedrohliche Höhen. Damit rückten die Staaten und Regierungen anstelle des Kapitalismus ins Zentrum der Kritik. Notwendig wäre es deshalb zum einen, die Diskussion über die Mitverantwortung des Kapitalismus für die Finanzkrise 2008 und die seit 2010 schwelende Staatsschulden- und Bankenkrise wiederzubeleben, und zum anderen, die zentrale Frage zu beantworten, wie man ihn zivilisieren könnte. Dazu müssten seine falschen Propagandabotschaften aufgedeckt und ihm die fremden Federn, mit denen er sich schmückt, genommen werden.

Aber das reicht natürlich noch nicht. Nur wenn eine breite Gegenöffentlichkeit zu dem hergestellten Konsens entsteht, kann das Unterfangen gelingen. Aber wie soll diese entstehen, wenn das kapitalistische System die vierte Gewalt bereits weitgehend gezähmt hat? Hoffnungsvoll stimmt, dass sich das Recht auf freie Meinungsäußerung bislang nicht vollständig durch die Macht des Kapitals neutralisieren lässt und es aufklärerische Kanäle gibt:

1. In den links-liberalen, auflagenstarken Zeitungen und Magazinen finden sich zum Teil sehr kritische Beiträge zum Kapitalismus. Wenn die Leser die Zeitungen weiterhin kaufen und die kleinen und mittelständischen Anzeigenkunden im Verbund mit alternativ oder

genossenschaftlich wirtschaftenden Unternehmen darin werben, können auch Anzeigenboykotte von Großkonzernen eine kritische Berichterstattung nicht verhindern.

2. Eine Vielzahl von kleinen, weniger gelesenen und zum Teil völlig unabhängigen Medien berichtet ebenfalls ausgesprochen kritisch über Lobbyismus, Defizite der parlamentarischen Demokratie und den Kapitalismus. Dazu zählen z. B. Zeitungen wie die *taz, der Freitag* oder die deutsche Ausgabe von *LE MONDE diplomatique*. Dem monatlich erscheinenden Wirtschaftsmagazin *brand eins* gelingt das Kunststück, eine kühle und realistische Beschreibung der neuesten ökonomischen und gesellschaftlichen Trends zu liefern und trotzdem Anzeigenkunden zu gewinnen. Die seit mehr als 50 Jahren erscheinenden *Blätter für deutsche und internationale Politik* sind seit mindestens 10 Jahren eines der unabhängigen, links-intellektuellen Aushängeschilder der Nation. Auf 128 Seiten analysieren und kommentieren sie Monat für Monat der breiten Öffentlichkeit oft unbekannte Skandale oder Fehlentwicklungen, über die in den Medien der großen Konzerne entweder gar nicht oder nur am Rande berichtet wird.

3. Die öffentlich-rechtlichen Medien sind mit *einigen* ihrer Sendungen ebenfalls Triebfeder der Aufklärung. Allerdings wird Kritisches der Quote wegen allzu oft auf Nebensendeplätze oder wenig beachtete Spartenkanäle abgeschoben. Und weil auch das öffentlich-rechtliche Fernsehen um Werbekunden buhlt, wird zur Hauptsendezeit kaum etwas gezeigt, was die positive Rezeption der Werbung bei den Zuschauern stören könnte. Hilfreich wäre es, wenn die öffentlich-rechtlichen Anstalten keine Werbung mehr ausstrahlen dürften, sondern sich nur noch über Gebühren finanzieren würden. Dann wären sie aus dem Wettrennen um das niedrigste Unterhaltungsniveau entlassen und könnten ihrer Kernaufgabe wieder nachkommen, die Öffentlichkeit auch zu den Hauptsendezeiten ab und zu über gesellschaftliche Fehlentwicklungen aufzuklären.

4. Manche Webportale wie z. B. die *NachDenkSeiten* sammeln Links zu Meldungen oder Analysen und reichern sie mit eigenen Kommentaren an. Hierdurch werden die kritischen und aufklärerischen Stimmen gebündelt und konzentriert der Öffentlichkeit zugänglich gemacht.

5. Auch die Kunst übt Kritik an den herrschenden Zuständen. Die deutschen Bühnen spielen seit Ausbruch der Finanzkrise vermehrt kapitalismuskritische Stücke. Politischen Kabarettisten, deren Scharfzüngigste seit ein paar Jahren sogar wieder vermehrt in *ARD* und *ZDF* auftreten, weisen satirisch auf Missstände hin.

Insgesamt gibt es in Deutschland ein vielfältiges Angebot an kritischen Informationen, die allerdings noch zu wenig verbreitet sind und zumindest bislang nur wenig Wirkung zeigen. Das liegt zum einen am dominierenden Einfluss der großen Medienkonzerne, deren Zeitungen, Internetportale und Fernseh- und Radiosender die Menschen entweder mit trivialen Belanglosigkeiten unterhalten oder sich den Anzeigen schaltenden Großkonzernen gegenüber wohlwollend zeigen. Zum anderen reduziert die Konditionierung auf kapitalistische Werte und die Verhinderung von Bildung die Fähigkeit der Bürger, ihre eigene Domestizierung zu durchschauen. Um den Prozess der Entmachtung zu verlangsamen oder gar zu stoppen, müssen die Menschen verstehen, was der Kapitalismus aus und mit ihnen macht. Das werden sie aber nur können, wenn ihnen das Bildungssystem dabei hilft.

FREIRÄUME FÜR BILDUNG SCHAFFEN

Das Bildungssystem spielt eine Schlüsselrolle im Ringen zwischen Kapitalismus und Demokratie um die Vorherrschaft. Dort findet ein Großteil der Konditionierung statt und dort wird derzeit weitgehend verhindert, dass jungen Menschen eine verstehende Durchdringung wichtiger gesellschaftlicher Zusammenhänge gelingt. Das beste Angebot aufklärerischer Medien nutzt aber nichts, wenn es nicht angenommen wird, weil den Adressaten der Botschaften das Gespür für deren Bedeutung fehlt. Aus diesem Grund muss an Schulen und Universitäten wieder verstärkt Bildung im Humboldtschen Sinn stattfinden, die auf das Verstehen von Zusammenhängen ausgerichtet ist. Gelingen kann dies, wenn Schülern, Studenten und (Hochschul-)Lehrern mehr Freiräume gewährt würden, wozu folgende Schritte notwendig wären:
1. Die Lehrpläne müssten weniger auf die Vermittlung von Faktenwissen ausgerichtet werden. Dafür sollten Lehrer den Schülern verstärkt beibringen, wie aus Wissensbausteinen logisch richtige Zusammenhänge konstruiert werden können und welche gesell-

schaftlich relevanten Schlussfolgerungen sich aus bestimmten Fakten ziehen lassen.

2. Da Fortschritte bei der Bildung nicht so genau gemessen werden können wie beim Erlernen von Wissen, sollten die traditionellen Schulnoten bis einschließlich der 8. oder 9. Jahrgangsstufe durch differenzierte verbale Beurteilungen ersetzt werden. Wenn man Schüler bis zur 10. Jahrgangsstufe zusammen unterrichten und die besten nicht schon nach der 4. oder 6. Jahrgangsstufe ins Gymnasium schicken würde, wären die als Selektionskriterium dienenden Schulnoten auch nicht mehr erforderlich. Die Schulen wären in den ersten Jahren nicht schon Vorstufe für den Arbeitsmarkt, der Leistungsdruck würde zurückgehen, wodurch Freiräume für Bildung entstehen könnten, wenn es die Lehrpläne denn zulassen. In Finnland, dessen Schulsystem als eines der besten weltweit gilt, werden Schüler die ersten neun Jahre gemeinsam in der sogenannten Einheitsschule unterrichtet. Erst danach wechselt ein Teil auf das Gymnasium, der andere Teil auf eine Berufsfachschule.

3. Die Hochschulen müssten etwas gegen die in den Bachelor- und Masterstudiengängen gehäuft auftretende Überfütterung der Studierenden mit Faktenwissen und die dadurch verursachte Wissensbulimie unternehmen. Dies kann man durch eine Verringerung der Zahl der Prüfungen während des Studiums erreichen. Im Gegenzug dazu sollte mit Hilfe von Zwischen- und Abschlussprüfungen festgestellt werden, ob die Studenten Zusammenhänge erklären können und eigenständiges Denken gelernt haben.

4. Der akademische Kapitalismus, der sich bei Doktoranden und Professoren in der Akkumulation von Publikationen und Drittmittelforschung zeigt, müsste ebenfalls zivilisiert werden. Ein wichtiger Schritt dazu wäre die Umstellung der Bewertung von Forschungsleistungen – weg von der dominierenden Tonnenideologie hin zu einer stärker qualitativen und differenzierten Bewertung.

Im Kern laufen die vier eben genannten Maßnahmen darauf hinaus, Freiräume für Muße, Kontemplation und eigenständiges Ergründen von Zusammenhängen zu schaffen. Dieses Mehr an Bildung gestattet es mehr Menschen, die konditionierte Machtausübung besser zu verstehen und selbstbestimmte Entscheidungen darüber zu treffen, ob sie sich ihr unterwerfen wollen. Nicht nur aus diesem Grund war die im März 2014 getroffene Entscheidung der rot-grünen Landesregierung in Niedersachsen, das 9-jährige Gymnasium wieder zur Regel zu machen, ein wichtiger Schritt zur Erreichung dieses Ziels.

BESSER LEBEN UND WIRTSCHAFTEN

Um die Menschen weniger empfänglich für die Belohnungsmacht des Kapitalismus zu machen und ihnen mehr freie Zeit zu verschaffen, bedarf es sowohl einer Konditionierung, die weniger auf Konsum ausgerichtet ist, als auch staatlicher Maßnahmen, die den Materialismus entscheidend eindämmen. Im Kern geht es darum, die ersten Schritte in eine *Postwachstumsökonomie* zu gehen, wozu als wichtigster Schritt die materialistische Grundeinstellung zu revidieren wäre. Denn »souverän ist nicht, wer viel hat, sondern wenig braucht« wie es Niko Paech, einer der profiliertesten deutschen Wachstumskritiker, ausdrückt.[1163]

SINNGEBUNG JENSEITS DES MATERIELLEN

Was ein sinnerfülltes Leben ist, lässt sich nicht allgemein definieren. Jeder Mensch hat seine eigene Vorstellung davon, die schon in frühester Kindheit durch Konditionierung und Propaganda geformt wird. Deshalb ist der Kapitalismus, zumindest aber der Konsumismus, wenn nicht zur Religion, so doch zumindest zur Weltanschauung geworden. Wem von klein auf beigebracht worden ist, materieller Wohlstand sei das Wichtigste im Leben, der wird dem Geld hinterherjagen und das meiste davon für Luxus und Statussymbole ausgeben. Nichts davon braucht der Mensch tatsächlich, um ein aus seiner Sicht sinnerfülltes Leben führen zu können. Nur weil die Unternehmen ständig Pseudobedürfnisse (Galbraith) kreieren oder den Menschen einreden, sie würden durch den Konsum Signale über sich aussenden (Ullrich) oder als Individuum aus der einsamen Masse (Riesman) hervortreten, kaufen die meisten von uns weit mehr als notwendig. Ein sinnerfülltes Leben ist aber auch mit weitaus weniger materiellem Wohlstand erreichbar. Das belegen nicht nur Klostergemeinschaften oder weltlich motivierte Aussteiger, sondern auch religiöse Gruppierungen wie die Amischen (Amish People), deren meiste Mitglieder weder Autos noch Elektrizität benutzen. Außerdem zeigt die Glücksforschung, dass die Zufriedenheit der Menschen zwar parallel zum Anstieg des materiellen Wohlstands zunimmt, aber nur bis zu einem gewissen Niveau. Darüber liegende Einkommenszuwächse erhöhen das Glücksgefühl nur noch wenig.[1164] Das Versprechen der kapitalistischen Werbung – wer kauft, wird glücklich – stimmt für die westlichen Wohlstandsgesellschaften also nur bedingt.

Um dem Konsumismus zu entkommen, sollte bereits Kindern und Jugendlichen vermittelt werden, dass ein Mindestmaß an materieller Versorgung zwar wichtig ist, ein sinnerfülltes Leben darüber hinaus aber auch bedeutet, z. B. Zeit mit anderen Menschen zu verbringen, sich für gesellschaftliche Ziele zu engagieren oder unmittelbar über die Gestaltung des Gemeinwesens mitbestimmen zu können. So haben empirische Studien ergeben, dass Menschen umso zufriedener sind, je besser ihre direkt-demokratischen Mitwirkungsrechte ausgestaltet sind.[1165] Die wohl nicht gänzlich vermeidbare Konditionierung auf dem Kapitalismus dienliche Normen muss also ergänzt werden um die Vermittlung ethischer Werte jenseits des Materialismus. Wenn dies gelingt, werden die Bürger nicht nur bereit sein, weniger zu konsumieren, sie werden auch »anständig wirtschaften«, in etwa so wie es der Theologe Hans Küng in seinem gleichnamigen Buch fordert.[1166] Ein wichtiges Instrument besseren Wirtschaftens sind Unternehmen, die als Genossenschaften organisiert sind. Sie gehören ihren Mitgliedern und über ihre Ziele und Geschäftsstrategien wird demokratisch entschieden. Ihnen geht es nicht um die Akkumulation von Kapital, sondern eine marktgerechte Befriedigung der Bedürfnisse ihrer Kunden.[1167] Wie die Raiffeisen- und Volksbanken zeigen, können Genossenschaften sogar unter den Bedingungen globalisierter Finanzmärkte erfolgreich arbeiten und müssen nicht – wie viele Großbanken – mit Milliardensummen vom Steuerzahler gerettet werden.[1168]

WERBUNG EINSCHRÄNKEN

Der wohl wichtigste Gegenspieler ethischen, anständigen oder nachhaltigen Wirtschaftens ist die Werbung. Sie macht uns tagtäglich weis, wir müssten kaufen, um glücklich zu sein. Dabei ist es für das kapitalistische System gar nicht wichtig, was wir erwerben. Hauptsache wir geben unser Geld möglichst vollständig für die von ihm hergestellten Produkte aus.

Weil Werbung die eigentliche Triebfeder des Konsumismus ist, müssen die Empfänger der Botschaften für ihre manipulierenden Wirkungen sensibilisiert werden. Damit sollte möglichst früh begonnen werden. Bereits das Bildungssystem müsste Kinder und Jugendliche weniger empfänglich für Werbung machen. Wenn – wie oben vorgeschlagen – weniger Wissen gepaukt und mehr auf das Verständnis von Zusammenhängen abgestellt wird, dann lässt sich Schülern auch beibringen, was die aus Sicht des Kapitalismus wesentliche Funktion von Werbung ist: uns als Dauerkonsumenten in sein System zu integrieren.

Dies dürfte zwar auf der Empfängerseite einigen die Augen öffnen, aber angesichts der permanenten Berieselung mit Werbung muss auch auf der Sendeseite etwas geschehen. Dazu könnte man – einem Vorschlag von Robert und Edward Skidelsky folgend – Aufwendungen für Werbung einfach steuerlich nicht mehr als Betriebsausgaben anerkennen. Unternehmen könnten zwar weiter werben, hätten davon aber keine Steuervorteile mehr, was das Werbeaufkommen erheblich schrumpfen lassen würde. Selbstverständlich müsste das Verbot der steuerlichen Absetzbarkeit auch auf PR-Veranstaltungen, Produktplatzierungen, Sponsoring und ähnliche Ersatz- bzw. Ergänzungsmaßnahmen für Werbung ausgedehnt werden. Außerdem sollten Werbung (und ihre Substitute) im Kinderfernsehen untersagt werden, so wie es in Schweden und Norwegen schon der Fall ist.[1169]

Besonders hart treffen würden diese Maßnahmen das überwiegend werbefinanzierte Privatfernsehen. In geringerem Ausmaß betroffen wären aber auch die Qualitätszeitungen, die sich über die Verkaufserlöse hinaus auch durch Anzeigen finanzieren. Letzteren könnte der Staat die Einnahmeausfälle ausgleichen, indem er die Fernseh- und Rundfunkgebühr in eine Informationsabgabe umwandelt, die dann zum Teil auch an die privaten Qualitätszeitungen ausgeschüttet wird.

VERKÜRZUNG DER ARBEITSZEIT

An einer Verkürzung der Arbeitszeit führt kein Weg vorbei, wenn die Entmachtung der Demokratie durch den Kapitalismus beschränkt werden soll.[1170] Denn mehr und mehr Menschen haben das Gefühl, im Hamsterrad zu leben, vor allem diejenigen, die Kinder, Familie und Beruf unter einen Hut bringen wollen. Solange sich die Mehrheit aber in den vom Kapitalismus vorgesehenen Rhythmus aus Geldverdienen, Konsum und Reproduktionszeit einfügt, fehlen Zeit und Muße, sich für gesellschaftliche Anliegen zu engagieren oder sich politisch bzw.

demokratisch zu betätigen. Zwar werden nicht alle ihr Mehr an Freizeit dafür einsetzen und sich stattdessen lieber den angenehmen Dingen des Lebens widmen, aber darauf kommt es gar nicht an. Entscheidend ist, dass Bürger, die sich engagieren wollen, zusätzliche zeitliche Freiräume bekommen. Freiwillig wird der Kapitalismus diese aber nicht gewähren. Denn zusätzliche Zeit könnten Menschen ja zum Nachdenken nutzen und die Gruppe der Unzufriedenen vergrößern, die sich seinen Machtansprüchen in den Weg stellen. Außerdem profitiert er davon, wenn Menschen 40 Stunden und mehr pro Woche für ihn arbeiten und in der restlichen Zeit vor allem konsumieren.

Um zeitlichen Freiraum zu gewinnen, bedarf es vor allem einer gesetzlich verordneten Verkürzung der wöchentlichen Arbeitszeit für abhängig Beschäftigte (und Beamte) auf 30 Stunden die Woche bei vollem Lohnausgleich. Wer durch die Erziehung von Kindern oder die Pflege von Familienangehörigen besonders belastet ist, sollte einen Anspruch auf Reduzierung der Arbeitszeit auf 20 Stunden die Woche haben, verbunden mit der Garantie auf Rückkehr in seine alte 30-Stunden-Vollzeitstelle. Der Verdienstausfall sollte durch eine staatliche Transferleistung vollständig ausgeglichen werden. Sichergestellt werden muss auch, dass die Regelung nicht durch Zweit- und Drittjobs umgangen wird.

Im ersten Moment hört sich eine gesetzliche Regelarbeitszeit von 30 Stunden pro Woche wie der Einstieg in eine paternalistische Diktatur an, die freie Menschen zu ihrem Glück zwingen will. Denn viele Arbeitnehmer würden doch eher mehr als weniger arbeiten wollen, so lautet ein gängiges Argument. Das mag zwar gegenwärtig so sein. Nur sei an dieser Stelle nochmals an den starken Einfluss der Propaganda und Konditionierung erinnert. Selbst wenn die Mehrheit der Arbeitnehmer vielleicht momentan mehr als 30 Stunden arbeiten will, dann hauptsächlich deswegen, weil sie aufgrund der bereits erfolgten Konditionierung darauf getrimmt ist, möglichst viel zu verdienen, um sich ein hohes Konsumniveau leisten zu können. Haben die Menschen erst einmal gelernt, ein sinnerfülltes Leben außerhalb des kapitalistischen Zyklus zu genießen, dürften die allermeisten gerne auf die Mehrarbeit verzichten, die nur dazu dient, sich ein paar künstlich geschaffene Pseudobedürfnisse zu befriedigen.[1171]

Das Kapital wird sich mit allen Mitteln und den bekannten, aber nur innerhalb eines *wachstumsfixierten* Paradigmas gültigen Argumenten

gegen eine Arbeitszeitverkürzung wehren. In einer Postwachstumsökonomie, um deren Errichtung wir langfristig aufgrund der Übernutzung der natürlichen Ressourcen gar nicht herumkommen werden,
lebt man aber nicht um zu arbeiten, sondern arbeitet um zu leben.[1172]
Eine 30-Stundenwoche reduziert nicht nur die Macht des Kapitals
und schafft die Voraussetzungen für mehr Demokratie. Sie verhilft
den Menschen auch zu mehr Zeitwohlstand und ist unabdingbare
Komponente einer Postwachstumsökonomie, in der die Lebenszufriedenheit nur noch wenig durch das Einkommensniveau bestimmt wird.
Dass die Menschen in Deutschland ein freies und selbstbestimmtes
Leben dem materiellen Wohlstand vorziehen würden, belegt auch
eine repräsentative Umfrage im Auftrag des *Deutschen Instituts für
Wirtschaftsforschung*, in der die Befragten angeben konnten, um was
sich die deutsche Politik vorrangig kümmern sollte. An erster Stelle
landete »Demokratie und Freiheit erhalten«, vor »dass möglichst viele
Leute genug Arbeit haben«. Die »Erhöhung des Pro-Kopf-Einkommens« wurde als weitaus weniger wichtig erachtet und landete nur an
vorletzter Stelle.[1173]

WOHLSTAND ANDERS MESSEN

Auch aus diesem Grund ist zu guter Letzt der Maßstab zu verändern,
der festlegt, wie man den Beitrag der Wirtschaft zum Wohlstand der
Nationen und ihrer Bürger misst. Dazu muss der bislang dominierende Indikator – das Bruttoinlandsprodukt und dessen Wachstum –
durch eine Messgröße ersetzt werden, in der die Lebenszufriedenheit
der Menschen zum Ausdruck kommt. Denn letztlich ist materieller
Wohlstand nicht ein Ziel an sich, sondern nur ein Mittel, um ein sinnerfülltes Leben zu führen. In der Entwicklungspolitik ist ein solcher
Perspektivenwechsel bereits gelungen. Seit das Entwicklungsprogramm
der Vereinten Nationen (*UNDP*) 1990 den »Index der menschliche
Entwicklung« (Human Development Index) eingeführt hat, in dem
sich auch das Niveau an Bildung und Gesundheit der Menschen widerspiegelt, ergänzt oder ersetzt dieser das Pro-Kopf-Einkommen als
dominierenden Indikator zur Beurteilung des Entwicklungsstandes
eines Landes.

Das Königreich Bhutan könnte in dieser Hinsicht zum Vorbild
des Westens werden. Es verwendet das »Bruttonationalglück« als

Maßstab für den gesellschaftlichen Fortschritt. Der dazu entwickelte Indikator »Gross National Happiness Index« ist aus vielen Variablen zusammengesetzt und misst in ganzheitlicher Weise die Zufriedenheit der Bevölkerung. Die Enquete-Kommission »Wachstum, Wohlstand, Lebensqualität – Wege zu nachhaltigem Wirtschaften und gesellschaftlichem Fortschritt in der Sozialen Marktwirtschaft« des Deutschen Bundestags hat ergänzend zum Bruttoinlandsprodukt (BIP) neun weitere Indikatoren vorgeschlagen, mit deren Hilfe der Wohlstand eines Landes gemessen werden kann. Dabei wurden auch ökologische wie soziale Aspekte mitberücksichtigt.[1174] Falls bei uns auf Grundlage dieses Vorschlags ein ähnlicher Paradigmenwechsel wie in Bhutan gelänge, würde dies die Macht des Kapitals erheblich einschränken.

AUSBLICK

Wer sich in diesem Buch bis hierher vorgearbeitet hat, möchte wahrscheinlich eine Einschätzung des Autors darüber, wie es denn in den nächsten 20 bis 30 Jahren weitergehen könnte. Aus meiner Sicht gibt es drei mögliche Szenarien, die im Frühjahr 2014, während ich diese Zeilen schreibe, jedoch sehr unterschiedliche Eintrittswahrscheinlichkeiten haben.

Am wahrscheinlichsten ist das Szenario »Entmachtung der Demokratie«. Nichts spricht dafür, dass die Großkonzerne und Reichen in Zukunft darauf verzichten, noch mehr ökonomische Macht aufzubauen und diese noch stärker als bisher in politische Macht umzusetzen. Das Gleiche gilt für die Privatisierung der Politik. Das einzig Positive daran ist, dass die Plutokraten vorerst noch auf eine vollständige Entmachtung verzichten werden. Die letzte Instanz wird das Volk – und damit das gewählte Parlament – bleiben, damit die demokratische Legitimation erhalten bleibt. Dieses Szenario ist zum einen konsistent mit der in Kapitel 4 abgeleiteten theoretischen Einsicht, dass eine demokratisch legitimierte Plutokratie der Idealpartner des Kapitalismus ist. Es ergibt sich zum Zweiten auch aus den im Teil II dargelegten Strategien der Machtübernahme durch das Kapital und dem Fehlen starker Gegenmächte, denn momentan ist keine politische oder gesellschaftliche Kraft zu erkennen, die stark genug wäre, eine Wende einzuleiten. Wie eingangs des letzten Kapitels dargelegt, ist die Zahl derer, die sich aktiv gegen die Entmachtung stemmen, im Moment noch reichlich überschaubar.

Es könnte aber wesentlich schlimmer kommen als in Ruhe und Frieden in einer demokratisch legitimierten Plutokratie zu leben. Denn dieses Szenario setzt innere und äußere Stabilität voraus. Was aber könnte passieren, wenn die äußeren Rahmenbedingungen fragil werden? Wenn z. B. durch den Klimawandel Wasser oder Nahrungsmittel in einigen Regionen der Welt noch knapper werden und massive Flüchtlingsströme auf den Westen zurollen? Wenn sich aufgrund einer Wirtschaftskrise in Europa eine kritische Masse aus perspektivlosen Intellektuellen und marginalisierter Unterschicht bildet, die nicht mehr nur an ein paar Tagen im Jahr vereinzelt Geschäfte plündert, sondern einen bewaffneten Aufstand anzettelt? Dann könnten die Regierungen den Notstand ausrufen und viele Bürgerrechte einschließlich des Wahlrechts außer Kraft setzen. Polizei und Militär würden zusammen mit den Geheimdiensten zur Überwachung und Unterdrückung der Menschen eingesetzt. Die USA haben in Guantanamo vorgemacht, dass es auch in westlichen Demokratien möglich ist, Menschen ohne konkreten Verdacht geschweige denn Beweise jahrelang wegzusperren. Und wie der NSA-Skandal zeigt, sind die technischen Voraussetzungen zur Totalüberwachung schon heute gegeben. Ein paar kleine Gesetzesänderungen würden reichen, um sie allzeit und überall Realität werden zu lassen. Die Regierungen müssten die Menschen nur dazu verpflichten, einen Ausweis mit einem Ortungschip bei sich zu tragen, der ersatzweise auch als Datei auf einem Smartphone mit sich geführt werden kann. Die Kameras und Mikrofone von Laptops, Notepads und Mobiltelefonen lassen sich sowieso schon ferngesteuert ein- und ausschalten, die Regierung braucht sich nur noch ihre Nutzung zu genehmigen.

Das logische Gegenstück zu den ersten beiden Szenarien heißt »Wiederaufleben der Demokratie«, das im Moment meines Erachtens aber relativ unwahrscheinlich ist. Denn wie die Ausführungen in Kapitel 15 verdeutlicht haben, müsste an vielen Stellen – und das möglichst gleichzeitig – angesetzt werden, um die Vollendung der Entmachtung aufzuhalten. Außerdem müssten mehr oder weniger *alle* Maßnahmen parallel innerhalb der nächsten 10 bis fünfzehn Jahre durchgeführt werden. Denn zum einen nützt es so gut wie nichts, z. B. nur Volksabstimmungen einzuführen oder die Arbeitszeit zu verkürzen. Zum anderen dürfte – wenn es so weiter geht wie bisher – die Macht des Kapitals bis zum Jahr 2030 auch in Deutschland so weit gefestigt sein, dass es beinahe nach Belieben Politik machen kann. Und deshalb ist es relativ wahrscheinlich, dass die Demokratie zugrunde gehen wird.

Aber muss es so weiter gehen wie bisher? Es bietet sich an, nochmals auf die eingangs zitierte Feststellung von Niccolò Machiavelli zurückzukommen, weil diese meines Erachtens die momentane Lage treffend beschreibt. »Die Übel« sind »vorausgesehen« und damit wären »sie rasch zu beheben«. Noch sind sie nicht »so sehr gewachsen, dass ein jeder sie sieht«, denn dann gäbe es »keine Heilung mehr.« Die Chance, den Kapitalismus zu zivilisieren und ihm den Weg in die Plutokratie zu verbauen, besteht noch, auch weil mehr und mehr Menschen erkennen, dass die Entmachtung der Demokratie in vollem Gange ist. Wem etwas an Selbstbestimmung und Freiheit liegt, der kann das noch verbleibende Zeitfenster nutzen, um sich persönlich für die Umsetzung der oben vorgeschlagenen Maßnahmen zu engagieren. Es würde vermutlich schon reichen, wenn sich jeder zehnte Bürger eine davon aussuchen und sich für ihre Verwirklichung einsetzen würde. Denn der beste Schutz gegen eine Plutokratie ist immer noch eine starke Demokratie. Da Demokratie aber kein Zuschauersport ist, kommt es darauf an, sich persönlich einzubringen und Verantwortung zu übernehmen. 99 % der Menschen würden davon profitieren.

Danksagung

Ein aufrichtiges Dankeschön geht an das Präsidium der Hochschule Osnabrück, denn erst durch ein Forschungssemester im Sommer 2009 hatte ich Gelegenheit und Muße, mich in die komplexen Zusammenhänge der Machtverteilung zwischen Kapitalismus und Demokratie zu vertiefen. Ohne die Unterstützung der Fachgruppe Volkswirtschaftslehre, des Fakultätsrats sowie des Dekanats hätte ich das Forschungssemester aber gar nicht beginnen können, auch dafür besten Dank.

Bei meinen Recherchen für das Buch wurde ich tatkräftig unterstützt von Christine Herber, Frank Miltenberger, Jan-Patrick Ostrowski und Sevda Yüksek. Das Seminar »Vom Wissen zum Buch« von Klaus Reinhardt sowie mehrere Gespräche mit ihm haben mir geholfen, für dieses Sachbuch das Sowohl-als-auch der Wissenschaft zu vergessen und klar Positionen zu beziehen. Von Hendrike Berger, Frederic Böhm, Andrea Braun von Reinersdorff, Ranhild Draudt, Susanne Dröge, Hermann Heußner, Hans-Ulrich Holst, Ulrich Kuhnke, Hartmut Roth, Markus Trabold, Uwe Trabold und Steffen Wippel habe ich mehr als einmal gute Anregungen, Hinweise oder Ratschläge bekommen, auch wenn ihnen vielleicht nicht immer bewusst war, dass sie mir gerade an einer kniffligen Stelle meines Buches geholfen haben. Ihnen allen bin ich dankbar für die Unterstützung.

Großer Dank gebührt auch meinen Kindern Karolin und Michael sowie Stefan Bach, Herbert Edling, Kai-Michael Griese, Markus Lüngen und Peter Seppelfricke, die Teile des Manuskripts gelesen haben.

Ganz besonders dankbar bin ich meiner Tochter Laura, Swen Wagner und Gerhard Wolz, die das gesamte Manuskript gründlich durchgesehen haben. Sie alle haben mit ihren Anmerkungen und Kommentaren das Buch verbessert und mich vor Fehlern bewahrt. Etwaig noch verbliebenen Irrtümer oder Fehleinschätzungen gehen vollständig zu meinen Lasten, auch weil ich nicht immer ihrem Rat gefolgt bin. Die in diesem Buch vertretene Position ist meine und sollte keiner der zuvor genannten Personen zugerechnet werden.

Zu guter Letzt möchte ich mich bei den an der Herstellung dieses Buches beteiligten Mitarbeitern des Tectum Verlags, allen voran Heike Amthor und Norman Rinkenberger, für ihre professionelle Unterstützung ganz herzlich bedanken.

QUELLENVERZEICHNIS

Hinweis: Die Links zu den Internetquellen wurden am 10.4.2014 letztmalig überprüft. Bis auf vier waren alle anderen noch aktiv. Die Inhalte der inaktiven Links stelle ich auf Anfrage gerne zur Verfügung.

Abé, Nicola; Amann, Melanie und Markus Feldenkirchen (2013): Die Schamlosen. In: Der Spiegel, 16.9.2013.

Abraham, John (2002): The Pharmaceutical Industry as a Political Player. In: The Lancet, Band 360, 9. November 2002, S. 1498 – 1501.

Acemoglu, Daron und Robinson, James (2005): Economic Origins of Dictatorship and Democracy. Cambridge (Mass.) – Cambridge University Press.

Adamek, Sascha und Kim Otto (2008): Der gekaufte Staat. Köln – Kiepenheuer & Witsch.

Admati, Anat und Martin Hellwig (2013): Des Bankers neue Kleider. Was bei Banken wirklich schiefläuft und was sich ändern muss. München – Finanzbuchverlag.

AEI (o. J.): American Enterprise Institute. http://www.aei.org/about/history/. (Zugriff 10.4.2014).

Akerlof, George (1970): The Market for Lemons: Quality Uncertainty and the Market Mechanism. In: The Quartery Journal of Economics, Band 84, Heft 3, S. 488–500.

Akerlof, George und Robert Shiller (2009): Animal Spirits: How Human Psychology Drives the Economy, and Why it Matters for Global Capitalism. Princeton – Princeton University Press.

Alemann, Ulrich von und Florian Eckert (2006): Lobbyismus als Schattenpolitik. In: Aus Politik und Zeitgeschichte, Heft 15/16, S. 3–10.

Alesina, Roberto; Özler, Sule; Roubini, Nouriel und Swagel, Phillip (1996): Political Instability and Economic Growth. In: Journal of Economic Growth, Band 1, Heft 2, S. 189–211.

Allegretto, Sylvia (2011): The State of Working America`s Wealth. EPI Briefing Paper #292, March 2011. Economic Policy Institute – Washington D.C.

Althaus, Marco (2006): Lobbying als Beruf. In: Leif, Thomas und Rudolf Speth (Hrsg.): Die fünfte Gewalt. Lobbyismus in Deutschland, S. 317–332. Wiesbaden – Verlag für Sozialwissenschaften.

Altman, Daniel (2007): 24 Stunden. Wie die globale Wirtschaft funktioniert. Frankfurt/Main – Campus.

Altvater, Elmar (2007): Das Ende des Kapitalismus wie wir ihn kennen. 5. Auflage, Münster – Westfälisches Dampfboot.

Angell, Marcia (2005): The Truth About the Drug Companies: How They Deceive Us and What to Do About It. New York – Random House.

Arendt, Hannah (1958): The Human Condition. Zitiert nach der deutschen Übersetzung: Vita Activa oder vom tätigen Leben. 4. Auflage von 2006. München – Piper.

Arnim, Hans Herbert von (2008): Die Deutschlandakte: Was Politiker und Wirtschaftsbosse unserem Land antun. München – Bertelsmann.

Arulampalam, Wiji; Devereux, Michael und Giorgia Maffini (2010): The Direct Incidence of Corporate Income Tax on Wages. IZA Discussion Paper No. 5293, Oktober 2010, Bonn.

Ashraf, Nava; Camerer, Colin und Georg Loewenstein (2005): Adam Smith, Behavioural Economist. In: Journal of Economic Perspectives, Heft 19, Band 3, S. 131–145.

ASM (o. J.): Aktionsgemeinschaft Soziale Marktwirtschaft. http://www.asm-ev.de/. (Zugriff 10.4.2014).

Atkinson, Anthony (2009): Factor Shares: The Principal Problem of Political Economy? In: Oxford Review of Economic Policy, Band 25, Heft 1, S. 3–16.

Bach, Stefan (2013): Unternehmensbesteuerung: Hohe Gewinne – mäßige Steuereinnahmen. In: Wochenbericht des DIW Berlin, Nr. 22+23, S. 3–12.

Bach, Stefan; Corneo, Giacomo und Viktor Steiner (2009): From Bottom to Top: the Entire Income Distribution in Germany, 1992 – 2003. In: Review of Income and Wealth, Band 55, Heft 2, Juni 2009, S.303–330.

Bachinger, Karl und Herbert Matis (2009): Entwicklungsdimensionen des Kapitalismus. Klassische sozioökonomische Konzeptionen und Analysen. Wien – Böhlau.

Bachrach, Peter und Morton Baratz (1962): Two Faces of Power. In: The American Political Science Review, Band 56, Heft 4, S. 947–952.

Badura, Bernhard; Ducki, Antje; Schröder, Helmut; Klose, Joachim und Markus Meyer (2012): Fehlzeiten-Report 2012. Schwerpunktthema: Gesundheit in der flexiblen Arbeitswelt: Chancen nutzen, Risiken minimieren. Berlin – Springer Verlag.

Baecker, Dirk (2009): Einleitung. In: Baecker, Dirk (Hrsg.): Kapitalismus als Religion, S. 7–13. Berlin – Kulturverlag Kadmos.

Baier, Tina (2013): Wenn Eltern mit dem Anwalt kommen. In: Süddeutsche Zeitung, 22.10.2013.

Balodis, Holger und Dagmar Hühne (2012): Die Vorsorgelüge. Wie Politik und private Rentenversicherung uns in die Altersarmut treiben. Berlin – Econ.

Balzereit, Marcus (2010): Kritik der Angst. Wiesbaden – Verlag für Sozialwissenschaften.

Bakan, Joel (2005): The Corporation. The Pathological Pursuit of Profit and Power. London – Constable.

Barber, Benjamin (1994): Starke Demokratie. Über die Teilhabe am Politischen. Hamburg – Rotbuch Verlag.

Barber, Benjamin (2007): Consumed! Wie der Markt Kinder verführt, Erwachsene infantilisiert und die Demokratie untergräbt. München – C.H.Beck.

Barr, Nicolas. (2002): Rentenreformen: Mythen, Wahrheiten und politische Entscheidungen, in: Internationale Revue für Soziale Sicherheit, Band 55, Heft 2, S. 3 – 46.

Barrett, William (2012): How Romney Would Rank Among The Richest U.S. Presidents. http://www.forbes.com/sites/williampbarrett/2012/01/24/how-romney-would-rank-among-the-richest-u-s-presidents/ (Zugriff 10.4.2014).

Bastiat, Frédéric (1845): Die Petition der Kerzenmacher. http://bastiat.de/bastiat/petition.html. (Zugriff 10.4.2014).

Baty, Phil (2010): Besser werden: Das weltweit beachtete Universitätsranking des Magazins »Times Higher Education« war mangelhaft. In: Die Zeit, 10.6.2010.

Baumol, William; Panzar, John und Robert Willig (1982): Contestable Markets and the Theory of Industry Structure. New York – Harcourt Brace Jovanovich.

Bauerlein, Mark; Gad-el-Hak, Mohamed; Grody, Wayne; McKelvey, Bill und Stanley W. Trimble (2010): We Must Stop the Avalanche of Low-Quality Research. In: The Chronical of Higher Education. http://chronicle.com/article/We-Must-Stop-the-Avalanche-of/65890/ (Zugriff 10.4.2014).

BBC (2012): UBS fined $1.5bn for Libor rigging. http://www.bbc.com/news/business-20767984 (Zugriff 10.4.2014).

Beck, James (1957): Alternative Measures of Labor's Share. In: Southern Economic Journal, Band 23, Heft 3, S. 285–294.

Becker, Gary: (1992): The Economic Way of Looking at Life. Nobel Lecture. http://www.nobelprize.org/nobel_prizes/economics/laureates/1992/ becker-lecture.pdf. (Zugriff 10.4.2014).

Becker, Gary: (1993): Der ökonomische Ansatz zur Erklärung menschlichen Verhaltens. 2. Auflage. Tübingen – Mohr.

Becker, Kim-Björn (2011a): Internetzensur in China. Aufbau und Grenzen des chinesischen Kontrollsystems. Wiesbaden – Verlag für Sozialwissenschaften.

Becker, Lisa: (2011b): Im Eiltempo zum Bachelor. In: Frankfurter Allgemeine Zeitung, 3./4. September 2011.

Becker, Michael (2006): Demokratie und politische Legitimität. In: Becker, Michael; Schmidt, Johannes und Reinhard Zintl (Hrsg.): Politische Philosophie, S. 257 – 306. Paderborn – Schöningh.

Beise, Marc (2009): Die Ausplünderung der Mittelschicht. Alternativen zur aktuellen Politik. München – Deutsche Verlags-Anstalt.

Bel, Germà (2006): The Coining of »Privatization« and Germany's National Socialist Party. In: Journal of Economic Perspectives, Band 20, Heft 3, S.187–194.

Bellak Christian und Markus Leibrecht (2009): Do Low Corporate Income Tax Rates Attract FDI? – Evidence from Central- and East European Countries. In: Applied Economics, Band 41, Heft 21, S. 2691–2703.

Benjamin, Walter (1985): Kapitalismus als Religion. In: Tiedemann, Rolf und Hemann Schwepphäuser (Hrsg.): Walter Benjamin. Gesammelte Schriften – Band VI. Frankfurt/Main – Suhrkamp.

Bennhold, Martin (2002): Die Bertelsmann Stiftung, das CHE und die Hochschulreform: Politik der ´Reformen´ als Politik der Unterwerfung. In: Lohmann, Ingrid und Rainer Rilling (Hrsg.): Die verkaufte Bildung – Kritik und Kontroversen zur Kommerzialisierung von Schule, Weiterbildung, Erziehung und Wissenschaft, S. 279–299. Opladen – Leske und Budrich.

Bentham, Jeremy (1787): Das Panoptikum. Zitiert nach der deutschen Übersetzung von 2013. Berlin – Matthes & Seitz.

Berger, Johannes und Hans Nutzinger (2008): Zum Verhältnis von «Macht" und «ökonomischem Gesetz". In: Ökonomie und Gesellschaft, Jahrbuch 21, Macht oder ökonomisches Gesetz, herausgegeben von Johannes Berger und Hans Nutzinger, S. 7–60. Marburg – Metropolis.

Bérnabou, Roland und Jean Tirole (2006): Belief in a Just World and Redistributive Politics. In: Quarterly Journal of Economics, Band 121, Heft 2, S. 699–746.

Bernays, Edward (1928): Propaganda. Zitiert nach der 2005 erschienenen Ausgabe. New York – Ig Publishing.

Berndt, Christina (2010): Ständige Impfkommission: Experten mit den falschen Freunden. In: Süddeutsche Zeitung, 17.5.2010.

Beutter, Friedrich (2008): Thomas von Aquin. In: Starbatty, Joachim (Hrsg.): Klassiker des ökonomischen Denkens, S. 56–75. Hamburg – Nikol.

Bigalke, Silke und Klaus Ott (2013): Schweizer Kunden-Service. In: Süddeutsche Zeitung, 19.11.2013.

Bild (2009): Interview mit Andrea Berg. http://www.bild.de/BILD/ unterhaltung/leute/2009/06/06/andrea-berg/saengerin-sind-sie-das-pin-up-girl-der-riester-rentner.html. (Zugriff 10.4.2014).

Binder, Sascha und Dorothea Schäfer (2011): Banken werden immer größer. In: Wochenbericht des DIW Berlin, Nr. 32, S. 3–9.

Binswanger, Mathias (2010): Sinnlose Wettbewerbe. Freiburg – Herder.

Biographical Directory of the United States Congress (o. J.): Eintrag »Cheney, Richard Bruce«. http://bioguide.congress.gov/scripts/biodisplay. pl?index=C000344 (Zugriff 10.4.2014).

Birkel, Christoph (2006): Einkommensungleichheit und Umverteilung in Westdeutschland, Großbritannien und Schweden 1950 bis 2000. In: Vierteljahrshefte zur Wirtschaftsforschung, Jahrgang 75 (2006), Heft 1, S. 174–194.

Blaschke, Ronald (2010): Denk´ mal Grundeinkommen! Geschichte, Fragen und Antworten einer Idee. In: Blaschke, Ronald; Otto, Adeline und Norbert Schepers (Hrsg.): Grundeinkommen. Geschichte – Modelle – Debatten, S. 9–292. Berlin – Karl Dietz.

Bloomberg (2011): The Fed's Secret Liquidity Lifelines. http://www.bloomberg. com/data-visualization/federal-reserve-emergency-lending#/overview/?sor t=nomPeakValue&group=none&view=peak&position=0&comparelist=&sea rch= (Zugriff 10.4.2014).

Bode, Thilo (2007): Abgespeist. Wie wir beim Essen betrogen werden und was wir dagegen tun können. Frankfurt/Main – Fischer.

Böhm, Franz (1928): Das Problem der privaten Macht. In: Roser, Traugott und Walter Oswalt (Hrsg., 2007): Entmachtung durch Wettbewerb, S. 14–58. Münster – Lit Verlag.

Böhm, Franz (1937): Die Ordnung der Wirtschaft als geschichtliche Aufgabe und rechtsschöpferische Leistung. Stuttgart – Kohlhammer.

Böhm, Franz (1947): Kartellauflösung und Konzernentflechtung. Spezialistenaufgabe oder Schicksalsfrage?. In: Roser, Traugott und Walter Oswalt (Hrsg., 2007): Entmachtung durch Wettbewerb, S. 59–91. Münster – Lit Verlag.

Böhm, Frédéric (2007): Regulatory Capture Revisited – Lessons from Economics of Corruption. Working Paper, Juli 2007. http://www.icgg.org/ downloads/Boehm%20-%20Regulatory%20Capture%20Revisited.pdf. (Zugriff 10.4.2014).

Boltanski, Luc und Ève Chiapello (2006): Der neue Geist des Kapitalismus. Konstanz – UVK.

Bolz, Norbert (2009): Der Kapitalismus – Eine Erfindung von Theologen? In: Baecker, Dirk (Hrsg.): Kapitalismus als Religion, S. 187–207. Berlin – Kulturverlag Kadmos.

Bon, Gustav Le (1895): Psychologie der Massen. Zitiert nach der deutschen Ausgabe von 2007. Neuenkirchen – RaBaKa.

Bontrup, Heinz-Josef (2013): Arbeit, Kapital und Staat. Plädoyer für eine demokratische Wirtschaft, 5. Auflage. Köln – Papy Rossa.

Bonus, Holger (1974): Sinn und Unsinn des Verursacherprinzips, in: Zeitschrift für die gesamte Staatswissenschaft, Band 130, Heft 1, S. 156–163.

Bonus, Holger (1986): Eine Lanze für den »Wasserpfennig«: wider die Vulgärform des Verursacherprinzips. In: Wirtschaftsdienst – Zeitschrift für Wirtschaftspolitik, Band 66, Heft 9, S. 451–455.

Borgwardt, Angela (2011): Rankings im Wissenschaftssystem. Zwischen Wunsch und Wirklichkeit. Berlin – Friedrich-Ebert-Stiftung. http://library.fes.de/pdf-files/studienfoerderung/08407.pdf (Zugriff 10.4.2014).

Boss, Alfred und Astrid Rosenschon (2008): Der Kieler Subventionsbericht. Eine Aktualisierung. In: Kieler Diskussionsbeiträge 452/453, Mai 2008.

Boss, Alfred und Astrid Rosenschon (2010): Subventionen in Deutschland. Der Kieler Subventionsbericht. In: Kieler Diskussionsbeiträge 479/480, Juni 2010.

Botton, Alain (2006): StatusAngst. Frankfurt/Main – Fischer.

Brandt, Allan (2009): The Cigarette Century. The Rise, Fall, and Deadly Persistence of the Product That Defined America. New York – Basic Books.

Brandt, Reinhard (2011): Wozu noch Universitäten? Ein Essay. Hamburg – Meiner.

Braudel, Fernand (1986): Sozialgeschichte des 15.-18. Jahrhunderts. Aufbruch zur Weltwirtschaft (Band 3). München – Kindler.

Braudel, Fernand (1997): Die Dynamik des Kapitalismus. Stuttgart – Klett-Cotta.

Breisig, Thomas; König, Susanne; Rehling, Mette und Michael Ebeling (2010): »Sie müssen es nicht verstehen, Sie müssen es nur verkaufen! Vertriebssteuerung in Banken«. Berlin – edition sigma.

Brenke, Karl (2012): Geringe Stundenlöhne, lange Arbeitszeiten. In: Wochenbericht des DIW Berlin, Nr. 21, S. 3–12.

Bröckers, Mathias und Michael Sontheimer (2012): Das taz-Wunder: Wie eine Genossenschaft die Unabhängigkeit einer Zeitung garantiert. In: Gellenbeck, Konny (Hrsg.): Gewinn für alle! Genossenschaften als Wirtschaftsmodell für die Zukunft, S. 154–169. Frankfurt/Main – Westend.

Bröckling, Ulrich (2004): Evaluation. In: Bröckling, Ulrich; Krasmann, Susanne und Lemke, Thomas (Hrsg.): Glossar der Gegenwart. Frankfurt/Main – Suhrkamp.

Bröckling, Ulrich; Krasmann, Susanne und Lemke, Thomas (2004): Einleitung. In: (dieselben, Hrsg.): Glossar der Gegenwart. Frankfurt/Main – Suhrkamp.

Buchholz, René (2009): Enjoy Capitalism. Zur Erosion der Demokratie im totalen Markt. Würzburg – Echter.

Buchstein, Hubertus (2009): Demokratietheorie in der Kontroverse. Nomos – Baden-Baden.

Buffett, Warren (2011): Stop Coddling the Super-Rich. In: New York Times, 15.8.2011. http://www.nytimes.com/2011/08/15/opinion/stop-coddling-the-super-rich.html (Zugriff 10.4.2014).

Bulow, Jeremy (1986): An Economic Theory of Planned Obsolescence. In: The Quarterly Journal of Economics, Band 101, Heft 4, S. 729–749.

Bundeskartellamt (2013a): Bußgeldverfahren gegen Unternehmen der Mühlenindustrie. http://www.bundeskartellamt.de/SharedDocs/Meldung/DE/AktuelleMeldungen/2013/27_05_2013_Fallbericht-2.html. (Zugriff 10.4.2014).

Bundeskartellamt (2013b):Bußgeldverfahren gegen Hersteller von Süßwaren. http://www.bundeskartellamt.de/SharedDocs/Meldung/DE/AktuelleMeldungen/2013/27_05_2013_Fallbericht-1.html. (Zugriff 10.4.2014).

Bundeskartellamt (2014): Erste Bußgelder im Kartellverfahren gegen Bierbrauer verhängt. http://www.bundeskartellamt.de/SharedDocs/Meldung/DE/Pressemitteilungen/2014/13_01_2014_Fernsehbiere.html?nn=3591286 (Zugriff 10.4.2014).

Bundesverband Deutscher Banken (2008, Hrsg.): Konzeption für die ökonomische Bildung als Allgemeinbildung von der Primarstufe bis zur Sekundarstufe II. Gutachten im Auftrag des Bundesverbands Deutscher Banken von Hans Kaminski und Katrin Eggert unter Mitarbeit von Karl-Josef Burkhard. http://schulbank.bankenverband.de/service/unterrichtsmaterial-bestellen/index_html/shopitem/f8acd80666919169aeb9a4accad54f5b (Zugriff 10.4.2014).

Bundesministerium für Arbeit und Soziales (2013): Lebenslagen in Deutschland. Der Vierte Armuts- und Reichtumsbericht der Bundesregierung. Bonn – BMAS.

Bundesministerium für Verkehr, Bau und Stadtentwicklung (2007): Erfahrungsbericht Öffentlich-Private Partnerschaften in Deutschland. Berlin – BMVBS.

Burger, Timothy (2006): The Lobbying Game. Why the Revolving Door Won't Close. In: Time, 16.2.2006. http://www.time.com/time/nation/article/0,8599,1160453,00.html (Zugriff 10.4.2014).

Buslei, Herman; Brandstetter, Laura; Roetler, Natalie und Martin Simmler (2012): Die Zinsschranke wirkt. In: Wochenbericht des DIW Berlin, Nr. 19, S. 3–9.

Busse, Caspar und Detlef Esslinger (2011): Aufschwung, welcher Aufschwung? In: Süddeutsche Zeitung, 28. Juli 2011.

Bussemer, Thymian (2005): Propaganda. Konzepte und Theorien. Wiesbaden – Verlag für Sozialwissenschaften.

Butterwegge, Christoph (2007): Rechtfertigung, Maßnahmen und Folgen einer neoliberalen (Sozial-)Politik. In: Butterwegge, Christoph; Lösch, Bettina und Ralf Ptak (Hrsg.): Kritik des Neoliberalismus, S. 135–215. Wiesbaden – Verlag für Sozialwissenschaften.

Calengo, Bernadette (2012): Québec erschliesst rohstoffreichen Norden. In: Finanz und Wirtschaft, 8.8.2012. http://www.fuw.ch/article/quebec-erschliesst-rohstoffreichen-norden/. (Zugriff 10.4.2014).

Cantillon, Richard (1755): Abhandlung über die Natur des Handels im allgemeinen. Zitiert nach der deutschen Übersetzung von 1931, Jena – Fischer.

Card, David und Alan Krueger (1995): Myth and Measurement: The New Economics of the Minimum Wage. Princeton – Princeton University Press.

Carey, Alex (1997): Taking the Risk Out of Democracy. Corporate Propaganda versus Freedom and Liberty. Chicago – University of Illinois Press.

Carlsen, Elisabeth; Giwercman, Aleksander; Keiding, Niels und Niels Skakkebaek (1992): Evidence for Decreasing Quality of Semen During Past 50 Years. In: BMJ, Band 305, September 1992, S. 609–613. http://www.ncbi.nlm.nih.gov/pmc/articles/PMC1883354/pdf/bmj00091-0019.pdf. (Zugriff 10.4.2014).

Carlsen, Elisabeth; Giwercman, Aleksander; Keiding, Niels und Niels Skakkebaek (1995): Declining Semen Quality and Increasing Incidence of Testicular Cancer: Is There a Common Cause? In: Environmental Health Perspectives, Band 103 (Supplement 7), Oktober 1995, S. 137–139. http://www.ncbi.nlm.nih.gov/pmc/articles/PMC1518860/pdf/envhper00367-0134.pdf. (zugriff 10.4.2014).

Carroll, Archie; Lipartito, Kenneth; Post, James und Patricia Werhane (2012): Corporate Responsibility. The American Experience. Cambridge (Mass.) – Cambridge University Press.

CDU (1947): Das Ahlener Programm der CDU der britischen Zone vom 3. Februar 1947. Zitiert nach der Dokumentation der Konrad-Adenauer-Stiftung unter: http://www.kas.de/wf/de/33.813/ (Zugriff 10.4.2014).

Cebula, Richard und Edgar Feige: America's unreported economy: measuring the size, growth and determinants of income tax evasion in the U.S. MPRA Paper No. 34781. http://mpra.ub.uni-muenchen.de/34781/ (Zugriff 10.4.2014).

Chamberlin, Edward (1933): The Theory of Monopolistic Competition. Cambridge (Mass.) – Harvard University Press.

Chang, Ha-Joon (2010): 23 Lügen, die sie uns über den Kapitalismus erzählen. München – C. Bertelsmann.

Chappell, Timothy (2012): Plato on Knowledge in the Theaetetus. In: The Stanford Encyclopedia of Philosophy (Winter 2012 Edition), Edward N. Zalta (Hrsg.). http://plato.stanford.edu/archives/win2012/entries/plato-theaetetus/. (Zugriff: 10.4.2014).

Chavagneux, Christian (2013): Kleine Geschichte der Finanzkrisen. Spekulation und Crash von 1637 bis heute. Zürich – Rotpunktverlag.

China Daily (2006): Pollution costs equal 10% of China's GDP. http://www. chinadaily.com.cn/china/2006-06/06/content_609350.htm (Zugriff 10.4.2014).

Chomsky, Noam (2006): Profit Over People. Neoliberalismus und globale Weltordnung. München – Piper.

Chomsky, Noam (2007): Media Control. Wie die Medien uns manipulieren. 2. Auflage, München – Piper.

Chomsky, Noam (2008): Interview mit Spiegel Online, 6.10.2008 http://www. spiegel.de/spiegel/0,1518,582439,00.html (Zugriff 10.4.2014).

Cockett, Richard (1994): Thinking the Unthinkable. Think-Tanks and the Economic Counter-Revolution 1931 – 1983. London – Harper Collins.

Confessore, Nicholas (2014): Power Surge for Donors as Terrain Is Reshaped on Campaign Money. In: New York Times, 2.4.2014. http://www.nytimes. com/2014/04/03/us/politics/ruling-returns-power-to-big-donors-and-party-leaders.html?_r=0 (Zugriff 10.4.2014).

Cournot, Augustin (1838): Recherches sur les principes mathématiques de la théorie des richesses. Zitiert nach der deutschen Ausgabe von 1924: Untersuchungen über die mathematischen Grundlagen der Theorie des Reichtums. Jena – Fischer.

Creel, George (1920): How We Advertised America. New York – Harper Brothers. Zitiert nach der Ausgabe von 1972, New York – Arno Press.

Creutzburg, Dietrich (2010): Personalabbau: Schäuble bringt Beamte in Rage. In: Handelsblatt, 17.1.2010.

Crouch, Colin (2008): Postdemokratie. Frankfurt/Main – Suhrkamp.

Crouch, Colin (2011): Das befremdliche Überleben des Neoliberalismus. Berlin – Suhrkamp (Zitiert nach der gleichnamigen Lizenzausgabe der Bundeszentrale für politische Bildung).

Curran, James (1978): Advertising and the Press. In: Curran, James (Hrsg.): The British Press: a Manifesto, S. 229 – 267. London – Macmillan.

Dahl, Robert (1957): The Concept of Power. In: Behavioral Science, 2:3, July, S. 201–215.

Dal Bó, Ernesto (2006): Regulatory Capture: A Review. In: Oxford Review of Economic Policy, Band 22, Heft 2, S. 203–225.

Daum, Matthias (2009): Der Politikflüsterer. In: Die Zeit, 23.7.2009.

Davies, James; Sandström, Susanna; Shorrocks, Anthony und Edward Wolff (2009): The Level and Distribution of Global Household Wealth. Working Paper 15508. NBER – Washington, D.C.

Day, Robert und Barbara Gastel (2012): How to Write and Publish a Scientific Paper. 7. Auflage. Cambridge – Cambridge Universtity Press.

Decker, Markus (2013): Schwarz-Rot will längere Wahlperiode. In: Berliner Zeitung, 27.12.2013.

DellaVigna, Stefano und Ethan Kaplan (2007): The Fox News Effect: Media Bias and Voting. In: The Quarterly Journal of Economics, Band 122, Heft 3, S. 1187–1234.

Derman, Emanuel (2013): Models. Behaving. Badly. Warum die Verwechslung von Theorie und Wirklichkeit zum Desaster führt – im Leben und am Finanzmarkt. Hamburg – Hoffmann und Campe.

Deutsche Bank Research (2010): Homo Oeconomicus oder doch Homer Simpson? In: Deutsche Bank Research. Aktuelle Themen 480. http://www. dbresearch.de/PROD/DBR_INTERNET_DE-PROD/PROD0000000000256950. pdf;jsessionid=23098282A1EAD4219D4CD6996BC1DCAF.srv21-dbr-com (Zugriff: 10.4.2014).

Deutscher Bundestag (2010): Antrag der SPD-Fraktion zur Stärkung des Verbraucherschutzes bei Finanzdienstleistungen. Drucksache 17/2136. Berlin – Deutscher Bundestag.

Deutscher Bundestag (2011): Antwort der Bundesregierung auf die Kleine Anfrage der Abgeordneten Matthias W. Birkwald, Diana Golze, Heidrun Dittrich, weiterer Abgeordneter und der Fraktion DIE LINKE. Drucksache 17/7964. Berlin – Deutscher Bundestag.

Deutscher Journalisten Verband (2006): Memorandum zur Initiative »Journalisten gegen Rassismus«. http://web.archive. org/web/20070928101946/http://www.djv-nrw.de/bilder/ Memorandum27.03.06.pdf. (Zugriff 10.4.2014).

Deutschmann, Christoph (2009): Die Verheißung des absoluten Reichtums: Kapitalismus als Religion. In: Baecker, Dirk (Hrsg.): Kapitalismus als Religion, S. 145–174. Berlin – Kulturverlag Kadmos.

DGS (2012): Wissenschaftliche Evaluation ja – CHE-Ranking nein. Methodische Probleme und politische Implikationen des CHE-Hochschulrankings. Stellungnahme der Deutschen Gesellschaft für Soziologie (DGS).

Digeser, Peter (1992): The Fourth Face of Power. In: The Journal of Politics, Band 54, Heft 4, S. 977–1007.

DIHK (2003): Produktionsverlagerung als Element der Globalisierungsstrategie von Unternehmen. Berlin – DIHK.

Dobbs, Michael (1998): Ford and GM Scrutinized for Alleged Nazi Collaboration. In: Washington Post, 30.11.1998. http://www.washingtonpost.com/wp-srv/ national/daily/nov98/nazicars30.htm. (Zugriff 10.4.2014).

Dohnanyi, Klaus von (1997): Im Joch des Profits? Eine deutsche Antwort auf die Globalisierung. Stuttgart – Deutsche Verlags-Anstalt.

Dönhoff, Marion Gräfin (1976): Gerd Bucerius zum siebzigsten Geburtstag: Ein unruhiger Geist, ein großer Verleger. In: Die Zeit, Nr. 22. http://www.zeit. de/1976/22/ein-unruhiger-geist-ein-grosser-verleger. (Zugriff 10.4.2014).

Dönhoff, Marion Gräfin (1996): Zivilisiert den Kapitalismus! In: Die Zeit, Nr. 10, 2008 (Nachdruck einer Rede aus dem Jahr 1996).

Dönhoff, Marion Gräfin (1997): Zivilisiert den Kapitalismus. Grenzen der Freiheit. Stuttgart – Deutsche Verlags-Anstalt.

Dörre, Klaus; Scherschel, Karin; Booth, Melanie; Haubner, Tine; Marquardsen, Kai und Karen Schierhorn (2013): Bewährungsproben für die Unterschicht?: Soziale Folgen aktivierender Arbeitsmarktpolitik. Frankfurt/Main – Campus.

Doran, James (2004): Enron staff win $85m. In: The Times, 14.5.2004. http://www.webcitation.org/5tZ5myXGx (Zugriff 10.4.2014).

Dowd, Douglas (2004): Capitalism and its Economics. A Critical History. London – Pluto Press.

Dröge, Susanne und Philipp Richter (2012): Emissionshandel für den Luftverkehr, September 2012, SWP Aktuell 55, Berlin.

Drucker, Jesse (2010): Google 2.4% Rate Shows How $60 Billion Lost to Tax Loopholes. http://www.bloomberg.com/news/2010-10-21/google-2-4-rate-shows-how-60-billion-u-s-revenue-lost-to-tax-loopholes.html. (Zugriff 10.4.2014).

Dube, Arindrajit; Lester, William und Michael Reich (2010): Minimum Wage Effects Across State Borders: Estimates Using Contiguous Counties. In: Review of Economics and Statistics, Band 92, Heft 4, S. 945–964.

Dürmeier, Thomas (2008): Die asymmetrische Geschichte der Kategorie Macht in der Ökonomik. In: Ökonomie und Gesellschaft, Jahrbuch 21, Macht oder ökonomisches Gesetz, herausgegeben von Johannes Berger und Hans Nutzinger, S. 121–150. Marburg – Metropolis.

Duhigg, Charles (2012): Die Macht der Gewohnheit. Warum wir tun, was wir tun. Berlin – Berlin Verlag.

Duhigg, Charles und David Kocieniewski (2012): How Apple Sidesteps Billions in Taxes. In: New York Times, 28.4.2012. http://www.nytimes.com/2012/04/29/business/apples-tax-strategy-aims-at-low-tax-states-and-nations.html?pagewanted=all&pagewanted=print. (Zugriff 10.4.2014).

Duhm, Dieter (1972): Angst im Kapitalismus. Mannheim – Kübler.

Dullien, Sebastian; Herr, Hansjörg und Christian Kellermann (2009): Der gute Kapitalismus. Bielefeld – Transcript.

Dustmann, Christian; Ludsteck, Johannes und Uta Schönberg (2009). Revisiting the German Wage Structure. In: Quarterly Journal of Economics, Band 124, Heft 2, S. 843–881.

Eberhardt, Pia (2013): Konzerne versus Staaten: Mit Schiedsgerichten gegen Demokratie. In: Blätter für deutsche und internationale Politik, Heft 4/2013, S. 29–33.

Economist (2000): Nobel Prize in Economics. Death or Glory? 5.10.2000.

Economist (2007): Does economics need a new theory of offshoring? 18.1.2007.

Economist (2012): The rotten heart of finance – A scandal over key interest rates is about to go global. 7.7.2012.

Economist (2013): How science goes wrong. 19.10.2013.

Economist (2014): The $9 trillion sale. 11.1.2014.

Edling, Herbert (2010): Volkswirtschaftslehre schnell erfasst. 3. Auflage. Berlin – Springer.

Efler, Michael und Roman Huber (2014): TTIP und Demokratie – Wo ist das Problem? https://www.mehr-demokratie.de/fileadmin/pdf/MD_TTIP-Hintergrundpapier.pdf (Zugriff 10.4.2014).

Engartner, Tim (2007): Privatisierung und Liberalisierung – Strategien zur Selbstentmachtung des öffentlichen Sektors. In: Butterwegge, Christoph; Lösch, Bettina und Ralf Ptak (Hrsg.): Kritik des Neoliberalismus, S. 87–133. Wiesbaden – Verlag für Sozialwissenschaften.

Engels, Friedrich (1845): Die Lage der arbeitenden Klasse in England. Nach eigener Anschauung und authentischen Quellen. Leipzig – Wiegand.

Engels, Friedrich und Karl Marx (1848): Das Manifest der Kommunistischen Partei. London. Zitiert nach http://www.mlwerke.de/me/me04/me04_459.htm. (Zugriff 10.4.2014).

Enquete-Kommission (2013): Schlussbericht der Enquete-Kommission »Wachstum, Wohlstand, Lebensqualität – Wege zu nachhaltigem Wirtschaften und gesellschaftlichem Fortschritt in der Sozialen Marktwirtschaft.« http://dip21.bundestag.de/dip21/btd/17/133/1713300.pdf (Zugriff 10.4.2014).

Ensalaco, Mark (2000): Chile under Pinochet. Recovering the Truth. Philadelphia – University of Pennsylvania Press.

Enzensberger, Hans Magnus (1988): Die vollkommene Leere. In: Der Spiegel, 16.5.1988, S. 234–244. http://www.spiegel.de/spiegel/print/d-13529129.html (Zugriff 10.4.2014).

Erhard, Ludwig (1957): Wohlstand für alle. Düsseldorf – Econ.

Erlei, Mathias (2008): Macht in der Ökonomik: allgegenwärtig, erfassbar, erklärbar und als erklärende Größe verzichtbar. In: Held, Martin; Kubon-Gilke, Gisela und Richard Sturn (Hrsg.): Jahrbuch Normative und institutionelle Grundfragen der Ökonomik, Band 7: Macht in der Ökonomie, S. 241 – 267. Marburg – Metropolis.

Euchner, Walter (1980): Versuch über Mandevilles Bienenfabel. Einleitung zu Mandeville, Bernard (1705): Die Bienenfabel oder Private Laster, öffentliche Vorteile. 2. Auflage von 1980. Frankfurt/Main – Suhrkamp.

Eucken, Walter (1943): Die Grundlagen der Nationalökonomie, 3. Auflage. Jena – Gustav Fischer.

Eucken, Walter (1952): Grundsätze der Wirtschaftspolitik. Zitiert nach der 7. Auflage von 2004. Tübingen – Mohr Siebeck.

Europäische Kommission (2001): Weißbuch – Strategie für eine zukünftige Chemikalienpolitik. KOM (2001) 88 endgültig. Brüssel. http://eur-lex. europa.eu/LexUriServ/LexUriServ.do?uri=COM:2001:0088:FIN:DE:PDF. (Zugriff 10.4.2014).

European Commission (1998): Structures of the taxation systems in the European Union. Brüssel – Europäische Kommission.

European Commission (2003): Extended Impact Assessment. COM (2003) 644 final. Brüssel – Europäische Kommission. http://ec.europa.eu/enterprise/ sectors/chemicals/files/reach/eia-sec-2003_1171_en.pdf. Zugriff (10.4.2014).

European Commission (2007a): Employment in Europe 2007. Brüssel – Europäische Kommission.

European Commission (2007b): Making antitrust damages actions more effective in the EU: welfare impact and potential scenarios. Brüssel – Europäische Kommission.

European Commission (2013): Antitrust: Commission fines banks € 1.71 billion for participating in cartels in the interest rate derivatives industry. http:// europa.eu/rapid/press-release_IP-13-1208_en.htm (Zugriff 10.4.2014).

European Commission (2014): Cartell Statistics. http://ec.europa.eu/ competition/cartels/statistics/statistics.pdf. (Zugriff 10.3.2014).

European Environmental Agency (2012): The Impacts of Endocrine Disrupters on Wildlife, People and their Environments. EEA Technical Report No 2/2012. Luxembourg – Publications Office of the European Union.

Eurostat (2008): Indicator definition implicit tax rate. http://epp.eurostat. ec.europa.eu/portal/page/portal/structural_indicators/documents/ IMPLICIT%20TAX%20RATE%20ON%20LABOUR.pdf. (Zugriff 10.4.2014).

Eurostat (2010): Taxation trends in the European Union 2010. Main results. Brüssel. Luxembourg – Publications Office of the European Union.

Eurostat (2013): Taxation trends in the European Union. Data for the EU Member States, Iceland and Norway. Luxembourg – Publications Office of the European Union.

Evans, Trevor (2009): The 2002–2007 US Economic Expansion and the Limits of Finance-led Capitalism. In: Studies in Political Economy, Band 83, Mai, S.33–59.

Evinsky, Jerry (2005): Adam Smith's Theory of Moral Sentiments: On Morals and Why They Matter to a Liberal Society of Free People and Free Markets. In: Journal of Economic Perspectives, Band 19, Heft 3, S. 109–130.

Exhibit A to the Plea Agreement – United States v. Wegelin (2012): http://www. letemps.ch/rw/Le_Temps/Quotidien/2013/01/04/Economie/ImagesWeb/ Wegelin%20Plea%20Agreement,%20Exhibit%20A%20-%20Allocution.pdf. (Zugriff 10.4.2014).

Fantl, Jeremy (2012): Knowledge How. In: The Stanford Encyclopedia of Philosophy (Winter 2012 Edition), Edward N. Zalta (Hrsg.). http://plato. stanford.edu/archives/win2012/entries/knowledge-how/. (Zugriff 10.4.2014).

FAZ.NET (2014): Jeder Norweger ist Millionär – rein rechnerisch. http://www. faz.net/aktuell/wirtschaft/wirtschaftspolitik/oelreichtum-jeder-norweger-ist-millionaer-rein-rechnerisch-12743908.html. (Zugriff 10.4.2014).

Feld, Lars und Friedrich Schneider (2011): Steuerunehrlichkeit, Abschreckung und soziale Normen: Empirische Evidenz für Deutschland. In: Argumente zu Marktwirtschaft und Politik, Nr. 112. Berlin – Stiftung Marktwirtschaft.

Festinger, Leon (1957): Theorie der kognitiven Dissonanz. Zitiert nach der 2. Auflage von 2012. Bern – Huber.

Fichtner, Jan (2012): Die Heuschrecken aus Delaware. In: Edition Le Monde Diplomatique, No. 12, S. 57–59. Berlin – taz Verlags- und Vertriebs GmbH.

Finance Watch (2010): The »Call for a Finance Watch«. http://www.finance-watch.org/ueber-uns/warum-finance-watch. (Zugriff 10.4.2014).

Financial Crisis Inquiry Commission (2011): The Financial Crisis Inquiry Report. Washington, D.C. – U.S. Government Printing Office.

Financial Stability Board (2011): Policy Measures to Address Systemically Important Financial Institutions. http://www.financialstabilityboard.org/ publications/r_111104bb.pdf. (Zugriff 10.4.2014).

Financial Times Deutschland (2012): Entschuldigung. In: Financial Times Deutschland, 7.12.2012.

Finley, Moses I. (1993): Die antike Wirtschaft, 3. Auflage. München – dtv.

Fischer, Sebastian (2013): The Giving Pledge: Der Club der Super-Spender. In: Spiegel Online, 21.2.2013. http://www.spiegel.de/wirtschaft/soziales/was-steckt-hinter-dem-super-spender-club-the-giving-pledge-a-884630.html. (Zugriff 10.4.2014).

Flassbeck, Heiner (2010a): Die Marktwirtschaft des 21. Jahrhunderts. Frankfurt/Main – Westend.

Flassbeck, Heiner (2010b): Die unendliche Leistungsträgerlüge. http://www. nachdenkseiten.de/?p=4443. (Zugriff 10.4.2014).

Fleischmann, Christoph (2014): Wem gehört die Zeit? Der Mensch im Takt des Kapitalismus. In: Blätter für deutsche und internationale Politik, Heft 1/2014, S. 103–111.

Forbes (2012): HSBC. http://www.forbes.com/companies/hsbc-holdings/ und http://www.forbes.com/global2000/ (Zugriff 10.4.2014).

Forrester, Viviane (1997): Der Terror der Ökonomie. Wien – Zsolnay.

Forsa-Umfrage (2009): Befindlichkeiten der Menschen in Ost- und Westdeutschland. In: Berliner Zeitung, 2.1.2009.

Fortune Global 500 (2012): Annual Ranking of the World´s Largest Corporations. http://www.money.cnn.com/magazines/fortune/global500/2012/full_list/. (Zugriff 10.4.2014).

Fortune 500 (1981): Annual Ranking of America´s Largest Corporations. http://money.cnn.com/magazines/fortune/fortune500_archive/profits/1980/. (Zugriff 10.4.2014).

Foucault, Michel (2005): Analytik der Macht. Frankfurt/Main – Suhrkamp.

Fox, Justin (2009): The Myth of the Rational Market. A History of Risk, Reward, and Dellusion on Wall Street. New York – HarperCollins.

Frankfurter Allgemeine Sonntagszeitung (2008): Wir sind alle kleine Zumwinkels. 24.2.2008.

Frankfurter Allgemeine Zeitung (1996): Tietmeyer: Finanzmärkte kontrollieren die Politik. 3.2.1996.

Franklin, Benjamin (1748). Advice to a Young Tradesman, Written by an Old One. http://franklinpapers.org/franklin/framedVolumes.jsp?vol=3&page=304a. (Zugriff 10.4.2014).

Franzmeyer, Fritz (1999): Wirtschaftliche Voraussetzungen, Perspektiven und Folgen einer Osterweiterung der Europäischen Union. In: Osteuropa, Band 44, Heft 2, S. 135 – 159.

Freeland, Chrystia (2012): Plutocrats: The Rise of the New Global Super-Rich and the Fall of Everyone Else. New York – Penguin Press.

French, John R. P. und Raven, Bertram (1959): The bases of social power. In: Cartwright, Dorwin und Alvin Zander (Hrsg.): Group Dynamics. S. 259 – 269. New York: Harper & Row,.

Frey, Bruno (2003). Publishing as prostitution? – Choosing between one's own ideas and academic success. In: Public Choice, Band 116, S. 205–223.

Frey, Bruno und Claudia Frey Marti (2010): Glück. Die Sicht der Ökonomie. Zürich – Rüegger.

Frick, Joachim und Markus Grabka (2009): Gestiegene Vermögensungleichheit in Deutschland. In: Wochenbericht des DIW Berlin, Nr. 4, S. 54–67.

Frick, Joachim; Grabka Markus und Richard Hauser (2010): Die Verteilung der Vermögen in Deutschland. Berlin – Edition Sigma.

Friedman, Milton (1962): Capitalism and Freedom. Chicago. Zitiert nach der 2. Auflage von 1982. Chicago – University of Chicago Press.

Friedman, Milton (1971): Die soziale Verantwortung der Geschäftswelt. In: Schmölers, Günter et al. (Hrsg.): Der Unternehmer im Ansehen der Welt, S. 198–206. Bergisch Gladbach – Lübbe.

Friedman, Thomas (2006): Die Welt ist flach. Ein kurze Geschichte des 21. Jahrhunderts. Frankfurt/Main – Suhrkamp.

Friedrichs, Hauke (2012): Kartell ohne Absprache. In: Cicero, Heft 7, S. 92–94.

Fromm, Erich (1976): Haben oder Sein. Die seelischen Grundlagen einer neuen Gesellschaft. Stuttgart – Deutsche Verlagsanstalt.

Frühauf, Markus (2011): Als Berater der Politik wahren Banken ihren Einfluss. In: Frankfurter Allgemeine Zeitung, 22.7.2011. http://www.faz.net/aktuell/wirtschaft/europas-schuldenkrise/ackermann-auf-dem-gipfel-als-berater-der-politik-wahren-banken-ihren-einfluss-11115240.html (Zugriff 10.4.2014).

Fuchs, Andreas und Kai Gehring (2013): The Home Bias in Sovereign Ratings. Heidelberg – Universität Heidelberg, Diskussionspapier No. 552 der Fakultät Wirtschafts- und Sozialwissenschaften.

Fukuyama, Francis (1992): Das Ende der Geschichte. Wo stehen wir? München – Kindler.

Fukuyama, Francis (2011): Left Out. In: The American Interest. Januar/Februar 2011. http://www.the-american-interest.com/article-bd.cfm?piece=906. (Zugriff 10.4.2014).

Fulcher, James (2007): Kapitalismus. Stuttgart – Reclam.

Furedi, Frank (2002): Paranoid Parenting: Why Ignoring the Experts May Be Best for Your Child. Chicago – Chicago Review Press.

Gärtner, Manfred; Griesbach, Björn und Manfred Jung (2012): Die Macht der Meinungsmacher: Ratingagenturen und staatliche Verschuldungsdynamiken. In: Wirtschaftsdienst, Band 92, Heft 4, S. 251–256.

Galbraith, James (2010): Der geplünderte Staat oder was gegen den freien Markt spricht. Zürich – Rotpunktverlag.

Galbraith, John Kenneth (1954): The Great Crash 1929. Boston – Houghton Mifflin. Zitiert nach der deutschen Ausgabe von 2009, München – Finanzbuchverlag.

Galbraith, John Kenneth (1959): Gesellschaft im Überfluss. München – Droemer Knaur.

Galbraith, John Kenneth (1976): Wirtschaft für Staat und Gesellschaft. München – Droemer Knaur.

Galbraith, John Kenneth (1987): Anatomie der Macht. München – Bertelsmann.

Galbraith, John Kenneth (1994): A Short History of Financial Euphoria. New York – Penguin.

Galbraith, John Kenneth (2007): Die Ökonomie des unschuldigen Betrugs. Vom Realitätsverlust der heutigen Wirtschaft. Mit einem Vorwort von Uwe Jean Heuser. München – Pantheon.

Gammelin, Cerstin und Götz Hamann (2005): Die Strippenzieher. Berlin – Econ.

Gans, Joshua und Georg Shepherd (1994): How Are the Mighty Fallen: Rejected Classic Articles by Leading Economists. In: Journal of Economic Perspectives, Band 8, Heft 1, S. 165–179.

Geißler, Karlheinz (2012): Alles hat seine Zeit, nur ich hab keine. Wege in eine neue Zeitkultur. München – Oekom.

Gellenbeck, Konny (2012): Gewinn für alle! Genossenschaften als Wirtschaftsmodell für die Zukunft. Frankfurt/Main – Westend.

George, Susan (2001): Den Krieg der Ideen gewinnen. In: Candeias, Mario und Frank Deppe (Hrsg.). Ein neuer Kapitalismus? S. 207–217. Hamburg – VSA-Verlag.

GeoWissen (2005): Zeit – Das ewige Rätsel. Hamburg – Gruner und Jahr.

Giesselmann, Marco; Hilmer, Richard, Siegel, Nico und Gert G. Wagner (2013): Alternative Wohlstandsmessung: Neun Indikatoren können das Bruttoinlandsprodukt ergänzen und relativieren. In: Wochenbericht des DIW Berlin, Nr. 9, S. 3–12.

Gillmann, Barbara (2011): Bachelor-Absolventen enttäuschen die Wirtschaft. In: Handelsblatt, 18.1.2011.

Ginsborg, Paul (2005): Berlusconi. Politisches Modell der Zukunft oder italienischer Sonderweg? Berlin – Wagenbach.

Gischer, Horst; Herz, Berhard und Lukas Menkhoff (2011): Geld, Kredit und Banken. Berlin – Springer.

Gleeson, Deborah; Tienhaara, Kyla und Thomas Faunce (2012): Challenges to Australia's national health policy from trade and investment agreements. In: The Medical Journal of Australia, 196 (5), S. 354–356.

Global Exchange (2012): Meet the F.I.R.E Sector: Who Spent $4.2 Billion in 6 Years to Buy Power in DC? http://www.globalexchange.org/sites/default/files/ED_LegislativeScorecard.pdf. (Zugriff 10.4.2014).

Glyn, Andrew (2007): Capitalism Unleashed. Finance, Globalization, and Welfare. Oxford – Oxford University Press.

Gore, Al (2007): Angriff auf die Vernunft. München – Riemann.

Grabka, Markus und Joachim Frick (2007): Vermögen in Deutschland wesentlich ungleicher verteilt als Einkommen. In: Wochenbericht des DIW Berlin, Nr. 45, S. 665–672.

Grabka, Markus und Joachim Frick (2009): Schrumpfende Mittelschicht – Anzeichen einer dauerhaften Polarisierung der verfügbaren Einkommen. In: Wochenbericht des DIW Berlin, Nr. 10, S. 101–108.

Grass, Günter (2011): Die Steine des Sisyphos. Über das Verhältnis von Journalismus und Politik, die Geschwindigkeit der Zeitläufte und die Macht der Konzerne. In: Süddeutsche Zeitung, 4.7.2011.

Gray, John (2009): We simply do not know. In: London Review of Books, Band 31, Heft 22, S. 13–14. http://www.lrb.co.uk/v31/n22/john-gray/we-simply-do-not-know. (Zugriff 10.4.2014).

Greenslade, Roy (2003): Their master's voice. In: The Guardian, 17.2.2003. http://www.guardian.co.uk/media/2003/feb/17/mondaymediasection.iraq (Zugriff 10.4.2014).

Greider, William (2001): The Right and US Trade Law: Invalidating the 20th Century. In: The Nation, 15.10.2001.

Grimberg, Steffen (2009): Einzelhandel erpresst Medien. In: taz, 21.4.2009. http://www.taz.de/1/leben/medien/artikel/1/wir-sind-doch-nicht-bloed/. (Zugriff 10.4.2014).

Grimberg, Steffen und Jörg Schallenberg (2004): Aldi informiert nicht mehr. In: taz, 20.4.2004. http://www.taz.de/1/archiv/archiv/?dig=2004/04/20/a0223 (Zugriff 10.4.2014).

Grömling, Michael (2010): Falling Labour Share in Germany – a Tribute to Reforms? Wirtschaftswissenschaftliche Beiträge des Lehrstuhls für Volkswirtschaftslehre Nr. 107. http://econstor.eu/bitstream/10419/32479/1/617385807.pdf. (Zugriff 10.4.2014).

Güdel, Horst und Norman Lemke (2011): Private Equity für Privatanleger. Vermögensaufbau mit Unternehmensbeteiligung. München – Finanzbuchverlag.

Guerrera, Francesco (2009): Welch condems share price focus. In: Financial Times, 13.3.2009. http://www.ft.com/intl/cms/s/0/294ff1f2-0f27-11de-ba10-0000779fd2ac.html#axzz2xSbbKjnD (Zugriff 10.4.2014).

Guiltinan, Joseph (2009): Creative Destruction and Destructive Creations: Environmental Ethics and Planned Obsolescence. In: Journal of Business Ethics, Band 89, Heft 1, (Supplement), S. 19–28.

Guscina, Anastasia (2006): Effects of Globalization on Labor's Share in National Income. IMF Working Paper 06/294 – Washington, D.C. http://www.imf.org/external/pubs/ft/wp/2006/wp06294.pdf (Zugriff 10.4.2014).

Haar, Kenneth; Pohl, Christine; Rowell, Andy und Yiorgos Vassalos (2009): A Captive Commission. The Role of the Financial Industry in Shaping EU Regulation. Brüssel – Alter-EU. http://www.alter-eu.org/sites/default/files/documents/a-captive-commission-5-11-09.pdf. (Zugriff 10.4.2014).

Habermas, Jürgen (2007): Keine Demokratie kann sich das leisten. In: Süddeutsche Zeitung, 16.5.2007.

Hacker, Jacob und Paul Pierson (2010): Winner-Take-All Politics. How Washington Made the Rich Richer and Turned Its Back on the Middle Class. New York – Simon and Schuster.

Hadjar, Andreas (2008): Meritokratie als Legitimationsprinzip. Die Entwicklung der Akzeptanz sozialer Ungleichheit im Zuge der Bildungsexpansion. Wiesbaden – Verlag für Sozialwissenschaften.

Häring, Norbert (2010): Markt und Macht. Was Sie schon immer über die Wirtschaft wissen wollten, aber bisher nicht erfahren sollten. Stuttgart – Schäffer und Poeschel.

Häring, Norbert und Olaf Storbeck (2007): Ökonomie 2.0 – 99 überraschende Erkenntnisse. Stuttgart – Schäffer-Poeschl.

Hagen, Hans (2013): Schuldeingeständnis des Schweizer Bankhauses Wegelin. In: Süddeutsche Zeitung, 4.1.2013.

Hagen, Kornelia und Axel Kleinlein (2011): Zehn Jahre Riester-Rente. Kein Grund zum Feiern. In: Wochenbericht des DIW Berlin, Nr. 47, S. 3–14.

Hagen, Kornelia und Dorothea Schäfer (2012): Quo vadis? Offenlegungen und Klarstellungen im Streit um das Riester-Sparen. In: Vierteljahrshefte zur Wirtschaftsforschung, Band 81, Heft 2, S. 5–25.

Hall, Peter (2006): Stabilität und Wandel in den Spielarten des Kapitalismus. In: Beckert, Jens; Ebbinghaus, Bernhard; Hassel, Anke und Philp Manow (Hrsg.): Transformationen des Kapitalismus, S. 181 – 204. Frankfurt/Main – Campus.

Hall, Peter und David Soskice (2001): Varieties of Capitalism: The Institutional Foundations of Comparative Advantage. Oxford – Oxford University Press.

Hamann, Brigitte (1996): Hitlers Wien. Lehrjahre eines Diktators. München – Piper.

Handelsblatt (2008): Finanzmarktstabilisierungsfonds steht. In: Handelsblatt, 13.10.2008. http://www.handelsblatt.com/politik/deutschland/ koalitionsspitze-einigt-sich-finanzmarktstabilisierungsfonds-steht-seite-all/3035336-all.html (Zugriff 10.4.2014).

Handelsblatt (2012): Bad-Bank-Chef schiebt Eurokrise schwarzen Peter zu. In. Handelsblatt, 3.7.2012. http://www.handelsblatt.com/unternehmen/ banken/fms-wertmanagement-bad-bank-chef-schiebt-eurokrise-schwarzen-peter-zu-seite-all/6827564-all.html. (Zugriff 10.4.2014).

Hank, Rainer und Werner Plumpe (2012): Wie wir reich wurden. Eine kleine Geschichte des Kapitalismus. Stuttgart – Theiss.

Hardin, Garrett (1968): The Tragedy of the Commons. In: Science, Band 162, No. 3859, S.1243–1248.

Hardt, Michael und Antonio Negri (2010): Common Wealth – Das Ende des Eigentums. Frankfurt/Main – Campus.

Harris, Robert; Jenkinson, Tim und Steven Kaplan (2012): Private Equity Performance: What Do We Know? Fama-Miller Working Paper; Chicago Booth Research Paper No. 11–44; Darden Business School Working Paper No. 1932316. Available at SSRN: http://ssrn.com/abstract=1932316. (Zugriff 10.4.2014)

Harrison, Ann (2002): Has Globalization eroded Labor's Share? Some Cross-Country evidence. Mimeo, University of California at Berkeley at California. http://mpra.ub.uni-muenchen.de/39649/. (Zugriff 10.4.2014).

Harsanyi, John (1962): Measurement of social power, opportunity costs, and the theory of two-person bargaining games. In: Behavioral Science Band 7, Heft 1, S. 67–80.

Hartmann, Michael (2002): Der Mythos von der Leistungsgesellschaft. Spitzenkarrieren und soziale Herkunft in Wirtschaft, Politik, Justiz und Wissenschaft. Frankfurt/Main – Campus.

Hartmann, Michael (2007): Eliten und Macht in Europa. Ein internationaler Vergleich. Frankfurt/Main – Campus.

Hartman, Michael (2013): Soziale Ungleichheit. Keine Thema für die Eliten? Frankfurt/Main – Campus.

Hayek, Friedrich August von (1948): Wahrer und falscher Individualismus. In: Ordo: Jahrbuch für die Ordnung von Wirtschaft und Gesellschaft. Band 1.1948, S. 19–55.

Hayek, Friedrich August von (1949): Die Intellektuellen und der Sozialismus. Wieder abgedruckt in: Schweizer Monatshefte, 1992, Band 72, Heft 5, S. 41–54.

Hayek, Friedrich August von (1969): Der Wettbewerb als Entdeckungsverfahren. In: Ders. (Hrsg.). Freiburger Studien – Gesammelte Aufsätze von F.A. von Hayek, S. 249–265. Tübingen – Mohr (Paul Siebeck).

Hayek, Friedrich August von (1970): Die Irrtümer des Konstruktivismus und die Grundlagen legitimer Kritik gesellschaftlicher Gebilde. In: Ders.: Die Anmaßung von Wissen. Neue Freiburger Studien (Herausgegeben von Wolfgang Kerber, 1996), S. 16–36. Tübingen – Mohr (Paul Siebeck).

Hayek, Friedrich August von (1971): Die Verfassung der Freiheit. Tübingen – Mohr (Paul Siebeck).

Hayek, Friedrich August von (1974): Die Anmaßung von Wissen. In: Ders.: Die Anmaßung von Wissen. Neue Freiburger Studien (Herausgegeben von Wolfgang Kerber, 1996), S. 3–15. Tübingen – Mohr (Paul Siebeck).

Hayek, Friedrich August von (1977): Drei Vorlesungen über Demokratie, Gerechtigkeit und Sozialismus. Tübingen – Mohr (Paul Siebeck).

Hayek, Friedrich August von (1981): Recht, Gesetzgebung und Freiheit, Band 3: Die Verfassung einer Gesellschaft freier Menschen. Landsberg am Lech – Verlag Moderne Industrie.

Heidbrink, Ludger; Schmidt Imke und Björn Ahaus (2011): Die Verantwortung des Konsumenten: Über das Verhältnis von Markt, Moral und Konsum. Frankfurt/Main – Campus.

Heilbroner, Robert (1998): Capitalism. In: John Eatwell (Hrsg.). The New Palgrave – a Dictionary of Economics, S. 347–353. London – Macmillan.

Heine, Michael und Hansjörg Herr (2003): Volkswirtschaftslehre: paradigmenorientierte Einführung in die Mikro- und Makroökonomie. 3. Auflage, Oldenbourg – München.

Held, Martin; Kubon-Gilke, Gisela und Richard Sturn (2008): Vorwort. In: Jahrbuch Normative und institutionelle Grundfragen der Ökonomik, Band 7: Macht in der Ökonomie, S. 7–14. Marburg – Metropolis.

Hellwig, Martin (2010): Capital Regulation after the Crisis: Business as Usual? In: Preprints of the Max Planck Institute for Research on Collective Goods, Bonn 2010/31.

Helms, Ludger (2010): Leadership-Forschung als Demokratiewissenschaft. In:Aus Politik und Zeitgeschichte, 2–3, S. 3–8.

Hengsbach, Friedhelm SJ (1999): Demokratischer Kapitalismus? In: Nübler, Irmgard und Trabold, Harald (Hrsg.): Herausforderungen an die Wirtschaftspolitik an der Schwelle zum 21. Jahrhundert. Festschrift für Lutz Hoffmann zum 65. Geburtstag. Berlin – Duncker & Humblot.

Henry, James (2012): The Price of Offshore Revisited. New Estimates for „Missing» Global Private Wealth, Income, Inequality and Lost Taxes. http://www.taxjustice.net/cms/upload/pdf/Price_of_Offshore_Revisited_120722.pdf (Zugriff 10.4.2014).

Henry-Huthmacher, Christine (2008): Eltern unter Druck. In: Die politische Meinung, Nr. 460, März 2008, S. 41–46.

Herman, Edward und Noam Chomsky (2002): Manufacturing Consent. The Political Economy of the Mass Media. New York – Pantheon Books.

Hermann, Michael (2012): Das politische Profil des Geldes. Wahl- und Abstimmungswerbung in der Schweiz. Zürich – sotomo. http://www.ejpd.admin.ch/content/dam/data/pressemitteilung/2012/2012-02-21/ber-wahlfinanzierung-d.pdf. (Zugriff 10.4.2014).

Herr, Hansjörg (2011): Making an Unstable Financial System Work. In: International Journal of Labour Research, Band 3, Heft 1, S. 133–155.

Herrmann, Ulrike (2010): Hurra, wir dürfen zahlen. Der Selbstbetrug der Mittelschicht. Frankfurt/Main – Westend.

Herrmann, Ulrike (2013): Der Sieg des Kapitals. Frankfurt/Main – Westend.

Hetzer, Wolfgang (2011): Finanzmafia. Wieso Banker und Banditen ohne Strafe davonkommen. Frankfurt/Main – Westend.

Heuser, Jan Uwe (2008): Humanomics. Die Entdeckung des Menschen in der Wirtschaft. Frankfurt/Main – Campus.

Heußner, Hermann (2009): Mehr als ein Jahrhundert Volksgesetzgebung in den USA. In: Heußner, Hermann und Otmar Jung (Hrsg.): Mehr direkte Demokratie wagen, 2. Auflage, S. 135–156. München – Olzog.

Heußner, Hermann und Otmar Jung (2009): Die direkte Demokratie in der Schweiz. In: Heußner, Hermann und Otmar Jung (Hrsg.): Mehr direkte Demokratie wagen, 2. Auflage, S. 115–133. München – Olzog.

Hickel, Rudolf (2012): Zerschlagt die Banken. Berlin – Econ.

Hilferding, Rudolf (1910): Das Finanzkapital. Eine Studie zur jüngsten Entwicklung des Kapitalismus. Wien – Verlag der Wiener Volksbuchhandlung Ignaz Brand.

Hirata, Johannes (2011): Happiness, Ethics and Economics. Abingdon – Routledge.

Hirsch, Boris und Schnabel, Claus (2011): Let's Take Bargaining Models Seriously: The Decline in Union Power in Germany, 1992–2009. IZA Discussion Paper Nr. 5875.

Hobsbawm, Eric (2009): Das Zeitalter der Extreme. Weltgeschichte des 20. Jahrhunderts. 9. Auflage, München – DTV.

Hochschild, Arlie Russel (2006): Keine Zeit: Wenn die Firma zum Zuhause wird und zu Hause nur Arbeit wartet. 2. Auflage, Wiesbaden – Verlag für Sozialwissenschaften.

Hochschild, Arlie Russel (2012): The Outsourced Self: Intimate Life in Market Times. New York – Henry Holt.

Höhne, Andrea und Stephan Russ-Mohl (2004): Zur Ökonomik von Wirtschaftsjournalismus und Corporate Communication: Finanzberichterstattung und Risiko-Kommunikation als Beispiele. In: Medienwissenschaft Schweiz, Heft 2, S. 90–101.

Hollenstein, Oliver (2013): Nach Gutenberg. In: Süddeutsche Zeitung, 16.3./17.3.2013.

Honegger, Claudia; Neckel, Sighard und Chantal Magnin (2010): Strukturierte Verantwortungslosigkeit. Berichte aus der Bankenwelt. Berlin – Suhrkamp.

Horn, Gustav (2011): Des Reichtums fette Beute. Wie Ungleichheit unser Land ruiniert. Frankfurt/Main – Campus.

Horn, Gustav und Ulrike Stein (2010): Kapital gewinnt – Arbeit verliert. In: Wirtschaftsdienst, Band 90, Heft 7, S. 439–443.

Horn, Karen (2004): Der Wirtschafts-Nobelpreis ist eine umstrittene Auszeichnung. In: Frankfurter Allgemeine Zeitung, 12.10.2004.

HSBC (2012): Message from HSBC Group Chief Executive Stuart Gulliver. 30.7.2012. http://www.hsbc.com/1/2//newsroom/news/2012/Interim-results-sg. (Zugriff 20.8.2012, Link am 10.4.2014 nicht mehr aktiv).

Huizinga, Johan (1938): Homo Ludens. Hamburg – Rowohlt. Zitiert nach der 22. Auflage von 2011.

Humboldt, Wilhelm von (1792/4): Theorie der Bildung des Menschen. In: Flitner, Andreas und Klaus Giel: Wilhelm von Humboldt, Werke in fünf Bänden, Band I, S. 234–240. Darmstadt – Wissenschaftliche Buchgesellschaft.

Humboldt, Wilhelm von (1810): Über die innere und äußere Organisation der höheren wissenschaftlichen Anstalten in Berlin. In: Flitner, Andreas und Klaus Giel: Wilhelm von Humboldt, Werke in fünf Bänden, Band V, S. 255–266. Darmstadt – Wissenschaftliche Buchgesellschaft.

Huxley, Aldous (1932): Schöne neue Welt. Zitiert nach der deutschen Taschenbuchausgabe von 2009. Frankfurt/Main – Fischer.

IfM (2013): Mediendatenbank – Rankings 2007–2013. http://www.mediadb.eu/. (Zugriff 10.4.2014).

ILO (2008a): Global Wage Report 2008/2009. Genf – ILO.

ILO (2008b): World of Work Report 2008 : Income Inequalities in the Age of Financial Globalization. Genf – ILO.

IMF (2007): World Economic Outlook. Washington D.C. – IMF.

INSM (o.J.): Initiative Neue Soziale Marktwirtschaft. http://www.insm.de/. (Zugriff 10.4.2014).

INSM (2007): INSM-Wachstumsmanifest. http://www.insm.de/insm/Publikationen/Dossiers/Soziale-Marktwirtschaft/INSM-Dossier-Wachstum/INSM-Wachstumsmanifest.html. (Zugriff 10.4.2014).

INSM Wirtschaft und Schule (o.J.): Soziale Sicherung. http://www.
wirtschaftundschule.de/fileadmin/user_upload/unterrichtsmaterialien/
staat_und_wirtschaftspolitik/Unterrichtseinheit_Soziale_Sicherung.pdf.
(Zugriff 10.4.2014).

Institute for Propaganda Analysis (1995): How to Detect Propaganda. In: Jackall,
Robert (Hrsg.): Propaganda, S.217–224. New York – New York University
Press.

IRS (2007): Corporation Income Tax Brackets and Rates, 1909–2002. http://
www.irs.gov/pub/irs-soi/02corate.pdf. (Zugriff 10.4.2014).

IW (o.J.): Institut der deutschen Wirtschaft. http://www.iwkoeln.de/. (Zugriff
10.4.2014).

IW (2011): Zeitarbeit in Deutschland. Treiber für Flexibilität und Wachstum.
Köln – IW.

Iyengar, Sheena und Mark Lepper (2000): When Choice is Demotivating: Can
One Desire too Much of a Good Thing? In: Journal of Personality and Social
Psychology, Band 79, Heft 6, S. 995–1006.

Jackson, Gregory (2006): Comparing Capitalisms through the Lens of Classical
Sociological Theory. In: Beckert, Jens; Ebbinghaus, Bernhard; Hassel, Anke
und Philp Manow (Hrsg.): Transformationen des Kapitalismus, S. 205 – 222.
Frankfurt/Main – Campus.

Jackson, Tim (2011): Wohlstand ohne Wachstum. Leben und Wirtschaften in
einer endlichen Welt. München – Oekom.

Jakobs, Hans-Jürgen (2008): Geist oder Geld. Der große Ausverkauf der freien
Meinung. München – Pendo.

Janich, Oliver (2010): Das Kapitalismus-Komplott. Die geheimen Zirkel der
Macht und ihre Methoden. München – Finanzbuch Verlag.

Jessen, Jens (2011): Unterwegs zur Plutokratie. In: Die Zeit, 1.9.2011.

Joebges, Heike; Meinhardt, Volker; Rietzler, Katja und Rudolf Zwiener
(2012): Kapitaldeckung in der Krise. Die Risiken privater Renten- und
Pflegeversicherungen. In: Expertisen und Dokumentationen zur Wirtschafts-
und Sozialpolitik. Bonn – Friedrich-Ebert-Stiftung.

Joffe, Josef (2009): Zerstört der Kapitalismus die Demokratie? In: Die Zeit,
20.8.2009.

Joffe, Josef (2011): Lasst die Reichen in Ruhe. In: Die Zeit, 1.9.2011.

Jouvenel, Bertrand de (1949): On Power: Its Nature and the History of its
Growth. New York – Viking Press.

Jurczenko, Wieslaw (2013): Offshore-Leaks und das Versagen der Politik. In:
Blätter für deutsche und internationale Politik, Heft 5/2013, S. 9–12.

Jürgs, Michael (2008): Das Regime der Flanellmäntelchen. In: Frankfurter
Allgemeine Sonntagszeitung, 8. Juni 2008.

Kämmerer, Axel (2001): Privatisierung: Typologie – Determinanten –
Rechtspraxis – Folgen. Tübingen – Mohr Siebeck.

Kant, Immanuel (1784): Beantwortung der Frage: Was ist Aufklärung. Beginn des Traktats. In: Berlinische Monatsschrift, Dezemberheft – 1784, S. 481–494. http://www.rosalux.de/fileadmin/rls_uploads/pdfs/159_kant.pdf. (Zugriff 10.4.2014).

Kahneman, Daniel (2012): Schnelles Denken, langsames Denken. München – Siedler.

Kahneman, Daniel und Amos Tversky (1979): Prospect Theory: An Analysis of Decision under Risk. In: Econometrica, Band 47, Heft 2, S. 263–291.

Kalecki, Michal (1943): Political Aspects of Full Employment. In: Political Quarterly, Band 14, S. 322–331.

Kallee, Ulrike (2004): Wie die Industrie eine Umweltverordnung weichspült. In: Müller, Ulrich; Giegold, Sven und Malte Arhelger (Hrsg.): Gesteuerte Demokratie? S. 65–74. Hamburg – VSA Verlag.

Karakurt, Yakamoz (2011): Mein Kopf ist voll. In: Die Zeit, 18.8.2011.

Kauffmann, Clemens (2008): Vom Exodus zur Kolonisierung der Natur: Biopolitik als Delegitimierung der liberalen Demokratie. In: Brodocz, André und Llanque, Marcus und Schaal, Gary S. (Hrsg.): Bedrohungen der Demokratie, S. 216–231, Wiesbaden – Verlag für Sozialwissenschaft.

Kaul, Martin (2010): Banker-Lobby beherrscht Brüssel. In: taz, 22.6.2010. http://www.taz.de/1/archiv/digitaz/artikel/?ressort=wu&dig=2010%2F06%2F22% 2Fa0113&cHash=503241eff7. (Zugriff 10.4.2014).

Keen, Steve (2001): Debunking Economics. The Naked Emperor of the Social Sciences. London – Zed Books.

Kelly, John und Kerstin Hamann (2010): The Puzzle of Trade Union Strength in Western Europe Since 1980. In: The Indian Journal of Industrial Relations, Heft 45, Nr. 4, S. 646–657.

Keoun, Bradley und Phil Kuntz (2011): Wall Street Aristocracy Got $1.2 Trillion in Secret Loans. Bloomberg Online, 22.8.2011. http://www.bloomberg.com/news/2011-08-21/wall-street-aristocracy-got-1-2-trillion-in-fed-s-secret-loans.html. (Zugriff 10.4.2014).

Kerkow, Uwe; Martens, Jens und Axel Müller (2012): Vom Erz zum Auto. Abbaubedingungen und Lieferketten im Rohstoffsektor und die Verantwortung der deutschen Automobilindustrie. http://www.misereor.de/fileadmin/redaktion/Vom_Erz_zum_Auto.pdf. (Zugriff 10.4.2014)

Kessler, Gregor (2011): Nespresso kann sich kaum noch abkapseln. In: Financial Times Deutschland, 17.5.2011.

Keynes, John Maynard (1920): The Economic Consequences of the Peace. New York – Harcourt, Brace, and Howe.

Keynes, John Maynard (1936): The General Theory of Employment, Interest and Money. Cambridge – Macmillan (zitiert nach der Facsimile Paperback Edition von 1974).

Kielmansegg, Peter Graf (1978): Organisierte Interessen als »Gegenregierungen«? In: Hennis, Wilhelm; Kielmansegg, Peter Graf und Ulrich Matz (Hrsg.): Regierbarkeit: Studien zur ihrer Problematisierung, S.139–176, Band 2. Stuttgart – Klett-Cotta.

Kieser, Alfred (2010): Die Tonnenideologie der Forschung. Abschiedsvorlesung an der Universität Mannheim. In: Frankfurter Allgemeine Zeitung, 11.6.2010.

Kinderman, Daniel (2005): Pressure from without, Subversion from within: The Two-Pronged German Employer Offensive. In: Comparative European Politics, 3 (4), S. 432–463.

Kindleberger, Charles (1973): The World in Depression 1929 – 1939. London – Lane. Zitiert nach der deutschen Ausgabe von 1989. München – DTV.

Kirner, Ellen; Meinhardt, Volker und Gert Wagner (2000): Probleme der Altersvorsorge allein durch Änderung des Finanzierungsverfahrens nicht zu lösen. In: Wochenbericht des DIW, Nr. 30, S. 479–489.

Kläsgen, Michael (2011): Besteuert mich! In: Süddeutsche Zeitung, 19.8.2011.

Kläsgen, Michael (2012): Der Kampf ums Geld. In: Süddeutsche Zeitung, 8.8.2012.

Klein, Heidi und Tillmann Höntzsch (2007): Fliegende Wechsel – Die Drehtür kreist. Zwei Jahre danach – was macht die Ex-Regierung Schröder II heute? http://www.lobbycontrol.de/download/drehtuer-studie.pdf. (Zugriff 10.4.2014).

Klump, Rainer (2011): Wirtschaftspolitik. Instrumente, Ziele und Institutionen. München – Pearson.

Koch, Moritz (2012): Die Ozeane sind der neue Wilde Westen. In: Süddeutsche Zeitung, 28.8.2012.

Kocyba, Hermann (2004): Wissen. In: Bröckling, Ulrich; Krasmann, Susanne und Lemke, Thomas (Hrsg.): Glossar der Gegenwart, S. 300–306. Frankfurt/Main – Suhrkamp.

Kornai, János (2008): From Socialism to Capitalism: Eight Essays. Budapest – Central European University Press.

Köhler, Horst (2009): Die Glaubwürdigkeit der Freiheit. Berliner Rede 2009. http://www.bundespraesident.de/SharedDocs/Reden/DE/Horst-Koehler/Reden/2009/03/20090324_Rede.html. (Zugriff 10.4.2014).

Köster, Uta (2002): Absoluter oder auf die Funktion eingeschränkter Stoffschutz im Rahmen von »Biotech«-Erfindungen, insbesondere bei Gen-Patenten. In: Gewerblicher Rechtsschutz und Urheberrecht, 104. Jahrgang, Heft 10, S. 833–844.

KPMG International (2010): KPMG´s corporate and indirect tax survey 2010. http://www.kpmg.de/docs/20101014_CorporateIndirectTax2010.pdf. (Zugriff 10.4.2014).

Kraft, Andreas (2009): Deutschland – ein Steuerparadies. In: Frankfurter Rundschau Online, 4.8.2009. http://www.fr-online.de/steuerfahnder-affaere/zu-wenig-finanzbeamte-deutschland---ein-steuerparadies,1477340,2791544.html#. (Zugriff 10.4.2014).

Krajewski, Markus (2011): Vom Krieg des Lichtes zur Geschichte von Glühlampenkartellen. In: Berz, Peter; Höge Helmut und Markus Krajewski (Hrsg.): Das Glühbirnenbuch, S. 347–393. Wien – Braumüller Lesethek.

Kramer, Birgit (2007): Patentschutz und Zugang zu Medikamenten: Rechtliche und ökonomische Implikationen. Köln – Heymanns.

Kraus, Josef (2013): Helikopter-Eltern. Schluss mit Frühförderwahn und Verwöhnung. Hamburg – Rowohlt.

Kravis, Irving (1959): Relative Income Shares in Fact and Theory. In: The American Economic Review, Band 49, Heft 5, S. 917–949.

Kreiß, Christian (2013): Profitwahn. Warum sich eine menschengerechtere Wirtschaft lohnt. Marburg – Tectum.

Kristof, Nicholas (2014): Professors, We Need You. In: New York Times, 15.2.2014. http://www.nytimes.com/2014/02/16/opinion/sunday/kristof-professors-we-need-you.html?_r=0 (Zugriff 10.4.2014).

Kroder, Titus und Schäder, Barbara (2012): Libor-Manipulation: Zinsskandal kostet Barclays Milliarden. In: Financial Times Deutschland, 29.6.2012.

Krueger, Alan B. (1999): Measuring Labor's Share. In: The American Economic Review, Band 89, Heft 2 (Papers and Proceedings), S. 45–51.

Krugman, Paul (2008): The Return of Depression Economics and the Crisis of 2008. London – Penguin Books.

Krugman, Paul (2009): How Did Economists Get It So Wrong? In: The New York Times, 6.9.2009.

Krugman, Paul (2013): Plutocrats Feeling Persecuted. In. The New York Times, 26.9.2013.

Krugman, Paul; Obstfeld, Maurice und Marc Melitz (2012): International Economics – Theory and Politics. Harlow – Pearson Education.

Krysmanski, Hans Jürgen (2009): Hirten & Wölfe. Wie die Geld- und Machteliten sich die Welt aneignen. Münster – Westfälisches Dampfboot.

Krysmanski, Hans Jürgen (2012): 0,1 Prozent. Das Imperium der Milliardäre. Frankfurt/Main – Westend.

Kühni, Olivia (2012): Steuerflucht: Das lukrative Geschäft mit neuen Pässen. In: Handelszeitung 6.7.2012. http://www.handelszeitung.ch/invest/steuerflucht-das-lukrative-geschaeft-mit-neuen-paessen# (Zugriff 10.4.2014).

Küng, Hans (2010): Anständig wirtschaften. München – Piper.

Kuhn, Thomas (1996): The Structure of Scientific Revolutions. Chicago – Chicago University Press.

Laeven, Luc und Fabian Valencia (2012): Systemic Banking Crises Database: An Update. IMF Working Paper WP/12/163. Washington – IMF.

Lakoff, Georg und Eva Wehling (2008): Auf leisen Sohlen ins Gehirn. Politische Sprache und ihre heimliche Macht. Heidelberg – Carl-Auer.

Landes, David (2009): Wohlstand und Armut der Nationen. Warum die einen reich und die anderen arm sind. München – Pantheon.

Larsen, Erling Roed (2004): Escaping the Resource Curse and the Dutch disease? When and Why Norway Caught up with and Forged ahead of its Neighbours. Discussion Paper No. 377, Statistics Norway, Research Department. http://www.ssb.no/publikasjoner/DP/pdf/dp377.pdf. (Zugriff 10.4.2014).

Lasch, Christopher (1996): The Revolt of the Elites and the Betrayal of Democracy. New York – Norton.

Le Bon, Gustave (1895): Psychologie der Massen. Zitiert nach der Ausgabe von 2007. Neuenkirchen – RaBaKa.

Lee, Kang-kook und Jayadev, Arjun (2005): The Effects of Capital Account Liberalization on Growth and the Labor Share of Income: Reviewing and Extending the Cross-Country Evidence. In: Epstein, Gerald (Hrsg.): Capital Flights and Capital Controls in Developing Countries, S. 15–57. Cheltenham – Edward Elgar.

Lemke, Thomas (2004): Flexibilität. In: Bröckling, Ulrich; Krasmann, Susanne und Lemke, Thomas (Hrsg.): Glossar der Gegenwart, S. 82–88. Frankfurt/Main – Suhrkamp.

Leif, Thomas und Rudolf Speth (2006): Die fünfte Gewalt – Anatomie des Lobbyismus in Deutschland. In: Leif, Thomas und Rudolf Speth (Hrsg.): Die fünfte Gewalt. Lobbyismus in Deutschland, S. 10–36. Wiesbaden – Verlag für Sozialwissenschaften.

Lerner, Abba (1972): The Economics and Politics of Consumer Sovereignty. In: American Economic Review, Band 62, Heft 1–2, S. 258–26.

Levi-Faur (2005): The Global Diffusion of Regulatory Capitalism. In: The Annals of the American Academy, March 2005, S. 12–32.

Leyendecker, Hans (2007): Die große Gier. Korruption, Kartelle, Lustreisen: Warum unsere Wirtschaft eine neue Moral braucht. Berlin – Rowohlt.

Lichtschlag, André F. (2006): Entzieht den Nettostaatsprofiteuren das Wahlrecht! In: Die Welt, 19.9.2006. Zitiert nach: http://www.welt.de/print-welt/article153823/Entzieht_den_Nettostaatsprofiteuren_das_Wahlrecht.html (Zugriff 10.4.2014).

Lieb, Wolfgang (2009): Die Auslieferung der Universitäten an die Wirtschaft. In: Albrecht Müller: Meinungsmache. Wie Wirtschaft, Politik und Medien uns das Denken abgewöhnen wollen, S. 219–248. München – Droemer.

Liebert, Nicola (2007): Eine milde Form des Sozialismus. In: Edition Le Monde Diplomatique, No. 2, S. 36–39. Berlin – taz Verlags- und Vertriebs GmbH.

Liedtke, Rüdiger (2007): Wir privatisieren uns zu Tode – Wie uns der Staat an die Wirtschaft verkauft. Frankfurt/Main – Eichborn.

Liessmann, Konrad Paul (2008): Theorie der Unbildung. Die Irrtümer der Wissensgesellschaft. München – Piper.

Lincoln, Abraham (1837): Speech in the Illinois Legislature Concerning the State Bank. In: Sangamo Journal, 28. Januar 1837, http://quod.lib.umich.edu/l/lincoln/lincoln1/1:92?rgn=div1;view=fulltext. (Zugriff 10.4.2014).

Lincoln, Sarah (2014): Das Regime der Konzerne. Wie Wirtschaft und Politik die Menschenrechte aushebeln. In: Blätter für deutsche und internationale Politik, Heft 3/2014, S. 61–71.

Lindblom, Charles E. (1977): Politics and Markets. The World's Political-Economic Systems. New York – Basic Books.

Linder, Wolf (2012): Schweizerische Demokratie. 3. Auflage. Bern – Haupt.

Lindlar, Ludger (1997): Das mißverstandene Wirtschaftswunder. Westdeutschland und die westeuropäische Nachkriegsprosperität. Tübingen – Mohr Siebeck.

Lindstrom, Martin (2008): Buyology. Truth and Lies About Why We Buy. New York – Doubleday.

Lippmann, Walter (1922): Public Opinion. New York – Macmillan.

Lipset, Seymour (1963): Political Man. The Social Bases of Politics. Garden City – Doubleday.

List, Friedrich (1841): Das nationale System der Politischen Ökonomie. Stuttgart – Cotta.

LobbyControl (2013): Lobbybericht 2013. Die Lobbyismus-Debatte 2009–2013: Eine Bilanz der schwarz-gelben Regierungszeit. Köln – LobbyControl.

LobbyControl (2011): Mehr Transparenz und Schranken für den Lobbyismus. https://www.lobbycontrol.de/download/Lobbyismus-Transparenz_Positionen.pdf. (Zugriff 10.4.2014).

Lösch, Bettina (2007): Die neoliberale Hegemonie als Gefahr für die Demokratie. In: Butterwegge, Christoph; Lösch, Bettina und Ralf Ptak (Hrsg.): Kritik des Neoliberalismus, S. 221–283. Wiesbaden – Verlag für Sozialwissenschaften.

Logeay, Camille; Volker Meinhardt; Katja Rietzler und Rudolf Zwiener (2009): Gesamtwirtschaftliche Folgen des kapitalgedeckten Rentensystems: Zwischen Illusion und Wirklichkeit. IMK-Report Nr. 43.

Lubinski, Cord Peter (2012): Vertreterversammlung der Deutschen Rentenversicherung (Redemanuskript). http://www.deutsche-rentenversicherung.de/cae/servlet/contentblob/274810/publicationFile/52054/rede_lubinski.pdf;jsessionid=7FAE9579FF789357609191FBA5B71591.cae01. (Zugriff 10.4.2014).

Lucas, Robert (1990): Supply-Side Economics. An Analytical Review. In: Oxford Economic Papers, New Series, Band 42, Heft 2 (April 1990), S. 293–316.

Lukes, Steven (1974): Power. A Radical View. (Zitiert nach der 2. Auflage von 2005.) London – Palgrave Macmillan.

Mabeus, Courtney (2005): Boiling Oil. http://archive.is/WXh6L. (Zugriff 10.4.2014).

Machiavelli, Niccolò (1513): Der Fürst. (Zitiert nach der deutschen Übersetzung von Ralf Löffler, 2007.) Neuenkirchen – RaBaKa.

Mackay, Judith (2012): Judith Mackay über Tabak. In: Süddeutsche Zeitung, 29./30.12.2012.

Mackenroth, Gerhard (1952): Die Reform der Sozialpolitik durch einen deutschen Sozialplan. In: Albrecht, Gerhard (Hrsg.): Die Berliner Wirtschaft zwischen Ost und West. Die Reform der Sozialpolitik durch einen deutschen Sozialplan. Schriften des Vereins für Socialpolitik NF, Band 4, S. 39–76.

Mandeville, Bernard (1705): Die Bienenfabel oder Private Laster, öffentliche Vorteile. Zitiert nach der 2. Auflage von 1980, Frankfurt/Main – Suhrkamp.

Manni, Franz (2009): Wem gehören die Gene? In: Edition Le Monde Diplomatique, No. 6, S. 68–71. Berlin – taz Verlags- und Vertriebs GmbH.

Marcuse, Herbert (1964): Der eindimensionale Mensch. Zitiert nach der 16. Auflage von 1981. Darmstadt – Luchterhand.

Marshall, Alfred (1890): Principles of Economics. London – Macmillan.

Marti, Urs (2006): Demokratie – das uneingelöste Versprechen. Zürich – Rotpunktverlag.

Martiny, Anke (2004): Gesundheitssystem – wer steuert wie? In: Müller, Ulrich; Giegold, Sven und Malte Arhelger (Hrsg.): Gesteuerte Demokratie? S. 75–83. Hamburg – VSA Verlag.

Marx, Karl (1867): Das Kapital. Kritik der politischen Ökonomie. Band I. MEW Band 23, (1963), Berlin – Dietz.

Marx, Karl (1885): Das Kapital. Kritik der politischen Ökonomie. Band II. MEW Band 24, (1964), Berlin – Dietz.

Marx, Karl (1894): Das Kapital. Kritik der politischen Ökonomie. Band III. MEW Band 25, (1969), Berlin – Dietz.

Masing, Johannes (2014): Digitale Wachsamkeit und das Recht auf Vergessen. Vortrag auf einer Konferenz der Kulturstiftung des Bundes am 25.1.2014. http://www.dctp.tv/filme/edd-wachsamkeit/ (Zugriff 10.4.2014).

Maslow, Abraham (1943): A Theory of Human Motivation. In: Psychological Review, Band 50, S. 370–396.

Maslow, Abraham (1954): Motivation and Personality. New York – Harper & Row.

Mason, Geoff und Wiemer Salverda (2010): Low Pay, Working Conditions, and Living Standards. In: Gautiér, Jérôme und John Schmitt (Hrsg.): Low-wage Work in a Wealthy World, S. 35–90. New York – Russel Sage Foundation.

Mast, Claudia (2011): Nach der Krise ist vor der Krise. Neuorientierung im Wirtschaftsjournalismus? http://www.netzwerkrecherche.de/files/nr-jahreskonferenz-pressetext-mast-20110702.pdf. (Zugriff 10.4.2014).

Mayer, Peter (2009): Higher Education Reform in South Korea: Success Tempered by Challenges. In: Korea Yearbook 2008, Volume 2, Politics, Economy and Society, S. 149 – 170. Leiden – Brill.

Mayer, Jane (2010): Covert Operations. The billionaire brothers who are waging a war against Obama. In: The New Yorker, 30.8.2010. http://www.newyorker.com/reporting/2010/08/30/100830fa_fact_mayer. (Zugriff 10.4.2014).

McChesney, Robert (1999): Rich Media, Poor Democracy: Communication Politics in Dubious Times. Champaign – University of Illinois Press.

McChesney, Robert (2004): The Problem of the Media. U.S. Communication and Politics in the 21st Century. New York – Monthly Report Press.

McChesney, Robert (2006): Einleitung. In: Chomsky, Noam (2006): Profit Over People. Neoliberalismus und globale Weltordnung. München – Piper.

McCloskey, Deirdre (2002): The Secret Sins of Economics. Chicago – Prickly Paradigm Press.

McClung Lee, Alfred und Elizabeth Briant Lee (1939): The Fine Art Of Propaganda. New York – Harcourt, Brace and Company.

McDonald, Ian und Anthony Suen (1992): On the Measurement and Determination of Trade Union Power. In: Oxford Bulletin of Economics and Statistics, Heft 54, Nr. 2, S. 209–224.

McFadden, Daniel (2013): The New Science of Pleasure. NBER Working Paper 18867. http://www.nber.org/papers/w18687. (Zugriff 10.4.2014).

McGregor, Richard (2012): Der rote Apparat: Chinas Kommunisten. Berlin – Matthes & Seitz.

Mehr Demokratie (2013): Gesetzentwurf zur Einführung von Volksinitiative, Volksbegehren und Volksentscheid sowie fakultativen und obligatorischen Referenden auf Bundesebene. http://www.mehr-demokratie.de/fileadmin/pdf/MD-Gesetzentwurf_Volksentscheid.pdf. (Zugriff 10.4.2014).

Meho, Lokman (2007): The Rise and Rise of Citation Analysis. In: Physics World, Band 20, Heft 1, S. 32–36.

Meidinger, Hein-Peter (2012): Setzen, Sechs! In: Süddeutsche Zeitung, 4.7.2012.

Meier, Henk Erik (2005): Wissen als geistiges Eigentum? In: Leviathan, Band 33, Heft 4, S. 492–521.

Meinhardt, Volker und Rudolf Zwiener (2012): Was leistet die Riester-Rente für die Sicherung im Alter? In: Vierteljahrshefte zur Wirtschaftsforschung, Band 81, Heft 2, S. 205–211.

Meltzoff, Andrew und Keith Moore (1989): Imitation in Newborn Infants: Exploring the Range of Gestures Imitated and the Underlying Mechanisms. In: Development Psychology, Band 25, S. 954–962.

Menden, Alexander (2011): Die sind doch nicht Harrods! In: Süddeutsche Zeitung, 19./20.3.2011.

Merz, Friedrich (2008): Mehr Kapitalismus wagen. München – Piper.

Metz, Markus und Georg Seeßlen (2011): Blödmaschinen. Die Fabrikation der Stupidität. Berlin – Suhrkamp.

Meyn, Jörn (2010): Ich kann nicht monatelang Foucault lesen. In: Frankfurter Allgemeine Sonntagszeitung, 16.5.2010.

Mierzejewski, Alfred (2006): Ludwig Erhard. Der Wegbereiter der Sozialen Marktwirtschaft. München – Pantheon.

Mill, John Stuart (1862): Considerations on Representative Government. New York – Harper Brothers. (zitiert nach dem Nachdruck der Michigan Historical Reprint Series).

Minsky, Hyman (1986): Stabilizing and Unstable Economy. Zitiert nach dem Nachdruck von 2008. New York – McGraw Hill.

Mishel, Lawrence; Bernstein, Jared und Heidi Shierholz (2009): The State of Working America, 2008/2009, Ithaca, N.Y. – Cornell University Press.

Missbach, Andreas (2009): Die Schweiz als Steueroase: Anatomie eines Sonderfalls. In: Prokla, Heft 154, Band 1, S. 101 – 117.

Möller, Joachim (2012): Minimum Wages in German Industries – What Does the Evidence Tell us so Far? In: Journal for Labour Market Research, Band 45, Heft 3/4, S. 187–199.

Möllers, Christoph (2008): Demokratie – Zumutungen und Versprechen. Berlin – Wagenbach.

Moore, Charles (2011): I'm starting to think that the Left might actually be right. In: The Telegraph, 22.7.2011. http://www.telegraph.co.uk/news/politics/8655106/Im-starting-to-think-that-the-Left-might-actually-be-right.html. (Zugriff 10.4.2014).

Moxley, Joseph (1992): Publish, Don't Perish: The Scholar's Guide to Academic Writing and Publishing. Westport – Praeger.

MPS (o.J.): Mont Pelerin Society. http://www.montpelerin.org/ (Zugriff 10.4.2014).

Müller, Albrecht (2008): Professor Sinn für Riester-Pflicht. In: NachDenkSeiten. http://www.nachdenkseiten.de/?p=3211 (Zugriff 10.4.2014).

Müller, Albrecht (2009): Meinungsmache. Wie Wirtschaft, Politik und Medien uns das Denken abgewöhnen wollen. München – Droemer.

Müller, Burkhard (2011a): Wer spricht von Siegen, wenn Überstehen alles ist. In: Süddeutsche Zeitung, 20./21.8.2011.

Müller, Matthias (2011b): Die Besteuerung von Stiftungen im nationalen und grenzüberschreitenden Sachverhalt. In: Beiträge zum transnationalen Wirtschaftsrecht, Heft 113. Halle – Martin-Luther-Universität.

Müller, Jan-Werner (2012): Ressourcen der Macht. In: Süddeutsche Zeitung, 12.10.2012.

Müller, Daniel; Ligensa, Annemone und Peter Gendolla (2009) Leitmedien. Konzepte – Relevanz – Geschichte. Bielefeld – transcript.

Münchau, Wolfgang (2014): Wenn Millionen keine Summen mehr sind. http://www.spiegel.de/wirtschaft/hoeness-und-die-finanzkrise-kolumne-von-wolfgang-muenchau-a-958205.html. (Zugriff 10.4.2014).

Museum of Public Relations (o. J.): American Tobacco Company Debutantes Light Torches of Freedom. http://www.prmuseum.com/bernays/bernays_video_torches_QT.html. (Zugriff 10.4.2014).

Myrdal, Gunnar (1959): Ökonomische Theorie und unterentwickelte Regionen. Stuttgart – Fischer.

National Public Radio (2006): A Lobbyist by Any Other Name. http://www.npr.org/templates/story/story.php?storyId=5167187, (Zugriff 10.4.2014).

Nationale Kommission zu politischer Haft und Folter (2008): Es gibt kein Morgen ohne Gestern. Vergangenheitsbewältigung in Chile. Hamburg – Hamburger Edition.

Nawroth, Egon Edgar (1962): Die Sozial- und Wirtschaftsphilosophie des Neoliberalismus. 2. Auflage. Heidelberg – Kerle.

Neate, Rupert (2012): Apple paid less than 2% tax on overseas profits last year. In: The Guardian, 4.11.2012. http://www.guardian.co.uk/technology/2012/nov/04/apple-paid-low-overseas-tax. (Zugriff 10.4.2014).

Neshitov, Tim (2012): Qualifizierte Konsumenten. Moskauer Philologen beklagen die systematische Zerstörung der Bildung. In: Süddeutsche Zeitung, 13.12.2012.

Netzzeitung (2009): Staatliche Rettung selten erfolgreich. http://www.netzeitung.de/wirtschaft/wirtschaftspolitik/1371819.html. (Zugriff 16.8.2012, Link am 10.4.2014 nicht mehr aktiv).

New York Post (2008): Post endorses Barack Obama. In: New York Post, 30.1.2008. http://www.nypost.com/f/print/news/opinion/editorials/item_OujeVCZXiN5DyhdwajcGdM. (Zugriff 10.4.2014).

New York Times (2012): Behind the Libor Scandal. http://www.nytimes.com/interactive/2012/07/10/business/dealbook/behind-the-libor-scandal.html. (Zugriff 10.4.2014).

Nienhaus, Lisa (2009): Die Blindgänger. Warum die Ökonomen auch künftige Krisen nicht erkennen werden. Frankfurt/Main – Campus.

Nitzan, Jonathan und Shimshon Bichler (2009): Capital as Power: A Study of Order and Creorder. London – Routledge.

Nietzsche, Friedrich (1969): Werke I – Menschliches, Allzumenschliches, 6. Aufl. Frankfurt/Main – Ullstein.

Nietzsche, Friedrich (1872): Über die Zukunft unserer Bildungsanstalten. In: Colli, Giorgio und Mazzino Montinari (Hrsg.): Friedrich Nietzsche. Sämtliche Werke. Kritische Studienausgabe, Band I, S. 651- 752. München – dtv und Berlin – de Gruyter.

Noé, Martin und Ursula Schwarzer (2007): Halt die Presse. In: Manager Magazin, Heft 6, S. 40–54.

Nolte, Paul (2012): Was ist Demokratie? Geschichte und Gegenwart. München – Beck. (Zitiert nach der gleichnamigen Lizenzausgabe der Bundeszentrale für politische Bildung).

Novak, Michael (1996): Die katholische Ethik und der Geist des Kapitalismus. Trier – Paulinus Verlag.

OECD (o.J): OECD iLibrary Statistics. http://www.oecd-ilibrary.org/statistics.

OECD (2008a): Growing Unequal?: Income Distribution and Poverty in OECD Countries. Country Note Germany. Paris – OECD. http://www.oecd.org/dataoecd/45/27/41525386.pdf (Zugriff 10.4.2014).

OECD (2008b): Growing Unequal? Income Distribution and Poverty in OECD Countries. Paris – OECD.

OECD (2011): OECD Guidelines for Multinational Enterprises. Paris – OECD.

OECD (2012): Pension Markets in Focus. http://www.oecd.org/daf/fin/private-pensions/PensionMarketsInFocus2012.pdf. (Zugriff 10.4.2014).

Ötsch, Walter Otto (2009): Mythos Markt. Marktradikale Propaganda und ökonomische Theorie. Marburg – Metropolis.

Olson, Mancur (2000): Power and Prosperity: Outgrowing Communist and Capitalist Dictatorship. New York – Basic Books.

Opielka, Michael und Wolfgang Strengmann-Kuhn (2007): Solidarisches Bürgergeld. Finanz- und sozialpolitische Analyse eines Reformkonzepts. In: Borchard, Michael (Hrsg.): Das Solidarische Bürgergeld. Analysen einer Reformidee. Stuttgart – Lucius & Lucius.

Opoczynski, Michael (2005): Die Blutsauger der Nation. München – Droemer.

Oppon, Marvin (2014): Verdeckte PR in Wikipedia. Das Weltwissen im Visier von Unternehmen. Frankfurt – Otto-Brenner-Stiftung. http://www.otto-brenner-shop.de/uploads/tx_mplightshop/AH_76_Wiki_WEB.pdf. (Zugriff 10.4.2014).

Oschmiansky, Frank; Kull, Silke und Günther Schmid (2001): Faule Arbeitslose? Politische Konjunkturen einer Debatte. Discussion Paper FS I 01 – 206. Berlin – Wissenschaftszentrum für Sozialforschung.

Otte, Max (2006): Der Crash kommt. Die neue Weltwirtschaftskrise und wie Sie sich darauf vorbereiten. Berlin – Econ.

Otto, Jeannette (2007): Englisch für Babys, Ökonomie für Vierjährige. Wenn Eltern dem Frühförderwahn verfallen. In: Die Zeit, 6.9.2007.

Overesch, Michael und Johannes Rincke (2011): What Drives Corporate Tax Rates Down? A Reassessment of Globalization, Tax Competition, and Dynamic Adjustment to Shocks. In: The Scandinavian Journal of Economics, Band 113, Heft 3, S. 579 – 602.

Packard, Vance (1958): Die geheimen Verführer. Düsseldorf – Econ.

Packard, Vance (1960): The Waste Makers. Zitiert nach dem Nachdruck von 2011. New York – Ig Publishing.

Paech, Niko (2013): Befreiung vom Überfluss. Auf dem Weg in die Postwachstumsökonomie. München – Oekom.

Palan, Dietmar (2011): Moody's und S&P bieten Brüssel neue Angriffsflächen. In: Manager Magazin Online vom 17.8.2011. http://www.manager-magazin. de/unternehmen/artikel/a-780635.html. (Zugriff 10.4.2014).

Papst Benedikt XVI. (2011): Redemanuskript. http://www.sueddeutsche.de/ politik/benedikt-xvi-im-bundestag-die-papstrede-im-original-1.1148009. (Zugriff 10.4.2014).

Paqué, Karl-Heinz (2010): Wachstum! Die Zukunft des globalen Kapitalismus. München – Hanser.

Paris, Rainer (2005): Normale Macht. Soziologische Essays. Konstanz – UVK.

PBS (2001): Media Recount: Bush Won the 2000 Election. http://www.pbs. org/newshour/updates/media/jan-june01/recount_04-03.html. (Zugriff 10.4.2014).

PBS (2004): Transcript: Bill Moyers Interviews Kevin Phillips. http://www.pbs. org/now/transcript/transcript_phillips.html. (Zugriff 10.4.2014).

Pearce, David und Phoebe Koundouri (2003): The Social Costs and Benefits of Future Chemicals Policy in the European Union. London – WWF.

Perkins, John (2007): Bekenntnisse eines Economic Hit Man. Unterwegs im Dienst der Wirtschaftsmafia. München – Goldman.

Peter, Claudia (2004): Astroturf und andere Tricks der Konzerne. In: Müller, Ulrich; Giegold, Sven und Malte Arhelger (Hrsg.): Gesteuerte Demokratie? S. 102–110. Hamburg – VSA Verlag.

PEW Project for Excellence in Journalism (o. J.): The State of the News Media. http://www.stateofthemedia.org. (Zugriff 10.4.2014).

Phalippou, Ludovic (2011): Why is the Evidence on Private Equity Performance so Confusing? http://dx.doi.org/10.2139/ssrn.1864503 (Zugriff 10.4.2014).

Phillips, Kevin (2002): Wealth and Democracy: A Political History of the American Rich. New York – Broadway Books.

Pierenkemper, Toni (2009): Wirtschaftsgeschichte. Die Entstehung der modernen Volkswirtschaft. Berlin – Akademie Verlag.

Pigou, Arthur (1912): Wealth and Welfare. London – Macmillan.

Pindyck, Robert und Daniel Rubinfeld (2009): Mikroökonomie, 7. Auflage. München – Pearson Studium.

Pinker, Steven (2012): Wie das Denken im Kopf entsteht. 2. Auflage. Frankfurt/Main – Fischer Taschenbuchverlag.

Plehwe, Dieter und Bernhard Walpen (1999): Wissenschaftliche und wissenschaftspolitische Produktionsweisen im Neoliberalismus. Beiträge der Mont Pèlerin Society und marktradikaler Think Tanks zur Hegemoniegewinnung und -erhaltung. In: PROKLA, Heft 115, S. 203–235.

Pohl, Ines (2012): Schluss mit Lobbyismus! 50 einfache Fragen, auf die es nur eine Antwort gibt. Frankfurt/Main – Westend.

Polanyi, Karl (1944): The Great Transformation. New York – Rinehart. Zitiert nach der ersten englischen Taschenbuchausgabe von 1957, Boston – Beacon Press.

Polanyi, Michael (1958): Personal Knowledge: Towards a Post-Critical Philosophy. New York – Harper.

Postman, Neil (1985): Wir amüsieren uns zu Tode. Urteilsbildung im Zeitalter der Unterhaltungsindustrie. Zitiert nach der 17. Auflage. Frankfurt/Main – Fischer Taschenbuchverlag.

Prantl, Heribert (2007): Selbstzensur in den Medien. In: Süddeutsche Zeitung, 24./25.2.2007.

Prantl, Heribert (2011): Glückes Schmiede geschlossen. In: Süddeutsche Zeitung, 20./21.8.2011.

Priddat, Birger (2009): Deus Creditor. Walter Benjamins »Kapitalismus als Religion.« In: Baecker, Dirk (Hrsg.): Kapitalismus als Religion, S. 209–247. Berlin – Kulturverlag Kadmos.

Ptak, Ralf (2007): Grundlagen des Neoliberalismus. In: Butterwegge, Christoph; Lösch, Bettina und Ralf Ptak (Hrsg.): Kritik des Neoliberalismus, S. 13–86. Wiesbaden – Verlag für Sozialwissenschaften.

Quesnay, Francois (1759): Ökonomische Schriften. Zitiert nach der deutschen Übersetzung von 1976. Berlin – Akademie Verlag.

Radnitzky, Gerard (1991): Einleitende Bemerkungen – ein Plädoyer für marktwirtschaftlich orientierte think tanks. In: Radnitzky, Gerard und Hardy Bouillon (Hrsg.): Ordnungstheorie und Ordnungspolitik, S.VIII-XXVI. Berlin – Springer.

Ramey, Valerie (2009): Time Spent in Home Production in the Twentieth-Century United States: New Estimates from Old Data. In: The Journal of Economic History, Band 69, Heft 1, S. 1–47.

Rawls, John (1979): Eine Theorie der Gerechtigkeit. Frankfurt/Main – Suhrkamp.

Reich, Robert B. (2007): Supercapitalism : the Transformation of Business, Democracy, and Everyday Life. New York – Alfred A. Knopf.

Reiners, Hartmut (2011): Sozialpolitik und die Hegemonie der »Hausväterökonomie«. Anmerkungen zur Sozialstaatsdebatte. In: WSI-Mitteilungen 4, S. 202–204. http://www.boeckler.de/wsimit_2011_04_Reiners.pdf (Zugriff 10.4.2014).

Reinhard, Wolfgang (1999): Geschichte der Staatsgewalt. Eine vergleichende Verfassungsgeschichte Europas von den Anfängen bis zur Gegenwart. München – Beck.

Reinhart, Carmen und Kenneth Rogoff (2010): Diese Mal ist alles anders: Acht Jahrhunderte Finanzkrisen. München – Finanzbuchverlag.

Rétyi, Andreas von (2006): Bilderberger: Das geheime Zentrum der Macht. Rottenburg – Kopp.

Reuß, Jürgen und Dannoritzer, Cosima (2013): Kaufen für die Müllhalde. Das Prinzip der geplanten Obsoleszenz. Freiburg – Orange Press.

Reuter, Wolfgang (2000): Gigantische Täuschung. In: Der Spiegel, Nr. 33.

Ricardo, David (1817): On the Principles of Political Economy and Taxation. Zitiert nach der deutschen Ausgabe von 2006, Marburg – Metropolis.

Ridder, Michael de (2000): Heroin: Vom Arzneimittel zur Droge. Frankfurt/Main – Campus.

Ridgeway, James (2004): It´s All for Sale. The Control of Global Resources. Durham – Duke University Press.

Riedel, Frank (2013): Die Schuld der Ökonomen. Was Mathematik und Ökonomie zur Krise beitrugen. Berlin – Ullstein.

Riesman, David; Denney, Reuel und Nathan Glazer (1956): Die einsame Masse. Eine Untersuchung der Wandlungen des amerikanischen Charakters. Darmstadt – Luchterhand.

Ritzi, Claudia und Gary S. Schaal (2010): Politische Führung in der »Postdemokratie«. In: Aus Politik und Zeitgeschichte, 2–3, S. 9–15.

Robin, Marie-Monique (2009): Mit Gift und Genen. Wie der Biotech-Konzern Monsanto unsere Welt verändert. München – DVA.

Robinson, Joan (1933): The Economics of Imperfect Competition. London – Macmillan.

Rodrik, Dani (2011): Das Globalisierungsparadox. Die Demokratie und die Zukunft der Weltwirtschaft. München – Beck.

Rohwetter, Marcus (2007): McMöhren. In: Die Zeit, 9.8.2007,

Röper, Horst (2009): Die Lage der Medien. Stuttgart, Manuskript. http://www.mediendaten.de/fileadmin/Medienoekonomie/Roeper_Text.pdf. (Zugriff 10.4.2014).

Rosa, Hartmut (2013): Beschleunigung und Entfremdung. Berlin – Suhrkamp. (Zitiert nach der gleichnamigen Lizenzausgabe der Bundeszentrale für politische Bildung).

Roselli, Maria (2007). Die Asbestlüge. Geschichte und Gegenwart einer Industriekatastrophe. Zürich – Rotpunktverlag.

Roser, Traugott und Walter Oswalt (2007): Die Aktualität liberaler Machtkritik. Nachwort zur Edition von Franz Böhm. In: Roser, Traugott und Walter Oswalt (Hrsg.): Entmachtung durch Wettbewerb, S. 213–263. Münster – Lit Verlag.

Roth, Jürgen (2007): Der Deutschland-Clan. Das skrupellose Netzwerk aus Politikern, Top-Managern und Justiz. München – Heyne.

Rothkopf, David (2008): Die Super-Klasse. Die Welt der internationalen Machtelite. München – Riemann.

Rothschild, Kurt (1973): Macht: Die Lücke in der Preistheorie. Zitiert nach dem Wiederabdruck von 2008 in: Held, Martin; Kubon-Gilke, Gisela und Richard Sturn (Hrsg.): Jahrbuch Normative und institutionelle Grundfragen der Ökonomik, Band 7: Macht in der Ökonomie, S. 15–32. Marburg – Metropolis.

Rothschild, Kurt (2002): The Absence of Power in Contemporary Economic Theory. In: The Journal of Socio-Economics, Band 31, Heft 5, S. 433–442.

Roubini, Nouriel (2006): NYT Roubini Article, IMF Transcript. Abschrift der Rede Nouriel Roubinis beim IMF am 7. September 2006. http://ebookbrowsee.net/nouriel-roubini-speech-imf-2006-pdf-d141267018. (Zugriff 10.4.2014).

Roubini, Nouriel und Stephen Mihm (2010): Das Ende der Weltwirtschaft und ihre Zukunft. Frankfurt/Main – Campus.

Rousseau, Jean-Jacques (1762): Vom Gesellschaftsvertrag oder Grundsätze des Staatsrechts. Zitiert nach der deutschen Ausgabe herausgegeben von Hans Brockard, 2011, Stuttgart – Reclam.

Roy, Arundhati (2011): Die Diktatur der Mittelklasse. In: Die Zeit, 8.9.2011.

Roy, Arundhati (2012): Kapitalismus: Eine Gespenstergeschichte, 2. Teil. In: Blätter für deutsche und internationale Politik, Heft 8/2012, S. 63–74.

Ruch, Karl-Heinz (2013): Und wie geht es der taz? In: taz, 16./17.2.2013.

Rügemer, Werner (2008): Heuschrecken im öffentlichen Raum. Public Private Partnership – Anatomie eines globalen Finanzinstruments. Bielefeld – Transcript.

Rügemer, Werner (2012): Der Rating-Komplex. Wie Kapital- und Staatsmacht den Markt manipulieren. In: Blätter für deutsche und internationale Politik, Heft 4/2012, S. 70–81.

Russell, Bertrand (1938): Power. Zitiert nach der Ausgabe von 2004. London – Routledge.

Rutz, Charlie (2013): Direkte Demokratie nicht im Koalitionsvertrag. http://www.volksentscheid.de/koa-vertrag_ohne_volksentscheid.html (Zugriff 10.4.2014).

Ryle, Gerard und Marina Walker Guevara (2013):Tax Authorities Move on Leaked Offshore Documents. http://www.icij.org/offshore/tax-authorities-move-leaked-offshore-documents. (Zugriff 10.4.2014).

Sachs, Jeffrey (2012): Das Geld hat die Politik bis zur Unkenntlichkeit verdreht. Interview mit Zeit Online, 23.2.2012. http://www.zeit.de/wirtschaft/2012-02/interview-sachs-lobbyismus/ (Zugriff 10.4.2014).

Samuelson, Paul (1954): The Pure Theory of Public Expenditure. In: Review of Economics ans Statistics, Band 36, Heft 4, S. 387–389.

Samuelson, Paul (1957): Wages and Interest: A Modern Dissection of Marxian Economic Models. In: The American Economic Review , Band 47, Heft 6, S. 884–912.

Samuelsson, Kurt (1961): Religion and Economic Action. A Critique of Max Weber. New York – Harper and Row.

Sartori, Giovanni (1992): Demokratietheorie. Darmstadt – Wissenschaftliche Buchgesellschaft.

Sauer, Ulrike (2012): Knapp bei Kasse. In: Süddeutsche Zeitung, 4./5. 8. 2012.

SBB (2013): Die SBB in Zahlen und Fakten 2012. Bern – SBB AG.

Schäfer, Armin (2010): Krisentheorien der Demokratie: Unregierbarkeit, Spätkapitalismus und Postdemokratie. In: MPIfG Discussion Paper 08/10. Max-Planck-Institut für Gesellschaftsforschung, Köln.

Schäfer, Armin (2012): Beeinflusst die sinkende Wahlbeteiligung das Wahlergebnis? Eine Analyse kleinräumiger Wahldaten in deutschen Großstädten. In: Politische Vierteljahresschrift, Band 53, Heft 2, S. 240–264.

Schäfer, Armin; Vehrkamp, Robert und Jérémie Felix Gagné (2013): Prekäre Wahlen. Milieus und soziale Selektivität der Wahlbeteiligung bei der Bundestagswahl 2013. http://www.wahlbeteiligung2013.de/fileadmin/ Inhalte/Studien/Wahlbeteiligung-2013-Studie.pdf. (Zugriff 10.4.2014).

Schäfer, Claus (2004): Die Lohnquote – ein ambivalenter Indikator für soziale Gerechtigkeit und ökonomische Effizienz. In: Sozialer Fortschritt, Heft 2, S.45–52

Schäfer, Claus (2008): Anhaltende Verteilungsdramatik. In: WSI Mitteilungen 11+12, S. 587–596.

Schäfer, Claus (2009): Aus der Krise in die Krise? In: WSI Mitteilungen 12, S. 683–691.

Schäfer, Claus (2011): No Representation Without Taxation. In: WSI Mitteilungen 12, S. 677–686.

Schawinski, Roger (2007): Der totale Blackout. In: Zeit Magazin, Nr. 34. http:// www.zeit.de/2007/34/Schawinski/ (Zugriff 10.4.2014).

Schefold, Bertram (2008): Platon und Aristoteles. In: Starbatty, Joachim (Hrsg.): Klassiker des ökonomischen Denkens, S.19–55. Hamburg – Nikol.

Scheibehenne, Benjamin; Greifeneder, Rainer und Peter Todd (2010): Can There Ever Be Too Many Options? A Meta-Analytic Review of Choice Overload. In: Journal of Consumer Research, Band 37, Heft 3, S. 409–425.

Schendelen, Rinus van (2006): Brüssel: Die Champions League des Lobbying. In: Leif, Thomas und Rudolf Speth (Hrsg.): Die fünfte Gewalt. Lobbyismus in Deutschland, S. 132–162. Wiesbaden – Verlag für Sozialwissenschaften.

Scherrer, Christoph und Caren Kunze (2011): Globalisierung. Göttingen – Vandenhoeck und Ruprecht.

Schick, Gerhard (2014): Machtwirtschaft nein danke. Für eine Wirtschaft, die uns allen dient. Frankfurt/Main – Campus.

Schindelbeck, Dirk und Volker Ilgen (1999): »Haste was, biste was!« – Werbung für die Soziale Marktwirtschaft. Darmstadt – Primus.

Schirrmacher, Frank (2011): Ich beginne zu glauben, dass die Linke recht hat. In: Frankfurter Allgemeine Zeitung, 15.8.2011.

Schlandt, Jakob (2013): Vattenfall – 15 Juristen gegen die Demokratie. In: Frankfurter Rundschau, 23.3.2013. http://www.fr-online.de/wirtschaft/vattenfall-15-juristen-gegen-die-demokratie,1472780,22189216.html. (Zugriff 10.4.2014).

Schmidt, Boris und Hecht, Heidemarie (2011): Generation Praktikum 2011. http://www.boeckler.de/pdf/pm_2011_05_04_praktikumreport_lang.pdf (Zugriff 10.4.2014)

Schmidt, Helmut (2011): Das Geldhaus. In: Die Zeit, 14.7.2011. http://www.zeit.de/2011/29/01-Deutsche-Bank/komplettansicht. (Zugriff 10.4.2014).

Schmidt, Manfred G. (2000): Demokratietheorien. 3. Auflage. Opladen – Leske und Budrich.

Schmidt, Susanne (2012): Das Gesetz der Krise. Wie die Banken die Politik regieren. München – Droemer.

Schmitt, John (2012): Low-wage Lessons. Centre for Economic and Policy Research Working Paper. Januar 2012. http://www.cepr.net/documents/publications/low-wage-2012-01.pdf. (Zugriff 10.4.2014).

Schmoll, Heike (2009): Bologna: Idee und Wirklichkeit. In: Frankfurter Allgemeine Zeitung, 19.6.2009.

Schrenk, Jakob (2007): Die Kunst der Selbstausbeutung. Wie wir vor lauter Arbeit unser Leben verpassen. Köln – DuMont.

Schridde, Stefan und Christian Kreiß (2013): Geplante Obsoleszenz. http://www.murks-nein-danke.de/blog/download/Studie-Obsoleszenz-BT-GRUENE-vorabversion.pdf. (Zugriff 10.4.2014).

Schrooten, Mechthild (2012): Schattenbanken gehören abgeschafft. In: Wirtschaftsdienst 4/2012, S. 214 – 215.

Schrooten, Mechthild (2013): Demokratie und Finanzierung – ein Spannungsfeld. In: Kurswechsel 4/2013, S. 84 – 87.

Schui, Herbert und Stephanie Blankenburg (2002): Neoliberalismus: Theorie, Gegner, Praxis. Hamburg – VSA.

Schuler, Thomas (2010): Bertelsmannrepublik Deutschland. Eine Stiftung macht Politik. Frankfurt/Main – Campus.

Schultz, Tanjev (2011): Generation der Lebenslauf-Optimierer. In: Süddeutsche Zeitung, 26.8.2011.

Schumann, Harald (2012): Wie schädlich sind Kartelle? http://www.tagesspiegel.de/politik/wirtschaftskriminalitaet-wie-schaedlich-sind-kartelle/7404152.html (Zugriff 10.4.2014).

Schumann, Harald (2014): Steuerparadies für die Geldelite. In: Der Tagesspiegel, 11.3.2014.

Schumpeter, Joseph A. (1926): Theorie der wirtschaftlichen Entwicklung. Eine Untersuchung über Unternehmergewinn, Kapital, Kredit, Zins und den Konjunkturzyklus. 2. überarbeitete und gekürzte Auflage.

Schumpeter, Joseph A. (1942): Capitalism, Socialism and Democracy. New York. Zitiert nach der deutschen Ausgabe: Kapitalismus, Sozialismus und Demokratie, 5. Auflage, 1980, München – Francke.

Schurr, Stephen (2006): Hedge fund stars earn over $1bn. In: Financial Times, 26. 5. 2006. http://www.ft.com/cms/s/0/3fa27d38-f041-11da-b80e-0000779e2340.html#axzz2SygzEnDo. (Zugriff 10.4.2014).

Schwartau, Cord (1983): Zunehmende Luftverschmutzung in der DDR durch Renaissance der Braunkohle. In: Wochenbericht des DIW, Nr. 4, S. 43–49.

Schweizerische Nationalbank (2008): Massnahmen zur Stärkung des Schweizer Finanzsystems. Nationalbank finanziert Übertragung illiquider Aktiven der UBS an eine Zweckgesellschaft. Medienmitteilung vom 16. Oktober 2008.

Sedláček, Tomáš (2012): Die Ökonomie von Gut und Böse. München – Hanser. (Zitiert nach der gleichnamigen Lizenzausgabe der Bundeszentrale für politische Bildung).

Seiderer, Sophia (2012): Nachahmer machen Nespresso ernste Konkurrenz. In: Welt Online. 28.8.2012. http://www.welt.de/regionales/hamburg/article108837965/Nachahmer-machen-Nespresso-ernste-Konkurrenz.html. Zugriff (10.4.2014).

Sen, Amartya (2007): Ökonomie für den Menschen. Wege zu Gerechtigkeit und Solidarität in der Marktwirtschaft. 4. Auflage. München – dtv.

Sennett, Richard (1980): Authority. New York – Alfred Knopf. Zitiert nach der deutschen Ausgabe: Autorität, 2008, Berlin – Berliner Taschenbuch Verlag.

Sennett, Richard (2006): Der flexible Mensch. Berlin – Berliner Taschenbuch Verlag.

Sennett, Richard (2007): Die Kultur des neuen Kapitalismus. Berlin – Berliner Taschenbuch Verlag.

Sennett, Richard (2012): Zusammenarbeit. Was unsere Gesellschaft zusammen hält. Berlin – Hanser.

Seppelfricke, Peter (2012): Handbuch Aktien- und Unternehmensbewertung. Bewertungsverfahren, Unternehmensanalyse, Erfolgsprognose, 4. Auflage. München – Schäffer und Poeschel.

Serrao, Marc Felix (2010): Der Gegner aus Grevenbroich. In: Süddeutsche Zeitung, 2.3.2010.

Sethe, Paul (1965): Frei ist, wer reich ist. In: Der Spiegel, 5.5.1965.

Shaxson, Nicholas (2012): Das übelste Kapitel der Weltwirtschaft seit der Sklaverei. In: Edition Le Monde Diplomatique, No. 12, S. 60–63. Berlin – taz Verlags- und Vertriebs GmbH.

Sheppard, Lee (2014): The Loopholes In The Volcker Rule. http://www.forbes.com/sites/leesheppard/2014/01/08/the-loopholes-in-the-volcker-rule/. (Zugriff 10.4.2014).

Sherman, Arloc und Chad Stone (2010): Income Gaps between Very Rich and Everyone Else More Than Tripled in the Last Three Decades, New Data Show. Center on Budget and Policy Priorities, 25. Juni 2010. http://www.cbpp.org/files/6-25-10inc.pdf. (Zugriff 10.4.2014).

Shui, Bin und Robert Harriss (2006):The role of CO_2 embodiment in US–China trade. In: Energy Policy, Band 34, S. 4063–4068.

Simonson, Itamar (1990): The Effect of Purchase Quantity and Timing on Variety-Seeking Behavior. In: Journal of Marketing Research, Band 27, S. 150–162.

Sinn, Hans-Werner (2009): Kasinokapitalismus. Berlin – Econ.

Skidelsky, Robert und Edward Skidelsky (2013): Wie viel ist genug? Vom Wachstumswahn zu einer Ökonomie des guten Lebens. München – Kunstmann.

Slaughter, Shelia und Larry Leslie (1999): Academic Capitalism: Politics, Policies, and the Entrepreneurial University (new edition). Baltimore – Johns Hopkins University Press.

Slaughter, Sheila und Gary Rhoades (2004): Academic Capitalism and the New Economy. Baltimore – Johns Hopkins University Press.

Sloterdijk, Peter (2005): Im Weltinnenraum des Kapitals. Frankfurt/Main – Suhrkamp.

Smith, Adam (1759): The Theory of Moral Sentiments. Glasgow Edition of the Works and Correspondence of Adam Smith. Liberty Classics Edition. Indianapolis – Liberty Press.

Smith, Adam (1776): An Inquiry Into the Nature and Causes of the Wealth of Nations, Vol. 1. Glasgow Edition of the Works and Correspondence of Adam Smith. Liberty Classics Edition. Indianapolis – Liberty Press.

Sombart, Werner (1902, 1928): Der moderne Kapitalismus. Band 1 bis 3. München und Leipzig – Duncker und Humblot.

Sombart, Werner (1911): Die Juden und das Wirtschaftsleben. München und Leipzig – Duncker und Humblot.

Sombart, Werner (1922): Luxus und Kapitalismus. 2. Auflage. Berlin – Duncker und Humblot.

Solow, Robert (1958): A Skeptical Note on the Constancy of Relative Shares. In: The American Economic Review, Band 58, Heft 4, S. 618–631.

Spectator Editorial Board (2010): Why We Cheat. In: The Spectator, 22. Mai. 2010. http://stuyspectator.com/2010/05/22/why-we-cheat/ (Zugriff 10.7.2012, Link am 10.4.2014 nicht mehr aktiv).

Speth, Rudolf (2006): Wege und Entwicklungen der Interessenpolitik. In: Leif, Thomas und Rudolf Speth (Hrsg.): Die fünfte Gewalt. Lobbyismus in Deutschland, S. 38–52. Wiesbaden – Verlag für Sozialwissenschaften.

Speth, Rudolf und Thomas Leif (2006): Lobbying und PR am Beispiel der Initiative Neue Soziale Marktwirtschaft. In: Leif, Thomas und Rudolf Speth (Hrsg.): Die fünfte Gewalt. Lobbyismus in Deutschland, S. 302–316. Wiesbaden – Verlag für Sozialwissenschaften.

Stadler, Rainer (2007): Plötzliches Begehr. In: Süddeutsche Zeitung Magazin, 48/2007.

Staiger, Martin (2014): Schröder, Riester, Müntefering: Die Demontage der Rente. In: Blätter für deutsche und internationale Politik, Heft 3/2014, S. 109–118.

Stanford Encyclopedia of Philosophy (o. J.): Knowledge How. http://plato.stanford.edu/entries/knowledge-how/. (Zugriff 10.4.2014).

Steinbrück, Peer (2011): Unterm Strich. München – dtv.

Steiner, Uwe (2009): Die Grenzen des Kapitalismus. Kapitalismus, Religion und Politik in Benjamins Fragment »Kapitalismus als Religion«. In: Baecker, Dirk (Hrsg.): Kapitalismus als Religion, S. 35–76. Berlin – Kulturverlag Kadmos.

Steinert, Carsten und Domink Halstrup (2011): Schlechte Führung wird toleriert, wenn die Zahlen stimmen. Stellenwert der Personalführung in deutschen Unternehmen. In: Personalführung 07/2011, S.38–41.

Steinfeld, Thomas (2009): Warum Wirtschaftswissenschaften keine Ungewissheit zulassen. In: Süddeutsche Zeitung, 25.11.2009.

Stern (2012): Verheerendes Zeugnis für Parlamentarier. http://www.stern.de/politik/deutschland/stern-umfrage-zum-ansehen-des-bundestags-verheerendes-zeugnis-fuer-parlamentarier-1859580.html (Zugriff 10.4.2014).

Sternberg-Frey, Barbara (2012): Was bringen Riester-Produkte dem Verbraucher? Analyseergebnisse einer anbieterunabhängigen Testorganisation. In: Vierteljahrshefte zur Wirtschaftsforschung, Band 81, Heft 2, S. 115–132.

Stigler, George (1971): The Theory of Economic Regulation. In: Bell Journal of Economics and Management Science, Band 2, Heft 1, S. 3–21.

Stiglitz, Joseph (2004): Die Schatten der Globalisierung. München – Goldmann.

Stiglitz, Joseph (2006): Die Chanen der Globalisierung. München – Siedler.

Stiglitz, Joseph (2010): Im freien Fall. Vom Versagen der Märkte zur Neuordnung der Weltwirtschaft. München – Siedler.

Stiglitz, Joseph (2013): Fünf Jahre im Limbo. http://www.project-syndicate.org/commentary/joseph-e—stiglitzthe-sluggish-pace-of-post-crisis-financial-reform. (Zugriff 10.4.2014).

Stille, Alexander (2006): Citizen Berlusconi. München – C.H. Beck.

Stiftung Marktwirtschaft (o. J.): http://www.stiftung-marktwirtschaft.de/. (Zugriff 10.4.2014).

Stockhammer, Engelbert (2013): Why Have Wage Shares Fallen? A Panel Analysis of the Determinants of Functional Income Distribution. Conditions of Work and Employment Series No. 35. Genf – ILO.

Strahm, Rudolf (2009): Die Bankenmacht im Schweizer Staat. In: Das Magazin, 13/2009, S. 12–17.

Strange, Susan (2007): The Retreat of the State. The Diffusion of Power in the World Economy. Cambridge (Mass.) – Cambridge University Press.

Streeck, Wolfgang (2013): Gekaufte Zeit. Die vertagte Krise des Kapitalismus. Berlin – Suhrkamp.

Süddeutsche Zeitung (2012): Die Bank ist klar vom Weg abgekommen. In: Süddeutsche Zeitung, 31.7.2012.

Süddeutsche Zeitung Online (2011): Politiker in der Wirtschaft – Das große Abkassieren. http://www.sueddeutsche.de/wirtschaft/bildstrecke-politiker-ad-in-ihren-neuen-jobs-1.582360-3. (Zugriff 10.4.2014).

Supiot, Alain (2008): Europe won over to the »communist market economy«. http://www.globallabour.info/en/2008/07/europe_won_over_to_the_communi.html (Zugriff 10.4.2014).

Sywottek, Christian (2007): Verstehen Sie Ihren Versicherungsvertrag? In: brand eins, 04/2007.

Taleb, Nassim Nicholas (2007): The Black Swan. The Impact of the Highly Improbable. New York – Random House.

Tarr, David (1989): A General Equilibrium Analysis of the Welfare and Employment Effects of U.S. Quotas in Textile, Autos, and Steel. Washington, D.C. – Federal Trade Commission.

Tawney, Richard Henry (1926): Religion and the Rise of Capitalism. Zitiert nach der Ausgabe von 1998. Transaction Publishers – New Brunswick.

Tax Foundation (2011): U.S. Federal Individual Income Tax Rates History, 1913–2011. http://www.taxfoundation.org/taxdata/show/151.html#fed_individual_rate_history_nominal&adjusted. (Zugriff 10.4.2014).

Tax Justice Network (2005): Tax us, if you can. Wie sich Multis und Reiche der Besteuerung entziehen und was dagegen unternommen werden kann. http://www.taxjustice.net/cms/upload/pdf/TaxUsIfYouCan_ger_at.pdf. (Zugriff 10.4.2014).

Tax Justice Network (2011): Financial Secrecy Index – 2011 Results. http://taxjustice.blogspot.de/2011/10/2011-financial-secrecy-index-ranking.html. (Zugriff 10.4.2014).

Tax Policy Center (o. J.): The Numbers: What are the federal government's sources of revenue? http://www.taxpolicycenter.org/briefing-book/background/numbers/revenue.cfm (Zugriff 10.4.2014).

taz (2011): Interview mit Sven Giegold über Bankenlobby. http://www.taz.de/ Sven-Giegold-ueber-Bankenlobby/!73545/. (Zugriff 10.4.2014).

Thaler, Richard und Cass Sunstein (2011): Nudge. Wie man kluge Entscheidungen anstößt. Berlin – Ullstein.

The Monopolies and Restrictive Practices Commission (1951): Report on the Supply of Electric Lamps. London – His Majesty`s Stationary Office. http://webarchive.nationalarchives.gov.uk/+/http://www.competition-commission.org.uk/rep_pub/reports/1950_1959/fulltext/003c01.pdf. (Zugriff 10.4.2014).

The Local (2005): Nobel descendant slams Economics prize. In: The Local, 28.9.2005. http://www.thelocal.se/2173/20050928/#.UVHYtFdv73s (Zugriff 10.4.2014).

Tienhaara, Kyla (2011): Regulatory Chill and the Threat of Arbitration: A View from Political Science. In: Brown, Chester and Kate Miles (Hrsg.): Evolution in Investment Treaty Law and Arbitration, Cambridge (Mass.) – Cambridge University Press. http://ssrn.com/abstract=2065706. (Zugriff 10.4.2014).

Tillack, Hans-Martin (2009): Die korrupte Republik. Über die einträgliche Kungelei von Politik, Bürokratie und Wirtschaft. Hamburg – Hoffmann und Campe.

Toffler, Alvin (1970): Future Shock. New York – Random House.

Toffler, Alvin (1990): Power Shift. New York – Bantam.

Tooze, Adam (2008): Ökonomie der Zerstörung. Die Geschichte der Wirtschaft im Nationalsozialismus. München – Pantheon.

Trabold, Harald (1995): Die internationale Wettbewerbsfähigkeit einer Volkswirtschaft. In: Vierteljahreshefte zur Wirtschaftsforschung, Heft 2/1995 S.169–185.

Train, Kenneth (1991). Optimal regulation: the economic theory of natural monopoly. Cambridge (Mass.) – MIT Press.

Turner, Henry (2006): General Motors und die Nazis. Das Ringen um Opel. Berlin – Ullstein.

Tugendhat, Ernst (2000): Der Wille zur Macht. In: Die Zeit, Nr. 38/2000.

Ubel, Peter (2009): Free Market Madness. Why Human Nature is at Odds with Economics and Why it Matters. Boston – Harvard Business Press.

UBS (1997): Verwaltungsmanagement. Thesen zur Entwicklung der öffentlichen Verwaltung in der Schweiz. Zürich – UBS AG. (Zitiert nach dem Neudruck von 2005). http://www.ubs.com/ch/en/swissbank/business_banking/kmu/ publications/sectorial_issues/_jcr_content/par/linklist_9/link_25.861101. file/bGluay9wYXRoPS9jb25oZW5oL2RhbS91YnMvY2gvc3dpc3NiYW5rL-2J1c2luZXNzX2JhbmtpbmcvOTMzOTZfT3VobG9va-19WZXJ3YWx0dW5n-c21hbmFnXzIwMDUucGRm/93396_Outlook_Verwaltungsmanag_2005.pdf (Zugriff 10.4.2014).

UBS (2008), Shareholder Report on UBS's Writedowns, http://www.ubs.com/1/ShowMedia/investors/shareholderreport? contentId=140333&name=080418ShareholderReport.pdf. (Zugriff 10.4.2014).

Uchatius, Wolfgang (2011): Reichtum verpflichtet. In: Die Zeit, Nr. 36/2011.

Ullrich, Wolfgang (2006): Habenwollen. Wie funktioniert die Konsumkultur? Frankfurt/Main – Fischer.

Ullrich, Wolfgang (2013): Alles nur Konsum. Kritik der warenästhetischen Erziehung. Berlin – Wagenbach.

Umweltbundesamt (2011): Geo-Engineering. Wirksamer Klimaschutz oder Größenwahn. Dessau – UBA. http://www.umweltbundesamt.de/publikationen/geo-engineering-wirksamer-klimaschutz-groessenwahn. (Zugriff 10.4.2014).

UNCTAD (2013): Recent Developments in Investor-State Dispute Settlement (ISDS). May 2013. http://unctad.org/en/PublicationsLibrary/webdiaepcb2013d3_en.pdf. (Zugriff 10.4.2014).

UNEP (2011): Towards a Green Economy: Pathways to Sustainable Development and Poverty Eradication. http://www.unep.org/greeneconomy/greeneconomyreport/tabid/29846/default.aspx. (Zugriff 10.4.2014).

UNEP Finance Initiative (2011): Universal Ownership: Why Environmental Externalities Matter to Institutional Investors. London – Trucost.

Unger, Brigitte; Bispinck, Reinhard; Pusch, Toralf; Seils, Eric und Dorothee Spannagel (2013): Trendwende noch nicht erreicht. WSI Report 10. http://www.boeckler.de/pdf/p_wsi_report_10_2013.pdf (Zugriff 10.4.2014).

Universität Hamburg (2012): Universität Hamburg beteiligt sich nicht mehr an Umfragen und Rankings. http://www.uni-hamburg.de/presse/pressemitteilungen/2012/pm75.html. (Zugriff 10.4.2014).

Universität Potsdam (o.J.): Wirtschafts- und Sozialwissenschaftliche Fakultät. Qualitätsentwicklung in Studium und Lehre. http://www.uni-potsdam.de/wiso_dekanat/deutsch/Studium/Qualitaetsmanagement/Lehrevaluationen (Zugriff 10.4.2014).

Urban, Hans-Jürgen (2010): Wohlfahrtsstaat und Gewerkschaftsmacht im Finanzmarkt-Kapitalismus: Der Fall Deutschland. In: WSI-Mitteilungen, 9, S.443–450.

U.S. Department of the Treasury (2013): TARP Programs. http://www.treasury.gov/initiatives/financial-stability/TARP-Programs/Pages/default.aspx#. (Zugriff 10.4.2014.)

U.S. Senate (2012): HSBC Exposed U.S. Financial System to Money Laundering, Drug, Terrorist Financing Risks. http://www.hsgac.senate.gov/subcommittees/investigations/media/hsbc-exposed-us-finacial-system-to-money-laundering-drug-terrorist-financing-risks. (Zugriff 10.4.2014).

Vardi, Nathan (2013): The 40 Highest-Earning Hedge Fund Managers And Traders. http://www.forbes.com/sites/nathanvardi/2013/02/26/the-40-highest-earning-hedge-fund-managers-and-traders/ (Zugriff 10.4.2014).

Vaubel, Roland (2007): Der Schutz der Leistungseliten in der Demokratie. http://wirtschaftlichefreiheit.de/wordpress/?p=17. (Zugriff 10.4.2014).

Veblen, Thorstein (1899): The Theory of the Leisure Class. Zitiert nach der deutschen Ausgabe: Theorie der Feinen Leute, 2007. Frankfurt/Main – Fischer Taschenbuchverlag.

Verband Bildungsmedien (2012): Marktanalyse von kostenlos angebotenen Online-Lehrmaterialien. http://www.bildungsmedien.de/download/presse/pressedownloads/forschungsprojekt-augsburg-abstract-i.pdf. (Zugriff 10.4.2014).

Vilain, Olivier (2007): General Electric war immer dabei. In: Edition Le Monde Diplomatique, No. 2, S. 5–8. Berlin – taz Verlags- und Vertriebs GmbH.

Wagenknecht, Sarah (2012): Freiheit statt Kapitalismus. Berlin – Eichborn.

Wagner, Gert G. (2012): Anmerkungen zur Geschichte und zur aktuellen Diskussion der Riester-Rente. In: Vierteljahrshefte zur Wirtschaftsforschung, Band 81, Heft 2, S. 27–33.

Wagner, Gert G.; Kirner, Ellen; Leinert, Johannes und Volker Meinhardt (1998): Kapitaldeckung: Kein Wundermittel für die Altersvorsorge. In: Wochenbericht des DIW, Nr. 46, S. 833–840.

Wagner, Gert G; Göbel, Jan; Krause, Peter; Pischner, Rainer, Sieber, Ingo (2008): Das Sozio-oekonomische Panel (SOEP): Multidisziplinäres Haushaltspanel und Kohortenstudie für Deutschland – Eine Einführung (für neue Datennutzer) mit einem Ausblick (für erfahrene Anwender). In: Wirtschafts- und Sozialstatistisches Archiv, Nr. 2/2008, S. 301–328.

Wallach, Lori (2013): TAFTA – Die große Unterwerfung. In: Le Monde Diplomatique, 8.11.2013.

Walpen, Bernhard (2004): Die offenen Feinde und ihre Gesellschaft. Eine hegemonietheoretische Studie zur Mont Pèlerin Society. Hamburg – VSA-Verlag.

Ward, Michael (2004): Quantifying the World. UN Ideas and Statistics. Bloomington – Indiana University Press.

Wearden, Graeme (2009): Goldman Sachs boss says sorry over financial crisis. In: The Guardian, 18.11.2009. http://www.theguardian.com/business/2009/nov/18/goldman-sachs-blankfein-sorry. (Zugriff 10.4.2014).

Weber, Christopher und Scott Matthews (2007): Embodied Environmental Emissions in U.S. International Trade, 1997–2004. In: Environmental Science and Technology, Band 41, Heft 14, S. 4875–4881.

Weber, Max (1918a): Wahlrecht und Demokratie in Deutschland. In: Heile, Wilhelm und Walther Schotte: Der Deutsche Volksstaat, Heft 2. Fortschritt – Berlin. http://ia600508.us.archive.org/7/items/wahlrechtunddemooowebe/wahlrechtunddemooowebe.pdf. (Zugriff 10.4.2014).

Weber, Max (1918b): Parlament und Regierung im neugeordneten Deutschland. Zu politischen Kritik des Beamtentums und Parteiwesens. In: Max Weber: Zur Politik im Weltkrieg. Schriften und Reden, herausgegeben von Wolfgang Mommsen, 1984, MWG Abt I. Schriften und Reden, Band 15. Tübingen – Mohr.

Weber, Max (1922): Wirtschaft und Gesellschaft. Grundriß der verstehenden Soziologie, 5. Auflage, 1972, Tübingen – Mohr.

Wehler, Hans-Ulrich (2013): Die neue Umverteilung. Soziale Ungleichheit in Deutschland. München – C.H. Beck.

Weik, Matthias und Marc Friedrich (2012): Der größte Raubzug der Geschichte. Warum die Fleißigen immer ärmer und die Reichen immer reicher werden. Marburg – Tectum.

Weise, Christian, Herbert Brücker, Fritz Franzmeyer, Maria Lodahl, Uta Möbius, Siegfried Schultz, Dieter Schumacher und Harald Trabold (1997): Ostmitteleuropa auf dem Weg in die EU -Transformation, Verflechtung, Reformbedarf. Berlin – Duncker & Humblot.

Weise, Peter (2008): Machtlosigkeit als Referenzzustand. In: Ökonomie und Gesellschaft, Jahrbuch 21, Macht oder ökonomisches Gesetz, herausgegeben von Johannes Berger und Hans Nutzinger, S. 63–81. Marburg – Metropolis.

Weizsäcker, Carl Christian von (2000): Die Logik der Globalisierung. 2. Auflage. Göttingen – Vandenhoeck und Ruprecht.

Welfens, Maria (1993): Umweltprobleme und Umweltpolitik in Mittel- und Osteuropa. Ökonomie, Ökologie und Systemwandel. Heidelberg – Physica.

Die Welt (2009): Warum der Kapitalismus beibehalten werden muss. http://www.welt.de/wirtschaft/article4017664/Warum-der-Kapitalismus-beibehalten-werden-muss.html (Zugriff 10.4.2014).

Die Welt (2013): DIHK-Präsident betrachtet rot-grüne Steuerpläne als Jobkiller. http://www.welt.de/newsticker/news3/article114703977/DIHK-Praesident-betrachtet-rot-gruene-Steuerplaene-als-Jobkiller.html (Zugriff 10.4.2014).

Welzer, Harald (2013): Der Konsumismus kennt keine Feinde. In: Blätter für deutsche und internationale Politik, Heft 6/2013, S. 67–79.

Wernicke, Christian (2012a): Macht und Millionen. In: Süddeutsche Zeitung, 27.1.2012.

Wernicke, Christian (2012b): Ein Amt für 2,5 Milliarden. In: Süddeutsche Zeitung, 8.8.2012.

Wess, Ludger (1997): Chemiekonzern: »Vertrauen und Offenheit«. In: Greenpeace Magazin 1/97. http://www.greenpeace-magazin.de/index.php?id=4759 (Zugriff 10.4.2014).

Wetzel, Detlef und Jörg Weigand (2012): Schwarzbuch Leiharbeit. Frankfurt/Main – Eigenverlag der IG Metall.

Wieczorek, Thomas (2009): Die verblödete Republik. Wie uns die Medien, Wirtschaft und Politik für dumm verkaufen. München – Knaur.

Wilhelm, Hannah (2013): Spende von Hasso Plattner. Falsche Großherzigkeit. In: Süddeutsche Zeitung, 22.2.2013.

Winters, Jeffrey (2011): Oligarchy. Cambridge – Cambridge University Press.

Wintrobe, Ronald (1998): The Political Economy of Dictatorship. Cambridge (Mass.) – Cambridge University Press.

Wisnewski, Gerhard (2010): Drahtzieher der Macht: Die Bilderberger-Verschwörung der Spitzen von Wirtschaft, Politik und Medien. München – Knaur.

Wissenschaftliches Institut der AOK (2012): Fehlzeiten-Report 2012. Zu viel berufliche Flexibilität schadet der Psyche. Pressemitteilung vom 16.8.2012. http://www.wido.de/fileadmin/wido/downloads/pdf_pressemitteilungen/wido_pra_pm_fzr12_082012.pdf. (Zugriff 10.4.2014).

Wolf, Winfried (2012): Wir stecken immer tiefer im Fossilismus. In: Die Wochenzeitung, 8.11.2012.

Woodward, Richard (2004): Have Yourself a Merry Little Festivus. In: New York Times Book Review, 26.12.2004. (Deutsche Übersetzung zitiert nach Barber, 2007, S. 23).

World Bank (2007): Costs of Pollution in China. Economic Estimates of Physical Damage. Washington – The World Bank. http://siteresources.worldbank.org/INTEAPREGTOPENVIRONMENT/Resources/China_Cost_of_Pollution.pdf. (Zugriff 10.4.2014).

World Top Incomes Database (o.J.): http://topincomes.g-mond.parisschoolofeconomics.eu/. (Zugriff 10.4.2014).

Wortmann, Rolf (2009): Jugend ohne Politik – Politik ohne Jugend? Über Parteien- und Politik(er)verdrossenheit. In: Schulze, Heiko und Rolf Wortmann (Hrsg.): Spaß an kommunaler Politik entdecken, S. 23–47. Vechta – Geest.

Wuntsch, Michael von; Bach, Stefan und Harald Trabold (2006): Wertmanagement und Steuerplanung in der globalen Wirtschaft. München – Vahlen.

Zajonc, Robert (1968): Attitudinal Effects of Mere Exposure. In: Journal of Personality and Social Psychology, Band 9, Heft 2, S. 1–27.

ZAPP (2006): Anzeigenstopp für Medien wegen kritischer Berichte. http://www3.ndr.de/sendungen/zapp/archiv/medien_wirtschaft/zapp2284.html (Zugriff 16.8.2010, Link am 10.4.2014 nicht mehr aktiv).

Zeise, Lucas (2011): Geld – der vertrackte Kern des Kapitalismus. Versuch über die politische Ökonomie des Finanzsektors. Köln – PapyRossa.

Zeit Online (2010): US-Gericht öffnet Tor für Lobbyisten. http://www.zeit.de/politik/ausland/2010-01/parteispende-wahlkampf-usa-lobby-2. (Zugriff 10.4.2014)

Zeit Online (2011): Volkswagen verringert Handy-Stress. http://www.zeit.de/karriere/beruf/2011-12/volkswagen-blackberry-mailsperre. (Zugriff 10.4.2014).

Zelger, Josef (1975): Konzepte zur Messung der Macht. Berlin – Duncker und Humblot.

Ziegler, Jean (2005): Die neuen Herrscher der Welt und ihre globalen Widersacher. München – Goldmann.

Ziegler, Jean (2007): Das Imperium der Schande. München – Pantheon.

Zielcke, Andreas (2010): No-Go-Area am oberen Ende. In: Süddeutsche Zeitung, 7.10.2010.

Žižek, Slavoj (2009): Auf verlorenem Posten. Frankfurt/Main – Suhrkamp.

Zolo, Danilo (1997): Die demokratische Fürstenherrschaft. Für eine realistische Theorie der Politik, Göttingen – Steidl.

Zschiedrich, Harald und Mario Glowik (2005): Möglichkeiten und Grenzen internationaler Produktionsverlagerungen am Beispiel der Fernsehgeräteindustrie in Mittel- und Osteuropa. In: Osteuropa, Band 50, Heft 3/4, S.173–194.

Zumach, Andreas (2013): Es geht doch! In: taz, 2./3.3.2013.

ENDNOTEN

1   Zu den Einzelheiten siehe Forsa-Umfrage (2009).
2   Stern (2012).
3   Marti (2006, S. 83–114).
4   Siehe dazu Möllers (2008).
5   Zolo (1997, S. 125–139).
6   Siehe dazu z. B. Arnim (2008) oder Roth (2007).
7   Vgl. http://www.electionstudies.org/nesguide/toptable/tab5a_2.htm.
8   Stern (2012).
9   Autoren, die eine Verschwörung wittern, gibt es in Hülle und Fülle. So ist z. B. Janich (2010) der Meinung, dass wir von einer geheim operierenden Weltregierung gesteuert werden, die aus Vertretern des Kapitals und nationalen Regierungen besteht. Eine andere Verschwörungstheorie besagt, dass die Welt durch die »Bilderberger« regiert wird, einen informellen Zusammenschluss von Reichen und Mächtigen, die sich jedes Jahr unter Ausschluss der Öffentlichkeit für drei Tage treffen und vereinbaren, was in den nächsten Jahren zu geschehen hat. Siehe dazu z. B. Rétyi (2006) oder Wisnewski (2010).
10   Die Kurzfassung ihrer Gedanken zur Bändigung des Kapitalismus findet sich in Dönhoff (1996), die Langfassung in Dönhoff (1997).
11   Engl.: »Government of the people, by the people, and for the people«.
12   Einen Überblick bieten z. B. Schmidt (2000) oder Meyer (2009).
13   Meyer (2009, S. 11).
14   Siehe dazu auch Carey (1997).
15   Marti (2006, S. 96ff.).
16   Reinhard (1999, S. 431).
17   Becker (2006, S. 268).
18   James Madison war einer von drei Autoren der heute als Federalist Papers bekannten Sammlung von 85 Artikeln, die vom Oktober 1787 bis Mai 1788 in New Yorker Zeitungen unter dem Pseudonym Publius veröffentlicht wurden. Er schrieb 29 dieser Beiträge, 51 stammten von Alexander Hamilton, die übrigen

5 verfasste der Rechtsanwalt John Jay. Die Federalist Papers verteidigten unter anderem die Machtfülle des Präsidenten. (Schmidt, 2000, S. 113–115).

19 Chomsky (2006, S. 59).

20 Reinhard (1999, S. 433).

21 Reinhard (1999, S. 433).

22 Auf diese fundamentale Einsicht der christlichen Religionen hat Papst Benedikt XVI. in seiner Rede vor dem Deutschen Bundestag am 22.9.2011 hingewiesen: »Von der Überzeugung eines Schöpfergottes her sind die Idee der Menschenrechte, die Idee der Gleichheit aller Menschen vor dem Recht, die Erkenntnis der Unantastbarkeit der Menschenwürde in jedem einzelnen Menschen und das Wissen um die Verantwortung der Menschen für ihr Handeln entwickelt worden.« Papst Benedikt XVI. (2011).

23 Manchmal war die Obrigkeit jedoch sehr findig im Aushebeln des allgemeinen Wahlrechts. In einigen Bundesstaaten der USA wurde eine Wahlsteuer erhoben, die die Armen, vor allem schwarze Amerikaner, von der Wahl abhalten sollte (Heußner, 2009, S. 141).

24 Buchstein (2009, S. 147).

25 Hayek (1971, S. 128).

26 Vaubel (2007).

27 Lichtschlag (2006).

28 Siehe dazu z. B. Arulampalam, Devereux und Maffini (2010). Die Autoren schätzen, dass eine Erhöhung der Steuern für Unternehmen bei internationaler Kapitalmobilität rund zur Hälfte von den Arbeitnehmern in Form von Reallohneinbußen getragen wird.

29 Siehe dazu auch Serrao (2010).

30 Zolo (1997, S. 106f.).

31 Siehe Heußner und Jung (2009) sowie Heußner (2009) zur direkten Demokratie in der Schweiz bzw. den Gliedstaaten in den USA.

32 Rousseau (1762, S. 75).

33 Mill (1862).

34 Rousseau (1762, S. 108).

35 Rousseau (1762).

36 Barber (1994).

37 Heußner (2009, S. 138).

38 Vgl. dazu Nolte (2012, S. 148–158).

39 Nolte (2012, S. 124ff.).

40 Rodrik (2011, S. 114–123).

41 Siehe dazu Arendt (1958), Barber (1994) und Rousseau (1762).

42 Weber (1918a und 1918b).

43 Vgl. dazu auch Schmidt (2000, S. 178ff.).

44 Schumpeter (1942, S. 451).

45 Schumpeter (1942, S. 428).

46 Schumpeter (1942, S. 433).

47 Schumpeter (1942, S. 416).

48 Schumpeter (1942, S. 418).

49 Schumpeter (1942, S. 471).

50 Helms (2010, S. 7).

51 Ritzi und Schaal (2010, S. 9).

52 Vgl. dazu auch Crouch (2008, S. 30ff.).
53 Crouch (2008).
54 Crouch (2008, S. 10ff.).
55 Siehe dazu ausführlich Crouch (2008, Kapitel 2).
56 Crouch (2008, S. 30).
57 Ritzi und Schaal (2010, S. 10).
58 Meyer (2009, S. 199).
59 Zolo (1997, S. 71).
60 Gore (2007, S. 99).
61 Gore (2007, S. 28).
62 Gore (2007, S. 131).
63 Reich (2007, S. 50ff.).
64 Reich (2007, Kapitel 3).
65 Reich (2007, Kapitel 4).
66 Hengsbach (1999, S. 29).
67 Siehe dazu auch Lincoln (2014).
68 Buchholz (2009, S. 17).
69 Buchholz (2009, S. 8).
70 Chomsky (2006, S. 134).
71 Chomsky (2008). Ganz ähnlich äußerte er sich schon Ende der 1980er Jahre. Vgl. dazu Chomsky (2007, S. 36).
72 Sachs (2012).
73 Ziegler (2007, S. 213).
74 Ziegler (2007, S. 214).
75 Siehe dazu z. B. Žižek (2009), Hardt und Negri (2010) und Wagenknecht (2012).
76 Betrachtet man die Demokratie aber lediglich als *Mittel* zur Erreichung anderer Ziele, dann kann man, je nachdem, welches Ziel erreicht werden soll, mit dem momentanen Zustand der westlichen Gesellschaften unter Umständen sehr zufrieden sein. Die Reichen dieser Welt haben sicherlich nichts dagegen, dass der Kapitalismus ihnen seit Anfang der 1980er Jahre immer mehr Geld in die Kassen spült und die Demokratie immer weniger in der Lage ist, Einkommen und Vermögen umzuverteilen.
77 Marx (1867, 1885, 1894).
78 Siehe dazu auch Altvater (2007, S. 34ff.).
79 Wer sich näher mit dem Kapitalismus per se beschäftigen möchte, dem seien zunächst die Beiträge von Heilbroner (1998), Wilke (2006), Fulcher (2007) und Herrmann (2013) empfohlen. Sie geben – unter verschiedenen Blickwinkeln – einen guten Überblick über den Kapitalismus. Bachinger und Matis (2009) stellen die wichtigsten Theorien zur Entwicklungsdimension des Kapitalismus vor. Die Geschichte seiner Entstehung und die Auswirkungen auf die Gesellschaft der damaligen Zeit kann man wohl nirgends besser nachlesen als in dem dreibändigen Werk Fernand Braudels (1986) zur Sozialgeschichte des 15. bis 18. Jahrhunderts, insbesondere in den Bänden über Handel und den Aufbruch zur Weltwirtschaft. Eine kurze Zusammenfassung seiner Gedanken findet sich in Braudel (1997). Welche massiven gesellschaftlichen Veränderungen ein ungezügelter Kapitalismus im 19. Jahrhundert verursacht hat, wurde in seinen Ursachen und Auswirkungen von Karl Polanyi (1944) präzise und eindrücklich

analysiert. Boltanski und Chiapello (2006) sowie Sennett (2007) beleuchten die moderne Seite des Kapitalismus.

80   Boltanski und Chiapello (2006, S. 39).

81   Weber (1918a, S. 9).

82   Siehe dazu auch Rodrik (2011, S. 27–34).

83   Siehe dazu auch Fulcher (2007, S. 9ff.).

84   Hall und Soskice (2001).

85   Siehe dazu auch Hall (2006), Jackson (2006) und Sombart (1902, 1928).

86   Siehe Reich (2007, Kapitel 3), in dem dieses Argument detailliert ausgebreitet wird.

87   Theodor und Karl Albrecht gründeten den Discounter Aldi, Ingvar Kamprad Ikea und Samuel Walton die Supermarktkette Wal-Mart.

88   Zum Wandel im Bankgeschäft siehe Breisig et al. (2010).

89   Honegger, Neckel und Magnin (2010, S. 305f., Hervorhebung durch Verfasser).

90   Köhler (2009, S. 4, Hervorhebung durch Verfasser).

91   Zu den Ursachen der Finanzkrise von 2008 gibt es mittlerweile eine Vielzahl von Analysen, die überwiegend zu ähnlichen Ergebnissen kommen. Keine davon sucht die Hauptschuld bei sozial Benachteiligten, wenn auch in den USA Maßnahmen zur Erleichterung von Hauskäufen für die weniger begüterten Schichten als *einer* von mehreren Faktoren genannt wird, der die Blase am Immobilienmarkt ausgelöst hat. Siehe dazu z. B. Sinn (2009) oder Roubini und Mihm (2010).

92   Auch Braudels (1997, S. 48) Definition des Kapitalisten als ein »Mann, der die Verwertung des Kapitals […] dirigiert oder zu dirigieren versucht«, verweist auf die aktive Rolle der Protagonisten im Zuge der Akkumulation.

93   Auf den Unterschied zwischen Gewinnen von Großunternehmen wie Krupp, die den Kapitalismus vorantreiben und von ihm profitieren, und den Gewinnen von Kleinunternehmern verweist bereits Max Weber (1918a, S. 9).

94   Siehe dazu auch Boltanski und Chiapello (2006, S. 41). Sie klassifizieren nur Anleger, die über ein »bestimmtes Mindestsparguthaben« verfügen, als Kapitalist.

95   Siehe dazu auch Klump (2011, S. 191–199).

96   Eine etwas ausführlichere Beschreibung der Planwirtschaft findet sich z. B. in Schumpeter (1942, Kapitel 16), noch genauer und mit mehr Erfahrungswissen angereichert ist Kornai (2008).

97   Siehe dazu grundlegend Smith (1776) oder Eucken (1943).

98   Galbraith (2007, S. 37–46).

99   Siehe dazu auch Crouch (2008, S. 69).

100   Pierenkemper (2009, S. 43).

101   Siehe dazu ausführlich Polanyi (1944, Kapitel 4 bis 6).

102   Finley (1993).

103   Pierenkemper (2009, S. 147ff.).

104   Die Einbettung der Wirtschaft in die Gesellschaft wird ausführlich in Polanyi (1944) thematisiert, insbesondere in den Kapiteln 4 und 5.

105   Rodrik (2011, S. 32).

106   Marx (1894), zitiert nach Chang (2010, S. 35).

107   Zitiert nach Sinn (2009, S. 87).

108   Sinn (2009, S. 87).

109 Wenn man es genau nimmt, war die Fabrikarbeit damals sogar besser orga-
     nisierbar als eine Armee während der Schlacht. Denn in ihr mussten Befehle
     zunächst aufgeschrieben und per Kurier überbracht werden. Bis zum Eintreffen
     der Nachricht konnte sich die Lage aber schon wieder verändert haben. Auch
     musste den Offizieren und Unteroffizieren auf dem Schlachtfeld ein gewisser
     Handlungsspielraum eingeräumt werden, denn sie mussten auf Aktionen oder
     Taktikänderungen des Feindes unmittelbar reagieren können.
110 Sennett (2007, S. 22–25).
111 Pierenkemper (2010, S. 99ff.).
112 Gischer, Herz und Menkhoff (2011, S. 5ff.).
113 Siehe dazu auch Landes (2009, Kapitel 17).
114 Deutscher Bundestag (2010, S. 2).
115 Eine anschauliche und verständliche Einführung in den Prozess der Geldschöp-
     fung findet sich bei Weik und Friedrich (2012, S. 13–36).
116 Glyn (2007, S. 52).
117 Hilferding (1910).
118 Smith (1776, S. 145, Übersetzung durch den Autor).
119 Smith (1776, S. 267, Übersetzung durch den Autor).
120 Siehe dazu Barber (2007, S. 69–72).
121 Erhard (1957, S. 7).
122 Erhard (1957, S. 9, Hervorhebung im Original).
123 Zu vermuten ist, dass die Dunkelziffer, d. h. die Zahl der nicht aufgedeckten
     Fälle, wie bei jeder illegalen Tätigkeit auch bei den Verstößen gegen das Wett-
     bewerbsrecht relativ hoch ist.
124 Siehe Tawney (1926) für eine ausführliche Beschreibung des Zusammenhangs
     zwischen Religion und dem Aufstieg des Kapitalismus.
125 Mk 10, 25.
126 Mt 6, 24.
127 Beutter (2008, S. 64–67).
128 Siehe dazu ausführlich Weber (1922, S. 321–348), der die Erlösungswege und
     ihren Einfluss auf die Lebensführung erörtert.
129 Braudel (1997, S. 61).
130 Siehe dazu Tawney (1926, S. 212 und die fast zwei Seiten lange Fußnote 32) und
     Samuelsson (1961).
131 Landes (2009, S. 195ff.).
132 Sombart (1913, S. vi).
133 Novak (1996).
134 Siehe dazu auch Sedláček (2012, S. 212), der es für erstaunlich hält »wie viel die
     Ökonomie mit dem Alten und Neuen Testament gemeinsam hat«.
135 Mandeville (1705).
136 Euchner (1980, S. 42).
137 Siehe dazu auch Sedláček (2012, Kapitel 6).
138 Cantillon (1755) und Quesnay (1759).
139 Benjamin (1985, S. 100).
140 Benjamin (1985, S. 100).
141 Benjamin (1985, S. 100).
142 Bolz (2009, S. 196).
143 Priddat (2009, S. 210).

144   Benjamin (1985, S. 100).
145   Siehe dazu auch Altvater (2007, S. 28).
146   Vgl. dazu z. B. Buchholz (2009, S. 109–123), Bolz (2009), Deutschmann (2009), Priddat (2009) und Steiner (2009).
147   Vgl. dazu Baecker (2009, S. 11f.).
148   Wörtlich sagte Lloyd Blankfein: »I am doing God´s work.« Nachdem ein Sturm der Entrüstung über ihn hereingebrochen war, nahm er die Aussage wenige Tage später wieder zurück und erklärte, er habe nur einen Witz (joke) gemacht. Vgl. Wearden (2009).
149   Vgl. dazu Braudel (1997), Dowd (2004, S. 19–27), Fulcher (2007, S. 57–81) und Wilke (2006, S. 25–80).
150   Siehe dazu auch Herrmann (2013, Teil I).
151   Polanyi (1944, S. 55).
152   Ausführlich dargelegt bei Braudel (1986).
153   Zitiert nach Pierenkemper (2009, S. 195).
154   Polanyi (1944, S. 33).
155   Eine ausführliche Beschreibung der Lage in England findet sich bei Engels (1845).
156   Altvater (2007, S. 95).
157   Pierenkemper (2009, S. 122–123).
158   Alle Angaben in diesem Absatz basieren auf Hamann (1996, S. 198–204).
159   Hamann (1996, S. 202).
160   Keynes (1920, S. 18, Übersetzung durch den Autor).
161   Hobsbawm (2009, S. 47).
162   Detaillierte Analysen der großen Depression finden sich z. B. bei Galbraith (1954) oder Kindleberger (1973).
163   Hobsbawm (2009, S. 124).
164   Hobsbawm (2009, S. 138 und S. 184–201).
165   Eine ausführliche Darstellung der deutschen Wirtschaft während der Zeit des Nationalsozialismus findet sich bei Tooze (2008).
166   Chang (2010, S. 255f.) und Dobbs (1998).
167   Turner (2006, S. 229).
168   Hobsbawm (2009, S. 129).
169   Ambrosius (1977, S. 15f.), zitiert nach Mierzejewski (2006, S. 80).
170   Siehe dazu CDU (1947).
171   Hobsbawm (2009, S. 341–346).
172   Lindlar (1997, S. 32).
173   Siehe dazu Reich (2007, S. 46f.) für die USA, Hobsbawm (2009, S. 356) allgemein für die westliche Welt.
174   Hobsbawm (2009, S. 345).
175   Tax Foundation (2011).
176   IRS (2007).
177   Siehe dazu auch Crouch (2011, S. 31–34) oder Streeck (2013, S. 46–53).
178   Siehe dazu auch Hobsbawm (2009, S. 136–138).
179   Keynes (1936).
180   Siehe dazu auch Streeck (2013, S. 54–78).
181   Wie ihre Verfechter die angebotsorientierte Wirtschaftspolitik rechtfertigen und beurteilen, ist z. B. in Lucas (1990) nachzulesen.

182   Siehe dazu Friedman (1962, insbesondere Kapitel 3 bis 5).

183   Zu diesem Zweck wurde von Friedman (1962, Kapitel 12) eine negative Einkommensteuer vorgeschlagen, die jedem Bürger ein Mindesteinkommen garantiert.

184   Siehe dazu Franzmeyer (1999) sowie Weise et al. (1997).

185   Hobsbawm (2009, S. 572–588).

186   Siehe dazu auch Roubini und Mihm (2011, S. 311–317) oder Krugman (2008, Kapitel 7).

187   Krugman (2008, S. 139).

188   Die Literatur zur Globalisierung ist selbst für Experten kaum noch überschaubar. Eine kurze Einführung findet sich in Scherrer und Kunze (2011). Die Logik der Globalisierung aus Sicht liberaler Ökonomen analysiert Weizsäcker (2000), während Friedman (2006) sich vor allem den Konsumenten und der betriebswirtschaftlichen Seite widmet. Altman (2007) belegt anhand der Nachrichten eines Tages, wie sehr die Welt inzwischen vernetzt ist, Sloterdijk (2005) nähert sich der Globalisierung aus philosophischer Perspektive. Kritische Darstellungen finden sich z. B. in Ziegler (2005) oder Stiglitz (2004), der in einem weiteren Buch die Chancen der Globalisierung untersucht (Stiglitz, 2006).

189   Rodrik (2011, S. 113).

190   Ausführlich dargestellt ist dieses Argument in Rodrik (2011, Kapitel 4).

191   Zur Liberalisierung des Kapitalverkehrs siehe Rodrik (2011, Kapitel 5).

192   Engels und Marx (1848).

193   Dies soll aber kein Plädoyer für eine weltweite Arbeitnehmerfreizügigkeit sein. Diese würde kurzfristig vermutlich zu nicht beherrschbaren Wanderungen von Menschen führen, insbesondere aus dem Süden in den Norden. Vielmehr muss die Frage erlaubt sein, warum die Regierungen dem Kapital eine solche Möglichkeit einräumten, ohne entsprechende Gegenleistungen zu verlangen.

194   Vgl. dazu z. B. Zschiedrich und Glowik (2005), die untersuchten, welche Möglichkeiten und Grenzen es für eine Verlagerung der Fernsehgeräte-Produktion nach Mittel- und Osteuropa gibt.

195   Chang (2010, S. 114–122) sowie Crouch (2011, S. 179–181).

196   Im englischen Original lautet der Titel: »The Bonfire of the Vanities«, den man normalerweise mit »Die Freudenfeuer der Eitelkeiten« übersetzen würde. Dies spiegelt auch den Inhalt des Romans in Bezug auf die Investmentbanker besser wider, die eher Freudenfeuer abbrennen als im Fegefeuer für ihre Sünden zu büßen.

197   Sachs (2012).

198   Stiglitz (2013).

199   Sheppard (2014).

200   Lipset (1963).

201   Olson (2000, S. 43 und S. 99f.).

202   Sen (2007, S. 184f.). Singapur ist zwar formal eine Demokratie, wird jedoch seit Jahrzehnten autoritär von der *People's Action Party* regiert. In Südkorea herrschte von 1948 bis 1960 Präsident Rhee Syng-man autoritär. Von 1961 bis 1979 war das Land eine Militärdiktatur.

203   Siehe Alesina et al. (1996).

204   Siehe dazu auch Reich (2007, S. 3f.).

205   Fukuyama (1992).

206   Siehe dazu im Detail McGregor (2012).

207   Becker (2011a).

208   Nationale Kommission zu politischer Haft und Folter (2008).

209   Ensalaco (2000, S. 126).

210   Die Zusammenhänge zwischen Wirtschaftssystem und politischem System sind viel komplexer als sie hier dargestellt werden können. Acemoglu und Robinson (2005) analysieren diese facettenreich, sowohl theoretisch als auch empirisch.

211   Vgl. dazu auch Wintrobe (1998), der die ökonomischen und politischen Erfolgsbedingungen und Zwänge von Diktaturen detailliert analysiert.

212   Siehe Friedman (1962, S. 4 und 8).

213   Joffe (2009).

214   Joffe (2009).

215   Weizsäcker (2000, S. 40 und S. 43).

216   Galbraith (2007).

217   Dass in einer Demokratie auch das Volk nicht alles tun kann, was es will, soll hier nicht nochmals thematisiert werden. Siehe dazu die Ausführungen in Kapitel 1.

218   Hayek (1971).

219   Vergleiche dazu auch Reich (2007, S. 4).

220   Siehe dazu Friedman (1962, Kapitel 1).

221   Über das Ausmaß der sozialen Komponenten gehen die Meinungen innerhalb des liberalen Lagers weit auseinander. Einige plädieren dafür, sie auf die Vermeidung von Armut zu beschränken, andere wollen zusätzlich noch die Chancengleichheit fördern und Linksliberale sprechen sich darüber hinaus noch für eine Umverteilung bei großen Einkommens- und Vermögensunterschieden aus.

222   Die Vermögensverteidigungsindustrie (wealth defence) besteht aus Anwaltskanzleien und Steuerberatern, die das Vermögen der Reichen mehren und vor dem Zugriff des Staates schützen. Sich ihrer Dienste der zu bedienen lohnt sich wegen der hohen Kosten erst ab einem Einkommen von mehreren Millionen US-Dollar pro Jahr (Vgl. Winters, 2011).

223   Der Begriff »Korporatokratie« ist relativ neu und wurde durch ein Buch von John Perkins (2007) vor allem in den USA populär. Insgesamt wird er in der wissenschaftlichen Literatur und öffentlichen Diskussion außerhalb der USA aber kaum verwendet.

224   Vgl. dazu Krysmanski (2012, S. 92–95) und Müller (2012).

225   Rothkopf (2008).

226   Siehe dazu z. B. Freeland (2012), Fukuyama (2011), Jessen (2011), Krugman (2013) sowie Skidelsky und Skidelsky (2013, S. 243).

227   Fukuyama (2011).

228   Vgl. dazu kurz Galbraith (1987, S. 128ff.) oder ausführlich Braudel (1986).

229   Beispiele für Reiche, die in die Politik gingen, gibt es dennoch genügend. Silvio Berlusconi oder Michael Bloomberg waren Milliardäre, als sie Ministerpräsident von Italien bzw. Bürgermeister von New York wurden. George Washington, der erste Präsident der USA, zählt immer noch zu den 100 reichsten US-Amerikanern, wenn man sein damaliges Vermögen in US-Dollar von heute umrechnet. Etwas weniger wohlhabend, aber immer noch mit einem Vermögen im dreistelligen Millionenbereich (nach heutigen Maßstäben) waren James Madison und Andrew Jackson, der vierte und der siebte Präsident der USA. Siehe dazu Wernicke (2012a).

230 Nicht alle Kapitalisten beteiligen sich aktiv an der Entmachtung der Demokratie. Wie in allen Gruppen sind auch hier manche nur Mitläufer, einige sehen den Weg in die Plutokratie durchaus kritisch. Die meisten wissen jedoch genau, dass Geld ihnen Macht verleiht, die sie einzusetzen gewillt sind.

231 Siehe dazu z. B. Arnim (2008), Lasch (1996) oder Roth (2007).

232 Zur Meritokratie siehe auch Sennett (2007, S. 86ff.).

233 Hartmann (2002, 2007, 2013) belegt, dass es im Wesentlichen die soziale Herkunft ist, die über die Aufstiegschancen entscheidet.

234 Siehe dazu auch Bérnabou und Tirole (2006) sowie Hadjar (2008).

235 Vgl. dazu z. B. Rothkopf (2008) oder Krysmanski (2012).

236 Siehe dazu auch Flassbeck (2010b).

237 Rothkopf (2008, S. 17).

238 Rothkopf (2008, S. 12).

239 Jessen (2011).

240 Die Kanadierin Chrystia Freeland (2012) erhielt für »Plutocrats« 2013 sowohl den Lionel-Gelber-Preis für das beste kanadische Sachbuch zu auswärtigen Angelegenheiten (foreign affairs) als auch den kanadischen Wirtschaftsbuchpreis.

241 Jessen (2011).

242 Phillips (2002).

243 PBS (2004).

244 Chomsky (2007, S. 79).

245 Zeit Online (2010).

246 Deutsche Übersetzung zitiert nach Zeit Online (2010).

247 Wernicke (2012b).

248 Barrett (2012).

249 Zitiert nach Krysmanski (2012, S. 95).

250 Confessore (2014).

251 Crouch (2008, S. 96ff.).

252 Zitiert nach Stille (2006, S. 352).

253 Stille (2006).

254 Sauer (2012).

255 Siehe dazu auch Ginsborg (2005).

256 Stille (2006, S. 351ff.).

257 Chomsky (2007, S. 77). Mit den beiden Fraktionen sind die Demokratische und die Republikanische Partei gemeint.

258 Die Journalisten Jürgen Roth (2007) und Michael Opoczynski (2005) gehen in ihren Büchern ebenfalls hart mit den Eliten aus Politik, Wirtschaft und Justiz ins Gericht und konstatieren einen erheblichen Schaden für die Demokratie.

259 Arnim (2008, S. 341).

260 Arnim (2008, S. 36).

261 Horn (2011, S. 10).

262 Abé, Amann und Feldenkirchen (2013, S. 24).

263 Masing (2014).

264 Schick (2014, S. 203).

265 Frühauf (2011).

266 Roy (2011).

267 Nitzan und Bichler (2009, S. 10).

268 Robert McChesney (1999, S. 3 zitiert nach Dowd, 2004, S. 7).

269   Psychologen untersuchen zum Beispiel die Machtbeziehungen zwischen Personen, insbesondere in kleinen Gruppen, während sich Politologen häufig für die Machtverteilung zwischen den Staatsgewalten (Legislative, Exekutive, Jurisdiktion) oder zwischen Bürgern und Institutionen in einem Gemeinwesen interessieren. Betriebswirte untersuchen, wie Manager ihre Macht nutzen können, um ihre Mitarbeiter besser zu führen.

270   Siehe dazu auch Tugendhat (2000).

271   Russell (1938, S. 4).

272   Russell (1938, S. 6).

273   Siehe dazu z. B. Kaven (2006), der die theoretischen Ansätze von Max Weber, Norbert Elias und Michel Foucault in Bezug auf die Rolle der Macht zur Erklärung des sozialen Wandels miteinander vergleicht.

274   Häring (2010, S. 216).

275   Wie es zu dem Verschwinden der Macht aus der vorherrschenden ökonomischen Lehre kam, ist eine sehr lange Geschichte, die hier nicht dargestellt werden kann. Dürmeier (2008), Häring (2010, S. 216–250) oder Rothschild (1973, 2002) geben aus unterschiedlichen Blickwinkeln einen guten Überblick über die Hauptursachen.

276   Samuelson (1957, S. 894).

277   Diese Aussage über die neoklassische Arbeitsmarkttheorie ist zwar etwas unpräzise, für die Zwecke des Buches aber hinreichend genau, da es hier nicht um theoretische Feinheiten geht. Zum Arbeitsmarkt finden sich diese in jedem Standardlehrbuch der Mikroökonomik, z. B. Pindyck und Rubinfeld (2009).

278   Russell (1938, S. 108).

279   Die gleiche Logik gilt für die Preise von Waren auf den Gütermärkten oder Zinsen auf dem Kapitalmarkt. Auch in diesen Märkten verhindern die Bedingungen der vollkommenen Konkurrenz die Entstehung von Macht.

280   Siehe dazu Weise (2008).

281   Becker (1993).

282   Häring (2010, S. 7).

283   Häring (2010, S. 161).

284   Zitiert nach Häring (2010, S. 161).

285   Held, Kubon-Gilke und Sturn (2008, S. 7).

286   Wenn Erlei (2008) Macht zwar für allgegenwärtig, erfassbar und erklärbar, jedoch als erklärende Größe für verzichtbar hält, dann ist dies ein schöner Beleg für die im Machtparadoxon angesprochene Machtblindheit von Ökonomen.

287   Russell (1938, S. 4, Übersetzung durch den Autor).

288   Becker (1992).

289   Vgl. dazu Zelger (1975, S. 23f.).

290   Dahl (1957, S. 201).

291   Weber (1922, Kapitel 1, Paragraph 16).

292   Siehe dazu z.B. Berger und Nutzinger (2008, S. 21).

293   Bachrach und Baratz (1962, S. 948).

294   Siehe dazu auch Zelger (1975, S. 59f.).

295   Lukes (1974).

296   Lukes (1974, S. 24ff.).

297   Foucault (2005, S. 171).

298   Vgl. dazu Bröckling, Krasmann und Lemke (2004, S. 9f.).

299   Foucault (2005, S. 256).
300   Digeser (1992).
301   Dürmeier (2008, S. 134f.).
302   Digeser (1992, S. 981).
303   Nietzsche (1969, S. 605).
304   Siehe dazu auch Russell (1938, Kapitel 2).
305   Galbraith entwickelt seine Systematik unter Rückgriff auf eine Vielzahl von Autoren, u. a. Weber (1922), Russell (1938), Jouvenel (1949), Lindblom (1977) oder Sennett (1980). Insofern sind Ähnlichkeiten zwischen den Ansätzen kein Zufall.
306   Zu anderen Machtmitteln, die z. B. in der Politik zum Einsatz kommen – die Macht zur Themensetzung oder zum Aussitzen von Problemen – , siehe Paris (2005).
307   Vgl. dazu Galbraith (1987, Kapitel I bis III).
308   Wie bereits zuvor erwähnt, ist die Veränderung von Normen und Werten für Lukes (1974) eine Machtdimension und kein Mittel der Machtausübung.
309   Vgl. dazu Bröckling, Krasmann und Lemke (2004, S. 9f.).
310   Mancher Leser wird bei dem Begriff »strukturelle Macht« an die britische Politologin Susan Strange denken, die ihn bei der Analyse internationaler Machtbeziehungen geprägt hat (Strange, 2007). In dieser Arbeit wird der Begriff strukturelle Macht in Anlehnung an Foucault im Sinne einer einengenden Steuerung bzw. Disziplinierung durch die von der Gesellschaft geschaffenen Strukturen verstanden.
311   Siehe dazu Galbraith (1987, S. 128). Erhebliche geistige Vorarbeit dazu leistete 1787 der Utilitarist Jeremy Bentham mit seiner Schrift »Das Panoptikum«. Darin plädiert er für die Achtung der Rechte von Gefangenen und die Abschaffung von Folter. Er argumentiert, dass jeder Mensch in einer kapitalistischen Gesellschaft nützlich sei und nicht durch körperliche Strafen abgenutzt werden dürfe (Bentham, 1787). Gedanklich nimmt er damit das Konzept des Humankapitals vorweg.
312   Lukes (1974).
313   Bröckling (2004).
314   Vgl. dazu auch Kaven (2006, S. 42–57).
315   Russell (1938) beschreibt diese Quellen ausführlich in den Kapiteln 4 bis 10.
316   Vgl. dazu auch Galbraith (1987, S. 146).
317   French und Raven (1959).
318   Vgl. dazu Galbraith (1987, Kapitel XI).
319   Vgl. dazu z. B. die Ausführungen in Harsanyi (1962) oder Machiavelli (1513, Kapitel 10), zu dessen Zeit die Messung der Macht des Fürsten noch relativ einfach war, weil es im Wesentlichen auf die Stärke der Streitkräfte ankam.
320   Keynes (1920, S. 19, Übersetzung und Hervorhebung durch den Autor).
321   Siehe dazu Toffler (1990).
322   Vgl. dazu u. a. Galbraith (1987, Kapitel IV), Russell (1938, insbesondere Kapitel 4 und 5) und Sennett (1980).
323   Siehe dazu z. B. Rothkopf (2008).
324   Siehe dazu Galbraith (1987, Kapitel IV).
325   Vgl. dazu Schefold (2008, S. 32).
326   Zur Messung von Macht vgl. z. B. Zelger (1975).

327 Vgl. dazu z. B. Trabold (1995).

328 Myrdal (1959).

329 Weil es für die Berechnung der Lohn- und Gewinnquote kein allgemein anerkanntes Verfahren gibt, finden sich in der Literatur verschiedene Varianten von Gewinnquoten. Für die Aussagen in dieser Arbeit ist es aber unerheblich, welche der Varianten verwendet wird, da die langfristigen Entwicklungen, um die es hier geht, ähnlich verlaufen. Siehe dazu auch Atkinson (2009), Beck (1957), Kravis (1959), Krueger (1999), Schäfer (2004) und Solow (1958).

330 Eine ausführliche Analyse der Lohnquote als Verteilungsindikator findet sich in Schäfer (2004).

331 Die Entwicklung der Gewinnquote ist stark von der Konjunktur abhängig. Die Gewinne der Unternehmen fallen in einem Abschwung stärker als die Einkommen der Arbeitnehmer, was zu einem Anstieg der Lohnquoten in einer Phase des Abschwungs führt. Der Grund dafür liegt in dem Verhalten der Unternehmen begründet, ihre Belegschaften erst einmal nicht zu verringern. Aus dem gleichen Grund steigt die Gewinnquote im Aufschwung, weil die Unternehmen zunächst einmal die Beschäftigung nicht ausdehnen. Siehe dazu auch Horn und Stein (2010, S. 439).

332 Die Gewinnquoten für die OECD-Länder wurden aus den Datenbank der OECD, Reihe Labour Income Share, berechnet und durch anderer Quellen ergänzt bzw. abgeglichen, v. a. OECD (o. J.), Horn (2011) sowie Unger et al. (2013).

333 Siehe zum Verlauf für Deutschland auch Schäfer (2009) und Grömling (2010).

334 Siehe dazu Unger et al. (2013, S. 7ff.).

335 Siehe dazu IMF (2007, S. 168).

336 OECD (o. J.).

337 Siehe dazu auch Horn (2011), wo die bereinigten Lohnquoten nach Faktorpreisen für die G7-Staaten von 1960 bis 2008 abgebildet sind.

338 Stockhammer (2013).

339 IMF (2007, Kapitel 5) und ILO (2008a, Kapitel 2).

340 Siehe dazu European Commission (2007, Kapitel 5).

341 Siehe dazu Harrison (2002) und Guscina (2006).

342 Siehe dazu auch Stockhammer (2013).

343 Etwas ausführlicher ist diese Argumentation in European Commission (2007, S. 248–253) dargestellt.

344 Glyn (2006, Kapitel 5), Lee und Jayadev (2005) und Stockhammer (2013).

345 Vgl. dazu auch Boltanski und Chiapello (2006, S. 21–27 und 35–57).

346 Die Definition von impliziten Steuerquoten, insbesondere für den Faktor Kapital, ist relativ komplex und deren Berechnung entsprechend aufwändig. Siehe dazu im Detail Eurostat (2013, S. 283–295).

347 European Commission (1998, S. 9).

348 Eurostat (2010, S. 33f.), gewichteter Durchschnitt für die 16 Länder der Eurozone, Gewichtungsfaktor Bruttoinlandsprodukt.

349 Berechnet nach den Angaben von Boss und Rosenschon (2008, Tabelle 9) und Boss und Rosenschon (2010, Tabelle 15).

350 Tax Policy Center (o. J.).

351 Horn (2011, S. 10).

352 Siehe Wehler (2013) für eine umfassende Beschreibung und Analyse der *sozialen* Ungleichheit in Deutschland.

353 ILO (2008b, S. 11). Bei diesen 14 Ländern handelt es sich um Australien, Bulgarien, Deutschland, Estland, Finnland, Lettland, Litauen, Polen, Rumänien, Schweden, die Tschechische Republik, Türkei, Ungarn und die USA.

354 ILO (2008b, S. 13). Bei diesen 13 Ländern handelt es sich um Australien, Dänemark, Deutschland, Italien, Südkorea, Neuseeland, die Niederlande, Polen, Portugal, Schweden, Ungarn, die USA und das Vereinigte Königreich.

355 Siehe OECD (2008b, S. 27).

356 Vgl. dazu Birkel (2006, S. 177–180).

357 Bach, Corneo und Steiner (2009, S. 325).

358 Grabka und Frick (2009, S. 103).

359 OECD (2008a, S. 1).

360 Berechnet nach Bach, Corneo und Steiner (2009, S. 313).

361 Berechnet nach Bach, Corneo und Steiner (2009, S. 313).

362 Zu beachten ist auch bei diesen Zahlen, dass sie aus Steuererklärungen stammen. Wie Tausende von Steuerstrafverfahren in den letzten Jahren gezeigt haben, die durch CDs mit Daten von Schweizer Banken in Gang kamen, dürften die tatsächlichen Realeinkommen der wirtschaftlichen Eliten weitaus höher sein.

363 Siehe Bach, Corneo und Steiner (2009, S. 317, Tabelle 5).

364 Diese Aussage bezüglich der Einkommensungleichheit bezieht sich auf 17 in ILO (2008b, S. 11) angeführte Länder. Diese gehören entweder der OECD und/oder der EU an. Die Angaben bezüglich der Lohnungleichheit beziehen sich auf 17 OECD-Länder, die in ILO (2008b, S. 13) genannt werden. Nach Angaben der OECD (2008b, S. 25) hatten Portugal, die Türkei und Mexiko 2005 ein noch höheres Maß an Einkommensungleichheit als die USA.

365 Das Realeinkommen nach Steuern stieg aufgrund der Steuerkürzungen von 2001 bis 2007 für das oberste 1% der Haushalte um 5% bzw. 41 000 Dollar, während das untere Fünftel aufgrund der Steuererleichterungen gerade mal 0,4% bzw. 29 Dollar mehr zum Ausgeben hatte. Siehe dazu auch Sherman und Stone (2010, S. 6).

366 Sherman and Stone (2010, S. 2).

367 Sherman and Stone (2010, S. 6).

368 Mishel, Bernstein und Shierholz (2009, S. 220f.).

369 Die Daten der Tabelle 7 stammen aus unterschiedlichen Quellen. Sie werden von Wissenschaftlern so weit es geht vergleichbar gemacht und in der World Top Incomes Database (o. J.). zur Verfügung gestellt. Wiedergegeben ist der Anteil der Top 1% der Einkommensbezieher ohne Kapitaleinkommen. Zahlenreihen mit Kapitaleinkommen (capital gains) gibt es nur für wenige Länder.

370 Bis Februar 2014 hatten nur die USA und die Niederlande Zahlen für 2012 gemeldet. Für die übrigen Länder endeten die Zahlenreihen zumeist im Jahr 2009 oder 2010.

371 Siehe Bach, Corneo und Steiner (2009, S. 318, Tabelle 6). Auch hier dürfte der tatsächliche Anteil der Kapitaleinkünfte aufgrund von Steuerhinterziehung wesentlich höher sein.

372 Vgl. dazu Grabka und Frick (2007).

373 Die meisten der nachfolgend angeführten Probleme – und noch einige andere mehr – sind in der einschlägigen Literatur gut dokumentiert. Ein kurze anschauliche Übersicht findet sich in Frick und Grabka (2009, S. 58f.).

374 Hierbei handelt es sich einmal um die ganz praktischen Schwierigkeiten, Marktpreise für gebrauchte, langlebige Konsumgüter wie Autos, selbst genutzte Immobilien, Schmuck oder Kunstgegenstände festzustellen. Fraglich ist auch, wie man Anwartschaften in der gesetzlichen Rentenversicherung verbuchen soll, die für eine Person nur dann einen Vermögenswert darstellen, wenn sie das Rentenalter erreicht. Völlig unklar ist auch, wie man mit dem umgeht, was Ökonomen als Humankapital eines Menschen bezeichnen.

375 Frick und Grabka (2009, S. 58).

376 In der deutschen Einkommens- und Verbrauchsstichprobe werden Haushalte mit einem hohen Einkommen erst gar nicht befragt.

377 Im Jahre 2002 lag diese Ausschlussgrenze bei einem Haushaltsnettoeinkommen von 18 000 Euro im Monat (Frick, Grabka und Hauser, 2010, S. 28). Vgl. dazu auch Krysmanski (2009).

378 Wie stark diese Unterschätzung durch die Kappung ausfällt, hängt vom verwendeten Verteilungsmaß ab. Vgl. dazu Frick, Grabka und Hauser (2010, S. 220ff.).

379 Internationale Vermögensvergleiche sind nicht unproblematisch, weil die zuvor genannten Probleme in allen Ländern auftreten und in jedem Land andere Methoden eingesetzt werden, um diese Probleme zu lösen. Auch wenn Davies et al. (2009) große Anstrengungen unternommen haben, die Daten vergleichbar zu machen, verbleibt ein gewisses Maß an Ungenauigkeit. Die Größenordnungen – und nur um die geht es hier – sind aber aussagekräftig.

380 In Hacker und Pierson (2010) findet sich eine genaue Beschreibung der staatlichen Maßnahmen, mit denen die Reichen über Jahrzehnte hinweg noch reicher gemacht wurden.

381 Vgl. Buffett (2011).

382 Angaben nach Allegretto (2001, Tabelle 3, S. 6) und eigenen Berechnungen.

383 Mit dem Argument, dass jeder im Kapitalismus so viel Geld für seine politische Agenda sammeln kann wie er möchte, verteidigt Milton Friedman (1962) den Kapitalismus als das dem Sozialismus überlegene System für die Verwirklichung politischer Freiheiten. Was er verschweigt, ist, dass die Reichen das Geld bereits haben, das sie für die Förderung ihrer eigenen Ideen einsetzen können, und somit wesentlich besser in der Lage sind, ihre politischen Ziele zu verfolgen als der Rest des Volkes.

384 Frick, Grabka und Hauser (2010, S. 22).

385 Frick, Grabka und Hauser (2010, S. 29).

386 Frick, Grabka und Hauser (2010, S. 30).

387 Zuverlässige neuere Daten waren zum Zeitpunkt der letzten Aktualisierung dieses Abschnitts (Februar 2014) nicht verfügbar. Die Angaben im Vierten Armuts- und Reichtumsbericht der Bunderegierung von 2013 enthalten zwar Daten zur Vermögensverteilung für das Jahr 2008, die aber auf Basis der als weniger zuverlässig geltenden Einkommens- und Verbrauchsstichprobe ermittelt wurden. Aber auch danach sind die Reichen noch erheblich reicher geworden: Der Anteil der obersten 10% am Vermögen hat zwischen 1998 und 2008 um 8 Prozentpunkte von 45 auf 53% zugenommen. Vgl. Bundesministerium für Arbeit und Soziales (2013, S. XII).

388   Vgl. dazu Frick und Grabka (2009, Tabelle 1, S. 57).
389   Fulcher (2007, S. 16ff.).
390   Fulcher (2007, S. 17).
391   Galbraith (1959).
392   Marcuse (1964, S. 25).
393   Maslow (1943 und 1954).
394   Siehe dazu ausführlich Ullrich (2006, 2013).
395   Eine Darstellung der neoklassischen Konsumtheorie findet sich in jedem guten Lehrbuch der Mikroökonomie, z. B. bei Edling (2010, S. 106–117) oder Pindyck und Rubinfeld (2009, Kapitel 3).
396   Zu den Defiziten der neoklassischen Konsumtheorie siehe Flassbeck (2010a, S. 89ff.) und Keen (2001, Kapitel 2). Ein Plädoyer für eine neue Sichtweise auf Bedürfnisse, Präferenzen und Kaufentscheidungen findet sich in McFadden (2013).
397   Siehe dazu auch Lindstrom (2008).
398   Barber (2007, S. 18f.).
399   Sennett (2007, S. 107–125).
400   Kahneman und Tversky (1979).
401   Vgl. dazu auch Kahneman (2012, Kapitel 34).
402   Sombart (1922).
403   Veblen (1899, insbesondere Kapitel III und IV).
404   Riesman et al. (1956).
405   Welzer (2013).
406   Vgl. dazu den klassischen Beitrag von Packard (1960).
407   Zitiert nach Reuß und Dannoritzer (2013, S. 29).
408   Vgl. Krajewski (2011). Der Kartellvertrag ist im Anhang 8 von The Monopolies and Restrictive Practices Commission (1951) enthalten, in dem auch die technische Kommission erwähnt wird, die solche Regelungen im Auftrag des Kartells ausgearbeitet hat.
409   Zu Ursachen und Formen des geplanten Verschleißes siehe Guiltinan (2009).
410   Reuß und Dannoritzer (2013, S. 9).
411   Vgl. dazu Schridde und Kreiß (2013, S. 27–61).
412   Vgl. dazu Bulow (1986).
413   *Miele* baut seit 1899 Haushaltsgeräte, die relativ teuer sind, aber eine viel längere Lebensdauer haben als die der meisten Wettbewerber. Der englische Werbeslogan von *Patek Phillipe* lautet: »You never actually own a Patek Philippe. You merely look after it for the next generation.«
414   Siehe dazu auch Buchholz (2009, S. 119ff.) sowie Reuß und Dannoritzer (2013, S. 67–77).
415   Vgl. dazu Sennett (2007, S. 111ff.).
416   Reuß und Dannoritzer (2013, S. 50).
417   Barber (2007, S. 219).
418   Welzer (2013).
419   Fromm (1976).
420   Schumpeter (1926).
421   Diese Form des Wettbewerbs mit differenzierten Produkten wird auch monopolistische Konkurrenz genannt und wurde erstmals detailliert von Joan Robinson (1933) und Edward Chamberlin (1933) analysiert.

422   Stadler (2007).
423   Kessler (2011).
424   Seiderer (2012).
425   Siehe dazu auch Altvater (2007, S. 51–54).
426   Zur historischen Entwicklung siehe auch Polanyi (1944, Kapitel 15).
427   Ridgeway (2004).
428   Koch (2012).
429   Calonego (2012).
430   FAZ.NET (2014).
431   Siehe Larsen (2004) für eine Analyse der norwegischen Erfolgsgeschichte.
432   Siehe dazu auch Manni (2009).
433   Köster (2002).
434   Siehe dazu Kramer (2007) und Kauffmann (2008).
435   Crouch (2008, S. 102ff.).
436   Pierenkemper (2010, S. 50f.).
437   Zum outgesourcten Ich siehe Hochschild (2012).
438   Die Geschichte des Ausdrucks »Privatisierung« findet sich in Bel (2006).
439   Crouch (2011, S. 120).
440   Vgl. dazu z. B. Kämmerer (2001) oder Liedtke (2007).
441   Bei Monopolbetrieben sollte der Staat entweder für eine vernünftige Regulie-
      rung sorgen, um die Monopolrenten zu beschränken oder – soweit das möglich
      und sinnvoll ist – für mehr Wettbewerb sorgen.
442   Vgl. dazu auch Liedtke (2007, S. 176).
443   Siehe dazu auch Engartner (2007).
444   Zu Einzelheiten siehe z. B. Liedtke (2007) oder Kämmerer (2001).
445   Siehe dazu auch Crouch (2011, S. 121f.).
446   Vgl. dazu Liedtke (2007, S. 221–224).
447   Die Privatisierung an sich lässt die Machtbalance zwischen der Demokratie und
      dem Kapitalismus unangetastet, wenn die Investoren einen angemessenen Kauf-
      preis für die Unternehmen entrichten. Denn die für den Kauf aufzuwendenden
      finanziellen Mittel fließen im Gegenzug zur Privatisierung der öffentlichen
      Hand zu.
448   Economist (2014).
449   Siehe Liedtke (2007, S. 245–249) für eine kurze Zusammenfassung der Meinung
      einiger Befürworter dieses Arguments.
450   Im Zweifel muss der Steuerzahler dazu einem privatisierten Unternehmen einen
      ähnlich hohen Zuschuss bezahlen wie zuvor dem öffentlichen Unternehmen,
      um eine gewünschte Vorzugsbehandlung bestimmter Gruppen zu erreichen.
      Dies kann allerdings relativ teuer werden. Wenn z. B. eine privat betriebene
      Bahnlinie befürchtet, dass betrunkene Jugendliche oder ungepflegte Arbeitslose
      ihre gut situierte Kundschaft vergraulen, dann kann sie es entweder ablehnen,
      Sozialtarife anzubieten, oder den Preis dafür so in die Höhe treiben, dass die
      öffentliche Hand diesen nicht mehr zahlen kann oder zahlen will.
451   Bundesministerium für Verkehr, Bau und Stadtentwicklung (2007).
452   Eine Vielzahl konkreter Beispiele dieser Geheimniskrämerei findet sich in
      Rügemer (2008), insbesondere in Kapitel VII.
453   Rügemer (2008, S. 26 und 118).
454   Bundesministerium für Verkehr, Bau und Stadtentwicklung (2007, S. 16).

455   Rügemer (2008, S. 26).
456   Crouch (2011, S. 128ff.).
457   Rügemer (2008, S. 29).
458   Rügemer (2008, S. 151).
459   Eine kurze und leicht verständliche Einführung in die Grundprinzipien der Altersvorsorge findet sich bei Barr (2002).
460   Ein Sofortstart wäre natürlich auch mit einer steuerfinanzierten Rente möglich, ein Weg, der ebenfalls bisweilen gewählt wurde. Aus volkswirtschaftlicher Sicht sind die Unterschiede zwischen beiden Verfahren gering. Jeden Monat wird Geld eingesammelt, entweder von allen Steuerzahlern oder den Versicherten, um es an die Rentner auszuzahlen.
461   Lubinski (2012, S. 13).
462   Balodis und Hühne (2012, S. 33).
463   Lubinski (2012, S. 12).
464   Doran (2004).
465   Eine Zusammenfassung der Ergebnisse findet sich in Joebges et al. (2012, S. 18–22).
466   Vgl. dazu Galbraith (2010, S. 225–231).
467   Eine ausführliche Darstellung der Hintergründe, unterschiedlichen Positionen und des Erfolgs bzw. Misserfolgs der Riester-Rente findet sich in der zweiten Ausgabe der Vierteljahrshefte zur Wirtschaftsforschung 2012 des DIW Berlin. Hagen und Schäfer (2012) fassen die wichtigsten Punkte aus diesen Beiträgen zusammen.
468   Siehe dazu Müller (2009, Kapitel 19). Balodis und Hühne (2012) veröffentlichten drei Jahre später ein erweiterte und aktualisierte Version der »Vorsorgelüge«. Wie sehr die Debatte um den Sozialstaat durch einfache, aber irreführende Denkfiguren wie dem des »Hausväterchens« vernebelt werden, zeigt Reiners (2011).
469   Vgl. Hagen und Kleinlein (2011) sowie Sternberg-Frey (2012).
470   Deutscher Bundestag (2011, S. 51ff.).
471   Zu den Mitnahmeeffekten siehe Meinhardt und Zwiener (2012).
472   Hagen und Kleinlein (2011, S. 4).
473   Wagner (2012, S. 29).
474   Müller (2008).
475   Eine hervorragende Abhandlung über die tatsächlichen Stärken und Schwächen der umlagefinanzierten und kapitalgedeckten Rente findet sich bei Joebges et al. (2012).
476   Siehe dazu grundlegend auch Wagner et al. (1998), Kirner et al. (2000) und Barr (2002) sowie aktuell Logeay et al. (2009) und Hagen und Kleinlein (2011).
477   Mackenroth (1952, S. 41).
478   Siehe dazu Joebges et al. (2012).
479   Barr (2002, S. 13).
480   Siehe dazu auch Staiger (2014).
481   Zitiert nach Balodis und Hühne (2012, S. 16)
482   OECD (2012, S. 1).
483   Zur Arbeitsweise von Fonds siehe Zeise (2011, S. 71–76) und Hetzer (2011, Kapitel 3).
484   OECD (2012, S. 1).

485   Zur unrühmlichen Geschichte und Funktion der Offshore-Zentren als Instrument der Steuerhinterziehung und Geldwäsche siehe Shaxson (2012).

486   Alle Zahlenangaben nach Fichtner (2012).

487   Zu Private-Equity-Fonds siehe Güdel und Lemke (2011).

488   Siehe dazu Liebert (2007).

489   Eine Erklärung für die große Bandbreite der Ergebnisse zum Abschneiden der Private-Equity-Fonds findet sich bei Phalippou (2011).

490   Harris, Jenkinson und Kaplan (2012).

491   Zeise (2011, S. 72).

492   Schurr (2006).

493   Vardi (2013).

494   Für eine einführende Beschreibung des SOEP siehe Wagner et al. (2008).

495   Nach OECD-Definition ist ein Bruttostundenlohn von weniger als zwei Drittel des mittleren Bruttostundenlohns (Medianlohn) ein Niedriglohn. Siehe dazu auch Brenke (2012, S. 3).

496   Brenke (2012, S. 4).

497   Schmitt (2012).

498   Mason und Salverda (2010, S. 38).

499   Wetzel und Weigand (2012, S. 6). Das Institut der Deutschen Wirtschaft beziffert die Zahl der Leiharbeiter Ende 2010 auf rund 900 000 (IW, 2011, S. 11).

500   IW (2011).

501   Zu den Nachteilen für Arbeitnehmer siehe Wetzel und Weigand (2012).

502   Vgl. dazu auch Kalecki (1943), der im Verlust der disziplinierenden Wirkung einen der drei Hauptgründe dafür sieht, warum der Kapitalismus eine Keynesianische Vollbeschäftigungspolitik ablehnen könnte. Ohne Arbeitslose wüssten die Beschäftigten gar nicht, wie gut es ihnen ginge. »Under a regime of permanent full employment, the ‚sack' would cease to play its role as a ‚disciplinary measure'.« (Kalecki, 1943, S. 326).

503   Brenke (2012, S. 6f.).

504   Schäfer (2012, S. 240f.) sowie Schäfer, Vehrkamp und Gagné (2013).

505   Streeck (2013, S. 88f.).

506   Siehe dazu auch Horn (2011, S. 48).

507   Zum schwierigen Problem der Messung von Gewerkschaftsmacht siehe McDonald und Suen (1992).

508   Siehe dazu auch Urban (2010), der den Machtverlust der Gewerkschaften in Deutschland qualitativ nachzuweisen versucht.

509   Siehe dazu Kelly und Hammann (2010) sowie Glyn (2007, S. 121–126).

510   Hirsch und Schnabel (2011).

511   Dustman et al. (2009, S. 860).

512   Siehe dazu auch Boltanski und Chiapello (2006, S. 312–316).

513   Schäfer (2010, S. 7).

514   Kielmannsegg (1978).

515   Boltanski und Chiapello (2006, S. 317f.).

516   Supiot (2008).

517   Streeck (2013, S. 150ff.).

518   Siehe dazu Häring (2010, S. 179–189).

519   Zum Rückbau des Sozialstaats siehe Butterwege (2007).

520 Für eine genaue Definition des Shareholder Value siehe Seppelfricke (2012, S. 3ff.).

521 Alle Zahlenangaben zu *General Electric* und Jack Welch nach Vilain (2007, S. 6ff.).

522 Im Original lautet das Zitat: »On the face of it, shareholder value is the dumbest idea in the world.« (Guerrera, 2009).

523 Vgl. dazu Roubini und Mihm (2010), Honegger, Neckel und Magnin (2010), Krugman (2008) und Sinn (2009).

524 Die Angaben zu Gewinnen und Anzahl der Unternehmen in diesem Absatz stammen aus Fortune Global 500 (2012) und Fortune 500 (1981).

525 Siehe dazu auch Buslei et al. (2012) und die dort angeführte Literatur zur Gewinnverlagerung multinationaler Unternehmen.

526 Siehe dazu ausführlich Duhigg und Kocieniewski (2012).

527 Neate (2012).

528 Duhigg und Kocieniewski (2012).

529 Drucker (2010).

530 Bach (2013).

531 Bach (2013, S. 11).

532 Siehe dazu z. B. Bellak und Leibrecht (2009) sowie die dort angegeben Literatur.

533 Glyn (2007, S. 164f.).

534 Overesch und Rincke (2011).

535 Siehe dazu auch Chang (2010).

536 Siehe dazu auch Hacker und Pierson (2010) für die USA sowie Beise (2009) und Herrmann (2010) für Deutschland.

537 Chang (2010, S. 195ff.).

538 Joffe (2011).

539 Cebula und Feige (2011).

540 Missbach (2009, S. 104).

541 Klaus Zumwinkel war von 1995 bis 2008 Vorstandsvorsitzender der Deutschen Post. Am 14.2.2008 wurden sein Büro und Haus im Rahmen von Ermittlungen der Staatsanwaltschaft wegen Steuerhinterziehung durchsucht. Er wurde im Januar 2009 wegen Steuerhinterziehung zu zwei Jahren Freiheitsentzug auf Bewährung verurteilt.

542 Frankfurter Allgemeine Sonntagszeitung (2008).

543 Missbach (2009, S. 104).

544 Henry (2012, S. 33).

545 Siehe dazu Exhibit A to the Plea Agreement – United States v. Wegelin (2012) und Hagen (2013).

546 Tax Justice Network (2005, S. 5).

547 Tax Justice Network (2005, S. 5).

548 Henry (2012, S. 5).

549 Wuntsch, Bach und Trabold (2006, S. 144).

550 Siehe dazu Schäfer (2011) oder Tax Policy Center (o. J.).

551 Siehe dazu auch Jurczenko (2013).

552 Tax Justice Network (2011).

553 Feld und Schneider (2011, S. 5ff.).

554 Siehe dazu auch Shaxson (2012).

555 Die Zahlenangaben zu Deutschland in diesem Absatz stammen aus Kraft (2009).

556   Kläsgen (2012).
557   Ryle und Walker Guevara (2013).
558   Dabei handelte es sich um den sogenannten Foreign Account Tax Compliance Act (FACTA).
559   Bigalke und Ott (2013).
560   Schumann (2014).
561   Kühni (2012).
562   Buffett (2011).
563   Kläsgen (2011).
564   Zitiert nach Zielcke (2010).
565   Zitiert nach Uchatius (2011).
566   Siehe dazu Leyendecker (2007), der eine Vielzahl von solchen Korruptionsfällen beschreibt, oder auch Tillack (2008).
567   LIBOR ist die Abkürzung für London Inter-Bank Offered Rate.
568   Siehe dazu ausführlicher Economist (2012).
569   New York Times (2012).
570   Kroder und Schäder (2012).
571   BBC (2012).
572   European Commission (2013).
573   Forbes (2012).
574   U.S. Senate (2012).
575   HSBC (2012).
576   Süddeutsche Zeitung (2012).
577   Siehe dazu z. B. Bakan (2004), der in Kapitel 3 eine Reihe von gängigen Verstößen US-amerikanischer Großkonzerne gegen geltendes Recht dokumentiert.
578   Edling (2010, S. 167).
579   European Commission (2007b, S. 107).
580   Bundeskartellamt (2013a, 2013b).
581   Bundeskartellamt (2014).
582   European Commission (2014).
583   European Commission (2007b, S. 71 – 73).
584   Schumann (2012).
585   Zitiert nach Friedrichs (2012, S. 93), der in seinem Artikel auch erklärt, wie in der Mineralölbranche tagtäglich gleichgerichtetes Verhalten auch ohne explizite Absprachen entsteht.
586   Brandt (2009, S. 3f.).
587   Brandt (2009, S. 504).
588   Siehe dazu Wess (1997), der schon Mitte der 1990er Jahre die damals bekannten Praktiken des US-Multis Monsanto im Umgang mit Giften beschreibt.
589   Zu den Machenschaften von Großkonzernen im Umgang mit ihren Gegnern siehe auch Peter (2004).
590   Robin (2009).
591   Wess (1997).
592   Ridder (2000).
593   Roselli (2007).
594   Wie Kerkow, Martens und Müller (2012) belegen, sind auch deutsche Automobilkonzerne an Menschenrechtsverletzungen beteiligt.

595 Siehe dazu z. B. das aufschlussreiche Buch von Bode (2007), der darlegt, wie die Konsumenten bei Lebensmitteln u. a. durch falsche Informationen betrogen werden.

596 Zum ethischen Konsum siehe Heidbrink, Schmidt und Ahaus (2011).

597 Eingeführt hat diese Terminologie der britische Ökonom Arthur Cecil Pigou (1912) in seinem Werk »Wealth and Welfare«.

598 Siehe dazu z. B. Schwartau (1983) und Welfens (1993).

599 Grundlegend dazu Bonus (1974 und 1986).

600 Vgl. dazu z. B. Shui und Harriss (2006) sowie Weber und Matthews (2007).

601 Die Gründe dafür werden ausführlich in Kapitel 12 behandelt.

602 World Bank (2007).

603 China Daily (2006).

604 UNEP Finance Initiative (2011, S. 4).

605 UNEP Finance Initiative (2011, S. 28). Mit Bruttogewinnen ist hier EBITDA (Earnings before Interest, Taxes, Depreciation and Amortization) gemeint, also der Gewinn vor Zins- und Steuerzahlungen sowie Abschreibungen auf Sachanlagen und Abschreibungen auf immaterielle Vermögenswerte.

606 Ausführlich beschrieben ist dieser Wandel der Arbeitswelt in Hochschild (2006) oder Schrenk (2007).

607 Im Original lautet das Zitat aus der Geschichte »Through the Looking-Glass« von Lewis Carroll: »Now, here, you see, it takes all the running you can do, to keep in the same place. If you want to get somewhere else, you must run at least twice as fast as that!«

608 Vgl. dazu z. B. Badura et al. (2012).

609 Wissenschaftliches Institut der AOK (2012).

610 Zeit Online (2011).

611 Steinert und Halstrup (2011).

612 Dröge und Richter (2012).

613 Umweltbundesamt (2011).

614 Lincoln (1837). Im Original lautet das Zitat: »These capitalists generally act harmoniously and in concert to fleece the people, and now that they have got into a quarrel with themselves, we are called upon to appropriate the people's money to settle the quarrel.«.

615 Vgl. dazu auch Buchholz (2009, S. 96ff.).

616 Siehe dazu z. B. Galbraith (1994), Reinhart und Rogoff (2010) oder Chavagneux (2013).

617 Minsky (1986).

618 Siehe dazu auch die klassische Argumentation bei Friedman (1962), insbesondere die Kapitel 3 und 5.

619 Im Unterschied zu Eingriffen in den Wirtschaftsprozess begrüßt der Kapitalismus eine aktive Gestaltung der Wirtschaftsordnung, die ihm bessere Rahmenbedingungen zur Akkumulation verschafft.

620 Ausnahmen bestätigen auch hier die Regel. So haben einige Landesregierungen Programme aufgelegt, die in Not geratenen kleinen und mittleren Unternehmen mit zinsgünstigen Krediten in schwierigen Zeiten helfen sollen.

621 Reuter (2000).

622 Netzzeitung (2009).

623 Schumpeter (1926).

624   Eine lesenswerte Schilderung der dramatischen Umstände dieser Rettungsaktion aus Sicht des damaligen Finanzministers findet sich in Steinbrück (2011).

625   Zu den Ursachen der Finanzkrise siehe die ausführlichen Darstellungen bei Sinn (2009) oder Roubini und Mihm (2010).

626   Eine Analyse der politischen und ökonomischen Faktoren, die in den USA zur Krise führten, findet sich in Evans (2009).

627   Honegger, Neckel und Magnin (2010).

628   Schmidt (2011).

629   Alle Zahlenangaben in diesem Absatz stammen aus Laeven und Valencia (2012), insbesondere Tabelle A2.

630   Binder und Schäfer (2011).

631   Handelsblatt (2012).

632   Handelsblatt (2008).

633   TARP steht für Troubled Asset Relief Program (dt.: Hilfsprogramm für in Schwierigkeiten geratene Vermögenswerte).

634   U.S. Department of the Treasury (2012).

635   Alle Angaben in diesem Absatz nach Keoun und Kuntz (2011).

636   Von dem zuvor erwähnten TARP-Programm wurden bis 30.6.2012 bereits 83% der Darlehen von den Schuldnern zurückbezahlt. Am 30.9.2013 lagen die Einnahmen aus den Rückzahlungen der unterstützten Unternehmen (inkl. Verkäufen der vom Staat übernommenen Aktien von *AIG*) sogar 1,5 Mrd. US-Dollar über den ursprünglichen Hilfen. (U.S. Department of the Treasury, 2013). Dennoch fehlte dem Staat und damit der Gesellschaft fünf Jahre lang Geld in erheblichem Umfang.

637   Der im April 2009 gegründete Finanzstabilitätsrat stufte Ende 2011 29 Banken als systemrelevant ein. Vgl. Financial Stability Board (2011).

638   Vgl. dazu Schendelen (2006). Jesse Sheidlower vom Oxford English Dictionary (OED) gibt an, dass das OED den Begriff bereits 1640 erwähnt, damals noch in der Bedeutung eines Meinungsaustausches zwischen der Öffentlichkeit und den Volksvertretern in einer Lobby des House of Commons (Vgl. National Public Radio, 2006).

639   Leif und Speth (2006, S. 12).

640   Ein kenntnisreicher Überblick über die verschiedenen Methoden und die verschlungenen Pfade des Lobbyings in Deutschland findet sich bei Gammelin und Hamann (2005).

641   Althaus (2006, S. 317).

642   Vgl. dazu Alemann und Eckert (2006).

643   Speth (2006, S. 47).

644   Pohl (2012, S. 39).

645   Siehe dazu auch Martiny (2004).

646   Vgl. dazu auch LobbyControl (2013).

647   Burger (2006) porträtiert in seinem lesenswerten Beitrag vom 16. Februar 2006 in *TIME* die Karriere eines für Washington D.C. typischen Drehtürlobbyisten.

648   Alle Angaben zu Dick Cheney wurden dem Biographical Directory of the United States Congress (o. J.) entnommen.

649   Vgl. dazu Klein und Höntzsch (2007, S. 3).

650   Süddeutsche Zeitung Online (2011).

651   Adamek und Otto (2008, S. 12).

652 Adamek und Otto (2008, S. 13).

653 Vgl. dazu das Kapitel 5 »Warum wird Gesundheit immer teurer?« in Adamek und Otto (2008).

654 Siehe dazu Haar et al. (2009, S. 5f.).

655 Zu den aktuellen Grenzwerten der Registrierung siehe die Website des Senats der Vereinigten Staaten, von der auch die hier zitierten Grenzwerte entnommen wurden. http://www.senate.gov/legislative/Public_Disclosure/new_thresholds.htm. (Zugriff 8.4.2014).

656 Vgl. dazu Mabeus (2005).

657 Die Zahlenangaben stammen vom Center for Responsive Politics, einer Nichtregierungsorganisation, die seit 1983 die Finanzierungsströme in der amerikanischen Politik nachvollzieht und der Öffentlichkeit zugänglich macht. Vgl. dazu http://www.opensecrets.org/lobby/index.php. (Zugriff 8.4.2014).

658 Die angelegten Kriterien sind allerdings relativ streng, weshalb Dick Cheney in der Revolving Door Datenbank des Center for Responsive Politics nicht auftaucht.

659 Vgl. LobbyControl (2011, S. 1).

660 Smith (1776, S. 276, Übersetzung durch den Autor).

661 Leif (2006, S. 49ff.).

662 Myrdal (1959).

663 Siehe dazu Erhard (1957, S. 143f.)

664 Siehe dazu im Detail Erhard (1957, Kapitel 6).

665 Vgl. dazu ausführlich Mierzejewski (2006, Kapitel 4, 5 und 6).

666 Eng damit verbunden ist ein zweites Argument, das auf sinkende Steuerzahlungen und eine zurückgehende Wettbewerbsfähigkeit der Unternehmen verweist.

667 Siehe dazu im Detail Lösche (2006, S. 54ff.). Zwei weitere von Lösche vorgebrachte Argumente beziehen sich weniger auf das Lobbying als vielmehr auf die Rolle der Verbände als Mittler zwischen verschiedenen Interessen und als Katalysator für Kompromisse.

668 Creutzburg (2010).

669 Siehe dazu z. B. Brandt (2009).

670 Das Wort »Restrictions« fand sich nicht im ursprünglichen Vorschlag der Europäischen Kommission (2001, S. 8) und wurde 2006 in der endgültigen Verordnung zu REACH eingefügt.

671 Carlsen et al. (1992, S. 610).

672 Carlsen et al. (1995, S. 138).

673 Siehe dazu Kallee (2004, S. 65).

674 Adamek und Otto (2008, S. 164).

675 Die Europäische Kommission (2001, S. 5) charakterisierte das Vorsorgeprinzip wie folgt: »Wenn es zuverlässige wissenschaftliche Hinweise dafür gibt, dass ein chemischer Stoff nachteilige Auswirkungen auf die menschliche Gesundheit und die Umwelt haben könnte, aber aus wissenschaftlicher Sicht noch Ungewissheiten über die genaue Art und Schwere der möglichen Schäden bestehen, muss die politische Entscheidungsfindung auf dem Prinzip der Vorsorge fußen, um Gesundheits- und Umweltschäden zu verhüten.«

676 Europäische Kommission (2001, S. 8).

677 Europäische Kommission (2003, S. 11ff.).

678 Kallee (2004, S. 66).

679   Europäische Kommission (2003, S. 30f.). Modellrechnungen von Pearce und Koundouri (2003) ergaben zum Teil noch höhere Einsparungen im öffentlichen Gesundheitswesen.

680   Alle Angaben in diesem Absatz zusammengestellt aus Adamek und Otto (2008) sowie Kallee (2004).

681   European Environmental Agency (2012, S. 6).

682   Polanyi (1944).

683   Financial Crisis Inquiry Commission (2011, S. 55).

684   Sinn (2009, S. 151f.).

685   F.I.R.E. steht für Finance, Insurance und Real Estate (dt. Finanzen, Versicherungen und Immobilien).

686   Alle Angaben aus Global Exchange (2012).

687   Haar et al. (2009, S. 3).

688   Haar et al. (2009, S. 9).

689   Haar et al. (2009, S. 4).

690   Übersetzung durch den Autor. Im von Finance Watch (2010) verbreiteten Text des Aufrufs lautet der Satz: »This proximity contributes to a unilateral attention to the argumentations of the financial industry and it certainly hinders the ability of politicians to take decisions free from influences.«

691   Angaben nach http://www.finance-watch.org/ueber-uns. (Zugriff 13.10.2013).

692   taz (2011).

693   Tillack (2009, S. 83).

694   Kaul (2010).

695   Siehe dazu auch Bussemer (2005, S. 14), der Propaganda als den »Kampf um Einfluss durch Kommunikation« definiert.

696   Le Bon (1895).

697   Die Tätigkeiten des Komitees für Öffentlichkeitsinformation sind aus Sicht ihres Leiters in Creel (1920) beschrieben. In für Propagandisten typischer Art und Weise besteht George Creel darauf, dass die Kommission nur Fakten präsentiert habe, im Unterschied zu den Gegnern, die auf Propaganda gesetzt hätten (Creel, 1920, S. 4f.).

698   Siehe dazu auch Bussemer (2005, S. 50–55 und 328ff.).

699   Bernays (1928, S. 77).

700   Schäfer (2007).

701   Museum of Public Relations (o. J.). In diesem Video erzählt Edward Bernays die Geschichte der Torches of Freedom.

702   Bernays (1928, S. 37).

703   Bernays (1928, S. 37).

704   Siehe dazu auch den 1937 erstmals erschienenen Leitfaden des Institute for Propaganda Analysis (1995) sowie McClung Lee und Briant Lee (1939).

705   Grundlegend dazu ist das Werk von Bernays (1928), der als Wegbereiter der modernen Propaganda gilt.

706   Pinker (2012) ist wohl eines der besten Bücher, aus dem sich Nicht-Mediziner über die Funktionsweise des menschlichen Gehirns und Verstandes informieren können.

707   Zajonc (1968).

708   Müller (2009, S. 127ff.).

709   Rohwetter (2007).

710 INSM (o. J.), Stichpunkt »FAQs«.
711 Siehe dazu ausführlich z. B. Leif und Speth (2005, S. 307ff.).
712 Oschmiansky, Kull und Schmid (2001).
713 Siehe dazu auch Altvater (2007, S. 35f.).
714 Wie Lakoff und Wehling (2008) darlegen, prägen Begriffe, Metaphern und der gezielte Einsatz der Sprache das Denken weit mehr als den meisten bewusst ist.
715 Siehe dazu auch Lemke (2004).
716 Sennett (2006, S. 57).
717 Deutscher Journalisten Verband (2006, S. 2).
718 Galbraith (2007, S. 39–46).
719 Braudel (1986, S. 695).
720 Boltanski und Chiapello (2006, S. 46).
721 Ptak (2007, S. 16).
722 Boltanski und Chiapello (2006, S. 46).
723 Friedman (1962, Kapitel 12).
724 Siehe dazu Eucken (1952, Kapitel XVI) und Friedman (1962, Kapitel 2).
725 Ptak (2007, S. 14).
726 Butterwegge (2007, S. 136).
727 Siehe dazu auch Böhm (1928).
728 Böhm (1947, S. 82).
729 Rüstow (1932) Zitiert nach Ptak (2007, S. 35 und Fn. 16, S. 20).
730 Böhm (1937, S. 120f.).
731 Hayek (1969).
732 Hayek (1974).
733 Hayek (1970, S. 19).
734 Hayek (1981, S. 222, Hervorhebung im Original).
735 Hayek (1969, S. 255, Hervorhebung im Original).
736 Siehe dazu ausführlich Schui und Blankenburg (2002, S. 77ff.) sowie Ptak (2007, S. 47).
737 Eucken (1943, S. 243f., Hervorhebung im Original). Der Tippfehler im Wort »Markwirtschaft« wurde im Sinne einer besseren Lesbarkeit nicht übernommen.
738 Das von Margaret Thatcher vertretene TINA-Prinzip (There Is No Alternative) beruht genau auf diesen Hayekschen Gedanken.
739 Vgl. dazu auch Ptak (2007, S. 57f.).
740 Hayek (1981, S. 111).
741 Hayek (1981, S. 112).
742 Vgl. dazu Roser und Oswalt (2007) und Mierzejewski (2006, Kapitel 4).
743 Hayek (1949).
744 Für eine detaillierte Darstellung der neoliberalen Vorstellung von Demokratie siehe Lösch (2007).
745 McChesney (2006, S. 9).
746 Vergleiche dazu Hayek (1949, S. 53f.).
747 Keynes (1936, S. 383).
748 Siehe auch MPS (o. J.).
749 Cockett (1994, S. 111f.).
750 Siehe dazu auch Chomsky (2006, Kapitel II) und Ptak (2007, S. 76–80).
751 Hayek (1977, S. 16ff.).
752 Chomsky (2006, S. 69f.).

753   Friedman (1962, S. 50, Übersetzung durch den Autor).

754   Nouriel Roubini (2006) und Max Otte (2006) sind zwei Ökonomen, die frühzeitig vor der Krise gewarnt haben.

755   Eine ausführliche Abhandlung über die Mont Pelerin Society findet sich in Walpen (2004), eine kürzere Darstellung in Cockett (1994, Kapitel 3).

756   Hayek (1949).

757   Vgl. Plehwe und Walpen (1999).

758   Siehe dazu insbesondere Hayek (1949).

759   Schindelbeck und Ilgen (1999, S. 270f.). Die ersten drei Kampagnen umfassten rund 450 Presseorgane mit einer Auflage von jeweils rund 12 Millionen Exemplaren.

760   Siehe dazu auch die detaillierte Studie von Schindelbeck und Ilgen (1999).

761   Ptak (2007, S. 77).

762   Zitiert nach der Website der ASM (o. J.), Stichpunkt »Aufgabe«.

763   Zitiert nach der Website der INSM (o. J.), Stichpunkt »FAQs«.

764   Zitiert nach der Website der INSM (o. J.), Stichpunkt »FAQs«.

765   Zitiert nach der Website des IW (o. J.), Stichpunkt »Selbstdarstellung«.

766   Zitiert nach der Website der INSM (o. J.), Stichpunkt »FAQs«.

767   Siehe dazu ausführlich Kinderman (2005).

768   Heute wird der Begriff »Think-Tank« auch für nicht-neoliberale Denkfabriken verwendet.

769   Radnitzky (1991, S. XIXf.).

770   Radnitzky (1991, S. XX).

771   George (2001).

772   Walpen (2004, S. 402).

773   Plewe und Walpen (1999, S. 222).

774   George (2001, S. 213).

775   Das *American Enterprise Institute* hat seit seiner Gründung tausende von Veröffentlichungen mit dieser Botschaft in allen möglichen Medien platziert. Im Jahre 2010 hatte es 185 Mitarbeiter, die mit einem zweistelligen Millionenbudget weiterhin Studien und Zeitungsbeiträge zur Festigung der neoliberalen Vorherrschaft produzierten. Vgl. dazu AEI (o. J.).

776   Geschichte, Arbeitsweise und Einfluss des *Institute of Economic Affairs* und des *Centre for Policy Studies* finden sich in Cockett (1994, Kapitel 4 bis 8).

777   Walpen (2004, S. 399ff.).

778   George (2001, S. 213).

779   Walpen (2004, S. 189).

780   http://www.forbes.com/billionaires/list/ (Zugriff 8.4.2014).

781   Mayer (2010).

782   Cockett (1994, S. 132).

783   George (2001, S. 213).

784   Zitiert nach der Website der Stiftung Marktwirtschaft (o. J.), Stichpunkt »Die Stiftung«.

785   Eine ausführliche Analyse marktliberaler Propaganda findet sich in Ötsch (2009).

786   Ausführlich dargestellt wird diese auf Max Weber zurückgehende Idee bei Boltanski und Chiapello (2006, S. 42–48).

787 Andere zentrale Botschaften wie »Die Verfolgung des Eigeninteresses nützt auch dem Allgemeinwohl« dienen eher als Rechtfertigung für den Kapitalismus und haben weniger die Funktion, dessen Macht zu stärken. Propagandabotschaften, die keine ausgeprägte Relevanz für die Machtfrage haben, werden im Folgenden nicht mehr betrachtet. Einige von ihnen finden sich bei Boltanski und Chiapello (2006, S. 48–67) oder Buchholz (2009, S. 57–75).

788 Die Neoliberalen verwenden dabei ziemlich genau die von den Neoklassikern entwickelte Theorie der Entlohnung der Produktionsfaktoren gemäß ihrer Grenzproduktivität.

789 Friedman (1962, S. 161ff.). Im Unterschied zur nicht gestatteten Umverteilung von Einkommen ist die Beseitigung von Armut durchaus im Sinne der meisten Neoliberalen. Wer z. B. aufgrund einer Behinderung, Krankheit oder eines Unfalls kein Einkommen am Markt erzielen kann, dem soll der Staat einen existenzsichernden Unterhalt garantieren.

790 Rawls (1979).

791 Friedman (1962, S. 164).

792 Siehe Edling (2010, S. 65ff.) für eine Diskussion des Leistungsfähigkeitsprinzips.

793 Für eine kurze Darstellung der Problematik von Werturteilen in der Wissenschaft siehe Klump (2011, S. 37ff.).

794 Für diesen Teil ihrer Ideologie haben sich die Neoliberalen die Anschauungen der Neoklassiker zu eigen gemacht. Als erste umfassende Darstellung der neoklassischen Theorie gilt Marshall (1890).

795 Siehe dazu z. B. Fox (2009).

796 Akerlof (1970).

797 Hardin (1968).

798 Grundlegend dazu ist Cournot (1838).

799 Train (1991).

800 Grundlegend dazu ist Samuelson (1954).

801 Diese Position findet sich in jedem guten Lehrbuch der Volkswirtschaftslehre dargestellt, z. B. in Edling (2010) oder Klump (2011).

802 Diese Position ist ausführlich in Friedman (1962) wiedergegeben.

803 Baumol, Panzar und Willig (1982).

804 Grundlegend dazu ist Becker (1993).

805 Siehe dazu ausführlich Heuser (2008) oder Kahneman (2012).

806 Vgl. dazu Frey und Frey Marti (2010) oder Hirata (2011).

807 INSM (2007).

808 Altvater (2007).

809 Bastiat (1845).

810 Ricardo (1817).

811 Siehe dazu ausführlich Tarr (1989).

812 Krugman, Obstfeld, Melitz (2012, S. 239).

813 List (1841). Ähnlich argumentierte 50 Jahre zuvor schon Alexander Hamilton.

814 Vgl. dazu Häring (2010), der das Fehlen von Macht als analytischer Kategorie in den Wirtschaftswissenschaften und die sich daraus ergebenden Folgen detailliert analysiert hat.

815 Zur Entwicklung des Kartellrechts siehe Crouch (2011, S. 83–95).

816 Buchholz (2009).

817 Vgl. dazu Lukes (1974).

818   Vgl. dazu Galbraith (1987, Kap III) und Lindblom (1977, S. 52–65).

819   Vgl. dazu auch Galbraith (1987, S. 44ff.-46).

820   Machiavelli (1513, S. 70f.).

821   Selbstmordattentate oder Kamikaze sind die extremste Ausprägung dieser Form von unbedingtem Einsatz für die Ideologien, an die Menschen glauben.

822   Barber (2007, Kapitel 1 bis 3).

823   Vgl. dazu z. B. Meltzoff und Moore (1989).

824   Siehe dazu ausführlich Duhigg (2012).

825   Duhigg (2012, S. 39ff. und 48ff.).

826   Siehe dazu auch Welzer (2013).

827   Zum Charakter des Spiels siehe grundlegend Huizinga (1938, Kapitel 1).

828   Mit welchem Arsenal an Maßnahmen die Unternehmen Kinder und Jugendliche als Zielgruppe ins Visier nehmen, hat Barber (2007) im ersten Kapitel seines Buches ausführlich dokumentiert.

829   Die Angaben zum Monopoly stammen aus Hinebaugh (2009, S. 70–76).

830   Fast alle Brettspiele gibt es mittlerweile auch online zum Spielen gegen den Computer oder Mitspieler irgendwo auf der Welt.

831   Zu den Ausnahmen zählen Brettspiele wie Schach, Dame und Mühle, bei denen der Zufall ausgeschaltet ist und in denen fast ausschließlich das Geschick der Spieler über Sieg oder Niederlage entscheidet, sowie Gedächtnisspiele (z. B. Memory) oder Geschicklichkeitsspiele (z. B. Puzzle), deren Zweck vor allem im Trainieren bestimmter kognitiver Fähigkeiten liegt.

832   Siehe dazu Schumpeter (1942, insbesondere Kapitel 7). Dohnanyi (1997, S. 90–96) hält die Rivalität unter Berufung auf Autoren wie Adam Smith und Fernand Braudel sogar für »den Motor der Menschheit«.

833   Zur Bedeutung von Zusammenarbeit siehe Sennett (2012, insbesondere Kapitel 3).

834   Mackay (2012).

835   Mackay (2012).

836   Schumpeter (1942, S. 115).

837   Galbraith (1976).

838   Die klassischen Mannschafts*sportarten* sind dadurch gekennzeichnet, dass die Spieler gemeinsam und gleichzeitig versuchen, das gegnerische Team zu besiegen. Damit unterscheiden sie sich von Sportarten wie Tennis, Judo, der Leichtathletik oder dem Turnen, in denen es zwar auch Mannschafts*wettbewerbe* gibt, in denen sich das Mannschaftsresultat aber durch Addition der Ergebnisse von Wettkämpfen einzelner Sportler ergibt.

839   Jeder Fußballfan weiß natürlich, dass nicht nur die Torschützen Spiele entscheiden, sondern es auch die Leistung der Mannschaft ankommt. Daher wird die Leistung der Spieler weit differenzierter beurteilt als nur nach den geschossenen Toren. Nichtsdestotrotz entscheiden letztlich Tore das Spiel.

840   Siehe dazu Landes (2009, S. 63–66).

841   Eine differenzierte und anschauliche Analyse von Autorität findet sich in Sennett (1980).

842   Geißler (2012, S. 108).

843   Franklin (1748). Im Original lautet der Satz: »Remember that TIME is Money«.

844   Der Satz »There is no such a thing as a free lunch« wird Milton Friedman zugeschrieben und ist deswegen auf den ersten Blick paradox, weil jeder Mensch

hin und wieder essen muss und während dieser Zeit zumeist nicht arbeiten kann. Wird man zum Essen eingeladen, verbringt man aus Höflichkeit aber mehr Zeit mit dem Gastgeber als man zur Nahrungsaufnahme benötigt. Dann kostet das »free lunch« zumindest Zeit, selbst wenn man so unhöflich ist, keine Gegeneinladung auszusprechen.

845   Geißler (2012, S. 106).

846   Vgl. dazu z. B. Balodis und Hühne (2012), die im ersten Teil ihres Buches »Die Vorsorgelüge« aufzeigen, wie Lobbyisten, Wirtschaftsbosse und einige gekaufte Wissenschaftler aus Profitinteresse die gesetzliche Rentenversicherung in Misskredit bringen, um die private Rentenversicherung durchzusetzen, die der Finanzbranche jedes Jahr risikofreie Milliardengewinne beschert.

847   Bundesverband Deutscher Banken (2008).

848   Bundesverband Deutscher Banken (2008, S. 22).

849   Bundesverband Deutscher Banken (2008, S. 24, Hervorhebung durch den Autor).

850   Bundesverband Deutscher Banken (2008, S. 31).

851   Bundesverband Deutscher Banken (2008, S. 31).

852   Bundesverband Deutscher Banken (2008, S. 36f.).

853   Bundesverband Deutscher Banken (2008, S. 8).

854   Siehe dazu Smith (1759) und Evinsky (2005).

855   Keynes (1936).

856   Vgl. dazu z. B. Akerlof und Shiller (2009), Heuser (2008), Kahneman (2012) oder Ubel (2009). Wie Ashraf, Camerer und Loewenstein (2005) zeigen, war bereits Adam Smith ein Verhaltensökonom, der z. B. in der »Theorie der ethischen Gefühle« über 200 Jahre vor Kahneman und Tversky (1979) einen Effekt beschrieben hat, der heute als Verlustaversion bekannt ist.

857   Deutsche Bank Research (2010, S. 22).

858   Deutsche Bank Research (2010, S. 26).

859   LobbyControl (2013, S. 4).

860   Verband Bildungsmedien (2012, S. 9).

861   INSM Wirtschaft und Schule (o. J.).

862   LobbyControl (2013, S. 16).

863   LobbyControl (2013, S. 16).

864   Die hier vorgestellte Idee der Setzung eines weiten Rahmens zur Erreichung der Gefolgschaft basiert auf Sennett (2007, S. 107–125).

865   »Qual der Wahl« ist die ungefähre deutsche Bezeichnung der englischen Begriffe »Choice Overload« und »Overchoice«. Letzterer geht auf Alvin Toffler (1971) zurück und impliziert, dass ein Zuviel an Wahlmöglichkeiten den Konsumenten überfordert und ihn dadurch unzufriedener macht. Siehe dazu auch Scheibehenne, Greifeneder und Todd (2010), Iyengar und Lepper (2000) und Simonson (1990).

866   Auf eine weitere Funktion der Warenvielfalt komme ich noch im Abschnitt über Zeitdiebstahl zu sprechen.

867   Kant (1784).

868   Humboldt (1792/1794, S. 234).

869   Humboldt (1792/1794, S. 235).

870   Humboldt (1792/4, S. 235f.), Orthographie unverändert übernommen.

871   Liessmann (2008, S. 21).

872   Liessmann (2008, S. 54).
873   Humboldt (1810, S. 261).
874   Vgl. dazu auch Humboldt (1810).
875   Siehe zu diesem Abschnitt auch die pointierten Aussagen bei Liessmann (2008, Kapitel 3).
876   Nietzsche (1872, S. 685f.).
877   Nietzsche (1872, S. 687f.).
878   Nietzsche (1872, S. 679ff.).
879   Siehe dazu auch Liessmann (2008, S. 52f.).
880   Metz und Seeßlen (2011, S. 66).
881   Hayek (1948, S. 39).
882   Vgl. dazu Chappell (2012).
883   Vgl. dazu Frantl (2012).
884   Vgl. dazu auch Brandt (2011), der den Unterschied zwischen Wissen einerseits und Erkenntnis bzw. Bildung andererseits am Prozess des Verstehens fest macht.
885   Siehe dazu auch Polanyi (1958).
886   Siehe dazu Meier (2005).
887   Kocyba (2004).
888   Schumpeter (1942, S. 246f.).
889   Franklin (1748).
890   Zitiert nach Galbraith (1987, S. 40).
891   Alle Angaben und Zitate in diesem Absatz zu Russland stammen aus Neshitov (2012).
892   Wortmann (2009, S. 37).
893   Crouch (2008, S. 87).
894   Rund 75% der Eltern halten den Schulabschluss ihres Kindes für wichtig, nur 3% glauben, dass er weniger oder unwichtig ist (Henry-Huthmacher, 2008, S. 44).
895   Schrenk (2007, S. 117).
896   Die Angaben und Zitate in diesem Absatz stammen aus Otto (2007).
897   Siehe dazu ausführlicher Furedi (2002).
898   Kraus (2013).
899   Meidinger (2012).
900   Karakurt (2011).
901   Der Bayerische Lehrer- und Lehrerinnenverband, der eine Rechtsberatungsstelle für Pädagogen unterhält, registrierte zwischen 1992 und 2012 eine Vervierfachung der Zahl der Rechtsfälle, die von Eltern gegen Lehrer oder Schulen vorgebracht wurden (Baier, 2013).
902   Spectator Editorial Board (2010).
903   Siehe dazu auch Müller (2011a).
904   Siehe dazu das Interview mit Jörn Meyn (2010).
905   Beide Zitate nach Schmoll (2009).
906   Beide Zitate nach Gillmann (2011).
907   Siehe dazu auch Menden (2011).
908   Siehe dazu auch Becker (2011b).
909   Schmidt und Hecht (2011, S. 7).
910   Schmidt und Hecht (2011, S. 4).
911   Beide Zitate nach Schultz (2011).

912 Dieser Ausdruck bezeichnet in Anlehnung an die verfehlte sozialistische Planwirtschaft ein Verhalten, das mehr auf die Quantität als die Qualität der Publikationen setzt. Siehe dazu auch Kieser (2010), Professor für Betriebswirtschaftslehre an der Universität Mannheim, der sich in seiner Abschiedsvorlesung ausgesprochen kritisch mit der Tonnenideologie in der Forschung auseinandersetzt, obwohl die Universität Mannheim in allen nationalen BWL- und VWL-Rankings unter den Top-Universitäten zu finden ist.

913 Kristof (2014).

914 Kristof (2014, Übersetzung des Zitats durch den Autor).

915 Kieser (2010).

916 Vgl. dazu auch Münch (2011), der in seinem Buch *Akademischer Kapitalismus* genau darlegt, wie die Reformen die Hochschulen in Deutschland von einer akademischen Institution in eine ökonomische überführen.

917 Die USA sind den übrigen Staaten hier weit voraus, denn dort akkumulieren die Universitäten auch Kapital. Einige bringen es dabei auf ein Milliardenvermögen. Siehe dazu auch Slaughter und Leslie (1999) und Slaughter und Rhoades (2004).

918 Zu den vielfältigen Gründen für dieses Verhalten, die hier nicht erörtert werden können, siehe z. B. Häring (2010, S. 231–234), Kieser (2010) und Münch (2011, S. 133–154).

919 Akerlof (1970).

920 Siehe dazu ausführlich Gans und Shepherd (1994).

921 Kieser (2010).

922 An guten Universitäten lernt man bereits in Masterprogrammen, wie man in Fachzeitschriften mit Gutachtersystem publiziert und auch die Wahrscheinlichkeit eines Desk-rejects verringert. An Büchern gibt es dazu ebenfalls reichlich Auswahl, z. B. Day und Gastel (2012) oder Moxley (1992).

923 Auf die Probleme des Publizierens in Zeitschriften mit Gutachterverfahren für die Entwicklung der Wissenschaft kann hier nicht weiter eingegangen werden. Siehe dazu z. B. Binswanger (2010, S. 140–179), Economist (2013) oder Münch (2011, S. 132–180).

924 Frey (2003).

925 Bauerlein et al. (2010). Generell sind die Schätzungen des Anteils nicht zitierter Artikel aus statistischen und methodischen Gründen mit Vorsicht zu genießen, weshalb man aus dem Rückgang von 45 auf 41% keine Schlüsse ziehen sollte. Die Größenordnungen für den Anteil nicht zitierter Artikel haben sich jedoch in verschiedenen Studien bestätigt. Zu beachten ist auch, dass der Anteil nicht zitierter Studien in den Geisteswissenschaften wesentlich höher ist als in den Wirtschafts- und Sozialwissenschaften. Relativ niedrig scheint er in den Naturwissenschaften zu sein (siehe dazu auch Meho, 2007).

926 Münch (2011, S. 128).

927 Binswanger (2010, S. 159).

928 Das Publikationssystem erklärt nur zum Teil, warum die Mainstream-Ökonomen das Auftreten einer Krise wie der des Jahres 2008 ausgeschlossen haben. Seit dieser Zeit wird debattiert, warum und wie die Mainstream-Ökonomen zu dieser Fehleinschätzung gelangen konnten. Aus der Vielzahl von Beiträgen erschienen besonders lesenswert: Derman (2013), Fox (2009), Häring (2010, S. 248ff.), Kreiß (2013, S. 111–131), Krugman (2009), Nienhaus (2009), Riedel (2013, Kapitel 6) und Stiglitz (2010, S. 9–56 und 303–344).

929   Als Beispiel sei hier vor allem auf das bereits erwähnte Werk von Minsky (1986) verwiesen, der solche Krisen als Normalfall der kapitalistischen Entwicklung darstellt. Im Vorfeld der Krise konkret gewarnt haben nur relativ wenige Ökonomen, unter anderem Otte (2006) und Roubini (2006).

930   Taleb (2007).

931   Roubini und Mihm (2010, S. 27).

932   Gray (2009).

933   Steinfeld (2009).

934   Für Kuhn (1996) sind dies auch wichtige Gründe, warum sich dominierende Denkschulen über längere Zeit halten können und nur selten im Zuge einer wissenschaftlichen Revolution durch ein konkurrierendes Paradigma abgelöst werden.

935   McCloskey (2002, S. 55).

936   Kieser (2010).

937   Siehe dazu auch Liessmann (2008, S. 88ff.).

938   Münch (2011, S. 129).

939   Siehe dazu ausführlich Binswanger (2010, Kapitel 3).

940   UBS (1997).

941   UBS (1997).

942   Gerade am Beispiel Finnlands wird auch deutlich, wie problematisch solche Evaluationen sind. Nach den PISA-Kriterien hat Finnland mit die besten Schüler unter den OECD-Ländern, gleichzeitig lag es (bis zum Ausbruch der Staatsschuldenkrise in Südeuropa) aber auch an der Spitze bei der Jugendarbeitslosigkeit. Wie passen diese beiden Befunde zusammen? Können wir daraus vielleicht schließen, dass zumindest ein Teil der Schüler über- oder fehlqualifiziert für den Arbeitsmarkt ist? Oder hat der Schulerfolg im Alter von 15 Jahren nichts mit den späteren Arbeitsmarktchancen zu tun?

943   Binswanger (2010, Kapitel 4).

944   Beide Zitate nach Binswanger (2010, S. 71 und 72).

945   Siehe dazu Universität Potsdam (o. J.).

946   Wird die Evaluation intern von mit der Materie vertrauten Personen durchgeführt, wird ein Indikator wie die »Abbrecherquote« durch eine Vielzahl anderer Kennzahlen und Einschätzungen relativiert, wie es z. B. in Universität Potsdam (o. J.) dokumentiert ist. Internen Evaluationen im Hochschulbereich steht die Ministerialbürokratie und Politik aber eher skeptisch gegenüber, weshalb sie externen Evaluationen, vorwiegend in Form von Rankings, eher vertrauen.

947   Bröckling (2004, S. 78).

948   Die vom Wissenschaftsrat in Deutschland beklagte Noteninflation an den Universitäten dürfte zu einem erheblichen Teil durch die immer weiter voranschreitende Konzentration auf das Lehren und Prüfen von Wissen verursacht sein.

949   Eine ausführliche Darstellung zur Rolle der Bertelsmann Stiftung und des CHE findet sich in Lieb (2009). Mayer (2009) legt dar, wie sich z. B. das Hochschulsystem in Korea durch Rankings und Evaluationen an die Erfordernisse des internationalen Wettbewerbs anpasst.

950   Zur unternehmerischen Universität siehe Münch (2011, Kapitel II).

951   Lieb (2009, S. 227ff.).

952   Universität Hamburg (2012).

953 DGS (2012).
954 Evaluationen und die darauf aufbauenden Rankings haben noch eine Vielzahl anderer Probleme und führen zu teils massiven Fehlanreizen, die hier aber nicht weiter erörtert werden können. Siehe dazu neben den bereits erwähnten Beiträgen von Binswanger (2010), Lieb (2009) und Münch (2011) auch DGS (2012).
955 Baty (2010).
956 DGS (2012).
957 DGS (2012).
958 Dieses Kapitel beschäftigt sich vor allem mit den Qualitätsmedien, also jenem Teil der Medienlandschaft, die ihrem Selbstverständnis nach die Kontrolle der drei Staatsgewalten übernimmt und die Menschen ausgewogen und faktengetreu über wichtige Ereignisse informiert, unabhängig davon, ob es sich um Sendungen in Rundfunk und Fernsehen, um Zeitungen, Zeitschriften oder Blogs im Internet handelt. Auf die Rolle der Unterhaltungsmedien gehe ich später noch ein.
959 Siehe dazu auch Buchholz (2009, S. 67ff.).
960 Schumpeter (1942, S. 430f.).
961 Vergleiche dazu auch Zolo (1997, S. 177–188).
962 Eine Ausnahme bilden Länder wie Frankreich, in denen Frauen das Wahlrecht noch verweigert wurde.
963 Le Bon (1895).
964 Der Begriff (nicht die Idee) »Manufacturing Consent« wurde vor allem durch Edward Herman und Noam Chomsky (1988) populär gemacht. Er wird im Deutschen zumeist mit »Herstellung von Konsens«, manchmal auch mit »Fabrikation (oder Herstellung) von Zustimmung« übersetzt.
965 Vgl. dazu Lippmann (1922).
966 Die Begriffe Leitmedien und Qualitätsmedien sind nicht einheitlich definiert. Siehe dazu im Detail die von Müller, Ligensa und Gendolla (2009) herausgegebene Aufsatzsammlung.
967 Schmidt (2012).
968 Grass (2011, Hervorhebung durch den Autor).
969 Grass (2011).
970 Schirrmacher (2011).
971 Moore (2011, Übersetzung zitiert nach Schirrmacher (2011)).
972 Moore (2011, Übersetzung durch den Autor).
973 Siehe dazu auch Streeck (2013).
974 Grundlegende Werke, auf denen diese Argumentation aufbaut, sind Herman und Chomsky (2002) sowie McChesney (2004). Einen fundierten Überblick über die Lage der Medien in Deutschland findet sich in Röper (2009). Für die Lage in den USA siehe die seit 2004 jährlich erscheinenden Berichte des PEW Project for Excellence in Journalism (o. J.).
975 Zitiert nach Jürgs (2008).
976 Sie dazu auch Prantl (2007).
977 Vgl. dazu Noé und Schwarzer (2007, S. 42 und 44).
978 Noé und Schwarzer (2007, S. 44).
979 ZAPP (2006).
980 Grimberg (2009).

981   Noé und Schwarzer (2007, S. 44).
982   Grimberg und Schallenberg (2004).
983   Herman und Chomsky (2002, S. 17).
984   ZAPP (2006).
985   Dönhoff (1976).
986   Galbraith (1976, S. 148).
987   Der *Daily Herald* wurde generalüberholt, auf eine neue Zielgruppe hin ausgerichtet und als *Sun* neu wieder aufgelegt.
988   Siehe dazu Curran (1978) insbesondere S. 249–257.
989   Bröckers und Sontheimer (2012, S. 167).
990   Ruch (2013).
991   Financial Times Deutschland (2012).
992   Mast (2011, S. 7).
993   Zur Ökonomik des Journalismus siehe auch Höhne und Russ-Mohl (2004).
994   Zitiert nach Noé und Schwarzer (2007, S. 46).
995   Oppong (2014, S. 40).
996   Schumpeter (1942, S. 244).
997   Alexander Stille (2006) beschreibt kenntnisreich und detailliert den Aufstieg Silvio Berlusconis zum Ministerpräsidenten Italiens und die Mittel, die er auf seinem Weg an die Spitze eingesetzt hat.
998   Angaben nach Jakobs (2008, S. 118–122), IfM (2013) und Websites der Unternehmen und Zeitungen.
999   Alle Angaben in diesem Absatz nach Jakobs (2008, S. 123ff.), IfM (2013) und Websites der Unternehmen und Zeitungen.
1000   Jakobs (2008, S. 128ff.).
1001   Busse und Esslinger (2011).
1002   Prantl (2007).
1003   Angaben nach Jakobs (2008, S. 128–133), IfM (2013) und Websites der Unternehmen und Zeitungen.
1004   New York Post (2008).
1005   DellaVigna und Kaplan (2007).
1006   Der von Manipulationsvorwürfen überschattete knappe Wahlsieg von George W. Bush hätte vermutlich auch Bestand gehabt, wenn alle Stimmen nochmals manuell nachgezählt worden wären, so wie es ein Urteil des obersten Gerichtshofs von Florida angeordnet hatte, dessen Vollzug aber vom obersten Gerichtshof der USA gestoppt wurde. Siehe dazu auch PBS (2001).
1007   Häring und Storbeck (2007, S. 89).
1008   Greenslade (2003).
1009   Siehe dazu auch Noé und Schwarzer (2007, S. 52f.).
1010   Crouch (2008, S. 68).
1011   Sethe (1965).
1012   Zur Größe von Medienunternehmen und detaillierten Angaben zu den Konzernen siehe das jährliche Ranking des Instituts für Medien- und Kommunikationspolitik unter: http://www.mediadb.eu/de/rankings/intl-medienkonzerne-2013.html (Zugriff 30.3.2014).
1013   Rothkopf (2008, S. 12).
1014   Habermas (2007).
1015   Barber (2007, S. 117).

1016 Siehe dazu auch Heine und Herr (2003, S. 122ff.).
1017 Huxley (1932, Sechzehntes Kapitel).
1018 Crouch (2008, S. 87).
1019 Vgl. dazu Rosa (2013).
1020 Rosa (2013, S. 40).
1021 Geißler (2012, S. 204ff.).
1022 INSM (2007).
1023 Buchholz (2009, S. 176).
1024 Woodward (2004, S. 26, Übersetzung durch den Autor).
1025 Ramey (2009)
1026 Vgl. dazu auch Barber (2007, S. 142ff.).
1027 Siehe dazu ausführlich Liedtke (2007).
1028 Sywottek (2007).
1029 Auch auf die Zeit von Studenten und älteren Schülern hatte der Kapitalismus bis vor kurzem keinen Zugriff. Die in Kapitel 11 beschrieben Veränderungen im Schul- und Universitätssystem sind somit sowohl Bildungsverhinderung als auch Zeitdiebstahl.
1030 Zu den sozialen Auswirkungen der Arbeitsmarktreformen in Deutschland vergleiche Dörre et al. (2013).
1031 Fleischmann (2014, S. 111).
1032 Metz und Seeßlen (2011, S. 266f.).
1033 Schawinski (2007).
1034 Schawinski (2007).
1035 Barber (2007, S. 95ff.).
1036 Enzensberger (1988).
1037 Hollenstein (2013). In den meisten westlichen Demokratien haben sich die Zahlen ähnlich entwickelt.
1038 Schawinski (2007).
1039 Gesagt hat dies Ursula von der Leyen am 12.10.2006 in der Fernsehsendung *Berlin Mitte*. Die Sendung ist nicht im Netz abrufbar. Ein Mitschnitt der Aussage findet sich auf Youtube: http://www.youtube.com/watch?v=z0LMjPHSoNs (Zugriff 28.2.2014).
1040 Bild (2009).
1041 Postman (1985, S. 110).
1042 Zitiert nach Gore (2007, S. 37).
1043 Balzereit (2010).
1044 Gore (2007, S. 37).
1045 Erhard (1957).
1046 Siehe dazu auch Duhm (1972).
1047 Siehe dazu Butterwegge (2007, S. 136–142).
1048 Zolo (1997, S. 69f.).
1049 Zur (Fehl-)Bedeutung des Status siehe Botton (2006).
1050 Zur Entwicklung in der deutschen Mittelschicht siehe Beise (2009) und Herrmann (2010).
1051 DIHK (2003).
1052 Die Welt (2013).
1053 Economist (2007).
1054 Zur Geschichte der VGR siehe Ward (2004, S. 1–18 und 76–93).

1055 Siehe Edling (2010, S. 199–211) für eine kurze Darstellung der Berechnung des BIP.

1056 Edling (2010, S. 215).

1057 Siehe dazu auch Häring (2010, S. 216–224).

1058 Galbraith (2007, S. 55).

1059 So hat z.B. der frühere FDP-Politiker und Ökonom Karl-Heinz Paqué 2010 erneut die Bedeutung des Wachstums unterstrichen (Paqué, 2010).

1060 GeoWissen (2005, S. 28).

1061 Boltanski und Chiapello (2006, S. 24 und Fußnote 8).

1062 Lindbeck (1985, S. 38).

1063 The Local (2005).

1064 Zitiert nach Horn (2004).

1065 Berliner Zeitung (2004).

1066 Economist (2000).

1067 Horn (2004).

1068 Lerner (1972, S. 259).

1069 Festinger (1957).

1070 Merz (2008).

1071 Das Zitat stammt aus einem Brief Newtons an Robert Hooke aus dem Jahr 1675/76.

1072 Ursprung der Metapher ist die griechische Mythologie, in der der blinde Riese Orion seinen Begleiter Cedalion auf den Schultern trägt.

1073 Die Welt (2009).

1074 Siehe dazu auch Herrmann (2013, Kapitel 7).

1075 Schumpeter (1942, S. 205).

1076 Hank und Plumpe (2012).

1077 Vgl. dazu Krysmanski (2012) oder Rothkopf (2008).

1078 Friedman (1962, S. 4, Übersetzung durch den Autor).

1079 Landes (2009, S. 62).

1080 Siehe dazu z. B. Landes (2009, Kapitel 4).

1081 UNEP (2011).

1082 Altvater (2007).

1083 Wolf (2012).

1084 Schumpeter (1942, S. 105).

1085 Braudel (1986, S. 695).

1086 Siehe dazu z. B. Freeland (2011), Fukuyama (2011) und Phillips (2002).

1087 Gärtner, Griesbach und Jung (2012, S. 251).

1088 Zu diesem Absatz siehe auch Rügemer (2012, S. 72) und Roubini und Mihm (2010, S. 263ff.).

1089 Roubini/Mihm (2010, S. 265).

1090 Rügemer (2012, S. 75).

1091 Frankfurter Allgemeine Zeitung (1996).

1092 Gärtner, Griesbach und Jung (2012, S. 252).

1093 Prinzipiell ist es zwar möglich, zur Bedienung der Zinszahlungen neue Kredite aufzunehmen. Aber ewig kann das nicht so weitergehen, weil damit die Zinsbelastung immer weiter ansteigt. Irgendwann werden die Investoren nicht mehr bereit sein, einem Land Kredite zu geben, nur damit es die ausstehenden Zinszahlungen leisten kann.

1094 Sinn (2009, S. 145).
1095 Siehe dazu im Detail Rügemer (2012).
1096 Sinn (2009, S. 144–147).
1097 Rügemer (2012, S. 78).
1098 Palan (2011).
1099 Gärtner, Griesbach und Jung (2012, S. 254).
1100 Rügemer (2012, S. 79).
1101 Fuchs und Gehring (2013).
1102 Rügemer (2012, S. 80).
1103 Es gibt bislang keine allgemein anerkannte oder gebräuchlich deutsche Bezeichnung für *regulatory capture*. Manche Autoren übersetzen den Begriff wörtlich mit »regulatorische Gefangennahme«, andere schreiben »Gefangennahme der Aufsichtsbehörden« oder »Gefangennahme der Regulierer«. Zumeist wird jedoch der englische Begriff benutzt.
1104 Siehe dazu auch Böhm (2007) und Stigler (1971).
1105 Siehe dazu z. B. Abraham (2002, S. 1499).
1106 Strahm (2009, S. 16).
1107 Siehe dazu im Detail Schweizerische Nationalbank (2008) und UBS (2008).
1108 Strahm (2009, S. 16).
1109 Hellwig (2010, S. 5).
1110 Hellwig (2010, S. 6).
1111 Alle Angaben in diesem Absatz stammen aus Abraham (2002). Zum US-amerikanischen System siehe auch Angell (2005, Kapitel 11).
1112 Berndt (2010).
1113 Levi-Faur (2005).
1114 Vgl. dazu auch Dal Bó (2006, S. 215–219).
1115 Schuler (2010, S. 34ff.).
1116 Vgl. dazu für deutsche Stiftungen ausführlich Müller (2011b).
1117 Angaben nach der Website der Stiftung. http://www.gatesfoundation.org/ (Zugriff 23.9.2013).
1118 Siehe dazu auch Wilhelm (2013).
1119 Fischer (2013).
1120 Roy (2012, S. 68f.).
1121 Alle Angaben in diesem Absatz nach Mayer (2010). Das Zitat lautet im Original: »The Kochs are on a whole different level. There's no one else who has spent this much money. [The sheer dimension of it is what sets them apart]. They have a pattern of lawbreaking, political manipulation, and obfuscation.«
1122 Schuler (2010, Kapitel 6).
1123 Siehe dazu auch Lieb (2009, S. 239ff.).
1124 Schuler (2010, S. 150) oder Lieb (2009, S. 235).
1125 UNCTAD (2013, S. 3).
1126 Gleeson, Tienhaara und Faunce (2012).
1127 Schlandt (2013).
1128 UNCTAD (2013, S. 2).
1129 Alle Angaben in diesem Absatz und das Zitat stammen aus Eberhardt (2013, S. 30).
1130 Tienhaara (2011).
1131 Greider (2001).

1132 Siehe dazu Carroll et al. (2012, Kapitel 1 und 2).
1133 Reich (2007, S. 182).
1134 Friedman (1971, S. 199 und 206).
1135 Friedman (1971, S. 201).
1136 Siehe dazu auch Dullien, Herr und Kellermann (2009).
1137 Siehe Linder (2012) für eine ausführliche Beschreibung der schweizerischen Demokratie.
1138 Vgl. Mehr Demokratie (2013).
1139 Daum (2009).
1140 Zumach (2013).
1141 Hermann (2012, S. 23).
1142 Rutz (2013).
1143 Decker (2013).
1144 Admati und Hellwig (2013, S. 316ff.).
1145 Admati und Hellwig (2013, Kapitel 13), Schrooten (2012).
1146 Wallach (2013).
1147 Efler und Huber (2014, S. 6).
1148 Mierzejewski (2006, S. 30).
1149 Siehe dazu im Detail OECD (2011, S. 60ff.).
1150 Krysmanksi (2012, S. 12).
1151 Siehe dazu auch Herr (2011) und Hickel (2012).
1152 Admati und Hellwig (2013, S. 146).
1153 Schick (2014, S. 236).
1154 SBB (2013).
1155 Economist (2014).
1156 Siehe dazu auch Schick (2014, S. 176 – 179).
1157 Card und Krüger (1995) sowie Dube, Lester und Reich (2010) zeigen für die USA, dass Mindestlöhne in der Regel die Arbeitslosigkeit nicht erhöhen.
1158 Möller (2012).
1159 Ein kurze Diskussion des Grundeinkommen findet sich bei Skidelsky und Skidelsky (2013, S. 266–273), eine ausführliche in Blaschke (2010).
1160 Vgl. dazu z. B. die Berechnungen von Opielka und Strengmann-Kuhn (2007).
1161 Siehe dazu auch Blaschke (2010, S. 270–274).
1162 Münchau (2014).
1163 Paech (2013).
1164 Hirata (2011, S. 28 – 31) sowie Frey und Frey Marti (2010, S. 47 – 62).
1165 Frey und Frey Marti (2010, S. 83 – 90).
1166 Küng (2010).
1167 Gellenbeck (2012).
1168 Schrooten (2013, S. 86).
1169 Skidelsky und Skidelsky (2013, S. 284ff.).
1170 Siehe dazu auch Bontrup (2013, S. 100 – 119).
1171 Vgl. dazu auch die Ausführungen bei Skidelsky und Skidelsky (2013, S. 263–266).
1172 Wie man Wohlstand ohne Wachstum erreichen kann, haben z.B. Jackson (2011), Paech (2013) und Skidelsky und Skidelsky (2013) dargelegt.
1173 Giesselmann et al. (2013, S. 6).
1174 Siehe dazu Enquete Kommission (2013).